商管全華圖書叢書 BUSINESS MANAGEMENT

統計學
Statistics

林素菁　編著

第2版

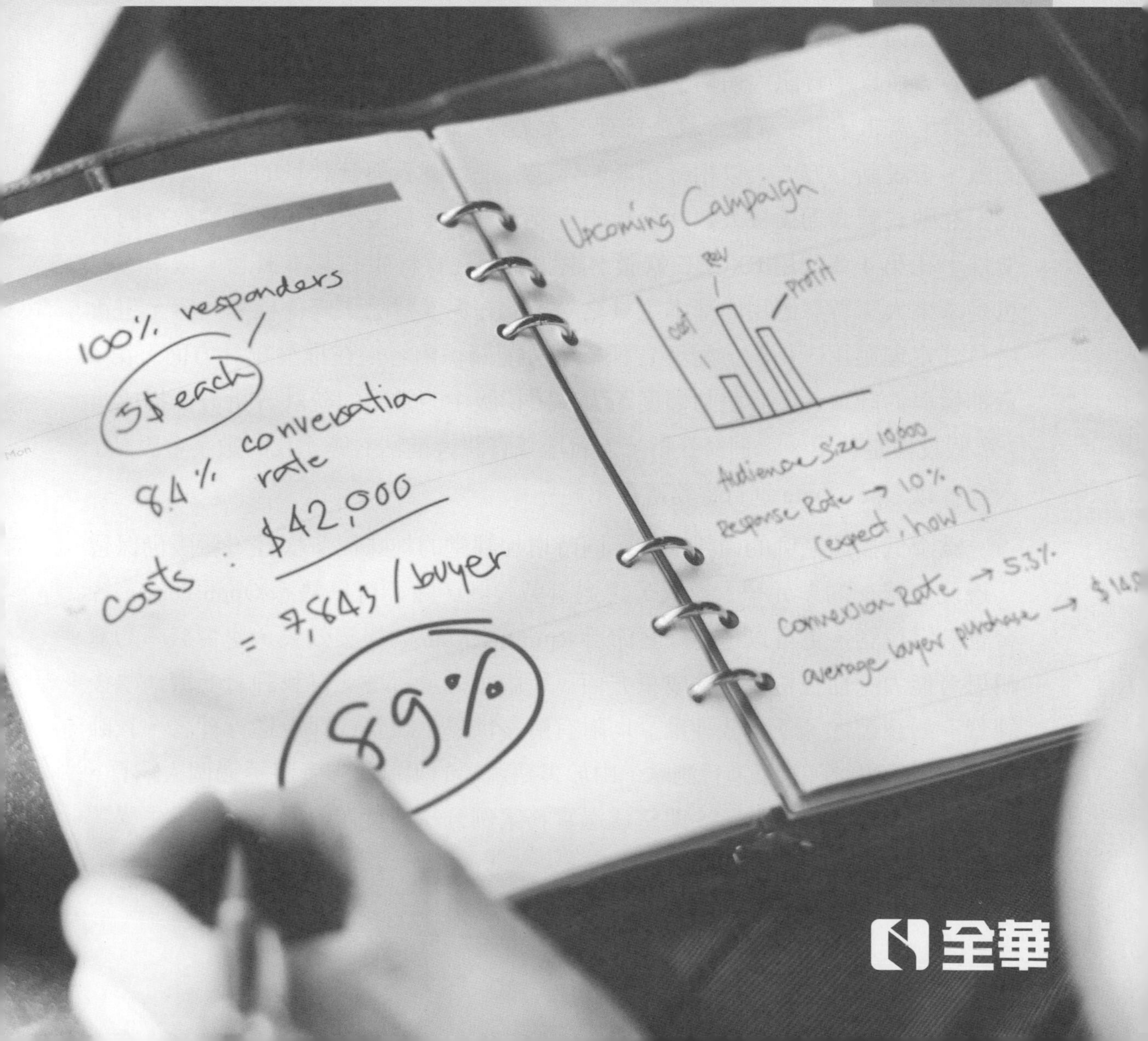

全華

二版序

由於大數據與人工智慧的快速發展，使得統計學更加受到關注，培養學生思考與應用的能力，將是主導未來職場的重要關鍵。本書非常適合統計初學者使用，在學習本書基礎統計內容後，未來還可銜接學習其他進階統計的相關應用。

二版除了延續初版寫作的精神，仍以「解讀資料」作爲學習統計學的首要目標，彙整過去使用者的寶貴意見，調整章節編排與部份內容，將基礎統計分爲八章，由電腦負責背誦冗長的公式，並以圖解方式，透過商業範例進行解說與實作練習。

爲與實務接軌，本書利用 EXCEL 軟體進行解說，附錄 A 提供 27 個範例，循序漸進完整應用 EXCEL 的常用功能。第 1 章新增了大數據與人工智慧的相關內容，並以「資訊大補帖」方式進行分享。有別於傳統教科書的編排，考量未來職場需求，第 3 章整合敘述統計二大工具，除了新增範例應用外，更以「我的數字會說話」方式，以相輔相成的作法，進行圖表與統計量的實作示範與解說。互動式圖表爲銜接大數據分析的重要工具，考量授課時間與軟體取得的方便性，在第 4 章改用 EXCEL 軟體，說明關聯性資料庫的基本概念。機率邏輯也是未來人工智慧應用的基本工具之一，故在第 5 章除了條件機率內容，也新增貝式定理應用、指數分配與各種機率分配關係內容。在推論統計方面，第 6 章抽樣與估計單元內容變動幅度不大，將初版中的常用的統計分析方法拆成第 7 章假設檢定與第 8 章迴歸分析，並新增「資訊大補帖」與「我的數字會說話」內容，以 Open Data 進行實務應用示範。

爲降低授課老師的備課成本，同時增加課堂的趣味與多樣性，新版仍保留「邊玩邊學」的多元學習模式，透過遊戲設計，除了可以熟悉 Open Data，練習讓數字說話，更可以透過綜藝節目 Running Man 的娛樂效果，學習機率的邏輯思考能力。而在檢視學習成果方面，新版也大量新增「自我評量」與「學後評量」的練習題，「自我評量」均附有解答供學生課堂或課後進行練習，教師亦可透過「學後評量」進行測驗。由於書籍篇幅的限制，作者將透過個人網頁，持續更新「資訊大補帖」，期望透過實務案例分享與實作練習，提昇學生學習興趣，並降低學用落差。

二版能順利完成，要感謝過去使用者提供的寶貴意見，以及全華圖書所有部門的協助，當然最感謝的還是我最愛的家人們，一直給我無上限的支持。作者仍有需要繼續學習的地方，若本書仍有疏漏錯誤之虞，亦期盼諸位先進給予指教。

林素菁

謹誌於龍華科技大學國際企業系

2020年12月

林素菁老師教學網頁

目 錄

CONTENTS

CH3 敘述統計的二大法寶：圖表與統計量

CH4 互動式智慧儀表板

目錄

CH5　機率與機率分配

CH6　抽樣與估計

CONTENTS

目錄

CH8 迴歸分析

附錄A EXCEL常用功能

CONTENTS

各章範例資料

NOTE

Chapter 1

統計學的第一堂課

在正式介紹統計內容之前，先簡單說明統計和大數據與人工智慧之間的關聯，以及本書的內容架構與特點。

1-1 何謂統計

統計，一個既熟悉又陌生的名詞，好像大家都聽過統計，印象中就是一堆的密密麻麻的數字，再加上花花綠綠的圖表，看起來很簡單，但實際上要用時，又好像不是想像中的那回事。

統計學自十七世紀開始，逐漸發展成爲一門學科，不論是自然科學、社會科學、或是人文科學，甚至是工商與政府決策等，隨處可見統計學的身影。隨著電腦科技的快速發展，社會產生巨大變化，機率理論逐漸成熟，更奠定統計學的基礎，二十世紀的統計學進入快速發展時期。

事實上，統計圖表只佔現代統計學內容的一小部分，在大數據、人工智慧、物聯網、雲端運算等技術蓬勃發展後，統計學的面貌也逐漸改變，除了重要性與日俱增外，統計學的未來，將朝向資料關聯性分析與預測，挖掘數據金礦成爲資料分析主流。

Google 首席經濟分析師曾提及：「今後十年最有吸引力的工作將是統計專家（Statistician）。」馬雲也說：「中國極端缺乏大數據人才。」眾所周知，全球頂尖企業如 Google、微軟、IBM 等早已展開相關人才爭奪戰。

簡單來說，**統計學（Statistics）**是從過去有變化的資料中，找出規律性的一種科學方法，利用這些規律性，嘗試去推估或預測未來未知的狀況。一般來說，統計可分爲**量化分析（Quantitative Analysis）**與**質化分析（Qualitative Analysis）**二種方法，在基礎統計學的內容中，著重於量化分析工具的介紹。

從確定問題到蒐集資料，經過資料整理，透過圖表方式呈現資料特性，進行解讀分析，預測或推論，繼而制定決策。從問題到決策，把資料變成有用的訊息，繼而幫助決策者做出決定，便是統計學最主要的目的。

◎圖 1-1　統計分析的流程

數據分析必備的 3 大思維方式！

【分析流程】

1. 明確分析目的和思路

   在進行數據分析之前，首先考慮的應該是「為什麼要展開數據分析？我要解決什麼問題？從哪些角度分析數據？用哪個分析方法最有效？」，而不是「這次分析需要出多少頁報告？打算用高級分析演算法試試…」這樣的思維方式。只有明確了分析目的和思路，數據分析的方向才不會跑偏，才能得出有意義的結論。

2. 數據收集

   明確了分析目的，接下來就是開工收集數據了。數據的來源有很多種，例如原始數據（第一手數據）、資料庫（第二手數據）、公開出版物、互聯網、市場調查等。公司普遍都有資料庫，常用於公司業務等方面的分析；《世界發展報告》、《中國人口統計》等是很常用的公開出版物，具有一定的權威性。利用國家統計局網站、政府機構網站、傳播媒體網站等，是最常用的互聯網獲取數據方式。

3. 數據處理

   包括數據清洗、轉換、分組等處理方法。我們拿到的數據，通常情況下是不可直接使用的，比如數據有丟失、重複、有錄入錯誤或存在多餘維度等情況。只有經過處理後的數據才可以使用。

4. 數據分析

   在明確分析思路的前提下，選用適合的分析方法對處理後的數據進行分析。

5. 數據展現

   將分析結果用圖表來展現。這也是需要花費一番功夫的，比如你想展示本月的網站用戶轉化率情況，可以選擇柱形圖，但為了體現每階段用戶流失情況，以漏斗圖展示更為直觀貼切。所以數據展現階段，你需要思考「採用這個圖表，能否清晰的表達出分析結果？我想表達的觀點是否完全展示出來了？」

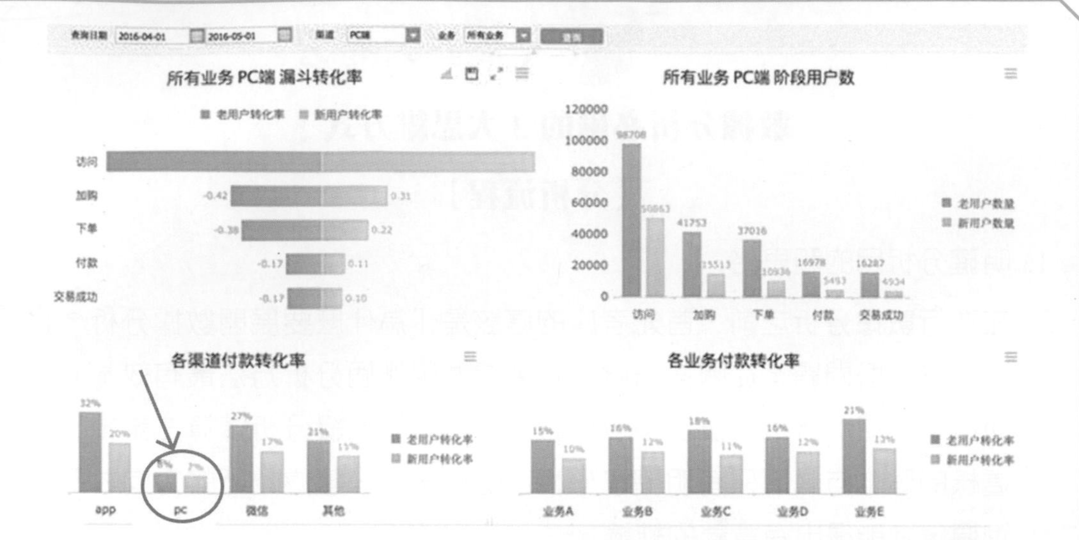

6. 報告撰寫

將數據分析的整個過程和結果，以書面的形式向他人說明。需要將分析目的、數據來源、分析過程、分析結論和建議等內容展現在報告中。

【工具選用】

數據分析工具可以分為這樣幾類：

1. Excel 報表工具
2. BI 工具
3. R、Python、Matlab 等數據分析語言

以上，Excel 範圍最廣，適合新手使用。報表製作工具和 BI 系統工具企業商用較多；R、Python之類適合有編程基礎的數據分析師使用，開源的。

Excel 不用多說，熟練掌握數據透視表，掌握常用的公式，報表工具形同 Excel，用來做 dashboard 很方便，好處就在於簡單，數據透視、圖表製作這些功能封裝好的。

BI 商業智慧就是更高級的報表工具，圖表、控制項什麼的都是拖曳實現。整個分析的過程包括數據清洗、轉換、分組等處理方法，以及數據分析。相比報表工具，報表系統更著重於短期的運作支持，而 BI 則關注長期的戰略決策，甚至更著重於商業趨勢和業務單元的聯繫而非具體的數據和精確度本身。BI 並不是用來代替著眼於日常運做的報表系統的。

【需要避免的數據分析三大誤區】

數據分析的三大誤區，看看你有沒有踩中。

1. 無明確的分析目的，完全為了分析而分析

   與數據分析流程的第一步相同，分析目的要明確，你需要思考的是：採用什麼方法才能達到分析的目的，到底哪種圖表才能完全展現你想要表達的意圖，這幾個分析維度是否全面，是否可以支撐分析結論等等，是自然而然的進行相應的問題分析。

2. 不懂業務、不懂管理，分析結果空洞化

   許多剛入行的新手們，對於銷售、企業運營等業務層面的東西，並不十分精通。比如領導需要一份本季度銷售報告，如果僅僅利用統計知識進行同比、環比等維度分析，那麼在你的報告中，一定沒有領導想看到的信息。領導想看到什麼呢？如果你懂業務和管理，你就會知道，利用分析模型：4P、用戶使用模型、SWOT 等模型進行下切，找出本季度銷量好或者不好的原因，具體到哪一個部門或哪個人的責任。並站在更高的角度，從全局來看：本年的銷量情況佔比如何，發展趨勢是否在預計範圍內。並提出結合業務的合理化建議，供領導參考。

3. 看中高級演算法，不在乎是否合適

   每個演算法都有其優勢和侷限性，在進行數據分析時，應該選擇可以快速、準確的計算、得出結論的演算法。正所謂「白貓黑貓，捉到老鼠就是好貓」。

資料來源：節錄自 FineReport 帆軟報表，2019-03-28。
http://www.finereport.com/tw/knowledge/acquire/3thinkingmodeofdataanalysis.html

1-2 統計與生活

資料充斥在日常生活之中，看懂資料，進行數字對話，早已成為生活的一部分，讓數字說話的關鍵就是統計學。隨著科技進步，電腦早已成為輔助統計分析的工具，蒐集大量資料已經不再是困難的事，更何況在大數據的時代，資料來源可以非常多元化，除了數字，文字、影音、圖像，都可以成為資料。

以零售業為例，我們每天經過的便利商店，當工作人員讀取商品條碼的那一剎那，顧客的消費資料，如品名、價格、數量、消費時間等，就已經儲存在企業資料庫之中。除此之外，物聯網（Internet of Things，IoT）更大幅改變顧客的消費模式，新零售以線上服務線下體驗的經營模式進行虛實整合（Online to Offline，O2O），進化到超零售時代後，整合線上線下串聯全通路（Online Merge Offline，OMO），強化虛實整合。在經驗與直覺外，透過大數據與人工智慧等技術手段，高度運用數據、科技、雲端，透過鏡頭或感測器蒐集顧客購買行為或商品銷售資料，企業透過這些資料，進行交叉比對或預測分析，繼而對商品生產、銷售、物流過程，進行升級與改造，期望達成精準行銷的目的。未來的銷售人員不再只是單純的銷售，若能利用專業進行數據分析與預測，搭配客製化的專業服務，將有機會成為專業顧問人員。

在數位經濟的浪潮下，滑世代每天都離不開手機，除了 Google 強大的搜尋定位，紀錄使用者的偏好或習慣，更可透過關鍵字推播廣告，進行相關行為預測。Facebook、LINE、IG 都是經常被使用的即時通訊軟體，不管你選擇哪一家門號，那一種通訊 APP，業者都可以蒐集用戶資料，瞭解消費者的使用狀況，包括使用頻率、通話時間或地區等，繼而提供更好的改進方案與服務。

悠遊卡也是個人經常隨身攜帶物品之一，除了結合捷運、公車、台鐵、高鐵、停車場、YouBike 微笑單車、計程車、圖書館、甚至門卡，還可以在便利商店進行小額支付。在刷卡的瞬間，悠遊卡公司瞬間便記錄了用戶使用狀況，透過龐大的資料蒐集與分析，也可以協助悠遊卡公司提出未來改善或新增服務的最佳方案。

最近很夯的穿戴裝置，如運動手環，除了有計步器功能外，還可以隨時紀錄心跳、血壓、心率、睡眠深度等身體數據，除了提醒使用者持續運動、早睡早起，業者還可透過數據分析，協助使用者做基礎健康管理。

家庭都會收到水、電、瓦斯費用帳單，這些公用事業單位記錄了全國家戶的能源使用狀況，透過這些資訊，除了鼓勵節能減碳，避免過度浪費，也可為未來能源用量作趨勢預測，提前規劃能源政策。

健保卡是蒐集醫療資料的一種方式，2015 年衛福部提出全民健保健康存摺方案，透過雲端藥歷，掌握就醫紀錄、醫療支出、服藥及檢驗（查）情況，除了避免健保資源被濫用，也可從醫療資訊中，找出健保制度改革的方向。而 2020 年初的新冠肺炎快速席捲全球，在分級醫療的基礎下，台灣健保制度的特殊性，更造就大數據應用的成功案例。除了運用健保大數據奠定口罩實名制的基礎，與移民署資料庫進行勾稽，建立旅遊史查詢系統，而疫調結合電信資料庫，快速追蹤確診個案行蹤範圍與區域內居民就醫狀況，鎖定採檢對象，即時發揮防疫功能。

生活周遭隨處可見資料蒐集與應用的身影，隨著科技創新，若能將產業走向智慧化，透過資料分析進行預測或解決問題，未來將可創造無限商機。

1-3 統計學和大數據與人工智慧的關聯

在網路充斥的數位時代，只要會用電腦和讀取工具，就能蒐集到大量資料，隨著人工智慧（**Artificial Intelligence，AI**）與大數據（**Big Data**）的快速發展，統計學面臨了前所未有的重大變革。未來蒐集大量資料已不再是困難的部份，所有資料都可能成為大數據，資料性質從靜態變成動態，而資料最大的價值不再是事後分析，更重要的是能提供即時的預測和推薦。企業需要從大量資料中分析、萃取出有價值的訊息，繼而發掘隱藏在大數據背後的商機，而這些相關課題，基本上都會運用到統計學。

1-3-1 統計學與資料科學

數字是全世界共通的語言，被稱為是二十一世紀的石油，透過統計描繪世界，將數字化繁為簡，統計與資料分析能力已是大數據時代不可或缺的基本條件。2012 年《哈佛商業評論》早已指出，「資料科學家」將是 21 世紀最性感的工作。

資料科學（Data Science）是一門跨領域的學問，基本上由統計學、資訊科學、與數學三大面向所構成，加上不同領域的專業知識，可應用的範圍極廣。而資料科學家將大量資料進行歸類、分析，並從中萃取具有價值的訊息與知識，最後找出解決商業問題的建議。

事實上，統計學是資料科學的一環，要進行統計學，不一定要用到電腦，但如果要進行資料科學，電腦就是不可或缺的要件了，因為資料科學還牽涉到編碼、建立數據資料庫等範疇。而為了達到理解數據的目的，在資料分析過程中，資料科學家還需要進行資料檢查與清洗，最後再將數據資訊視覺化。

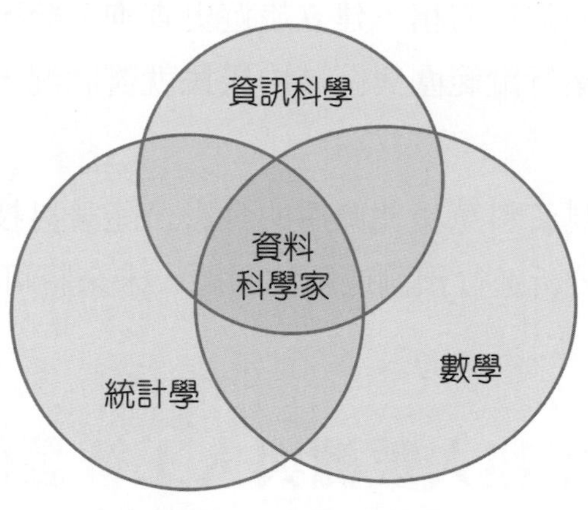

◎ 圖 1-2　資料科學領域

資料科學家躍今年最夯人才

因應人工智慧（AI）、大數據、精準廣告等市場趨勢，「資料科學家」成為今年最受全台CEO重視的職能項目，高達九成台灣CEO有感於資料專業的貢獻，尤其以精準行銷、科技產品資料分析等領域，在就業市場上需求最強。

資料科學家職場需求

需求方向	需求項目與待遇
主要產品與服務	人工智慧（AI）、大數據、精準廣告投放
專業職能領域	統計處理、資料架構與建模、商業分析及產業分析
年薪範圍	80萬至200萬元

資料來源：採訪整理　　程士華／製表

資料來源：節錄自經濟日報，2019-07-19。
https://money.udn.com/money/story/6709/3937310

1-3-2 統計學與大數據

不論是大數據或是小數據，最基本的資料分析工具就是統計學，當資料大小超過傳統軟體可以處理或管理的狀態，就被稱爲**大數據**，亦被稱爲**巨量資料**或**海量資料**。一般來說，大數據具有以下特性，**巨量性（Volume）**、**多樣性（Variety）**、**即時性（Velocity）**、**眞實性（Veracity）**、**與價值性（Value）**，與傳統統計學相較，大數據也新增了許多技術層面的課題。

大數據分析不考慮統計學的抽樣方法，著重在探索資料，觀察和追蹤現實發生的狀況。大數據不只是資料量變大而已，資料種類也更加多元化，圖片、影片、聲音、文字等都可成爲大數據資料來源，需透過程式來處理資料。而辨識資料的眞僞，無效值、缺失值、重複值的處理，檢查資料與資料結構問題等，都成爲處理與清洗大數據資料中不可或缺的步驟。除此之外，搭配雲端運算，衍生資料庫儲存與管理的問題，當大數據變成動態資料，透過資料視覺化，可以快速找出問題之所在。

更重要的是，資料最終的意義就是產生價值，科技也需要商業化，故大數據分析可視爲一種工具，亦可應用在各個領域。要提醒的是，大數據分析並不是萬靈丹，數據清洗過程是否適當、網路安全問題、大數據使用法律權限等，都是目前大數據發展中面臨挑戰的相關課題。

表 1-1 大數據的特性

特性	說明
巨量性	結合機器、網路、人與人之間的互動，點擊滑鼠、線上交易、網路搜尋、通訊軟體的使用等，每分每秒都能產生非常龐大的資料流量，這些快速累積的巨量資料，是人腦無法處理的數量。
多樣性	資料型態不再侷限於單純的數字或結構性資料，圖片、視頻、音頻、網誌、E-mail等非結構性或半結構性資料，都可以成為大數據資料庫的來源，故勢必需要提升資料處理能力。
即時性	資料從靜態變成動態，資料傳輸連續且快速，無時無刻都處於累積更新的狀態中，當企業接收這些海量資料後，考驗的是企業資料處理的效率，例如，快速找出異常違規交易，做出適當處理，企業分析與反應資料的速度愈快，未來競爭力也愈大。
真實性	大數據資料庫的產生，也衍生出辨別資訊真假的問題，例如，使用者的惡意批評或散佈假消息，如何兼顧隱私並確保這些資料品質以及分析結果的真實度或可信度，資安議題也成為未來極具挑戰的項目。
價值性	透過資料分析，創造出不同層面的應用價值。

大數據時代，傳統統計學有哪些變革？

【統計學與數據科學息息相關】

大數據時代的到來，是統計學發展史上的里程碑，給統計學的發展帶來了前所未有的機遇，但同時，也對統計學提出了更多的挑戰。那麼，大數據時代下，傳統統計學有哪些變革呢？

（一）樣本概念的深化

傳統統計學利用研究中實際觀測或調查的一部分個體（樣本），通過統計方法進行統計推斷，從而了解總體的情況。

大數據時代，數據大部分為網絡數據，可將其分為兩種類型：靜態數據和動態數據。

1. 靜態數據

   靜態數據是當客戶在查看數據的時候已經被生成好了，沒有和伺服器資料庫進行交互的數據。此類數據的最大特點是：樣本等同於總體，這樣無需去提取樣本並檢測樣本的可用性，減少了成本，並且總體本身對總體的反映更為準確，減少了誤差。

2. 動態數據

   動態數據是隨著時間的推移而變化的，比如網絡訪問量、在線人數等。此時，總體表現為歷史長河中所有數據的總和，而我們分析的對象為「樣本」。這裡的「樣本」與傳統樣本的概念不同，因其並非侷限於隨機抽取的數據，更可以是選定的與分析目的相關的數據。

（二）數據類型的擴大

傳統統計學的數據為結構化數據，即可以用常規統計指標或圖表表現出來的定量數據或專門設計的定性數據，有固定的結構和標準。

大數據是指不僅包括結構化數據，還包含非結構化數據、半結構化數據或異構數據，即一切可以記錄和存儲的信號。

結構化數據，即行數據，存儲在資料庫里，可以用二維表結構來邏輯表達實現的數據，如：學生姓名、學號等。

非結構化數據是不方便用資料庫二維邏輯表來表現的數據，如：圖像、音頻、視頻等。

半結構化數據或異構數據，它是結構化的數據，但是結構變化很大。既不能將數據簡單的組織成一個文件按照非結構化數據處理，也不能夠簡單的建立一個表與之對應。如：員工的簡歷。

（三）收集概念的擴展

傳統統計中，數據的收集需要根據統計分析的目的進行，過程包括設計調查方案、嚴格控制調查流程，因此具有低效率、高成本的缺點。

大數據時代，對數據的收集分為三步：

1. 數據預處理，包括識別與整理。
2. 數據分析，提煉有價值的信息。
3. 數據存儲。

大數據時代下，對於超大量可選擇的數據，需要有針對性的搜集，同時，在存儲能力，分析能力，甄別數據的真偽，選擇關聯物，提煉和利用數據，確定分析節點等方面，都需要斟酌。

（四）數據來源不同

傳統統計中是根據研究目的去收集數據，來源通常是已知的，很容易對數據提供者的身份進行識別或進行事後核對。

大數據的來源一般為信息網絡系統，收集的數據是一切被人為記錄的信號，不具有很強的目的性，數據的來源也很難追溯。在大數據時代，努力打造統計數據來源第二軌，就顯得尤為重要。

（五）量化方式的變化

傳統數據為結構化數據，對數據的量化方式已經相當成熟，並且比較容易得到可以直接進行分析的數據結果。

大數據時代主要面對的是非結構化數據，Franks 說過：「幾乎沒有哪種分析過程能夠直接對非結構化數據進行分析，也無法直接從非結構化的數據中得出結論」。目前，計算機學界已著手研發處理非結構化數據的技術，從統計角度直接處理非結構化數據，或將其量化成結構化數據，這是一個重要的研究領域。

（六）分析思維的改變

我們從統計分析、實證分析、推斷分析三個方面論述大數據時代傳統統計學分析思維的改變。

1. 統計分析

傳統的統計分析過程分三步：定性－定量－再定性。

首先通過經驗判斷找到統計方向，即目的；其次對數據進行量化、分析、處理等；最後根據結果得出結論。

大數據時代，統計分析過程：定量－定性。基礎性的工作就是找到「定量的回應」，直接從各種「定量的回應」中找出有價值的、為我們所需要的數據，並通過分析找到數據的特徵和數量關係，進而據此做出判斷與決策。

2. 實證分析

傳統的統計實證分析思路：假設－驗證。

首先提出假設，接著按照統計方法進行數據的收集、分析、展示，最後通過所得到的結論對假設進行驗證，事實證明，這種實證分析存在很大誤差。

大數據時代實證分析思路：發現－總結。對數據進行整合，從中尋找關係、發現規律，然後再加以總結、形成結論，這將有助於發現更多意外的「發現」。

3. 推斷分析

傳統的統計推斷分析過程：以分佈理論為基礎，在機率保證的前提下，對總體進行推斷，通常是根據樣本特徵去推斷總體特徵，推斷是否正確卻取決於樣本的好壞。

大數據時代統計推斷分析過程：以實際分佈為基礎，根據總體的特徵，進行機率的判斷，在靜態或者動態的某個時點，大數據所需處理的對象為總體數據，不需要根據分佈理論推斷總體特徵，而要根據計算方法進行。

（七）統計軟體的增多

傳統統計學以統計模型和軟體為基礎進行數據分析處理，統計模型的作用在於對數據間的數量關係進行構建，統計軟體是分析和處理數據的工具，需要研究者自主輸入經過處理的數據，以及統計模型的公式等。

常見的統計軟體有 SAS，R，STATA，SPSS，MATLAB 等。

大數據所依賴的數據分析技術為非關係型的，以數據中心為基礎。若將統計軟體與大數據結合起來，則統計分析的過程可以得到很大程度上的簡化。

綜上所述，大數據時代的來臨，對傳統統計學的變革從樣本的定義方法一直到數據分析的思維與技術均有所體現。可以看出，大數據使我們對數據的利用取得了更大的主動權，將促使傳統統計學迅速的發展。

資料來源：節錄自每日頭條，2018-09-11。
https://kknews.cc/tech/gr8rlkl.html

合庫大數據找客群命中率高

合庫展現大數據分析實績。擁有全國最多超過 700 萬戶存款戶的合作金庫，去年建置存款戶的大數據資料分析庫，已在財富管理、信用卡、信貸、外匯等業務上大展績效。合庫主管引述內部最新分析指出，運用名為「360 度客戶視圖」的大數據分析系統，在財管業務的成果最顯著，已發揮 1：5 的功效。

> 舉例來說，尚未運用大數據前，行銷人員要打十通電話才能賣出一分基金或保單，但在透過大數據資料庫的建檔、刪選名單後：「現在只要打兩通電話，就能作到一樣的業績」，顯示大數據鎖定目標客群的命中率相當高。
>
> 資料來源：節錄自工商時報，2019-12-09。
> https://reurl.cc/v1qkRo

1-3-3 統計學與人工智慧

人工智慧應用的範圍極廣，例如機器學習、深度學習、語音識別、圖像或視頻辨識、自然語意處理等，在進行預測與驗證準確度的部份，就會牽涉到統計學的內容。以**機器學習（Machine Learning）**為例，訓練機器蒐集資料，從過去歷史資料中自動分析找到規律，並利用規律對未知資料進行預測，繼而快速做出回饋與反應，這就是運用了統計學的概念。

基於有無預設立場，常用的機器學習方法大致可區分為**監督式學習（Supervised Learning）**與**非監督式學習（Unsupervised Learning）**。最常被使用的監督式學習模型有二，一為探討數值資料因果關聯的**迴歸模型（Regression Model）**，二為探討二元類別資料關聯的**分類模型（Classification Model）**。舉例來說，我們可透過屋齡、地區別、樓層別等因素，預測房價變化或租買選擇，前者屬於迴歸模型的範疇，後者則需利用分類模型進行分析；再舉一例，商品價格、網站流量、店舖類型等也可用來預測銷售量或是否獲利，銷售量屬於數值資料，故採用迴歸模型，獲利與否為二元類別變數，應採用分類模型進行推估。

非監督式學習的**分群模型（Clustering Model）**則沒有預設立場，在沒有特定答案時，交由機器透過資料本身特徵相似度自動做分群，例如系統透過顧客消費商品行為，自動將消費者進行分群，並做出營運行銷或投放廣告建議。

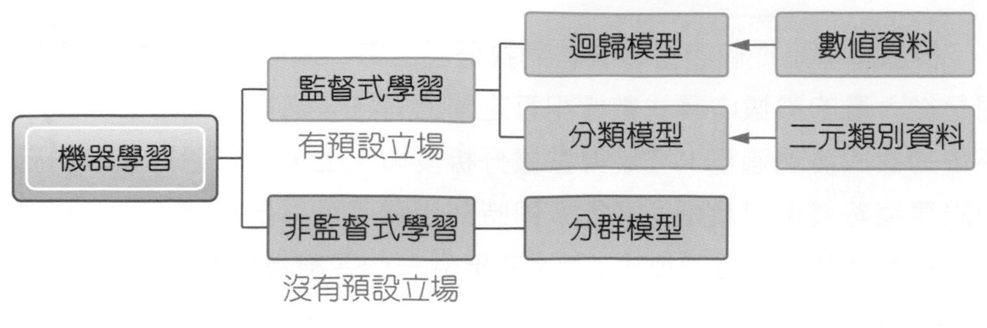

◎圖 1-3 常用的機器學習模型

人工智慧、機器學習、數據挖掘以及數據分析之間的關聯

人工智慧是目前炙手可熱的一個領域，它將給人類帶來怎樣的變化和未來？

【那機器學習與數據挖掘的聯繫是什麼呢？】

機器學習為數據挖掘提供了理論方法，而數據挖掘技術是機器學習技術的一個實際應用。逐步開發和應用了若干新的分析方法逐步演變而來形成的；這兩個領域彼此之間交叉滲透，彼此都會利用對方發展起來的技術方法來實現業務目標，數據挖掘的概念更廣，機器學習只是數據挖掘領域中的一個新興分支與細分領域，只不過基於大數據技術讓其逐漸成為了當下顯學和主流。

數據挖掘一般是指從大量的數據中通過算法搜索隱藏於其中信息的過程。數據挖掘本質上像是機器學習和人工智慧的基礎，它的主要目的是從各種各樣的數據來源中，提取出超集的信息，然後將這些信息合併讓你發現你從來沒有想到過的模式和內在關係。這就意味著，數據挖掘不是一種用來證明假說的方法，而是用來構建各種各樣的假說的方法。數據挖掘不能告訴你這些問題的答案，他只能告訴你，A 和 B 可能存在相關關係，但是它無法告訴你 A 和 B 存在什麼相關關係。

機器學習是從假設空間 H 中尋找假設函數 g 近似目標函數 f。數據挖掘是從大量的數據中尋找數據相互之間的特性。數據挖掘是基於資料庫系統的數據發現過程，立足與數據分析技術之上，提供給為高端和高級的規律趨勢發現以及預測功能；同時數據量將變得更為龐大，依賴於模式識別等計算機前沿的技術；其還有另外一個名稱為商業智能（Business Intelligence，BI），依託於超大型資料庫以及數據倉庫、數據集市等資料庫技術來完成。主要挖掘方法有： 分類、估計、預測、相關性分組或關聯規則、聚類、複雜數據類型挖掘（Text、Web、圖形圖像、視頻、音頻等）等技術。

數據分析的概念：基於資料庫系統和應用程式，可以直觀的查看統計分析系統中的數據，從而可以很快得到我們想要的結果；這個就是最基本的數據分析功能，也是我們在信息化時代了，除了重構業務流程、提升行業效率和降低成本之外的了。

另外數據分析更多的是指從歷史數據裡面發現有價值的信息，從而提高決策的科學性。數據分析更側重於通過分析數據的歷史分佈然後從中得出一些有價值的信息。還有一個數據分析更重要的功能，就是數據可視化。比如說，在財務系統的信息化中，基於企業的財務系統，我們可以直觀獲取企業現金流量表、資產負債表和利潤表，這些都來自與我們的數據分析技術。

數據分析目前常用的軟體是 Excel、R、Python 等工具，在對比數據分析和數據挖掘時，數據分析則更像是對歷史數據的一個統計分析過程，比如我們可以對歷史數據進行分析後得到一個粗糙的結論，但當我們想要深入探索為什麼會出現這個結論時，就需要進行數據挖掘，探索引起這個結論的種種因素，然後建立起結論和因素之間模型，當有因素有新的值出現時，我們就可以利用這個模型去預測可能產生的結論。

嚴格意義上說，人工智慧和機器學習沒有直接關係，只不過是機器學習的方法被大量的應用於解決人工智慧的問題而已。目前機器學習是人工智慧的一種實現方式，也是最重要的實現方式。深度學習是機器學習比較火的一個方向，其本身是神經網絡算法的衍生，在圖像、語音等富媒體的分類和識別上取得了非常好的效果。數據挖掘主要利用機器學習界提供的技術來分析海量數據，利用資料庫界提供的技術來管理海量數據。AI 即使是現在，也是未來，不再是一種科幻影像和概念，業界變成了人類社會當下的一種存在，不管人類是否喜歡或者理解，他們都將革命性地改變創造 AI 的我們人類自身。

資料來源：節錄自每日頭條，2018-07-07。
https://kknews.cc/tech/3o3bvva.html

尿布跟啤酒擺一起？

松果購物導入 AI 技術，猜你的心又賺你的商機

松果購物 10 月 16 日正式興櫃，松果購物董事長郭家齊在興櫃前法說會提到「AI 幫了大忙」，靠的就是「猜你喜歡」、「你可能會喜歡」兩大功能抓穩行動購物商機。

【AI 猜中 4 成消費者心頭好】

AI 有效提升吸引消費者黏著度。松果購物在首頁強打「猜你喜歡」功能，主打熱門商品，購買召回率達 40%，亦即系統推薦的品項，有 4 成消費者願意買單；購物後則立刻跳出「你可能會喜歡」，推薦互補品項，表現也不俗，比去年同期 2 至 9 月使用率成長 100%，表示消費者進到商品頁之後，還願意逛下去，可能成交更多筆訂單。

【Data Team 立功，AI 尋找商品關聯性】

松果購物 Data Team 由數據分析工程師、產品 PM、行銷、公關組成。由技術端提供數據，各部門集思廣益，反應數據成效。臺大團隊取得松果購物的消費者行為資料後，亦不斷測試，直到今年 9 月合作結束前，交出了一張漂亮的成績單。其中「猜你喜歡」專區今年 2-9 月交易額表現較去年同期表現成長 200%；「你可能會喜歡」今年 3 月調整演算法後，轉換率更是成長 1 倍之多。

資料來源：節錄自 Cheers 雜誌，2019-10-28。
https://www.cheers.com.tw/article/article.action?id=5095512

1-4 本書內容設計

對技職體系的大學生來說，光聽到「統計」二個字，心裡就直接跟困難二字劃上等號，再加上大部分同學原本對數字或數學科目就沒太大信心，過去學習經驗中，也缺乏訓練個人思考能力，若再看到厚厚一本統計學教科書，很容易讓學生望之卻步，就算學完統計課程，似乎也似懂非懂，認爲這對自己未來的人生助益不大。

長期以來，統計學一直是國內外大專院校商管學院的專業必修科目，拜大數據之賜，統計學逐漸受到其他學院的重視，也被規劃爲通識課程的一環，換句話說，統計知識愈來愈普及化。身爲商管學院的一員，更需要加強自身思考分析與解決問題的能力，學習統計分析的專業技能。

坊間或圖書館已有非常多的統計教科書，在琳瑯滿目的統計書中，大概可區分爲二大類，一類是搭配統計軟體的教學，如 EXCEL、SPSS、SAS、或 R 軟體等，這類書籍大多著重於軟體操作步驟的解說。另一類則偏向統計理論的說明，陳列較多的數學公式，搭配的練習則著重在統計觀念或計算過程的訓練。

但業界需要的統計人才，絕對不是單純的背誦公式，或是用計算機、電腦工具將答案算出來這麼簡單，更重要的是要會選擇統計工具，正確地解讀這些數字密碼，才能眞正提升未來的工作效能。除此之外，當這些數字密碼出現時，若能將數字邏輯化、圖像化、簡單化，讓讀者立即一目瞭然，那麼統計功力將更上一層樓。隨著電腦技術不斷進步，強大的視覺化互動介面，未來也將逐漸取代傳統平面化資料圖表的呈現方式。

1-4-1 本書架構

有鑑於此，本書的內容編排乃針對統計初學者設計，適合商管學院統計專業課程、一般通識課程、或是對統計有興趣的一般讀者使用，著重於理解與思考能力的訓練，特別是判斷統計分析工具的選擇與解讀資料的訓練，從基礎到進階，並在章節範例中加入實務操作的應用練習。

本書共分爲 8 章，從統計基本概念開始，敘述統計到推論統計，單變數到雙變數甚至多變數的統計工具介紹。爲減輕背誦公式的負擔，書附光碟搭配範例資料，並附有各種查表或自動計算的工作表。

- **第 1 章：**簡單說明統計的範疇，生活中的應用範例，以及統計與資料科學、大數據、與人工智慧的關聯。
- **第 2 章：**說明統計的基本概念，包括敘述統計與推論統計、母體與樣本、變數與資料等，以及開放性資料的應用。
- **第 3 章：**搭配 EXCEL 軟體說明敘述統計中的二大工具，統計圖表與統計量數，前者包括次數分配表、交叉分析表、長條圖、圓形圖、折線圖、組合圖、堆疊圖、直方圖、盒鬚圖、散佈圖等基本統計圖表工具；後者包括中心位置指標與離散程度指標，如平均數、中位數、眾數、全距、標準差、與變異係數等，除了利用範例學習統計工具，更強調解讀資料。
- **第 4 章：**動態報表已是大數據時代不可或缺的一環，本章介紹常用的互動式軟體，並以 EXCEL 進行示範，製作基本的互動式智慧儀表板。
- **第 5 章：**說明機率與機率分配的基本概念，包括隨機實驗、樣本空間、隨機變數、條件機率、貝式定理等，並介紹常用的間斷與連續機率分配，如二項分配、卜瓦松分配、超幾何分配、常態分配、與指數分配等。

- 第 6 章：說明抽樣與估計的基本概念，常用的隨機與非隨機抽樣方法，樣本平均數、樣本比例、與樣本變異數的抽樣分配，以及信賴區間與樣本大小的決定。
- 第 7 章：說明假設檢定的基本概念，如虛無假設與對立假設、型一錯誤與型二錯誤等，內容包括單母體平均數、樣本比例、與樣本變異數的假設檢定，雙母體平均差、比例差、變異數比例的假設檢定，類別變數的假設檢定，以及多變數的變異數分析。
- 第 8 章：介紹迴歸分析的步驟，說明多變數之間的因果關聯，以及虛擬變數的應用。
- 附錄 A：透過範例操作，逐步介紹 EXCEL 軟體的常用功能，包括基本的整理資料，常用的公式與函數，基本的圖表製作與樞紐分析。
- 附錄 B：EXCEL 中的分析工具箱涵蓋常用的統計工具選單，首次使用者需進行安裝的步驟說明。

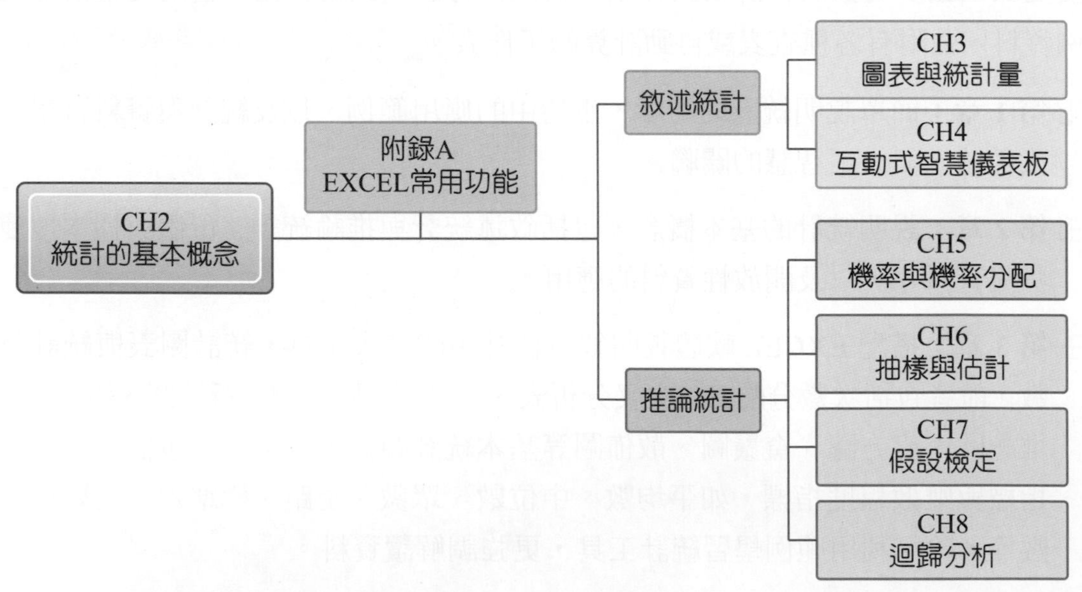

◎圖 1-4　本書架構

1-4-2 本書特點

本書透過【範例】學習統計工具，除了避開冗長的理論介紹，書中穿插與統計相關的【資訊大補帖】，銜接現實統計應用的狀況。範例解說後均搭配【課堂練習】，每章最後提供【自我評量】進行練習，最後附上【學後評量】，提供師生進行測驗。

爲讓讀者更瞭解實務操作模式，本書挑選適當單元，提供【我的數字會說話】，以實際生活中經常遇到的狀況作爲案例，利用開放性資料，練習資料清理、分析與解讀資料。

繁複的數學公式特別在【書附光碟】中提供作者自製簡易計算器，只要簡單理解輸入訊息，便可自動產生計算結果，將統計學習的重點放在正確工具的選擇、思考邏輯的訓練、與解決問題的分析能力。

除此之外，書中針對學習過程中經常遇到的問題，以【小提醒】方式進行說明。第 2 章與第 5 章提供【邊玩邊學】單元，透過遊戲設計藉此提高學習動機與興趣，一方面可以增加課堂互動，讓統計不再是枯燥無味或只有老師唱獨腳戲的科目，另一方面，也希望能讓學習者有感的認爲統計是一門非常實用的課程。

最後要提醒的是，統計不等於數學，解讀數字背後的意義是學習統計最重要關鍵，邊做邊學則是學習統計最有效的方法。如果想要在未來工作上靈活運用統計技巧，搭上掏金行業的列車，學習過程中的思考與動手實作則是不可或缺的元素。

1. 請簡單舉例說明統計分析的流程。
2. 請說明大數據資料的特性。
3. 請自行舉例說明監督與非監督式學習的應用案例。
4. 請自行舉例說明數據應用案例。

參考解答

1. 略。

2. 略。

3. 監督式學習「迴歸分析」範例：產品業績與平均價格、通路選擇、瀏覽次數之間的關係。

   監督式學習「分類模型」範例：網路會員與實體會員行爲模式與結帳頻率、產品類別、價格、數量之間的關係。

   非監督式學習「分群模型」範例：銀行查看客戶購買行爲，標記資料中的異常值，檢測是否有詐欺行爲。

4. 美國本田公司（American Honda Motor）希望能夠掌握客戶未來的需求會在何時發生，因此尋求導入預測技術，將 1,200 個經銷商的客戶銷售與維修資料建立預測模型，推估未來幾年內車輛回到經銷商維修的數量，這些資訊進一步轉爲各項零件預先準備的指標。該轉變讓美國本田已做到預測準確度高達 99%，並降低 3 倍的客訴時間。（資料來源：科技報橘，2019 年 2 月 13 日。）

   Levis 運用需求預測模型，有效掌握各地每種造型的最佳庫存量與需求量，每年全球的生產流程節省 1.75 至 2 億美元（約 52.5 至 60 億新台幣）。（資料來源：SAS 新聞。）

   雀巢除了提升 9% 商品銷量預測精準度、降低庫存成本外，現在也能爲商品保鮮期提供更好的估算。（資料來源：SAS 新聞。）

   Yahoo 奇摩與 PChome 啓動智慧倉儲後，原本單筆訂單透過人工揀貨須花上 30 分鐘的出貨時間，2019 年雙 11 縮減到了 10 分鐘。（資料來源：數位時代，2019 年 11 月 11 日。）

NOTE

Chapter 2

統計學的內功心法：基本概念篇

本章介紹統計的基本概念，包括敘述統計、推論統計、母體、樣本、變數、觀察值、資料等，從辨別類別變數與數值變數作為起點，開始學習選擇正確的統計工具。

2-1 敘述統計與推論統計

統計學內容大致可分爲二部分，一爲敘述統計，二爲推論統計，前者描述資料的特性，後者在機率理論架構下，對未知母體進行推論。

敘述統計（**Descriptive Statistics**）是藉由蒐集、整理、呈現、解釋與分析資料等方式，從歷史資料說明過去已經發生的事實，但這些既有發現不一定是眞理。常用的敘述統計方法有二，一爲**統計圖表**，如長條圖、圓形圖、次數分配表、交叉分析表等；二爲**統計量數**，如平均數、標準差等，透過這些工具說明資料特性、規則、或分佈狀況。

由於推論或預測會牽涉到未來的不確定性，故透過機率，利用統計方法對未來未知狀況做推論與預測，經由推估，也可以說明未來不確定的程度到底有多少。**推論統計**（**Inferential Statistics**）的範圍，包括抽樣、估計、假設檢定、及關聯性預測，如迴歸分析。

範例 2-1

以下列目標爲主題，分別舉例說明敘述統計與推論統計的差異：

1. 市場銷售狀況。
2. 人口結構變化。

解說

1. 市場銷售狀況
   (1) 敘述統計：從過去一年市場銷售資料，找出各分店銷售最佳產品類別或消費客群。
   (2) 推論統計：從過去銷售資料，預測未來一年進銷貨數量與獲利狀況。
2. 人口結構變化
   (1) 敘述統計：蒐集過去老年、青壯年與幼年人口數資料，以人口金字塔呈現 1990 年與 2015 年我國人口結構狀況。
   (2) 推論統計：利用過去歷年人口資料，推估 2040 年與 2065 年我國人口結構。

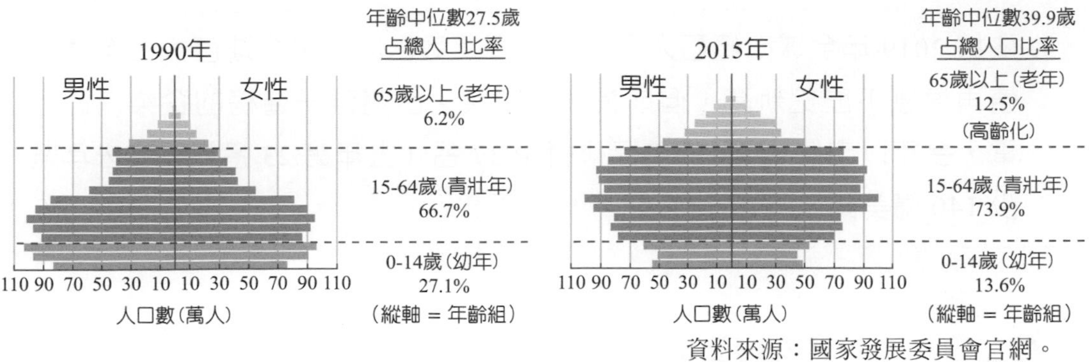

◎圖 2-1 1990 年與 2015 年我國人口金字塔

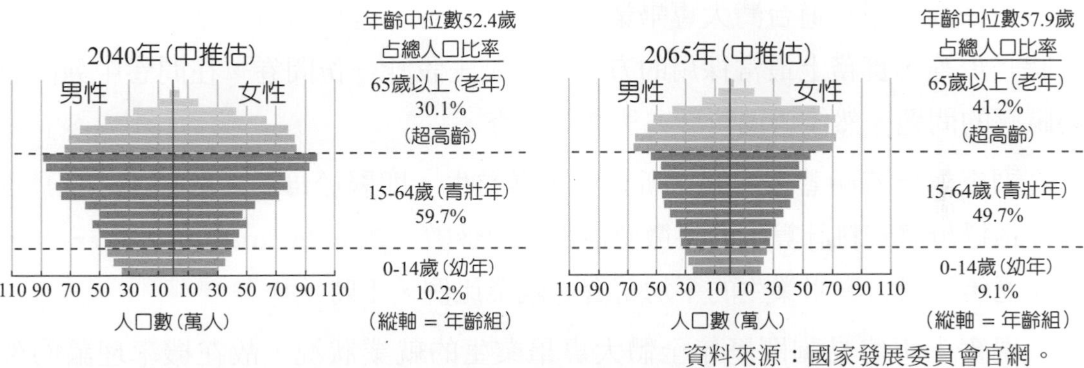

◎圖 2-2 國發會推估 2040 年與 2065 年我國人口金字塔

課堂練習 2-1

以下範例屬於敘述統計或是推論統計？

1. Cisco 系統公司預測，2021 年超大規模數據中心將佔數據中心處理能力的 69%，高於目前的 41%。
2. 根據市場研究及調查機構 Gartner 最新研究報告指出，2019 年個人電腦、平板和手機等行動裝置全球出貨量將達 22 億台，與 2018 年相比下滑 3.3%。
3. 由於中美貿易戰持續升溫，世界銀行下修 2019 年全球經濟成長率，預測降至 2.6%。
4. 依據文化部「民眾閱讀及消費調查報告」顯示，2018 年 1 月至 10 月，民眾購買紙本圖書金額超過 3,000 元的比率佔 25.2%。

5. 依據 2019 年全球市值百大企業排名分析報告顯示，全球百大企業總市值再度創下歷史新高，但成長速度趨緩。台灣唯一進榜的企業為台積電，今年以市值 2,060 億美元排行第 37 名（去年第 23 名），比去年減少 140 億美元，減幅 6.3%。

2-2 母體與樣本

如果我們想知道台灣大專畢業生的就業狀況，包括薪資水準、就業比例、工時長短等，實務上最常採用的方式，就是先設計一份問卷，在問卷中列出想要瞭解的問題，然後透過統計方法進行調查。

調查對象若涵蓋台灣歷年所有大專畢業生，即屬於**母體**（**Population**）資料，透過母體資料計算出的特徵值稱爲**母體參數**（**Population Parameters**），例如歷年全體大專畢業生的平均薪資、就業比例、工時差異等。

現實上不容易詢問歷年全體大專畢業生的就業狀況，故在機率理論的架構下，透過適當的抽樣，從母體中抽取一部分的**樣本**（**Sample**），例如選取 10,000 名大專畢業生進行調查，10,000 名畢業生的平均薪資、就業比例、工時差異等樣本特徵值，則稱爲**樣本統計量**（**Sample Statistics**）。

母體通常不容易得知，故產生樣本的其中一個目的，就是要瞭解未知母體的特性。換句話說，透過抽樣取得適當的樣本，再利用已知的樣本統計量推估未知的母體參數，達到瞭解母體全貌的最終目標。

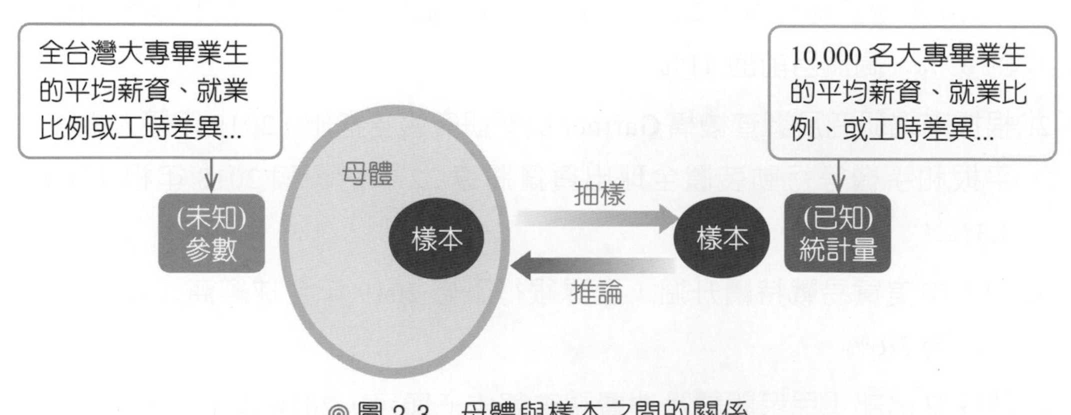

◎圖 2-3　母體與樣本之間的關係

報紙上經常可以看到「今年最高頭獎！威力彩今晚上看 14 億，O 型中獎人數超過 50%」類似報導，乍看之下，超過 50% 的中獎機率實在很高，O 型的民眾也許會想，這麼高的中獎機率，我也經常買彩券，爲什麼從沒中過獎？

造成誤解的關鍵在於對母體與樣本認知的迷思，認清問題，才能正確找到關鍵答案。舉例來說，如果想討論的問題是「威力彩的中獎比例」，該問題的母體是所有威力彩的購買人。如果將問題換成「威力彩中獎人中 O 型的比例」，母體應修正爲所有購買威力彩的中獎人，其中中獎項目應包括頭獎、貳獎、…、普獎。但如果再將討論的問題換成「威力彩頭獎中獎人中 O 型的比例」，該問題的母體範圍則縮小到所有購買威力彩的頭獎中獎人。

依據台彩官網資料顯示，自 2014 年威力彩開賣至 2019 上半年，開出頭獎的商店數只有 26 家，上述報導的中獎比例 50%，只侷限在極少數的頭獎中獎人身上，對大部份購買彩券的民眾，其實是沒有多大意義的。在閱讀數據資料報導時，經常潛藏統計數據的陷阱，務必要仔細思考，才不會被數字陷阱所誤導。

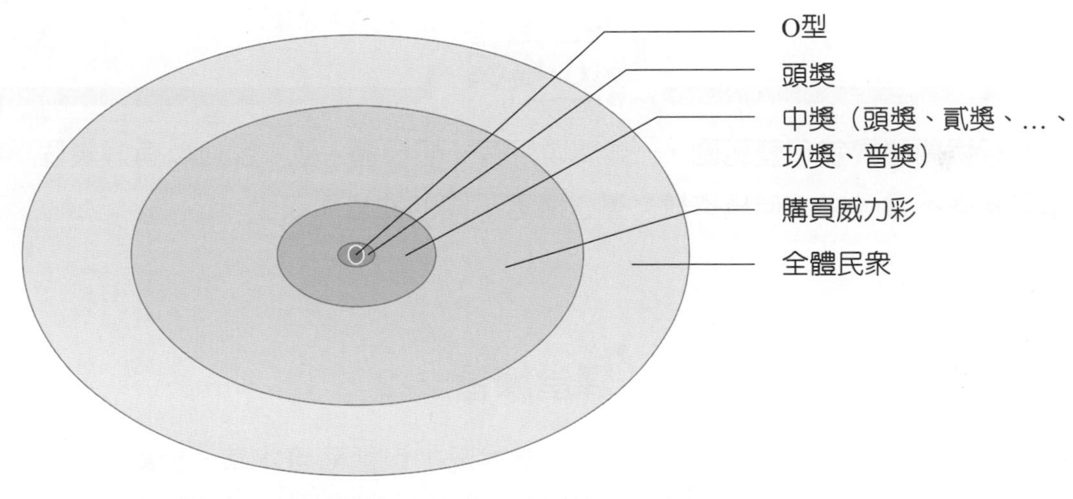

◎圖 2-4　威力彩中獎問題的母體範圍

範例 2-2

我們想瞭解台灣小學生視力不良的比例，請說明該問題的母體、樣本、母體參數、與樣本統計量。

解說

1. 母體：調查對象為台灣所有小學生。
2. 樣本：

   (1) 隨機選取 1,500 名就讀於台灣小學的學生。

   (2) 從台灣 22 縣市各選出 100 位小學生。
3. 母體參數：全台灣小學生視力不良的比例。
4. 樣本統計量：依據前面選取樣本，分別計算 1,500 名或 2,200 名小學生視力不良的比例。

小提醒！

根據問題界定母體範圍，一個問題只有一個母體，樣本卻可以有好幾個。母體參數不會改變，但樣本統計量會隨著不同的抽樣而改變。

課堂練習 2-2

我們想瞭解本校應屆畢業生的就業狀況，包括薪資水準、計薪方式、與學用關係等，請說明這些問題的母體、樣本、母體參數、與樣本統計量。

2-3 變數與資料

統計的另一個目的是希望能了解**變數**（**Variables**）變化的情形，從問卷的角度來看，「一個問題，一個變數」，若從 EXCEL 角度來看，「一個欄位，一個變數」，正確的界定問題，理解變數，在後續統計分析工作上，是非常重要的步驟。

接續討論前面大專畢業生就業狀況，薪資、工時、就業現況等都是變數，因爲每位大專畢業生的回答不盡相同，回答的內容則是**觀察值**（**Observations**），蒐集眾人回答的結果就稱爲**資料**（**Data**）。

依據問題的多寡，可以分爲**單變數**（**Univariate**）、**雙變數**（**Bivariate**）、或**多變數**（**Multivariate**），實務上的統計應用都是多變數，因爲一次只問一個問題實在不敷成本，不過對初學者來說，先瞭解單變數的作法，再循序漸進延伸至雙變數及多變數的應用。

大專畢業生就業資料

流水號	就業現況	薪資	工時
1	已就業	43200	11
2	已就業	38000	10
3	已就業	28500	8
4	待業中	-	-
5	已就業	29500	9
6	已就業	39100	14
7	待業中	-	-
8	已就業	48000	12
9	已就業	35500	14
10	…	…	…
11	…	…	…

◎圖 2-5　變數、觀察值、與資料之間的關係

範例 2-3

我們想瞭解台灣小學生視力不良的比例，調查各縣市公私立1,500位小學生。請說明該問題的變數、觀察值、資料。

1. 問題中可能的變數有二：
   (1) 視力狀況：□正常 □不良（兩眼裸視視力均達 0.9 以上者爲視力正常，否則爲視力不良）。
   (2) 學校類別：□公立 □私立。
2. 觀察值：1,500 位受訪者的回應結果。
3. 資料：彙整 1,500 位受訪者的回應結果。

表 2-1 小學生視力狀況調查資料

流水號	學校類別	視力狀況
1	公立	不良
2	公立	不良
3	私立	不良
4	私立	不良
5	私立	正常
…	…	…
1499	公立	正常
1500	私立	不良

初學者經常容易混淆變數和選項，在回答上例問題時，經常誤以為「視力不良比例」才是變數。若從學校角度來看，各校視力不良比例不完全相同，而且各校視力不良比例並不是「問」出來的。前面我們曾提過，「一個問題，一個變數」，想要知道各校視力不良比例，必須要先詢問各校學生是否視力不良，透過受訪者的回答再計算視力不良比例。

問卷設計時，如果可能有模糊語意的問題，務必要清楚註明變數定義，以免受訪者誤解，例如上例中的視力正常與否。

另外，**編碼（Coding）**則是統計實務上經常使用的手法，在處理資料時，資料庫本身的大小一定會影響運算速度，因此經常將類別項目以編碼方式處理，使用者可透過**編碼簿（Codebook）**進行編制。例如，透過「學校代碼」處理資料，編碼中第一個數字 1 表示公立，2 表示私立，第 2 ～ 3 個數字可設定為縣市別代碼，第 4 ～ 7 個數字則可用流水號代表學校。編碼的優點除了可以減少資料庫大小外，還可以透過程式指令迅速產製需要的分類變數。例如，EXCEL 公式中的 MID 指令，可擷取字串中的部份範圍，相關範例可參考附錄 A 的說明。

課堂練習 2-3

我們想瞭解本校應屆畢業生的就業狀況，包括薪資水準、計薪方式、與學用關係。請說明這些問題的變數、觀察值、資料。

2-4 類別變數與數值變數

觀察值可以是文字也可以是數字，我們將變數分為二大類，一為類別變數（**Categorical Variable**），又稱為屬質變數（**Qualitative Variable**）或屬性變數（**Attribute Variable**），例如計薪方式；二為數值變數（**Numerical Variable**），也稱為屬量變數（**Quantitative Variable**），例如薪資。

判斷的方法很簡單，如果問題的回答是文字，就一定是類別變數。如果問題的回答是數字，可以作四則運算則屬於數值變數，無法做四則運算則被歸類於類別變數，例如郵遞區號。

所有類別變數都是間斷變數，但數值變數可能是間斷或連續變數。判斷數值變數是否連續，可將該問題的回答畫在數線上，如果該變數的觀察值能夠無限細分，便是連續變數（**Continuous Variable**），例如等待時間，3 ～ 5 分鐘內的數值都是有意義的；如果不能無限細分，例如看病人數，4 或 5 人，二數字之間的數值是不存在的，這種就是間斷變數（**Discrete Variable**），或稱為不連續變數（**Discontinuous Variable**）。

◎ 圖 2-6 間斷與連續變數

範例 2-4

請分辨以下變數屬於數值變數或類別變數、連續變數或間斷變數：球衣號碼、疼痛評估、結帳人數、年齡、體重、宗教信仰、血型、溫度、品牌偏好、學號、年份、降雨量、銷售量。

1. 類別變數

（間斷）：球衣號碼、疼痛評估、宗教信仰、血型、品牌偏好、學號、年份。

2. 數值變數

（間斷）結帳人數、銷售量。

（連續）年齡、體重、溫度、降雨量。

課堂練習 2-4

請分辨以下變數屬於數值變數或類別變數、連續變數或間斷變數：身高、星座、月份、車輛數、評分等級、等待時間、警報器個數。

2-5 資料的衡量尺度

若再進一步細分，可將類別變數做以下區分：一爲**名目尺度（Nominal Scale）**，這是最單純的分類，實務上通常會用編碼方式處理名目尺度變數的選項。例如區域別，1 代表北部，2 代表中部，3 代表南部，4 代表東部，5 代表離島，此時的數字只是一個代號，沒有任何意義，既不能比大小也不能做四則運算。二爲**順序尺度（Ordinal Scale）**，可以排序（Rank），但仍然無法做四則運算，沒有固定差距，也無法確定順序之間的差異大小。例如滿意度調查中的□非常喜歡 □喜歡 □普通 □不喜歡 □非常不喜歡，分析時可採用最常見的**李克特量表（Likert Scale）**自訂量化標準，如 5, 4, 3, 2, 1 代表五種偏好程度，分數愈高表示愈滿意。

數值變數也被分爲二類，區間尺度與比例尺度，二者最大的區別在於**區間尺度或稱爲等距尺度（Interval Scale）**爲任意原點（Arbitrary Origin），**比例尺度（Ratio Scale）**則具有眞零（True Zero Point）或絕對原點（Absolute Origin）的特性。任意原點並非表示 0 或無的狀況，例如智商爲 0 並不是表示沒有智商，華氏或攝氏 0 度也不表示沒有溫度。絕對原點則具有眞零的狀況，如薪資與工時，薪資不論用新台幣或美元來計算，0 元都表示沒錢，工時爲 0 小時、0 天、0 個月，都表示不用工作。

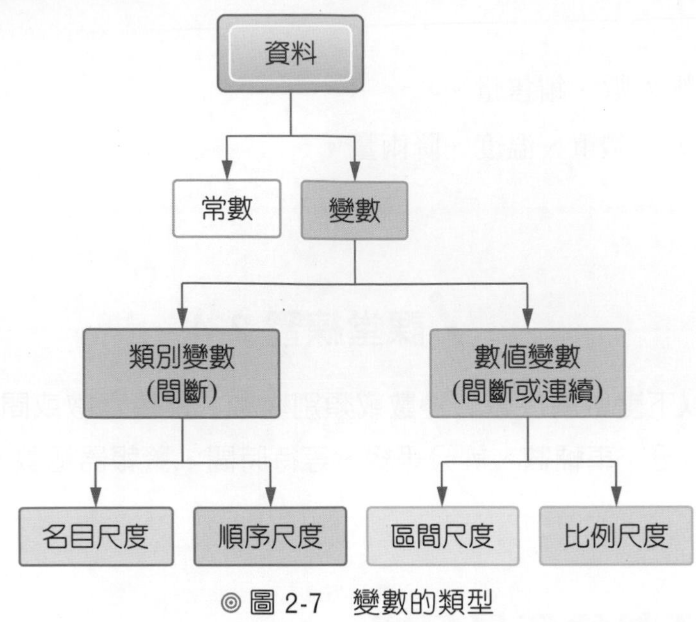

◎ 圖 2-7　變數的類型

表 2-2　四種尺度的特性

尺度	特性
名目尺度	不可加減。
順序尺度	不可加減，可比較順序。
區間尺度	可加減，有固定間距。
比例尺度	可加減乘除，有固定間距，有絕對原點「零」。

範例 2-5

請分辨以下變數各屬於哪種尺度，並列出問題可能的選項：性別、婚姻狀況、職業別、產業別、地區別、宗教信仰、政黨傾向、滿意度、分數評等、風險程度、全民英檢等級、景氣燈號、溫度、鞋碼、身高、體重、年所得、年齡。

1. 名目尺度

   性別：□男 □女。

   婚姻狀況：□已婚 □未婚 □離婚 □其他。

   職業別：□軍公教 □商 □工 □其他。

產業別：□製造業□批發零售業□金融保險業□其他。

地區別：□台北市 □新北市 □桃園市 □其他。

宗教信仰：□佛教 □基督教 □天主教 □其他。

政黨信仰：□國民黨 □民進黨 □無黨籍 □其他。

2. 順序尺度

滿意度：□非常滿意 □滿意 □普通 □不滿意 □非常滿意。

分數評等：□ A（超過 80 分（含））□ B（70 ～ 79 分）□ C（60 ～ 69 分）□ D（低於 60 分）。

風險程度：□高風險 □低風險 □無風險。

全民英檢等級：□優級 □高級 □中高級 □中級 □初級。

景氣燈號：□藍燈（1 ～ 16 分），景氣趨冷 □黃藍燈（17 ～ 22 分）□綠燈（23 ～ 31 分），景氣穩定安全 □黃紅燈（32 ～ 37 分）□紅燈（38 ～ 45 分），景氣過熱。

3. 區間尺度

目前溫度________℃或________℉：攝氏（Centigrade）與華氏（Fahrenheit）溫度的換算關係為 $F = (C \times 9) \div 5 + 32$。

鞋碼________號：成人鞋碼各國不盡相同，以女鞋為例，台灣 70 號鞋，在日本 24 號鞋，美國 7 號鞋，英國 5.5 號鞋，歐洲 37 號鞋等。

4. 比例尺度

身高________公分（cm）或英呎（feet）英吋（inches）。

體重________公斤（kg）或磅（pound）。

年所得________新台幣（元）或美元（US$）、英鎊（£）、歐元（€）。

年齡________歲或透過出生年月日換算________年________月。

在設計回答選項時，必須列出所有可能的狀況，若無法全部列出，就必須在最後加上「其他」項，或讓受訪者自行填寫。

課堂練習 2-5

請分辨以下變數為各屬於哪種尺度，並列出問題可能的選項：車款、上學的交通工具、學測作文級分、認同度、國外旅遊警示分級、衣服尺寸、教育程度、疼痛評估、衣服尺碼、TOEIC 分數、結帳人數、重量、車速、營業額、累積雨量。

2-6 資料的種類

不同的資料特性會影響統計工具的選擇，以下整理了常用的資料類型，包括跟時間有關的橫斷面資料與時間序列資料，資料取得方式有關的初級資料與次級資料，以及調查範圍有關的普查資料與抽樣資料。

2-6-1 橫斷面與時間序列資料

依據發生時間，可分爲橫斷面資料與時間序列資料。在固定時點蒐集不同對象的資料，稱爲**橫斷面資料（Cross-section Data）**，或稱爲**靜態資料**、**橫向資料**，如 2018 年博士、碩士、學士、專科畢業生的平均工資；針對某一特定對象進行長期的資料蒐集，則稱爲**時間序列資料（Time-series Data）**，或稱爲**動態資料**、**縱向資料**，如大專畢業生 2014 至 2018 年畢業生的平均工資。

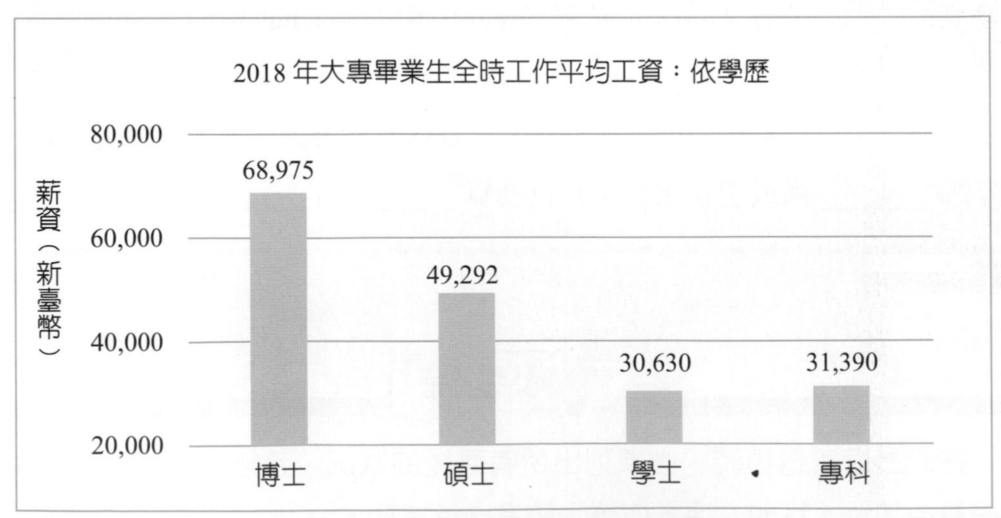

資料來源：勞動部「薪資行情及大專生就業導航」官網，篩選條件：2019 年 07 月所有縣市。

◎ 圖 2-8　橫斷面資料範例

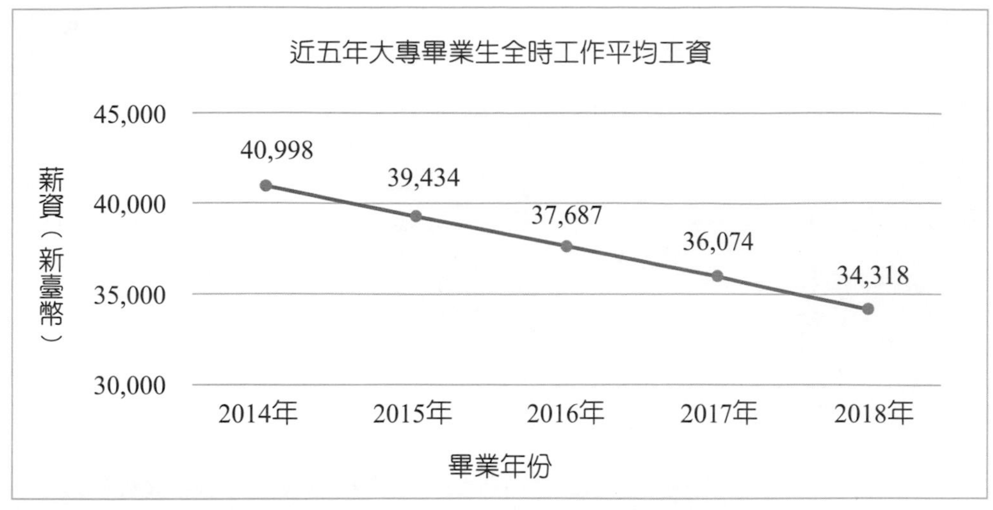

資料來源：勞動部「薪資行情及大專生就業導航」官網，篩選條件：2019 年 07 月所有縣市。

◎ 圖 2-9　時間序列資料範例

依照調查時間的不同，時間序列資料還可分爲**年資料**、**季資料**、**月資料**、或**日資料**等。例如，在主計處總體統計資料庫中，國民所得統計提供年資料和季資料，物價統計則提供年資料與月資料，台灣證券交易所提供各股票交易日之日資料，以及每 5 秒委託成交統計資料。

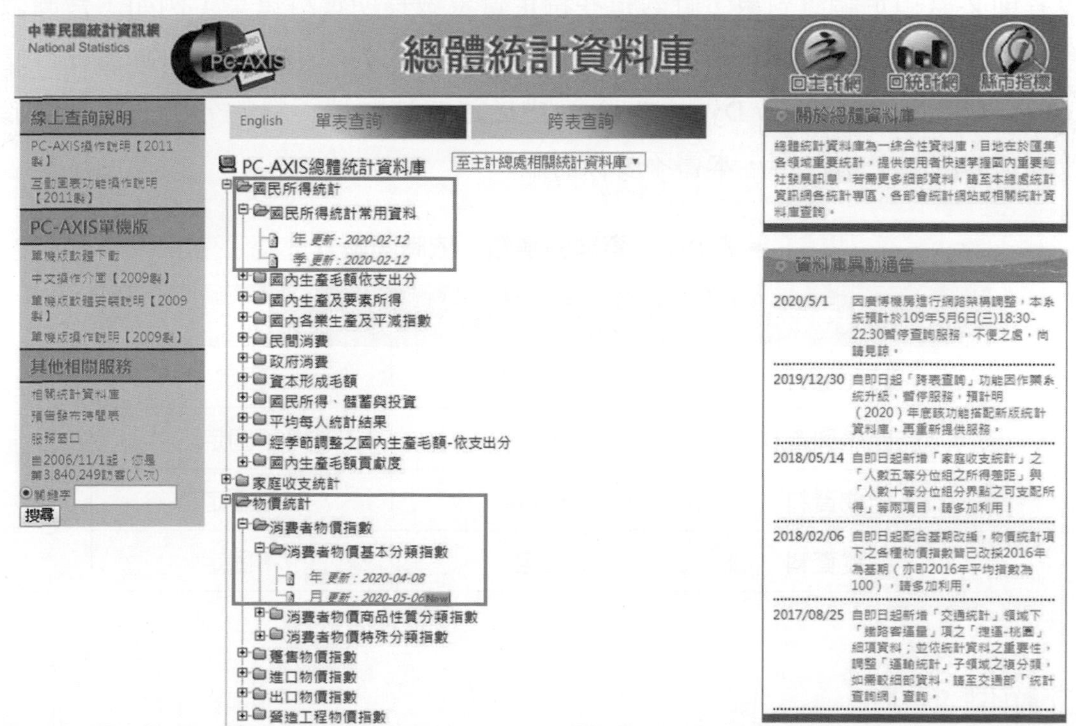

資料來源：中華民國主計總處官網。
http://statdb.dgbas.gov.tw/pxweb/dialog/statfile9L.asp

◎ 圖 2-10　年資料、季資料、與月資料範例

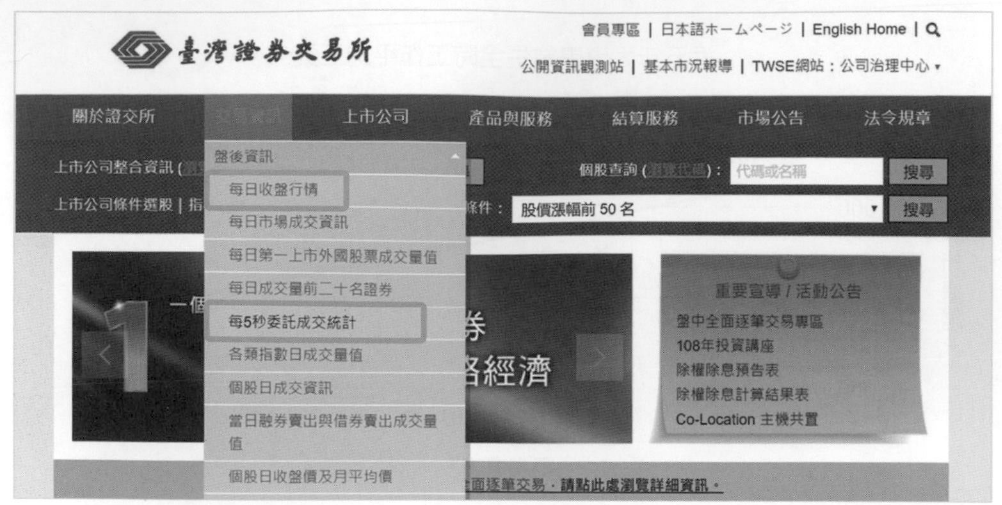

資料來源：台灣證券交易所官網。
https://www.twse.com.tw/zh/

◎圖 2-11　日資料範例

與時間有關的資料種類，還包括**組成資料**（**Pooling Data**）與**追蹤資料**（**Panel Data** 或 **Longitudinal Data**）二種分類，前者不限定調查對象做長期的資料蒐集，例如，主計總處家庭收支調查，每年抽取非特定家戶進行調查；後者則必需鎖定調查對象，針對這些特定對象做長期資料蒐集，例如，台灣教育長期追蹤資料庫（Taiwan Education Panel Survey）、華人家庭動態資料庫（Panel Study of Family Dynamics）。由於這二種類型資料的分析方法，屬於較高階的計量分析內容，本書不多做討論。

➨ 表 2-3　資料的種類：依時間區分

資料種類	分析對象	時間點
橫斷面資料	不固定	固定
時間序列資料	固定	不固定
組成資料	不固定	不固定
追蹤資料	固定	不固定

範例 2-6

問 請以國民所得為例，舉例說明橫斷面資料與時間序列資料。

1. 橫斷面資料

2018 年（固定時點）主要國家（不同對象）平均每人 GDP（變數）。

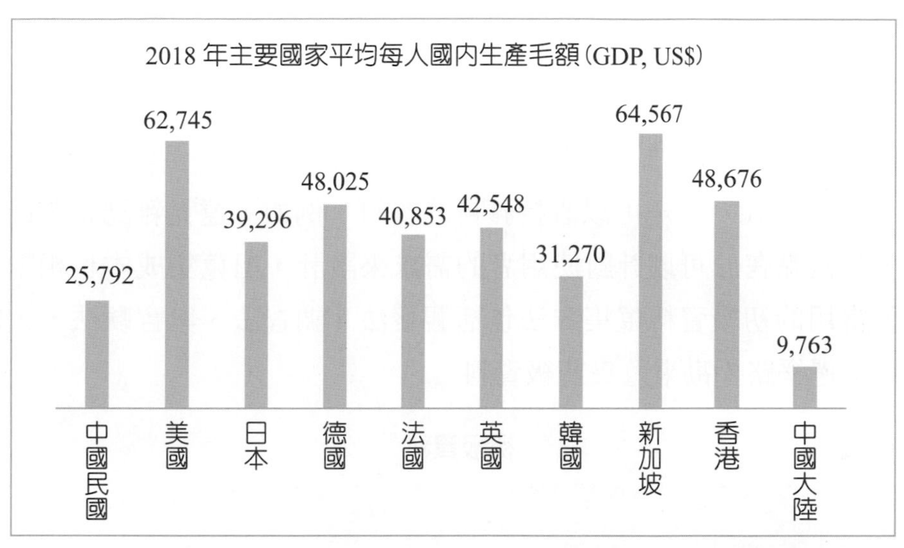

資料來源：經濟部統計處。

◎ 圖 2-12　橫斷面資料範例

2. 時間序列資料

2010 年到 2019 年（長期）我國（固定對象）平均每人 GDP（變數）。

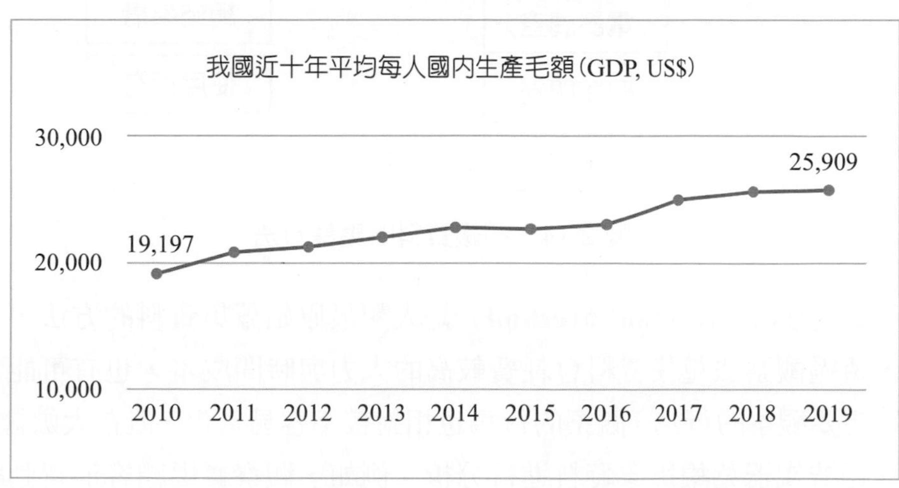

資料來源：行政院主計總處。

◎ 圖 2-13　時間序列資料範例

課堂練習 2-6

除上述範例外，請繼續針對「國民所得」舉例說明橫斷面資料與時間序列資料。

2-6-2 初級與次級資料

初級資料也稱爲**原始資料（Primary Data）**或**第一手資料（First-hand Data）**，顧名思義，就是可以直接獲得的資料，例如，遠見雜誌企業最愛大學生調查，其優點在於可以針對使用者的需求來設計，但蒐集成本也相對較高。傳統上，常用的初級資料蒐集方法包括觀察法、調查法、與實驗法，大數據時代還可以透過網路探勘來蒐集初級資料。

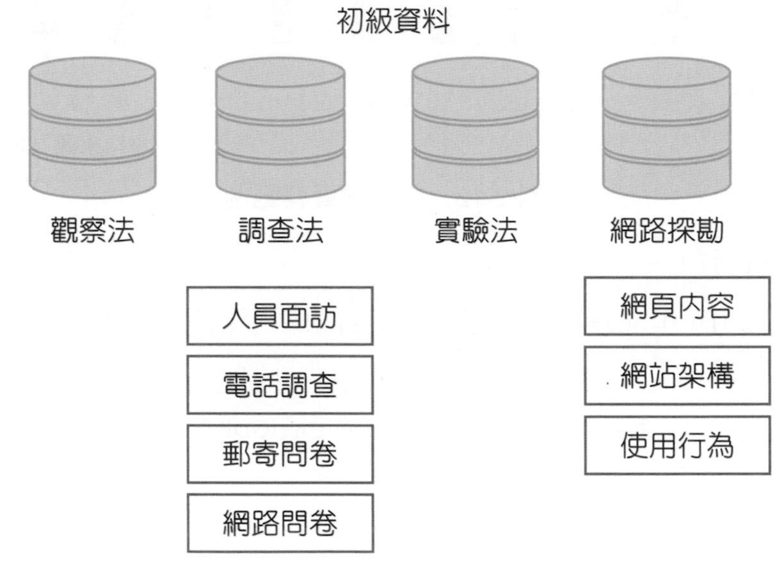

◎圖 2-14　初級資料的蒐集方法

觀察法（Observational Method）是人類最原始蒐集資料的方法，在傳統方式下，透過觀察法蒐集資料會耗費較高的人力與時間成本，也有可能常常無法觀察到想要觀察的行爲，觀察的行爲也相對較不容易量化，但在大數據時代，可直接透過監視器蒐集影像資料進行分析。例如，觀察賣場顧客消費動線或逗留時間、觀察遊樂園遊客操作機器的狀況、觀察動物或嬰兒的行爲等。

調查法（Survey Method），或稱爲**詢問法（Inquiry Method）**，是政府單位、研究機構、民間企業、或是媒體報章雜誌經常採用的量化研究方式，問卷調查可能採取人員面訪、電話訪問、郵寄問卷、或網路調查等方式進行。

表 2-4　各種調查法的優缺點比較

調查方法	優點	缺點
人員面訪	可避免受訪者誤解問題意思，也可以當場判別受訪者是否有認真作答。	單位成本最高，花費的人力與時間成本最高，訪問員也需要在調查前接受訓練。
電話訪問	較省錢和省時，技術上已經可以用電腦輔助語音辨識系統或電話訪問輔助系統（Computer Assisted Telephone Interview, CATI）蒐集資料，是選舉民調最常使用的方法。	題目太多或太繁複，或訪問時間太長，受訪者容易失去耐性而掛電話。
郵寄問卷	當調查空間範圍很大，需要很多樣本數量，或涉及被訪問者較敏感或隱私問題，現場反應可能被訪問者誤解時，所能採取比較省錢的辦法。	通常耗時且回收率不高，調查者只能處於被動角色等待受訪者將問卷寄回。有時候會採用跟催、發放贈品、或事先電話告知等方法，以提高問卷回收率。
網路調查	成本低、最快速、降低資料輸入人為錯誤，不受調查時間限制。	受訪對象僅限於網路使用者，某些問題可能產生抽樣誤差。

實驗法（Experimentation Method）經常被應用在小規模測試階段時使用，可將分析對象區分爲實驗組與對照組，控制某項或多項因素進行分析比較。例如，試賣會針對二種不同包裝產品進行銷量測試、對二種教育方法成效進行比較、聽古典音樂的牛隻是否牛乳產量和品質特別好、醫學上單盲或雙盲實驗設計的藥物測試。

網路探勘（Web Mining）將資料探勘技術應用在網路上，包括針對網頁內容、網站架構、或使用者行爲進行初級資料的蒐集。例如，依據網頁內容或主題，將網頁進行分類或分群；透過網頁之間的超連結結構與關聯，對搜尋引擎查詢結果進行排序；分析網站使用者與網站互動的紀錄，繼而發掘使用者瀏覽網站的行爲模式，以利未來改善網站內容結構或個人化服務。

經過加工處理的資料稱為**次級資料**（**Secondary Data**），或稱**二手資料**（**Second-hand Data**），優點是取得成本較低，但其適用性可能相對較差。一般來說可分為內部次級資料與外部次級資料，前者如公司內部銷售、生產、財會、人事、或客戶資料等；後者有政府機構**開放資料**（**Open Data**）、政府出版品、上市公司財務報表、學術或研究機構發佈的研究報告、工會或協會的產業報告、報章雜誌或網路論壇的媒體資料等。

範例 2-7

請說明以下報導內容屬於初級資料或次級資料？

Gartner 調查顯示 37% 企業組織已導入人工智慧

根據國際研究暨顧問機構 Gartner 公布的 2019 年企業資訊長調查（CIO Survey），採用人工智慧（AI）的企業數量在過去 4 年間成長 270%，去年更增長了 2 倍，顯示所有產業的企業組織都將人工智慧技術導入各種應用，但同時面臨十分嚴重的人才短缺問題。

Gartner 副總裁暨傑出分析師 Chris Howard 表示：「4 年前人工智慧還十分罕見，只有 10% 受訪者表示所屬企業已經或即將部署人工智慧。而在 2019 年，這個統計數字躍升到 37%，代表 4 年內增加了 270%。若公司尚未開始使用人工智慧，則資訊長該擔心了，因為競者採用此技術的可能性非常高。」

Gartner「2019 年資訊長調查」訪問了全球超過 89 個國家中各大產業的 3,000 多名資訊長，所屬單位營收／公共部門預算總計約 15 兆美元，IT 支出金額達 2,840 億美元。

資料來源：節錄自中時電子報，2019-01-30。
https://www.chinatimes.com/realtimenews/20190130001655-260412?chdtv

1. 初級資料：Gartner「2019 年資訊長調查」內部訪問 3,000 多位 CEO 的原始資料。
2. 次級資料：中時電子報的報導。

課堂練習 2-7

以下資訊屬於初級資料還是次級資料？

1. 航空公司派員進入頭等艙，聆聽乘客對於這趟飛行過程服務品質的看法。
2. 石二鍋於用餐後送上滿意度問卷，請客人填寫。
3. 「傳染病統計資料查詢系統」網站公佈每月本土登革熱病例人數。
4. 聯合國氣候變遷小組（IPCC）最新特別報告《Global Warming of 1.5℃》。

常用的國內經濟指標，可在行政院主計總處或中華民國統計資訊官網「總體統計資料庫」與「縣市統計指標」進行查詢，或是在行政院各部會統計局處官網進行搜尋，主要國家經濟指標則可至經濟部統計處官網進行查詢。

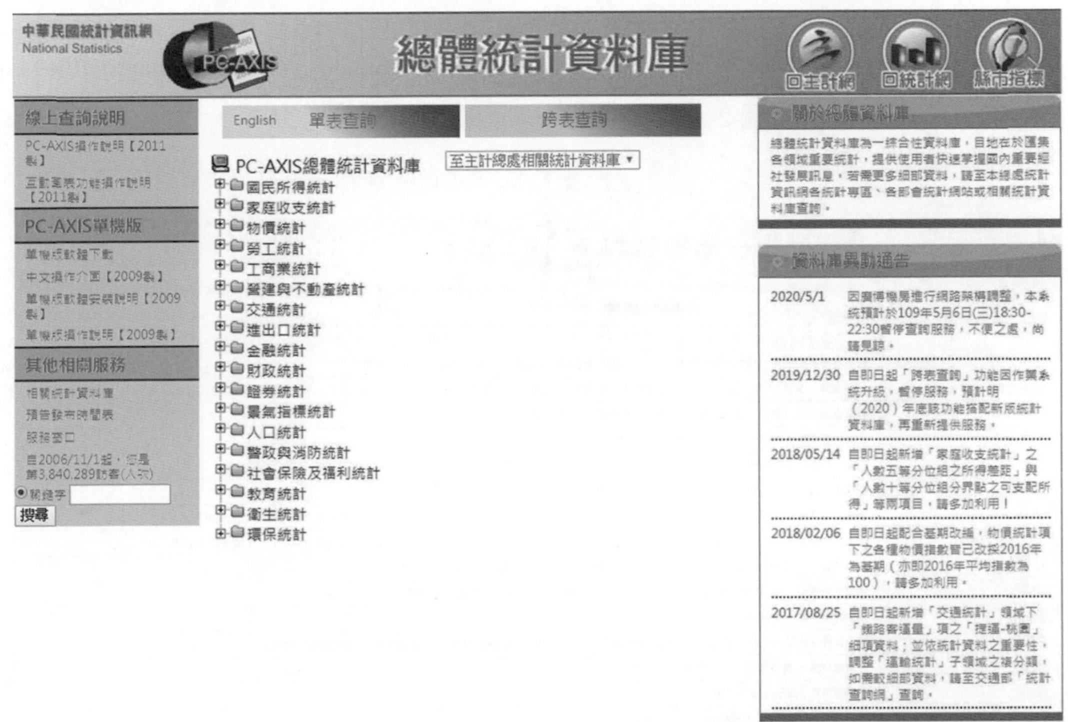

資料來源：中華民國統計資料網。
http://statdb.dgbas.gov.tw/pxweb/dialog/statfile9L.asp

◎ 圖 2-15　常用的次級資料庫：國內指標

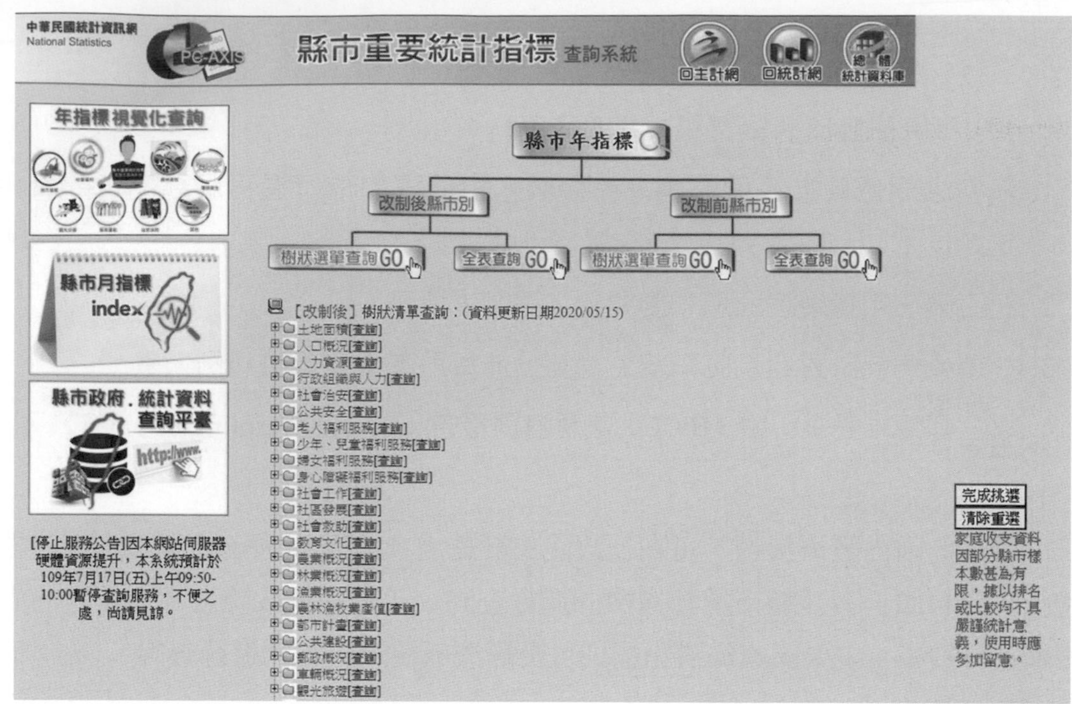

資料來源：中華民國統計資料網。
http://statdb.dgbas.gov.tw/pxweb/dialog/statfile9.asp

◎圖 2-16　常用的次級資料庫：縣市指標

經濟部統計處 Department of Statistics, Ministry of Economic Affairs

統計指標簡易查詢

經濟統計指標電子書　關鍵字查詢：　搜尋

大分類	中分類
總體經濟	國民所得重要指標、國內生產毛額-按支出分、國內生產毛額-按行業分、固定投資、進出口貿易預測
國際比較	總體經濟、貿易、市占率、排名、工業生產、失業率、物價、人力資源及薪資、外匯存底、匯率、研發經費占GDP比重
外銷訂單	訂單金額、訂單貨品、訂單地區、訂單貨品與地區、海外生產比
工業生產	工業生產指數、製造業生產指數、製造業銷售指數、製造業存貨指數
批發、零售及餐飲業	批發、零售及餐飲業營業額、批發業營業額、零售業營業額、零售業網路銷售額、綜合商品零售業營業額、餐飲業營業額
工廠校正	營運中工廠家數、從業員工人數、營業收入、固定資產投資、研究發展、技術交易
進出口	進出口貿易值、主要出口貨品、主要進口貨品、主要出口國家、主要進口國家、對主要國家出入超、出口貿易結構、進口貿易結構
登記及歇業動態	公司登記-按組織、公司登記-按縣市、公司登記-按行業、商業登記-按縣市、商業登記-按行業、工廠登記-按縣市、工廠登記-按行業
投資	核准投資、核准對外投資、核准對大陸投資、核准華僑及外國人來臺投資、各國在大陸投資狀況
能源	國際原油價格、台電購發電量及售電量、能源供給量及消費量、發電裝置容量、發電量
勞動力	勞動力與就業、外籍勞工
薪資	製造業受僱員工及薪資、基本工資、製造業受僱員工人數、製造業受僱員工薪資、勞動生產力、單位產出勞動成本
物價	消費者物價、躉售物價、出口物價、進口物價
交通	汽車掛牌數、觀光客來台人數
財政金融	金融指標、國際收支、賦稅收入

資料來源：經濟部統計處。
https://dmz26.moea.gov.tw/GMWeb/common/CommonQuery.aspx

◎圖 2-17　常用的次級資料庫：國際指標

如何在開放資料（Open Data）中挖出金礦？一起看看他們怎麼做！

精緻農業：一根玉米可以賣到 49 元？全來自於「精準」！

「台灣在精緻農業的發展相當快，管理的方式卻受到傳統經驗的限制，他們沒有辦法跟上市場的腳步。」徐承原分析，因此宸訊科技結合中央氣象局與環保署的開放資料，再收集全台灣各地區的土壤資料，完成 1,500 萬塊的農地履歷資訊，並引入行動技術，讓農場管理者可及時追蹤目前所在位置的農地資訊。

物業管理：比你更了解你想要的房子？

買房是人生大事，尤其在資訊爆炸的時代，資料愈多反而愈找不到我們要的房子，永慶房仲就透過大數據分析，找出民眾最想要知道的房價資訊。

資訊科技：什麼，企業也能打造專屬的線上 Siri ？

專精自然語言處理的碩網資訊，從開放資料中挖掘出大金礦，建置了 100 個以上的開放資料集與數千條的問答類型，成功為企業打造專屬化的智能線上客服。

但只有回應還不夠，還要能夠思考，因此智能助理還從對話內容，分析提問者的需求，例如客戶目前在查詢房價與地方治安的資訊，推測他可能有購屋需求，系統會自動推薦小資貸款方案。

醫療保健：到底吃了什麼藥？一鍵查詢報你知！

信雲國際結合食藥署、健保局、中醫藥司與 OpenFDA 的開放資料，成立了藥要看平台，平台還開放給醫師、藥師能夠編輯，就像是藥物的維基百科。

平台除了會及時更新跟藥物有關的新聞外，民眾還可向健保署申請健康存摺，把就醫記錄匯入藥要看網站，就可得到每次就醫所使用的藥物資訊，不用再一筆一筆輸入查詢，「考量到個人就醫記錄的隱私性，將來可以獨立成一個網站，提高它的安全性，保管民眾自己的就醫記錄。」相信在未來，個人化智慧醫療服務，將會愈來愈普及。

智慧交通：你個人專屬的 Google Map ！

與交通有關的開放資料，像是軌道運輸、捷運出入口、市區公司與觀光景點等，資料相當豐富且四散在不同的部會。

為瞭解大眾對於交通服務的需求，他們走訪各客運公司、資訊科技業者與社會企業，瞭解他們使用現有工具的問題，再結合各部會不同類型的開放資料，為客戶量身打造他們所需要的資料，像是崧旭資訊就使用他們提供的交通資料 API，將原本需要 1 年作業時間縮短在一週內就完成，成功為客戶加速開發時間與減少大筆成本。

運輸物流：貨物到哪了？隨時隨地告訴你！

對於業者而言，要在不同平台查詢物流資料，不僅費工費時還費成本，因此他們整合航空局、關務署、中央銀行與台灣港務等資訊，建立 iPort2.0，系統可以自動推薦最佳的海空聯運方案，計算平均運價與掌握全程貨況動態。未來，平台還要跟跨境電商整合，提供完整的智慧運籌服務。

金融服務：火紅的熱股，一看就知道！

寶碩財務科技蒐集物價指數、資本市場利率與個股成交資訊等，將財務資料聚焦化、圖像化與視覺化，打造成適合作決策的數位金融學院 3.0 平台。

寶碩財務科技為瞭解系統對使用者的幫助程度，還採用問卷調查蒐集使用者的回饋，結果發現數據疊圖功能的助益最大，符合金融主觀性的判斷。此外，使用者對平台加值運用的滿意度最高，寶碩財務科技利用獨家技術，將每日股市類股以溫度計來呈現，還提供大師選股，協助使用者制定更精準的股市決策。

金融服務：哪間公司違規了，手機馬上查！

精誠資訊依照公司治理評鑑機制使用 Open Data，以及第三方的資料來源建立公司治理資料庫，讓使用者可從不同使用介面，查詢特定公司的裁罰案件、違規資訊、專利資料與公司資訊揭露資訊等，不管是專業人士、行動投資族與網站會員，都能第一手掌握公司治理的最新資訊。

資料來源：節錄自 Big Data Group 大數聚官網，2016-03-30 與 2016-04-09。
https://group.dailyview.tw/article/detail/1054
https://group.dailyview.tw/Article/detail/938

2-6-3 普查與抽樣資料

依據調查範圍，可以將資料分爲普查與抽樣。針對某種目的做全面性調查稱之爲**普查（Census）**，由於普查的金錢與時間成本都相當高，通常由公部門施行，例如，行政院主計總處的三大普查資料，人口及住宅普查、工商及服務業普查、及農林漁牧業普查。從全面調查資料中擷取一部分對象進行調查即爲**抽樣（Sampling）**調查，例如，主計總處家庭收支調查、受雇人員薪資調查、人力資源調查等。

表 2-5　普查與抽樣的優缺點

調查方法	優點	缺點
普查	資料完整精確，沒有抽樣誤差。	人力、物力、財力成本非常高，調查員人數衆多，調查品質難以保證，時效性低。
抽樣	節省人力、物力、財力成本，調查品質相對較佳，時效性較高，具有破壞性的實驗，只能用抽樣方法。	需要正確適當的抽樣方法才能獲取代表性樣本，難以避免抽樣誤差。

資料來源：行政院主計總處官網。
https://census.dgbas.gov.tw/entrance

◎ 圖 2-18　普查範例

資料來源：中華民國統計資料網。
https://www.stat.gov.tw/np.asp?ctNode=509

◎ 圖 2-19　抽樣調查範例

範例 2-8

下列狀況屬於普查或抽樣？

1. 從大考中心考生資料庫，瞭解大學指考考生志願填寫與錄取狀況。
2. 從財政部報稅資料庫，瞭解各縣市綜合所得稅與營利事業所得稅收入。
3. 從 104 人力銀行求才資料庫，瞭解各行各業人才需求。
4. 從台新銀信用卡資料庫，瞭解信用卡持有人的消費行為。

普查：1 與 2。

抽樣：3 與 4。

課堂練習 2-8

下列狀況屬於普查或抽樣？

1. 從信義房屋成交資料，瞭解目前房價趨勢。
2. 從內政部實價登錄資料庫，瞭解目前住宅銷售狀況。
3. 中研院社會變遷調查資料庫，瞭解社會階層與社會流動狀況。
4. 從各縣市戶政單位人口戶籍資料庫，瞭解 65 歲以上老年人口變化。

尋找統計資料大作戰

比爾蓋茲曾預言：「網路教育是未來的趨勢！」我們嘗試透過遊戲方式，從網路中吸取知識。

用直覺看事情，容易產生主觀印象，容易受外力因素扭曲。但習慣用數據思考的人，通常比較不容易被問題的表面所迷惑，更能釐清問題的關鍵重點。而懂得看數據的人，比較不會被偏頗的數據所誤導。

大家常常都會看到報章雜誌中提供的數據資訊，但這些資訊的真實意義為何？每次一個議題出現，就開始眾說紛紜，天下大亂。要從哪裡尋找資料才能比較完整的說明該議題，而不只是斷章取義？這個遊戲的設計，就是希望你能從遊戲中，開始熟悉這些開放資料庫，從各種課題中，找出適當的資料進行說明。

範例 2-9

依據 2010 年人口普查，目前台灣地區共有 23,123,866 人，請問：

1. 外籍常住人口有多少？其中哪二個國家的人口數最多，所佔比例爲何？
2. 與 2000 年人口普查結果相較，外籍常住人口數有何變化？外籍人口國籍的變化又爲何？

解說

1. 根據主計處普查局資料顯示，2010 年外籍常駐人口數爲 562,233 人，其中以印尼籍最多 164,446 人，佔 29.2%，其次爲越南籍 103,647 人，佔 18.4%。
2. 與 2000 年相較，外籍常住人口數由 400,423 人增加了 161,808 人，增幅達 40.4%。2000 年普查資料顯示，以泰國籍 143,484 人與菲律賓籍 95,491 人最多，分別佔 35.8% 與 23.8%。

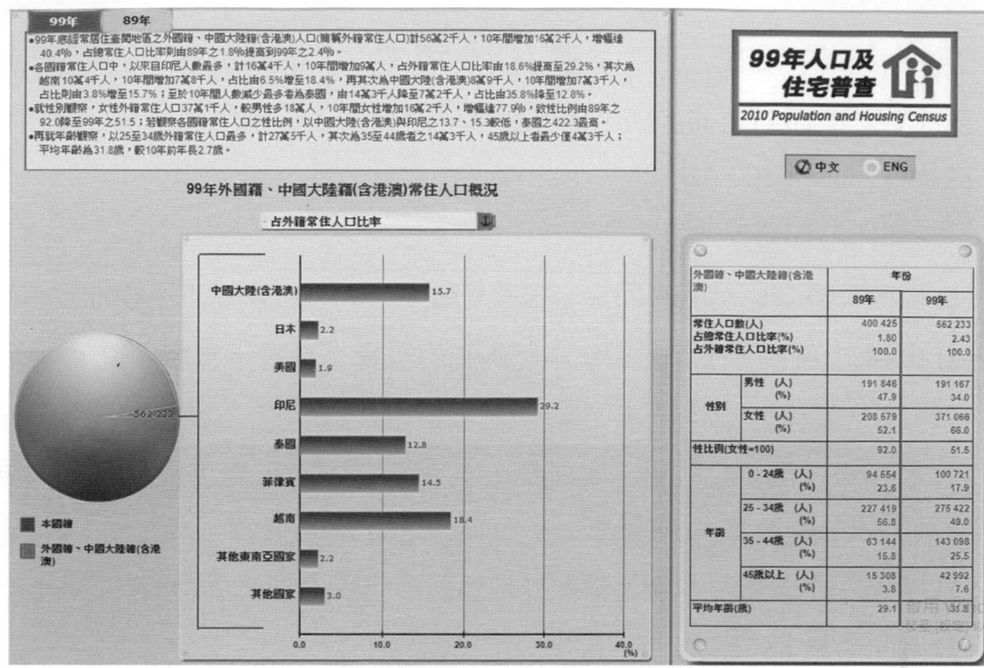

外國籍、中國大陸籍(含港澳)		年份	
		89年	99年
常住人口數(人) 占總常住人口比率(%) 占外籍常住人口比率(%)		400 425 1.80 100.0	562 233 2.43 100.0
性別	男性 (人) (%)	191 846 47.9	191 167 34.0
	女性 (人) (%)	208 579 52.1	371 066 66.0
性比例(女性=100)		92.0	51.5
年齡	0 - 24歲 (人) (%)	94 554 23.6	100 721 17.9
	25 - 34歲 (人) (%)	227 419 56.8	275 422 49.0
	35 - 44歲 (人) (%)	63 144 15.8	143 098 25.5
	45歲以上 (人) (%)	15 308 3.8	42 992 7.6
平均年齡(歲)		29.1	31.8

資料來源：行政院主計總處「三大普查統計資料平台」。
https://www.stat.gov.tw/public/data/dgbas04/bc6/census017(final).html

◎圖 2-20　2010 年外籍常住人口狀況

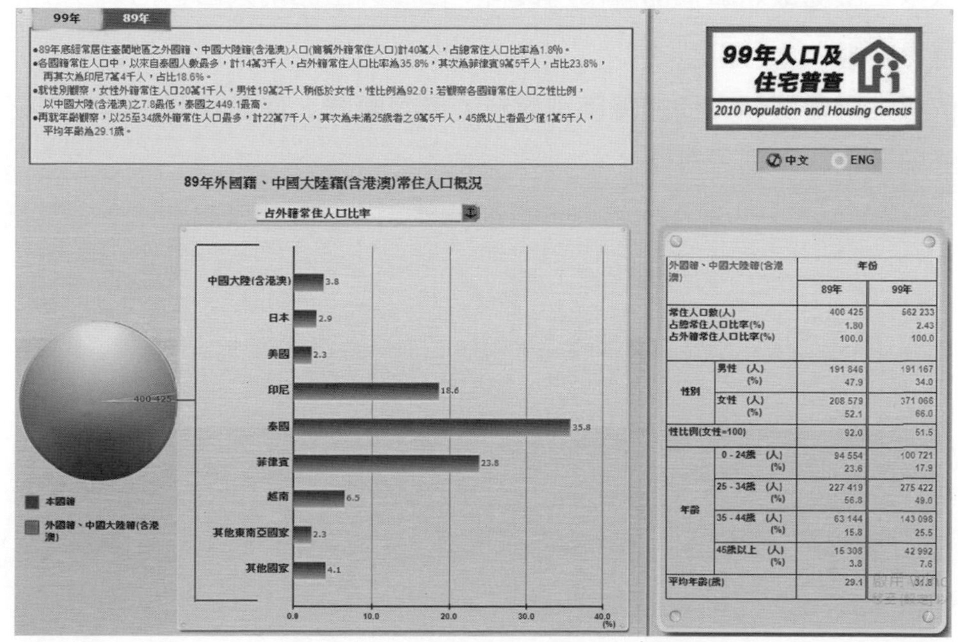

外國籍、中國大陸籍(含港澳)		年份	
		89年	99年
常住人口數(人) 占總常住人口比率(%) 占外籍常住人口比率(%)		400 425 1.80 100.0	562 233 2.43 100.0
性別	男性 (人) (%)	191 846 47.9	191 167 34.0
	女性 (人) (%)	208 579 52.1	371 066 66.0
性比例(女性=100)		92.0	51.5
年齡	0 - 24歲 (人) (%)	94 554 23.6	100 721 17.9
	25 - 34歲 (人) (%)	227 419 56.8	275 422 49.0
	35 - 44歲 (人) (%)	63 144 15.8	143 098 25.5
	45歲以上 (人) (%)	15 308 3.8	42 992 7.6
平均年齡(歲)		29.1	31.8

資料來源：行政院主計總處「三大普查統計資料平台」。
https://www.stat.gov.tw/public/data/dgbas04/bc6/census017(final).html

◎圖 2-21　2000 年外籍常住人口狀況

小試身手

1. 依據主計處最新公佈的縣市別資料，依序列出人口數、戶數、與擁擠程度最高的前三名縣市別。
2. 以六都作為都會區代表，請問：

   (1) 現在有多少比例的人口集中在都會區？

   (2) 1998 年至今，歷年人口集中比例有何改變？請提出數字佐證。
3. 根據聯合國世界衛生組織定義，65 歲以上老年人口占總人口比例達到 7% 時稱為「高齡化社會」，達到 14% 屬於「高齡社會」，若達 20% 則稱為「超高齡社會」。請問：

   (1) 世界主要國家中，老化程度排名前五的國家為何？

   (2) 目前台灣 65 歲以上人口佔總人口比率為何？

   (3) 請提出數字佐證，說明台灣老化程度是否有減緩的趨勢？或仍持續惡化？
4. 依據主計處最新公佈的縣市別資料，依序列出目前人口老化與少子化最嚴重的前三名縣市別。
5. 依據主計處最新公佈的縣市別資料，最會賺錢、最會花錢、與最會存錢的前三名縣市別各為何？

1. 請自行舉例說明敘述統計與推論統計的範例。
2. 請說明下列問題的變數、母體、樣本、母體參數、與樣本統計量。
   (1) 便利商店咖啡的銷售價格與數量。
   (2) 夏日冰品大腸桿菌含量是否超標。
   (3) 固特異輪胎的瑕疵比率。
   (4) 大學生上網、打工、讀書時間、以及手機使用狀況。
   (5) Facebook 的廣告效果。
3. 我們想瞭解大學生網購行爲，部份問卷題目設計如下。請問這些變數分別屬於數值變數或類別變數？連續變數或間斷變數？各屬於何種尺度資料？

   〔購物問項〕

   (1) 最常使用的 B2C 網購平台：

   □ PChome24h 購物 □蝦皮 □ momo 購物網 □ Yahoo 購物中心 □其他。

   (2) 網購支付工具：□信用卡 □貨到付款 □ LINE Pay □ ATM 轉帳 □其他。

   (3) 每月網購金額：________元。

   (4) 每月網購頻率：________次。

   (5) 每月可支配所得：________元。

   (6) 年齡層：□ 18-20 歲 □ 21-24 歲 □ 25 歲以上。

   〔填答者基本資料〕

   (7) 學制：□國立 □私立。

   (8) 部別：□日間部 □進修部。

   (9) 學院：□工程學院 □商管學院 □設計學院。

   (10) 主修科系（已取得畢業證書之最高學歷）：

   □人文（教育、藝術、人文、設計、軍警國防安全、其他）

   □社會（社會及行爲科學、傳播、商業及管理、法律、社會服務、民生）

   □科技（生命科學、自然科學、數學及統計、電算機、工程、建築及都

市規劃、農業科學、獸醫、醫藥衛生、運輸服務、環境保護）

4. 請利用行政院主計總處「縣市統計指標資料庫」中的人口統計資料，說明「65歲以上老年人口數」橫斷面資料與時間序列資料。
5. 請至中華民國統計資料網搜尋，舉例說明行政院主計總處每年執行哪些抽樣調查。
6. 交通部觀光局爲瞭解來台旅客旅遊動機、動向、消費情形、觀感及意見，以提供相關單位研擬國際觀光宣傳與行銷策略、提昇國內觀光服務品質與國際旅遊觀光競爭力之參考，並作爲估算觀光外匯收入之依據。自1998年至今，每年辦理「來台旅客消費及動向調查」，分別在桃園國際機場、高雄國際機場、松山機場及台中航空站現場訪問離境旅客。請依據資料特性、發生時間、調查範圍等，說明該資料庫屬性以及你的判斷依據。
7. 請自行舉例說明普查與抽樣資料範例。
8. 請參考「政府資料開放平台」官網，舉例說明開放資料的應用案例。
9. 以下二則都是討論薪資報導，但報導內容的數據不完全相同，請簡單說明你的看法。

〔**報導一**〕

勞動部昨日發布「2018年7月職類別薪資調查統計結果」。大學生起薪水準，被認爲代表教育良好的年輕人薪資水準。勞動部官員表示，勞動部自1999年開始調查社會新鮮人起薪，早年因景氣好，大學畢業生人數少，起薪也好，曾在2000年時就來到28,016元；之後隨景氣下滑，薪資倒退嚕，2014年時重新爬升到27K，2016年站上28K，2018年則繼續成長至28,849元，較前一年增加403元。

（資料來源：經濟日報，2019-05-31）
https://money.udn.com/money/story/5648/3846413

〔**報導二**〕

1111人力銀行最新調查顯示，今年已經找到正職的新鮮人，第一份工作起薪爲2萬7042元，相較於去年的2萬7850元，薪資減少808元；然而今年期待薪資爲3萬1103元，也較去年同步下修1162元。整體而言，今年企業給薪相對保守，新鮮人的薪資期待已愈加貼近市場行情。

（資料來源：ETtoday新聞雲，2018-12-28。）
https://www.ettoday.net/news/20181228/1342604.htm

1. 敘述統計範例

(1) 整理過去十年台灣各縣市別每月消費者物價指數（Consumer Price Index, CPI）資料，以統計圖表等方式說明各縣市物價的變化狀況。

(2) 根據農委會農產品批發市場交易行情站，2016 年，芒果、蓮霧等 59 種台灣常見水果，有 41 種價格創十年新高，但產量暴跌。

(3) 依據「2017 年屏東縣三地門大母母山恙蟲病群聚事件調查報告」顯示，有 19 名同行者，其中 6 人出現疑似症狀，經檢驗後同行者 5 人確診恙蟲病（不含指標個案）、1 人過去曾經感染。

(4) 2017 年健保署統計資料顯示，民眾最常就醫的疾病，第一名爲下背及肌肉軟組織痛，共有 57.3 萬件，醫療費就約 4.9 億元，其次爲眩暈有 14.7 萬件，再來是過敏有 14.2 萬件。

推論統計範例

(1) 以過去十年台灣各縣市別每月 CPI 資料，預測未來一年物價的變化。

(2) 氣象局未來一週天氣預報。

(3) 由於全球氣候異常，有專家警告 2030 年花生將出現短缺甚至絕種。

(4) 降雨充足有利播種，阿根廷農業部上調小麥種植面積，預估從 646 萬公頃上調至 650 萬公頃。

2. (1) 變數：咖啡銷售量與價格。

母體：所有便利商店。

樣本：選取離家最近的 10 家便利商店。

母體參數：所有便利商店的咖啡平均價格與銷售量。

樣本統計量：10 家便利商店的咖啡平均價格與銷售量。

(2) 變數：大腸桿菌是否超標。

母體：所有販售夏日冰品的商店。

樣本：隨機抽取各縣市販賣夏日冰品的 50 家商店。

母體參數：所有販售夏日冰品的商店大腸桿菌超標比例。

樣本統計量：50 家夏日冰品的商店大腸桿菌超標比例。

(3) 變數：輪胎是否有瑕疵。

母體：所有固特異生產的輪胎。

樣本：隨機抽取 10 條生產線輪胎各 20 個。

母體參數：所有固特異生產的輪胎的瑕疵比例。

樣本統計量：200 個輪胎的瑕疵比例。

(4) 變數：上網、打工、讀書時間、及是否使用手機。

母體：所有大學生。

樣本：某大學生的同班同學 30 名。

母體參數：所有大學生上網比例、平均打工與讀書時間、使用手機比例等。

樣本統計量：30 名大學生上網比例、平均打工與讀書時間、使用手機比例等。

(5) 變數：是否點選 FB 廣告。

母體：所有 FB 的使用者。

樣本：自己 FB 的朋友 60 名。

母體參數：所有 FB 使用者點選廣告比例、觀看廣告平均時間等。

樣本統計量：60 名 FB 使用者點選廣告比例、觀看廣告平均時間等。

3. (1)(2)(7)(8)(9)(10) 類別資料，間斷變數，名目尺度。

(3)(4)(5) 數值資料，連續變數，比例尺度。

(6) 類別資料，間斷變數，順序尺度。

4. (1) 橫斷面資料：台灣地區（或某縣市別）2019 年 65 歲以上老年人口數。

   (2) 時間序列資料：台灣地區（或某縣市別）歷年 65 歲以上老年人口數。

5.

資料來源：中華民國統計資訊網。
https://www.stat.gov.tw/np.asp?ctNode=674&mp=4

6. (1) 資料特性：調查蒐集的原始資料屬於抽樣調查的初級資料，每年對外公佈的調查報告則屬於次級資料。

   (2) 發生時間：1998 至今，屬於時間序列資料。如果考慮歷年調查對象不固定，則屬於組成資料。

   (3) 調查範圍：歷年來台旅客，選取在桃園、高雄、松山機場及台中航空站離境旅客。

7. (1) 普查性質資料：內政部國家移民局出境離境人數、進出口統計資料、上市公司每日股票收盤價等。

   (2) 抽樣性質資料：空氣品質指數、消費者物價指數、課程滿意度調查等。

8. 自行參考政府資料開放平台官網 >> 資料故事館 >> 應用展示專區，閱讀相關內容。

9. (1) 相同處：新聞報導內容都屬於次級資料，資料庫均屬抽樣性質的調查資料，固定調查時點的橫斷面資料，調查對象均為大學畢業生。

   (2) 相異處：不同的抽樣會有不同的樣本統計量。

	報導一	報導二
調查單位	勞動部職類別薪資調查	1111人力銀行調查
薪資水準	28,849元	27,042元
公布時點	2019年5月31日	2018年12月28日

Chapter 3

敘述統計的二大法寶：圖表與統計量

本章介紹敘述統計的兩大法寶，統計圖表與基本統計量，透過 EXCEL 樞紐分析，可以快速製作資料分析報表，進行資料初探。

3-1 敘述資料的方法

如果我們要敘述一樣實體物品，可以從外觀、重量、顏色、大小等方向來說明，但資料本身是非常抽象的概念，經常就是一大堆 0 ～ 9 的排列組合，甚至是圖片、影像、音訊、文字等形式，無法用具體的外觀進行描述。因此在敘述統計範疇中，我們需要一些道具來描述這些資料，讓一般大眾能迅速理解資料分佈狀況，發現資料規則，以及這些數字背後隱含的重要訊息。統計上最常用來敘述資料的二種方法就是製作**統計圖表（Charts）**與計算**統計量數（Statistics）**。

其實只要有資料就可以產製圖表與計算統計量，但統計工具種類繁多，沒有誰好誰壞，唯一目的就是要用來展示數據情況，因此，選對工具切中要領，製作淺顯易懂圖表是最高指導原則。正確選擇統計工具的第一步，就是從區分類別資料與數值資料開始，類別資料大多採用圖表工具，數值資料可以選擇分組作圖或是直接計算統計量數。

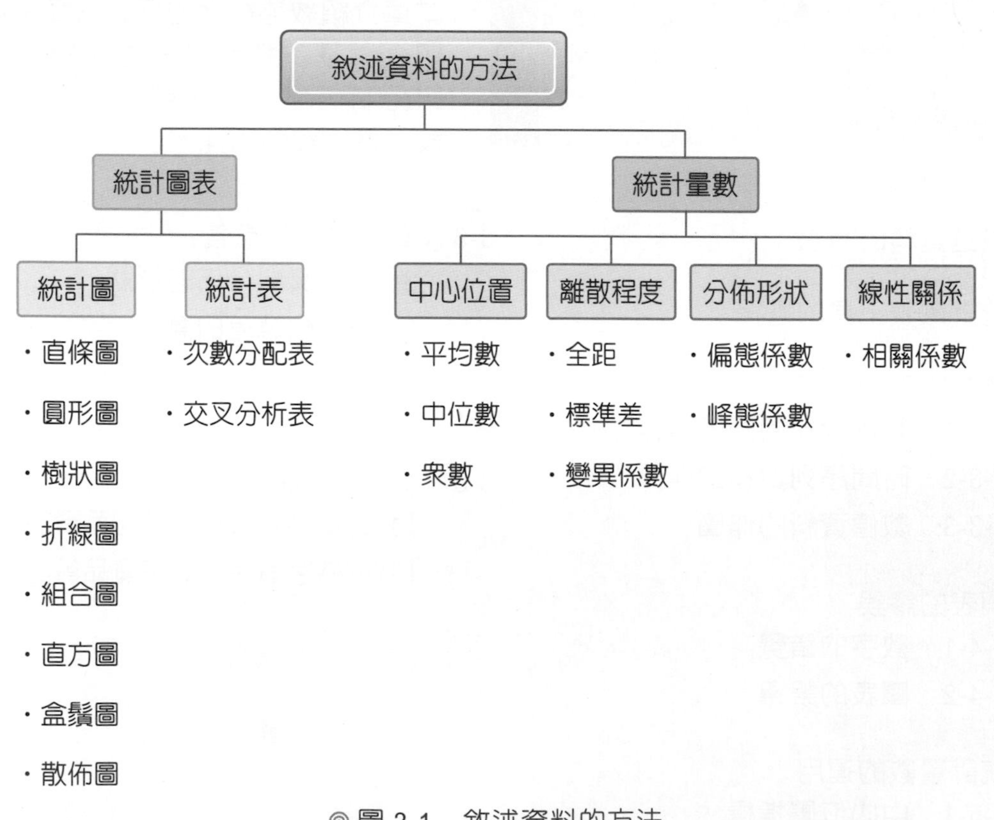

◎圖 3-1　敘述資料的方法

敘述資料特性是解讀資料最基本的工作，看似簡單，卻大有學問，有經驗的資料使用者，可以從敘述統計中粗略判斷資料本身的優劣，抑或先找出可以探討的方向，因此，敘述統計中解讀資料的功力不得不好好培養。

我們常聽到「字不如表，表不如圖」，「一張好圖勝千言」，文字說明或表格整理當然也是表達資料的方式，但冗長的文字容易讓人昏昏欲睡；數字表格不易讓人立即有感；運用簡單的統計圖像說明複雜的概念，一張正確又美觀的圖表，是透過直覺瞭解數字背後神秘面紗的最佳表達方式。

雖然圖表的優點是淺顯易懂，但有時候又因爲過於簡單，容易流失重要訊息，故統計上需要以較精確的統計量數進行輔助，兩者相輔相成，以降低未來錯誤決策的機率。

敘述統計的先決要件是選擇正確的表達工具，選擇工具則從判斷變數類型開始，下表說明各種常用統計工具適合使用的時機，理解各種統計工具功用後，再開始製作圖表或進行統計量數的計算，最後再進行資料解讀。

➠ 表 3-1　選擇統計工具的基本原則

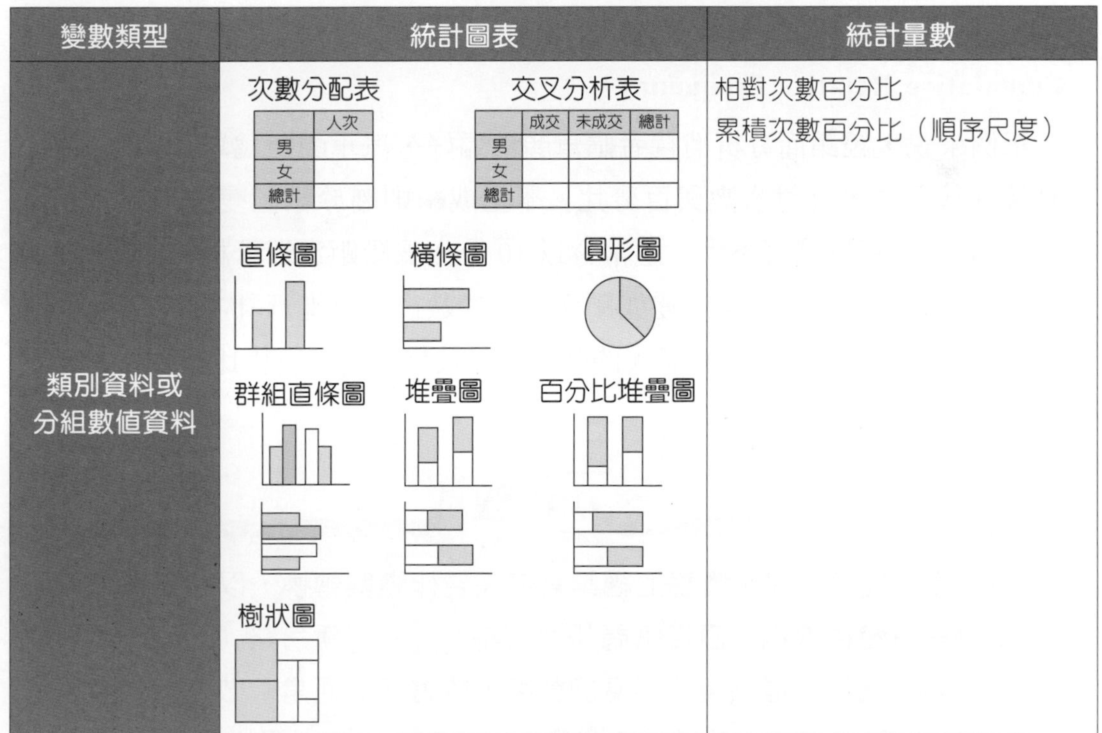

變數類型	統計圖表	統計量數
類別資料或分組數值資料	次數分配表 交叉分析表 直條圖 橫條圖 圓形圖 群組直條圖 堆疊圖 百分比堆疊圖 樹狀圖	相對次數百分比 累積次數百分比（順序尺度）

變數類型	統計圖表	統計量數
時間序列資料	折線圖 組合圖	變動率
數值資料	直方圖 盒鬚圖 散佈圖	平均數 標準差 變異係數 相關係數

3-2 統計圖表工具的選擇

未經整理的資料稱爲**原始資料**（**Raw Data**），不容易看出資料特性，通常需要經過適當分類轉變成**分組資料**（**Group Data**）。

統計上經常以**次數分配表**（**Frequency Table**）來表達單一類別變數或分組數值資料的**次數**（**Frequency**）與**相對次數**（**Relative Frequency**），順序尺度類型還可以計算**累積次數**（**Cumulative Frequency**）或**累積相對次數**（**Cumulative Relative Frequency**）。

舉例來說，經銷商分析消費者購車顏色偏好，汽車顏色爲單一類別變數，可直接進行分類，計算次數與百分比。學生成績則屬於數值變數，計算 81 分與 82 分的人次實質意義不大，通常會以 10 分作爲級距進行分析，透過資料轉換，可將原始成績進行分類，變成順序尺度變數後，再進行計次的工作，除了計算百分比，累積次數也是有意義的數字，如及格人次與及格比例。

為了獲得完整訊息，實務上經常會依需要作變數轉換，以利資料分析與解讀。以薪資變數為例，直接詢問「月薪為________新台幣（元）」，有時受訪者不願意或無法提供精確真實的數字，故實務上通常會做變數轉換，將上述開放性問答數值資料轉換成勾選順序尺度選項的類別資料，例如：

□ 3 萬元（含）以下 □ 3 ～ 4 萬元（含）□ 4 ～ 5 萬元（含）□ 5 萬元以上。

原始資料

類別變數　數值變數

顏色	分數
藍	90
藍	50
藍	85
紅	72
銀	63
紅	77
銀	88
銀	62
銀	85
紅	77
紅	50
綠	66
白	92
黑	43
銀	10
…	…

分組資料

類別變數

顏色	次數	相對次數
藍	13	29.5%
黑	5	11.4%
紅	4	9.1%
銀	14	31.8%
其他	8	18.2%
總計	44	100%

數值變數

分數	次數	相對次數	累積次數	累積次數百分比
90分以上	7	14.0%	7	14.0%
80-89分	15	30.0%	22	44.0%
70-79分	12	24.0%	34	68.0%
60-69分	9	18.0%	43	86.0%
不及格	7	14.0%	50	100.0%
總計	50	100.0%		

◎圖 3-2　原始資料與分組資料：單變數範例

交叉分析表（**Cross-classification Table**）或稱爲**列聯表**（**Contingency Table**）則用來表達多層次雙變數或多變數的次數與相對次數。依循上例，若進一步想瞭解不同汽車銷售地點，購車者對汽車顏色的選擇是否不同，其中區域位置與顏色都是類別變數，雙類別變數則採用交叉分析表來顯示銷售量與百分比。同理，分組數值資料亦可搭配類別變數進行交叉分析，例如比較 AB 二班考試成績結果。

除了表格，統計圖是將原始數據圖像化的最佳工具，針對不同類型的資料，有相對應的圖表工具，透過視覺化，可以快速理解資料分佈狀況，顯現數字之間的比較（Comparison）、組成（Composition）、趨勢（Trend）、與關聯性（Relationship）。現今圖表應用廣泛，實務上均以各種電腦軟體產製圖表。

原始資料
類別變數

顏色	位置
藍	板橋
藍	板橋
藍	板橋
紅	新店
銀	新店
紅	新店
銀	新店
銀	新店
…	…

分組資料

位置 / 汽車顏色	板橋		新店		總計	
	數量	百分比	數量	百分比	數量	百分比
銀色	13	8.00%	19	11.70%	32	19.60%
黑色	19	11.70%	20	12.30%	39	23.90%
藍色	19	11.70%	20	12.30%	39	23.90%
紅色	14	8.60%	13	8.00%	27	16.60%
其他	6	3.70%	20	12.30%	26	16.00%
總計	71	43.60%	92	56.40%	163	100.00%

數值變數

分數	班級
90	A
50	A
85	A
72	A
63	B
77	B
41	B
95	B
…	…

班級 / 分數	A班		B班		總計	
	人次	百分比	人次	百分比	人次	百分比
90分以上	8	8.30%	12	12.50%	20	20.80%
80-89分	10	10.40%	10	10.40%	20	20.80%
70-79分	15	15.60%	15	15.60%	30	31.30%
60-69分	9	9.40%	3	3.10%	12	12.50%
不及格	4	4.20%	10	10.40%	14	14.60%
總計	46	47.90%	50	52.10%	96	100.00%

◎圖 3-3　原始資料與分組資料：雙變數範例

在比較資料差異時，類別或分組數值資料經常選用**直條圖或橫條圖**（**Bar Chart**），直條圖亦稱爲**柱狀圖**（**Column Chart**），雙變數或多變數則選擇**群組直條圖**（**Group Bar Chart**）。以直條圖爲例，橫軸表示變數，縱軸表示次數，這些圖形利用長度來比較資料中出現次數的多寡，容易突顯單點資料特性，如極大極小值，要注意的是每一個項目的長條寬度必須相同。

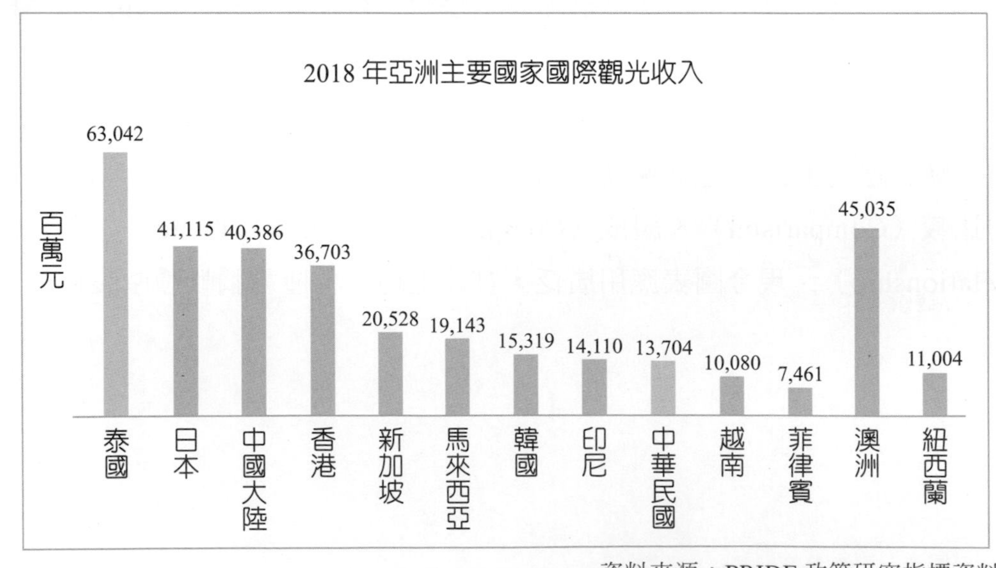

資料來源：PRIDE 政策研究指標資料庫。

◎圖 3-4　直條圖範例

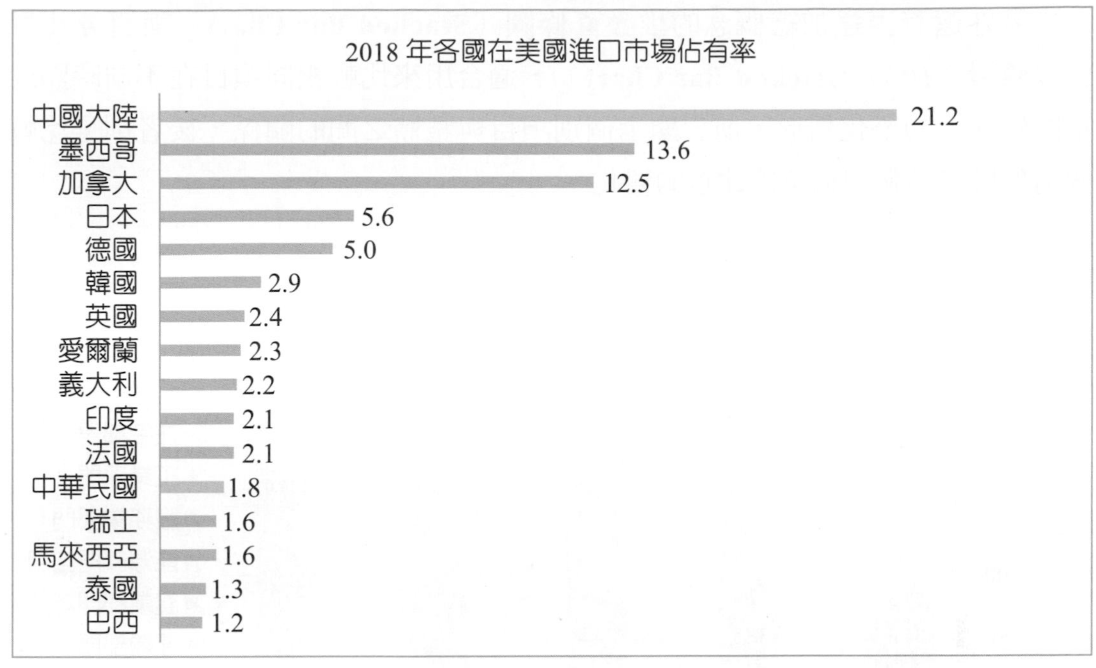

資料來源：經濟部統計處。

◎圖 3-5　橫條圖範例

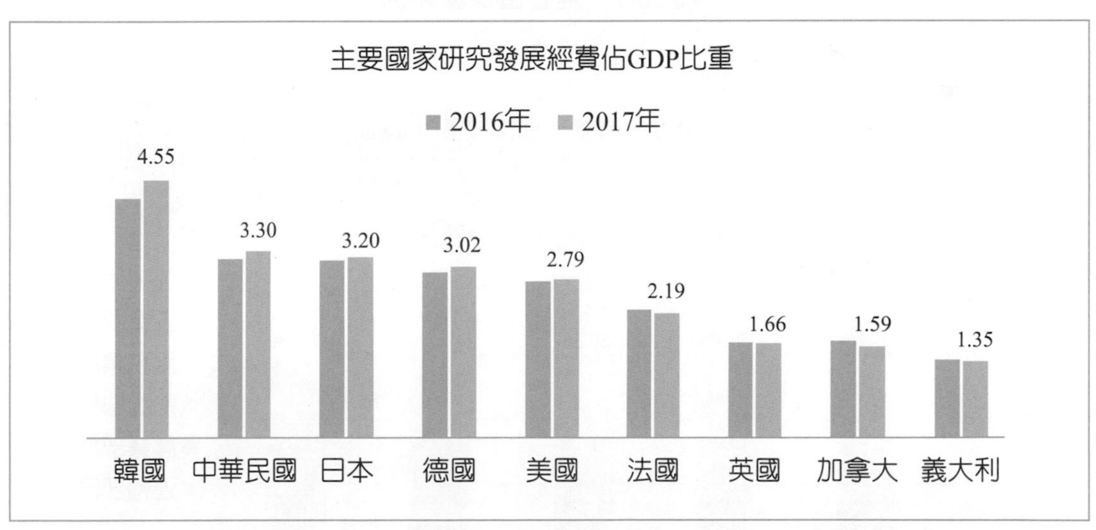

資料來源：經濟部統計處。

◎圖 3-6　群組直條圖範例

另外還有表達加總概念的**堆疊直條圖（Stacked Bar Chart）**與**百分比堆疊直條圖（100% Stacked Bar Chart）**，適合用來比較相同項目在不同時點或不同條件下的變化情形，前者顯示個別項目與整體之間的關係，後者則是比較個別項目在各類別佔整體比重的變化。

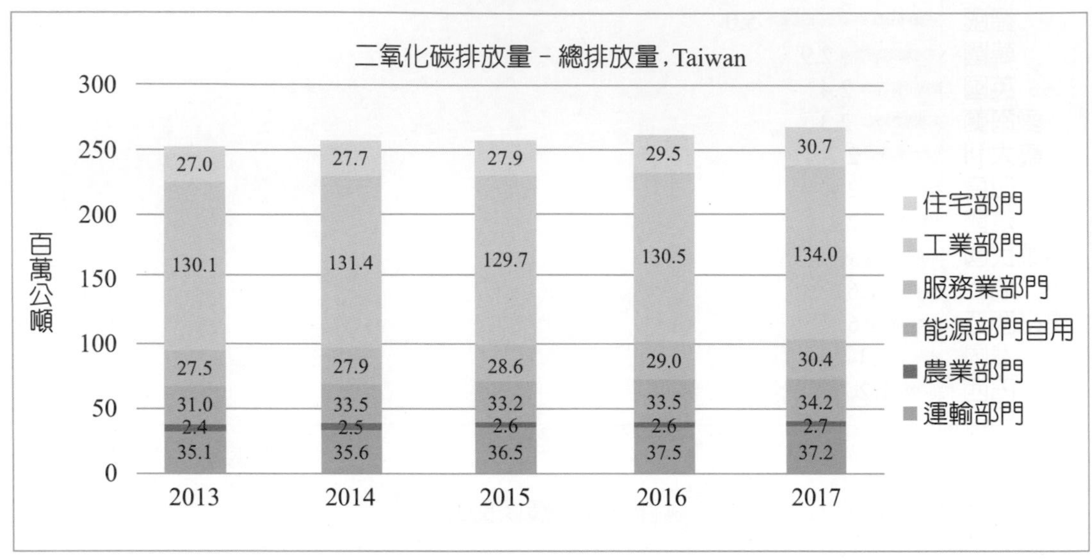

資料來源：PRIDE 政策研究指標資料庫。

◎圖 3-7　堆疊直條圖範例

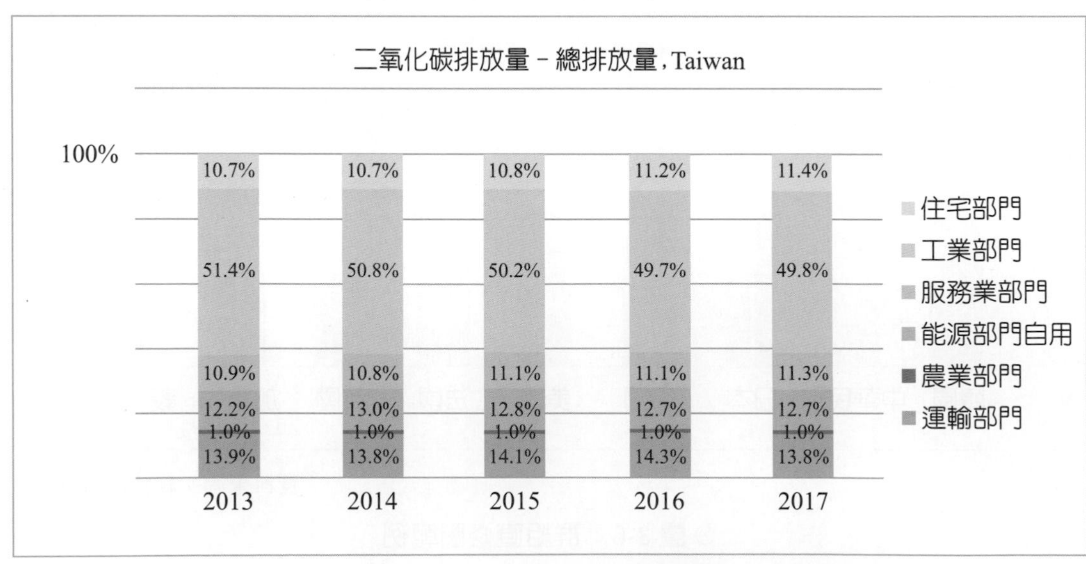

資料來源：PRIDE 政策研究指標資料庫。

◎圖 3-8　百分比堆疊直條圖範例

圓形圖（**Pie Chart**）最常用來表達部份與整體的相對概念，透過角度看資料。要特別注意的是，使用圓形圖時，類別不適合過多，所有項目合計務必爲100%，當主要類別不足100%，可合併非主要類別，以其他項表示。

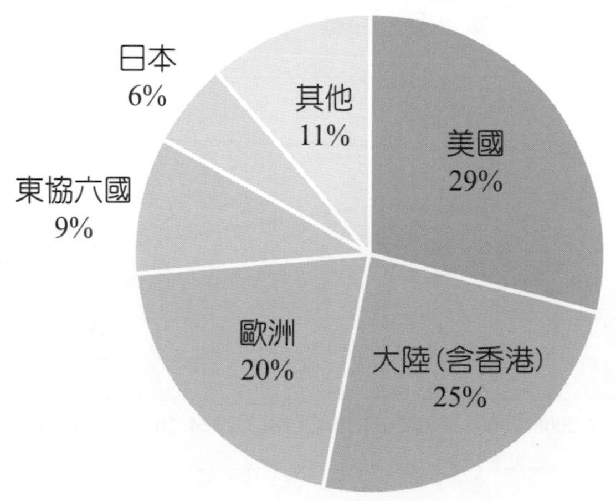

資料來源：行政院主計總處，總體統計資料庫。

◎ 圖 3-9　圓形圖範例

表達時間趨勢，如每年、每季、每月、每日等走向，**折線圖**（**Line Chart**）則是首選，其中橫軸即爲時間軸，縱軸爲變數，透過折線的上升或下跌，可清楚顯示長期走勢變化。若出現黃金或死亡交叉點，即表示出現轉捩點，例如轉虧爲盈或轉盈爲虧的時點。

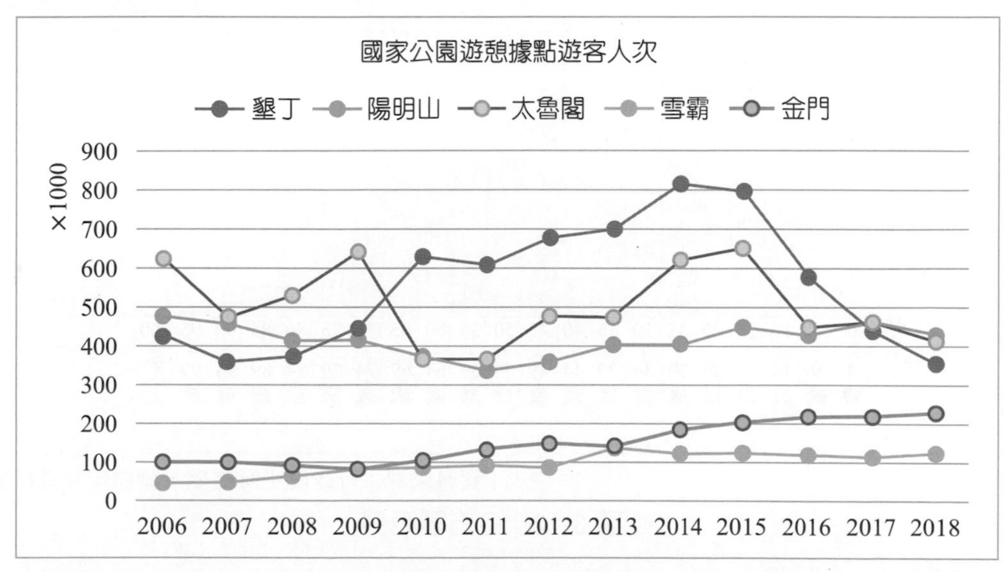

資料來源：內政部統計處。

◎ 圖 3-10　折線圖範例

需要在同一個視覺空間比較差異極大多個數值時，組合圖（**Combo Chart**）是不錯的選擇。在相同的橫軸下，利用左右縱軸，套用二種圖表類型，同時呈現極大差異或不同單位的數值。

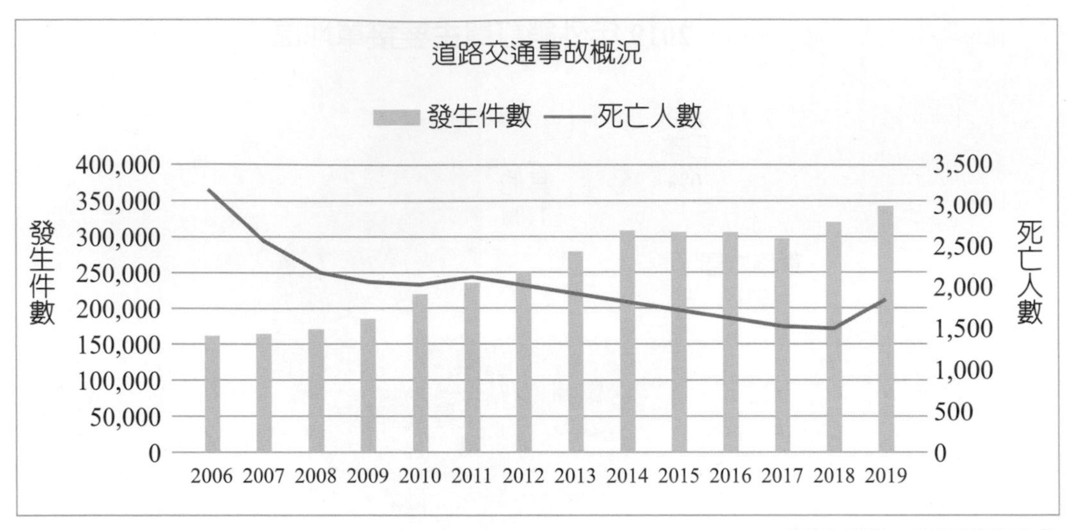

資料來源：內政部統計處。

◎圖 3-11　組合圖範例

數值變數適合選用**直方圖**（**Histogram**）與**盒鬚圖**（**Box and Whisker Chart**），直方圖形狀與直條圖類似，但具有連續特性，不可任意調整橫軸的類別順序，盒鬚圖則容易看出資料中是否具有極端值或異常狀況。

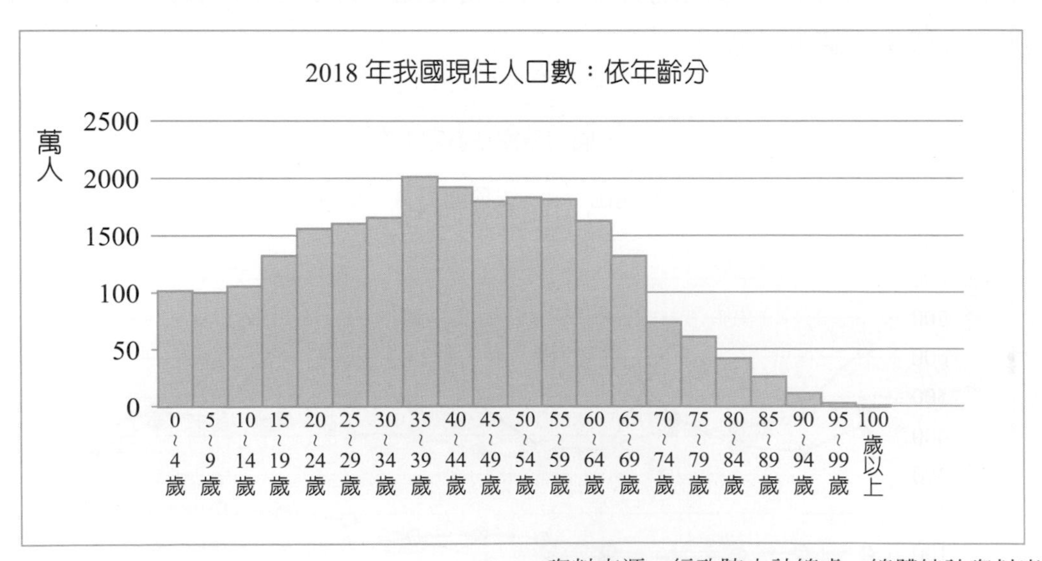

資料來源：行政院主計總處，總體統計資料庫。

◎圖 3-12　直方圖範例

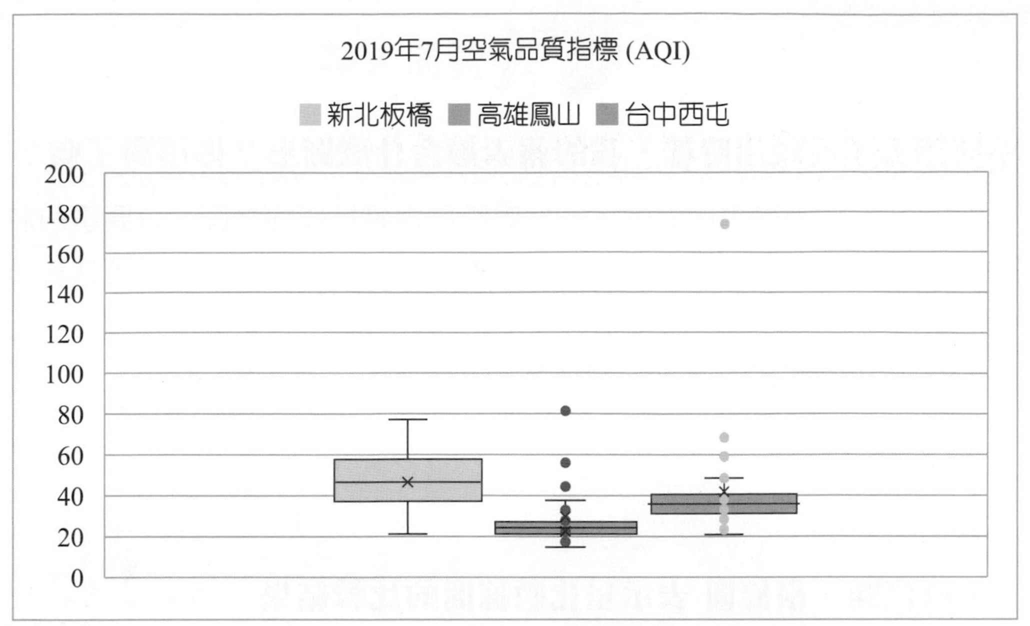

資料來源：行政院環保署，環境資源資料庫。

◎ 圖 3-13　盒鬚圖範例

雙變數關係則適合選用 XY **散佈圖**（**Scatter Chart**），顯示資料粗略形狀，透過趨勢線亦可初步檢視雙變數之間的關係。

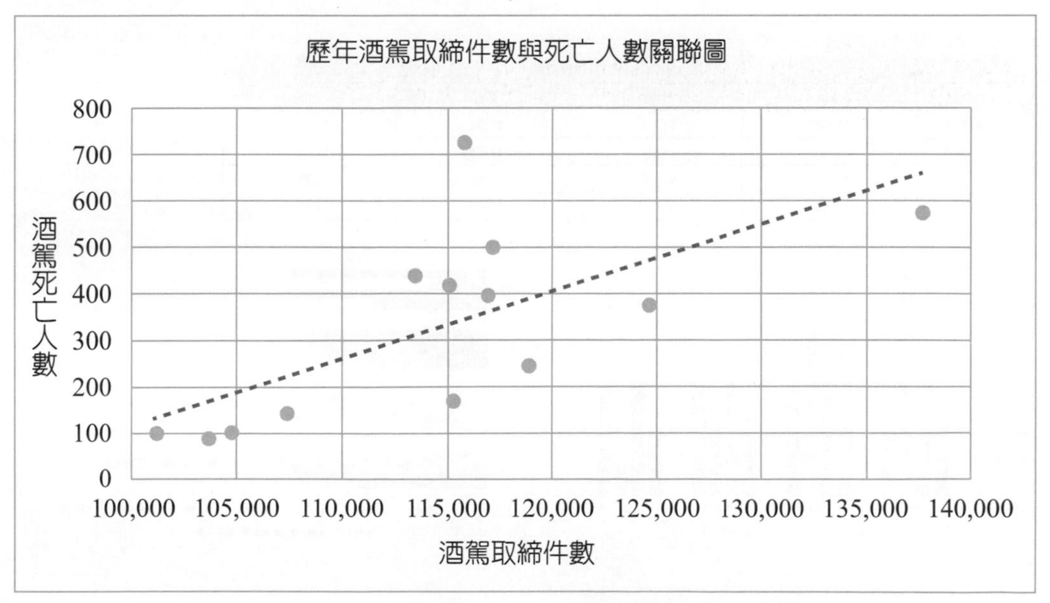

資料來源：內政部警政署，警政統計資料庫。

◎ 圖 3-14　散佈圖範例

不同圖表不同使用時機，我的報表適合什麼圖形？你用對了嗎？

Excel 針對圖表製作提供了十分親和且容易操作的介面，只要事前將數據製表完成，再點選「插入」索引標籤中的「圖表」，就可以選擇許多圖表類型。所以製作圖表的重點不是如何插入圖表，而是想要用圖表呈現什麼？如何真實、一目了然的傳達資訊的意義？

以下將介紹常用的圖表類型，說明適合時機以利大家做選擇（圖形名稱皆以 Excel 中的命名為主）。

一、直條圖、橫條圖 表示量化數據間的比較結果

1. 使用時機

一般適合比較各項目類別差異量或隨時間數量變化。數據之間利用量化或長度的圖形來呈現，例如，年度間每月降雨量情形，或者每季各項商品銷售量的高低差異。

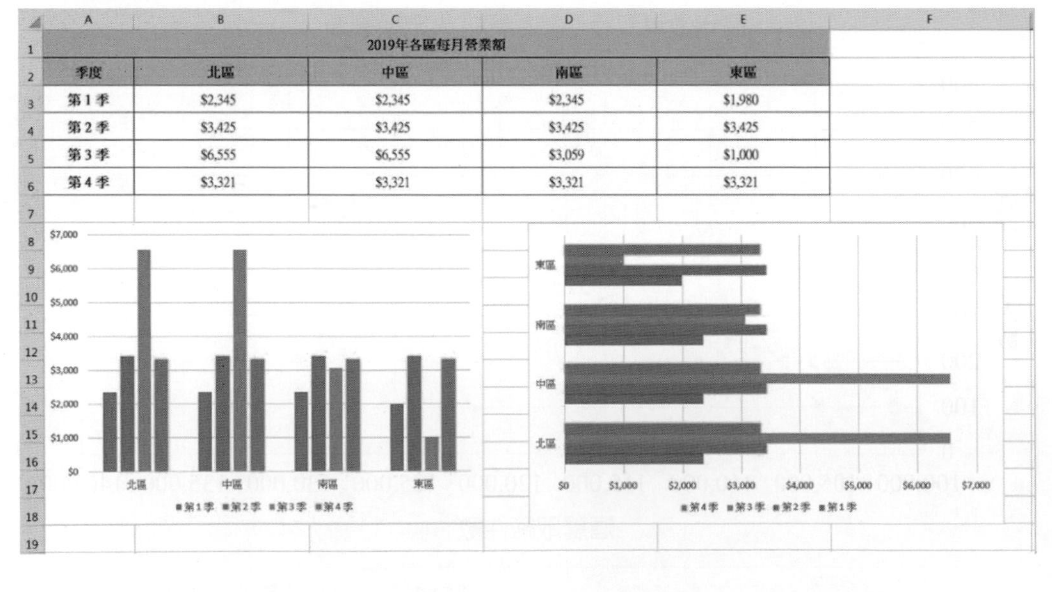

2019年各區每月營業額

季度	北區	中區	南區	東區
第 1 季	$2,345	$2,345	$2,345	$1,980
第 2 季	$3,425	$3,425	$3,425	$3,425
第 3 季	$6,555	$6,555	$3,059	$1,000
第 4 季	$3,321	$3,321	$3,321	$3,321

2. 注意事項

不要用錯誤方法截斷 X 軸或 Y 軸，如果刻意壓縮座標間距或是座標軸並非從零起始，都會造成視覺上的不同，讓人產生錯誤的判斷；故調整前亦須注意原始資料的真實性。

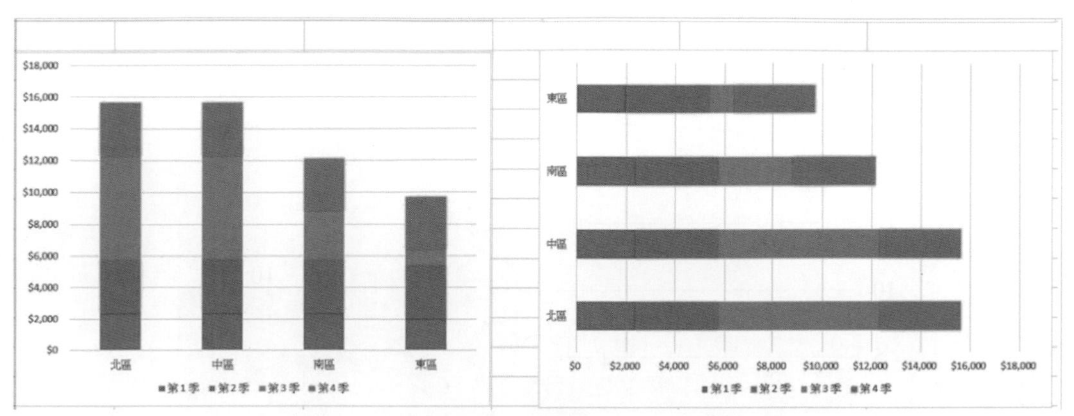

◎ 子類型還有「堆疊直條圖」和「堆疊橫條圖」。

二、瀑布圖 顯示總數值的增加或減少

使用時機：通常用於收支記帳中，可以直觀的展示每一筆開支或收入對總體造成的波動。

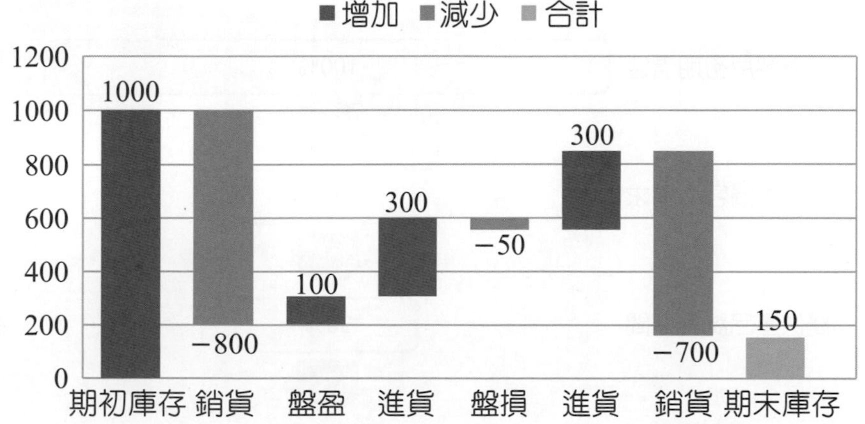

三、長條圖 反映事物分佈、集中情況

使用時機：長條圖在圖表類型中一般稱為「直方圖」，而Excel稱為「長條圖」。圖表以次數分配表呈現，要將數據以各組組界為分界，畫出矩形高度所繪製而成的圖形。

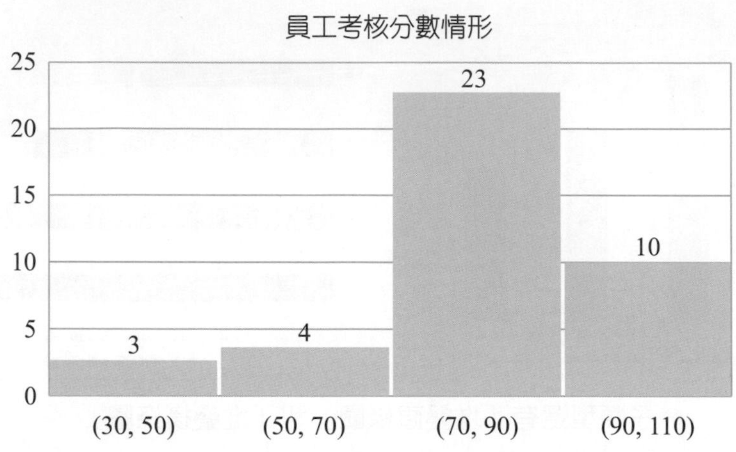

四、漏斗圖 反映流程程序中各個步驟環節轉化情況

使用時機：例如商品從開始上架到銷售成功的購買流程中，運用各步驟的轉化率，能夠發現問題所在，找出改進方向；一般而言，數值會逐漸減少，讓橫條形成類似漏斗的形狀。

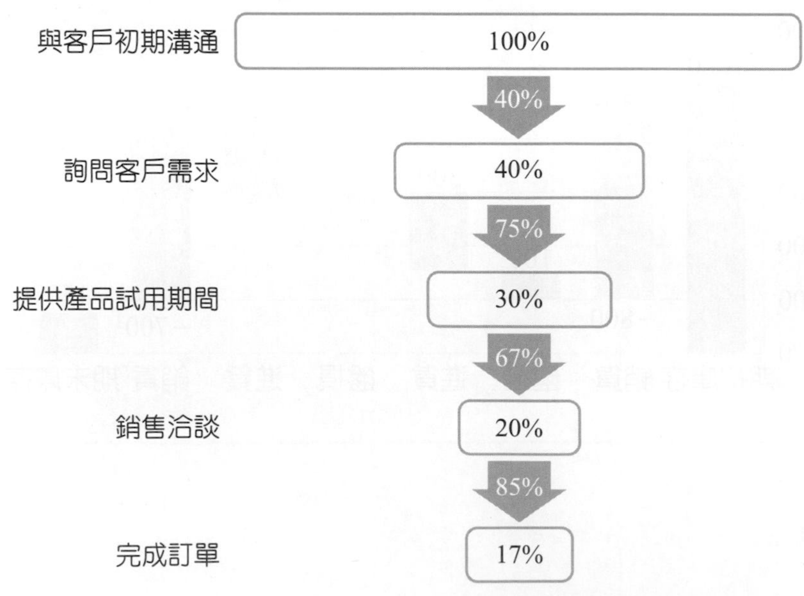

五、圓形圖、矩形式樹狀結構圖 表示各項目占比

1. 使用時機

通當展現整體數據中各項目所占的比重時，可用不同顏色來標示，且大多用百分比（%）顯示。例如，家庭各項收／支占比，或者公司商品銷售各項占比等都適用。

2. 注意事項

資料項目不宜過多，以免造成太破碎的效果；其中的每份扇形可用白色線條區隔，讓圖的占比更清楚。

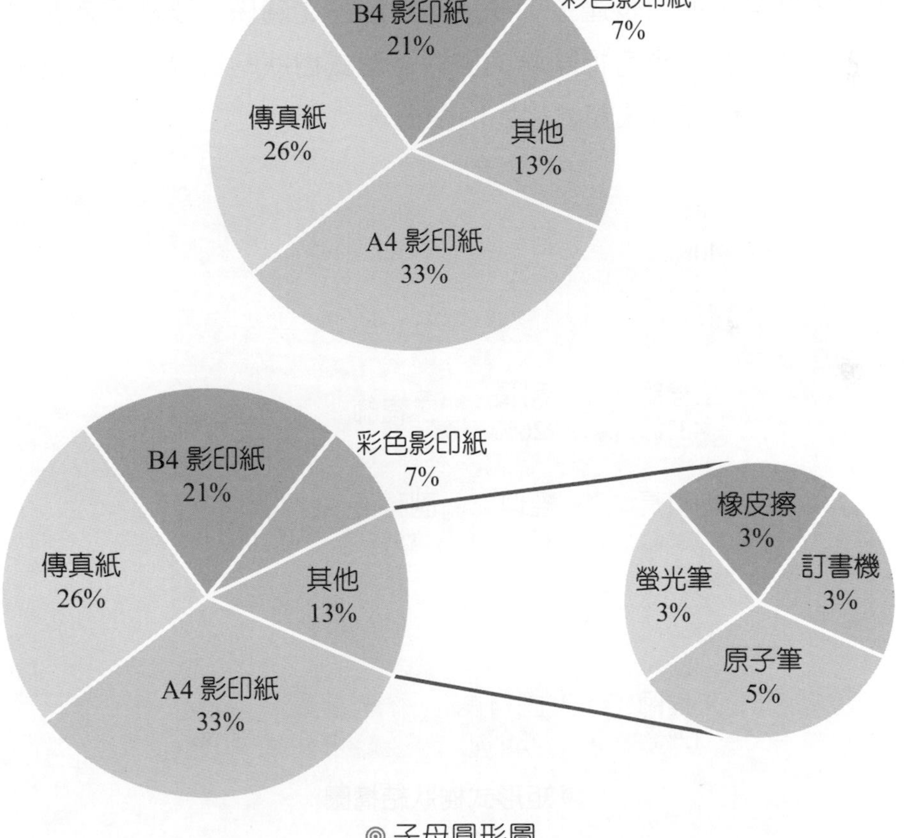

◎ 子母圓形圖

當扇區所占比例小不易閱讀時，將其數據挪至次區域，可凸顯其數據，也更容易了解其占比情形。

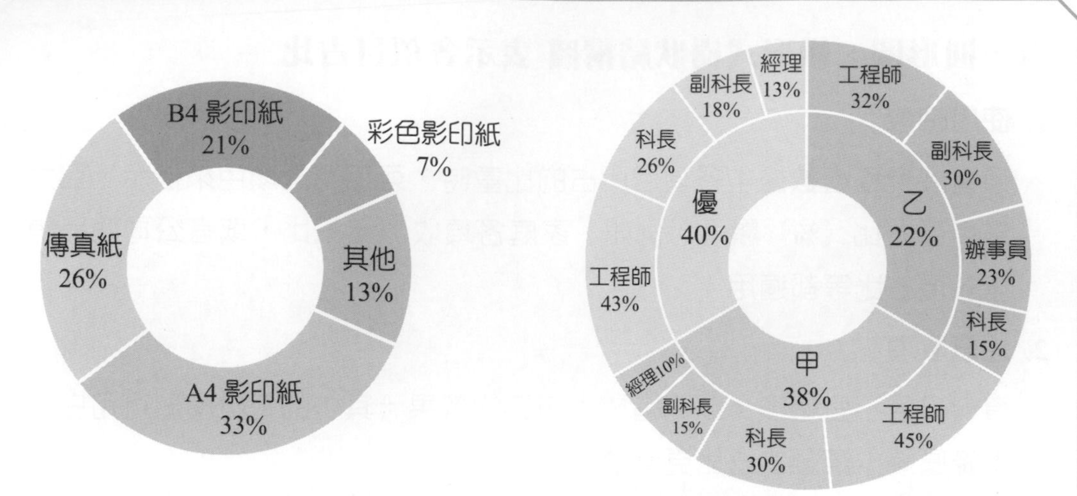

◎ 子類型還有「環圈圖」和「放射環狀圖」

放射環狀圖，適合表達主／子項目間的占比關係，雖然看起來像環圈圖，但內／外層圓圈是有相關聯的數據矩形式樹狀結構圖，運用面積和顏色結合，比較能感受數據間大小比例變化。

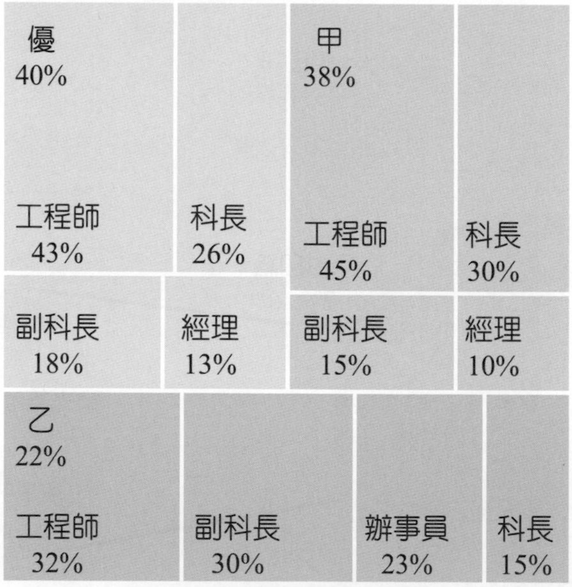

優
40%
工程師
43%
科長
26%
副科長
18%
經理
13%
甲
38%
工程師
45%
科長
30%
副科長
15%
經理
10%
乙
22%
工程師
32%
副科長
30%
辦事員
23%
科長
15%

◎ 矩形式樹狀結構圖

運用面積和顏色結合，比較能感受數據間大小比例變化。

六、折線圖、區域圖　隨時間變化的趨勢發展

1. 使用時機

一般適合用曲線或面積來展示，其目的在了解數據隨著時間而變化的趨勢發展。例如，進行投資時得先了解歷年來黃金價格趨勢，找出適合投資點。

2. 注意事項

建議使用折線圖時，折線需比背景的格線粗、深。使用區域圖時，為了讓圖表清晰易讀，最好不要超過3組數據，並且運用透明度來呈現數據。

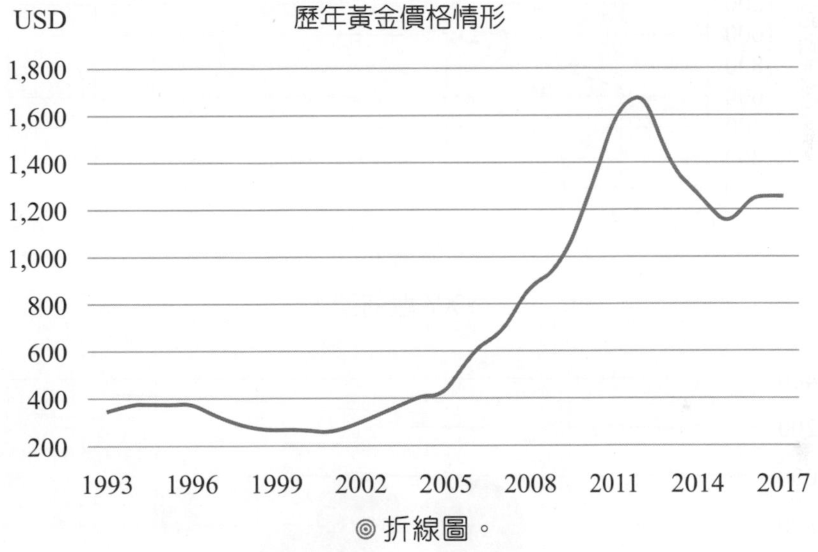

◎ 折線圖。

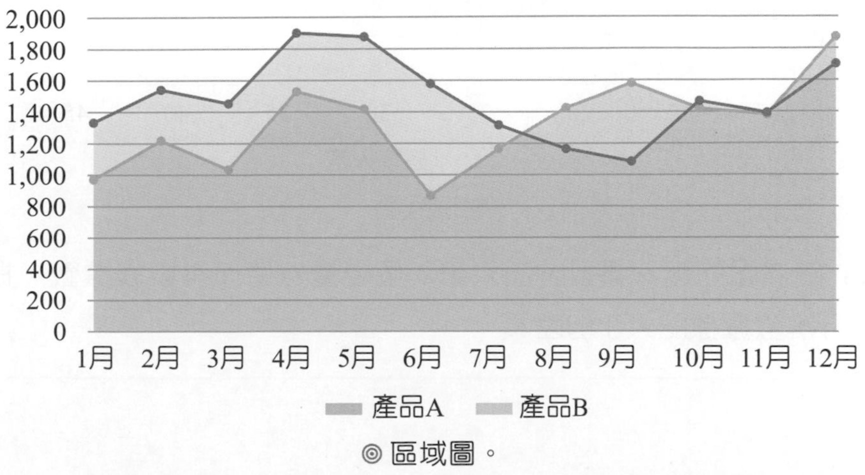

◎ 區域圖。

七、XY 散佈圖 數據表示爲散點分佈

使用時機：主要是將兩個連續變量數據置於縱軸和橫軸上，繪製出交叉位置點，藉由了解兩個變量的分佈情況或者分佈趨勢相關關係。例如：了解冰品銷售量與氣溫高低是否有關聯性，或者車子的行駛速度與油耗之間是否有相關性。

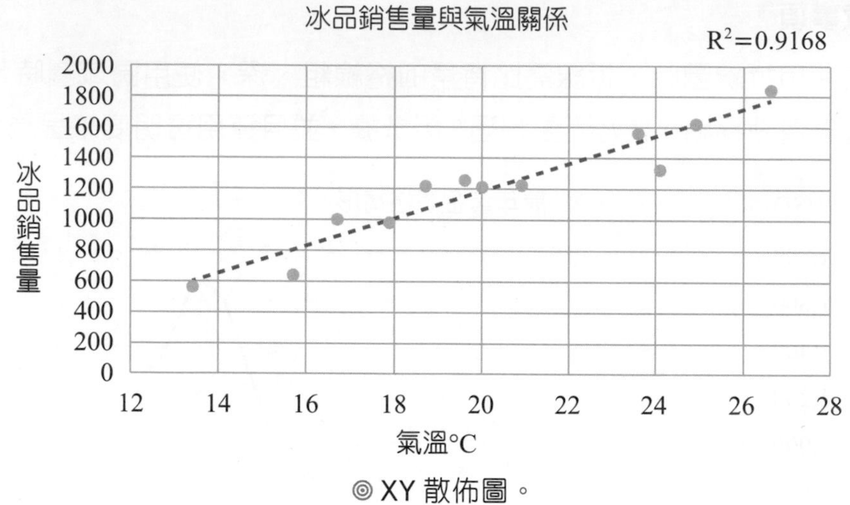

◎ XY 散佈圖。

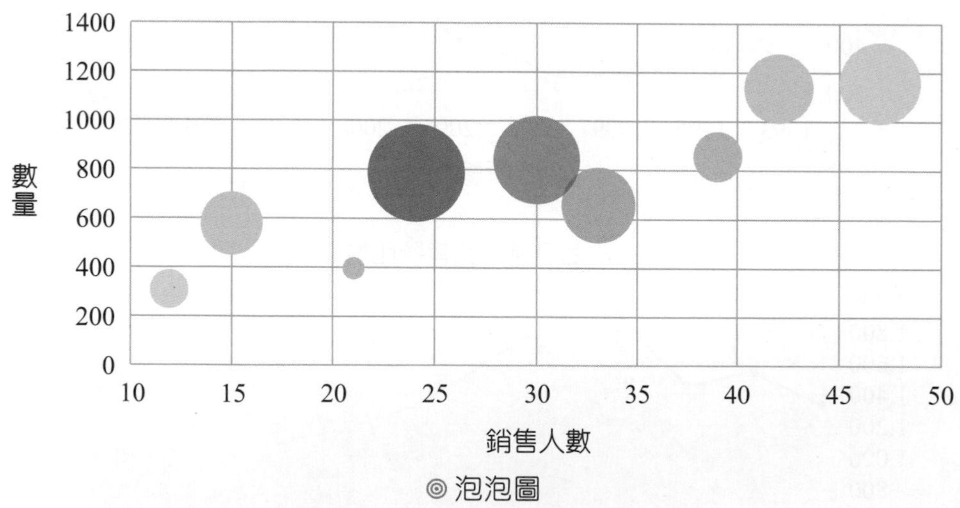

◎ 泡泡圖

XY 散佈圖的延伸類型，加入第 3 個變量數值作為數據標籤，提升視覺感以分辨數據標記大小的差異。

八、雷達圖 表示數據戰力分析

使用時機：主要是用來比較多個數據相對中心點的數值變化，圖表以「蜘蛛網」形式呈現，可以看出事項的強／弱進行調整。例如：學生各科成績，藉由雷達圖即可看出學生學科上的強／弱情形，或者了解客戶對產品評價的情形。

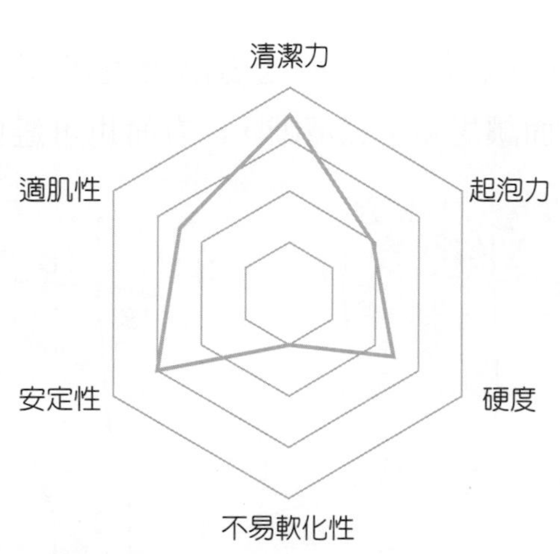

九、地圖跨區域顯示分佈

使用時機：當資料含有地理區域時，可採用地圖顯示跨區域比較值和類別。

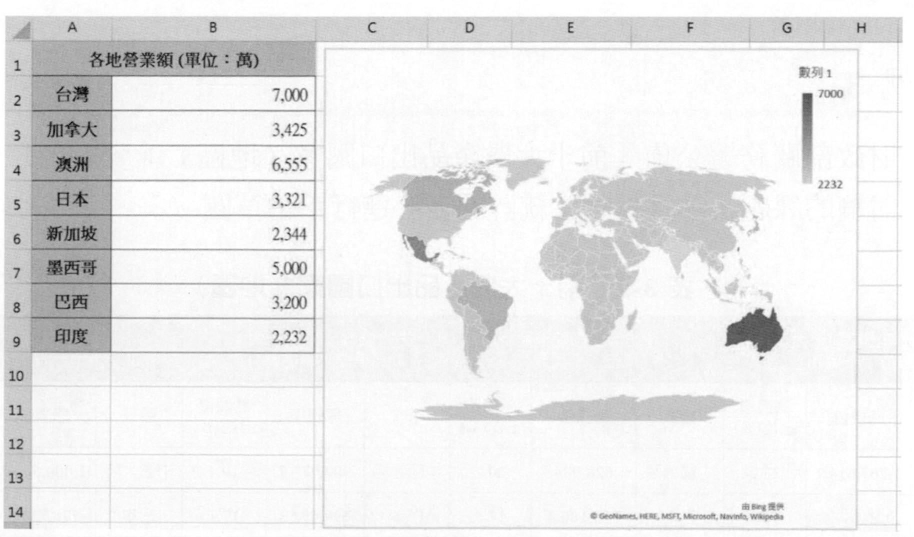

各地營業額 (單位：萬)	
台灣	7,000
加拿大	3,425
澳洲	6,555
日本	3,321
新加坡	2,344
墨西哥	5,000
巴西	3,200
印度	2,232

資料來源：今周刊「EXCEL 報表全技巧 50 招」，2019-03-26。
https://reurl.cc/k0ZyRn

3-3 統計圖表的製作

一個好的圖表，可以花最少的製作成本，展現最豐富的訊息，同時最容易被讀者瞭解。製作圖表需要注意以下要點，第一，圖表一定要有簡潔描述圖表重點的標題，通常表標題在上，圖標題在下。第二，清楚標示水平座標軸（X 軸）與垂直座標軸（Y 軸）標籤，通常為變數名稱或單位。第三，製作正確圖表後，透過調整數據標籤與圖例等功能，進行美化圖表，呈現視覺效果。

如果對統計工具還不熟悉，建議在思考階段先在紙上手繪草圖，同時清楚標示座標軸內容，一方面讓思路更為清晰，二方面也可避免做錯圖表浪費時間。

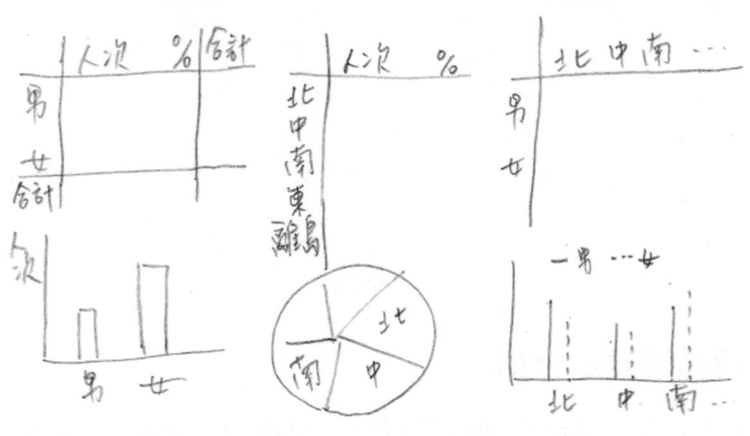

◎圖 3-15　手繪草圖範例

範例 3-1

利用財政部關務署公佈「前十大農產品出口國家（地區）」資料，舉例說明可以討論的課題，並選擇適當統計圖表，進行手繪草圖。

表 3-2　前十大農產品出口國家（地區）

107年出口前十大（單位：千美元）			106年出口前十大（單位：千美元）			105年出口前十大（單位：千美元）			104年出口前十大（單位：千美元）		
國家	總價值	總價值占比(%)	國家	總價值	總價值占比(%)	國家	總價值	總價值占比(%)	國家	總價值	總價值占比(%)
中國大陸	1,267,614.7	23.2	中國大陸	1,028,984.7	20.7	中國大陸	907,977.7	19.4	中國大陸	1,000,560.2	20.5
日本	922,488.6	16.9	日本	870,180.3	17.5	日本	799,492.3	17.1	日本	776,738.8	15.9
美國	564,725.2	10.3	美國	569,257.7	11.4	美國	515,601.9	11.0	美國	498,757.7	10.2

107年出口前十大（單位：千美元）			106年出口前十大（單位：千美元）			105年出口前十大（單位：千美元）			104年出口前十大（單位：千美元）		
越南	469,197.6	8.6	越南	431,152.5	8.7	越南	412,723.8	8.8	香港	476.797.0	9.8
香港	410,657.7	7.5	香港	377,369.5	7.6	香港	387,779.2	8.3	越南	443,354.2	9.1
泰國	301,832.9	5.5	泰國	286,253.1	5.7	泰國	220,067.2	4.7	大韓民國	226,427.1	4.6
大韓民國	204,375.5	3.7	大韓民國	192,902.9	3.9	大韓民國	185,294.6	4.0	泰國	221,918.4	4.6
澳大利亞	116,961.6	2.1	印尼	111,202.5	2.2	印尼	120,393.0	2.6	印尼	123,379.6	2.5
馬來西亞	111,519.6	2.0	澳大利亞	105,877.4	2.1	澳大利亞	95,974.3	2.0	馬來西亞	99,900.5	2.0
印尼	109,255.3	2.0	馬來西亞	94,775.2	1.9	模里西斯	90,222.6	1.9	澳大利亞	94,500.8	1.9
出口總值	4478628.7	100.0	出口總值	4067955.9	100.0	出口總值	3735426.7	100.0	出口總值	3962334.4	100.0

資料來源：財政部關務署。

請掃描目錄頁 QR code，見檔案 EX3-1.xlsx

解說

1. 直條圖：依序顯示各國農產品出口量，以橫軸標示國家，縱軸表示出口量，標題訂爲 2018 年農產品出口前十大國家（地區）。
2. 圓形圖：符合總計 100% 的原則，新增其他項，計算主要國家農產品出口量百分比，並以國家做爲類別標籤。
3. 堆疊直條圖：前三大農產品出口國家歷年比例變化，橫軸爲時間軸，縱軸爲出口量或百分比。
4. 折線圖：歷年中國大陸農產品出口變化，橫軸爲時間軸，縱軸爲出口量。
5. 組合圖：歷年中國大陸農產品出口量與比例變化，橫軸爲時間軸，縱軸爲出口量與比例。

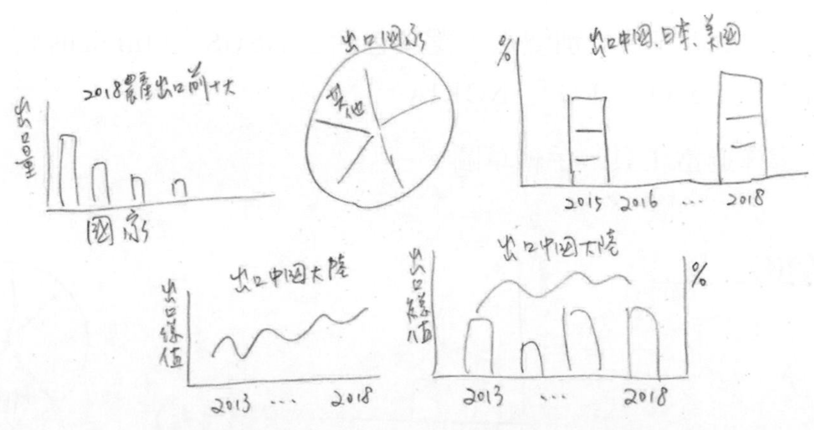

課堂練習 3-1

針對以下問題，提出適當的圖表建議，並手繪草圖。

1. 總公司想了解四家分店上個月的業績狀況。
2. 過去五年檢查二種食品安全不合格的件數。
3. 上半年每月郵局定存利率與存款金額。
4. 自強號、莒光號、區間列車、與普通車的客座利用率。
5. 年齡與薪資的關係。

3-3-1 類別資料的圖表製作

本節針對類別資料，利用 EXCEL 指令與繪圖功能進行圖表製作，包括單變數的次數分配表、長條圖與圓形圖。如果不熟悉 EXCEL 公式與繪圖功能，可先參閱附錄 A 的範例說明。

範例 3-2

附檔為通訊行上個月智慧型手機銷售資料，透過資料分析結果，通訊行老板可以提供哪些購買建議給顧客知曉？針對通訊行未來進銷貨又有何看法？

請掃描目錄頁 QR code，見檔案 EX3-2.xlsx

步驟 1： 確認問題。

顧客購買手機品牌為類別變數，選項包括□ ASUS □ InFocus □ HUAWEI □ APPLE □ BenQ □ LG □ NOKIA。

步驟 2： 選擇適當工具，手繪草圖。

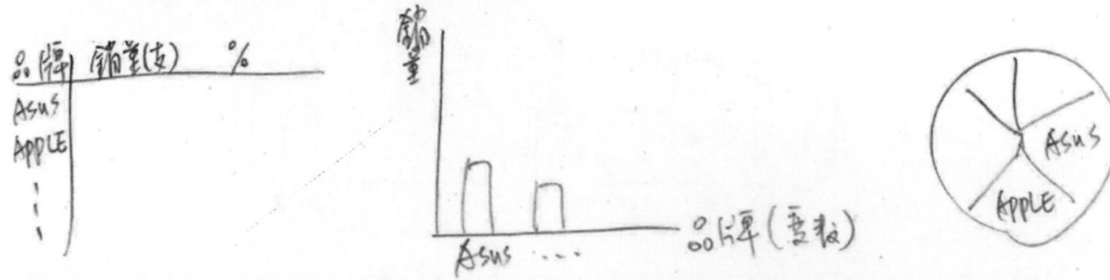

步驟 3：設計適當的次數分配表。

利用篩選功能，查看手機品牌選項，並在空白儲存格中設計表格，輸入次數分配表的標籤內容。

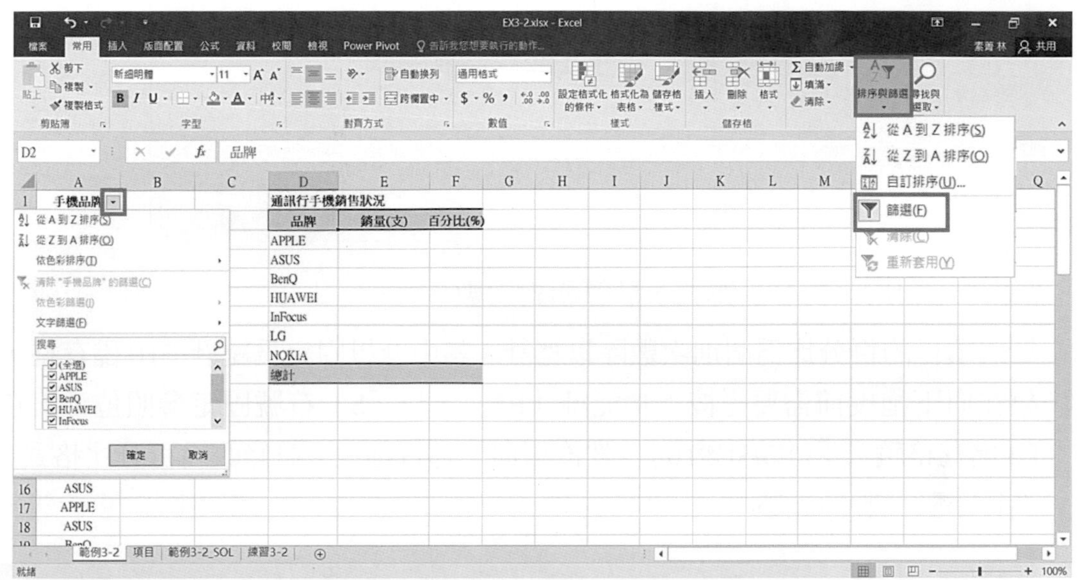

步驟 4：利用 COUNTIF 指令計算次數，製作次數分配表。

計算 APPLE 銷量或購買人次，在相對應的儲存格 E3 中，輸入「=COUNTIF(A:A,D3)」表示在「手機品牌」A 欄位中（Range 資料範圍），找出符合「APPLE」D3 儲存格條件的個數（Criteria 篩選條件），然後向下拖曳完成所有品牌的計算。

總計再以加總公式「=SUM(E3:E9)」進行計算。

EX3-2.xlsx - Excel

E3 =COUNTIF(A:A,D3)

	A	D	E	F	G
1	手機品牌	通訊行手機銷售狀況			
2	InFocus	品牌	銷量(支)	百分比(%)	
3	APPLE	APPLE	8		=COUNTIF(A:A,D3)
4	LG	ASUS	20		=COUNTIF(A:A,D4)
5	NOKIA	BenQ	5		=COUNTIF(A:A,D5)
6	ASUS	HUAWEI	14		=COUNTIF(A:A,D6)
7	ASUS	InFocus	17		=COUNTIF(A:A,D7)
8	HUAWEI	LG	3		=COUNTIF(A:A,D8)
9	APPLE	NOKIA	1		=COUNTIF(A:A,D9)
10	ASUS	總計	68		=SUM(E3:E9)

範例3-2 | 範例3-2_SOL | 練習3-2

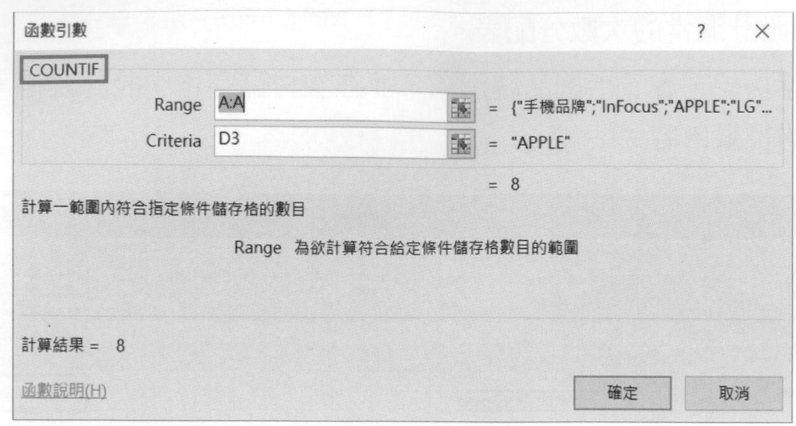

步驟 5：利用絕對參照方式，計算相對次數。

每個項目的百分比爲個別次數除以總計，其中分母固定爲總計 E10 儲存格，故在向下拖曳前需要先按下功能鍵「F4」，以「$」符號固定參照位址。在 F3 儲存格輸入「=E3/$E$10」，然後再向下進行拖曳，並修改爲百分比格式，進行小數位數的調整。

F3 =E3/$E$10

	A	D	E	F	G
1	手機品牌	通訊行手機銷售狀況			
2	InFocus	品牌	銷量(支)	百分比(%)	
3	APPLE	APPLE	8	11.8%	=E3/$E$10
4	LG	ASUS	20	29.4%	=E4/$E$10
5	NOKIA	BenQ	5	7.4%	=E5/$E$10
6	ASUS	HUAWEI	14	20.6%	=E6/$E$10
7	ASUS	InFocus	17	25.0%	=E7/$E$10
8	HUAWEI	LG	3	4.4%	=E8/$E$10
9	APPLE	NOKIA	1	1.5%	=E9/$E$10
10	ASUS	總計	68	1	=SUM(F3:F9)

步驟 6：繪製長條圖。

總計項目不需列入作圖範圍，故選取資料範圍 D2:E9，在插入索引標籤中，按下「建議圖表」，然後在 [插入圖表] 視窗中，選擇「群組直條圖」→「確定」。

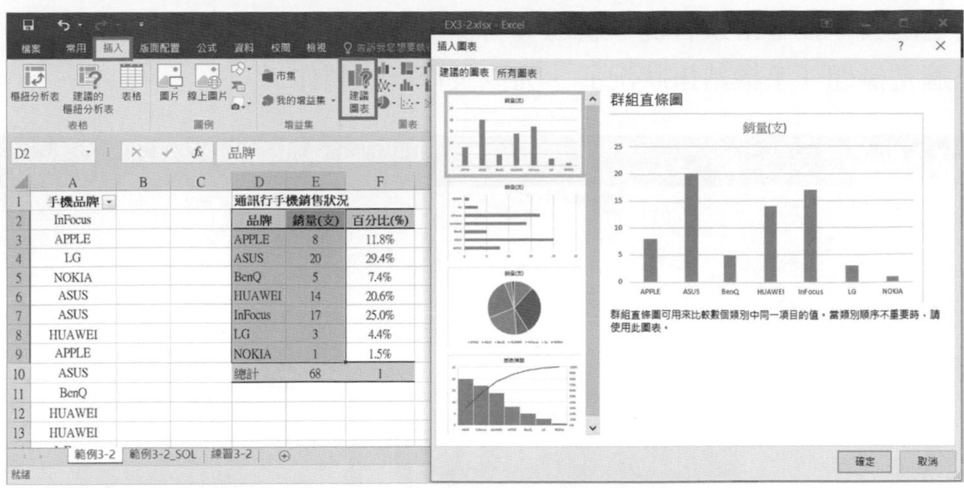

依照次數多寡進行排序，再美化圖表。先選擇表格範圍 D2:F9，在常用索引標籤中，按下「篩選與排序」→自訂排序。

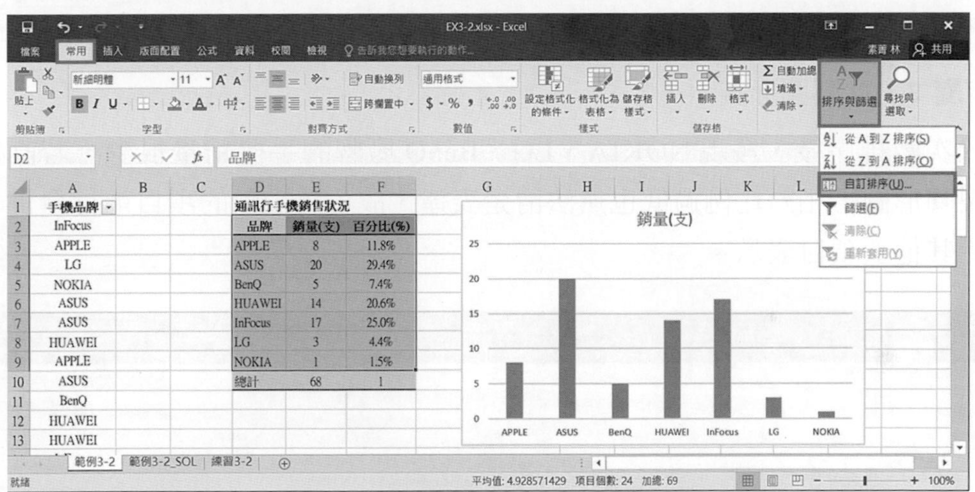

在 [排序] 視窗中，☑ 我的資料有標題列，排序方式選擇「銷量」，順序選擇「最大到最小」，然後按下確定。

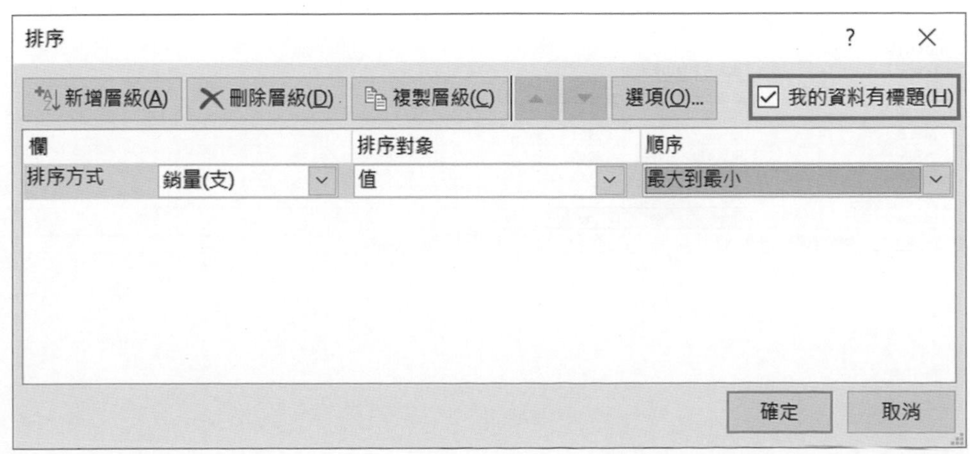

點選圖表，按下滑鼠右鍵，新增資料標籤，最後可刪除格線與縱座標軸，加上適當標題「手機銷售狀況」，完成長條圖的製作。

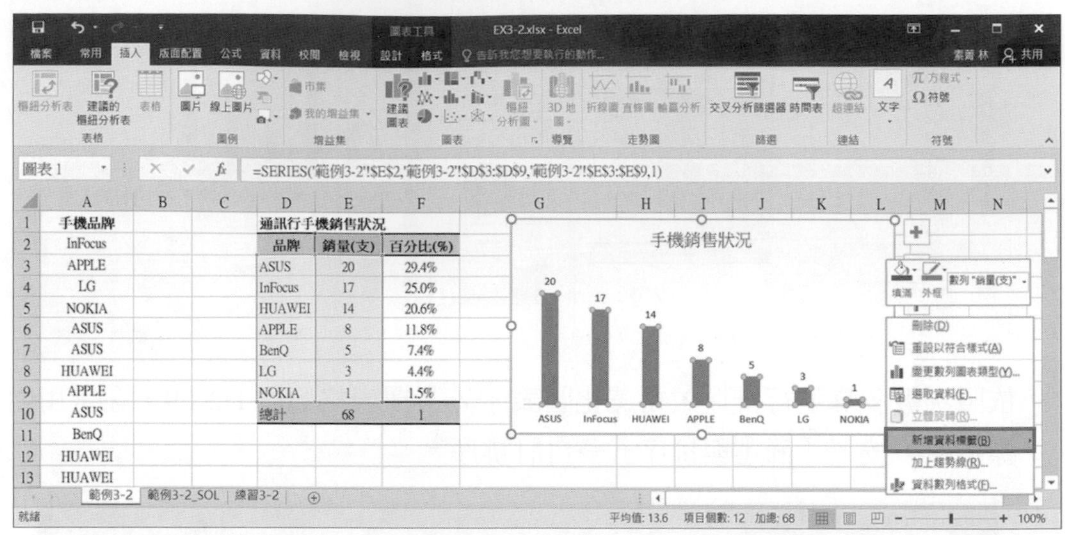

步驟 7：繪製圓形圖。

依次數排序後，發現 NOKIA、LG、BenQ 廠牌的手機銷量很少，若直接繪製圓形圖，相對比例過低也無法清楚表達，故可將少量的項目進行合併，以「其他」項目表示。

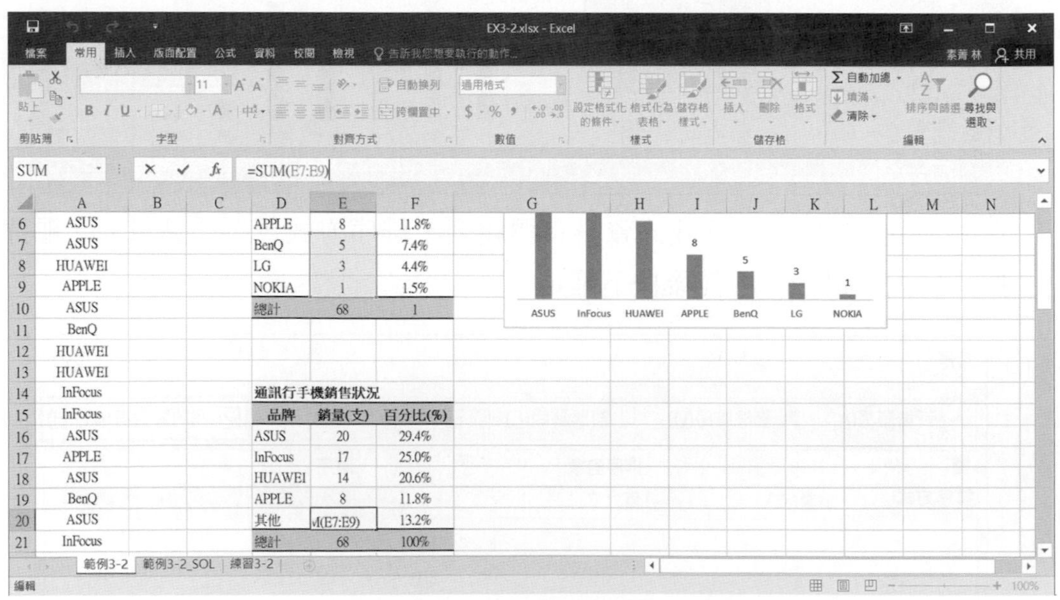

與前面步驟相同，先選擇表格資料範圍 D15:E20，在插入索引標籤中，選擇「圓形圖」→「確定」。

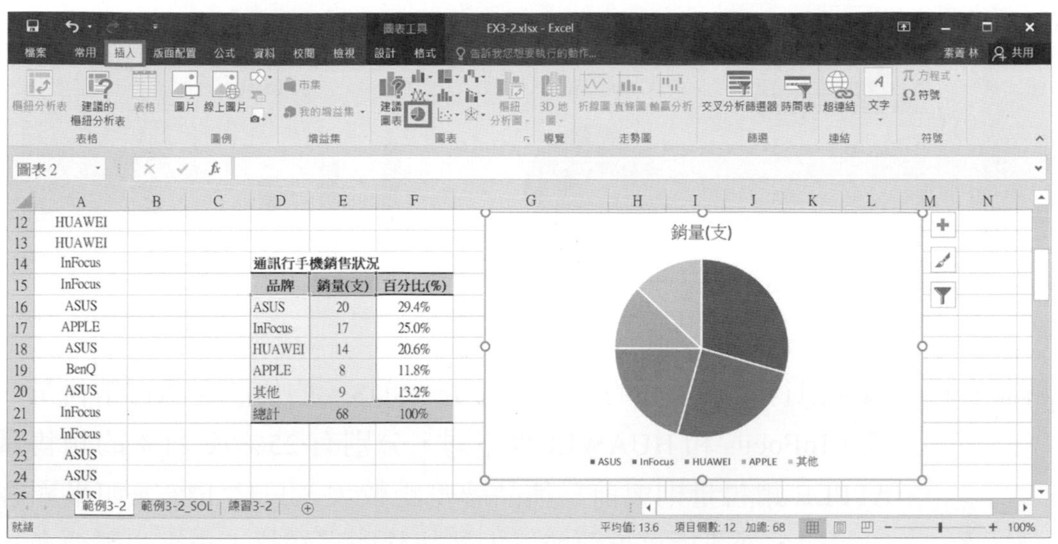

在「圖表工具」「設計」選單中，選擇「新增圖表項目」→資料標籤→其他資料標籤選項。然後在 [資料標籤格式] 視窗的標籤選項中，勾選 ☑ 類別名稱、☑ 百分比、☑ 顯示指引線；如欲改變小數位數，可在數值選項中的類別選擇「百分比」，再將小數位數改為「1」。可刪除圖例，加上適當標題「手機銷售比例」，調整配色，即可完成圓形圖的製作。

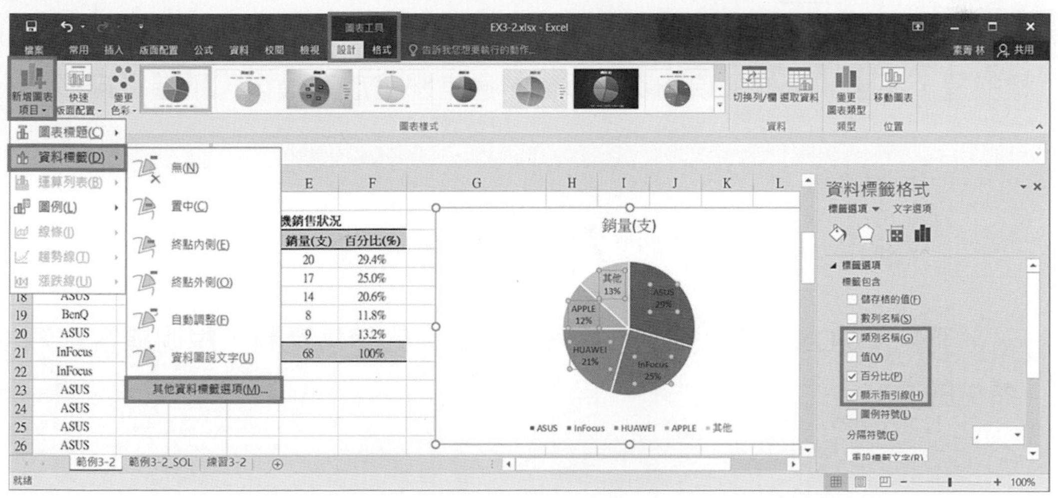

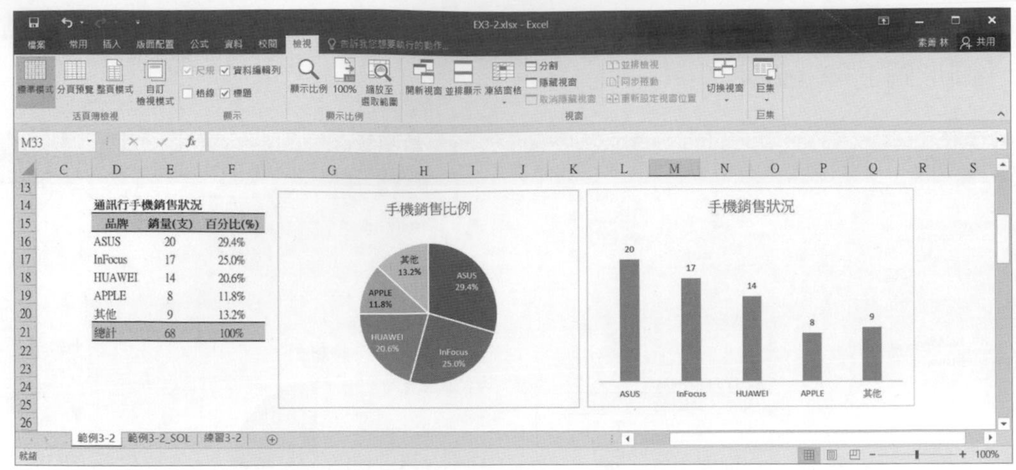

通訊行手機銷售狀況

品牌	銷量(支)	百分比(%)
ASUS	20	29.4%
InFocus	17	25.0%
HUAWEI	14	20.6%
APPLE	8	11.8%
其他	9	13.2%
總計	68	100%

解讀資料：該通訊行銷售最好的手機品牌是 ASUS，約佔該通訊行銷售量的三成，InFocus 和 HUAWEI 也不弱，分別有 25% 與 21% 的銷售量，APPLE 銷售量則與前三種品牌差距較大，只佔 12%。如果顧客來店詢問，通訊行可推薦前三大品牌給顧客知曉，未來也需要多注意這些品牌貨源是否充足等事宜。

一般來說，可視實際問題需要，考量進行排序與合併的步驟，要特別提醒的是，不論「其他」項的次數多寡，通常都會放在最後，不進行排序。

課堂練習 3-2

利用 COUNTIF 指令，分析汽車經銷商的銷售資料，說明顧客對汽車顏色的偏好。

⊙ 請掃描目錄頁 QR code，見檔案 EX3-2.xlsx

想要進行單一層次或多層次商業報表，進行差異性比較或趨勢分析，靈活運用 EXCEL 中的**資料表**（**Data Table**）與**樞紐分析**（**PivotTable**）功能，則是快速的作法。資料表已經內建 SUBTOTAL() 函數，可以省略複雜的公式，快速地自動進行條件運算。如果不熟悉樞紐分析功能，可先參閱附錄 A 範例說明。

以下範例以樞紐分析方式，製作單變數的次數分配表，同時利用樞紐分析圖的功能，繪製長條圖與圓形圖。

範例 3-3

假設工會代表目前有三位候選人 A、B、C，在正式投票前，隨機抽取 300 位會員，紀錄他們的想法。請問哪種圖表工具最適合表達此次民調的結果？依附檔資料製作圖表，並說明調查結果獲得的訊息。

請掃描目錄頁 QR code，見檔案 EX3-3.xlsx

步驟 1：確認問題。

投票傾向為單類別變數，候選人選項為□ A □ B □ C □尚未決定。

步驟 2：選擇適當工具，手繪草圖。

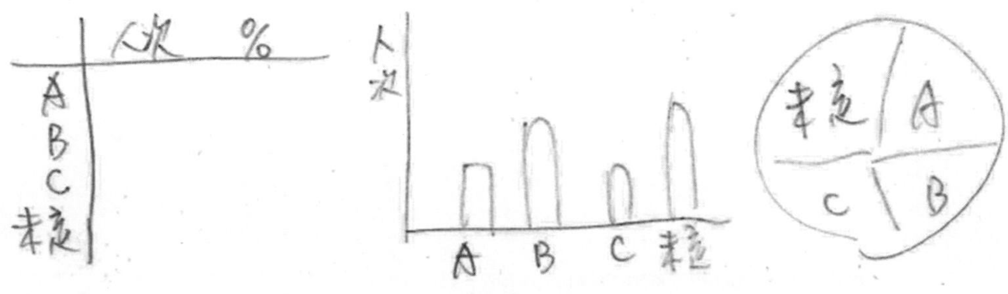

㗊 **步驟 3：**將資料轉換爲資料表格式。

按下「Ctrl +A」全選資料，在插入索引標籤中選擇「表格」，在 [建立表格] 視窗中，會顯示 ☑ 有標題的表格，資料來源 A1:A301，按下「確定」。

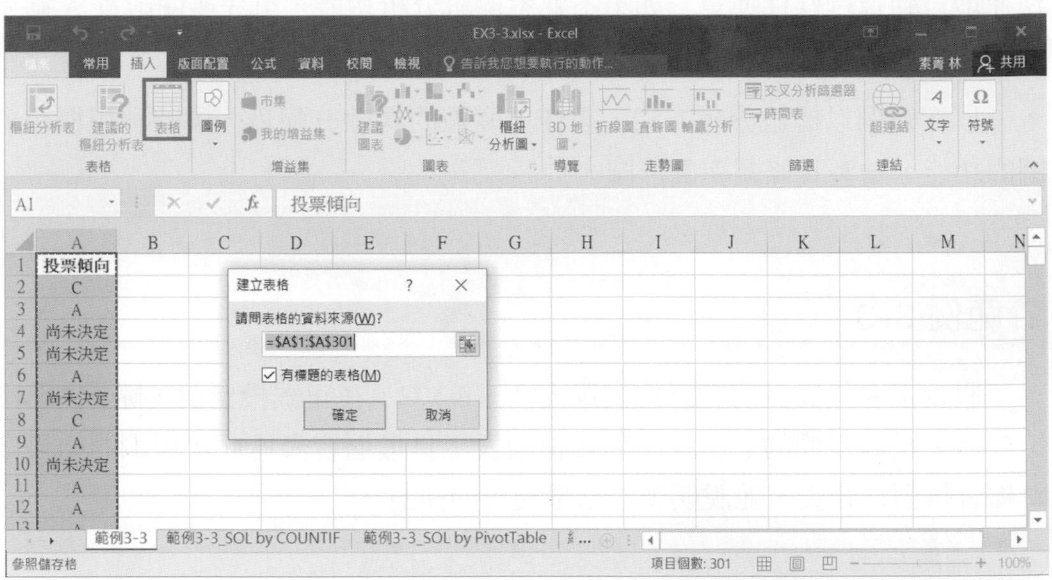

此時資料表會自動出現篩選按鈕，點選資料表任一儲存格，上方會出現「資料表工具」選單，修改資料表名稱爲「vote」。

步驟 4：利用樞紐分析功能製作次數分配表。

在插入索引標籤中，選擇「樞紐分析表」，在 [建立樞紐分析表] 視窗中，選擇資料來源「vote」（前面已命名的資料表名稱），報表位置選擇「新工作表」→「確定」。

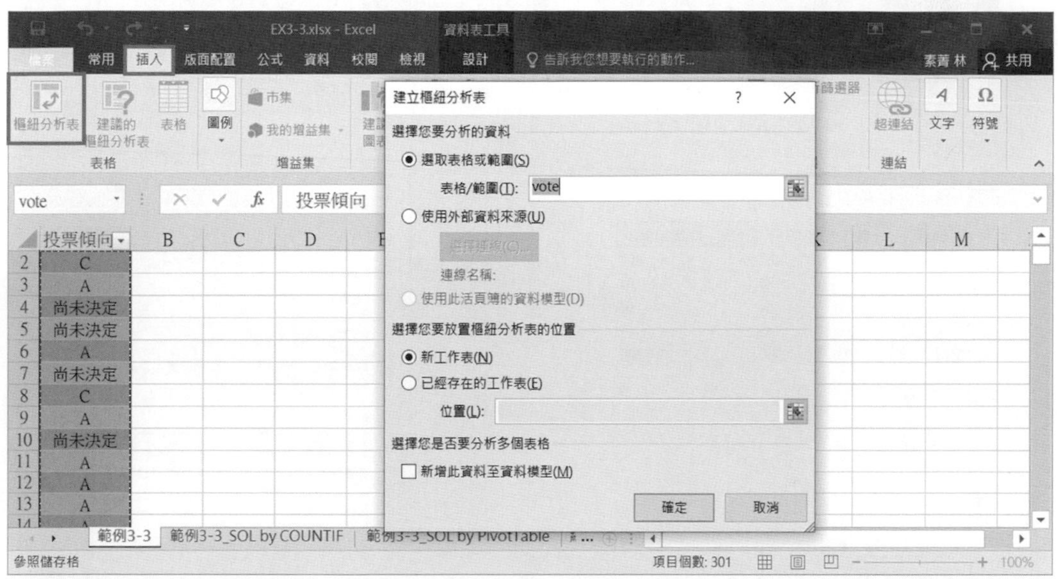

將 ☑ 投票傾向拖曳至「列」與「Σ 值」的位置，即可完成次數分配表。

🏠 **步驟 5：** 利用樞紐分析工具，計算相對次數。

再次拖曳 ☑ 投票傾向至「Σ 值」的位置，在「樞紐分析表工具」「分析」選單中，按下「欄位設定」。

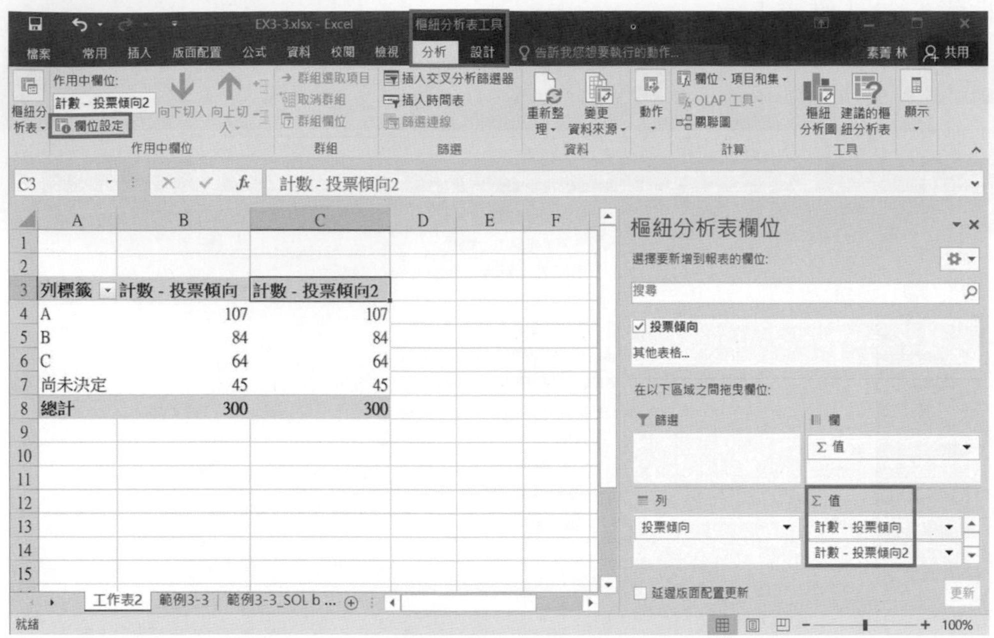

在 [值欄位設定] 視窗中的自訂名稱，將「計數 - 投票傾向 2」變更標籤名稱為「比例」，再按下「值的顯示方式」→「總計百分比」→「確定」，即可自動計算比例，調整適當的小數位數，即可完成報表。

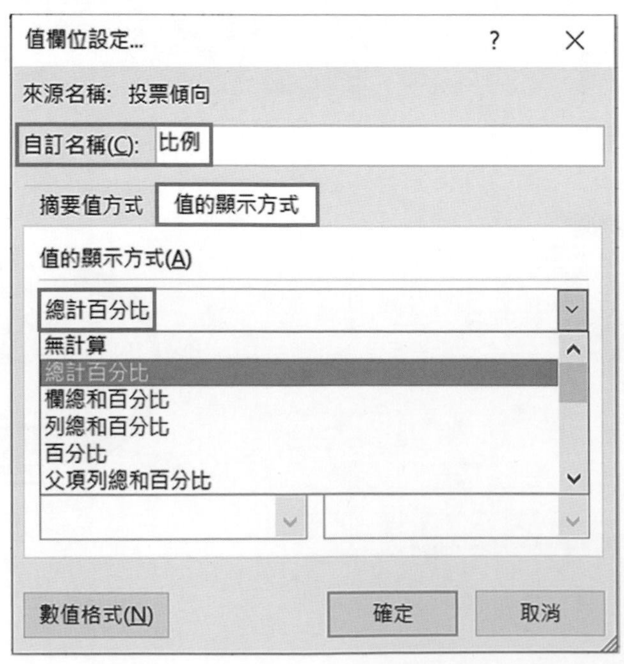

步驟 6：利用樞紐分析工具，繪製長條圖與圓形圖。

由於樞紐分析圖表互為聯動，如果只需要次數資料製作長條圖與圓形圖，可以再重新製作一個繪圖用的樞紐分析表。

點選樞紐分析表，在「樞紐分析表工具」「分析」選單中，按下「樞紐分析圖」，在 [插入圖表] 視窗中，選擇「群組直條圖」→「確定」，相同的步驟也可以製作圓形圖。最後調整圖表項目，完成美化圖表的工作。

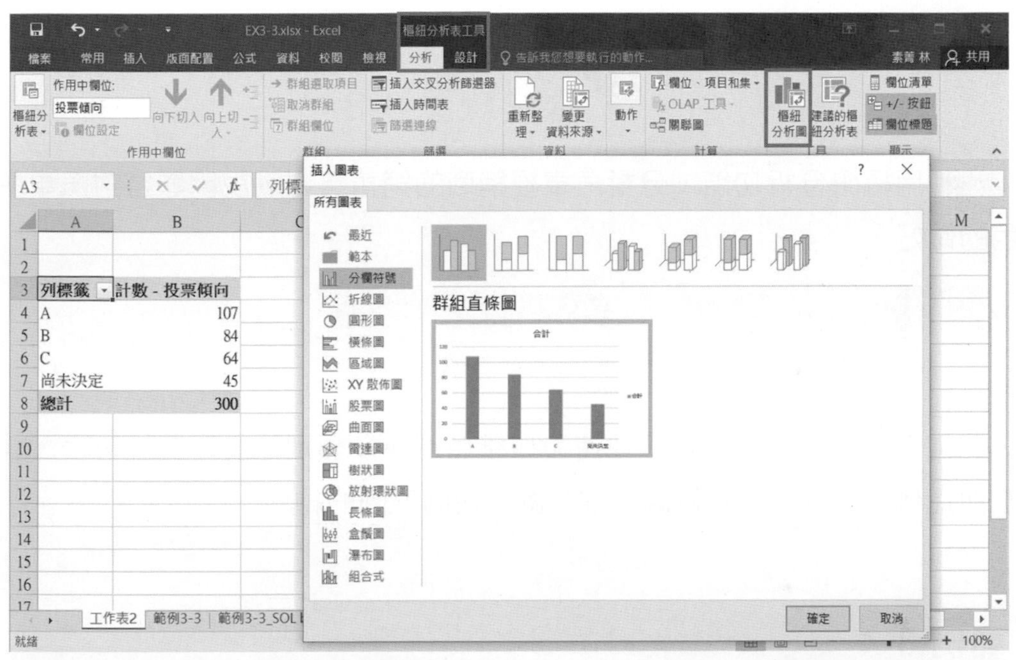

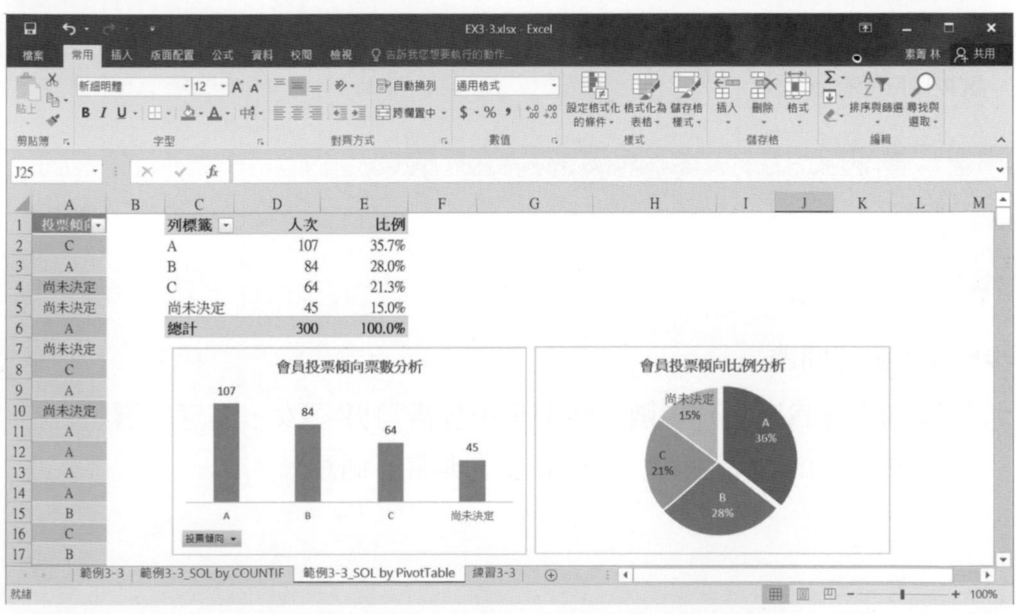

解讀資料：由目前抽取 300 位會員的調查顯示，ABC 三位候選人得票狀況分別爲 107 票（佔 35.7%）、84 票（佔 28.0%）、與 64 票（佔 21.3%），另外還有 45 位會員（佔 15%）尚未決定要投給哪位候選人。雖然目前 A 的支持率高達 36%，與排名第二的 B 與第三的 C 相差 8% 與 15%，但尚未決定的游離票會員還有 15%，因此對 B 與 C 而言，如果能繼續努力獲得尚未決定會員的認同，仍有當選的機會。

課堂練習 3-3

利用樞紐分析功能，分析汽車經銷商的銷售資料，說明顧客對汽車顏色的偏好。

⊙ 請掃描目錄頁 QR code，見檔案 EX3-3.xlsx

利用樞紐分析功能，可以快速製作雙類別或多類別變數交叉分析表，計算次數與比例，進行群組長條圖、堆疊圖、與圓形圖的繪製。

範例 3-4

旅行社想知道男性與女性顧客對這次旅遊活動的滿意度，請依據調查結果，說明你的看法。

⊙ 請掃描目錄頁 QR code，見檔案 EX3-4.xlsx

步驟 1：確認問題。

性別與滿意度爲雙類別變數，性別選項包括□男 □女，滿意度選項包括□非常滿意 □滿意 □普通 □不滿意 □非常不滿意。

步驟 2：選擇適當工具，手繪草圖。

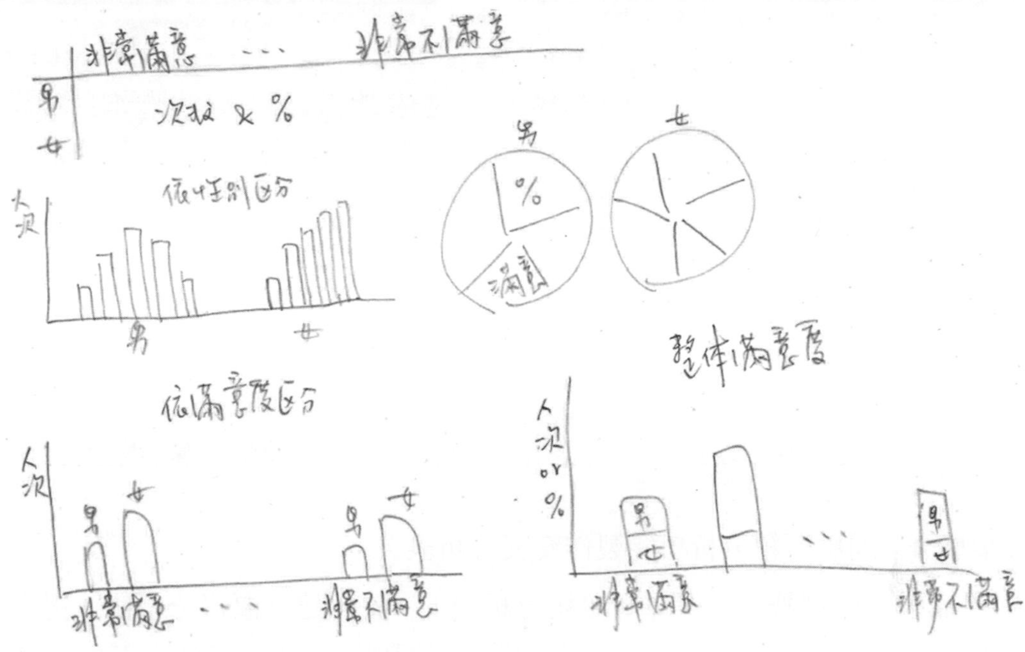

步驟 3：將資料轉換爲資料表格式。

參考前例，按下「Ctrl +A」全選資料，選擇「插入」索引標籤中的「表格」，在 [建立表格] 視窗中，顯示 ☑ 有標題的表格，資料來源 A1:B144，按下「確定」。點選資料表任一儲存格，修改資料表名稱爲「satisfy」。

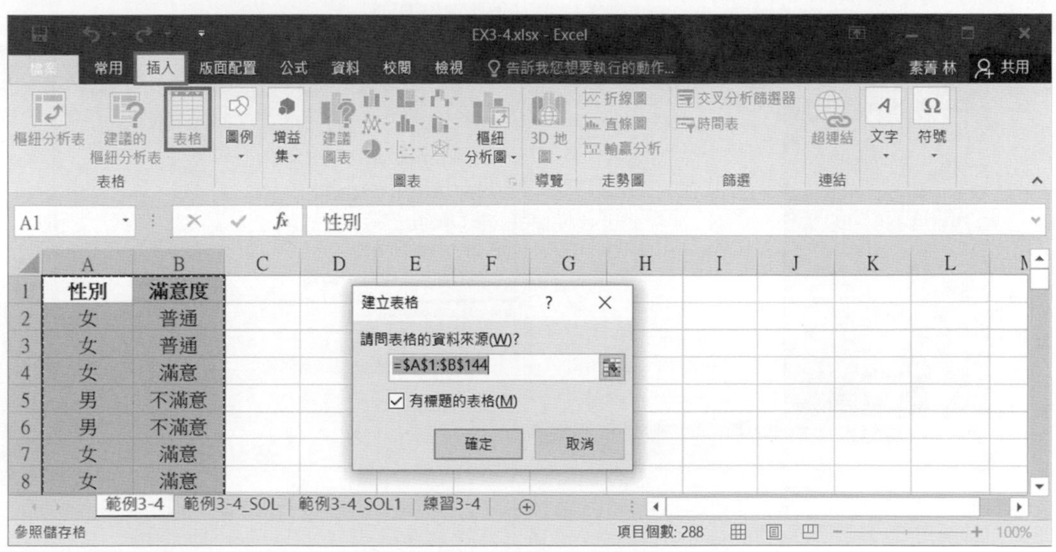

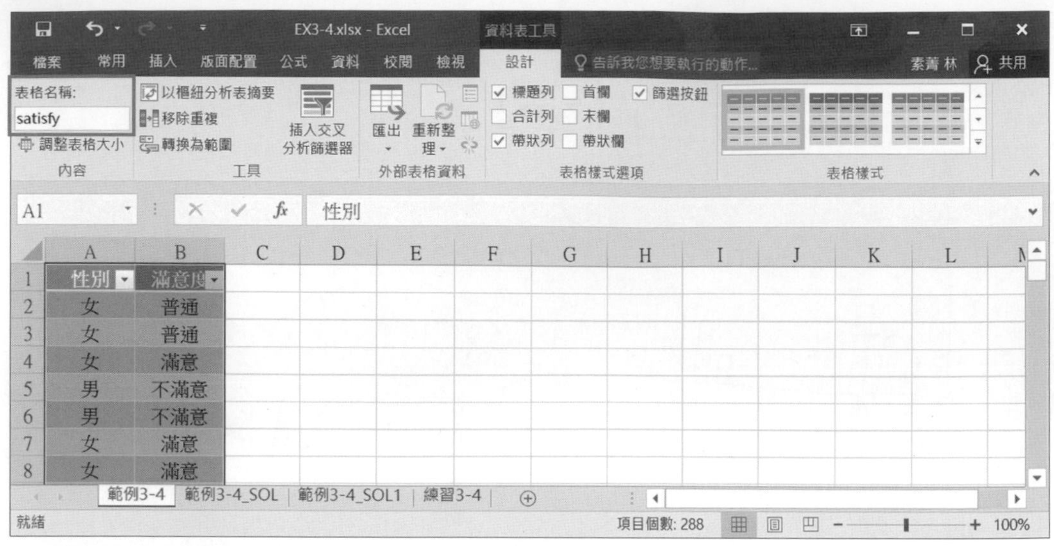

🖹 **步驟 4：**利用樞紐分析功能製作交叉分析表。

在插入索引標籤中，選擇「樞紐分析表」，在 [建立樞紐分析表] 視窗中，選擇資料來源「satisfy」，報表位置亦可選擇 ◉ 已經存在的工作表→位置點選空白儲存格→「確定」。

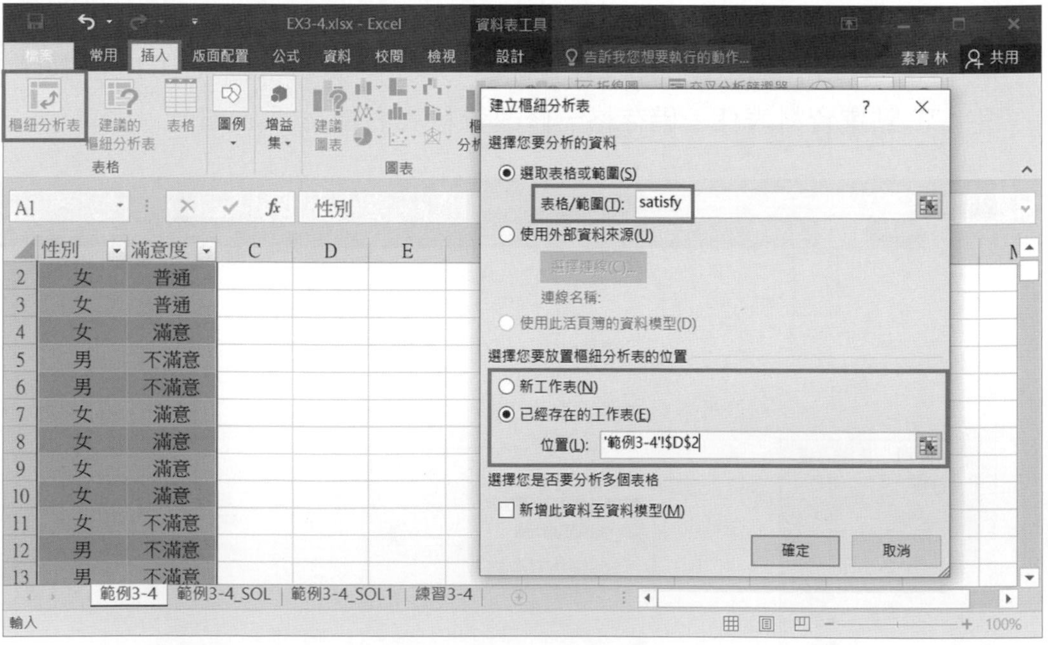

將☑性別與☑滿意度分別拖曳至「列」「欄」的位置，二者選其一拖曳至「Σ值」的位置，即可快速完成次數分配表。

步驟 5：利用自訂清單功能，修改滿意度的標籤順序（詳細步驟可參考附錄 A）。

按下檔案索引標籤，選擇「選項」。在 [EXCEL 選項] 視窗中，選擇「進階」→「編輯自訂清單」→輸入自訂清單標籤順序（非常滿意、滿意、普通、不滿意、非常不滿意）→「新增」，此時自訂清單中會出現自訂順序清單選項，按下「確定」二次，回到 EXCEL 工作表。

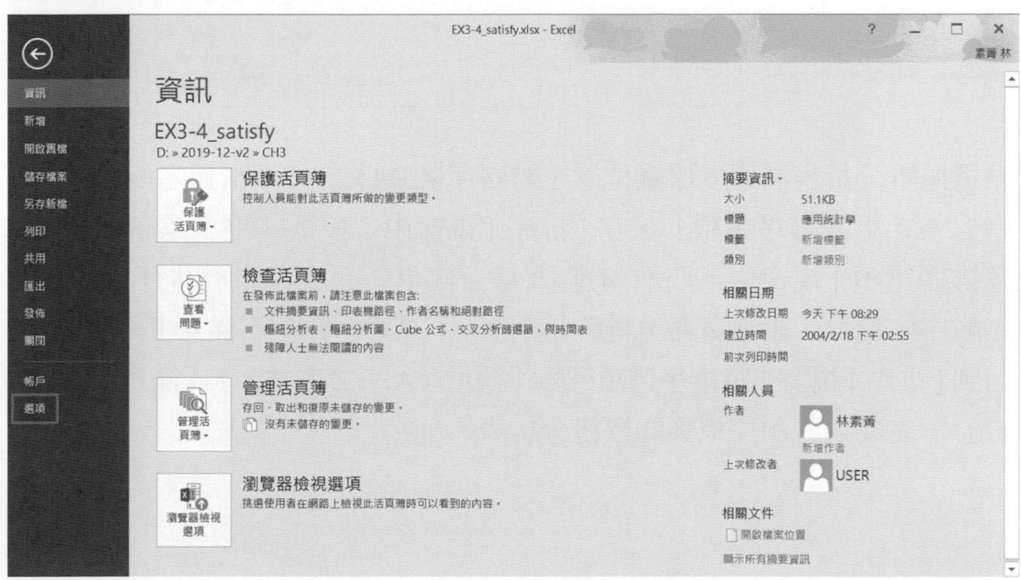

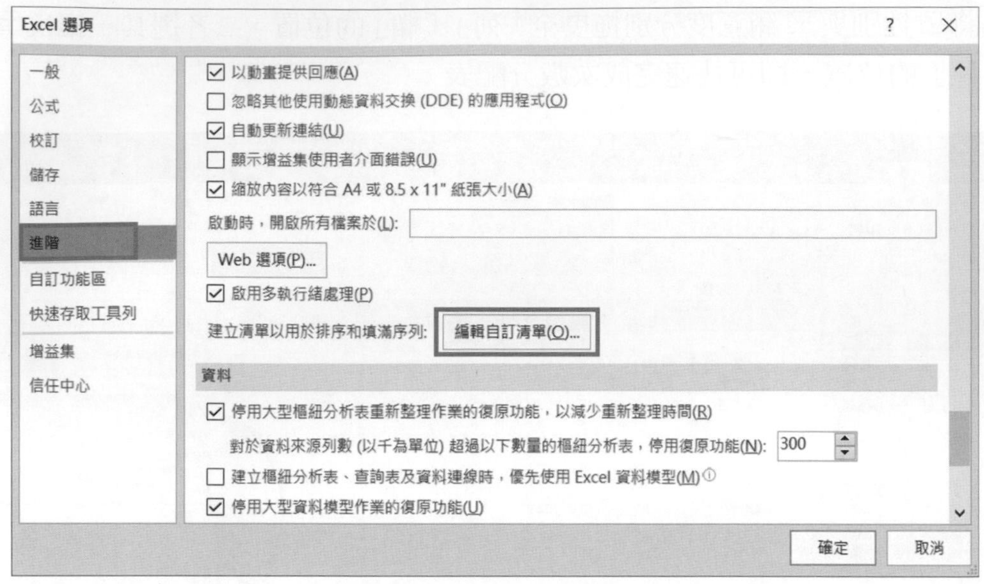

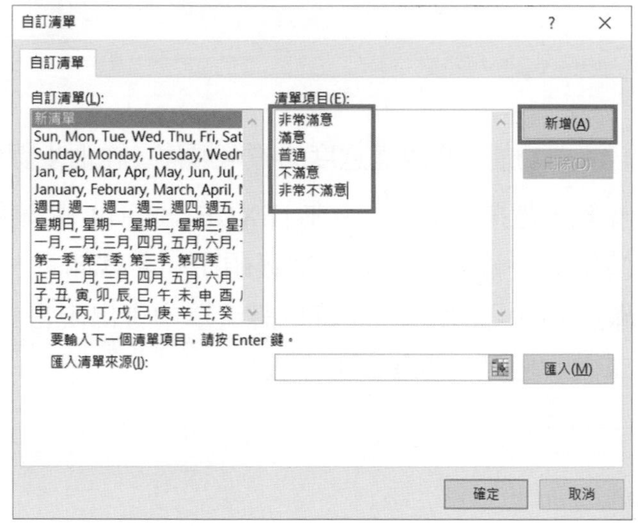

點選樞紐分析表滿意度標籤位置（如儲存格 D4），按下滑鼠右鍵，選擇「排序」→「更多排序選項」。在 [排序] 視窗中，按下「更多選項」，在 [更多排序選項] 視窗中，取消勾選 ☐ 每一次更新報表時自動排序，在自訂排序順序中選擇「非常滿意、滿意、普通、不滿意、非常不滿意」→「確定」。回到 [排序] 視窗，將排序選項改為「遞增（A→Z 方式）」「滿意度」→「確定」，完成自訂順序標籤的樞紐分析表。

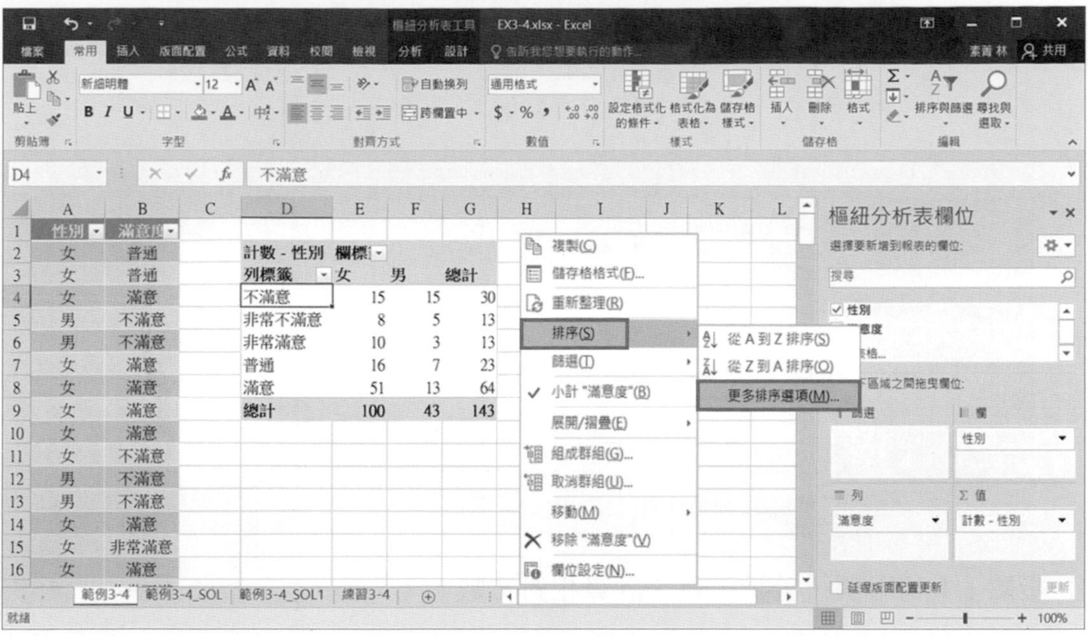
EX3-4.xlsx - Excel
計數 - 性別 欄標籤
列標籤 女 男 總計
不滿意 15 15 30
非常不滿意 8 5 13
非常滿意 10 3 13
普通 16 7 23
滿意 51 13 64
總計 100 43 143
複製(C)
儲存格格式(F)...
重新整理(R)
排序(S)
篩選(T)
小計 "滿意度"(B)
展開/摺疊(E)
組成群組(G)...
取消群組(U)...
移動(M)
移除 "滿意度"(V)
欄位設定(N)...
從 A 到 Z 排序(S)
從 Z 到 A 排序(O)
更多排序選項(M)...
樞紐分析表欄位

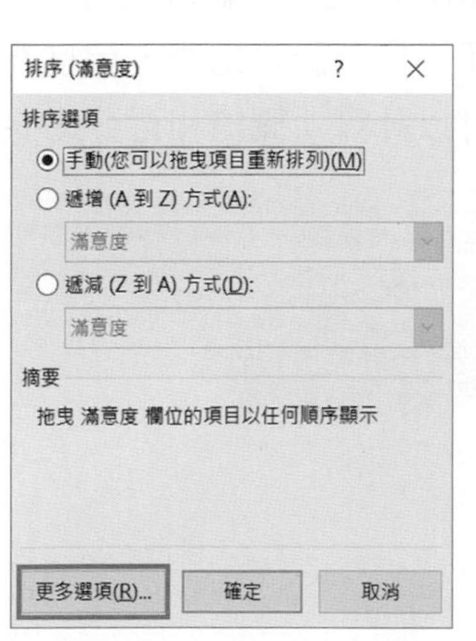
排序 (滿意度)
排序選項
手動(您可以拖曳項目重新排列)(M)
遞增 (A 到 Z) 方式(A):
遞減 (Z 到 A) 方式(D):
摘要
拖曳 滿意度 欄位的項目以任何順序顯示
更多選項(R)...
確定
取消

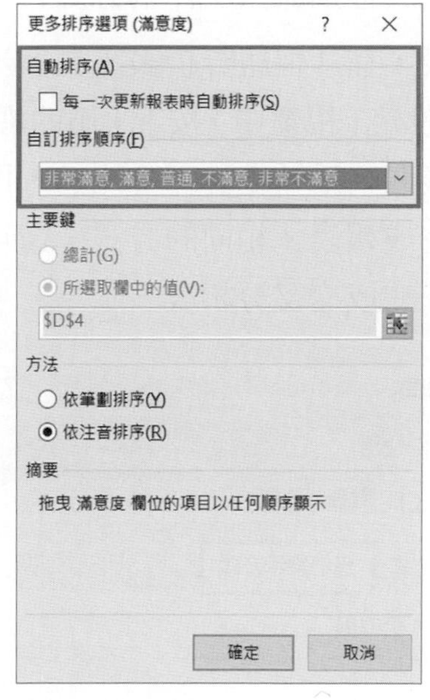
更多排序選項 (滿意度)
自動排序(A)
每一次更新報表時自動排序(S)
自訂排序順序(F)
非常滿意, 滿意, 普通, 不滿意, 非常不滿意
主要鍵
總計(G)
所選取欄中的值(V):
$D$4
方法
依筆劃排序(Y)
依注音排序(R)
摘要
拖曳 滿意度 欄位的項目以任何順序顯示
確定
取消

計數 - 性別	欄標籤		
列標籤	女	男	總計
非常滿意	10	3	13
滿意	51	13	64
普通	16	7	23
不滿意	15	15	30
非常不滿意	8	5	13
總計	100	43	143

步驟 6： 利用樞紐分析工具，計算相對次數。

其中總計百分比是以調查總人數 143 爲分母，欄總和百分比與列總和百分比則分別以不同滿意度與性別總人次作爲分母。

複製計數的樞紐分析表，在「樞紐分析表工具」「分析」選單中，選擇「欄位設定」，在 [值欄位設定] 視窗中，按下「值的顯示方式」→「總計百分比」→「確定」，修改標籤名稱爲「總計百分比」，即可自動計算比例，調整適當的小數位數，即可完成報表。相同的方式，還可以計算「欄總和百分比」與「列總和百分比」，完成交叉分析表。

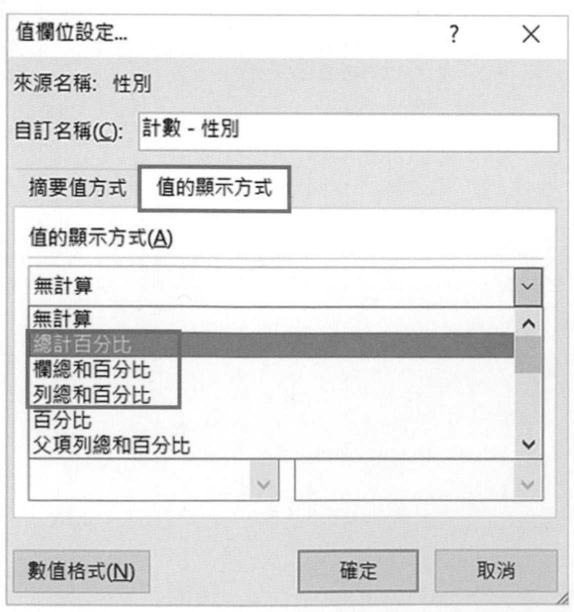

	A	B
1	性別	滿意度
2	女	普通
3	女	普通
4	女	滿意
5	男	不滿意
6	男	不滿意
7	女	滿意
8	女	滿意
9	女	滿意
10	女	滿意
11	女	不滿意
12	男	不滿意
13	男	不滿意
14	女	滿意
15	女	非常滿意
16	女	滿意
17	男	非常不滿意
18	男	滿意

計數 - 滿意度	欄標籤		
列標籤	女	男	總計
非常滿意	10	3	13
滿意	51	13	64
普通	16	7	23
不滿意	15	15	30
非常不滿意	8	5	13
總計	100	43	143

欄總計百分比	欄標籤		
列標籤	女	男	總計
非常滿意	10.0%	7.0%	9.1%
滿意	51.0%	30.2%	44.8%
普通	16.0%	16.3%	16.1%
不滿意	15.0%	34.9%	21.0%
非常不滿意	8.0%	11.6%	9.1%
總計	100.0%	100.0%	100.0%

總計百分比	欄標籤		
列標籤	女	男	總計
非常滿意	7.0%	2.1%	9.1%
滿意	35.7%	9.1%	44.8%
普通	11.2%	4.9%	16.1%
不滿意	10.5%	10.5%	21.0%
非常不滿意	5.6%	3.5%	9.1%
總計	69.9%	30.1%	100.0%

列總計百分比	欄標籤		
列標籤	女	男	總計
非常滿意	76.9%	23.1%	100.0%
滿意	79.7%	20.3%	100.0%
普通	69.6%	30.4%	100.0%
不滿意	50.0%	50.0%	100.0%
非常不滿意	61.5%	38.5%	100.0%
總計	69.9%	30.1%	100.0%

步驟 7：利用樞紐分析圖，分別繪製群組長條圖、圓形圖、堆疊圖。

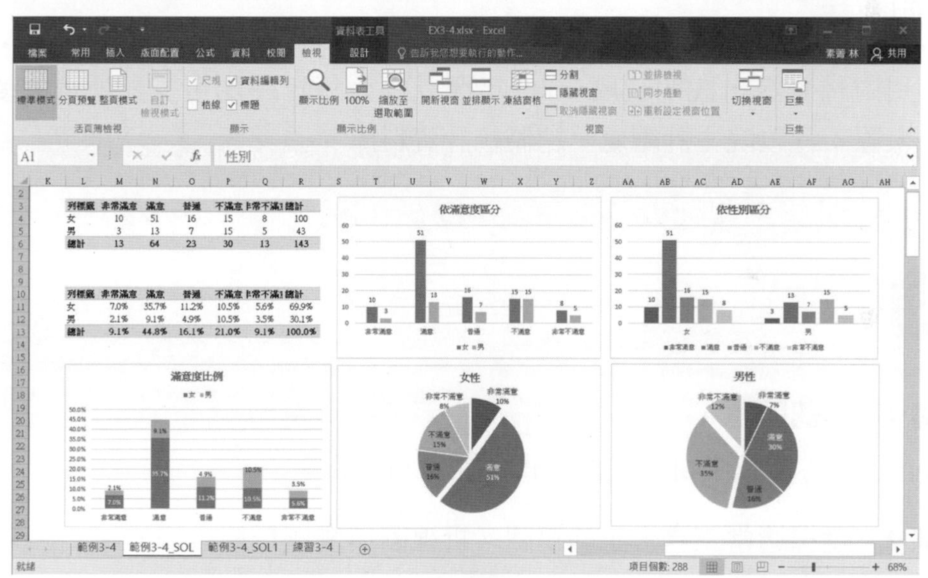

解讀資料：調查參加此次活動的 143 位顧客，其中 100 位為女性，約佔七成，另外有 43 位男性顧客，佔三成。以整體來看，這次活動有超過一半（53.8%）的顧客感到滿意，認為普通佔 16.1%，但仍有 30.1% 感到不滿意。女性顧客的滿意度相對較高，滿意與非常滿意的比例達 61.0%，不滿意與非常不滿意的比例為 23%；男性顧客只有 37.2% 感到滿意或非常滿意，不滿意與非常不滿意的比例高達 46.5%。此次活動調查結果男女感受大不相同，值得更進一步探討相關原因，以作為後續類似活動的參考資訊。

課堂練習 3-4

利用附檔資料分析不同分店顧客對咖啡偏好的選擇，並提出適當的建議。

⊙ 請掃描目錄頁 QR code，見檔案 EX3-4.xlsx

3-3-2 時間序列資料的作圖

時間序列資料經常使用折線圖與組合圖，透過變動率的計算，可以了解長期趨勢與變化狀況。本節利用 EXCEL 繪圖功能製作圖表。

範例 3-5

利用附檔資料，說明我國 2000 年至今每人每年平均可支配所得的變化。（資料來源：行政院主計總處，總體統計資料庫。）

⊙ 請掃描目錄頁 QR code，見檔案 EX3-5.xlsx

步驟 1： 確認問題。

2000 年至今，每人可支配所得為時間序列資料。

步驟 2： 選擇適當工具，手繪草圖（折線圖與雙座標組合圖）。

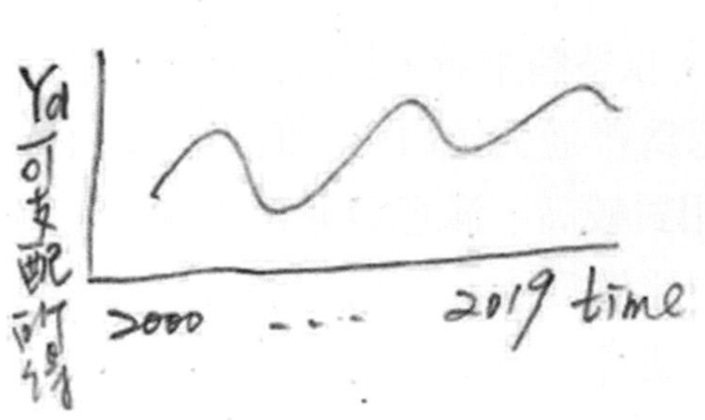

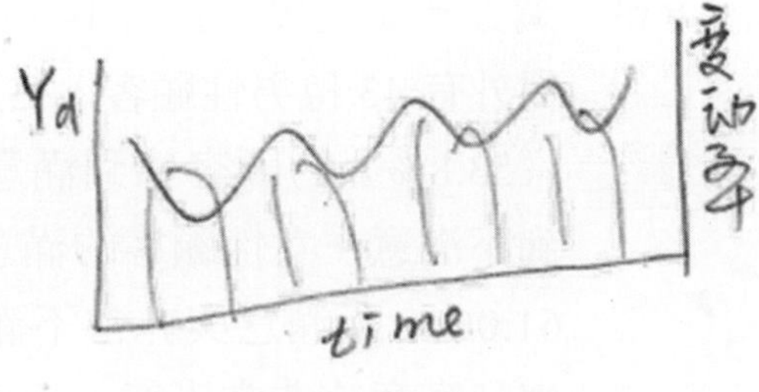

步驟 3：下載資料。

進入總體統計資料庫，按下「+」展開選單，選擇「家庭收支統計」→家庭收支重要指標 - 年。

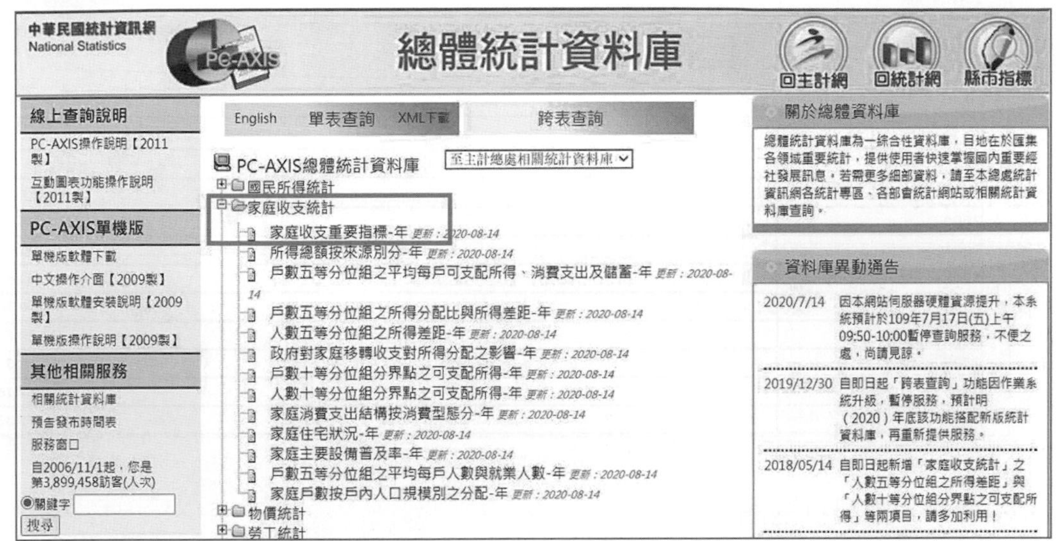

選擇期間、指標、計價方式、種類→繼續。

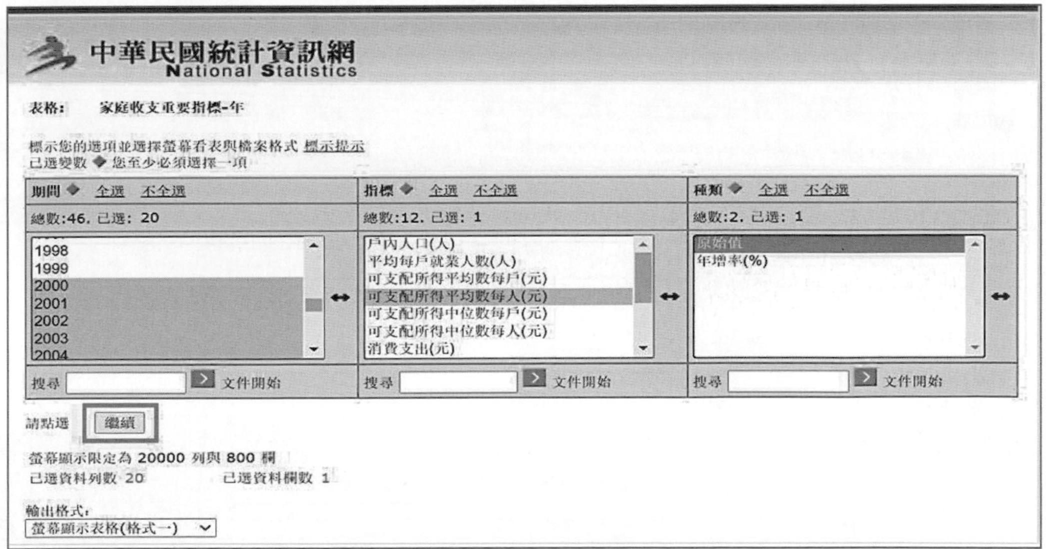

確認資料無誤後，按下「xls」下載 EXCEL 格式資料。

中華民國統計資訊網
National Statistics

- 變數與數值

編輯與計算　另存新檔　繪圖與地圖

捷徑　XLS　ODS　CSV　PX　繪圖教學

家庭收支重要指標-年 依 期間, 指標 與 種類	
	可支配所得平均數每人(元)
	原始值
2000	246,256
2001	242,640
2002	239,978
2003	249,763
2004	254,643
2005	261,571
2006	267,769
2007	273,336

步驟 4：繪製折線圖。

選擇資料範圍 A2:B21（年份與可支配所得欄位），在插入索引標籤中，選擇「折線圖」。

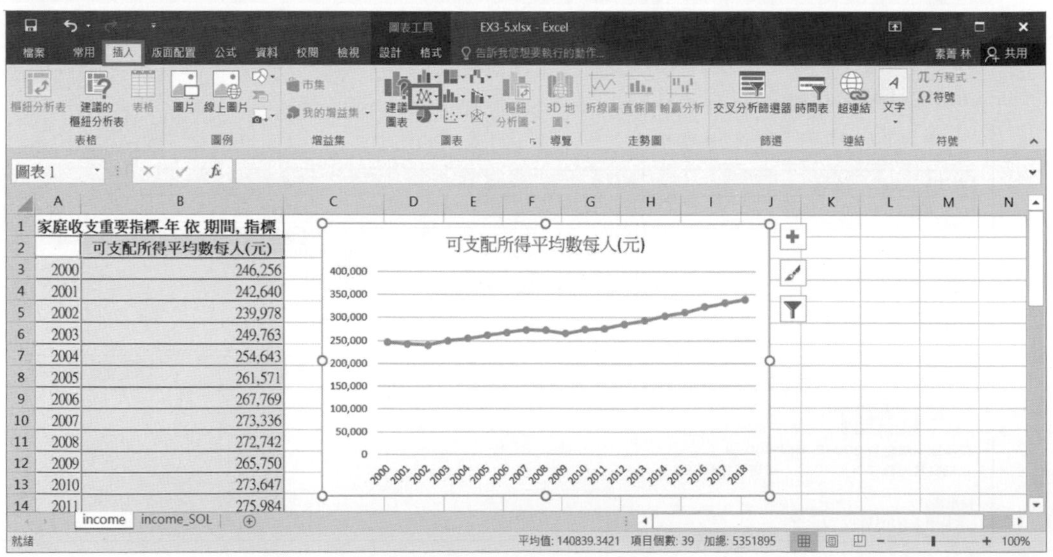

步驟 5：利用「圖表工具」功能，調整圖表細項，美化圖表。

新增頭尾期間資料標籤，顯示縱座標軸單位爲「元」，圖表標題修改爲「歷年每人平均可支配所得」。

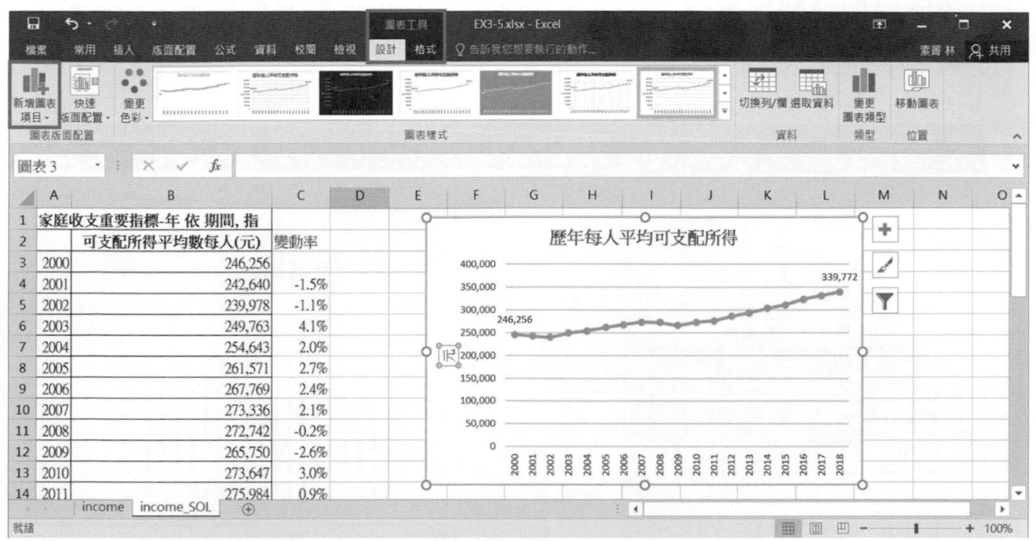

步驟 6：計算變動率。

變動率可以瞭解隨著時間改變的狀況，計算公式如下：

$$\dot{y} = \frac{(y_{當期} - y_{前期})}{y_{前期}} \times 100\%$$

例如，2001 年所得變動率 $= \dfrac{(242640 - 246256)}{246256} \times 100\% = -1.5\%$。

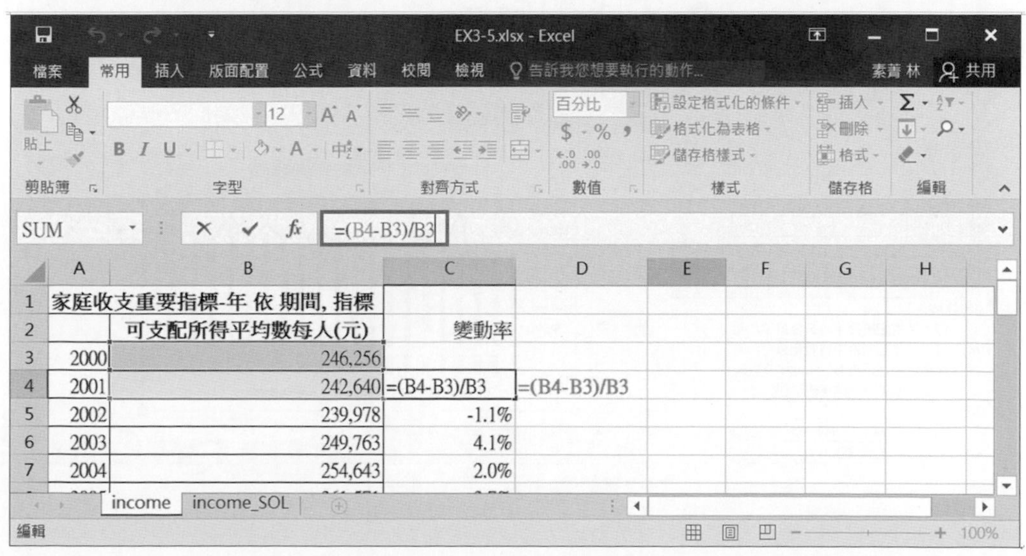

🖽 **步驟 7：**繪製雙座標組合圖，並美化圖表。

選擇資料範圍 A2:C21（年份、可支配所得、變動率三個欄位），在插入索引標籤中，選擇「建議圖表」→「所有圖表」→「組合式」。

由於所得與變動率數據大小差距相當大，故再以雙座標軸方式進行修正，將變動率 ☑ 副座標軸→「確定」。

最後選擇新增資料標籤及修改圖表標題「歷年平均每人可支配所得與變動率」，即可完成雙座標組合圖。

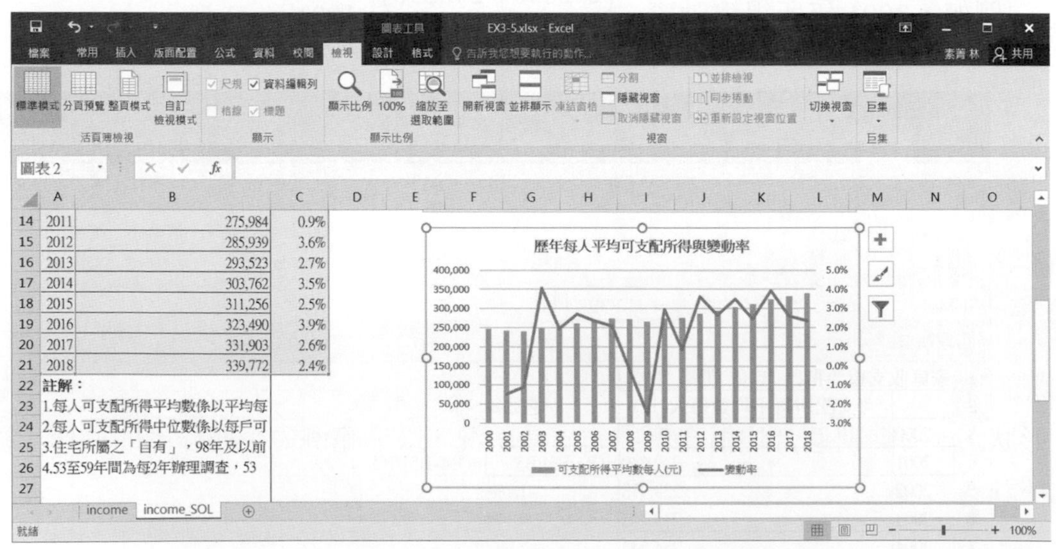

解讀資料：自 2000 年以來，平均每人可支配所得從新台幣 246,256 元上升至 339,772 美元，長期來看呈現上升趨勢，十餘年來上漲了約 1.38 倍。再從可支配所得變動率來看，2001 年至 2002 年與 2008 年至 2009 年爲負成長，變動率分別爲 – 1.5%、– 1.1%、– 0.2%、– 2.6%，其餘都呈現正的成長率，可支配所得成長表現最爲亮眼的年份，分別爲 2003 年（4.1%）、2016 年（3.9%）、2012 年（3.6%）、2014 年（3.5%），成長率均超過 3.5%，其餘時間點呈現小幅成長的狀態。

敘述統計僅單純陳述過去已經發生的現象，造成的原因則需要透過其他的統計方法進行驗證。以所得變化為例，2008 年至 2009 年跌幅最深，極可能是受到全球金融海嘯的影響，2020 年後新冠病毒也可能對全世界經濟造成嚴重影響，若要討論因果關係，留待本書最後一章介紹迴歸分析方法。

課堂練習 3-5

依據聯合國世界衛生組織定義，65 歲以上老年人口佔總人口比例超過 14% 則進入高齡社會。請自行搜尋內政部統計處戶政月資料，說明 2015 年 1 月後，老年人口比例與幼年人口比例的結構性變化。

3-3-3 數值資料的作圖

統計圖是數據可視化最方便的工具之一，能快速瞭解資料規則與分佈狀況，EXCEL 2016 新增直方圖與盒鬚圖功能，直方圖適合用來描述數值資料的形狀，盒鬚圖則適合找出資料中的異常狀況，以下範例先說明作圖的操作步驟，統計意義將搭配 3-6 節內容再進行詳細解說。

小提醒！

在樞紐分析作圖中，EXCEL 2016 版本尚未提供直接繪製散佈圖、直方圖、盒鬚圖、樹狀圖、放射環狀圖、與瀑布圖的功能，只能先選擇資料範圍，在插入索引標籤中，選擇圖表功能進行作圖。

數值資料也可以進行人工分組，將原始數值資料轉換爲順序尺度分組資料，再進行分析。分組必須符合**互斥性**（**Mutually Exclusive**）與**周延性**（**Exhaustive**），前者意謂每組之間的範圍不能有交集，後者係指每一筆資料都必須被歸類在某一組別之內。以分數爲例，90 ～ 100 分與 80 ～ 90 分的分組不符合互斥原則，因爲 90 分應被歸類在哪一組會令人混淆，可將分組範圍修正爲 90 ～ 100 分與 80 ～ 89 分或 91 ～ 100 分與 81 ～ 90 分。如果全班最高與最低分數分別爲 98 分與 20 分，組別務必需涵蓋所有分數範圍，例如 90 分以上、80 ～ 89 分、…、40 ～ 49 分、40 分以下。

範例 3-6

附檔資料紀錄了 A 班學生總成績，請分析該班成績狀況。

請掃描目錄頁 QR code，見檔案 EX3-6.xlsx

步驟 1： 繪製直方圖。

選擇成績變數欄位（B:B），在插入索引標籤中，選擇直方圖（EXCEL 命名爲長條圖）。

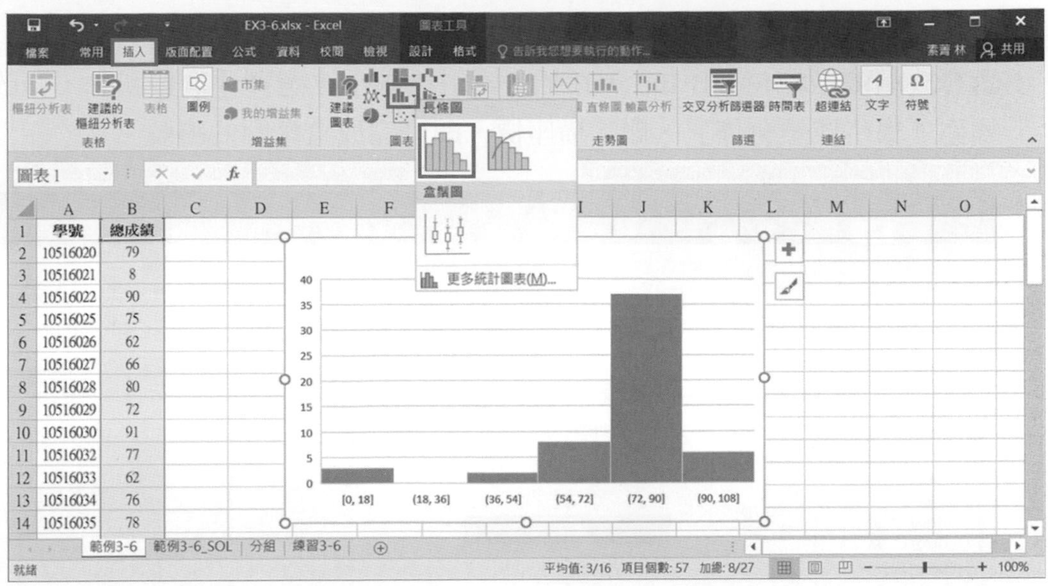

將游標移至橫軸標籤位置，按下滑鼠右鍵，選擇「座標軸格式」，在 [座標軸格式] 視窗中，將組距 ⊙Bin 寬度改成 10（分數以 10 分爲橫軸間距），選擇新增資料標籤，再修改圖標題「學生成績分佈」，完成直方圖的繪製。

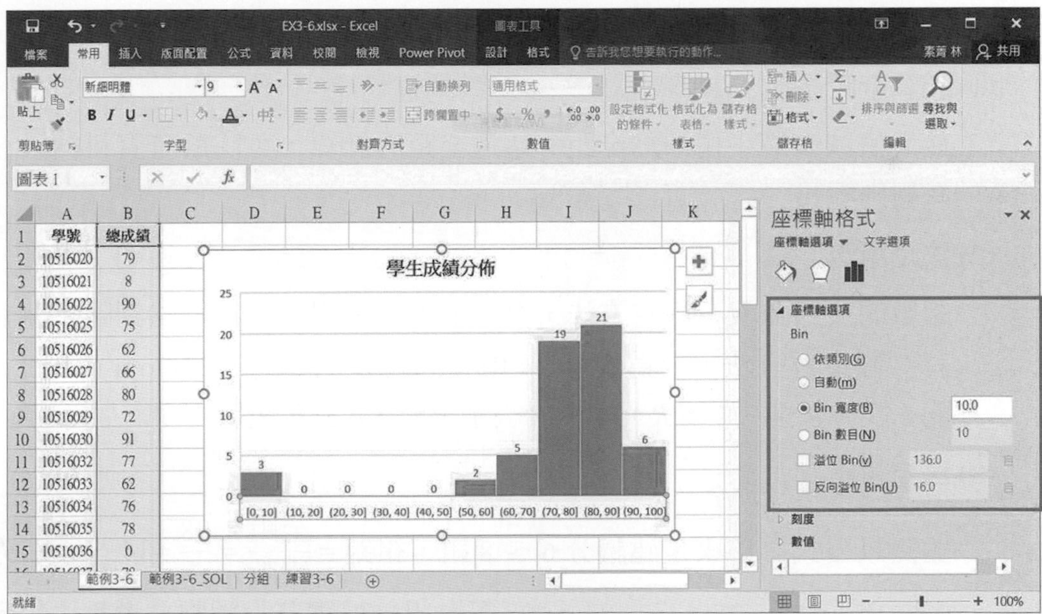

步驟 2：繪製盒鬚圖。

選擇成績變數欄位（B:B），在插入索引標籤中，選擇「盒鬚圖」，修改圖標題「學生成績分佈」，刪除橫座標，即可完成盒鬚圖的繪製。

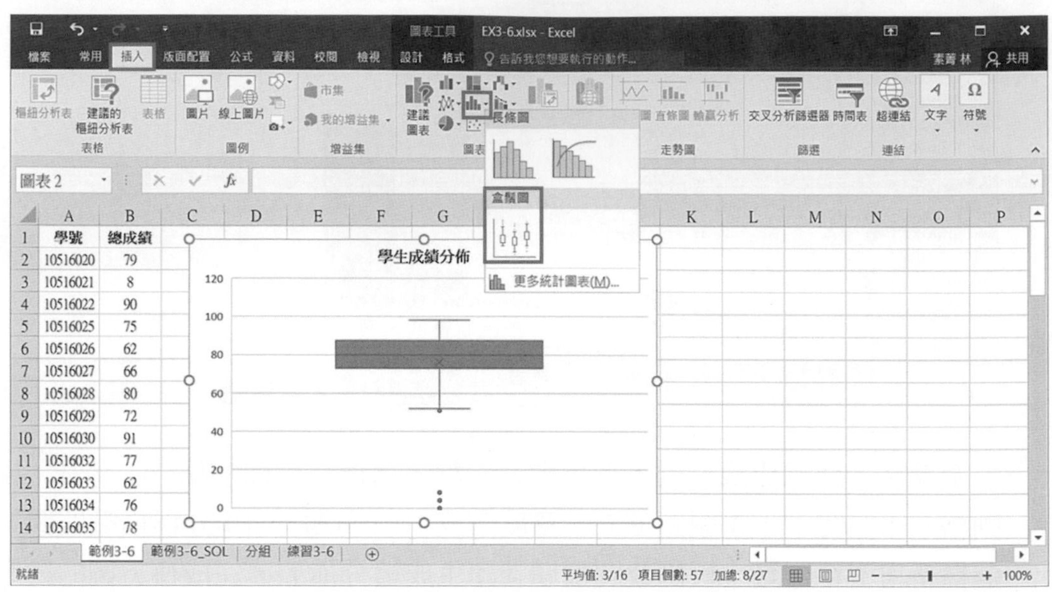

步驟 3：對數值資料進行分組。

(1) 計算全距

最大值減去最小值即為全距，透過全距的計算，可將所有資料納入在所有組別中。

(2) 決定組數

組數的決定並沒有固定方法，實務上大多採用直覺或經驗判斷。理論上有二個參考方法，一為 Sturges Rule，組數 $k = 1 + 3.3 \times \log_{10} R$，二為 2 的 k 次方法則，$2^k > R$，其中 R 表示全距，k 表示組數。

(3) 決定組距

雖然以公式算出來是建議分 6 ～ 8 組，組距 $= \dfrac{\text{全距}}{\text{組數}} = \dfrac{98}{7} = 14$，亦即分成 0 ～ 14、15 ～ 28、…、84 ～ 98 等七組，但實務上通常會考量比較容易解讀或有意義的範圍來進行調整，因此修正為每 10 分為一組。

(4) 決定組限

參考附錄 B，安裝分析工具箱。在空白儲存格中輸入組上限，在資料索引標籤中，選擇「資料分析」選項，在 [資料分析] 視窗中，選擇「直方圖」→「確定」。

在 [直方圖] 視窗中，輸入資料範圍 B:B（分數欄位），組界範圍 D12:D18（組上限），☑ 標記，輸出範圍點選空白儲存格 E12，再按下確定，完成次數的計算。

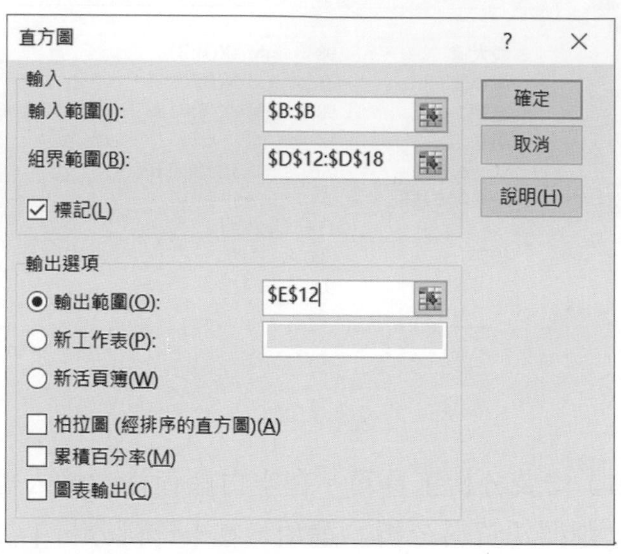

直方圖功能內建程式包含組上限，因此如果我們想計算及格與否的人次，可調整組上限尾數爲 9，完成人次的計算。

	A	B	C	D	E	F	G	H
11	10516032	77		組限				
12	10516033	62		組上限	組上限	頻率		
13	10516034	76		50	50	3	≦50分的人次	
14	10516035	78		60	60	2	51～60分的人次	
15	10516036	0		70	70	5	61～70分的人次	
16	10516037	78		80	80	19	71～80分的人次	
17	10516038	85		90	90	21	81～90分的人次	
18	10516039	85		100	100	6	91～100分的人次	
19	10516040	73			其他	0		
20	10516041	98						
21	10516045	72						
22	10528001	77		組上限	組上限	頻率		
23	10528002	66		59	59	5	≦59分的人次	
24	10528003	4		69	69	5	60～69分的人次	
25	10528007	80		79	79	15	70～79分的人次	
26	10528008	75		89	89	18	80～89分的人次	
27	10528009	80		100	100	13	90～100分的人次	
28	10528010	71			其他	0		

範例3-6 | 範例3-6_SOL | 分組 | 練習3-6

步驟 4： 製作次數分配表，並計算累積次數與累積次數百分比。

在空白儲存格輸入次數分配表，並填入人次，計算相對次數。數值資料還可計算累積次數與累積次數百分比，第一組 90 分以上人次與累積人次相同，故在儲存格 L24 中輸入「= J24」，若要計算 80 分以上人次，則在儲存格 L25 中輸入「= L24 + J25」，再向下拖曳，即可完成累積人次的計算。相同的方式可以計算累積比例。

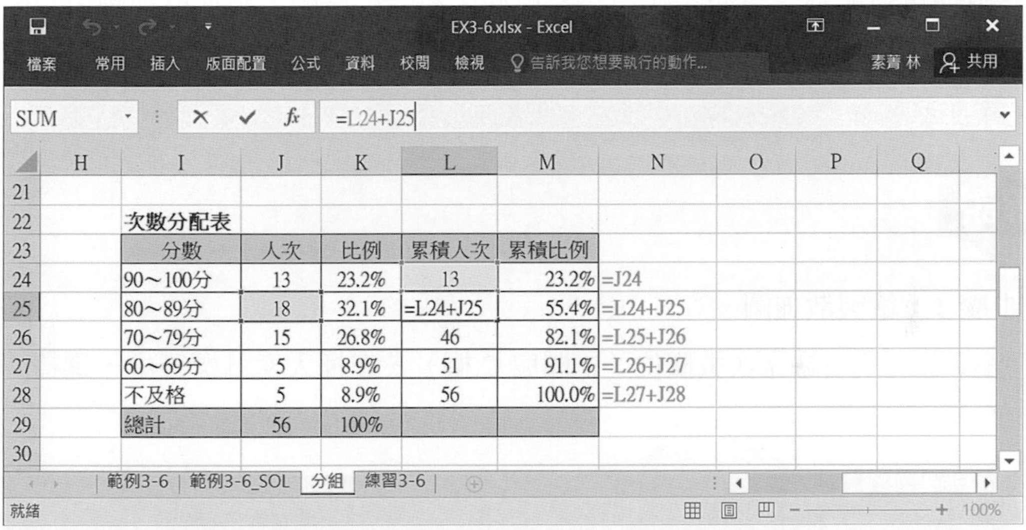

EX3-6.xlsx - Excel

SUM =L24+J25

次數分配表

分數	人次	比例	累積人次	累積比例	
90～100分	13	23.2%	13	23.2%	=J24
80～89分	18	32.1%	=L24+J25	55.4%	=L24+J25
70～79分	15	26.8%	46	82.1%	=L25+J26
60～69分	5	8.9%	51	91.1%	=L26+J27
不及格	5	8.9%	56	100.0%	=L27+J28
總計	56	100%			

範例3-6 | 範例3-6_SOL | 分組 | 練習3-6

解讀資料：從直方圖的形狀來看，大部分學生成績高於 60 分，其中又以七八十分居多，盒鬚圖中顯示異常值，其中有 3 位學生總成績低於 10 分。全班有 23.2% 超過 90 分，成績 80 分以上的占一半（55.4%），八成以上的學生（82.1%）成績在 70 分以上，只有 5 位同學不及格，占全班的 8.9%。

課堂練習 3-6

賣場想瞭解顧客結帳的排隊等待時間，故在這一天內派員調查了 200 位顧客，請依據調查結果說明你的看法。

請掃描目錄頁 QR code，見檔案 EX3-6.xlsx

針對雙數值變數的原始資料，可以透過散佈圖，粗略觀察二個數值變數之間的關係，例如價格與數量的關係、身高與體重的關係等。後續在介紹統計量數時，尚有相關係數指標，可以再進一步討論數值變數之間的關係。

範例 3-7

附檔資料紀錄了 A 班學生這學期缺席次數與總成績，請從散佈圖中判斷缺席次數與總成績之間的關係。

請掃描目錄頁 QR code，見檔案 EX3-7.xlsx

步驟 1： 繪製散佈圖。

選擇總成績與缺席次數欄位（B 欄與 C 欄），在插入索引標籤中，選擇「散佈圖」。

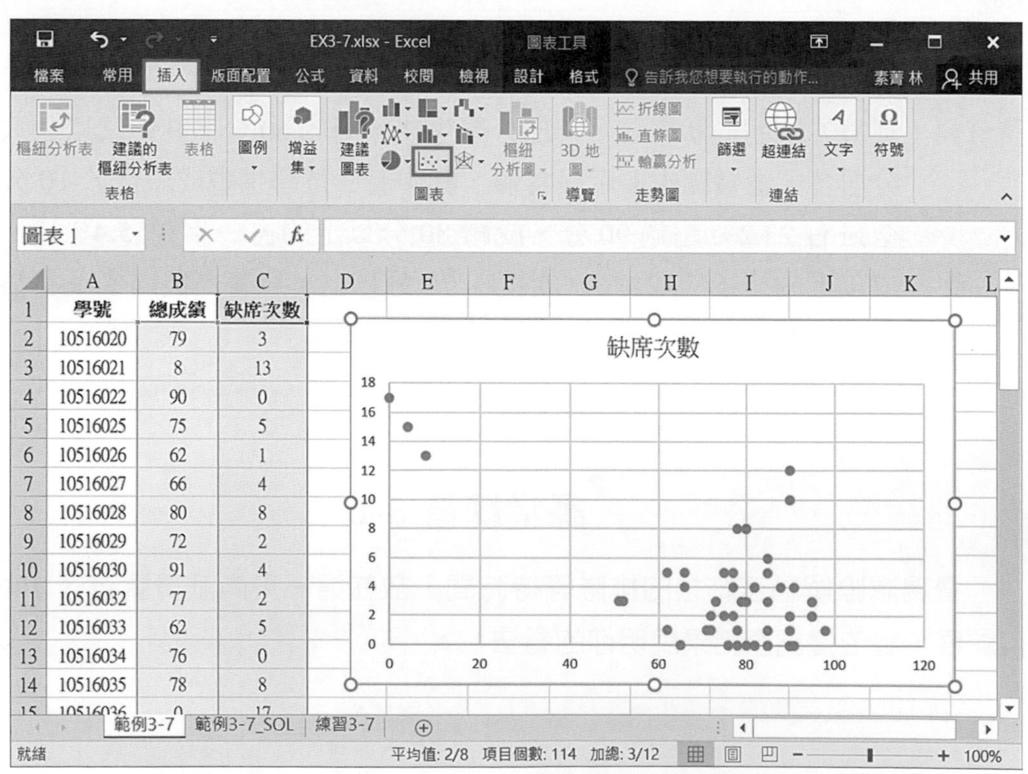

在「圖表工具」「設計」選單中，選擇「新增圖表項目」→座標軸標題→分別選擇主水平與主垂直進行橫軸與縱軸標籤修改（橫軸為總成績，縱軸為缺席次數），再修改圖表標題，即可完成散佈圖。

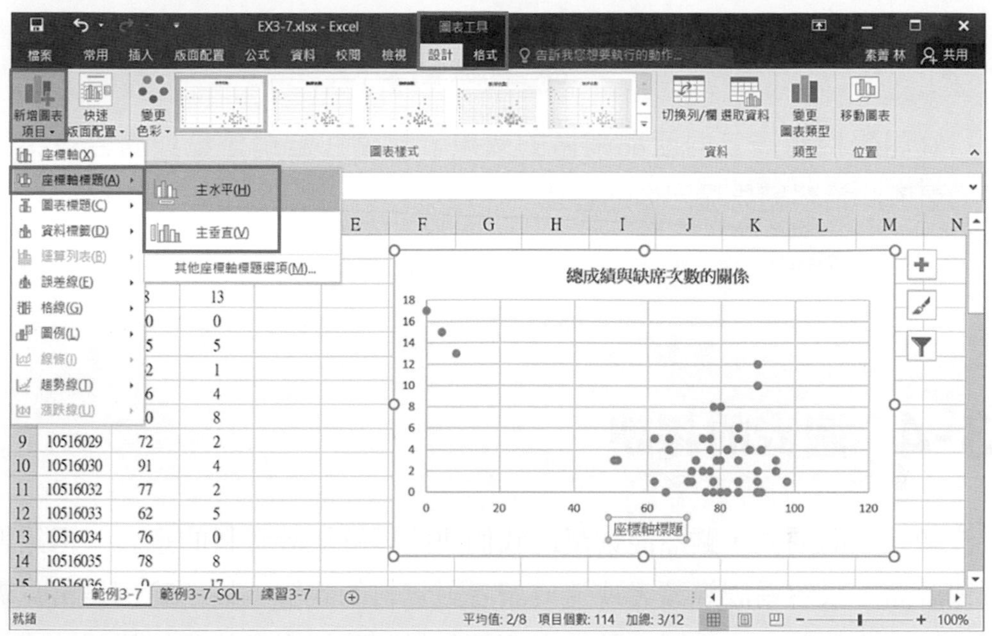

步驟 2：新增趨勢線。

在「圖表工具」「設計」選單中，選擇「新增圖表項目」→趨勢線→線性，即可初步從圖形中直接看出總成績與缺席次數的負向關係。

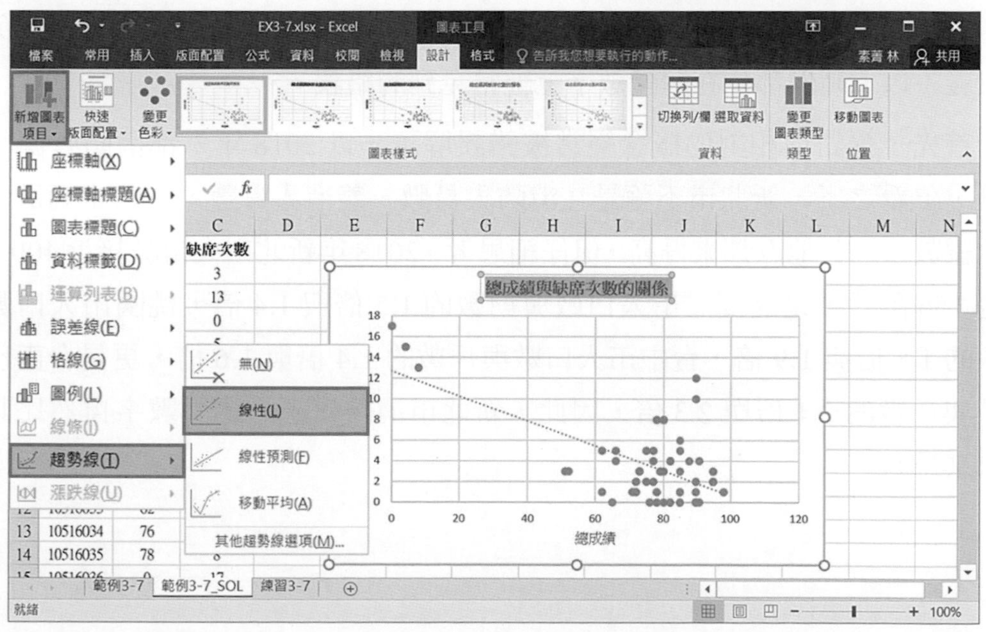

解讀資料：A 班學生總成績與缺席次數呈現負向關係，亦即成績高者缺席次數少，反之，缺席次數高者成績較低。

課堂練習 3-7

公司想檢討廣告對產品銷售的效果，附檔包含銷售量與廣告支出資料，請依此資料結果提出你的看法。

⊙ 請掃描目錄頁 QR code，見檔案 EX3-7.xlsx

3-4 圖表的謬誤

淺顯易懂的圖表，雖然能夠幫助我們快速理解統計資料的意義，但錯誤的作圖或解讀，很容易誤導讀者或造成讀者對資料的誤解。以下範例是常見數據或圖表被誤用的狀況，在製作圖表與解讀資料時時絕對不能犯的錯誤，或是在解讀他人圖表資料時，也要小心其中的陷阱。

3-4-1 數字的錯覺

解讀資料之前，除了需要找到適當的資料來說明對應的問題，更要避免斷章取義，以下範例都是在解讀數字上經常見到的錯誤。

首先，絕對與相對的概念經常被錯誤解讀。以 2018 年六都消防資源數據爲例，乍看之下，新北市不論是在消防人員數、義消人員數、消防車輛數、消防栓總數都比其他五都來得高，但仔細思考，2018 年新北市人口數接近 400 萬，超過 156 萬戶，是北高二市人口數與戶數的 1.5 倍與 1.4 倍，桃園市人口數與戶數的 1.8 倍與 1.9 倍，台中市人口數與戶數的 1.4 倍與 1.6 倍，更是台南市人口數與戶數的 2.1 倍與 2.3 倍，因此，新北市消防資源的絕對數字自然比其他五都來得高。

若進一步計算每十萬人消防人數與義消人數，台北市與台南市的消防與義消相對人數則分居六都之冠，桃園市則在每萬人消防車輛數與每千戶消防栓數方面拔得頭籌。由本例可知，雖然新北消防資源在絕對數據上看起來比較多，但由於人口數及戶數也最多，故在實際相對消防資源上反而比其他五都來得少，在解讀數據時，絕對不可忽略絕對與相對的考量。

表 3-3　2018 年六都消防資源比較

	新北市	臺北市	桃園市	臺中市	臺南市	高雄市
消防人員數	2,210	1,765	1,390	1,466	1,097	1,535
義消人員數	5,720	1,751	2,503	4,366	3,517	3,422
消防車輛數	274	246	237	222	199	256
消防栓總數	21,180	20,047	15,866	18,000	12,924	17,201
每十萬人消防人數	55.31	66.14	62.59	52.28	58.23	55.34
每十萬人義消人數	143.15	65.62	112.7	155.71	186.69	123.38
每萬人消防車輛數	0.69	0.92	1.07	0.79	1.06	0.92
每千戶消防栓數	13.56	18.98	19.65	18.51	18.75	15.64
戶籍登記人口數	3,995,717	2,668,572	2,220,872	2,803,894	1,883,831	2,773,533
戶籍登記戶數	1,562,037	1,056,233	807,471	972,652	689,258	1,099,955

資料來源：行政院主計總處，縣市統計資料庫。

第二，基值不同的比較。當景氣不佳時，公司要求共體時艱，先減薪 10%，等明年景氣復甦再調回 10%，請問結果一樣嗎？這個問題其實以簡單的數字計算就可以得到答案，假設你目前的薪資是 30,000 元，先減薪 10%，減少 3,000 元（30,000×(1 − 10%) = 27,000），明年再調薪 10%，加薪 2,700 元，（27,000×(1 + 10%) = 29,700），二相比較，最後其實是被減薪 300 元，相差 1%。很明顯的，雖然調薪幅度都是 10%，但由於基值不同，調薪前的計算基值為 30,000 元，調薪後的計算基值為 27,000 元，因此實際的調整金額也會不同。

再舉一例，颱風過後，每公斤空心菜平均價格由 15 元上漲至 26 元，漲幅超過七成，$\frac{(26-15)}{15}\times 100\% = 73.3\%$，接下來經常有媒體報導，薪資永遠追不上菜價漲幅，因爲調薪幅度一般只有 3%，這樣的說法也陷入不同基值比較的陷阱。每公斤菜價的基值是 15 元，薪資則是數萬元，同樣上漲 1% 的絕對幅度是有很大的差異，而且所有的薪資也不是都拿來買空心菜，故在進行比較時，也需要特別注意。

第三，直接比較百分比的陷阱。舉例來說，如果 80% 韓國人喜歡吃泡菜，75% 日本人喜歡吃壽司，泡菜贏過壽司嗎？類似的情況，我們經常會表列各國經濟成長率，以 2018 年公佈數據資料來看，中國大陸的經濟成長率高達 6.6%，我們可以說中國大陸經濟狀況比其他國家都來得好嗎？ 2018 年中國大陸平均每人國內生產毛額（GDP）爲 9,763 美元，基值較低，故成長率雖然有 6.6%，但 GDP 增幅約只有 1,006 美元。

反觀美國，2018 年 GDP 高達 62,745 美元，雖然經濟成長率 2.9% 不如中國大陸來的高，但 GDP 增幅卻有 2,759 美元，是中國大陸的 2.74 倍。若再比較美國與新加坡，新加坡的 GDP 與經濟成長率分別爲 64,030 美元與 3.1%，二者均超過美國，此時我們就可以說新加坡的經濟狀況比美國來的好。因此，直接比較不同基值下的比例大小，也很容易出現嚴重的數字錯覺。

➨ 表 3-4　2018 年主要國家平均每人國內生產毛額與經濟成長率

GDP（美元）	新加坡	美國	香港	德國	英國	法國	日本	韓國	中華民國	中國大陸
2017年	59,999	59,986	46,220	44,004	39,846	39,789	38,357	29,781	24,408	8,757
2018年	64,030	62,745	48,717	48,025	42,548	40,853	39,296	31,263	25,026	9,763
經濟成長率	3.1%	2.9%	3.0%	1.5%	1.4%	1.7%	0.8%	2.7%	2.6%	6.6%

資料來源：經濟部統計處。

3-4-2 圖表的誤導

除了數字的誤解外，在作圖方面也必須特別小心，本節再提出圖表上經常犯的錯誤。第一，問卷中經常會遇到複選題，複選題的處理絕對不能選用圓形圖表達。舉例來說，詢問 102 位消費者比薩口味的偏好，相對次數的分母應爲受訪者總人數 102，由於是複選，百分比加總勢必超過 100%，故複選題項目只能用長條圖來表示，因爲所有回答次數加總一定會超過填答人數，而圓形圖的百分比會自動根據回答計次總和 215 進行計算。

比薩口味	人次	比例
夏威夷	46	45.1%
六小福	40	39.2%
海鮮	35	34.3%
超級總匯	32	31.4%
和風章魚燒	25	24.5%
雙層美式臘腸	15	14.7%
其他	22	21.6%
調查人次	102	

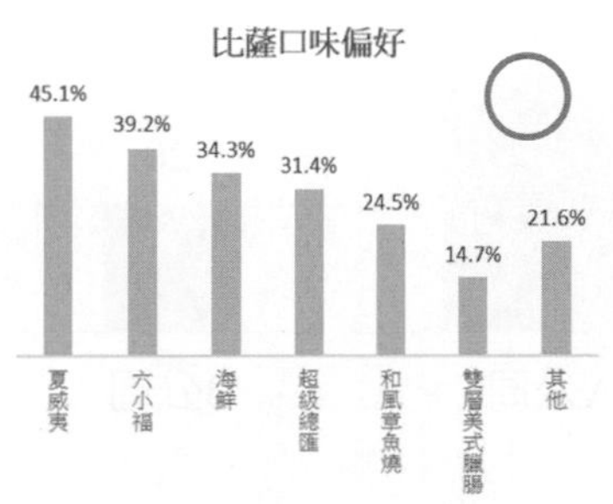

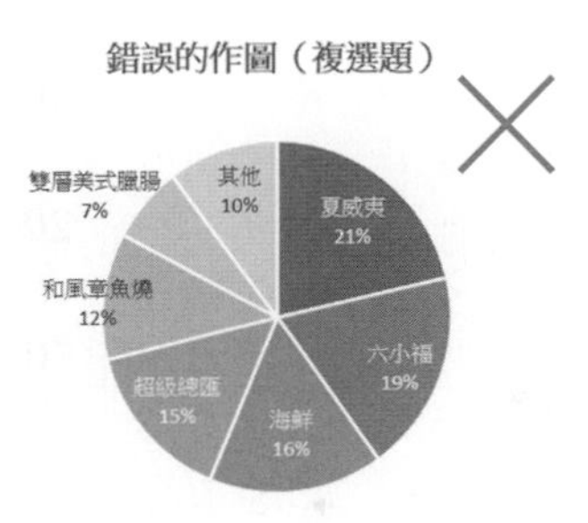

◎ 圖 3-16　複選題的統計圖

第二，立體圖的厚度可能造成的視覺誤差。以立體直條圖爲例，實際上 A 公司的銷售量是 40 萬元，但立體圖的厚度在繪圖時一定會超過縱軸標示的 40 萬元，而立體圖的厚度其實是與銷售量無關的。類似的情況也發生在立體圓形圖，若以 3D 立體圓形圖表示，O 型的 40% 似乎比平面圖的 40% 來得大，但實際上二個圖是用相同的數據繪製而成的。

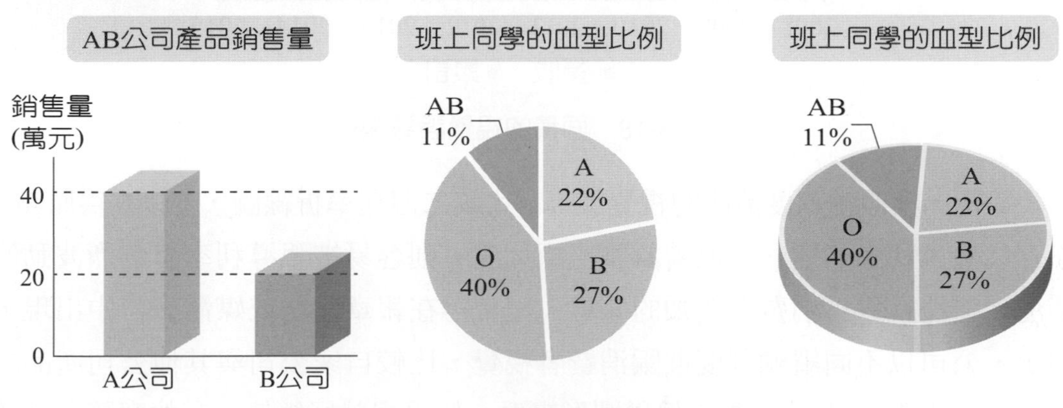

◎ 圖 3-17　立體圖的視覺誤導範例

第三，次數的大小應由縱軸高度決定，不是面積或寬度。舉例來說，A 公司銷售量爲 B 公司的二倍，長條的寬度必須相同，由縱軸高度表示銷售量大小，不能用長條的面積加大二倍來表示。除了長條圖的寬度外，區域圖也經常會產生類似的狀況，公司累計營收的面積，透過區域圖表示，容易讓人產生增加好幾倍的錯覺。

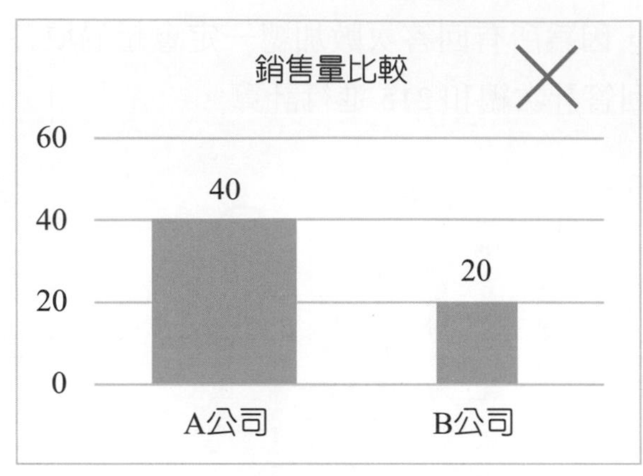

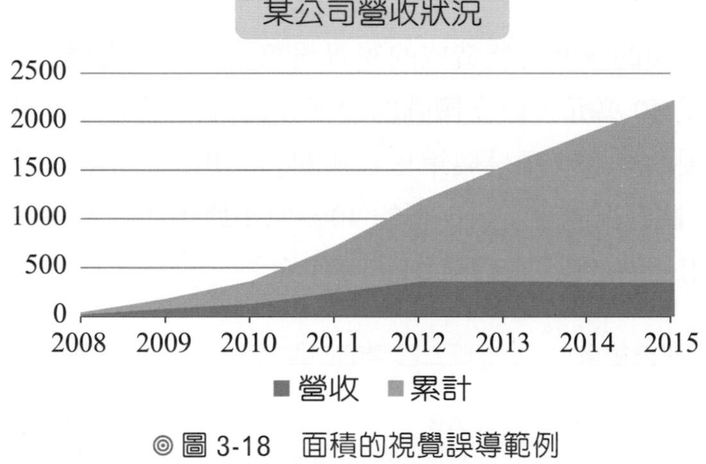

◎圖 3-18　面積的視覺誤導範例

第四，座標軸刻度造成的視覺誤導。比較二個利率折線圖，若以 0 爲原點，不容易看出利率的變化，但若調整座標刻度，則容易被誤導利率有劇烈波動的情況。這種誤以爲消費者無知的報導，經常可在報章雜誌或媒體廣告中出現，例如，公司以不同縱軸刻度欺騙消費者視覺，比較自家公司與其他公司產品的不良率，實際上只差 0.8%，但從圖形來看，似乎相差好幾倍，有故意誇大數據的嫌疑。

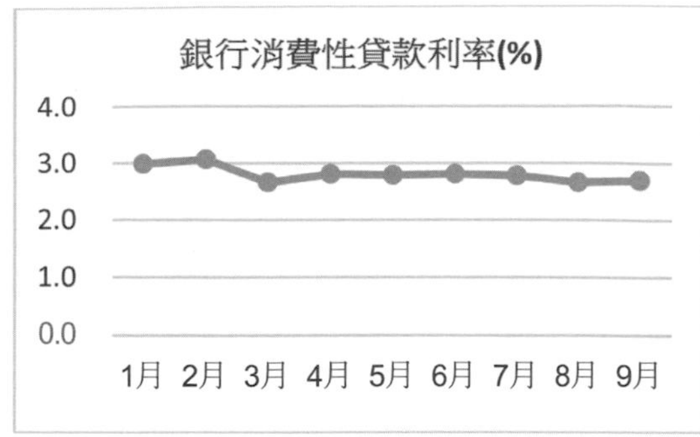

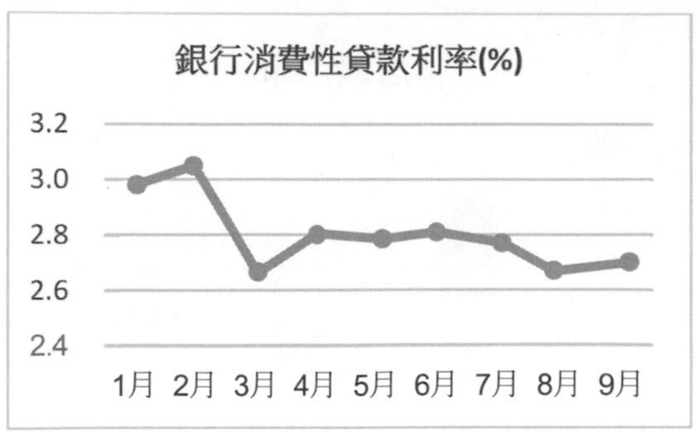

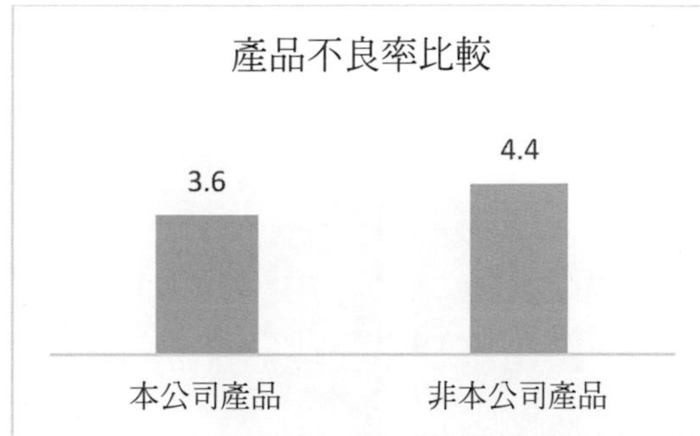

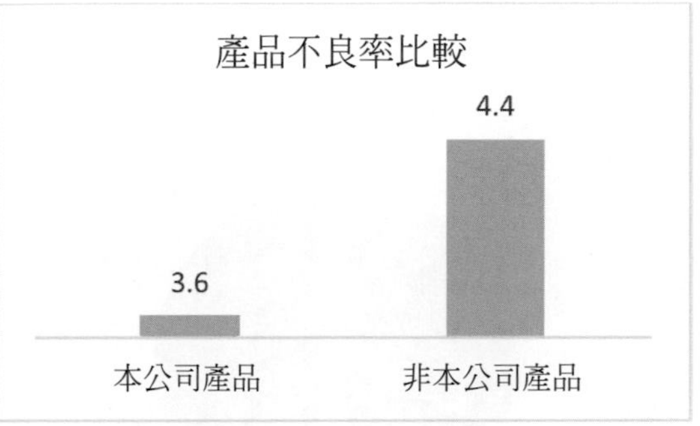

◎ 圖 3-19　座標軸刻度不一致的視覺誤導範例

第五，直接比較規模不同的比例。比較信義與板橋二家門市銷售金額，在面膜、保養品、化妝品的銷售規模大不相同（160 萬元與 1,400 萬元），若分別繪製二個長條圖或圓形圖進行比較，除了長條圖的縱座標刻度不同容易造成視覺誤導外，在分母不一致的情況下，直接比較百分比的大小，可能會誤認信義門市面膜銷售比例 50% 較板橋門市 21% 來得高。此時，透過群組直條圖進行比較，可能會是比較好的方式。

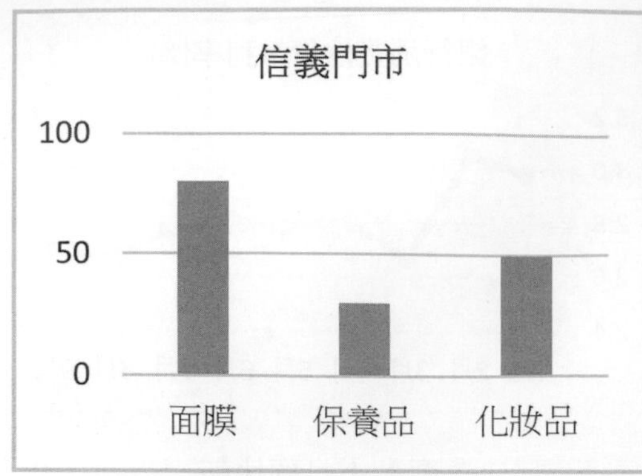

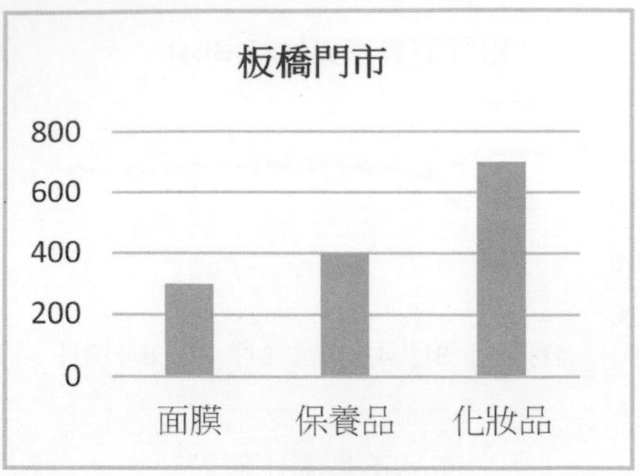

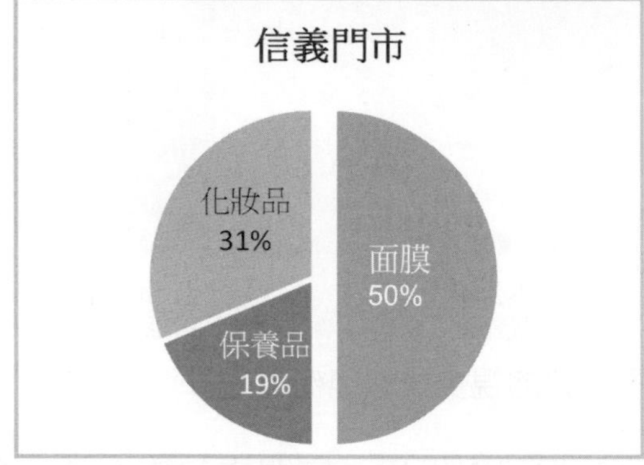

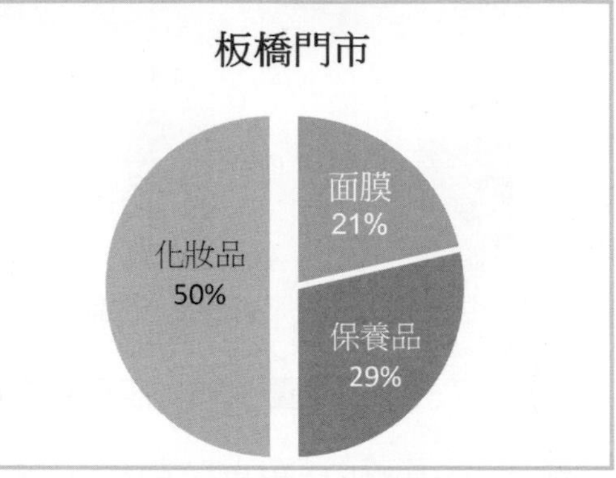

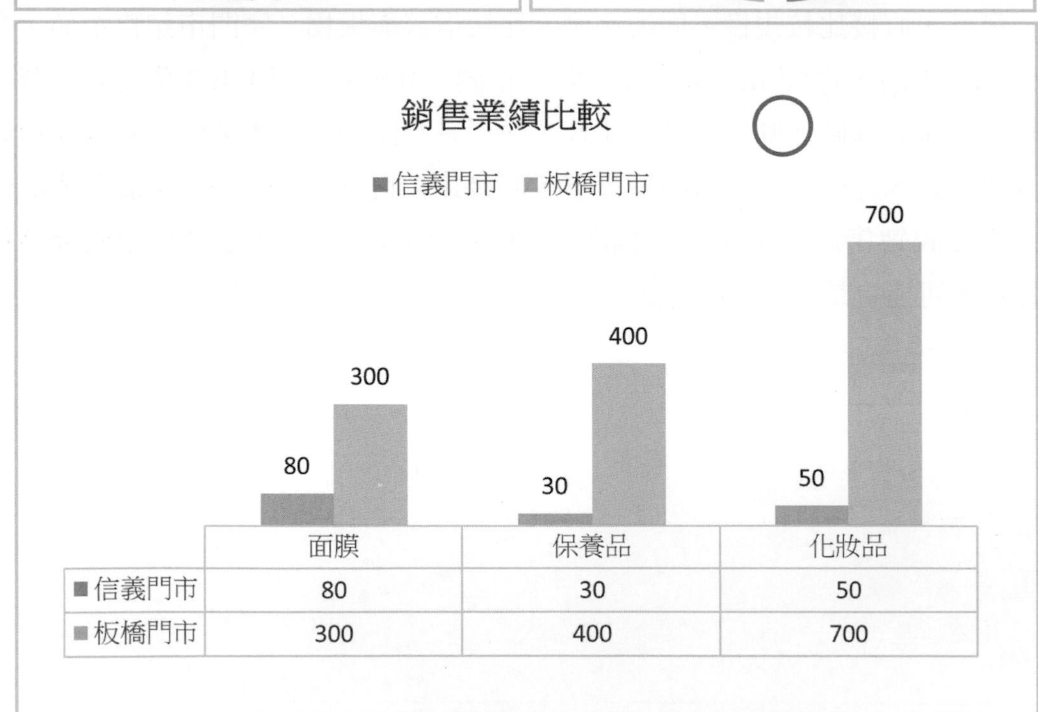

	面膜	保養品	化妝品
信義門市	80	30	50
板橋門市	300	400	700

◎圖 3-20　座標軸刻度不一致與百分比的誤解

資訊大補帖

讀新聞時必須留意的統計常識

有說謊言有三種：謊言、該死的謊言及統計（lies, damned lies and statistics），操縱數據之所以比「該死的謊言」惡劣，是因為以數字偽裝客觀更容易欺騙別人。現時不少新聞都跟統計有關，例如一些官方數字、民意調查及科學研究等，稍一不慎便可能被騙。

以下是身為一個編輯，在過去幾個月寫及讀新聞時留意到的三項重點，這些注意事項其實非常簡單，卻容易忽略。

1. 先問清楚數字

當科學家討論風險、可能性時，會使用數據分析，就算沒有確實數字，至少也要知道誤差有多少。不少報導「致癌物」的新聞基本上就是不問風險來引起恐懼（可以轉化成點擊），例如約半年前「世衛把加工肉品列入致癌物」的新聞，就是這一類。

那其實是指隸屬世衛的「國際癌症研究機構」（International Agency for Research on Cancer, IARC），把加工肉品列入其致癌物分類的第 1 類別，但這個分類的原意，是判斷科學界目前有多少證據去確認其致癌，跟致癌風險高低無關。

不過很多媒體自然忽略了這一點，只會說「加工肉品致癌」，而絕口不提到底患癌風險增加了多少。事實上我們不能簡單把東西分成「致癌」及「不致癌」（甚至「防癌」），必須提及劑量和風險，討論才有意義。

例如你一生人只吃一次加工肉品，跟每天都吃五條香腸，患癌風險已經有別。更何況醫學界只能盡量找出增加患癌風險的因素，但癌症本來就涉及多項因素，包括環境、基因、生活習慣等，難以一概而論，我們只能夠在可做的範圍內盡量降低風險。

2. 絕對與相對數字

體育課打籃球，小明進 5 個三分球，小欣則進了 4 個；但前者射了 10 球，後者射了 6 球。兩人的入球數字是絕對數字，也就是有單位的數字（多少個三分球）；而他們的命中率（分別是 50% 及約 66.7%）則是相對數字，需要把入球數除以射球數才得出，亦不帶任何單位。

處理不同的問題，需要用不同類型的數字，假如我們想知道誰射球比較準，單看進球數字根本看不出來。這一點看起來非常簡單，不過實際應用時，可能很多人都忽略了。

早前新北市公佈離婚星座排行榜，正是使用不同星座的離婚數字－－是個絕對數字－－來排序，然而單看這個排行榜我們無法得悉排名較前的星座是否更易離婚，因為這需要參考離婚率－－是個相對數字。

不幸的是各大媒體都找「星座專家」去評論，下次不妨找個統計學家？

3. 跟整體比較才有意義

設想班上考試最高分的頭三位同學都戴眼鏡，我們能否推論「戴眼鏡跟考高分有關」？當然不可以，也許根本全班同學戴眼鏡的佔多數，那麼最高分的同學都戴眼鏡就沒有甚麼稀奇了。要研究兩者之間的關係，得比較戴眼鏡和不戴眼鏡兩組同學的分數如何分佈、是否有顯著差異等。由於現實世界非常複雜，在比較兩件事情是否相關之前，我們應先排除其他可能干擾結果的因素。

不少聲稱是疫苗的後遺症，通常是指接種疫苗後出現的症狀（這類通報機制對監察疫苗非常重要，只是不應曲解其作用）。人類不時誤把先後次序當成因果關係，但要確認兩者有關，我們應該要比較整體的發病率。

針對常見的「MMR 疫苗導致自閉症」謠言，多項大型研究比較了接種疫苗與沒接種者的自閉症比率，當中未有找到統計上的差異，假如兩者真的有關，這是極不可能發生的事。因此，恰當的推論是：兩者根本無關。

早前有 12 名日本女子聲稱接種 HPV 疫苗後出現後遺症，打算於 6 月控告日本政府及製造疫苗的藥廠。不少媒體報導均立即稱為「後遺症」，然而這類宣稱根本未經證實，亦有研究已經否定了某些聲稱的後遺症跟疫苗之關係。

再者，跟 338 萬名已接種的學生比較，報稱接種後出現健康問題的人數有 2584 人，佔總數約 0.076%，有持續症狀者只有 0.0055% 的 186 人。雖然這個數字不代表症狀跟疫苗無關，當局應該要詳細了解有關症狀及發病率，才能作出合理判斷，但不足 0.01% 的比例說成是疫苗安全有問題，更像是未有證據下過份渲染。

資料來源：The News Lens 關鍵評論官網，2016-04-13。
https://www.thenewslens.com/article/27295

範例 3-8

下圖為衛福部傳染病統計資料官網顯示登革熱的病歷資料，在比較圖表或資料解讀時，容易落入哪些統計上的陷阱？請加以說明。

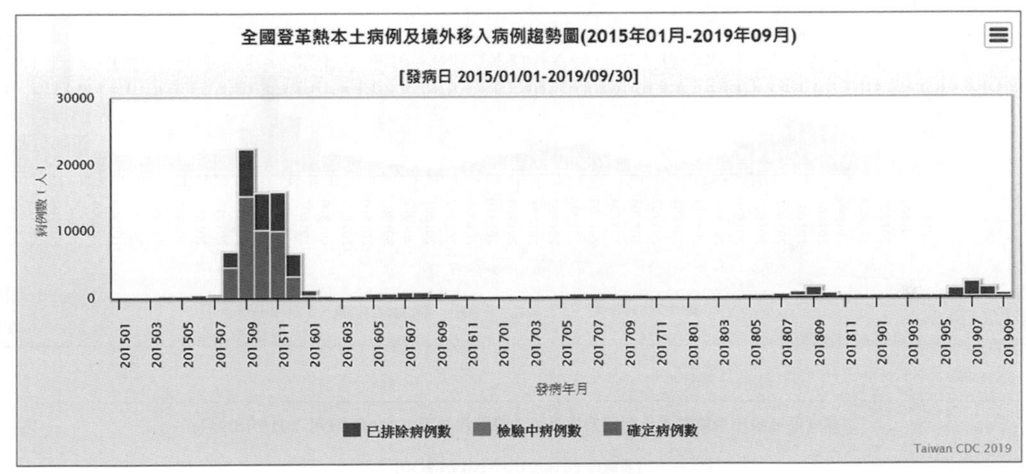

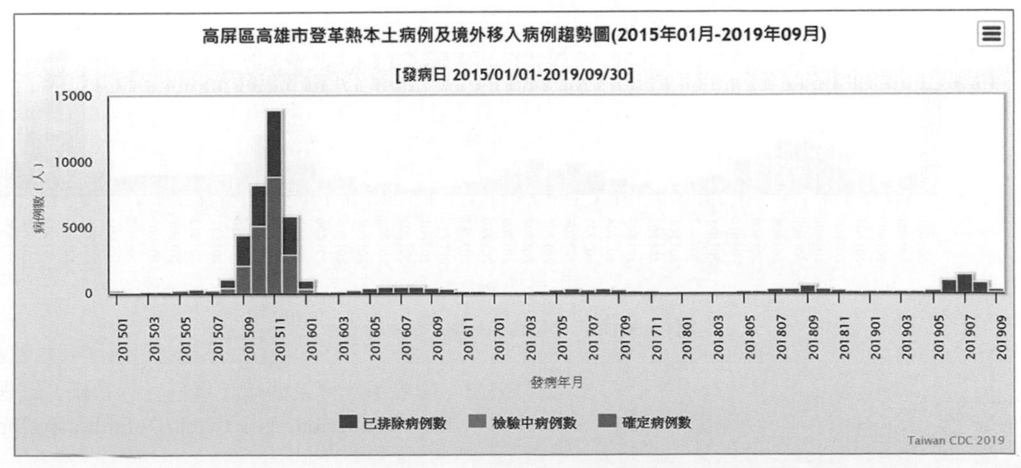

資料來源：衛福部「傳染病統計資料查詢系統」官網。
https://nidss.cdc.gov.tw/ch/Default.aspx?op=4

解說

歷年登革熱主要疫區爲高雄市、台南市、屏東縣，上圖比較全國與高雄市本土登革熱病例的圖形，形狀相當類似，二者顯示時間點相同（2015 年 1 月至 2019 年 9 月），登革熱爆發流行的時點都在 2015 年 8 月份至 12 月。仔細比較垂直座標軸刻度，全國與高雄市病例數刻度不同，分別介於 0 ～ 30,000 與 0 ～ 15,000，因此，要注意不能直接以長條高度判斷病例人數。由於 2015 年病例數特別多（極端值），若想細看其他年度病例數狀況，或與前期比較的病例數變化，將可另外選擇期間，如 2016 年 1 月至 2019 年 9 月，顯示病例數變化。另外，若再細分與去年同期資料比較，變動率可能也是值得進一步思考的方向。

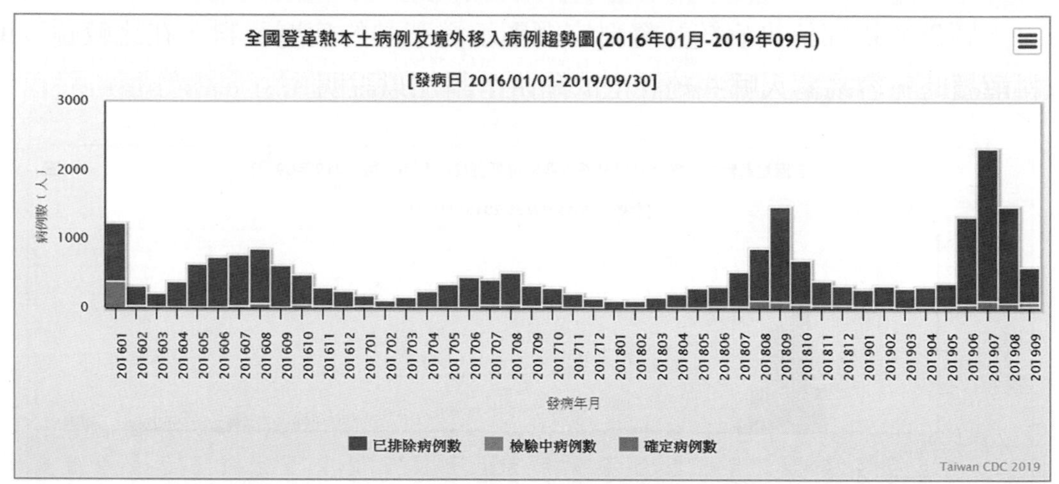

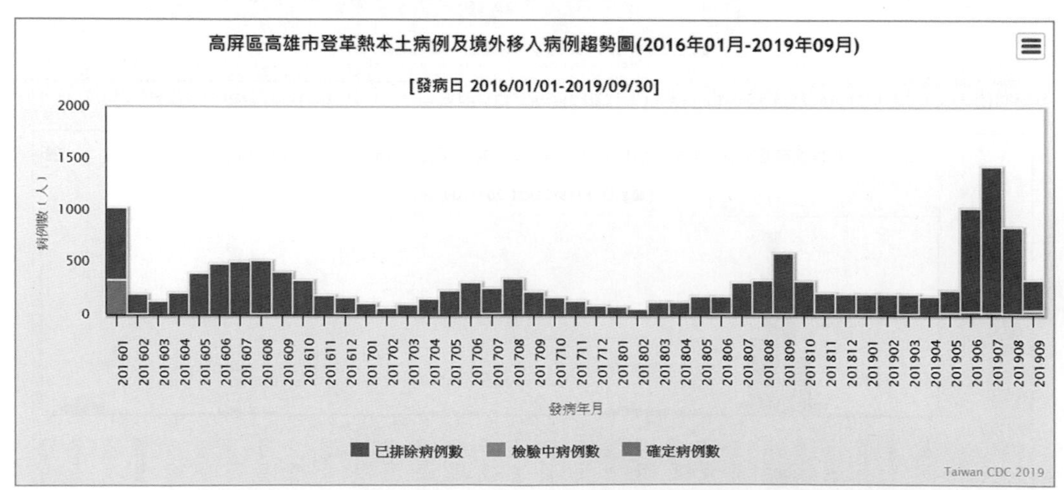

資料來源：衛福部「傳染病統計資料查詢系統」官網。
https://nidss.cdc.gov.tw/ch/Default.aspx?op=4

課堂練習 3-8

下圖為台南市、高雄市、與全國登革熱的病歷資料，在比較圖表時，容易落入哪些統計上的陷阱？請加以說明。

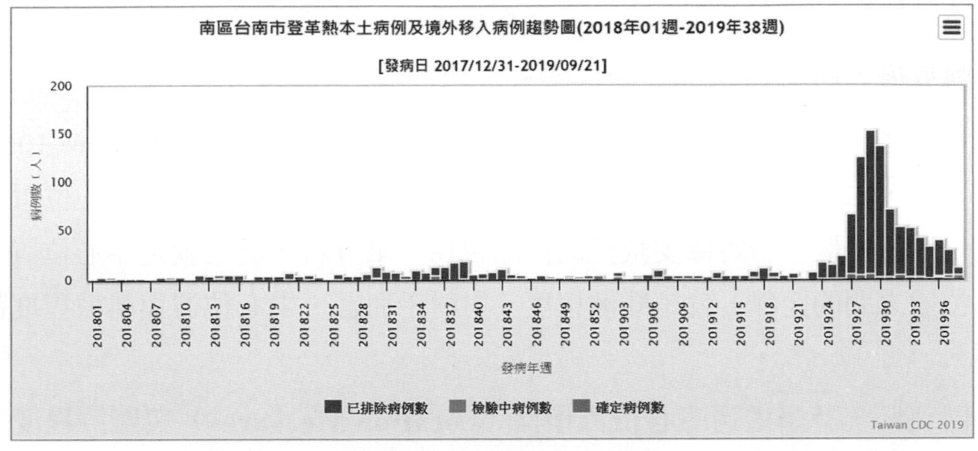

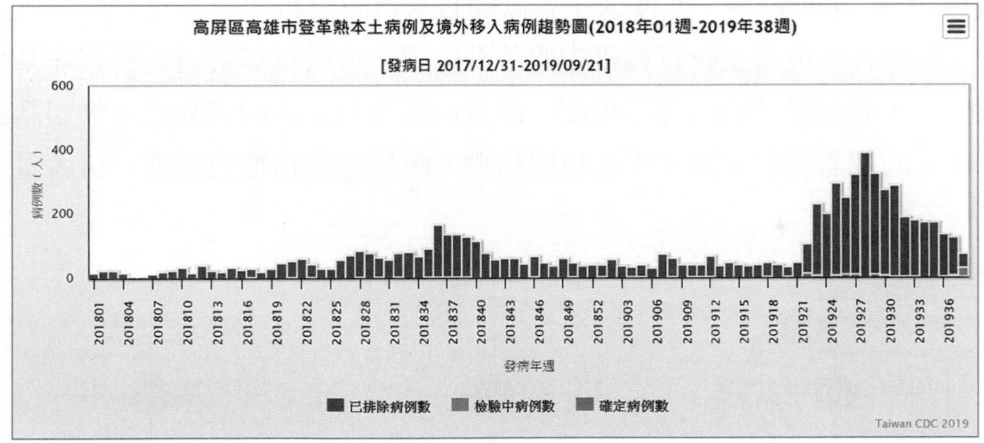

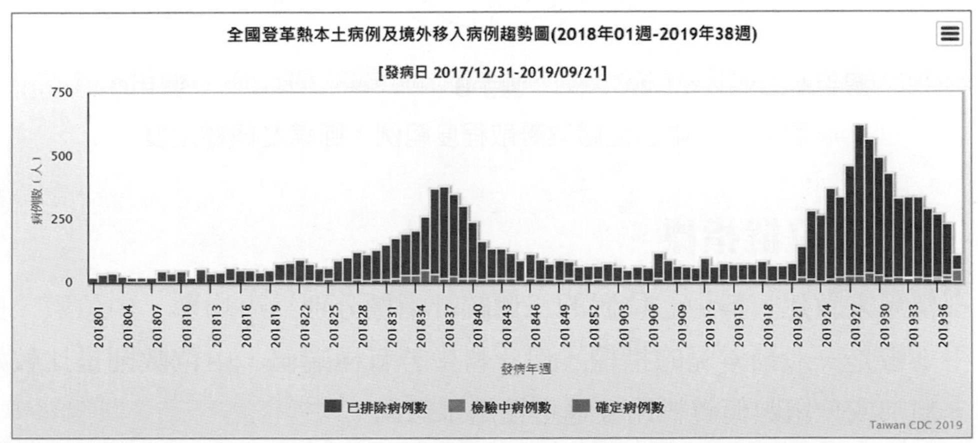

資料來源：衛福部「傳染病統計資料查詢系統」官網。
https://nidss.cdc.gov.tw/ch/Default.aspx?op=4

3-5 統計量數的運用

數值資料經過分組可以用直方圖進行描述，盒鬚圖可以快速檢驗資料中是否有異常值存在，散佈圖可以初步理解雙數值變數之間的關係，除了圖形工具，原始數值資料還可以更精確的以統計量數描述資料特性，以下先以範例概略說明**資料分佈（Distribution）**的意義。

以標靶爲例，影響射手的主要因素有二，一是準確度，亦即瞄準 10 分的中心位置，二爲穩定度，每次飛鏢的落點最好都能接近 10 分的中心位置，否則就是過於分散。若將每支飛鏢的落點視爲一筆資料，紅心就是中心位置，與中心位置之間的距離，就是離散程度，對射手而言，中心位置與離散程度都很重要。

同理，統計學透過**中心位置指標（Location Measures）**與**離散程度指標（Variation Measures）**，嘗試在看似亂七八糟的資料中，尋找異中求同，同中求異的特性，前者反映資料集中的落點位置，可以找尋資料是否存在某種共同關係；後者反映資料的分散程度，測量個別資料之間的差異性。換句話說，想要正確的解讀資料，除了中心位置指標，離散程度指標也需要一併考量，二者缺一不可。

◎圖 3-21　中心位置與離散程度範例：瞄準度與穩定度

3-5-1 中心位置指標

經常用來敘述資料中心位置的三個統計指標分別爲平均數、中位數、與眾數。平均數是一般最常見的指標，但資料中若有極端值，中位數則是比較好的選擇，類別或分組數值資料比較適合使用眾數。

極端值（**Extreme Value**）或**離群值**（**Outlier**）就是在一群資料中特別大或特別小的異常值，極端值除了影響平均數之外，也可能會影響資料分析結果。舉例來說，學校通常會透過身高與體重了解小學生的發育狀況，如果班上有一位身高特別高或體重特別重的同學，全班平均身高與平均體重都會受到影響，對不知情的人來說，如果只看到平均身高與平均體重數值較高，可能會誤以爲該班學生發育特別好，而做出不正確的解讀。

將所有個別資料加總除以個數，就是**算術平均數**（**Arithmetic Mean**），簡稱爲**平均數**（**Mean**），適用於數值資料，反映一組數值資料的集中趨勢狀況，說明資料的重心或平衡點。當資料沒有極端值或偏態時，平均數具有代表性，考慮所有觀察值，敏感度高，具有唯一性，可以作四則運算。各觀察值與平均數之差的總和爲零，亦即**離差和**（**Sum of Deviation**）$\Sigma(x_i - \overline{x}) = 0$，用平均數來猜測所有數值，產生的誤差最小。

平均數可以用來比較不同群組數據之間的差別，如平均身高、平均體重、平均分數等。統計上，母體平均數亦被稱爲**期望值**（**Expected Value**），以希臘字母 mu「μ」表示，樣本平均數則以 x bar「$\overline{x}$」表示，計算公式分別如下：

母體平均數

$$\mu = \frac{x_1 + x_2 + \cdots + x_N}{N} = \frac{\sum_{i=1}^{N} x_i}{N}$$

樣本平均數

$$\overline{x} = \frac{x_1 + x_2 + \cdots + x_n}{n} = \frac{\sum_{i=1}^{n} x_i}{n}$$

其中 x_i 表示第 i 個觀察值，n 表示樣本數，N 表示母體數。

資料中最中間的位置就是**中位數**（**Median**），有一半的數值低於中位數，另一半數值大於中位數，適用於數值資料，不受極端值影響。如果觀察值個數爲奇數，將資料排序後取最中間的位置，即爲中位數；若觀察值個數爲偶數，通常取最中間二個數值的平均值作爲中位數。中位數具有唯一性，當資料樣本數不足，具有極端值或偏態分佈時適用，不適合做四則運算。

衆數（**Mode**）表示出現次數最多組別的數值，亦即最容易被猜中或多數意見的項目，眾數如果只有一個，即爲單峰（Unimodal）分配，二個或以上則爲雙峰（Bimodal）或多峰（Multimodal）分配，最極端的情況是所有機率點都相同，亦即所有數值都是眾數，或是認爲眾數不存在。

小提醒！

母體平均數又被稱為**期望值**，簡單來說，期望值可以想像成「抽取無限多組樣本後，樣本平均數的再平均」。舉例來說，店家可以紀錄每天營業狀況資料，假設第一天來客數 60 位，總收入 5,238 元，第一天的平均收入為 $\frac{5238}{60}=87.3$ 元，第二天來客數 105 位，總收入 8,236 元，第二天的平均收入則為 $\frac{8236}{105}=78.4$ 元，依此類推，店家可以無限紀錄每天的平均收入（樣本平均數）。若將每天平均收入再平均，$\frac{87.3+78.4+\cdots}{N}$，這個數值則稱為期望值，亦即店家長期營業的平均收入值。從長期角度來看，如果平均成本高於期望值，店家處於虧損狀態；反之，如果平均成本低於平均收入的期望值，店家是有盈餘的；若二者相等，則是不賺不賠的狀態。期望值是一個長期的平均概念，平均的再平均會減少樣本選取可能產生的誤差，當計算的天數愈多，誤差的機會就愈小。

範例 3-9

附檔資料紀錄了 A 班學生總成績，請計算平均數、中位數、眾數。

⊙ 請掃描目錄頁 QR code，見檔案 EX3-9.xlsx

利用 EXCEL 公式指令進行計算，平均數指令 = AVERAGE（資料範圍），中位數指令 = MEDIAN（資料範圍），眾數指令 = MODE.SNGL（資料範圍）。

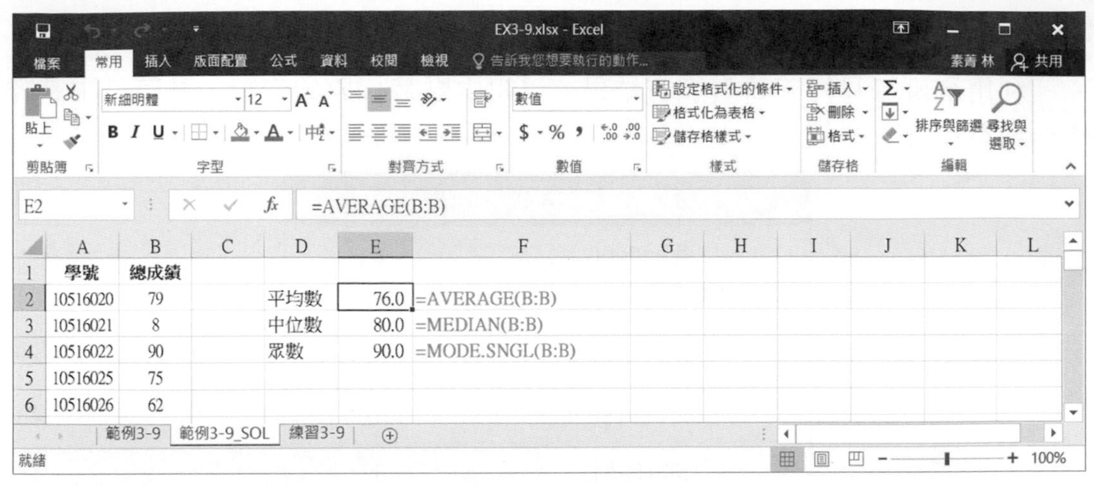

課堂練習 3-9

計算賣場 200 位顧客結帳排隊等待時間的平均數、中位數、衆數。

⊙ 請掃描目錄頁 QR code，見檔案 EX3-9.xlsx

爲避免極端值造成的影響，實務上還有一種結合平均數和中位數的優點的作法，刪除最大值與最小值後再做平均，稱爲**截尾平均數（Trimmed Mean）**。例如，運動競賽項目裁判評分，或是入學口試成績，通常會刪除所有評分中的最高和最低分，然後再進行平均，以避免某一位裁判或評委主觀認定造成給分過高過低的影響。

另外，若已取得原始資料，可以直接計算平均數與中位數，但現實上有時只能取得分組數值資料，或是基於不同權重的考量給予不同權數（Weight），如消費者物價指數，透過**加權平均數（Weighted Mean）**的概念，亦可估算資料的平均數與中位數。

範例 3-10

利用全班每月打工薪資調查結果，以組中點替代原始資料，計算打工薪資的加權平均數。

每月打工薪資（元）	人次
低於5000	8
5001～8000	12
8001～10000	15
10001～15000	10
15001以上	3

⊙ 請掃描目錄頁 QR code，見檔案 EX3-10.xlsx

每組上限與下限的平均值即爲各組的組中點（**Midpoint**），全班共有 48 人次。將原始薪資以組中點替代，以相對次數爲權數，計算加權平均數。

(2500×8 + 6500×12 + 9000×15 + 12500×10 + 17500×3) / 48 = 8552.1

利用 EXCEL 公式指令進行計算，乘積總和指令 =SUMPRODUCT（資料範圍 1, 資料範圍 2）。

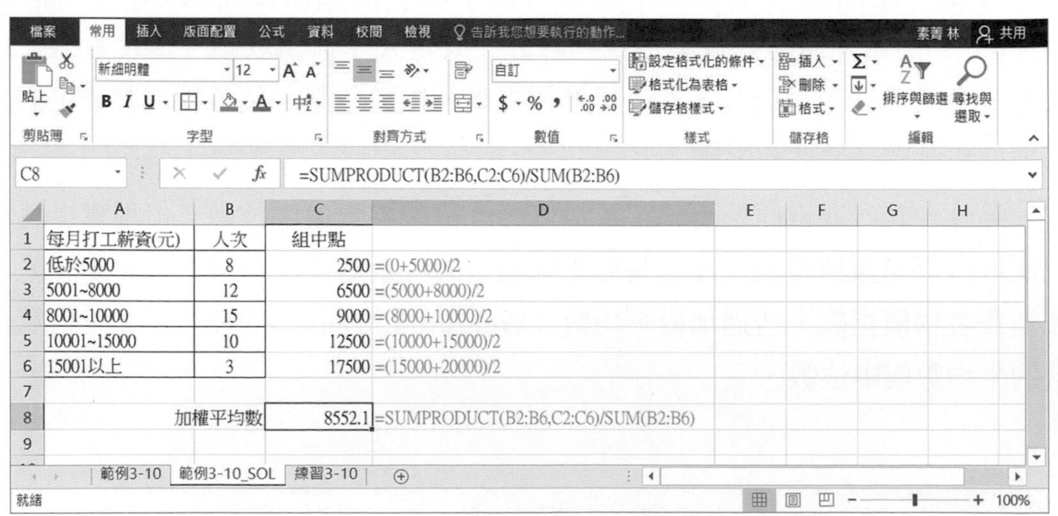

C8 =SUMPRODUCT(B2:B6,C2:C6)/SUM(B2:B6)

	A	B	C	D
1	每月打工薪資(元)	人次	組中點	
2	低於5000	8	2500	=(0+5000)/2
3	5001~8000	12	6500	=(5000+8000)/2
4	8001~10000	15	9000	=(8000+10000)/2
5	10001~15000	10	12500	=(10000+15000)/2
6	15001以上	3	17500	=(15000+20000)/2
7				
8		加權平均數	8552.1	=SUMPRODUCT(B2:B6,C2:C6)/SUM(B2:B6)
9				

範例3-10 | 範例3-10_SOL | 練習3-10

解讀資料：由於以組中點替代每人實際薪資，故推估該班每月打工平均薪資爲 8552.1 元。

課堂練習 3-10

計算個人大一上下學期的平均總成績。

資訊大補帖

物價指數如何計算？

答：編製物價指數需要 2 類資料，分別為權數及價格變動情況，以下以消費者物價指數說明。

一、權數資料

消費者物價指數主要在衡量一般家庭購買消費性商品及服務價格水準的變動情形。惟市場上流通之商品（如行動電話）及服務（如行動電話費）種類繁多，占支出比重也不一樣，如食用米價格漲 10% 和鮮花漲 10%，對大眾生活影響程度不同，因此，編製消費者物價指數時不能以簡單平均處理，必須訂定各項商品及服務權數資料，以加權平均處理，據以顯示個別商品或服務的重要性。

二、更新查價項目、權數及指數基期

我國消費者物價指數係以臺灣地區家庭消費結構為權數，並按年滾動更新。本（105 年）基期共選取 368 項商品及服務，分為食物、衣著、居住、交通及通訊、醫藥保健、教養娛樂及雜項等七大類，106 年每類權數分別為 23.7%、4.6%、22.6%、15.2%、4.4%、14.5% 及 14.9%。

三、如何蒐集價格資料

105 年基期消費者物價指數共選查 368 個項目群，查價地區包括 17 個縣市；各項目群依價格變動特性，每月調查 1 次（價格較穩定者，如衣著、汽車）或每旬調查 1 次（價格較敏感者，如蔬果、水產品及在大賣場查價），計約 19,000 種不同規格，調查 33,000 項次。價格資料由基層調查員實地訪查，經縣市政府主計處審核後，報送行政院主計總處複核，部分交通、電力、醫療等公共費率，則由行政院主計總處直接蒐集相關單位公務資料計算而得，並於當月結束後 5 個工作日內（如遇春節或較長連假，將酌予調整）公布上月指數。為確保調查資料品質，行政院主計總處不定期派員抽核，並舉辦物價調查實務研習班，加強調查員查價技巧，確保查價品質及確度。

資料來源：行政院主計總處官網。
https://www.dgbas.gov.tw/public/Data/9220163838VTN8T5VB.pdf

3-5-2 離散程度指標

常用的離散程度指標，包括全距、四分位數、十分位數、百分位數、四分位距、平均絕對離差、變異數、標準差、與變異係數等，透過「距離」概念，判斷個別資料與中心位置之間的絕對與相對差異，距離愈大表示資料愈分散。

全距（Range）亦即全部的距離，資料中的最大值減最小值，例如，最高分與最低分的差距。全距的優點是計算非常簡單，但只用到所有資料中的二個端點值，其餘中間的觀察值訊息都無法從這個指標反映出來，非常容易受極端值影響。

舉例來說，比較 ABC 三條生產線，五位作業員的平均產出均爲每小時 42 個產品，但生產線 A 組的全距是 13，最高產出與最低產出分別是 48 與 35 個，生產線 B 與 C 雖然最大值、最小值、與全距都相同（55 個、15 個、40 個），但每位作業員的產出則明顯不同，全距愈大，資料愈分散，表示每人產出速度之間的差異。

	生產線A	生產線B	生產線C
作業員1	35	15	15
作業員2	40	48	33
作業員3	42	47	53
作業員4	48	45	55
作業員5	45	55	54
平均數	42	42	42
最大值	48	55	55
最小值	35	15	15
全距	13	40	40

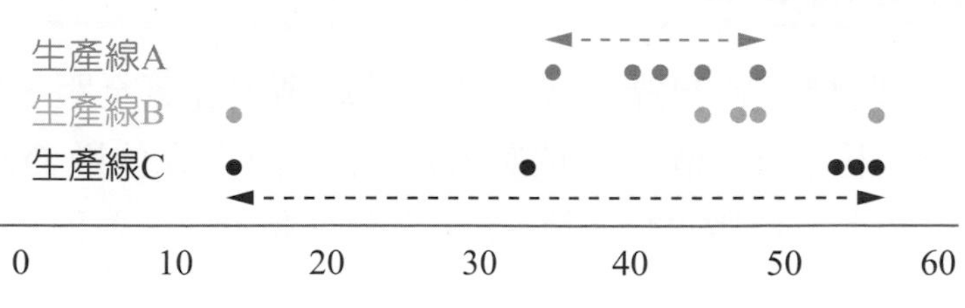

◎ 圖 3-22　全距的概念

為進一步瞭解二端點值之間的資料訊息，統計上還有其他的指標可供利用，將所有資料範圍平分為四份、十份、百份，分別稱為**四分位數**（**Quartiles**）、**十分位數**（**Deciles**）、與**百分位數**（**Percentile**）。為避免統計指標受到極端值的影響，將四分位數中的第三級距與第一級距相減，可得到**四分位距**（**Interquartile Range, IQR**）= Q3 − Q1，表示排除最高最低 25% 的資料，只取中間 50% 資料的訊息。

生活周遭經常可見百分位數的案例，例如：衛福部公布台灣嬰幼兒生長標準參考的兒童生長曲線，可以看出家中嬰幼兒身高與體重的落點。過去國中基本學力測驗的 PR 值，也是百分位數的應用，如果某位考生的 PR 值是 95，這次測驗有 100,000 人參加，那麼表示該考生的分數大概高於 95,000 人。

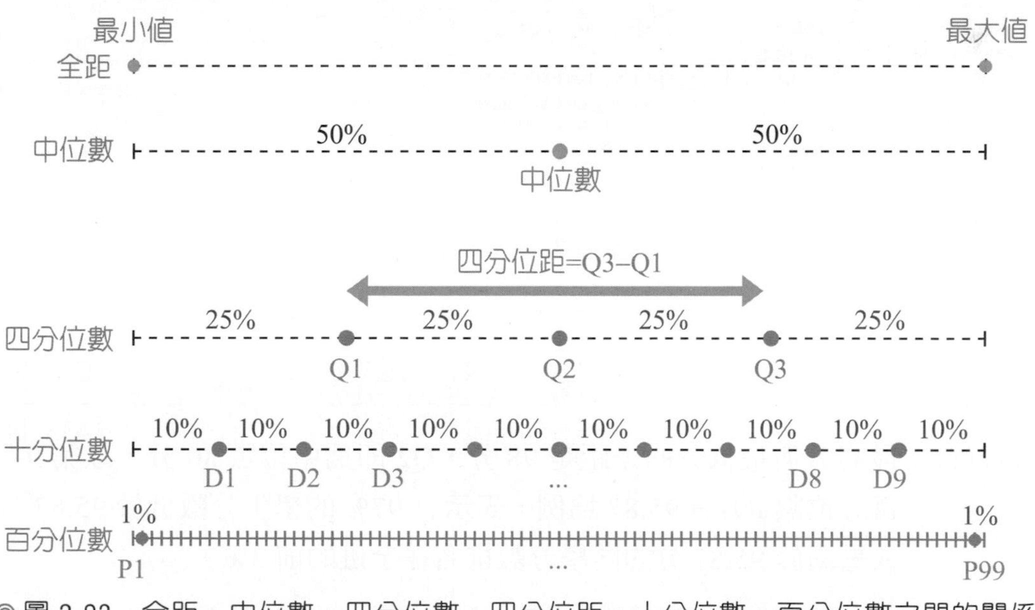

◎ 圖 3-23　全距、中位數、四分位數、四分位距、十分位數、百分位數之間的關係

範例 3-11

附檔資料紀錄了 A 班學生總成績，計算全距、四分位數 Q1、Q2、Q3、四分位距、第 1 個十分位數 D1、第 2 個十分位數 D2、第九個十分位數 D9、第 37 個百分位數 P37、第 97 個百分位數 P97，並簡單說明百分位數的意義。

請掃描目錄頁 QR code，見檔案 EX3-11.xlsx

利用 EXCEL 公式指令進行計算，極大值指令 = MAX（資料範圍），極小值指令 = MIN（資料範圍），四分位數指令 = QUARTILE.EXC（資料範圍 , 0 到 1 範圍內的數值），百分位數指令 = PERCENTILE.EXC（資料範圍 , 0 到 1 範圍內的百分位數）。

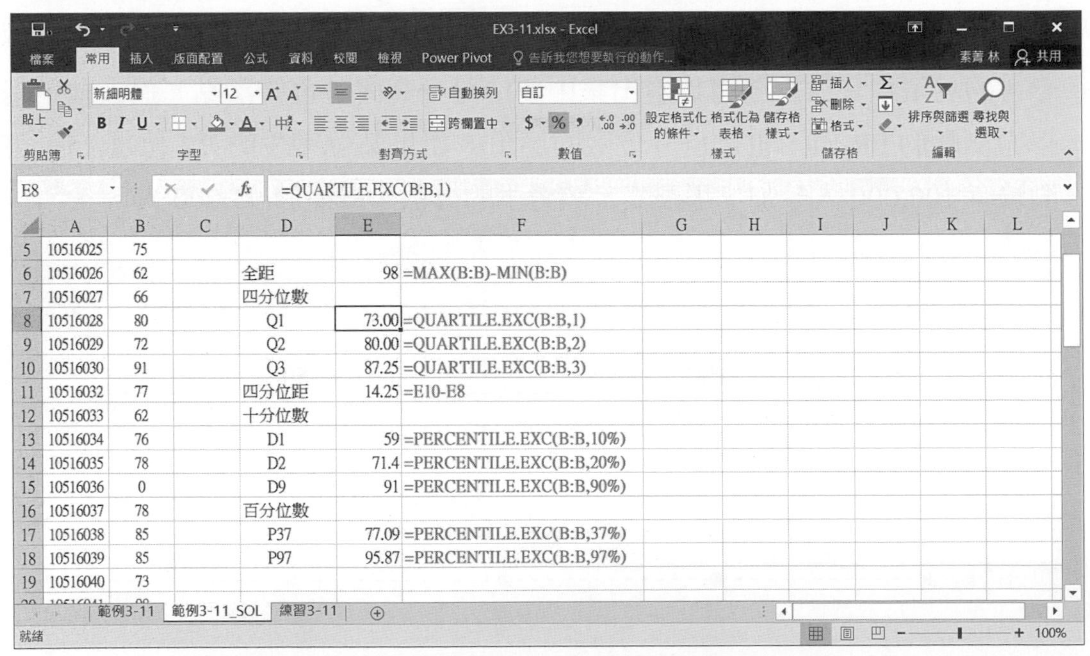

	A	B	C	D	E	F
5	10516025	75				
6	10516026	62		全距	98	=MAX(B:B)-MIN(B:B)
7	10516027	66		四分位數		
8	10516028	80		Q1	73.00	=QUARTILE.EXC(B:B,1)
9	10516029	72		Q2	80.00	=QUARTILE.EXC(B:B,2)
10	10516030	91		Q3	87.25	=QUARTILE.EXC(B:B,3)
11	10516032	77		四分位距	14.25	=E10-E8
12	10516033	62		十分位數		
13	10516034	76		D1	59	=PERCENTILE.EXC(B:B,10%)
14	10516035	78		D2	71.4	=PERCENTILE.EXC(B:B,20%)
15	10516036	0		D9	91	=PERCENTILE.EXC(B:B,90%)
16	10516037	78		百分位數		
17	10516038	85		P37	77.09	=PERCENTILE.EXC(B:B,37%)
18	10516039	85		P97	95.87	=PERCENTILE.EXC(B:B,97%)
19	10516040	73				

解讀資料：最高分與最低分的差距是 98 分，Q2 即爲中位數 80 分，以第 97 個百分位數 P97 = 95.87 爲例，表示有 97% 的學生分數低於 95.87 分，或是高於 95.87 分的同學分數排名在全班的前 3%。

課堂練習 3-11

計算賣場 200 位顧客結帳排隊等待時間的全距、四分位數 Q1、Q2、Q3、四分位距、第 3 十分位數 D3、第 8 個十分位數 D8、第 37 個百分位數 P37、第 95 個百分位數 P95，並簡單說明百分位數的意義。

⊙ 請掃描目錄頁 QR code，見檔案 EX3-11.xlsx

標準差（**Standard Deviation**）是統計上最常使用的離散程度指標之一，是將所有觀察值隱含的訊息全部放進統計指標內。由於測量距離的遠近必須要有基準，這個基準也就是我們前面討論的中心位置，通常以平均數作爲代表。

距離一定不爲負值，故最小的距離是 0。零距離表示每一筆資料都相同，沒有差異性，但統計學討論的幾乎都是變數，現實上要求所有變數完全相同是不太可能的情況，例如，全班考試分數相同、身高體重相同、讀書時間相同、打工花費相同等，故之後討論的差異，只考慮正數的部分。

既然離散程度用的是距離概念，以平均數作爲中心位置，將個別觀察值到中心位置的距離稱爲**離差**（**Deviation**），應用數學上的絕對值與平方項分別定義二個離散程度指標，其中以絕對值爲概念的指標稱爲**平均絕對離差**（**Mean Absolute Deviation, MAD**），以平方爲概念的指標，則稱爲**變異數**（**Variance**）。

與平均數相同，變異數與標準差也有樣本與母體之分，分別以英文字母「s」與希臘字母 sigma「σ」表示，至於樣本變異數的分母需除以 $n-1$，是爲了要符合統計上的**不偏性**（**Unbiased**），亦即無偏誤的估計式，不過實務上，當樣本數 n 很大時，多一個或少一個樣本，對樣本標準差的影響不大。

平均絕對離差

$$\text{MAD} = \frac{|x_1 - \bar{x}| + \cdots + |x_n - \bar{x}|}{n} = \frac{\sum_{i=1}^{n} |x_i - \bar{x}|}{n}$$

母體變異數

$$\sigma^2 = \frac{(x_1 - \mu)^2 + \cdots + (x_N - \mu)^2}{N} = \frac{\sum_{i=1}^{N} (x_i - \mu)^2}{N}$$

樣本變異數

$$s^2=\frac{(x_1-\overline{x})^2+\cdots+(x_n-\overline{x})^2}{n-1}=\frac{\sum_{i=1}^{n}\left(x_i-\overline{x}\right)^2}{n-1}$$

母體標準差

$$\sigma=\sqrt{\sigma^2}$$

樣本標準差

$$s=\sqrt{s^2}$$

其中 x_i 表示第 i 個觀察值，n 表示樣本數，N 表示母體數。

標準差用來討論變數本身的絕對差異，若要比較二個變數或族群，**變異係數（Coefficient of Variation, CV）**可用來解釋相對差異的概念。由於變異係數是標準差除以平均數，故沒有單位，可以直接以數字大小進行比較。

母體變異係數

$$\mathrm{CV}=\frac{\sigma}{\mu}$$

樣本變異係數

$$\mathrm{CV}=\frac{s}{\overline{x}}$$

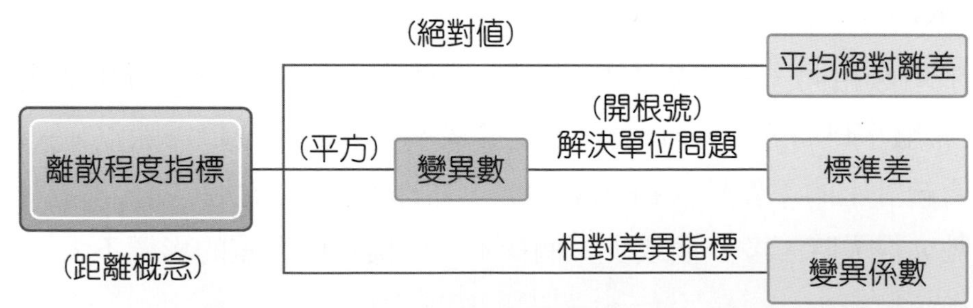

◎圖 3-24　變異數、標準差、平均絕對離差、與變異係數的概念

舉例來說，仲介業務提供本月小區附近四戶住宅成交價格資料，分別為 1,650 萬元、3,000 萬元、1,800 萬元、與 1,550 萬元，從資料落點來看，3,000 萬元成交的房價特別高，明顯的為極端值。

若把 4 筆成交資料列入計算，平均數 $= \dfrac{1650+3000+1800+1550}{4} = 2{,}000$ 萬元，將資料排序 1550, 1650, 1800, 3000，觀察值個數為 4（偶數），取中間二個數值做平均，中位數 $= \dfrac{1650+1800}{2} = 1{,}666.7$ 萬元，全距 $= 3000 - 1550 = 1{,}450$ 萬元，標準差 $= \sqrt{\dfrac{(1550-2000)^2+(1650-2000)^2+(1800-2000)^2+(3000-2000)^2}{3}} = 674.5$ 萬元。

若刪除極端值，3 筆資料的計算結果則會改變，平均數 $= \dfrac{1650+1800+1550}{3}$ $= 1,666.7$ 萬元，將資料進行排序 1550, 1650, 1800，觀察值個數為 3（奇數），中位數 = 1650 萬元，全距 = 1800 − 1550 = 250 萬元，標準差 $= \sqrt{\dfrac{(1550-2000)^2+(1650-2000)^2+(1800-2000)^2}{2}} = 125.8$。

比較刪除極端值 3,000 萬元前後的統計量，平均價格由 2,000 萬元降至 1666.7 萬元，中位數由 1,725 萬元降至 1,650 萬元，前者差距超過 300 萬元，後者差異為 75 萬元，顯示極端值對平均數有相當大的影響。因為平均數表達的是一般結果，如果資料中有特例，平均數就容易產生誤導訊息。再比較離散程度指標，刪除極端值後，不論是全距或標準差都大幅減少，顯示個別資料之間的差距明顯縮小。

	四筆成交資料	刪除極端值
成交資料1	1,550	1,550
成交資料2	1,650	1,650
成交資料3	1,800	1,800
成交資料4	3,000	X
平均數	2,000	1,667
中位數	1,725	1,650
全距	1,450	250
標準差	675	126

◎ 圖 3-25　極端值對統計量數的影響

範例 3-12

附檔資料紀錄了 A 班學生總成績，計算變異數與標準差。

⊙ 請掃描目錄頁 QR code，見檔案 EX3-12.xlsx

利用 EXCEL 公式指令進行計算，母體變異數的指令 = VAR.P（資料範圍），樣本變異數的指令 = VAR.S（資料範圍），母體標準差的指令 = STDEV.P（資料範圍），樣本標準差指令 = STDEV.S（資料範圍）。由於全班學生成績資料為母體，故本例以母體變異數與母體標準差進行計算。

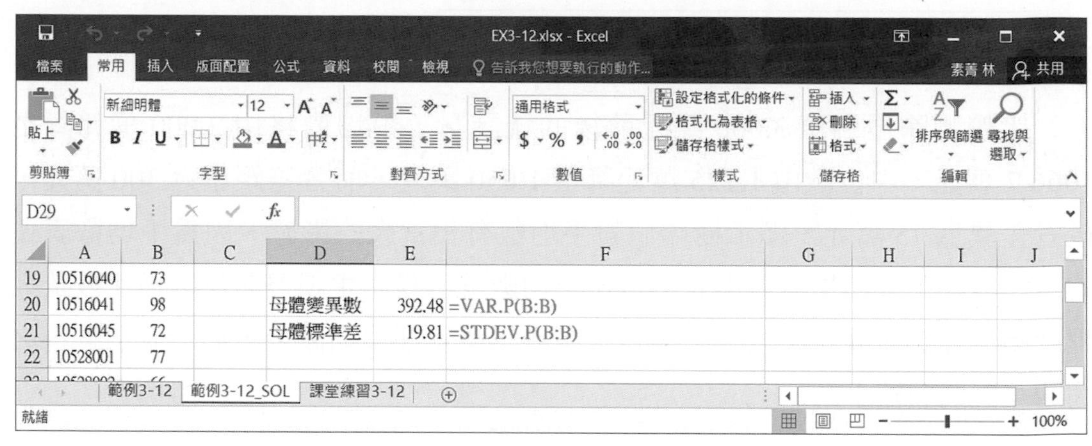

課堂練習 3-12

計算賣場 200 位顧客結帳排隊等待時間的標準差。

⊙ 請掃描目錄頁 QR code，見檔案 EX3-12.xlsx

通常有二種情況會用到變異係數來解釋資料的差異程度，一爲比較不同單位的資料差異狀況，二爲單位相同，但平均數差異大。

舉例來說，比較國小甲班男女學生的身高與體重狀況，身高與體重的單位不同，無法直接以標準差作比較，故計算身高與體重的變異係數。男同學身高與體重的變異係數分別爲 0.0390 與 0.2389，表示男同學體重差異較身高差異來得大。同理，女同學身高與體重變異係數分別爲 0.1081 與 0.0931，表示女生身高差異較體重差異來得大。

若再以平均身高來看，男生 133.2 公分比女生 146.1 公分稍矮一些，一般來說，平均數大標準差也可能會比較大，故當男女生平均身高差異超過 10 公分時，比較男生與女生身高的變異係數 0.0390 與 0.1081，女同學身高的相對差異比男同學大，亦即甲班男同學普遍比較矮，集中在平均身高 133.2 公分附近，但女同學中有人比平均身高 146.1 公分高出很多，有人則比 146.1 公分矮很多。

表 3-5 甲班同學身高體重狀況

	身高（公分）	體重（公斤）
男生	平均數133.2 標準差5.2 $CV = \frac{5.2}{133.2} = 0.0390$	平均數45.2 標準差10.8 $CV = \frac{10.8}{45.2} = 0.2389$
女生	平均數146.1 標準差15.8 $CV = \frac{15.8}{146.1} = 0.1081$	平均數46.2 標準差4.3 $CV = \frac{4.3}{46.2} = 0.0931$

小提醒！

標準差與變異係數還可以用來解釋財務上的風險概念，大家常聽到「高風險高報酬，低風險低報酬」，亦即高報酬率的商品經常伴隨著高風險，如期貨，低報酬的產品通常伴隨著較低風險，如定存。大概除了賭徒之外，大部分的人幾乎都是風險趨避者（Risk Averser），亦即風險愈大愈不喜歡，如果只考慮絕對風險（標準差），低風險產品應該會完勝高風險產品，但市場上同時存在高低風險產品，是因為考量「相對」報酬與風險後所做的行為。

以股票為例，有高價股（400 元）與低價股（20 元）的商品，若以 10% 漲跌幅來計算，高價股與低價股的變動範圍分別介於 360 ～ 440 元與 18 ～ 22 元，其中股價可視為平均價格，平均股價變動率可視為平均報酬率，漲跌幅的落差則是要面對的絕對風險。高股價商品漲跌幅度大，低股價商品漲跌幅度小，標準差即為絕對風險。選擇投資商品，主要考量的是相對風險與相對報酬，因此，考量高低股價商品的相對風險後（單位相同，但平均數差異大），以變異係數大小判斷，選擇報酬較高或相對風險較低的產品。

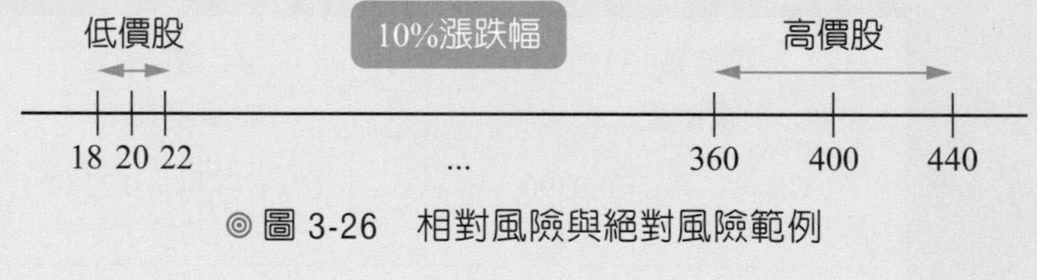

◎圖 3-26　相對風險與絕對風險範例

範例 3-13

公司經過評估取得二個投資方案的評估報告，A 方案的平均報酬率爲 12.56，中位數 10.76，標準差 24.33，全距 105.37，B 方案的平均報酬率爲 11.03，中位數 9.88，標準差 22.55，全距 122.58。依據上述訊息，請說明你建議公司選擇那一個投資方案？

方案A的報酬率12.56較方案B的11.03稍高一些，但方案A的標準差（絕對風險）24.33也比方案B的22.55來得高，因此需要比較二個方案的相對風險（變異係數）。

$$CV_A = 24.33 / 12.56 = 1.9371$$

$$CV_B = 22.55 / 11.03 = 2.0444$$

其中A方案的相對風險較小，報酬率又比較高，故建議公司選擇方案A進行投資。

全班同學的平均身高為140.8公分，標準差為8.5公分，平均體重為45.8公斤，標準差為8.8公斤。請比較該班學生身高與體重的差異。

3-5-3 平均數與標準差的意義

最常被使用的中心位置指標與離散程度指標分別是平均數與標準差，平均數代表中心落點位置，依此中心，資料向外擴散的範圍則可透過標準差來判斷。

表 3-6 常用基本統計量的特性

指標		特性
中心位置	平均數	納入全部資料訊息，但容易受到極端值影響。
	中位數	不受極端值影響，但只提供最中間位置的訊息。
	眾數	類別資料與分組數值資料均可使用，但只提供出現次數最多的訊息。
離散程度	全距	計算簡單，但只提供最大值與最小值二個極端訊息。
	標準差	納入全部資料訊息，但只能判斷絕對差異，容易受到單位影響。
	變異係數	可提供相對差異訊息。

範例 3-14

請利用平均數與標準差的大小，說明氣溫變化的狀況。

平均數：夏天熱冬天冷，故夏天平均氣溫高，冬天平均溫度低。春秋天溫度則介於夏天與冬天之間，一般來說，台灣的秋天比春天來得熱，故秋天的平均溫度略高於春天。

標準差：夏天幾乎每天都很熱，冬天幾乎每天都很冷，故每天溫度變化小，標準差小；反之，春秋天早晚溫差大，故標準差相對較大。

➡ 表 3-7　平均數與標準差的意義：以台北市四季溫度為例

溫度(℃)	春	夏	秋	冬
平均數	24.1	29.4	24.7	18.9
標準差	5.0	2.7	3.6	3.1

註：3～5 月爲春天，6～8 月爲夏天，9～11 月秋天，12 月～隔年 2 月爲冬天。
資料來源：中央氣象局，2018 年 3 月至 2019 年 2 月，台北溫度觀測資料。

請利用平均數與標準差的大小，說明所得與營業額的狀況。

平均數與標準差具有以下特性，第一，當所有觀察值同時增減，平均數會隨之改變，標準差不變。第二，當所有觀察值以倍數方式改變，平均數與標準差都會隨倍數變動。舉例來說，期末原始成績平均數爲50分，標準差爲12.8分，老師想對學生總成績採用三種方式進行調分。

➡表 3-8　平均數與標準差的特性：學生成績範例

	原始成績	出席	方案一	方案二	方案三
學生1	55	10	65	65	82.5
學生2	45	10	55	35	67.5
學生3	58	0	68	58	87
學生4	62	10	72	72	93
學生5	30	10	40	20	45
平均數	50	0	60	50	75
標準差	12.8		12.8	21.8	19.2
CV	0.2565		0.2138	0.4357	0.2565

〔方案一〕每人加 10 分。平均數也隨之增加 10 分（50 分→ 60 分），但由於每人分數差距並未改變，故標準差不變（12.8 分）。

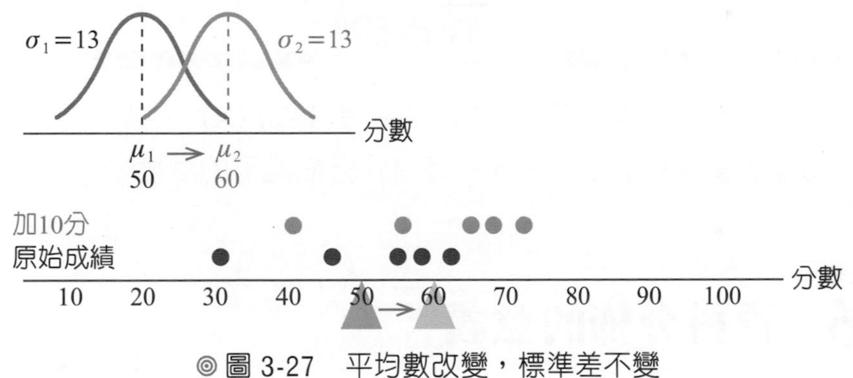

◎圖 3-27　平均數改變，標準差不變

〔方案二〕依出席狀況調分，其中有二人加 10 分，二人減 10 分，一人不調分。由於出席成績經加減後互相抵銷，故平均數維持不變，但個人分數因出席成績拉開差距，故標準差增加（12.8 分→ 21.8 分）。

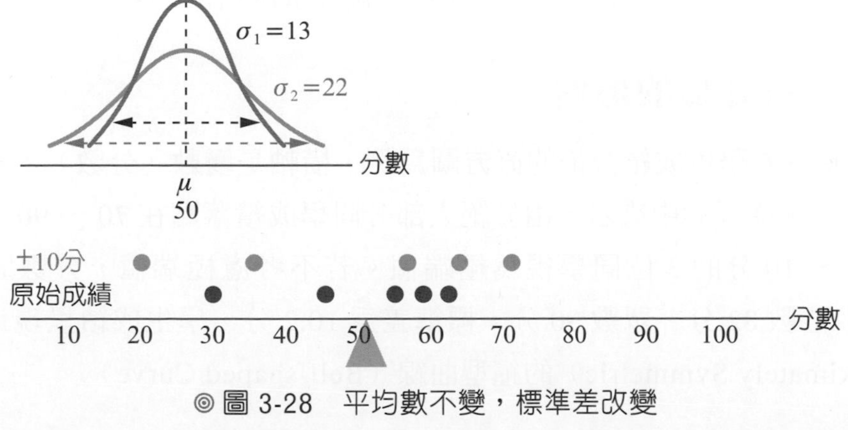

◎圖 3-28　平均數不變，標準差改變

〔**方案三**〕每人分數乘以 1.5 倍。同時增加平均數與個人分數之間的差距，平均數和標準差同步增加 1.5 倍，平均數由 50 分上升為 75 分，標準差則由 12.8 分增為 19.2 分。

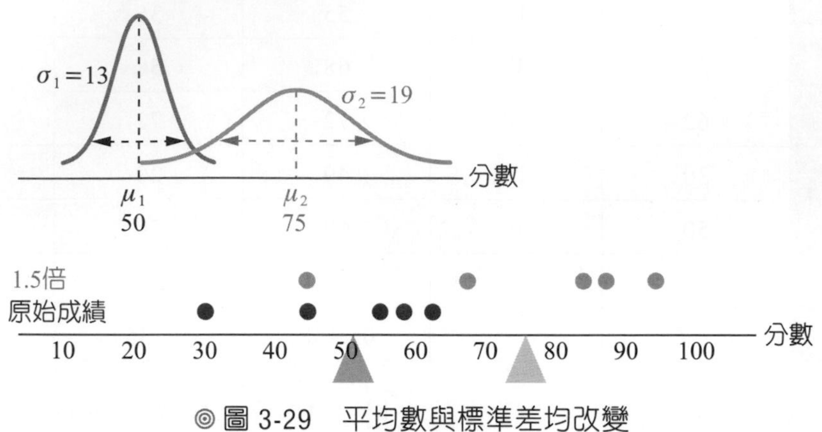

◎圖 3-29　平均數與標準差均改變

資料分佈圖形中，橫軸是變數 X，縱軸是次數 f(X)，因此變數（如分數）的變動範圍應該看橫軸的變化，而不是資料分佈圖形的高度。

3-6 資料分佈的意義

敘述統計幫助我們瞭解資料的形狀，亦即**資料分佈**或稱為**資料分配**（**Distribution**），這部份包括了前面介紹的資料集中的位置與資料之間的分散狀況。除此之外，非對稱資料即呈現偏態分佈，依據集中趨勢，資料也可能呈現不同的峰態分佈。本節整合前述圖形與統計量數指標，探討資料分佈狀況。

3-6-1 資料分佈的形狀

以範例 3-6 學生成績分佈的直方圖為例，橫軸是變數（分數），縱軸是次數（人次），從圖形中來看，由於絕大部分同學成績落點在 70 ～ 90 分之間，故可將 0 ～ 10 分的 3 位同學視為極端值。若不考慮極端值，分數的平均數 80 分，中位數 82 分，眾數 90 分，標準差為 10.2 分，學生成績呈現近似對稱（Approximately Symmetric）的鐘型曲線（Bell-shaped Curve）。

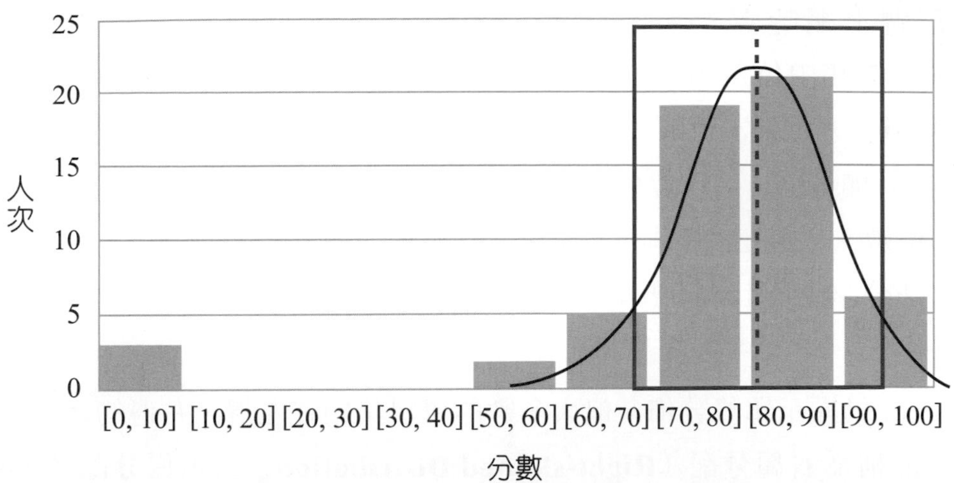

◎圖 3-30　資料分佈的意義：直方圖

再看盒鬚圖的意義，中間線為中位數，亦即第 50 個百分位數，表示有 50% 的資料大於中位數，50% 的資料小於中位數。叉號「×」表示平均數落點，此例中的平均分數為 76 分，中位數 80 分。盒鬚圖中的盒子，表示第一個四分位數 Q1 和第三個四分位數 Q3 之間的資料，亦即中間 50% 的資料落在這二個值之間。從盒子延伸出的線（稱為鬍鬚），或多或少也有分數落在該區間內，超過鬍鬚的部份，則屬於異常狀況的極端值。

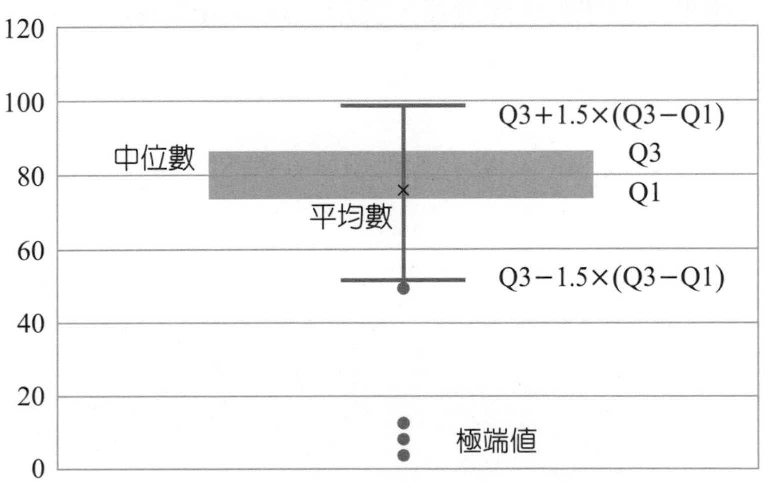

◎圖 3-31　資料分佈的意義：盒鬚圖

再從圖形看資料分佈的對稱性。舉例來說，調查不同科系各 500 位大學生每週上網時數，圖 (a) 顯示，0、5、10、15、20 小時都是 100 人次，此時平均數和中位數相同，眾數不存在，此種資料稱爲**均勻分佈（Uniform Distribution）**，表示不論上網時數多寡，人次均相同，分佈得很平均。

圖 (b) 顯示，上網時數分佈圖像呈現單峰且對稱（Symmetric）分佈，平均數、中位數、眾數三者相同，統計上稱爲**常態分配（Normal Distribution）**，表示大部分學生，上網時數集中在平均數的落點，少部份學生上網時數很長或很短。

圖 (c) 仍顯示單峰分佈，但大多數的資料集中在左邊，右邊的尾巴很長，此種分佈稱爲**右偏分配（Right-skewed Distribution）**或**正偏分配（Positive skewed Distribution）**，此時眾數＜中位數＜平均數，表示大部分學生上網時數較短，少部份上網時數很長，可能有較大的極端值。

與圖 (c) 相反，大多數的資料集中在右邊，左邊的尾巴很長，此種分佈稱爲**左偏分配（Left-skewed Distribution）**或**負偏分配（Negative skewed Distribution）**，此時平均數＜中位數＜眾數，如圖 (d) 所示，表示大部分學生上網時數比較長，少部份上網時數很短，可能有較小的極端值。

圖 (e) 顯示資料呈現雙峰分佈，眾數會有兩個，如果左右對稱，平均數和中位數會相同，此時表示上網時數呈現 M 型化趨勢，亦即上網時間較長或較短都大有人在，如果二個眾數距離愈遠，表示上網時數差異愈大。

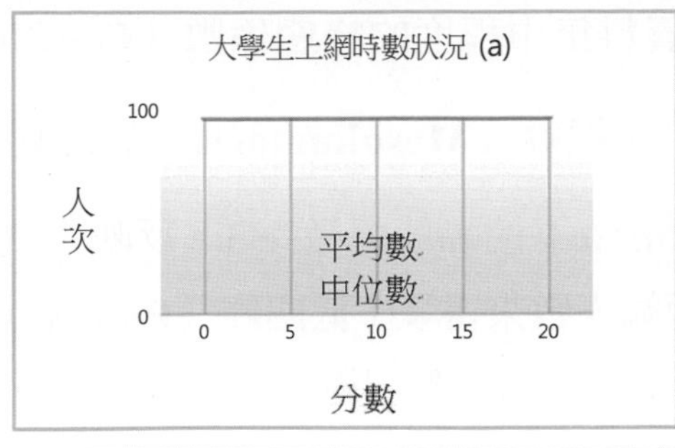

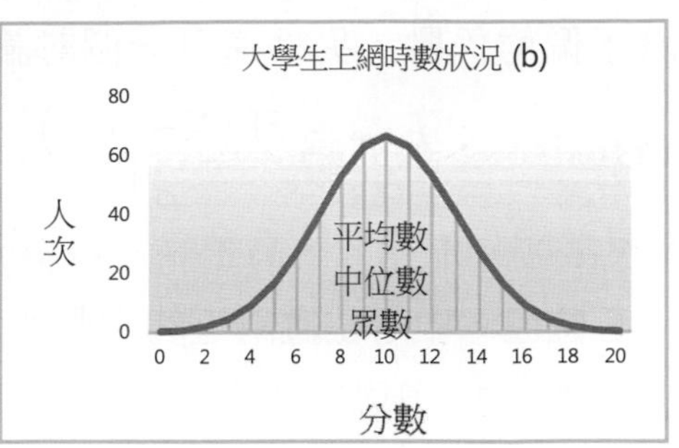

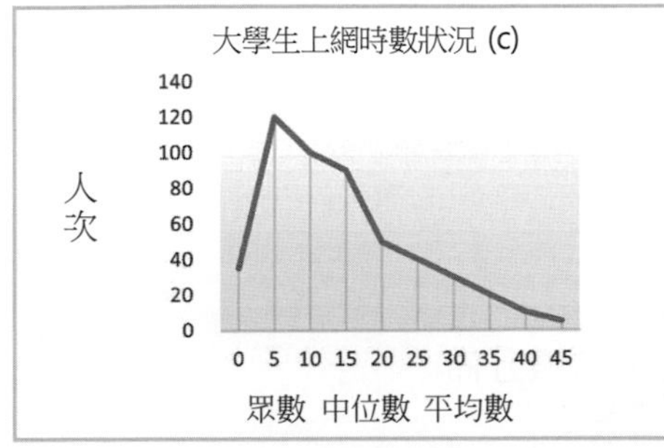

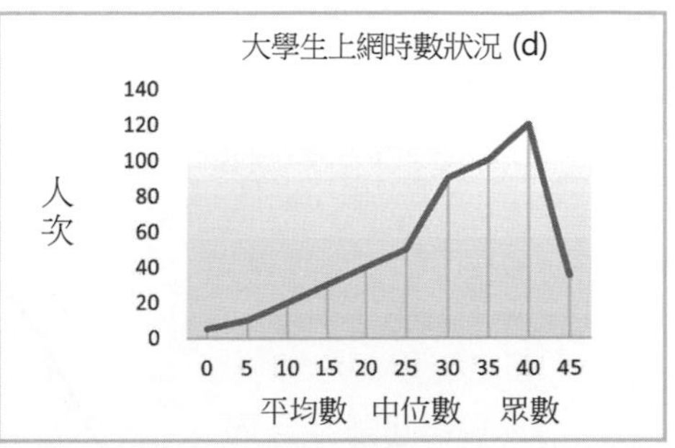

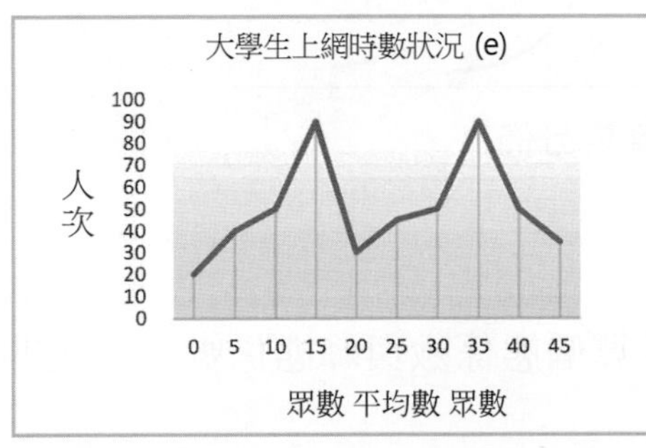

◎圖 3-32 資料分佈範例

統計上可用**偏態係數**（**Coefficient of Skewness**）來看資料的偏頗程度，偏態係數的公式爲 $\frac{E\left(X-E(X)\right)^3}{\sigma^3}$，絕對值愈大，則表示資料不對稱的情況愈嚴重。如果是對稱分配，偏態係數爲零，平均數＝中位數＝眾數；右偏分配的偏態係數爲正，平均數＞中位數＞眾數；左偏分配的偏態係數爲負，平均數＜中位數＜眾數。

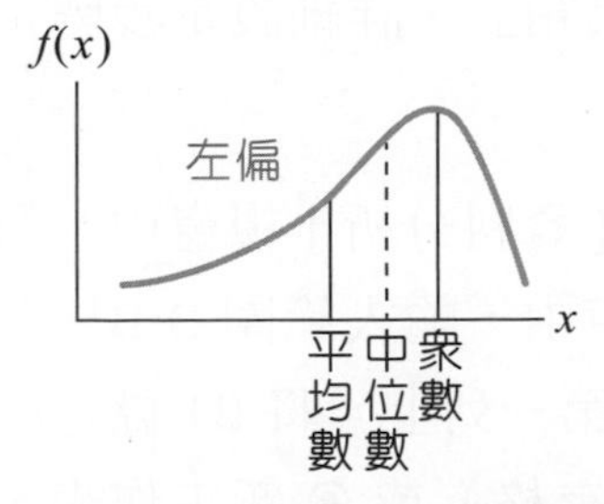

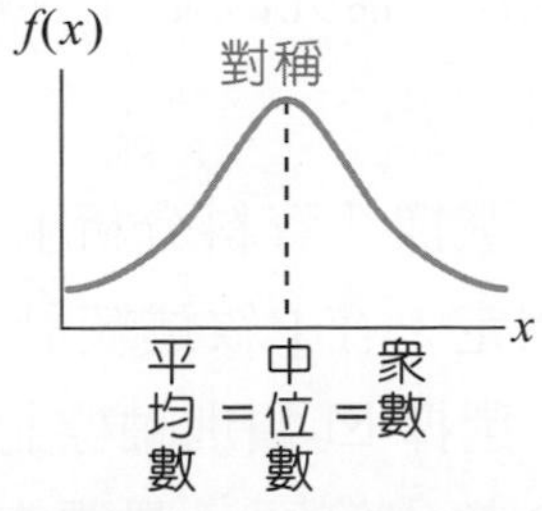

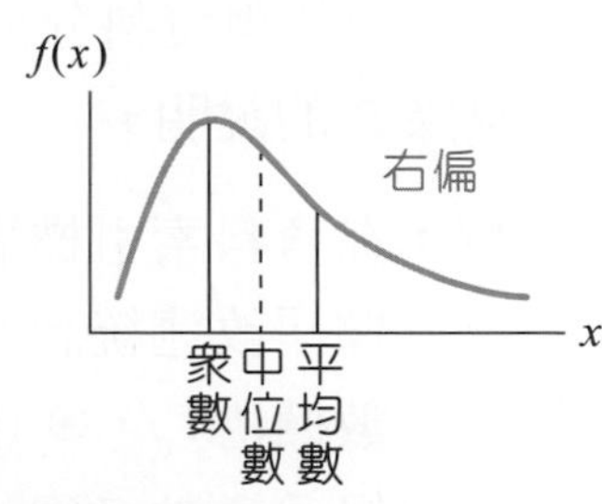

◎圖 3-33 對稱分配、左偏分配、與右偏分配

除了偏態係數，另外還有一個討論資料集中程度的**峰態係數**（**Coefficient of Kurtosis**），公式為 $\frac{3E\left(X-E(X)\right)^4}{\sigma^4}$，**常態峰**（**Mesokurtosis**）的峰態係數＝3。與常態分佈相較，**高狹峰**（**Leptokurtic**）的峰態係數＞3，反映了資料集中在中心位置，中心位置附近的次數比兩端人數來得多；**低闊峰**（**Platykurtic**）的峰態係數 < 3，兩端人數較常態峰來得多，中間次數相對較少。

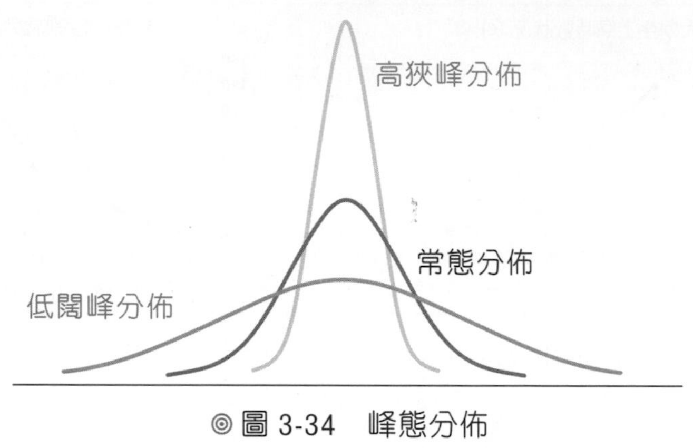

◎圖 3-34　峰態分佈

範例 3-15

附檔資料紀錄了 A 班學生總成績，計算偏態係數與峰態係數，並說明其意義。

⊙ 請掃描目錄頁 QR code，見檔案 EX3-15.xlsx

解說

除了可以利用 EXCEL 公式指令進行計算，偏態係數的指令 = SKEW（資料範圍），峰態係數的指令 = KURT（資料範圍），還可以利用資料分析工具進行計算。

第一次使用資料分析工具者，需先設定「分析工具箱」，詳細設定步驟可參閱附錄 B 的說明。

步驟： 在資料索引標籤中，選擇「資料分析」，在 [資料分析] 視窗中，選擇「敘述統計」→確定。在 [敘述統計] 視窗中，輸入範圍 B:B（分數欄位），⦿ 逐欄，選擇 ☑ 類別軸標記是在第一列上（將 B1 儲存格視為變數名稱），⦿ 輸出範圍（選擇空白儲存格）或 ⦿ 新工作表，勾選 ☑ 摘要統計，即可自動完成主要基本統計量的計算。

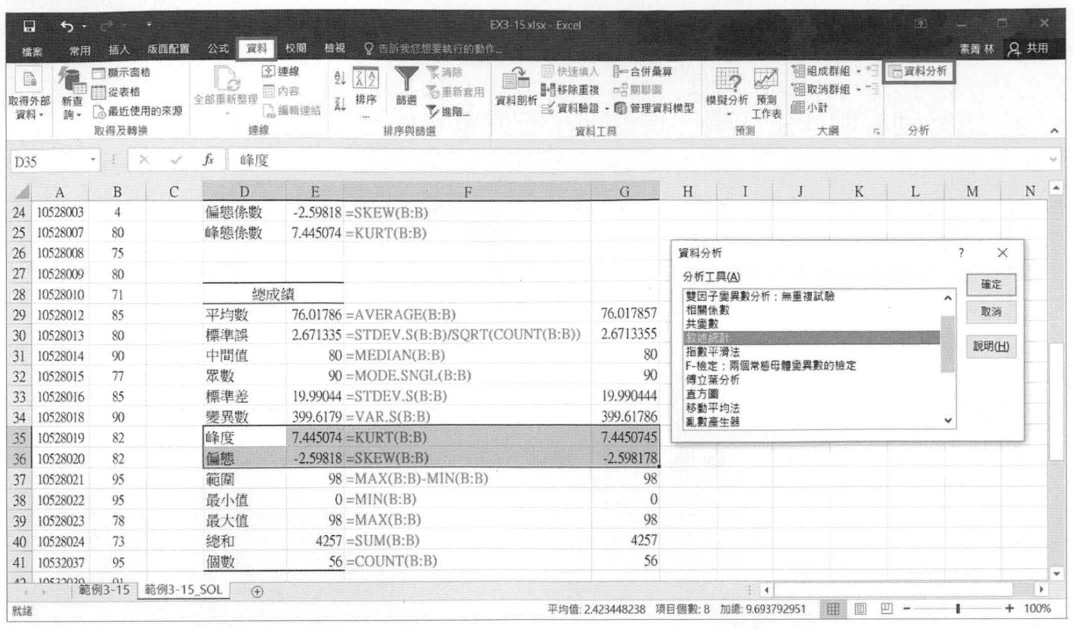

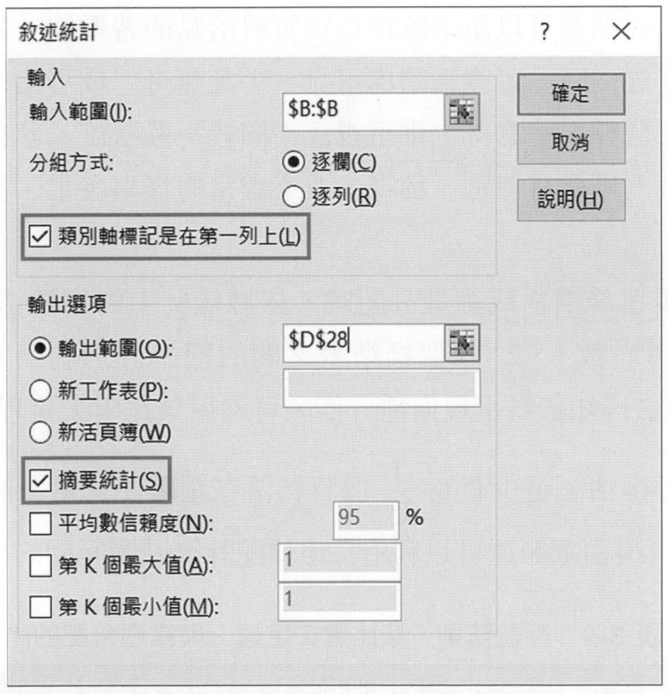

解讀資料：偏態係數爲負（– 2.6），表示資料呈現左偏分配，左尾較長，可能具有較小的極端值，平均數＜中位數＜眾數。峰態係數 7.4 大於 3，表示資料集中在中心位置，大部分學生成績集中於平均分數附近。

課堂練習 3-15

請分別說明學生成績出現對稱、左偏或右偏分佈的意義。

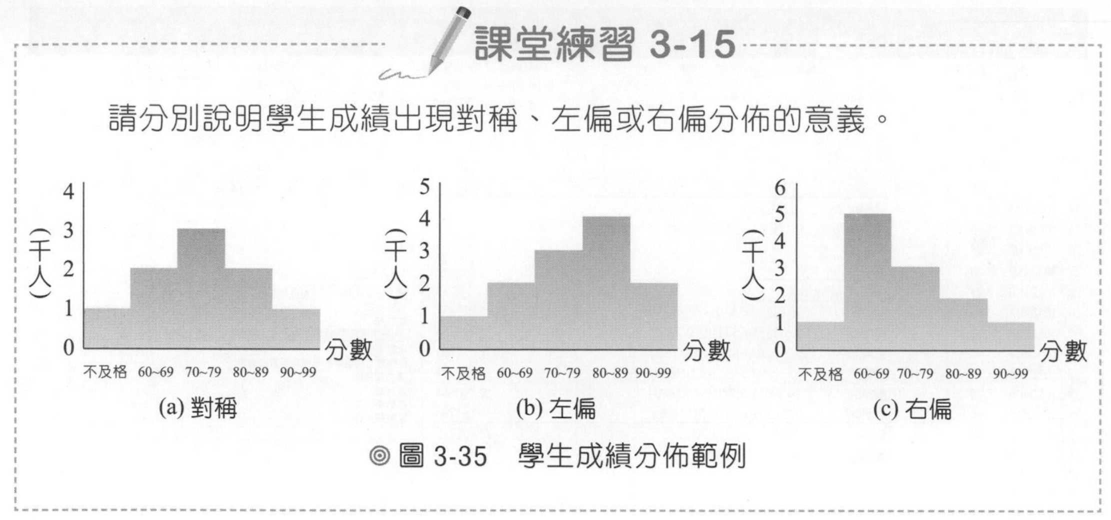

◎ 圖 3-35　學生成績分佈範例

3-6-2 標準差的意義

一般來說，標準差可以用來解釋個別資料落點的普遍性。如果落在平均數正負一個標準差之內時，可視爲隨處可見、平凡無奇、或毋須得意的狀況；落在平均數正負二個標準差之外，則可視爲不同於一般狀況；落在平均數正負三個標準差之間外，則是有特別、稀奇、或不尋常的怪事發生，甚至可視爲發生奇蹟了。

當資料呈現單峰對稱或鐘型分配時，依據統計上的**經驗法則**（**Empirical Rule**），落在平均數 1、2、3 個標準差之間的機率分別約爲 68%、95%、與 99.7%。如果無法得知資料呈現何種分佈，可利用**柴比雪夫定理**（**Chebyshev's Theorem**）進行推估，至少有 $1-\frac{1}{k^2}$ 個資料落在距離平均數 k 個標準差的範圍內，其中 $k > 1$。後面章節還可以利用常態分配計算區間範圍的機率。

➡ 表 3-9　經驗法則、柴比雪夫定理、與常態分配的比較

標準差個數 k	區間	經驗法則	柴比雪夫定理	常態分配
1	$\bar{x} \pm s$	68%	–	68.26%
2	$\bar{x} \pm 2s$	95%	至少3/4（75%）	95.44%
3	$\bar{x} \pm 3s$	99.7%	至少8/9（89%）	99.74%

範例 3-16

一般來說，智力測驗呈現單峰鐘型分配，魏氏智力測驗的平均數是 100，標準差是 15。請依據經驗法則說明智商分佈的狀況。

在一個標準差範圍內 (100 ± 15)，智商 85 ～ 115 可視爲普通人的智商，約佔總人數的 68%，在二個標準差範圍內 (100 ± 2×15)，智商 70 ～ 130 約佔 95%，在三個標準差範圍內 (100 ± 3×15)，智商 55 ～ 145 約佔 99.7%。其中智商低於 85、70、55，被視爲智能不足、心智遲緩、與嚴重智能障礙，智商高於 115、130、145，則被視爲優秀、優異、甚至是天才。

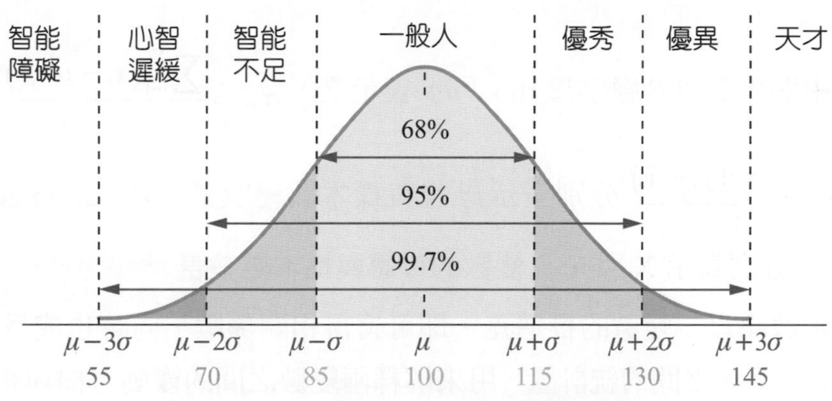

◎ 圖 3-36 經驗法則的應用：魏氏智力測驗

課堂練習 3-16

依據過去經驗，網路宅配公司的平均交貨時間為 3 天，標準差為 0.5 天。請依據經驗法則與柴比雪夫定理，判斷該公司的送貨品質。

3-7 相關係數

從單變數進階到雙變數甚至多變數的問題時，首先要釐清的問題就是關聯性分析。統計學家皮爾森（Karl Person）提出了**相關係數**（**Coefficient of Correlation**）的概念，探討數值變數之間的線性相關程度。

母體相關係數

$$\rho = \text{CORR(X, Y)} = \frac{\sigma_{xy}}{\sigma_x \sigma_y}$$

樣本相關係數

$$r = \text{CORR(X, Y)} = \frac{s_{xy}}{s_x s_y}$$

其中母體相關係數以希臘字母 rho「ρ」表示之，$\sigma_{xy} = \frac{\sum_{i=1}^{N}(x_i - \mu_x)(y_i - \mu_y)}{N}$ 與 $s_{xy} = \frac{\sum_{i=1}^{N}(x_i - \bar{x})(y_i - \bar{y})}{n-1}$ 分別表示母體與樣本**共變異數**（**Covariance**），σ_x、σ_y、s_x、s_y 則分別表示 X 與 Y 二變數的母體與樣本標準差。

共變異數除以二變數的標準差，即可獲得相關係數，同時也成為一個沒有單位且介於正負 1 之間的統計量，用來解釋兩變數之間的變動方向與相關程度。相關係數的絕對值愈大，表示二變數間的相關性愈高，正相關表示二變數呈現同方向變動，X 與 Y 同時增加或減少；反之，如果相關係數為負，則表示二變數呈現反向變動，X 與 Y 其中一個增加，另一個會減少。

如果相關係數等於正負 1，表示資料呈現**完全正相關**（**Perfect Positive Correlation**）或**完全負相關**（**Perfect Negative Correlation**），當相關係數為正或負值，表示資料呈現**正相關**（**Positive Correlation**）或**負相關**（**Negative Correlation**），當相關係數為零，表示資料之間**沒有線性關係**（**No Linear Relationships**）。

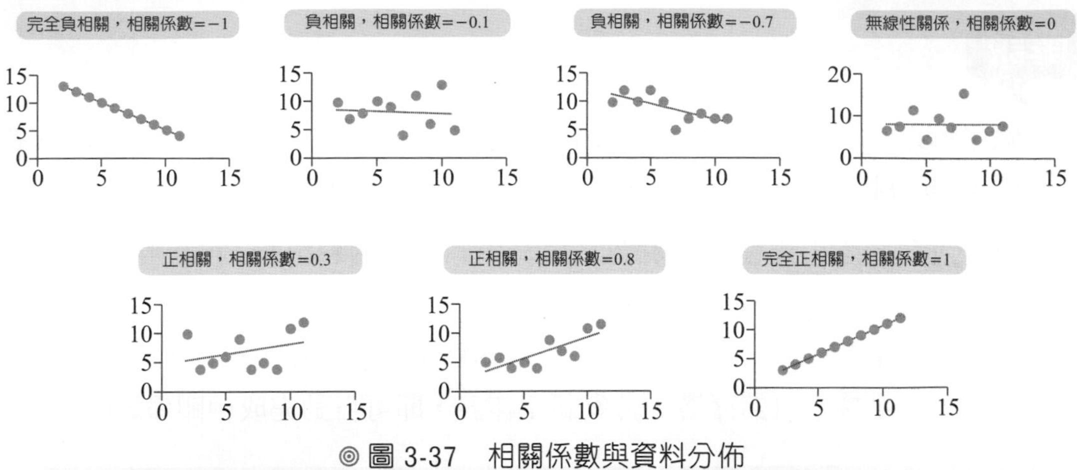

◎圖 3-37　相關係數與資料分佈

值得注意的是，CORR(X, Y) = CORR(Y, X)，相關係數愈高，表示資料之間的線性關係愈強，非線性的關係將無法以相關係數說明，相關係數只說明變數之間的關係強弱與方向，但此一關係並非因果關係。實務上，如果是時間序列資料，通常相關係數都會超過0.5，甚至高達0.8或0.9；但如果是橫斷面資料，一般來說，相關係數都會比較低，甚至可能只有0.2或0.3左右。因此，我們在解釋相關係數的意義時，不能直接用絕對數字來說明相關性強弱，而是必須做比較或是視資料本身的特性再進行判斷。

小提醒！

共變異數也可以判斷二變數之間的關係，但其大小容易受到單位的影響。舉例來說，如果想討論身高與體重的關係，體重單位不變，但身高的單位由公尺變成公分，這時候共變異數的數值也會隨之變動 100 倍，因此，共變異數的正負號可以判斷變動方向，但共變異數的數值大小無法判斷相關性強弱程度。為了解決單位的問題，將共變異數除以變數 X 與 Y 的標準差，相關係數就不再有單位變動的問題。

範例 3-17

附檔資料紀錄了 A 班學生總成績與缺席次數，計算相關係數，並說明其意義。

⊙ 請掃描目錄頁 QR code，見檔案 EX3-17.xlsx

除了可以利用 EXCEL 公式指令進行計算，相關係數的指令 = CORREL（資料範圍 1, 資料範圍 2），還可以利用資料分析工具進行計算。

步驟： 在資料索引標籤中，選擇「資料分析」，在 [資料分析] 視窗中，選擇「相關係數」→確定。在 [相關係數] 視窗中，輸入範圍 B:C（總成績與缺席次數欄位），⊙ 逐欄，勾選 ☑ 類別軸標記是在第一列上，⊙ 輸出範圍（選擇空白儲存格）或 ⊙ 新工作表，即可自動完成相關係數的計算。

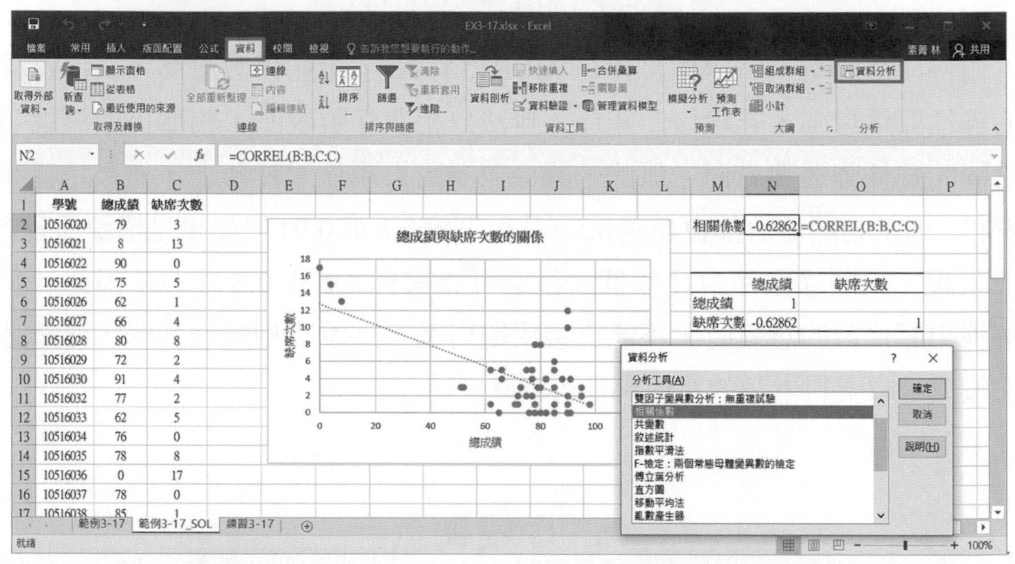

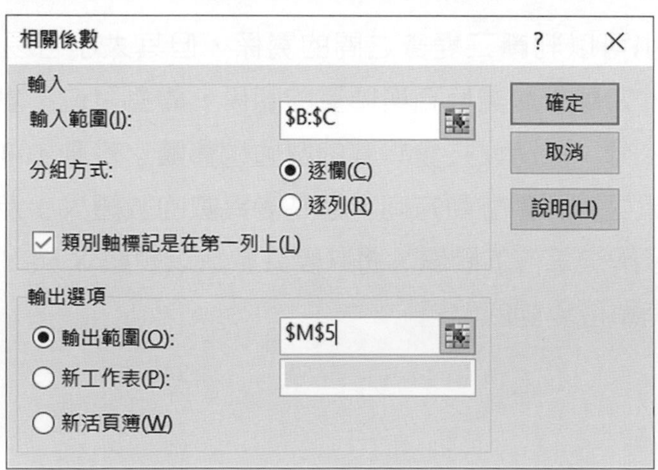

解讀資料：學生總成績與缺席次數的相關係數為 − 0.6286，表示總成績與缺席次數呈現反向關係。

課堂練習 3-17

公司想檢討廣告對產品銷售的效果，附檔包含產品價格、銷售量、與廣告支出等資料，請依據相關係數結果提出你的看法。

請掃描目錄頁 QR code，見檔案 EX3-17.xlsx

3-8 綜合應用範例

實務上可以利用敘述統計指標來解讀資料，本節最後以行政院主計總處平均薪資與環保署空氣品質指標爲例，說明敘述統計指標在解讀資料上的應用。

【我的數字會說話】平均薪資為何無感

青年平均年所得 54 萬創新高挨批膨風

行政院主計處日前公布去年青年平均薪資所得，去年未滿 30 歲平均年所得 47.28 萬元，年增 5155 元；30 至 34 歲平均年所得 63.86 萬元，年增 3 萬 4566 元；總計未滿 35 歲者平均年所得 54.37 萬元，均創新高。

若平均年收入 54.37 萬元，等於每人月收入超過 4.5 萬元，可能嗎？儘管政府指薪資創新高，但根據 1111 人力銀行調查顯示，90 世代（1990 年後出生）、出社會工作上班族，高達 59%「不」滿意薪資待遇，僅 4.7% 滿意。

學者說，以平均年所得做政績，最大問題是，只要有 1% 薪資高得嚇人，足以左右平均數據結果，這種專挑好看數字做宣傳，難怪多數民眾無感。

資料來源：節錄自中時電子報，2019-11-02。
https://www.chinatimes.com/newspapers/20191102000482-260118?chdtv

政府薪資統計不應誤導民衆

主計總處最近發布工業及服務業薪資統計，今年 1 至 8 月全體受僱員工平均經常性薪資爲 4 萬 1,760 元，成長率 2.32% 爲 19 年以來同期次高。但相關統計也透露許多隱憂，包括低於去年的成長率、獎金的成長不如月薪的成長，以及加計獎金與加班費等非經常性薪資後，今年 1 至 8 月累計的總薪資年增率爲近三年的同期最低，製造業加班工時也已經連 11 月呈現年減，可見景氣擴張力道趨緩，「一例一休」似已產生了負面衝擊。

主計總處公布的數據更受質疑的地方，就是民眾看到平均數根本無感，因爲平均數會受極端數值影響，少數薪資特高的勞工就足以把平均數拉高；平均數不但不代表「一半」，反而是反映「少數」勞工的薪資水準。主計長朱澤民曾以「左手放在冰箱，右手放在烤箱，得到的平均數叫做很舒服」，揶揄「平均數會嚴重誤導民眾」的問題；但主計總處不能再每次都講平均數就當了事，更應當附註說明薪資「低於平均」的勞工比率爲何，才能貼近民意。

其次，名目薪資沒多大意義，民眾在乎的是扣掉物價上漲後的實質薪資，眞相則是今年前八月的實質經常性薪資 4 萬 773 元，只比 2002 年多 3 元。若是知道勞工實質薪資 17 年竟無成長的實況，相信民眾就會有感了。

主計總處在統計上是專業的政府機關，卻只公布無感的名目和失眞的平均數統計，不但容易誤導民眾，更會成爲有心人士混淆視聽的假資訊。例如，就有媒體引用主計總處今年初發布的舊資料，指出 2018 年所得收入者的收入（含薪資、營業淨收入、農業淨收入、利息與租金收入等）平均爲 65.58 萬元，較前年增加 935 元，寫成「歷年新高」；又指出未滿 30 歲者平均年所得 47.28 萬元，30 至 34 歲平均年所得 63.86 萬元，總計未滿 35 歲者平均年所得 54.37 萬元，「均爲歷年新高」；35 至 39 歲平均年所得 70.01 萬元，則爲「近 11 年新高」，進而下出了「馬政府時代青年所得大倒退情況已明顯改善」的可笑結論。

這類報導暴露出嚴重缺乏基本的統計概念，引用的是嚴重失眞的平均數，對民眾眞正在乎的實質所得隻字不提，也立即引起不少網友諸如「抱歉！我 2 萬多的月薪資拉低平均水準了」、「拿高薪和低薪一起平均才這樣，政府要覺得丟臉，若大家薪水都有上來，數據要更高才是」等酸言回應。

從網友反應即知，如此偏誤跟前行政院長賴清德一樣，都欠缺基本統計概念。賴清德在去年勞動節前夕曾對勞工邀功，表示台灣勞工 2017 年的每月平均薪資爲 4 萬 9,989 元，創歷史新高，代表「有一半」以上的勞工月薪將近 5 萬元。後來還說這項平均數只是指標，建議薪資低於平均的年輕人可向雇主說：「應該幫我加薪。」

眞相是，能眞正代表一半的是「中位數」，而中位薪資不到平均薪資的八成，因此 2017 年一半勞工月薪低於 4 萬元，三分之一勞工月薪低於 3 萬元（且有七成是 45 歲以下勞工），70% 的月薪不到 5 萬元。主計總處公布的 2018 年全年平均實質月薪僅 4 萬 60 元，低於 2001 年的 4 萬 338 元；2019 年的實質薪資估計數也和 2002 年相當。換言之，在柴米油鹽醬醋茶價格繼續攀升下，就算平均名目薪資成長，蔡政府在「實質月薪」的政績仍不忍卒睹，還是倒退回 17 年前的水準。

總之，爲免誤導民眾，政府（尤其是主計總處）往後公布所得或薪資統計，應採用實質中位數，並做長期的歷年比較，才能分得出政績的高下；同時也請一併公布政府僱用的軍公教人員實質薪資，揭露軍公教人員實質薪資比 20 年前低 5% 的慘況。若使用平均數，則應註明多少比率的勞工是低於平均，並比較最高 10% 薪資和最低 10% 薪資的成長率，才能知道年輕人是否仍然悶在低薪困境中。

資料來源：經濟日報，2019-10-28。
https://money.udn.com/money/story/5628/4131359

先從主計總處薪情體驗網頁，查詢全體受僱員工全年總薪資 500,000 元的落點。

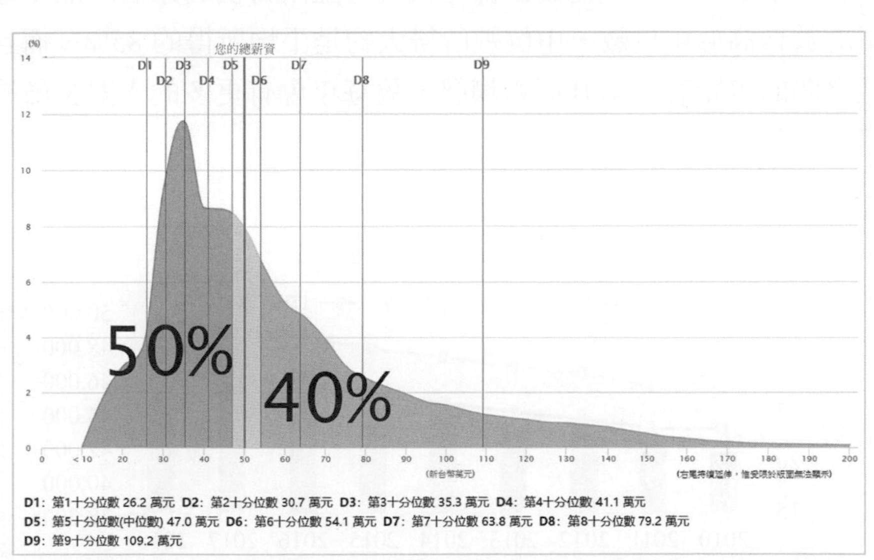

資料來源：行政院主計總處「薪情平台」官網。
https://earnings.dgbas.gov.tw/experience_sub_01.aspx

◎圖 3-38　右偏分配的薪資分佈

薪資分佈的圖形中，橫軸爲薪資，縱軸爲人次，明顯呈現右偏分配。以公司薪資結構爲例，基層員工人數相對較多（眾數），其薪資水準相對較低，主管級以上薪資較高，若將主管或總裁薪資與員工薪資合併計算，勢必會提高平均薪資的數值，而中位數薪資不受極端值影響。

再以主計處每月以新聞稿方式發佈平均薪資資訊爲例，2019 年 7 月底，經常性薪資爲 41,927 元，若再加上獎金及加班費等，非經常性薪資高達 55,831 元。這個數值與一般民眾感受的平均薪資，始終有落差，因爲在右偏分配的薪資結構中，平均數＞中位數＞眾數，除了有 50% 民眾薪資（中位數）低於平均水準之外，大部分民眾薪資水準（眾數）與平均薪資（平均數）的差距會更大。

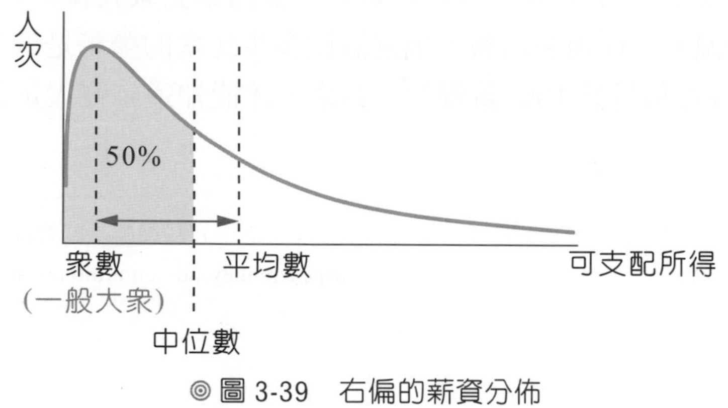

◎ 圖 3-39　右偏的薪資分佈

當貧富差距擴大，所得分佈右偏的情況會更嚴重，平均數與中位數之間的差距也會隨之增加。以主計總處公佈每人可支配所得資料來看，歷年每人可支配所得平均數皆高於中位數，中位數所得大約是平均所得的 85%，而且平均數與中位數之間的差距有逐年升高的趨勢，故每年會有更多的人對公佈的平均薪資感覺過高。

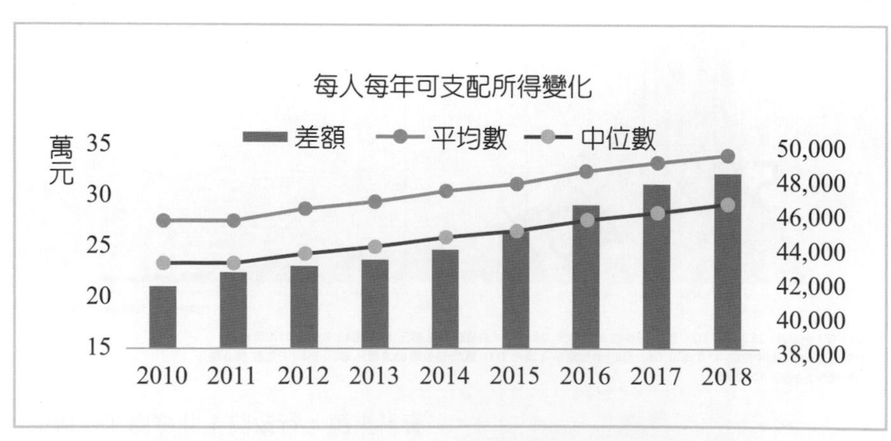

◎ 圖 3-40　薪資分佈：平均數與中位數的比較

【我的數字會說話】空氣品質比一比

空氣超髒！西半部 30 測站飆紅害屏東達「紫爆」等級

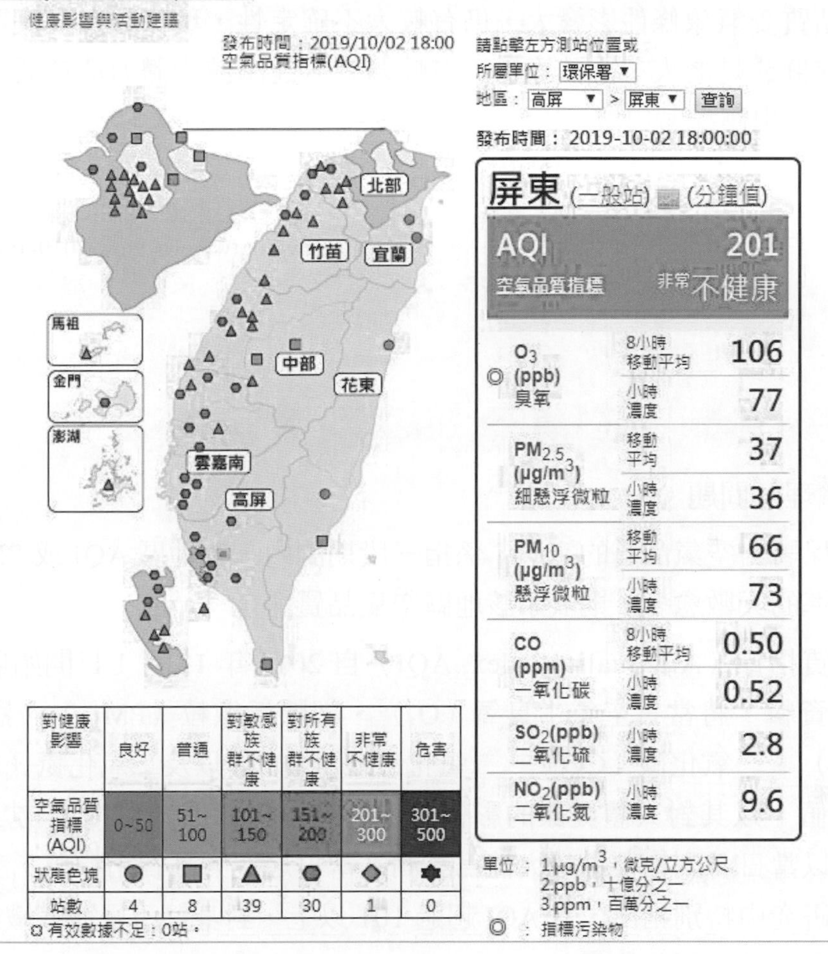

圖片來源：環保署空氣品質監測網。

◎ 根據空氣品質檢測網資料指出，全台灣有 39 個測站達對敏感族群不友善的橘警，有 30 個測站達紅害等級，其中，屏東更「紫爆」

空氣超髒！今（2）日環境風場為西南風，並挾帶境外污染物，根據空氣品質檢測網資料指出，全台灣有 39 個測站達對敏感族群不友善的橘警，有 30 個測站達紅害等級，其中，屏東更「紫爆」，環保署提醒民眾外出要記得口罩。

根據環保署 18 時監測結果指出，富貴角、淡水、林口、大園、觀音、湖口、新竹、沙鹿、線西、崙背、台西、斗六、新港、朴子、新營、麻豆、安南、善化、台南、美濃、鳳山、橋頭、林園、潮州、楠梓、仁武、左營、金門為紅害等級，屏東更達紫害等級，敏感群族要特別小心。

環保署表示，明（3）天各地天氣爲多雲到晴，環境風場爲偏西風至西南風，可能挾帶輕微境外污染物影響台灣，加上風速較弱易累積污染物，午後西半部光化作用易使臭氧濃度上升，北部、雲嘉南、高屏空氣品質達到紅色警示等級。

空氣品質受氣象條件影響大，仍有較大不確定性，環保署提醒民眾注意防範，敏感族群或是老人、小孩等抵抗力較弱者，建議減少體力消耗活動及戶外活動，必要外出應配戴口罩。

資料來源：自由時報，2019-10-2。
https://newtalk.tw/news/view/2019-10-02/306367

⊙ 請掃描目錄頁 QR code，見檔案 CH3_AQI_2018.xlsx

步驟 1：理解問題。

依據環保署對空氣品質的定義，係指一段期間內，各地區 AQI 或 $PM_{2.5}$ 超過健康標準的天數愈多，則表示該地區空氣品質愈差。

空氣品質指標（Air Quality index, AQI）自 2016 年 12 月 1 日開始收錄，依據監測資料，將當日空氣中臭氧（O_3）、細懸浮微粒（$PM_{2.5}$）、懸浮微粒（PM_{10}）、一氧化碳（CO）、二氧化硫（SO_2）、以及二氧化氮（NO_2）濃度等數值，以其對人體健康的影響程度，分別換算出不同污染物之副指標值，再以當日各副指標之最大值爲該測站當日之空氣品質指標值。美國環境保護署研究中特別指出，當 AQI 超過 101 以上，對身體不好而較敏感的人，其症狀會有更加惡化的現象。

$PM_{2.5}$ 係指微粒氣動粒徑小於 2.5 微米，單位以微克 / 立方公尺表示，由於 $PM_{2.5}$ 比 PM_{10} 更容易深入人體肺部影響健康，若細微粒附著其他污染物，將加深呼吸系統之危害。

表 3-10　空氣品質指標與健康影響

AQI	0～50	51～100	101～150	151～200	201～300	301～500
健康影響	良好	普通	對敏感族群不健康	對所有族群不健康	非常不健康	危害
色塊	綠色	黃色	橘警	紅害	紫爆	褐紅

資料來源：行政院環保署。

步驟 2： 資料說明。

環保署依據不同目的，在全台灣地區設置 6 大類 77 個空氣品質監測站，包括 60 個一般空氣品質監測站，6 個交通空氣品質監測站（鳳山、三重、中壢、永和、復興、大同），5 個工業空氣品質監測站（頭份、線西、麥寮、台西、前鎮），2 個國家公園空氣品質監測站（恆春、陽明），5 個背景空氣品質監測站（萬里、觀音、三義、橋頭、富貴角），2 個其他參考測站（關山、埔里），其中萬里、三義、恆春兼一般測站。為監控秋冬東北季風期間境外污染的影響，2017 年 10 月在富貴角設置空氣品質背景測站，提供境外污染影響資訊。

➠ 表 3-11　台灣地區空氣品質測站分佈位置

空品區（測站數量）	測站位置（測站數量）
北部空品區(26)	新北市(12)、臺北市(7)、基隆市(1)、桃園市(6)
竹苗空品區(6)	苗栗縣(3)、新竹縣(2)、新竹市(1)
中部空品區(11)	臺中市(5)、彰化縣(3)、南投縣(3)
雲嘉南空品區(11)	雲林縣(4)、嘉義縣(2)、嘉義市(1)、臺南市(4)
高屏空品區(15)	高雄市(12)、屏東縣(3)
宜蘭空品區(2)	宜蘭縣(2)
花東空品區(3)	花蓮縣(1)、臺東縣(2)
離島空品區(3)	澎湖縣(1)、金門縣(1)、連江縣(1)

步驟 3： 透過思考或討論，發現問題。

從資料庫中提供的欄位變數，開始思考可以分析或想解決的問題。舉例來說，依據地區別，可以比較各地空氣品質狀況；透過時點的篩選，可以比較不同時期空氣品質是否獲得改善；分析不同時期境外污染狀況等。

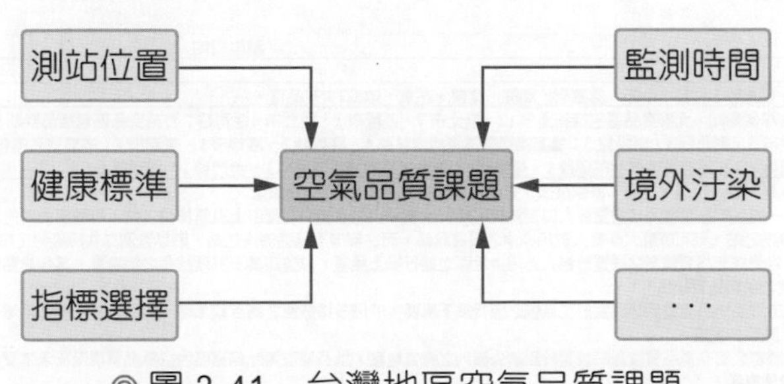

◎ 圖 3-41　台灣地區空氣品質課題

囧 **步驟 4：**依據主題選擇樣本，下載次級資料。

資料來源爲行政院環保署「空氣品質監測網」2018 年 AQI 長期日資料，以下示範以土城、沙鹿、鳳山、宜蘭、金門測站，比較北、中、南、東、離島或一年四季的空氣品質狀況。

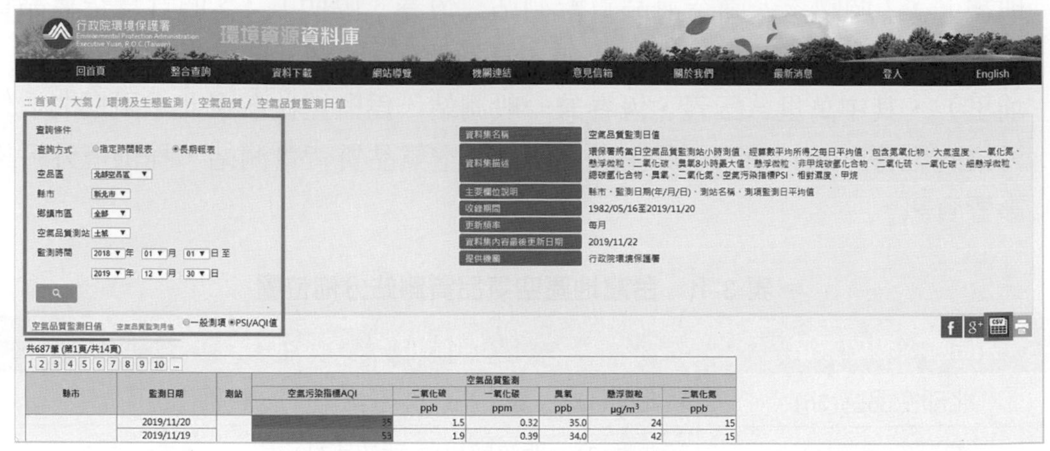

資料來源：行政院環保署，環境資源資料庫。
https://erdb.epa.gov.tw/DataRepository/EnvMonitor/AirQualityMonitorDayData.aspx

囧 **步驟 5：**整理與檢查資料。

在進行資料分析前，整理與清洗資料是不可省略的步驟，確認資料的正確性才能確保後續資料解讀的意義。實務上爲配合程式撰寫與執行，通常都會附上欄位說明或變數定義檔案，欄位名稱大多採用相對應的英文進行命名，爲讓初學者專注於理解與學習統計分析相關內容，後續在撰寫內容時將以中文爲主，英文爲輔。

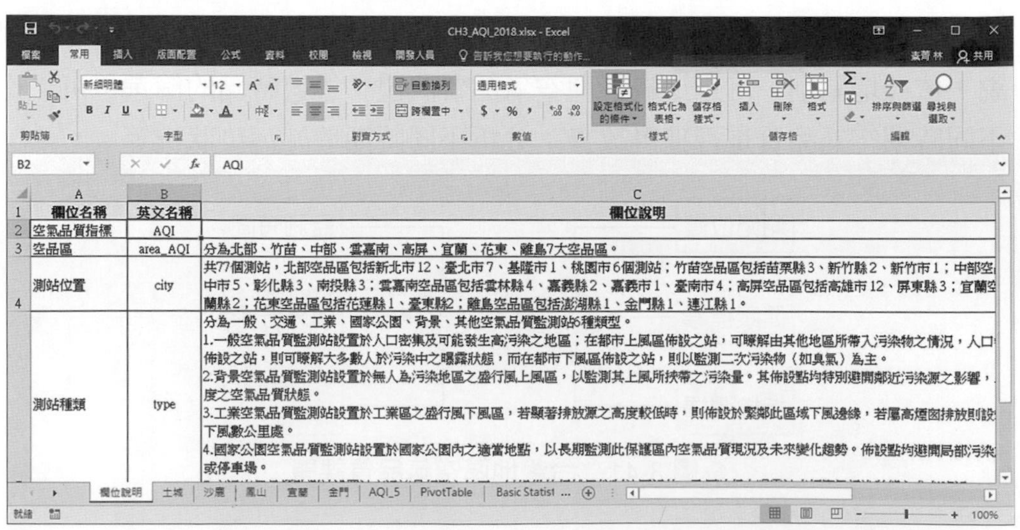

先以土城資料爲例，原始下載資料格式爲 csv 檔案，內容包括縣市別、監測日期、測站名稱、AQI、以及二氧化硫等資料。當資料量愈來愈大時，可擷取需要的欄位再進行分析。

	A	B	C	D	E	F	G	H	I	J
1	序號	縣市	監測日期	測站	空氣品質	空氣品質	空氣品質	空氣品質	空氣品質	空氣品質監測
2		縣市	監測日期	測站	空氣污染	二氧化硫	一氧化碳	臭氧	懸浮微粒	二氧化氮
3		縣市	監測日期	測站		ppb	ppm	ppb	μ g/m<sup	ppb
4	1	新北市	2018/12/31	土城	30	1.2	0.38	29	6	15
5	2	新北市	2018/12/30	土城	31	0.9	0.37	35	10	13
6	3	新北市	2018/12/29	土城	32	1.7	0.38	33	18	15
7	4	新北市	2018/12/28	土城	32	1.3	0.52	30	17	21
8	5	新北市	2018/12/27	土城	28	1.3	0.53	31	13	20
9	6	新北市	2018/12/26	土城	32	1.8	0.59	28	15	27
10	7	新北市	2018/12/25	土城	36	1.9	0.94	28	18	37
11	8	新北市	2018/12/24	土城	37	1.3	0.51	33	11	22
12	9	新北市	2018/12/23	土城	52	1.7	0.8	37	26	16
13	10	新北市	2018/12/22	土城	113	3	1.26	90	59	49
14	11	新北市	2018/12/21	土城	69	2.2	0.88	43	38	23
15	12	新北市	2018/12/20	土城	104	3.4	1.31	72	59	55

若想以樞紐分析比較不同地區別空氣品質狀況，則需要合併資料檔，向下堆疊五個地區資料，再以樞紐分析方式製作報表。更改工作表名稱，建議保留原始資料，以防後續需要重新處理或檢查時不需再次下載。

	A	B	C
1	監測日期	測站	AQI
363	2018/1/2	沙鹿	73
364	2018/1/1	沙鹿	70
726	2018/1/2	土城	37
727	2018/1/1	土城	64
1089	2018/1/2	鳳山	109
1090	2018/1/1	鳳山	146
1452	2018/1/2	宜蘭	49
1453	2018/1/1	宜蘭	63
1815	2018/1/2	金門	98
1816	2018/1/1	金門	153

利用篩選工具檢查資料，確認資料性質，應刪除 AQI 缺失值的部份。

	監測日期	測站	AQI
65	2018/10/27	沙鹿	-
66	2018/10/26	沙鹿	-
208	2018/6/6	沙鹿	-
277	2018/3/29	沙鹿	-
428	2018/10/27	土城	-
429	2018/10/26	土城	-
571	2018/6/6	土城	-
640	2018/3/29	土城	-
791	2018/10/27	鳳山	-
792	2018/10/26	鳳山	-

從 1815中找出 20筆記錄

步驟 6：根據問題，新增變數。

利用 IF 指令新增後續分析需要的變數，例如，將健康指標分為良好、普通、橘警、紅害、紫爆、危害六大類，AQI 是否超過 100，季節性因素分為 3 ～ 5 月春季、6 ～ 8 月夏季、9 ～ 11 月秋季、12 ～ 2 月冬季，以土城、沙鹿、鳳山、宜蘭、金門分別代表北部、中部、南部、東部、與離島等區域別。

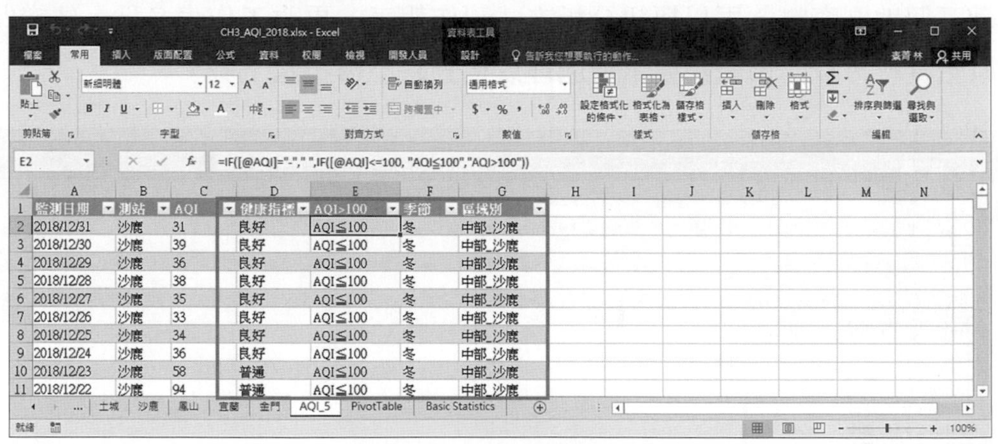

=IF([@AQI]="-"," ",IF([@AQI]<=100, "AQI≦100","AQI>100"))

	監測日期	測站	AQI	健康指標	AQI>100	季節	區域別
2	2018/12/31	沙鹿	31	良好	AQI≦100	冬	中部_沙鹿
3	2018/12/30	沙鹿	39	良好	AQI≦100	冬	中部_沙鹿
4	2018/12/29	沙鹿	36	良好	AQI≦100	冬	中部_沙鹿
5	2018/12/28	沙鹿	38	良好	AQI≦100	冬	中部_沙鹿
6	2018/12/27	沙鹿	35	良好	AQI≦100	冬	中部_沙鹿
7	2018/12/26	沙鹿	33	良好	AQI≦100	冬	中部_沙鹿
8	2018/12/25	沙鹿	34	良好	AQI≦100	冬	中部_沙鹿
9	2018/12/24	沙鹿	36	良好	AQI≦100	冬	中部_沙鹿
10	2018/12/23	沙鹿	58	普通	AQI≦100	冬	中部_沙鹿
11	2018/12/22	沙鹿	94	普通	AQI≦100	冬	中部_沙鹿

步驟 7：確認變數特性，選擇適當的統計工具。

進行資料分析前，先將資料庫中所有變數進行分類，參考表 3-1，依據變數特性，選擇適當的統計工具，並先繪製草圖。

時間變數為月份，折線圖可看出一年時間變化趨勢。

數值變數為 AQI，可依不同類別計算平均數、標準差等基本統計量。

類別變數包括區域別、季節、AQI 是否超過 100、健康指標，交叉分析表可顯示各類別選項的計次與比例，依需要可選擇群組長條圖、堆疊圖、或圓形圖進行表達。

步驟 8：製作報表，解讀資料，回應前面設定的主題。

〔比較北中南東離島與四季空氣品質狀況〕

排除 2018 年 AQI 缺失值，總計有效樣本爲 359 天。先以月份來看，2018 一整年，AQI 超過 100 的天數，以南部與離島地區相對較爲嚴重，其次是中部地區，而比較一年四季，夏天空氣品質惡化天數相對較低。

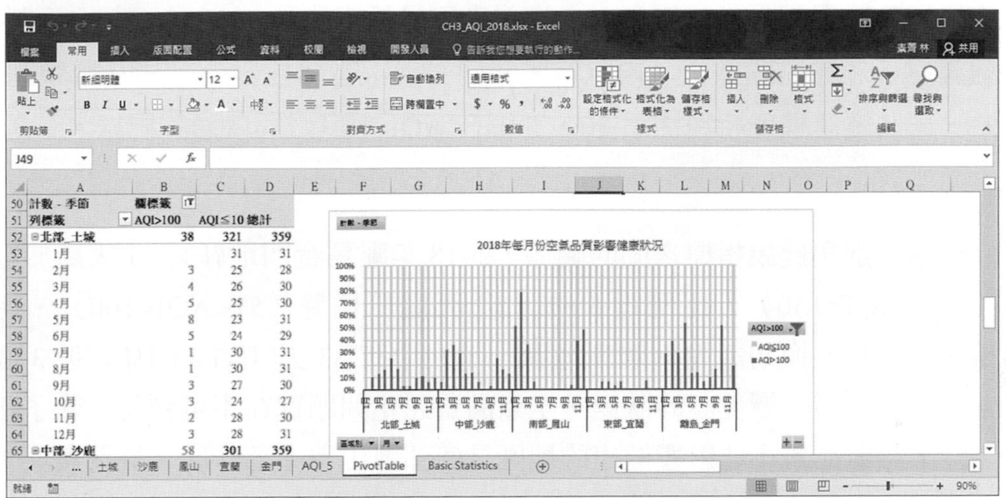

計數 - 季節	欄標籤		
列標籤	AQI>100	AQI≤10	總計
⊟北部_土城	38	321	359
1月		31	31
2月	3	25	28
3月	4	26	30
4月	5	25	30
5月	8	23	31
6月	5	24	29
7月	1	30	31
8月	1	30	31
9月	3	27	30
10月	3	24	27
11月	2	28	30
12月	3	28	31
⊟中部_沙鹿	58	301	359

整體來看，2018 年台灣地區平均 AQI 爲 64.7，落在普通範圍，其中東部空氣品質最佳，平均 AQI 爲 45.8，達良好標準，離島平均 AQI 相對較高，達 78.7，一年四季中則以夏天平均 AQI 爲最低，落在良好標準 47.5。若再細分各區域與季節，南部一年之中空氣品質差異最大，鳳山的冬天空氣品質平均 AQI 超過 100，高達 107.6，已經影響健康，值得特別注意。

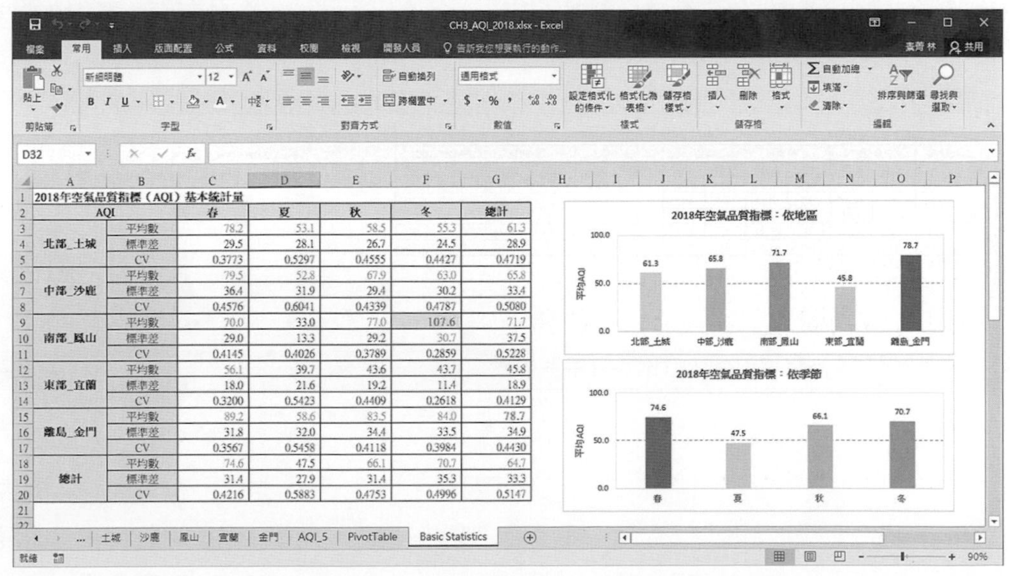

2018年空氣品質指標（AQI）基本統計量

AQI		春	夏	秋	冬	總計
北部_土城	平均數	78.2	53.1	58.5	55.3	61.3
	標準差	29.5	28.1	26.7	24.5	28.9
	CV	0.3773	0.5297	0.4555	0.4427	0.4719
中部_沙鹿	平均數	79.5	52.8	67.9	63.0	65.8
	標準差	36.4	31.9	29.4	30.2	33.4
	CV	0.4576	0.6041	0.4339	0.4787	0.5080
南部_鳳山	平均數	70.0	33.0	77.0	107.6	71.7
	標準差	29.0	13.3	29.2	30.7	37.5
	CV	0.4145	0.4026	0.3789	0.2859	0.5228
東部_宜蘭	平均數	56.1	39.7	43.6	43.7	45.8
	標準差	18.0	21.6	19.2	11.4	18.9
	CV	0.3200	0.5423	0.4409	0.2618	0.4129
離島_金門	平均數	89.2	58.6	83.5	84.0	78.7
	標準差	31.8	32.0	34.4	33.5	34.9
	CV	0.3567	0.5458	0.4118	0.3984	0.4430
總計	平均數	74.6	47.5	66.1	70.7	64.7
	標準差	31.4	27.9	31.4	35.3	33.3
	CV	0.4216	0.5883	0.4753	0.4996	0.5147

小提醒！

製作報表過程中，需要從資料分析結果逐步思考如何呈現淺顯易懂的報表，所有資料與報表最好要經過整理，完成美化圖表程序，才能讓讀者一目了然，快速理解作者想要表達的重點。舉例來說，比對直接以樞紐分析功能圖表呈現方式與整理後的圖表，上表以交叉分析表呈現 AQI 季節與地區別的詳細數據（多類別變數），再以右圖快速呈現次數分配表的結果（單類別變數），再將縱座標軸特別標示 50，亦即在 AQI 中良好與普通的界線。

分析地區別與健康指標之間的關係，2018 年離島金門地區有 21 天處於紅害（101<AQI<150），比例達 5.8%，62 天處於橘警（51<AQI<100），比例高達 17.3%，換句話說，離島地區一年之中有 83 天（佔 23.1%）近 3 個月處於空氣品質影響健康的狀態，空氣品質惡化問題實在不可輕忽。除了離島之外，空氣品質不佳影響健康的地區是南部鳳山與中部沙鹿，橘警與紅害分別佔 22.0% 與 16.2%，一年之中也約有二個月（79 天與 58 天）處於空氣品質不佳的狀態。整體來說，2018 年，東部宜蘭地區有 97.5% 的空氣品質狀況不錯，北部土城為 89.4%，但中部沙鹿 83.8%、南部鳳山 78.0%、離島金門 76.9% 則差強人意。

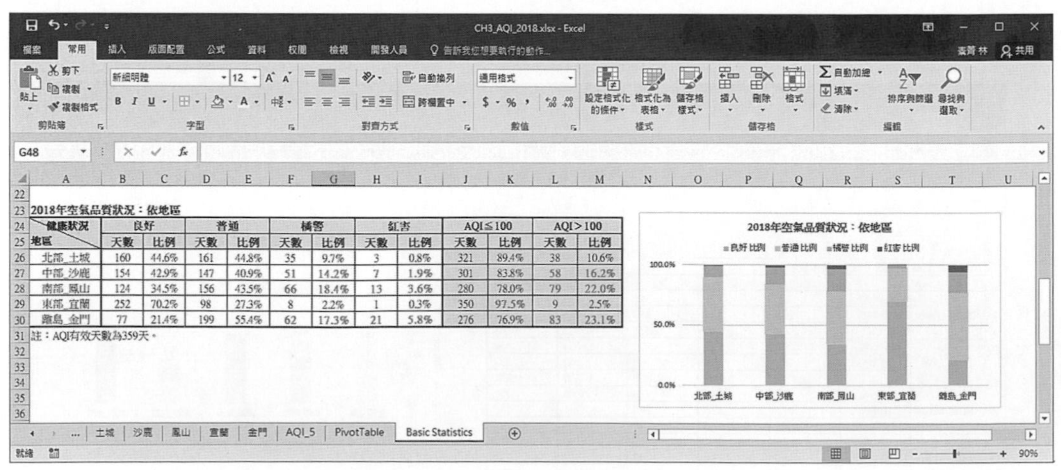

2018年空氣品質狀況：依地區

健康狀況 / 地區	良好		普通		橘警		紅害		AQI≦100		AQI>100	
	天數	比例	天數	比例	天數	比例	天數	比例	天數	比例	天數	比例
北部_土城	160	44.6%	161	44.8%	35	9.7%	3	0.8%	321	89.4%	38	10.6%
中部_沙鹿	154	42.9%	147	40.9%	51	14.2%	7	1.9%	301	83.8%	58	16.2%
南部_鳳山	124	34.5%	156	43.5%	66	18.4%	13	3.6%	280	78.0%	79	22.0%
東部_宜蘭	252	70.2%	98	27.3%	8	2.2%	1	0.3%	350	97.5%	9	2.5%
離島_金門	77	21.4%	199	55.4%	62	17.3%	21	5.8%	276	76.9%	83	23.1%

註：AQI有效天數為359天。

再分析季節變化與健康指標之間的關係，2018 年夏季只有 1.1% 與 4.2%（平均各地區約有 1 天與 4 天）處於紅害與橘警不健康狀態。反觀其他季節，冬天是空氣品質影響健康較嚴重的季節，平均各地約有 20 天（佔 22.2%）處於橘警或紅害狀態，其次是春天與秋天，分別佔 19.3% 與 12.6%（18 天與 11 天）。

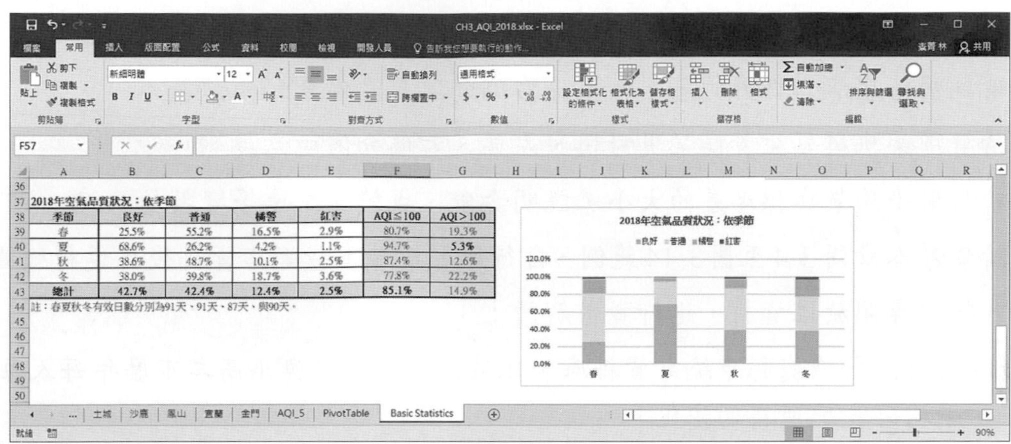

2018年空氣品質狀況：依季節

季節	良好	普通	橘警	紅害	AQI≤100	AQI>100
春	25.5%	55.2%	16.5%	2.9%	80.7%	19.3%
夏	68.6%	26.2%	4.2%	1.1%	94.7%	5.3%
秋	38.6%	48.7%	10.1%	2.5%	87.4%	12.6%
冬	38.0%	39.8%	18.7%	3.6%	77.8%	22.2%
總計	42.7%	42.4%	12.4%	2.5%	85.1%	14.9%

註：春夏秋冬有效日數分別為91天、91天、87天、與90天。

步驟 9：延伸後續問題。

上述資料僅能說明土城、沙鹿、鳳山、宜蘭、金門 2018 年 AQI 的狀況，至於 AQI 的分析結果是否與 $PM_{2.5}$ 的結果一致，二者關聯性為何？選擇土城、沙鹿、鳳山、宜蘭、金門是否能代表北部、中部、南部、東部與離島的空氣品質？ 2018 年的特性是否能延伸解讀台灣地區空氣品質狀況？或是 AQI 超過 100 的日數減少是否就能表示空氣品質已經獲得改善？這些都是後續可以自行找尋資料練習的範例。

1. 家電損壞率、維修比率、或保險理賠比率等應該呈現何種分配比較合理？
2. 請說明海產店三個月的營業額呈現右偏分配或左偏分配的意義。
3. 請解釋某班級學生身高呈現對稱、左偏、右偏分佈的意義。
4. 請利用平均數與標準差的大小，說明壽命、成績、車速等變數的狀況。
5. 請參考本章圖3-4至圖3-14範例，自行練習搜尋下載網路資料後再進行繪圖。
6. 自行搜尋開放性資料，進行資料解讀：

   (1) 利用主計總處縣市統計資料庫，比較說明全台灣與北高二市歷年每人每年平均可支配所得的變化。

   (2) 利用經濟部統計處資料，比較世界主要國家歷年每人所得的變化。
7. 利用附檔資料，以IF指令將教育程度（類別變數）轉換爲受教育年限（數值變數），其中研究所以上以18年計算，大學視爲16年，高中職、國中、國小分別視爲12年、9年、6年，不識字視爲0年。並選擇適當的統計工具進行資料分析與解讀。

⊙ 請掃描目錄頁QR code，見檔案Test3-7.xlsx

8. 附檔資料爲國三AB班第一次小考成績，若以考試分數來評量學生的學習效果，請比較AB二班學生的學習成果。

⊙ 請掃描目錄頁QR code，見檔案Test3-8.xlsx

9. 某校商學系想瞭解畢業生在校成績和未來薪資之間的關係，以及畢業生是否學以致用，故針對50位畢業生做了分析，請依據資料說明你的看法。

⊙ 請掃描目錄頁QR code，見檔案Test3-9.xlsx

10. 某公司今年運動產品銷售額（單位：萬元）如下，請自行練習找出有意義的數據，並說明你的看法。

⊙ 請掃描目錄頁QR code，見檔案Test3-10.xlsx

參考解答

1. 右偏分配。因爲家電損壞率太高的狀況應該不普遍，如果以橫軸是損壞率（變數），縱軸是次數，損壞率愈高（愈右邊）的次數應該愈少，故呈現右偏分配。維修比率與保險理賠率也有類似狀況。

2. 右偏分配：表示這三個月海產店大部分的營業額都不高，只有其中的少數幾天有比較好的營業額。

   左偏分配：表示這三個月海產店生意興隆，大部分的日子都有不錯的營業額，只有少數幾天的營業額較差。

3. 對稱分配：一般人的身高或體重大多呈現對稱分配，亦即中間較高，兩端較低的分佈，非常高或非常矮，非常胖或非常瘦的人次相對較少，中間區段身高體重的相對人次較多，如圖 (a)。

   左偏分配：對正在發育中的小朋友來說，有人可能比較早開始長高，身高呈現圖 (b) 左偏分配的狀況，表示該班同學身高較高的同學人次比較多，相對較矮的同學在班上比較稀有，比較晚發育的同學在該班的壓力會比較大一些。

   右偏分配：發育中的小朋友有人長高的時間比較晚，小朋友身高呈現圖 (c) 右偏分配的狀況，則表示大多數同學目前還沒開始長高，高個子在班上是少數族群。

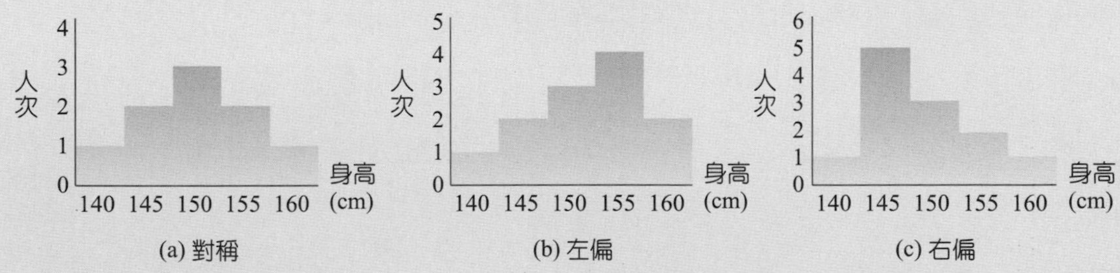

(a) 對稱　(b) 左偏　(c) 右偏

4.

平均數	大	大	小	小
標準差	大	小	大	小
壽命	有人很長壽，有人活不長，平均來說長壽的人比較多	大家都很長壽	有人很長壽，有人活不長，平均來說活不長的人比較多	大家都活不長
成績	分數差異大，大部分人考得好	每個人都考得好	分數差異大，大部分人考得差	每個人都考得差
車速	有時車速快有時塞車，大部份狀況車速快，平均車速快	車速普遍都很快，如高速公路不塞車的狀況	有時車速快有時塞車，大部份狀況都在塞車，平均車速慢	大塞車

5.

⊙ 請掃描目錄頁 QR code，見檔案 Test3-5_SOL.xlsx。

6.

⊙ 請掃描目錄頁 QR code，見檔案 Test3-6_SOL.xlsx。

7.

⊙ 請掃描目錄頁 QR code，見檔案 Test3-7_SOL.xlsx。

8.

⊙ 請掃描目錄頁 QR code，見檔案 Test3-8_SOL.xlsx。

9.

⊙ 請掃描目錄頁 QR code，見檔案 Test3-9_SOL.xlsx。

10.

⊙ 請掃描目錄頁 QR code，見檔案 Test3-10_SOL.xlsx。

Chapter 4

互動式智慧儀表板

利用 EXCEL 的交叉分析篩選器，製作基本款的互動式智慧儀表板。

4-1 互動式智慧儀表板

傳統報表多以文字或表格展示資料訊息，就算加上統計圖表，也是屬於靜態性質。隨著電腦科技的進步，能即時發現資料相互關係的動態智慧儀表板，可將龐大複雜的資料視覺化，變成淺顯易懂的互動式圖表，完美呈現商業資訊。

互動式智慧儀表板（Dashboard）可以說是視覺化圖表的升級版，是**商業智慧（Business Intelligence）**的一環，更是與大數據接軌的重要工具，相關智慧化資料分析的視覺化軟體已愈來愈受到重視，眾多的套裝軟體在市場上出現，如 Microsoft Power BI、SAP BI、Tableau 等，亦可使用相容性極高的程式軟體，如 R 軟體 ggplot2 或 shiny 繪圖套件，Python 軟體 matplotlib 繪圖套件等。

因應大數據分析的需求，EXCEL 2013 已經導入四個強大的資料分析功能，分別是連結各式各樣大數據資料來源的 Power Query、建置結構化與非結構化模型的 Power Pivot、大數據視覺化的 Power View、以及結合 3D 地圖與時間軸的 Power Map，這些功能目前已被整合在 Power BI 軟體內，讓不會寫程式的人，也能運用套裝軟體進行智慧化的商業報表分析。

智慧儀表板的主要優點，可以把複雜的資料轉換成簡單的資訊，把想表達的多頁內容濃縮成一頁簡報，直接進行比較分析，降低企業成本。除此之外，視覺化的外觀效果，可以提升圖表的專業性，讓複雜的資料變得有故事性，將資料平民化，以吸引更多的使用者。

互動式視覺化圖表效果絕對優於傳統靜態統計圖表，甚至還可以結合地圖功能將圖表空間化，目前已有非常多的互動式視覺化網站能讓使用者快速體驗動態圖表的優勢，初學者在學習製作互動式智慧儀表板時，多瀏覽觀摩他人作品，可以幫助增加一些靈感或想法，以下介紹幾個互動式圖表網頁。

舉例來說，行政院主計總處薪情平台，可以透過薪情體驗，快速瞭解個人或行業薪資落點。

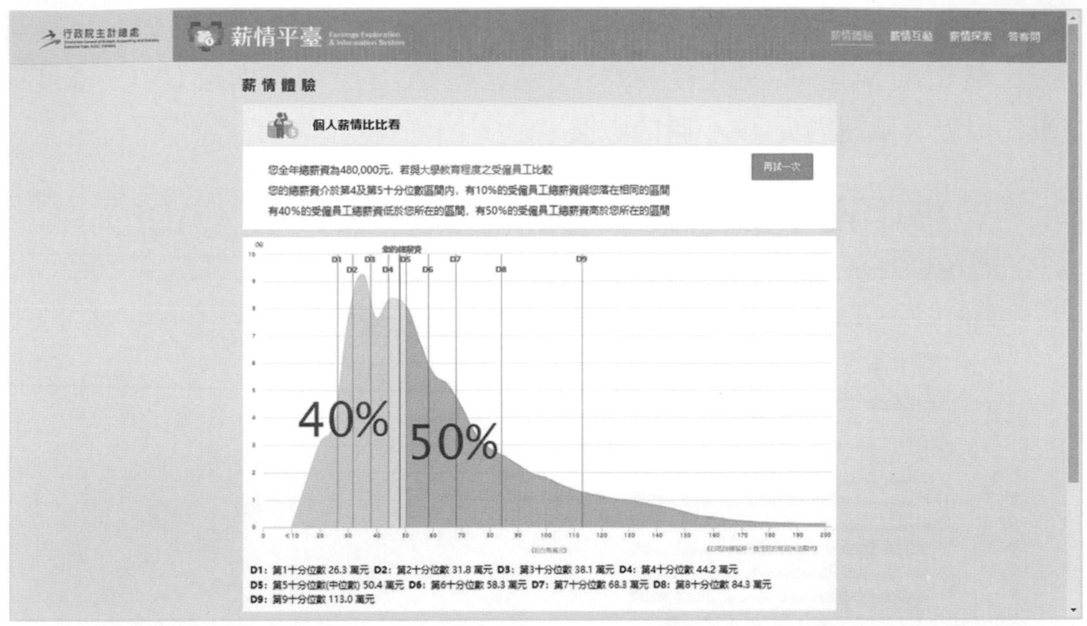

圖片來源：行政院主計總處薪情平台官網。
https://earnings.dgbas.gov.tw/

◎圖 4-1　互動式圖表範例：薪情體驗

台灣水庫即時水情網頁，可讓人快速理解水庫現狀，除了提醒節約用水外，也可讓水資源能充分有效利用。

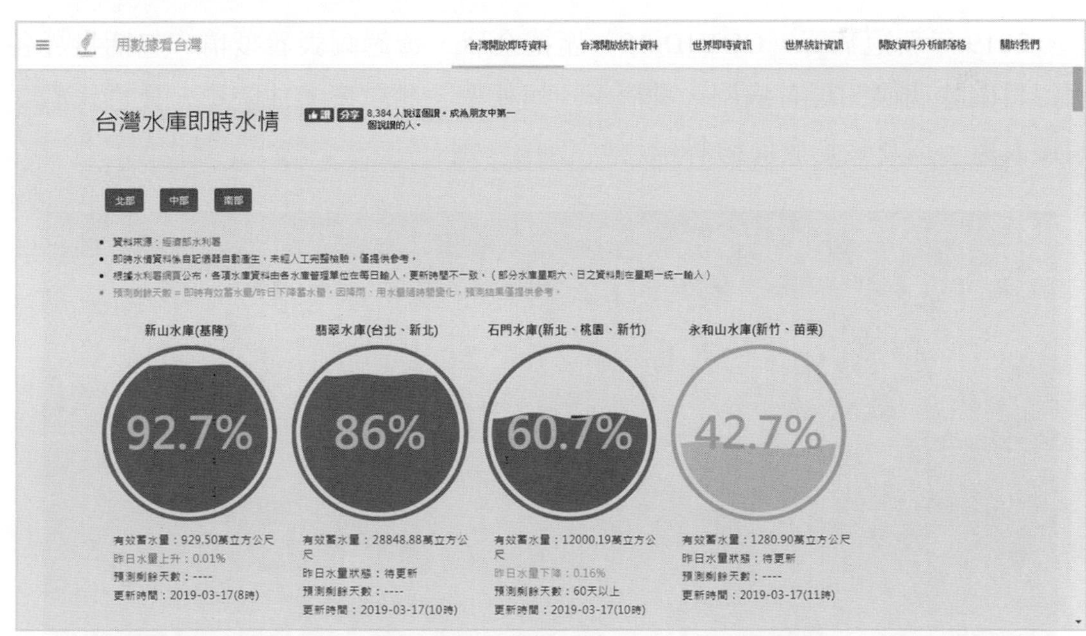

圖片來源：用數據看台灣網站。
https://water.taiwanstat.com/

◎圖 4-2　互動式圖表範例：水庫即時水情

世界各城市空氣污染指標，顯示細懸浮微粒 $PM_{2.5}$、懸浮微粒 PM_{10}、臭氧 O_3、二氧化氮 NO_2、二氧化硫 SO_2、一氧化碳 CO、紫外線指數 UVI、溫度、氣壓、濕度、風速過去 48 小時的數據。

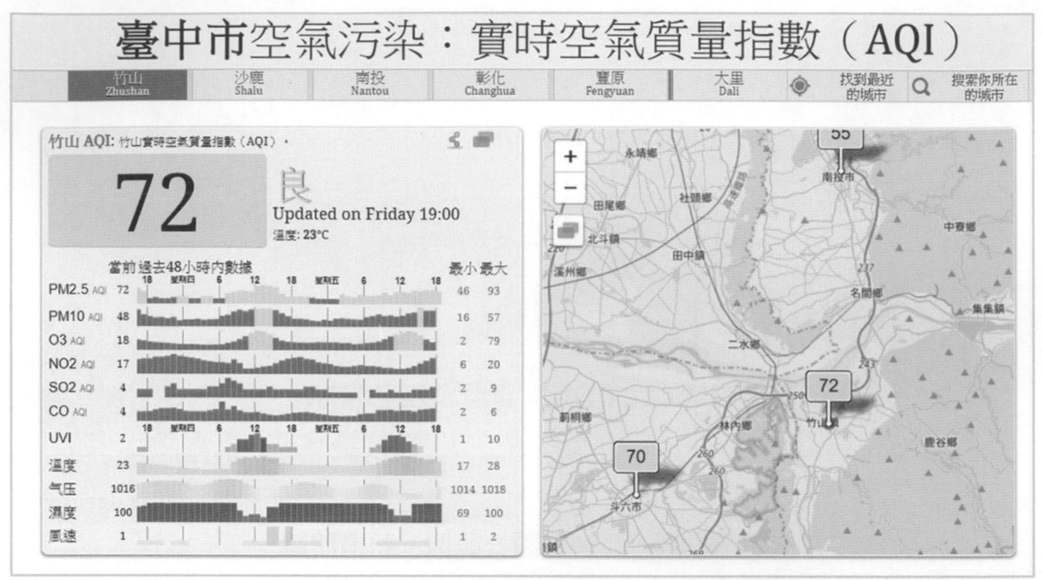

圖片來源：世界空氣品質指數團隊（The World Air Quality Project）官網。
https://aqicn.org/city/taichung/hk/

◎ 圖 4-3　互動式圖表範例：即時空氣品質

2019 年新冠病毒（COVID-19）席捲全球，透過圖表看疫情，包括世界各國每日確診病例、現有病例、發病率、病死率、測試率、住院率、死亡人數、康復人數，以及長期發展趨勢。

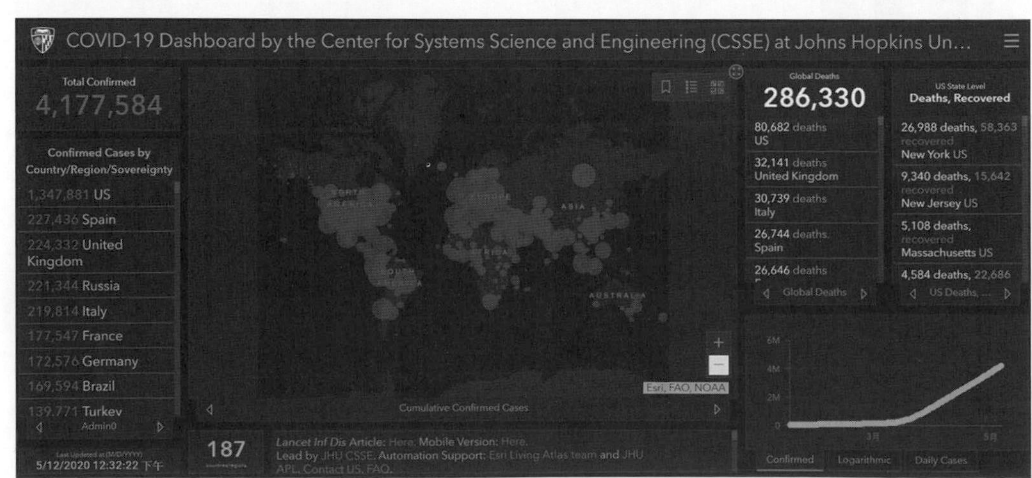

圖片來源：冠狀病毒儀表板，約翰霍普金斯大學系統科學與工程中心（CSSE）。
https://gisanddata.maps.arcgis.com/apps/opsdashboard/index.html#/bda7594740fd40299423467b48e9ecf6

◎ 圖 4-4　互動式圖表範例：新冠肺炎即時資訊

數據可視化難在哪裡？又怎麼入門？

數據可視化是指將數據以視覺的形式來呈現，如圖表或地圖，以幫助人們了解這些數據的意義。通過觀察數字、統計數據加以轉換獲得清晰的結論並不是一件容易的事。而人類大腦對視覺信息的處理優於對文本的處理，因此使用圖表、圖形和設計元素把數據進行可視化，可以幫你更容易的解釋數據模式、趨勢、統計規律和數據相關性，而這些內容在其他呈現方式下可能難以被發現。可視化可簡明地定義為：通過可視表達增強人們完成某些任務的效率。

任何形式的數據可視化都會由豐富的內容、引人注意的視覺效果、精細的製作三個要素組成，概括起來就是新穎而有趣、充實而高效、美感且悅目三個特徵。

下面分別從數據可視化的價值、什麼是好的可視化、數據可視化難在哪裡、可視化過程中的注意事項、單個圖表製作的構建過程幾個方面聊聊數據可視化，最後推薦幾本經典圖書。

數據可視化的價值

數據可視化都有一個共同的目的，那就是準確而高效、精簡而全面地傳遞信息和知識。可視化能將不可見的數據現象轉化為可見的圖形符號，能將錯綜複雜、看起來沒法解釋和關聯的數據，建立起聯繫和關聯，發現規律和特徵，獲得更有商業價值的洞見和價值。並且利用合適的圖表直接了當且清晰而直觀地表達出來，實現數據自我解釋、讓數據說話的目的。而人類右腦記憶圖像的速度比左腦記憶抽象的文字快 100 萬倍。因此，數據可視化能夠加深和強化受眾對於數據的理解和記憶。

圖形表現數據，實際上比傳統的統計分析法更加精確和有啓發性。我們可以藉助可視化的圖表尋找數據規律、分析推理、預測未來趨勢。另外，利用可視化技術可以實時監控業務運行狀況，更加陽光透明，及時發現問題第一時間做出應對。

好的數據可視化

數據可視化能做到簡單、充實、高效、兼具美感就是好的可視化：

簡單點說好的數據可視化和好的產品是一樣，都有友好的用戶體驗，不能讓人花了時間又看得一頭霧水，甚至被誤導得出錯誤的結論。準確用最簡單的方式傳遞最準確的信息，節約人們思考的時間。最簡單方式就是最合理的圖表，需要根據比較關係、數據維數、數據多少選擇。

充實一份數據分析報告或者解釋清楚一個問題，很少是單一一個的圖表能夠完成的，都需要多個指標或者同一指標的不同維度相互配合佐證分析結論。

高效成功的可視化，雖表面簡單卻富含深意，可以讓觀察者一眼就能洞察事實併產生新的理解，管理者能夠沿著你規劃的可視化路徑能夠迅速地找到和發現決策之道。

美感除了準確、充實高效外，也需要美觀。美觀分為兩個層次，第一層是整體協調美，沒有多餘元素，圖表中的座標軸、形狀、線條、字體、標籤、標題排版等元素是經過合理安排的，UI 設計中的四大原則（對比、重複、對齊、親密性）同樣適用於圖表。第二層才是讓人愉悅的視覺美，色彩應用恰到好處。把握好視覺元素中色彩的運用，使圖形變得更加生動、有趣，信息表達得更加準確和直觀。色彩可以幫助人們對信息進行深入分類、強調或淡化，生動而有趣的可視化作品的表現形式，常常給受眾帶來視覺效果上的享受。協調美是視覺美的基礎。

數據可視化難在哪裡

好的產品體驗不是一件容易的事情，是專業產品經理、UE、UI 完美配合的產物，同樣做好數據可視化也不容易，需要具備一定的數據分析能力、熟練使用可視化工具、較好的美術素養、良好的用戶體驗感覺，還能夠換位到受衆角度審視自己的作品，光有理論遠遠不夠，還需要大量的實踐磨鍊，把理論固化成自己的感覺。

1. 數據不準確、結論不是很清晰，所以數據可視化的最大難點在數據可視化之外的基礎性工作，數據收集、數據分析沒有做好，可視化就是徒勞無功。

2. 數據可視化是用高度抽象的圖表展示複雜的數據、信息，需要邏輯及其嚴密。
3. 維度多、變數多，不確定應該展示哪些信息？數據過多，需要採用互動式的展現可視化，例如，可以充分利用地域的分級包含關係展示不同地域層次的圖表。
4. 和 UI 圖形界面相比，圖表只有有限的文字、圖形指引，不能很好的說明數據的上下文關係。
5. 圖表高度抽象，對於閱讀者素質要求很高，閱讀者也需要了解各類圖表所傳遞的對比關係、異同等基礎知識。
6. 選擇正確的圖表不容易，各類圖表都有自己的優勢和局限性，光柱狀圖就有一般柱狀圖、分組柱狀圖、堆積柱狀圖、橫線柱狀圖、雙向柱狀圖等。
7. 圖表細節處見真功夫，圖表需要考慮細節實在是太多，布局、元素、刻度、單位、圖例等等都需要合理。細節處理不到位，影響可視化的效果，例如：折線太細不便於觀察線太粗又抹平了趨勢細節；更嚴重問題可能誤導受衆，例如：刻度選取不合理折線過於陡峭。

資料來源：節錄自 FineReport 帆軟報表，2019-03-28。
http://www.finereport.com/tw/knowledge/acquire/datakeshihua.html

自助式 BI 的時代來臨，人人都將與數據爲伍！

只要有心，人人都可以用數據做出更好的決策！

自助式 BI 軟體工具在大數據風潮中悄悄的誕生，大家都知道資料科學家是 21 世紀中為最性感的職業之一，而正所謂工欲善其事，必先利其器，大部分的人都選擇 Python 或 R 做為入行的程式語言，Dax 也不例外。

而實際上在數據分析流程中，程式語言與軟體工具是並肩作戰的朋友，過去 BI 軟體是企業才會使用的航空母艦級武器，而現在已經悄悄的平民化，成為每一個人都能學會的自助式 BI，未來自助式 BI 將站在 Python 與 R 的資料科學巨人肩膀上，全面提升資料科學家的戰鬥力！此篇文章將會讓大家了解什麼是自助式 BI。

商業智慧 Business Intelligence

要了解自助式商業智慧之前，需要先了解什麼是商業智慧。

簡單來說就是從不同的資料來源來獲取資料（企業內部資料、合作夥伴資料、公開資料、Web 資料），透過資料清理、合併、分析與視覺化後，協助企業透過數據做出更好的決策。這樣的數據分析流程與流程中會使用到的架構與工具軟體，都涵蓋在商業智慧一詞裡，商業智慧是一個概念性名詞（Umbrella Term）。

舉個例子，電商 A 企業在 Power BI 建立的商業智慧報表中，即時發現近期會員流失增加了，深入分析發現是因為上個月推出的某一商品讓會員非常反感，因此電商 A 企業立即下架此貨品，並舉辦後續的安撫型活動，最後成功為企業止血。這樣的一個從數據發現問題到改變營運決策的流程，就能代表商業智慧。

【從 BI 到自助式 BI】

傳統 BI（工程師負責資料倉儲、資料建模與報表建立）

傳統的 BI 是由 IT 人員一手包辦，從資料庫、資料倉儲、資料獲取、資料建模到建立報表。

分析師自助 BI

在分析師自助 BI 時期，已經有許多大廠如 IBM 提供的 Cognos 解決方案，因為價錢高加上佈署不容易，因此只有企業會使用。

人人都能自助 BI

隨著 BI 解決方案發展的成熟，開始有大廠如微軟推出的 Power BI Desktop 或 Tableau Software 推出的 Tableau，都是能夠讓你達到一個人、一台筆電、一天時間就能完成一個數據分析專案。此階段與上一個階段最大的差異在於費用的平民化，甚至是免費（Power BI Desktop 為免費軟體），再加上安裝非常容易，Power BI Desktop 安裝檔只有 100 多 MB，到 Power BI 官網就可以輕鬆下載與安裝。

自助式 BI 與程式語言並肩作戰

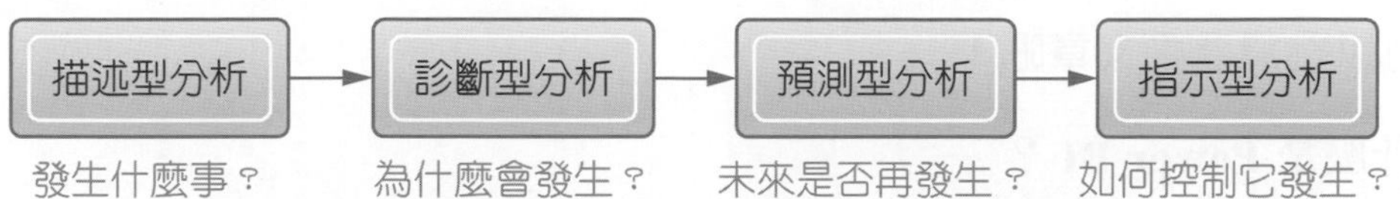

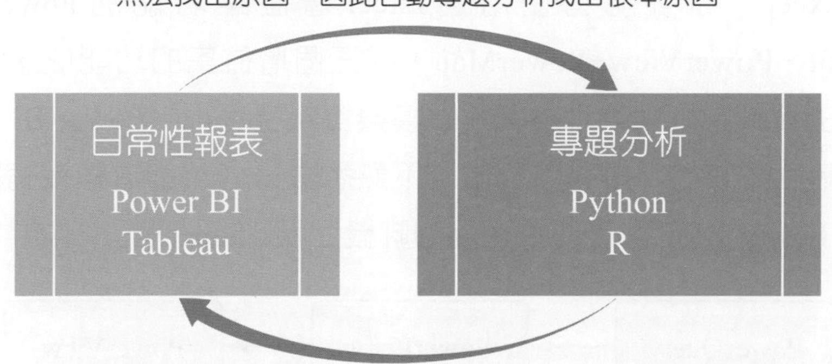

Dax 一路從 Excel、R、Python 學習到 Power BI，剛開始學會程式語言時，經常認為那些只會使用 Excel 或拖拉點選工具軟體的人，實力一定不怎麼樣（想起當時還真愚昧）。

再磨練一段時間後，我發現解決商業問題才是終極目標，而工具軟體與程式只是協助你實現而已，因此只要能夠幫助我們解決問題，都是好工具軟體與好程式語言。

資料來源：節錄自 Power BI 數據工作坊官網，2018-07-28。
https://daxpowerbi.com/self-service-bi/

什麼是 Power BI？爲數據分析而生的軟體工具！

Power BI 是一套商務分析工具，可為您的組織提供完整的深入解析。連接數以百計的資料來源、簡化資料準備，並推動特定分析。產生美觀的報表並加以發行，讓您的組織能在 Web 上及行動裝置之間加以使用。每個人都可以為自己的企業建立獨一無二且全方位的個人化儀表板。在企業中調整，且內建治理與安全性。（來源：Power BI 官方網站）

如果你看了以上來自 Power BI 官方網站的介紹就了解 Power BI，那就可以跳過這篇文章吧！

什麼是 Power BI？

Power BI 誕生於 Excel，是為數據分析而生的軟體。如果你曾經使用過 Excel，你可能有使用過 Excel 增益集功能的 PowerQuery、PowerPivot、PowerView+PowerMap，這三個增益集的功能依序是數據分析流程中的資料獲取與清理、資料建模與資料視覺化，Power BI 就是由這 3 大模組結合而成的商業智慧軟體，不熟悉數據分析的流程沒有關係，大家可以將 Power BI 的功能想成使用咖啡機泡咖啡的過程。

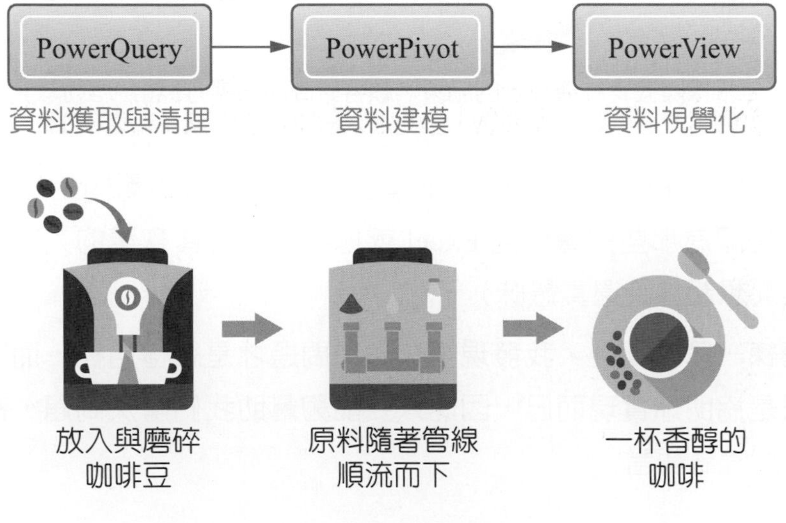

數據分析流程

1. **PowerQuery**：從資料庫、檔案、網頁上獲取資料，並進行資料清理、資料轉換與載入（ETL）。
2. **PowerPivot**：在不同資料來源的表格中建立關係（資料建模），比如說將會員表與銷售明細表做關聯，若要在銷售明細表使用會員表的資料時，資料就會隨著當初建立的關係順流而下，不需要再提前合併成扁平化的表。（在 Excel 中經常會使用 Vlookup 先合併不同來源的表格；在 Python 與 R 中會使用 join 與 merge 的方式來合併不同來源的表格。先行合併的壞處就是表格會非常的肥大，除了使用空間變大以外，未來在進行表格更新時也不方便。）
3. **PowerView**：最後就是進行資料分析與資料視覺化了，做出專業的數據儀表板，透過圖表來找出商業的洞見，並使用互動式圖表來對你的受眾說故事！

除了上述的三個功能，Power BI 還能夠將完成的數據儀表版發佈到微軟的雲上，再透過網路分享的方式讓你的受眾可以直接讀取數據儀表板！在內部分享時還能進行權限控管，只有特定被授權的人能夠看到某些機密的報表！

這些功能是 Excel、Python 與 R 都很難達到的事，目前我們可能會使用程式語言或軟體工具做出圖表，再使用 PPT 來呈現結果，而 Power BI 即將翻轉傳統的呈現模式，讓你用最有效率的方式對你的受眾進行一場精采的數據演講。

誰會需要使用 Power BI ？

1. 曾使用 Excel 處理資料，且花費許多時間使用 Vlookup 公式來合併不同的資料表格，不只麻煩，當資料量一多就會開始卡頓甚至當機（Excel 最多處理 100 萬筆資料、Power BI 根據你的硬體可以處理億級資料）。
2. 曾需要手工從不同的資料來源獲取資料、清理資料、合併資料到分析資料（e.x. 資料庫、csv、excel、web 等…），光是資料的獲取就花費了許多時間，但又不想寫程式的朋友。

3. 需要經常手工製作重複性數據報表（每月、每季或每年），想要有一鍵自動化刷新功能的朋友。
4. 曾使用 Python 的 Plotly 或 R 的 Shiny 製作互動式報表，卻發現產生簡單的報表都要 10 行程式碼以上，修改與調整報表更是費工夫。
5. 曾經為了進行資料視覺化，尋覓過許多線上的圖表產生服務（如 PlotDB、CHARTICO、CHARTBLOCKS…等），高達 150 種客製化圖表的 Power BI 將能滿足你的需求。

資料來源：節錄自 Power BI 數據工作坊官網，2018-07-05。
https://daxpowerbi.com/what-is-power-bi/

4-2 交叉分析篩選器

本節利用 EXCEL 樞紐分析表工具中「**交叉分析篩選器（Slicer）**」，示範製作簡易版的動態儀表板，初學者可以透過智慧儀表板的製作過程，學習**關聯性資料庫（Relational Database）**的基本概念，以利後續進階學習其他互動式圖表軟體。類似的操作方式，也可以應用在日期格式資料的「**時間表（Timeline）**」功能。

範例 4-1

利用 BMI 資料表，建立運動中心會員資料的智慧儀表板，內容包括一個樞紐分析表（依肥胖診斷計算人次與平均身高體重），二個樞紐分析圖（肥胖診斷圓形圖、縣市別與購票種類群組直條圖），以及性別、種類、縣市別、區域別、與入會時間五個交叉分析篩選器。

⊙ 請掃描目錄頁 QR code，見檔案 EX4-1.xlsx

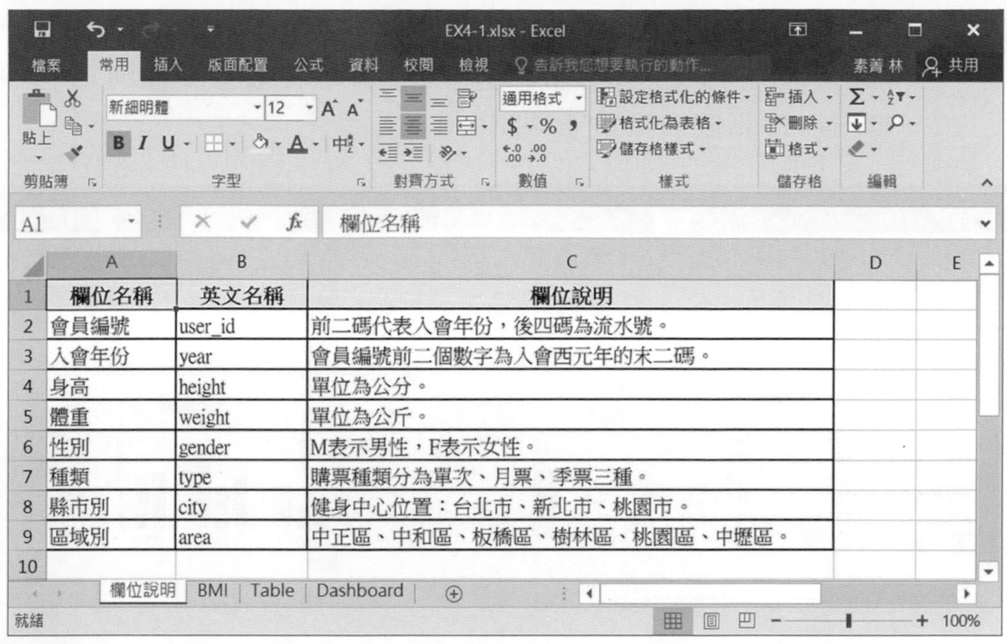

欄位名稱	英文名稱	欄位說明
會員編號	user_id	前二碼代表入會年份，後四碼為流水號。
入會年份	year	會員編號前二個數字為入會西元年的末二碼。
身高	height	單位為公分。
體重	weight	單位為公斤。
性別	gender	M表示男性，F表示女性。
種類	type	購票種類分為單次、月票、季票三種。
縣市別	city	健身中心位置：台北市、新北市、桃園市。
區域別	area	中正區、中和區、板橋區、樹林區、桃園區、中壢區。

步驟 1： 在檢視索引標籤中，取消勾選 ☐ 格線，讓工作表背景變成白底。

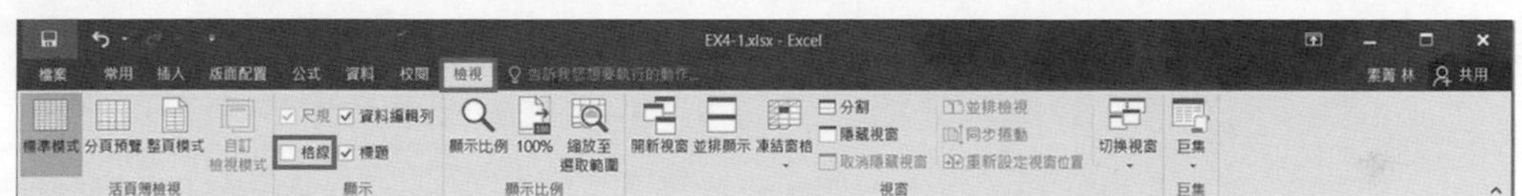

步驟 2： 在新工作表上方預留互動式選單位置，利用資料表與樞紐分析功能完成三個樞紐分析圖表，並分別進行命名 DB_AVERAGE、DB_FAT、DB_TYPE_CITY。

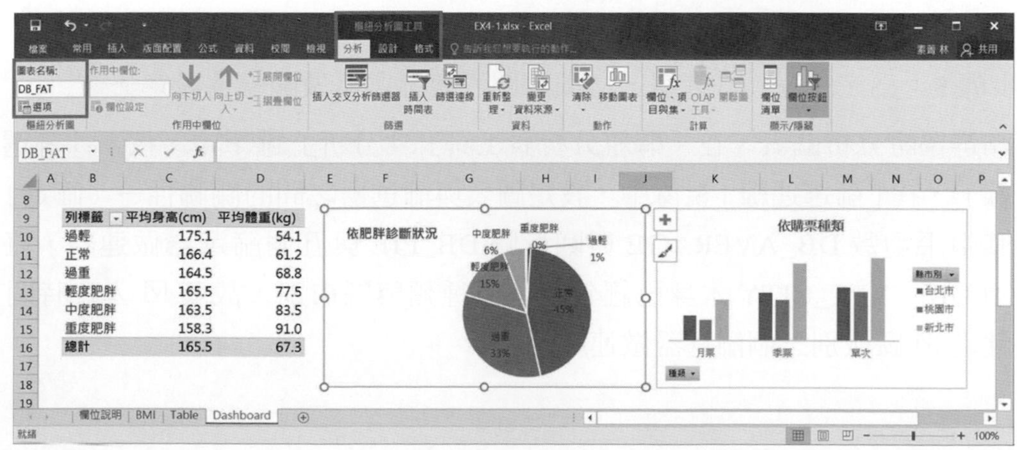

列標籤	平均身高(cm)	平均體重(kg)
過輕	175.1	54.1
正常	166.4	61.2
過重	164.5	68.8
輕度肥胖	165.5	77.5
中度肥胖	163.5	83.5
重度肥胖	158.3	91.0
總計	165.5	67.3

🖹 **步驟 3：** 在「樞紐分析表工具」「分析」選單中，選擇「插入交叉分析篩選器」，在 [插入交叉分析篩選器] 視窗中，勾選 ☑ 性別 ☑ 種類 ☑ 縣市別 ☑ 區域別 ☑ 入會時間→「確定」。

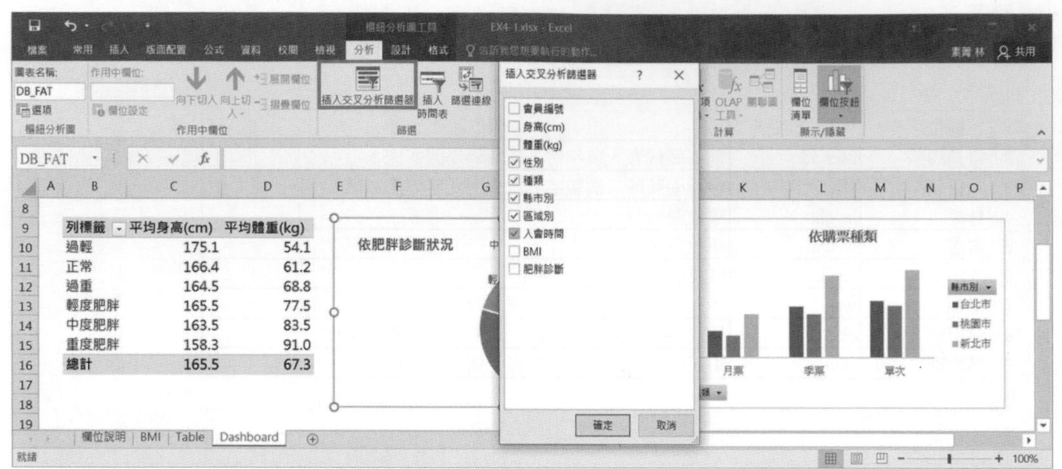

🖹 **步驟 4：** 在「交叉分析篩選器工具」中，分別調整 5 個交叉分析篩選器的欄位數目，再將交叉分析篩選器與樞紐分析圖表移至適當位置，對齊與調整大小。

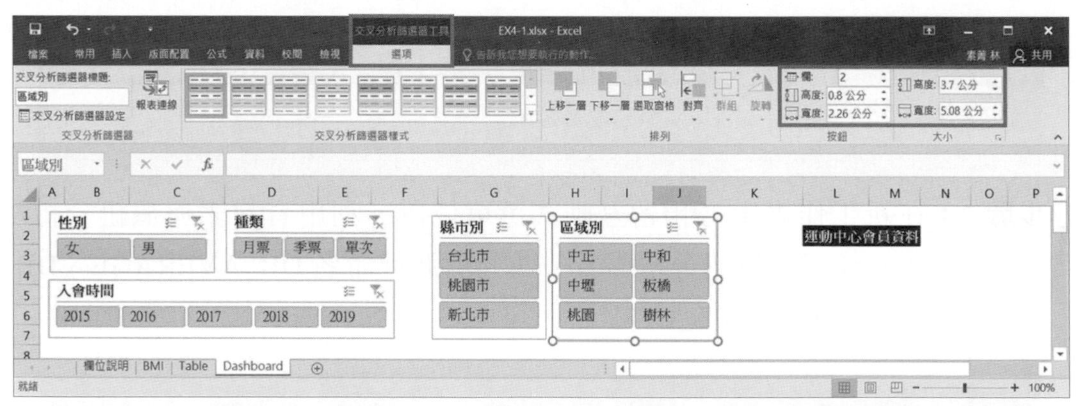

🖹 **步驟 5：** 為完成互動式選單，必須將圖表與篩選器做關聯性設定。

點選樞紐分析圖表，在「樞紐分析表工具」「分析」選單中，按下「篩選連線」，在 [篩選連線] 視窗中，設定圖表與篩選器之間的關聯性→「確定」。其中平均數 DB_AVERAGE 與圓形圖 DB_PIE 與五個篩選器做連結，直條圖 DB_TYPE_CITY 本身已經包含購票種類與縣市別，故與 ☑ 入會時間 ☑ 性別 ☑ 區域別三個篩選器做連結。

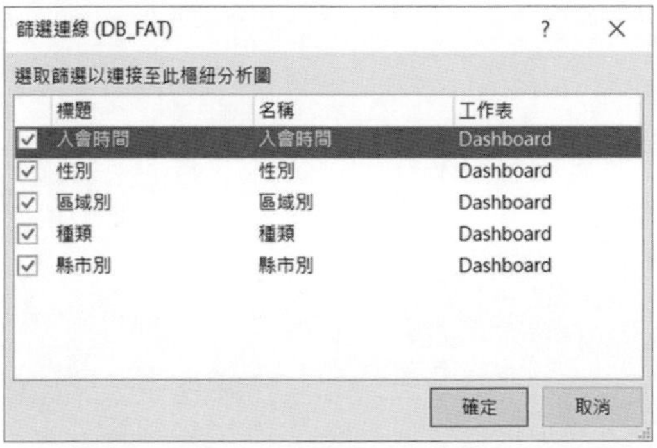

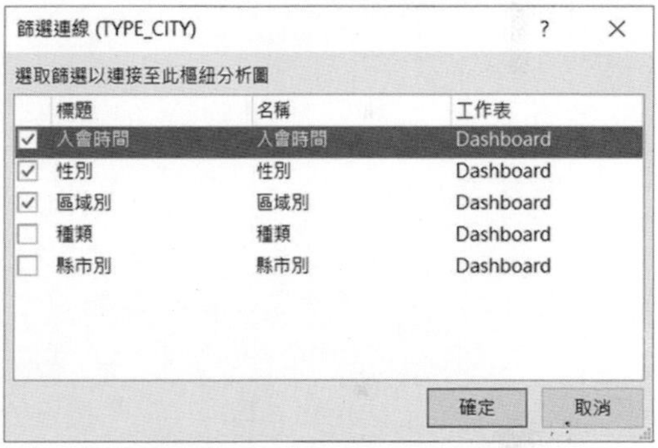

篩選連線 (DB_AVERAGE)

選取要連接到此樞紐分析表的篩選

	標題	名稱	工作表
☑	入會時間	入會時間	Dashboard
☑	性別	性別	Dashboard
☑	區域別	區域別	Dashboard
☑	種類	種類	Dashboard
☑	縣市別	縣市別	Dashboard

確定 取消

篩選連線 (DB_FAT)

選取篩選以連接至此樞紐分析圖

	標題	名稱	工作表
☑	入會時間	入會時間	Dashboard
☑	性別	性別	Dashboard
☑	區域別	區域別	Dashboard
☑	種類	種類	Dashboard
☑	縣市別	縣市別	Dashboard

確定 取消

篩選連線 (TYPE_CITY)

選取篩選以連接至此樞紐分析圖

	標題	名稱	工作表
☑	入會時間	入會時間	Dashboard
☑	性別	性別	Dashboard
☑	區域別	區域別	Dashboard
☐	種類	種類	Dashboard
☐	縣市別	縣市別	Dashboard

確定 取消

步驟 6：輸入標題「運動中心會員資料」，完成儀表板的製作。

☐ **步驟 7：**之後如果有新的會員加入，只需要在 BMI 資料表中新增會員資料，在「樞紐分析圖表工具」「分析」選單中，按下「重新整理」或「變更資料來源」，即可快速更新儀表板。

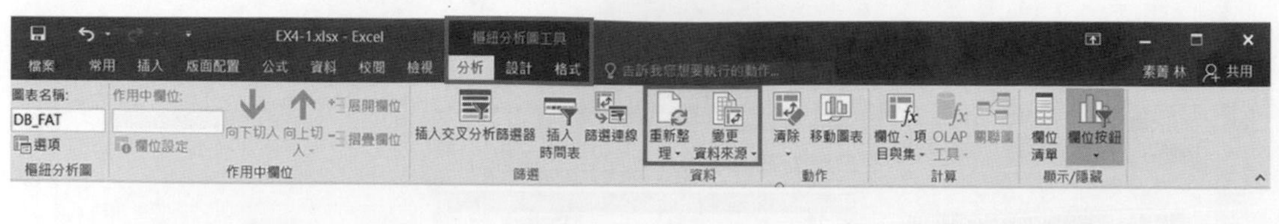

1. 請自行上網尋找互動式圖表的應用案例。
2. 請簡單舉例說明關聯性資料庫的應用。

1. 略。

2. 範例 1：學校可透過學生學號、科目代號、教師編號進行資料庫連結。

學生基本資料庫（學務處）

學號	姓名	性別	地址	電話
D10811001				
D10811002				
D10811003				

教師資料庫（人事處）

教師編號	姓名	授課1	授課2	授課3
a001		統計學	大數據	
b004		經濟學		
c016		英文		

選課系統資料庫（教務處）

學號	選課1	選課2	選課3	選課4	選課5
D10811001	統計學	經濟學	大數據		
D10811002	英文	統計學			
D10811003	英文	管理學			

範例 2：廠商可透過貨品條碼、會員卡號連結進貨、銷貨、與客戶資料庫。

進貨資料庫

貨品條碼	進貨時間	進貨數量	供應商	價格

客戶資料庫

會員卡號	姓名	性別	生日	居住地	年收入	學歷	婚姻狀況

銷貨資料庫

貨品條碼	出貨時間	價格	銷量	地點	購買者卡號

Chapter 5

機率與機率分配

本章介紹機率的基本概念，包括隨機實驗、樣本空間、條件機率、與貝式定理的應用，隨後再說明隨機變數與機率分配，以及常用的機率分配，包括二項分配、超幾何分配、卜瓦松分配、常態分配、與指數分配等。

5-1 機率的基本概念

生活周遭充斥著不確定性，推論統計可針對未來不確定的狀況進行預測，在預測的過程中，將會牽涉到機率的概念，透過解決機率問題的過程，訓練邏輯思考能力。舉例來說，「大村鄉擲筊比賽 12 聖筊奪冠，歐兜賣騎回家」，連續擲筊 12 次都是聖筊的機率和 3 次聖筊 9 次陰筊的機率是否不同？從直覺來看，似乎連續擲出 12 個聖筊比較難，但實際上這二種情況出現的機率完全相同。

本章先介紹機率問題常用的基本概念，包括隨機實驗、樣本空間、條件機率、與貝式定理的應用，再介紹隨機變數與機率分配，其中常用的間斷機率分配包括二項分配、卜瓦松分配、與超幾何分配，連續機率分配則包括常態分配與指數分配等。

5-1-1 隨機實驗與樣本空間

機率的趣味在於事前與事後的比較，可重複的隨機現象稱爲**隨機實驗（Random Experiment）**，一個隨機實驗在事前知道所有可能的結果**（Outcome）**，但無法預知最後狀況，所有可能結果的集合稱爲**樣本空間（Sample Space）**，樣本空間中的每一個元素則稱爲**樣本點（Sample Point）**。舉例來說，擲一個銅板就是一個隨機實驗，可以重複進行，在擲銅板之前，我們知道所有可能的結果，樣本空間 S = { 正面、反面 }，但在擲銅板之後，才能得知最後結果。

樣本空間的子集合則稱爲**事件（Event）**，只有一個樣本點稱爲**簡單事件（Simple Event）**，二個或二個以上樣本點則稱爲**複合事件（Composite Event）**。事件發生的機率，必定會介在 0 與 1 之間，如果某事件的機率爲 0，表示該事件一定不會發生，可以空集合符號 $\varnothing$ 或大括號 { } 表示；反之，一定會發生的事件機率則爲 1。舉例來說，丟一個公平的骰子是一個隨機實驗，所有可能結果爲 1 點、2 點、…、6 點，樣本空間 S = {1, 2, 3, 4, 5, 6}。抽到 1 點是一個簡單事件，A = {1}，A 事件的機率爲 $P(A)=\frac{1}{6}$，抽到奇數點則是一個複合事件，B = {1, 3, 5}，B 事件的機率爲 $P(B)=\frac{3}{6}$。

將機率特性整理如下：

A 事件發生的機率	$0 \le P(A) \le 1$
空集合的機率	$P(\varnothing) = 0$
樣本空間的機率	$P(S) = 1$

小提醒！

分辨事件與機率表達方式最簡單的方法，就是用回答方式來判斷。機率的回答一定是介於 0 與 1 的數字，可以進行四則運算；事件的回答可能是文字，也可能是數字，經常用集合符號 {} 來表示。

通常可以用**排列**（**Permutation**）或**組合**（**Combination**）的概念，計算樣本點的個數，二者的差異在於是否考慮抽出元素的順序。排列（考慮順序）與組合（不考慮排序）的計算公式如下：

$$P_r^n = \frac{n!}{(n-r)!} = n\times(n-1)\times\cdots\times(n-r+1)$$

$$C_r^n = \frac{n!}{r!(n-r)!} = \frac{n\times(n-1)\times\cdots\times(n-r+1)}{r!}$$

其中 $n! = n\times(n-1)\times\cdots\times1$ 表示 n **階層**（**Factorial**），零階層 $0! = 1$。

範例 5-1

請回答下列問題：

(1) 如果想從甲乙丙丁 4 人中隨機選取 3 人或 2 人參加比賽，共有幾種情況？

(2) 自用小客車的車牌後四碼爲數字，隨機選取會產生幾組號碼？

(1) 由於參賽成員不需排序，從甲乙丙丁 4 人中隨機選取 3 人，其中有一人必須被排除，故樣本空間共有 4 種情況。

S = { 甲乙丙、甲乙丁、甲丙丁、乙丙丁 }

$$C_3^4 = C_1^4 = \frac{4!}{3!1!} = 4$$

如果從 4 人中隨機選取 2 人參加比賽，樣本空間則有 6 種情況。

S = { 甲乙、甲丙、甲丁、乙丙、乙丁、丙丁 }

$$C_2^4 = \frac{4!}{2!2!} = 6$$

(2) 自用小客車車牌末四碼數字可以重複，但順序不同會被視爲不同的車牌號碼，故數字部份共有 5040 個號碼可供選擇。

$$P_4^{10} = 10 \times 9 \times 8 \times 7 = 5040$$

排列組合可以利用 EXCEL 的公式進行計算，階層指令 = FACT(n)，組合指令 = COMBIN(n, r)，排列指令 = PERMUT(n, x)。

請掃描目錄頁 QR code，見檔案 CH5_EXs.xlsx

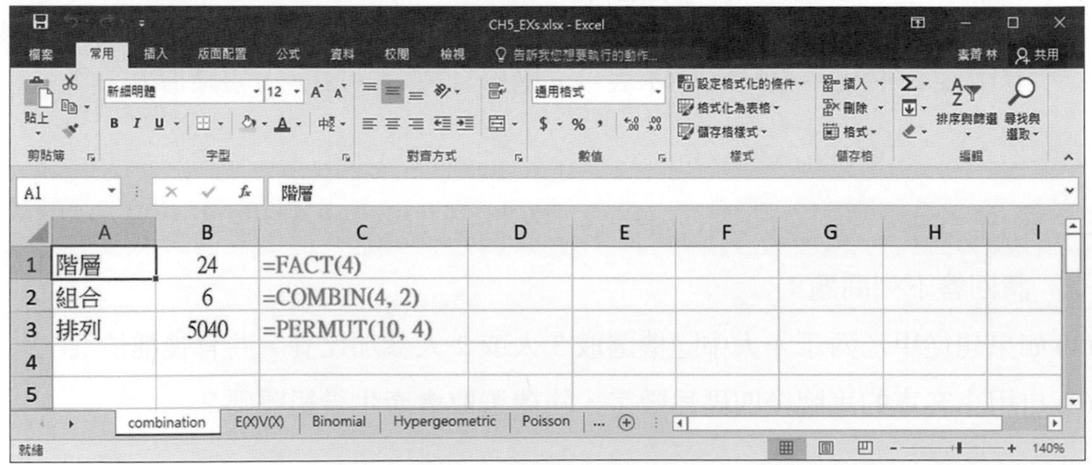

課堂練習 5-1

請回答下列問題：

(1) 旅行箱號碼鎖需要設定 3 個數字密碼，如果規定第一個數字不可為 0，密碼數字可以重複，共有幾種設定情況？

(2) 大樂透從 01 到 49 號碼中任選 6 個號碼進行投注，若以電腦隨機選號，會產生幾組號碼？

範例 5-2

擲一個骰子二次，如果出現相同點數即可逃離無人島。請說明這個遊戲的隨機實驗與樣本空間，並計算逃離無人島的機率。

解說

隨機實驗：擲一個骰子二次（或擲二個骰子一次）。

樣本空間：共 $6^2 = 36$ 個樣本點。

$S = \{(1, 1), (1, 2), \cdots, (1, 6), (2, 1), (2, 2), \cdots, (2, 6), \cdots, (6, 1), (6, 2), \cdots, (6, 6)\}$

事件 A：逃離無人島。

A = { 擲一個骰子二次出現相同點數 }

$= \{(1, 1), (2, 2), (3, 3), (4, 4), (5, 5), (6, 6)\}$

逃離無人島機率 $P(A) = \dfrac{6}{36}$ 。

課堂練習 5-2

請用機率概念解釋下列狀況：

(1) 太陽底下無鮮事。

(2) 不在場證明。

(3) 舉例說明機率為 0 和 1 的事件。

再以集合的概念來看機率，**聯集（Union）**表示至少有一個事件會出現，**交集（Intersection）**表示事件會同時發生，**餘集（Complement）**則表示以外的事件，以 A^C 或～A 的符號表示，不會同時發生的事件稱爲**互斥（Mutually Exclusive）**。**文氏圖（Venn Diagram）**是一種容易理解機率的方法，利用圖形的面積的比例來表示機率。

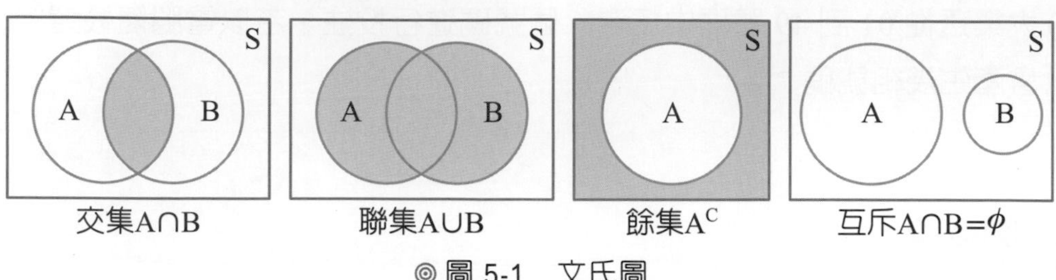

◎圖 5-1　文氏圖

以擲一個公平的骰子爲例，說明文氏圖的概念：

A 事件爲抽到 1 點　　$A=\{1\}$　　$P(A)=\dfrac{1}{6}$

B 事件爲抽到奇數點　$B=\{1, 3, 5\}$　$P(B)=\dfrac{3}{6}$

C 事件爲超過 3 點　　$C=\{4, 5, 6\}$　$P(C)=\dfrac{3}{6}$

其中A事件與B事件共同元素爲1，亦即A事件與B事件的交集爲 $A\cap B=\{1\}$，$P(A\cap B)=\dfrac{1}{6}$；至少包含 A 事件或 B 事件的元素即爲聯集 $A\cup B=\{1, 3, 5\}$，$(A\cup B)=\dfrac{3}{6}$；餘集表示事件以外的元素，A 事件與 B 事件的餘集分別爲 $A^C=\{2, 3, 4, 5, 6\}$ 與 $B^C=\{2, 4, 6\}$，$P(A^C)=1-P(A)=\dfrac{5}{6}$，$P(B^C)=1-P(B)=\dfrac{3}{6}$。A 事件與 C 事件之間沒有共同元素，二者即爲互斥事件 $A\cap C=\varnothing$，$P(A\cap C)=0$。

另外，在機率概念中，我們經常也會運用**加法法則（Addition Rule）**，亦即二事件聯集的機率等於二事件發生的機率總和再扣除交集的部分，如 $P(A\cup B)=P(A)+P(B)-P(A\cap B)=\dfrac{1}{6}+\dfrac{3}{6}-\dfrac{1}{6}=\dfrac{3}{6}$。

將常用的機率公式整理如下：

餘集	$P(A^C) = 1 - P(A)$
加法法則	$P(A \cup B) = P(A) + P(B) - P(A \cap B)$
事件 A 與事件 B 互斥	$P(A \cap B) = 0, P(A \cup B) = P(A) + P(B)$

範例 5-3

大大購物網站分析後發現，有 30% 的會員購買生活用品，20% 會員購買電器產品，二種都買的會員佔 10%。請計算下列機率：

(1) 至少購買一類產品。

(2) 二類產品都沒買。

A 事件：購買生活用品，$P(A) = 0.3$，B 事件：購買電器產品，$P(B) = 0.2$，二類產品都買視爲交集，$P(A \cap B) = 0.1$。

(1) 利用加法法則，至少購買一類產品的機率 $P(A \cup B) = 0.3 + 0.2 - 0.1 = 0.4$。

(2) 二類產品都沒買的機率 $1 - P(A \cup B) = 1 - 0.4 = 0.6$。

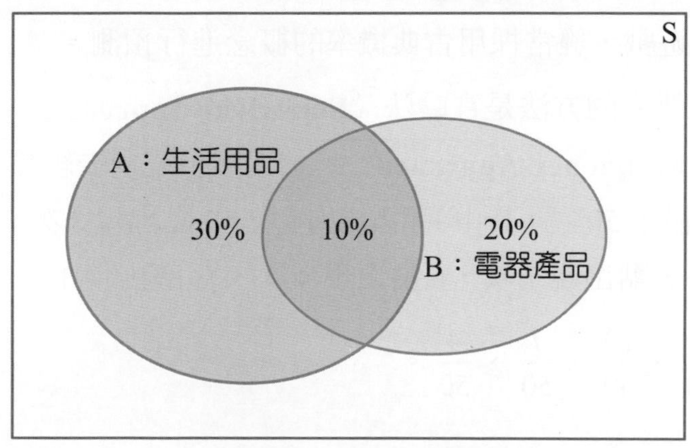

◎ 圖 5-2 加法法則範例

課堂練習 5-3

根據管委會調查，大大社區擁有汽車、機車、腳踏車的比率分別為 40%、65%、30%，同時擁有汽機車的家庭佔 15%，擁有汽車與腳踏車的家庭佔 10%，擁有機車與腳踏車的家庭佔 20%，三種車都有的家庭佔 5%。現在管委會要規劃分配社區停車位，請問：

(1) 該社區家庭至少擁有一種交通工具的機率為何？

(2) 該社區家庭中既沒有汽機車也沒有腳踏車的機率又為何？

5-1-2 定義機率的方法

爲何我們經常認爲擲一個骰子出現 1 點的機率就是 $\frac{1}{6}$？如果擲一個骰子 6 次、60 次、600 次，出現 1 點的次數會剛好是 1 次、10 次、100 次嗎？這個問題牽涉到定義機率的三種方法。

第一種定義機率的方法是**古典先驗機率法**（**Classical Approach**），當重複實驗無限多次，骰子的每一面會被平等對待，機率值會非常接近 $\frac{1}{6}$，這是運用數學上極限的概念，當實驗次數趨近於無限大，相對次數就是它的收斂值，對於一般公平的遊戲，經常採用古典機率的概念進行預測。

第二種定義機率的方法是**實驗法**（**Empirical Approach**），或稱爲**相對次數法**（**Relative Frequency Approach**），透過實驗或過去經驗來決定機率。舉例來說，擲一顆骰子 50 次，其中 1 點出現 10 次，2 點出現 8 次，3 點出現 11 次，4 點出現 10 次，5 點出現 7 次，6 點出現 4 次，那麼出現 1 至 6 點的機率分別是 $\frac{10}{50}$、$\frac{8}{50}$、$\frac{11}{50}$、$\frac{10}{50}$、$\frac{7}{50}$、$\frac{4}{50}$。

第三種定義機率的方法是**主觀機率法**（**Subjective Approach**），事前以個人主觀認定來猜測機率，例如，個人有信心認爲這次出現 1 點的機率會超過 $\frac{1}{2}$，所以主觀機率是見仁見智的說法。

小提醒！

當所有可能結果出現的機率完全相同，統計上稱之為**均勻分配**（**Uniform Distribution**）。例如，丟一個公平的骰子，每一面出現的機率都是 $\frac{1}{6}$，這是間斷均勻分配（Discrete Uniform Distribution）的範例；5 分鐘之內公車會出現的機率應該相同，這是連續均勻分配（Continuous Uniform Distribution）的範例。

範例 5-4

買大樂透分別採用電腦隨機選號、自己選號、或研究過去開獎號碼出現次數方式，請判斷各屬於哪種定義機率的方法？

解說

透過電腦隨機選號爲古典機率方法，研究過去開獎號碼出現次數爲實驗機率法，自己選號則是偏向主觀機率法。

課堂練習 5-4

請判斷下列狀況為哪種定義機率的方式？

(1) 期中考選擇題猜答案。

(2) 氣象報告明天降雨機率。

(3) 統一發票中獎機率。

(4) 保險公司計算發生事故的機率。

(5) 不信邪，如酒駕被抓、颱風天觀潮或釣魚被瘋狗浪捲走的機率。

(6) 公說公有理，婆說婆有理。

5-1-3 條件機率

在已知一事件的情況下，另一事件發生的機率就是**條件機率**（**Conditional Probability**），如果二事件有先後發生的順序關係時，先發生的事件就是條件。條件機率的定義如下，$P(A \mid B)$ 表示在 B 的條件下，A 事件發生的機率。

$$P(A \mid B) = \frac{P(A \cap B)}{P(B)}$$

其中 $P(A)$ 或 $P(B)$ 稱爲**邊際機率**（**Marginal Probability**），$P(A \cap B)$ 稱爲**聯合機率**（**Joint Probability**）。

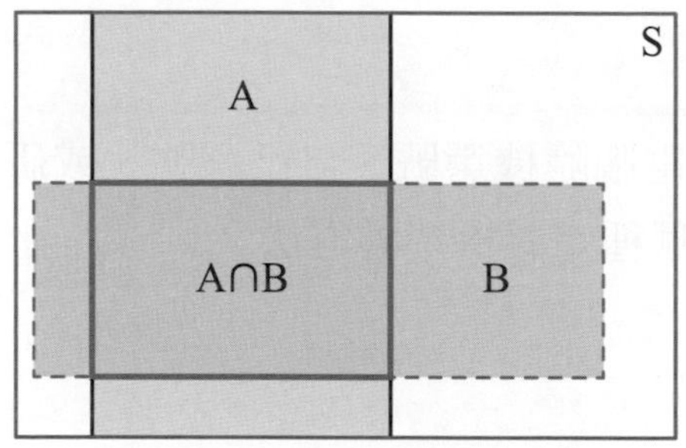

◎圖 5-3　條件機率的概念

利用條件機率的定義，可衍生出**乘法法則**（**Multiplication Rule**），

$$P(A \cap B) = P(A \mid B) \times P(B) = P(B \mid A) \times P(A)$$

如果 $P(A \mid B) = P(A)$，表示 A 事件在有條件與沒有條件的情況下都具有相同的機率，亦即事件 B 與事件 A 無關，稱爲**獨立**（**Independent**）事件。換句話說，以下三者中只要有其中一個條件成立，A 與 B 二事件即爲獨立事件：

$$P(A \mid B) = P(A)$$

$$P(B \mid A) = P(B)$$

$$P(A \cap B) = P(A) \times P(B)$$

繪製**機率樹**（**Probability Tree**）可以協助釐清樣本空間與條件機率的概念，機率樹中的每一條路徑就是其中一個可能發生的結果，藉由樹狀圖，瞭解事件發生的路徑，亦可計算正確的機率。

範例 5-5

看氣象報告會不會改變帶傘的機率？請繪製機率樹，並以條件機率的概念加以說明。

解說

昨天看氣象報告是先發生的條件，今天是否帶雨傘則是另一個事件。先利用符號來表達機率概念：

事件 A：帶傘，A^C：沒帶傘

事件 B：看氣象報告，B^C：沒看氣象報告

事件機率：P(A) ＝今天帶傘的機率

條件機率：P(A | B) ＝已知昨天看氣象報告，今天帶傘的機率

樣本空間共有四個樣本點，$S = \{(B, A), (B, A^C), (B^C, A), (B^C, A^C)\}$，再以機率樹表達條件機率的概念。

以第一條路徑爲例，P(A | B) 意謂昨天看氣象報告，今天帶傘的機率。如果想要知道某事件的機率，可以依據機率樹的路徑，利用乘法法則計算聯合機率，例如 P（看氣象而且有帶傘）= $P(A \cap B) = P(B) \times P(A \mid B)$。

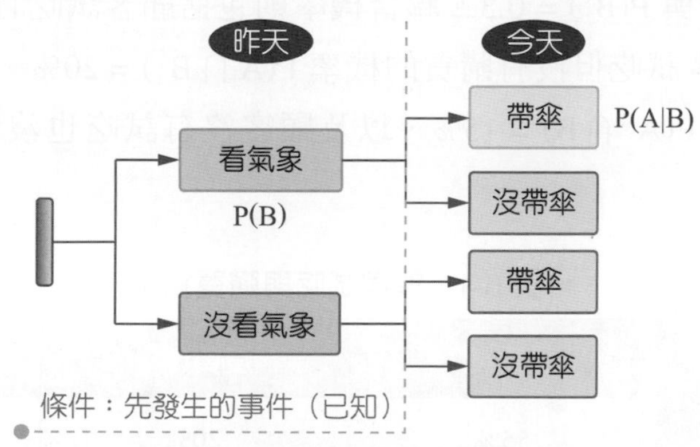

◎圖 5-4　條件機率與機率樹的關係

如果甲認爲：「氣象報告說明天的降雨機率是 70%，明天出門我還是帶把傘比較保險。」乙認爲：「不管有沒有看氣象報告，我都會帶傘。」比較甲乙二人行爲，甲的帶傘機率會受到氣象報告的影響，氣象報告與帶傘之間是有關係的，亦即 $P(A) \neq P(A \mid B)$。而對乙來說，帶傘機率不會受到氣象報告的影響，亦即 $P(A) = P(A \mid B)$，換句話說，看氣象報告與帶傘這二件事，對乙來說是獨立事件。

聯合機率和條件機率經常被混淆，前者是交集，討論同一時點同時發生的機率，後者則有先後順序，因此，獨立不一定爲互斥事件。舉例來說，探討消費者在購買 Pizza 時同時購買可樂的行爲，便可利用交集的概念進行計算；如果消費者在這次促銷活動中網購衛生紙，預估半年後再次網購衛生紙的機率則是屬於條件機率的概念。

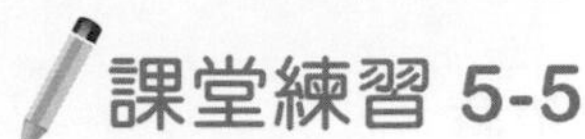

課堂練習 5-5

生男生女的機率各半，請以條件機率角度回答下列問題：

(1) 已知某對夫妻第一胎生女兒，第二胎也生女兒的機率為何？

(2) 老大與老二的性別是否為獨立事件？

利用交叉分析表也可以表達邊際機率與聯合機率的概念，透過條件機率的計算，亦可繪製機率樹。舉例來說，下表爲賣場顧客試吃與購買的狀況，其中邊際機率包括是否試吃的機率，$P(A) = 0.75$ 與 $P(A^C) = 0.25$，以及是否購買的機率，$P(B) = 0.7$ 與 $P(B^C) = 0.3$。聯合機率則包括顧客試吃且購買的機率 $P(A \cap B) = 55\%$、顧客試吃但沒有購買的機率 $P(A \cap B^C) = 20\%$、顧客沒有試吃就直接購買的機率 $P(A^C \cap B) = 15\%$、以及顧客沒有試吃也沒買的機率 $P(A^C \cap B^C) = 10\%$。

➠ 表 5-1　顧客試吃與購買結果

	購買(B)	沒買(B^C)	合計
試吃(A)	55%	20%	75%
沒試吃(A^C)	15%	10%	25%
合計	70%	30%	100%

根據邊際機率與聯合機率，可以計算條件機率，並繪製機率樹：

$P(B \mid A)=\dfrac{P(A \cap B)}{P(A)}=\dfrac{0.55}{0.75}=0.73$　　已知顧客試吃，會購買的機率

$P(B^C \mid A)=\dfrac{P(A \cap B^C)}{P(A)}=\dfrac{0.20}{0.75}=0.27$　　已知顧客試吃，不會購買的機率

$P(B \mid A^C)=\dfrac{P(A^C \cap B)}{P(A^C)}=\dfrac{0.15}{0.25}=0.60$　　已知顧客沒有試吃，會購買的機率

$P(B^C \mid A^C)=\dfrac{P(A^C \cap B^C)}{P(A^C)}=\dfrac{0.10}{0.25}=0.40$　　已知顧客沒有試吃，不會購買的機率

由於 $P(B \mid A) \neq P(B)$ 或 $P(A \cap B) \neq P(A) \times P(B)$，故試吃與購買行爲之間有關，不是獨立事件。

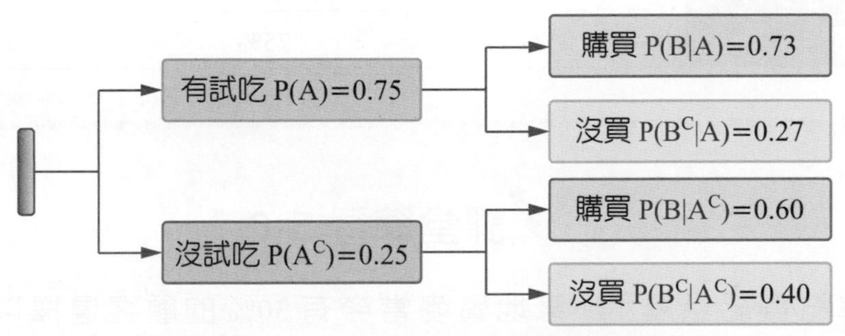

◎圖 5-5　交叉分析表與機率樹的關係

範例 5-6

根據過去經驗，期末成績有 10% 的學生數學不及格，25% 的學生英文不及格，二科都不及格的機率爲 5%。現在任選一名學生，計算下列機率：

(1) 已知該生數學不及格，英文也不及格的機率。

(2) 已知該生英文不及格，數學也不及格的機率。

A 事件爲數學不及格，P(A) = 10%，B 事件爲英文不及格，P(B) = 25%，二科都不及格的機率爲 $P(A \cap B) = 5\%$。

(1) 已知該生數學不及格，英文也不及格的機率 $P(B|A) = \dfrac{P(A \cap B)}{P(A)} = \dfrac{0.05}{0.1} = 50\%$。

(2) 已知該生英文不及格，數學也不及格的機率 $P(A|B) = \dfrac{P(A \cap B)}{P(B)} = \dfrac{0.05}{0.25} = 20\%$。

➨ 表 5-2 學生考試結果

	英文不及格(B)	英文及格(B^c)	合計
數學不及格(A)	5%	5%	10%
數學及格(A^c)	20%	70%	90%
合計	25%	75%	100%

課堂練習 5-6

根據點餐紀錄顯示，某地區麥當勞有 30% 的顧客選擇以得來速（Drive-through）方式進行點餐，有 20% 顧客會購買蘋果派，透過得來速購買蘋果派的顧客佔 10%。任選一名顧客，計算下列機率：

(1) 已知顧客透過得來速方式點餐，會買蘋果派的機率。

(2) 已知顧客沒有購買蘋果派，透過得來速方式點餐的機率。

5-1-4 貝式定理

我們可以根據過去經驗判斷某事件發生的機率，但是當過去經驗不足，便可透過貝式定理（**Bayes Theorem**）反推事件發生原因的機率。一般來說，$P(B|A) \neq P(A|B)$，亦即在事件 A 已知的條件下事件 B 發生的機率與在事件 B 已知的條件下事件 A 發生的機率是不同的，但二者之間應該存在某種關係，貝式定理便是用來表達這二者之間的關係。

貝氏定理的精神，是事後的先見之明，要求計算的是事後機率，根據不同的先決條件，反推事件的機率，亦即目睹一件特別事件的發生，計算背後可能發生原因的機率。貝式定理的公式如下：

$$P(A \mid B)=\frac{P(B \mid A)P(A)}{P(B)}=\frac{P(B \mid A)P(A)}{P(B \mid A)P(A)+P(B \mid A^C)P(A^C)}$$

其中 P(A) 為事前主觀信念，稱為**先驗機率**（**Prior Probability**），P(B | A) 是由實驗得知的條件機率，稱為**概似機率**（**Likelihood Probability**），P(A | B) 則是被關切的問題，稱為**事後機率**（**Posterior Probability**）。貝式定理也可以擴展到多個原因，公式可修正為 $P(A_i \mid B)=\frac{P(B \mid A_i)P(A_i)}{\sum_{i=1}^{n} P(B \mid A_i)P(A_i)}$，其中 $A_1,\cdots,A_n$ 為互斥事件，$A_1 \cup \cdots \cup A_n = S$。

舉例來說，根據過去統計資料顯示，某地區約有 10% 的汽車駕駛人為酒後駕駛，P（酒駕）= 10%，P（沒酒駕）= 90%，其中因酒駕肇事的機率為 35%，P（肇事 | 酒駕）= 35%，沒有喝酒但肇事的機率為 2%，P（肇事 | 沒酒駕）= 2%。如果已知車輛肇事，反推汽車駕駛人喝酒的機率就可以用貝式定理進行計算。

首先，酒駕與沒酒駕都可能肇事，因此肇事的機率包含以下二部份，

P（肇事）= P（肇事 | 酒駕）×P（酒駕）+ P（肇事 | 沒酒駕）×P（沒酒駕）

= 0.35×0.1 + 0.02×0.9 = 0.053

如果已知車輛肇事，汽車駕駛人酒駕的機率為

P（酒駕 | 肇事）$=\frac{0.1\times 0.35}{0.1\times 0.35+0.9\times 0.02}=0.6604$

換句話說，從資料中可以反推，有 66.04% 的車輛肇事原因是酒駕。

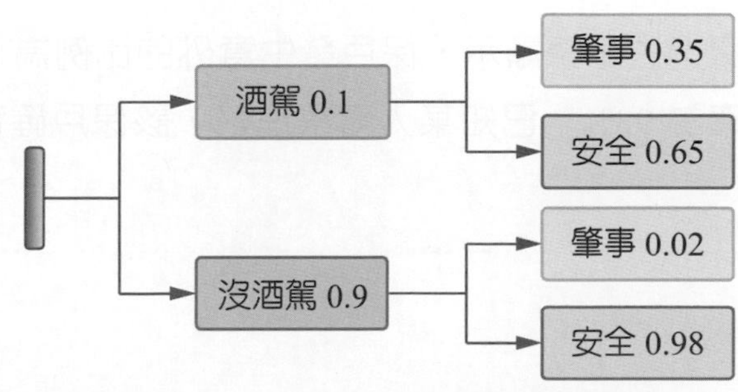

◎圖 5-6　貝式定理與機率樹的關係

範例 5-7

某公司有二家工廠生產零件，其中 70% 員工在新北市上班，30% 員工在桃園市上班，根據過去資料顯示，新北與桃園工廠每年分別有 3% 與 5% 員工發生意外。隨機抽選一位已知發生意外的員工，該名員工隸屬新北市的機率有多少？

解說

從資料中得知，P（新北廠）= 0.7，P（桃園廠）= 0.3，P（發生意外 | 新北）= 0.03，P（發生意外 | 桃園）= 0.05。因此，不論是新北廠或是桃園廠都有可能發生意外，P（發生意外）= 0.7×0.03 + 0.3×0.05。反推已知某員工發生意外，隸屬新北廠的機率，P（新北 | 發生意外）$= \dfrac{0.7\times0.03}{0.7\times0.03+0.3\times0.05} = 58.33\%$。

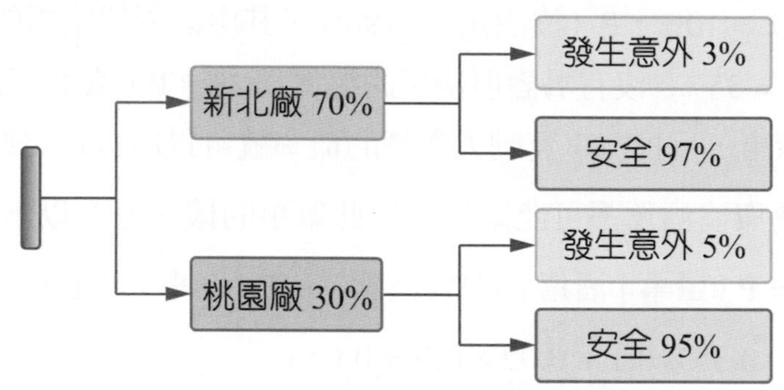

◎圖 5-7　貝式定理與機率樹範例

課堂練習 5-7

保險公司根據過去紀錄顯示，保戶發生意外的比例為 10%，獲得保險公司理賠的正確率為 98%。已知某人獲得理賠，該保戶確實發生意外的機率為何？

別再瞎猜、靠運氣！NASA、微軟都在用「貝式理論」做決策

做決策前，先了解什麼是「客觀的機率」

在高中數學裡，當我們說「A 事件的發生機率為 p」，究竟代表什麼意思？一個解釋觀點是經驗相對頻率的極限。如果把骰子擲出三點的狀況，設定為 A 事件，則當我們說出現機率 p 為 1/6 時，意思就是若我們反覆擲骰子，隨著次數增加，點數三的出現比例（相對頻率）會愈來愈接近 1/6。這是基於「頻率主義」來解釋機率，可以稱為「客觀的機率」。

舊策略的成果只當參考，別用來推算客觀機率

頻率主義以反覆執行為前提，每次都要在相同條件下執行，且必須維持「因果關係的獨立性」，確保每一次的結果不會影響其他次的結果。

天氣預報的降雨機率，是以接近「客觀機率」的觀點所估算的數據。雖然降雨機率的意義未必有被正確地理解，但這個機率是參照氣溫、氣壓等氣象條件與「預報日」相當雷同的衆多歷史數據，所計算出來的降雨比率。透過此例我們可以很清楚了解，客觀的機率必須藉由統計上足夠數量的經驗數據計算出來。

如果是像 NASA 的任務一樣，前後任務必定存在巨大差異的話，是無法運算出客觀機率的。商場也是如此。考慮即將執行的商業策略成敗時，過去各種策略的執行結果，只能當作參考，而無法作為推算客觀機率的基礎。因為沒有任何結果，與即將實施的策略條件相同。

資料量不足怎麼辦？用貝氏主義也能估算機率

另一個解釋機率的觀點是「主觀的機率」，為十八世紀英國數學家托馬斯・貝葉斯（Thomas Bayes）所提出。貝氏提出的方法是，在推估某事件的機率時，最初先以一個適當的（主觀認定）的數值代入，以此機率數值為前提，來檢視實際發生的情況，再逐步修正最初的設定值，利用「貝氏主義」，就算一開始沒有龐大的資料量，也能估算機率。

假設你與某人第一次談生意。你必須判斷對方是不是值得信任的生意伙伴。此時有「值得信任」與「不能信任」兩個選項，你想知道這兩個選項各自的機率有多少。

雖然一開始不免先入為主，但在沒有任何資料的狀態下，把「值得信任」與「不能信任」的可能性，各設為五成是較適當的作法（又或是看對方不順眼的話，也可以把「不能信任」的機率提高至 75%）。

接下來，可以藉由與對方的協商或是聚餐，進一步觀察他（她）的行為舉止，蒐集資訊，了解對方是否誠實待人等。然後利用蒐集到的資料，修正一開始所設定的五五波機率。

例如，從對方說了一次謊的「結果」，判斷對方是「不能信任」的人，基於這個「原因」所以調高「不能信任」的可能性，降低「值得信任」的可能性。依此循序進行，利用手邊的資訊，逐步調整結果的可能性。

關鍵在逆向思考，「貝氏推論」從結果找原因

沒看到計算過程，讀者可能很難具體想像。雖然一開始將對方「不能信任」的可能性設為 50%，但萬一對方說了一次謊，「不能信任」的機率該怎樣計算，讓我們來試算看看。我們先設定一個計算的前提條件：若對方「值得信任」，那麼他有 0.8 的機率「說實話」，0.2 的機率「說謊話」；若是「不能信任」的人，那麼他有 0.1 的機率「說實話」，0.9 的機率「說謊話」。

這樣的假設來自一般「從原因推論結果」的邏輯，「因為值得信任，所以說實話的機率比較高」、「因為不值得信任，所以說謊話的機率比較高」。

有兩個理由可以支持貝氏推論的適當性。第一，藉由更新資訊反覆進行修正，就會愈來愈接近真實的情況。新資訊愈多，就可以得到與頻率主義一樣的結論。

第二，貝氏推論的作法非常適合人類實際的判斷過程和腦的功能。請試想醫師幫出疹病患看病的情景。由於教科書明確寫道，若患者罹患麻疹（原因），身體可能會出現紅疹（結果），所以很容易判斷。但是實際的診療方向卻是相反的。

醫生必須採取貝氏推論的判斷方式，看到紅疹的症狀（結果）後，再推估罹患麻疹的機率。此外，網球選手比賽時，也會在腦中瞬間進行貝氏推論。當對手回擊球之後，選手會依據既有的知識判斷球路，並依照視覺與聽覺等更新球實際的路線，預測球的落點和彈跳方式，決定回擊方式。

在擁有充分資訊來推算相對頻率時，決策者亦可以基於手上的資料進行合理判斷。但就資料不足的情況來說，基於主觀機率的貝氏主義，是處理不確定性的唯一合理方法。因為貝氏主義認為，所有的不確定性都可以量化為機率。

實際上，基於貝氏主義的貝氏推論已經迅速普及至商業與金融領域裡。就日常生活的例子來講，貝氏推論在偵測、刪除垃圾郵件、叫出作業系統（OS）的說明功能，以及醫學診斷的影像處理等方面，都發揮了重要功能。

NASA 裡也常使用貝氏推論，最具代表性的例子有（已退役）太空梭推進系統的監測與維護系統。該系統就是以貝氏定理為基礎開發的偵錯技術，利用感應器的偵測結果，發現可能發生故障的機組，並依照緊急程度採取最佳因應措施。

資料來源：節錄自科技報橘，2019-07-24。
https://buzzorange.com/techorange/2019/07/24/nasa-how-to-make-right-decision/?fbclid=IwAR3FB8Cy7Q8Cx2J3KnoxVrvmWF3PYzgJmx_XDr3Eec7vsZc22QrIfHONp8Y

5-2 隨機變數與機率分配

從隨機實驗可定義出隨機變數與其對應的機率分配，本節說明隨機變數的定義與應用，以及利用機率分配計算期望值與變異數。

5-2-1 隨機變數與機率分配

將樣本空間對應到實數函數，即可把隨機實驗進行量化，轉換爲**隨機變數**（**Random Variable**）。隨機變數通常以 X 表示，列出隨機變數中所有可能出現的值，繼而找出每個可能值對應的機率，稱爲**隨機率分配**（**Probability Distribution**）。機率分配用來描述事件未來發生的可能性，可用表格、圖形、函數或公式等方式進行表達，所有可能值對應的機率總和也是 1。

舉例來說，擲二個銅板是一個隨機實驗，共有四個樣本點，對應的樣本空間爲 S = { 正正、正反、反正、反反 }。如果把隨機變數 X 定義爲擲二個銅板出現正面的個數，可能出現的值爲 $x = 0, 1, 2$，再將各數值對應的機率以圖表方式表示，即爲 X 的機率分配。

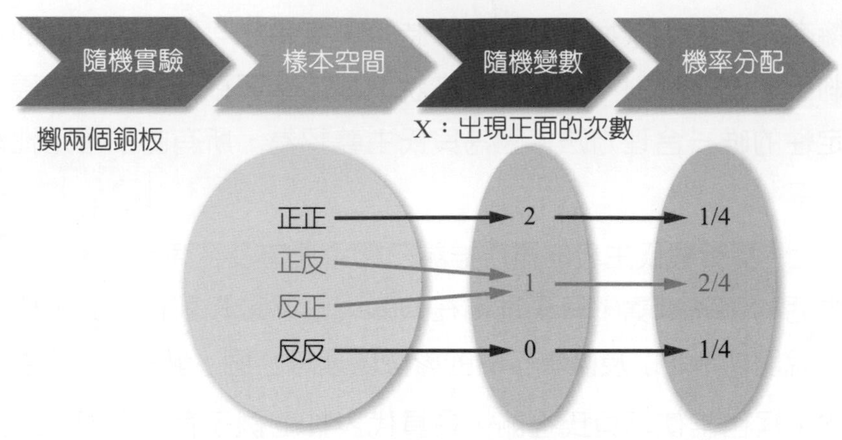

◎ 圖 5-8　從隨機實驗到機率分配的對應關係

x	$P(x)$
0	0.25
1	0.50
2	0.25

擲二個銅板的機率分配

$P(X)$：0.00、0.20、0.40、0.60；X：0、1、2

◎ 圖 5-9　以圖表方式表達的機率分配

隨機變數可區分爲**間斷隨機變數（Discrete Random Variable）**與**連續隨機變數（Continuous Random Variable）**。間斷隨機變數亦稱爲離散隨機變數，如擲骰子出現的點數、實驗成功的次數、一小時內路口經過的車輛數等，可能出現的值爲有限或無限個數；連續隨機變數可能出現的值均爲無限個數，如二通電話的間隔時間、飲料容量、電池壽命等。

範例 5-8

判斷下列範例爲間斷或連續隨機變數，並列出隨機變數可能出現的值：

(1) 五場比賽中贏的場數。

(2) 賣場顧客排隊結帳的等候時間。

(3) 元旦假期使用高速公路的車輛數。

解說

(1) 間斷隨機變數 X：五場比賽中贏的場數，可能的值 $x = 0, 1, 2, 3, 4, 5$（有限個數）。

(2) 連續隨機變數 X：等候時間，可能的值 $x \geq 0$（無限個數）。

(3) 間斷隨機變數 X：使用高速公路的車輛數，可能的值 $x = 0, 1, 2, \cdots$（無限個數）。

課堂練習 5-8

判斷下列範例為間斷或連續隨機變數，並列出隨機變數可能出現的值：

(1) 生產線瑕疵品的數量。

(2) 用 2 公升寶特瓶裝水容量。

(3) 全班 40 位同學中參加畢旅的人數。

5-2-2 期望值與變異數

間斷隨機變數的機率稱爲**機率函數**（**Probability Function**），以 $P(X = x)$ 或 $P(x)$ 表示，連續隨機變數的機率稱爲**機率密度函數**（**Probability Density Function, pdf**），以 $f(x)$ 表示，累積密度函數（**Cumulative Distribution Function, cdf**）則以 $F(x) = P(X \leq x)$ 表示。

間斷與連續隨機變數的機率分別以加總和積分方式進行計算，連續變數的機率即爲機率密度函數曲線下的面積，等號成立的機率爲零，換句話說，連續變數的等號可以忽略不寫，但間斷變數是否包含等號將會影響機率計算的結果。

利用機率分配亦可計算隨機變數的期望值與變異數，標準差仍爲變異數開根號。期望值即是母體平均數，機率分配則類似加權平均的概念，當一個隨機試驗在相同的機會下重複多次，對應的機率即爲權數。

➠ 表 5-3　間斷與連續隨機變數符號與公式對照表

	間斷隨機變數	連續隨機變數
觀察值	$x = 0, 1, \cdots, n$ 或 $x = 0, 1, 2, \cdots$	$a \le x \le b$ 或 $x \le b$ 或 $x \ge a$ 或 $-\infty \le x \le \infty$
特性	機率函數 $0 \le \mathrm{P}(x) \le 1$ for all x $\sum_x \mathrm{P}(x) = 1$	機率密度函數 $0 \le f(x) \le 1$ for all x $\int_x f(x)dx = 1$ $\mathrm{P}(\mathrm{X} = x) = 0$
累積密度函數（a 與 b 為常數）	$\mathrm{F}(a) = \mathrm{P}(\mathrm{X} \le a) = \sum_{x \le a} \mathrm{P}(\mathrm{X})$ $\mathrm{F}(a \le \mathrm{X} \le b) = \mathrm{F}(b) - \mathrm{F}(a)$	$\mathrm{F}(a) = \mathrm{P}(\mathrm{X} \le a) = P(\mathrm{X} < a) = \int_{-\infty}^{a} f(x)dx$ $\mathrm{F}(a \le \mathrm{X} \le b) = \mathrm{F}(a < \mathrm{X} \le b)$ $= \mathrm{F}(a \le \mathrm{X} < b) = \mathrm{F}(a < \mathrm{X} < b)$ $= \int_a^b f(x)dx = \mathrm{F}(b) - \mathrm{F}(a)$
期望值	$\mathrm{E}(\mathrm{X}) = \mu = \sum x\mathrm{P}(x)$	$\mathrm{E}(\mathrm{X}) = \mu = \int xf(x)dx$
變異數	$\mathrm{V}(\mathrm{X}) = \sigma^2 = \sum (x-\mu)^2 \mathrm{P}(x)$ $= \sum x^2 \mathrm{P}(x) - \mu^2$	$\mathrm{V}(\mathrm{X}) = \sigma^2 = \int (x-\mu)^2 f(x)dx$ $= \int x^2 dx - \mu^2$

範例 5-9

隨機變數 X 是擲二個骰子出現的點數和，請列出隨機實驗、樣本空間、與機率分配，並計算期望值、變異數、與標準差。

◎ 請掃描目錄頁 QR code，見檔案 CH5_EXs.xlsx

擲二個骰子是一個隨機實驗，共 $6^2 = 36$ 個樣本點，樣本空間 $S = \{(1, 1), (1, 2), \cdots, (6, 5), (6, 6)\}$。隨機變數 X 定義為擲二個骰子出現的點數和，可能的值 $x = 2, 3, 4, \cdots, 12$。機率分配如下所示：

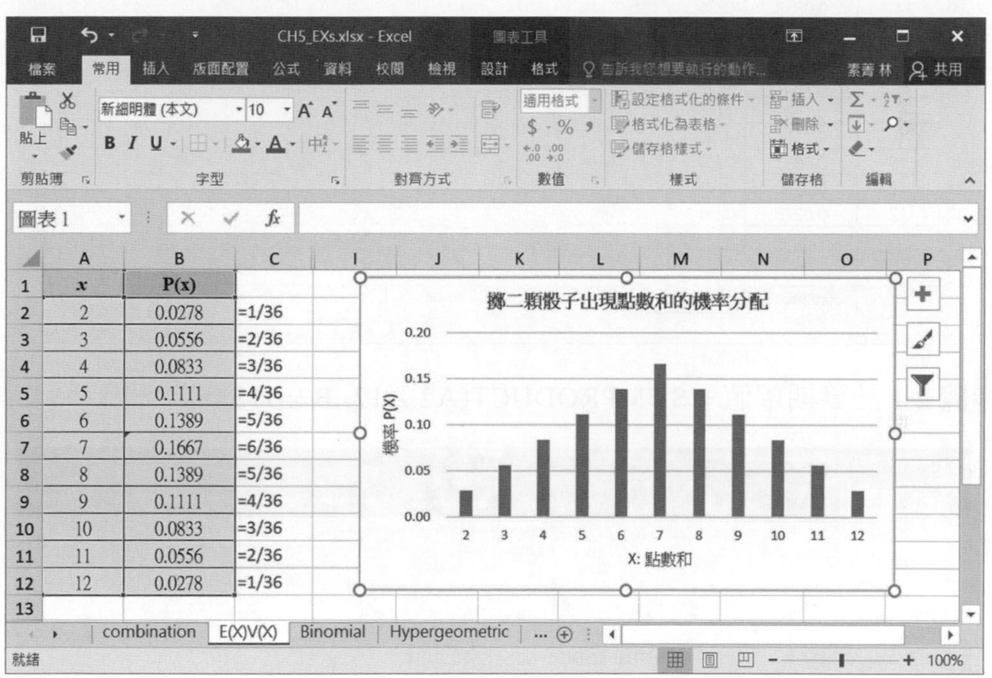

期望值

$$E(X) = \mu = \sum xP(x) = 2\times\frac{1}{36} + 3\times\frac{2}{36} + \cdots + 12\times\frac{1}{36} = 7$$

變異數

$$V(X) = \sigma^2 = \sum(x-\mu)^2 P(x) = (2-7)^2\times\frac{1}{36} + (3-7)^2\times\frac{2}{36} + \cdots + (12-7)^2\times\frac{1}{36} = 5.83$$

標準差

$$\sigma = \sqrt{5.83} = 2.42$$

囧 期望值與變異數可以利用 EXCEL 的公式進行計算，乘積總和指令 =SUMPRODUCT（範圍 1, 範圍 2）。

囧 **步驟 1：**在空白儲存格中輸入隨機變數 X 的機率分配。

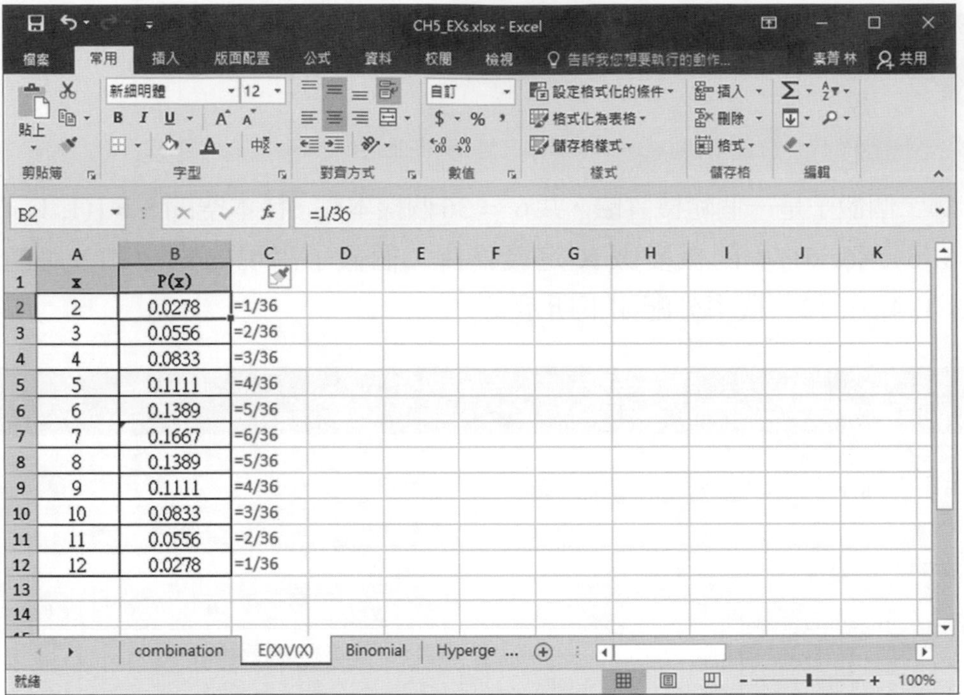

囧 **步驟 2：**計算期望值 = SUMPRODUCT(A2:A12, B2:B12)。

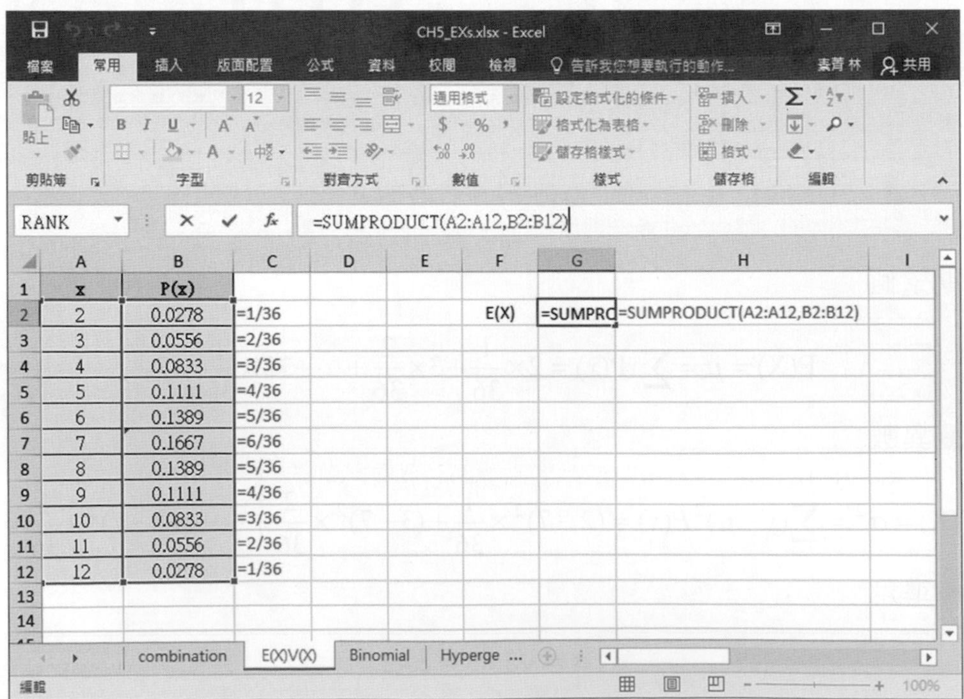

步驟 3：新增欄位，計算 $(x-\mu)^2$，平方項指令 =（儲存格位置）^2。

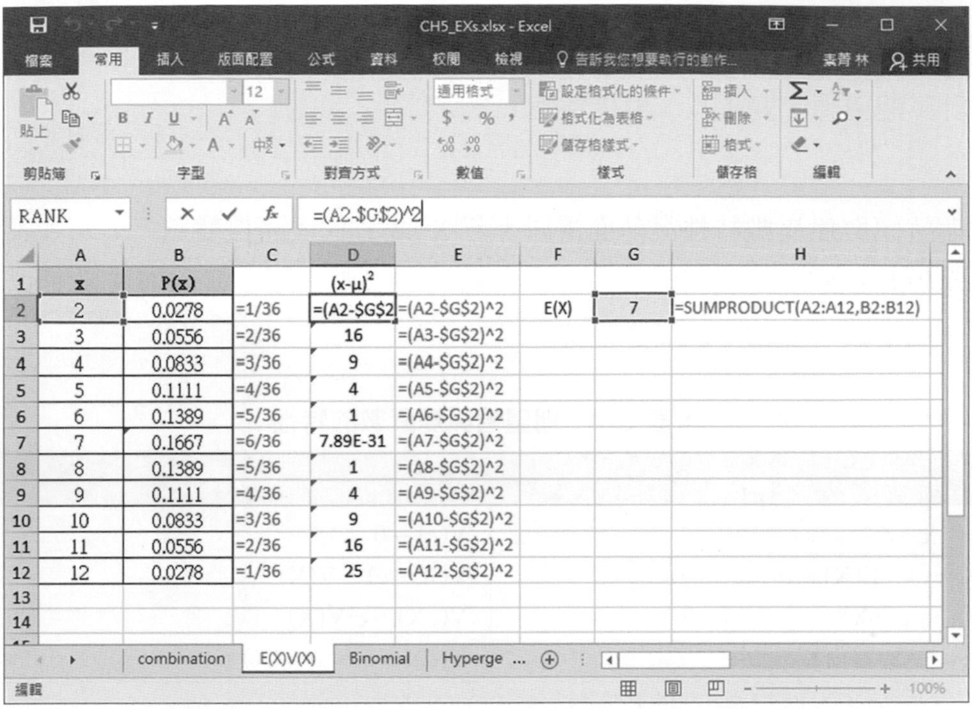

CH5_EXs.xlsx - Excel

RANK | =(A2-$G$2)^2

	A	B	C	D	E	F	G	H
1	x	P(x)		(x-μ)^2				
2	2	0.0278	=1/36	=(A2-$G$2	=(A2-$G$2)^2	E(X)	7	=SUMPRODUCT(A2:A12,B2:B12)
3	3	0.0556	=2/36	16	=(A3-$G$2)^2			
4	4	0.0833	=3/36	9	=(A4-$G$2)^2			
5	5	0.1111	=4/36	4	=(A5-$G$2)^2			
6	6	0.1389	=5/36	1	=(A6-$G$2)^2			
7	7	0.1667	=6/36	7.89E-31	=(A7-$G$2)^2			
8	8	0.1389	=5/36	1	=(A8-$G$2)^2			
9	9	0.1111	=4/36	4	=(A9-$G$2)^2			
10	10	0.0833	=3/36	9	=(A10-$G$2)^2			
11	11	0.0556	=2/36	16	=(A11-$G$2)^2			
12	12	0.0278	=1/36	25	=(A12-$G$2)^2			

combination | E(X)V(X) | Binomial | Hyperge ...

步驟 4：計算變異數 = SUMPRODUCT(D2:D12, B2:B12)，
標準差 = SQRT(G3)。

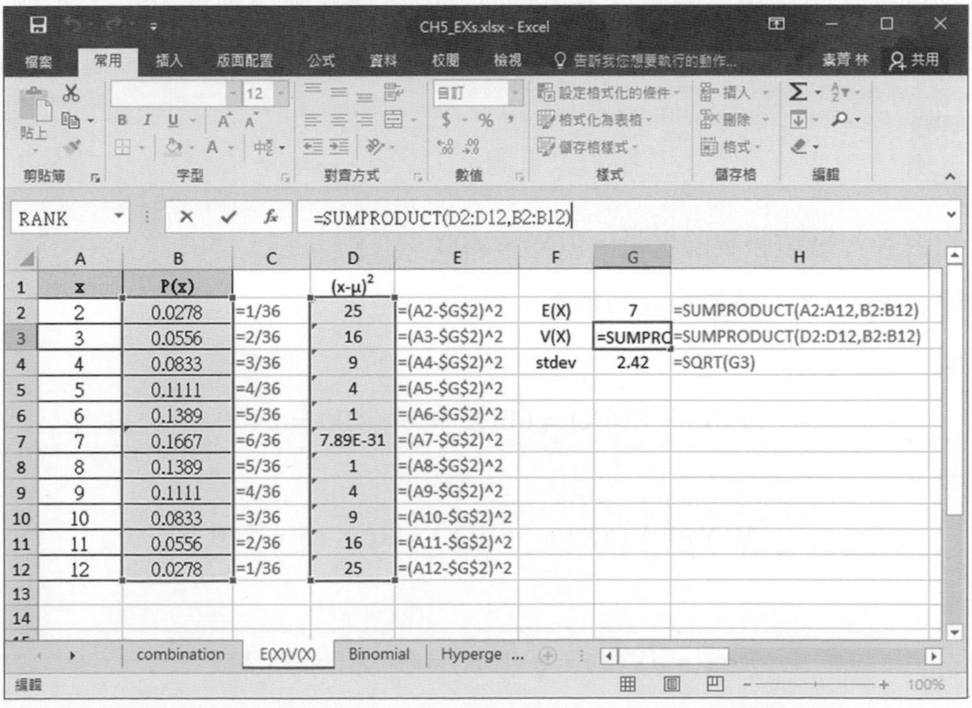

CH5_EXs.xlsx - Excel

RANK | =SUMPRODUCT(D2:D12,B2:B12)

	A	B	C	D	E	F	G	H
1	x	P(x)		(x-μ)^2				
2	2	0.0278	=1/36	25	=(A2-$G$2)^2	E(X)	7	=SUMPRODUCT(A2:A12,B2:B12)
3	3	0.0556	=2/36	16	=(A3-$G$2)^2	V(X)	=SUMPRC	=SUMPRODUCT(D2:D12,B2:B12)
4	4	0.0833	=3/36	9	=(A4-$G$2)^2	stdev	2.42	=SQRT(G3)
5	5	0.1111	=4/36	4	=(A5-$G$2)^2			
6	6	0.1389	=5/36	1	=(A6-$G$2)^2			
7	7	0.1667	=6/36	7.89E-31	=(A7-$G$2)^2			
8	8	0.1389	=5/36	1	=(A8-$G$2)^2			
9	9	0.1111	=4/36	4	=(A9-$G$2)^2			
10	10	0.0833	=3/36	9	=(A10-$G$2)^2			
11	11	0.0556	=2/36	16	=(A11-$G$2)^2			
12	12	0.0278	=1/36	25	=(A12-$G$2)^2			

combination | E(X)V(X) | Binomial | Hyperge ...

課堂練習 5-9

列出猜拳三次輸贏結果的樣本空間，自行定義隨機變數與機率分配，並計算期望值、變異數、與標準差。

期望值與變異數特性與前面雷同，若 X 與 Y 代表隨機變數，a, b, c 表示常數，常數的期望值即為常數本身，但常數的變異數為零，當隨機變數乘以某個倍數，期望值與標準差也隨之加乘。

表 5-4 期望值與變異數的特性

期望值	變異數
$E(c) = c$ $E(X + c) = E(X) + c$ $E(cX) = cE(X)$ $E(aX + b) = aE(X) + b$	$V(c) = 0$ $V(X + c) = V(X)$ $V(cX) = c^2V(X)$ $V(aX \pm c) = a^2V(X)$

範例 5-10

水果行老闆發現每顆蘋果重量的期望值與變異數分別為 400 克與 15 克，現在販賣每盒 6 顆的蘋果禮盒。請問期望值、變異數、與標準差有何改變？

隨機變數 X：每顆蘋果的重量，$E(X) = 400$，$V(X) = 15$。

隨機變數 $Y = 6X$：蘋果禮盒的重量。

期望值

$$E(Y) = E(6X) = 6E(X) = 6 \times 400 = 2400$$

變異數

$$V(Y) = V(6X) = 36V(X) = 36 \times 15 = 540$$

標準差

$$\sigma_Y = \sqrt{V(Y)} = \sqrt{V(6X)} = 6 \times \sqrt{15} = 23.24$$

課堂練習 5-10

年終餐會舉辦抽獎活動，老闆最後特別加碼，被抽中號碼的員工從 52 張撲克牌中隨機抽取一張，抽中黑桃、紅心、方塊、梅花的獎金分別為 10,000 元、5,000 元、3,000 元與 2,000 元。請問：

(1) 只有一位員工獲得抽獎機會，獲得獎金的期望值為何？

(2) 抽牌後放回，四位員工獲得獎金的期望值又為何？

5-3 間斷機率分配

本節介紹常見的間斷機率分配，包括二項分配、超幾何分配、以及卜瓦松分配的範例應用。每種分配都有專屬的特性，在回答問題時，首先要確定隨機變數以及可能的值，再選擇正確的機率分配，之後便可進行期望值與變異數的計算，並做適當的資料解讀。

5-3-1 二項分配

二項分配（**Binomial Distribution**）必須符合二項實驗（Binomial Experiment）的四個特性：

(1) 實驗次數固定，共有 n 次實驗，

(2) 每次實驗只有二種結果，成功與失敗，

(3) 成功機率爲 p，失敗機率爲 $1-p$，

(4) 每次實驗之間是互相獨立。

隨機變數	X：n 實驗中成功的次數～ Binomial(n, p)
機率函數	$P(X=x)=C_x^n p^x (1-p)^{n-x}$，$x = 0, 1, \cdots, n$
期望值	$E(X) = np$
變異數	$V(X) = np(1-p)$

以猜拳遊戲爲例進行說明。首先檢驗二項實驗的四個條件：猜拳三次，實驗次數 $n=3$，每次猜拳只有贏（成功）與輸（失敗）二種結果，輸贏機率分別爲 $p=\frac{1}{2}$ 與 $1-p=\frac{1}{2}$，每次猜拳的結果並不會互相影響，亦即每次猜拳視爲獨立事件。

隨機變數 X：猜拳三次贏的次數～ Binomial($n=3, p=0.5$)

機率函數 $P(X=x)=C_x^3 p^x(1-p)^{3-x}$，$x=0, 1, 2, 3$

3 戰全輸的機率　$P(0)=P(X=0)=C_0^3 p^0(1-p)^{3-0}=0.125$

3 戰 1 勝的機率　$P(1)=P(X=1)=C_1^3 p^1(1-p)^{3-1}=0.375$

3 戰 2 勝的機率　$P(2)=P(X=2)=C_2^3 p^2(1-p)^{3-2}=0.375$

3 戰全贏的機率　$P(3)=P(X=3)=C_3^3 p^3(1-p)^{3-3}=0.125$

期望值　$E(X)=np=3\times\frac{1}{2}=1.5$

變異數　$V(X)=np(1-p)=3\times\frac{1}{2}\times\frac{1}{2}=0.75$

二項分配可以利用 EXCEL 的公式進行計算，二項分配指令 = BINOM.DIST（實驗成功的次數 x, 實驗的次數 n, 成功的機率 p, FALSE），其中 FALSE（或輸入 0）表示個別機率 $P(X=x)$，TRUE（或輸入 1）表示累積機率 $P(X\le x)$。

請掃描目錄頁 QR code，見檔案 CH5_EXs.xlsx

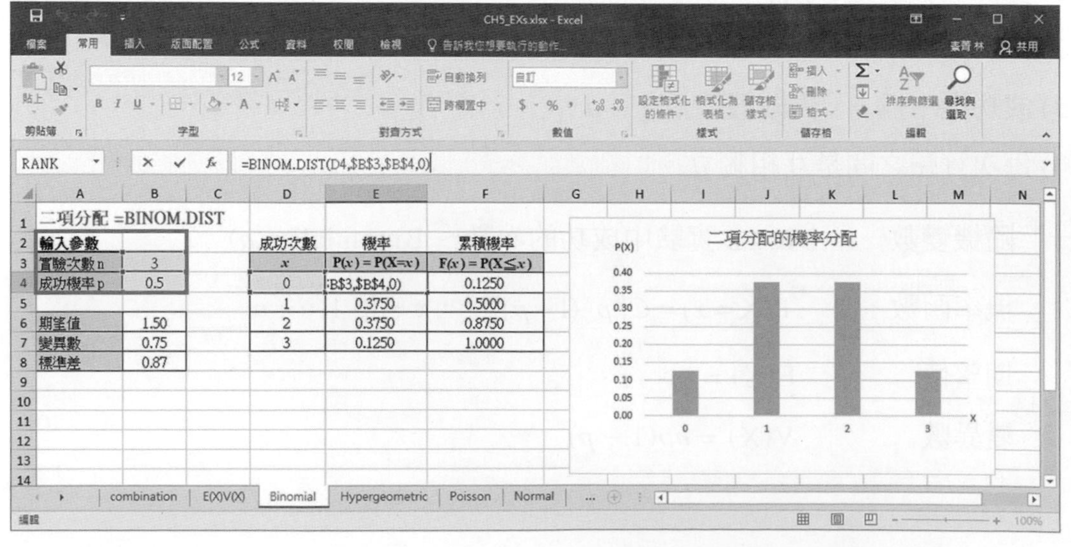

為減少背誦公式與查表的負擔，本書後續各章均提供計算器工作表，附檔業已輸入對應的計算公式，只要直接輸入正確的參數，如二項分配中的實驗次數 n 與成功機率 p，即可自動計算各種機率、期望值、變異數等，機率分配亦可直接向下拖曳完成計算。

範例 5-11

本次考試是五選一 10 題單選題，每題 10 分，甲生因爲沒有好好複習，故只能以隨機亂猜方式進行作答。請問：

(1) 猜對幾題的機率最高？

(2) 本次考試及格的機率爲何？

(3) 只靠亂猜的平均分數又會是多少？

(4) 如果考卷變成四選一的 10 題單選題，其結果有何改變？

(5) 如果考卷變成四選一的 25 題單選題，情況又會如何改變？

請掃描目錄頁 QR code，見檔案 CH5_EXs.xlsx

檢驗二項實驗的四個條件：(1) 作答 10 次，實驗次數 $n = 10$，(2) 每次作答只有答對（成功）與答錯（失敗）二種結果，(3) 五選一，亂猜的答對機率爲 $p = 0.2$，答錯機率爲 $1 - p = 0.8$，(4) 每題作答結果並不會互相影響，故視爲獨立事件。

隨機變數

X：亂猜 10 次答對的題數～ Binomial($n = 10$, $p = 0.2$)

Y = 10X：分數

機率函數

$P(X) = C_x^{10} p^x (1-p)^{10-x}$，$x = 0, 1, \cdots, 10$

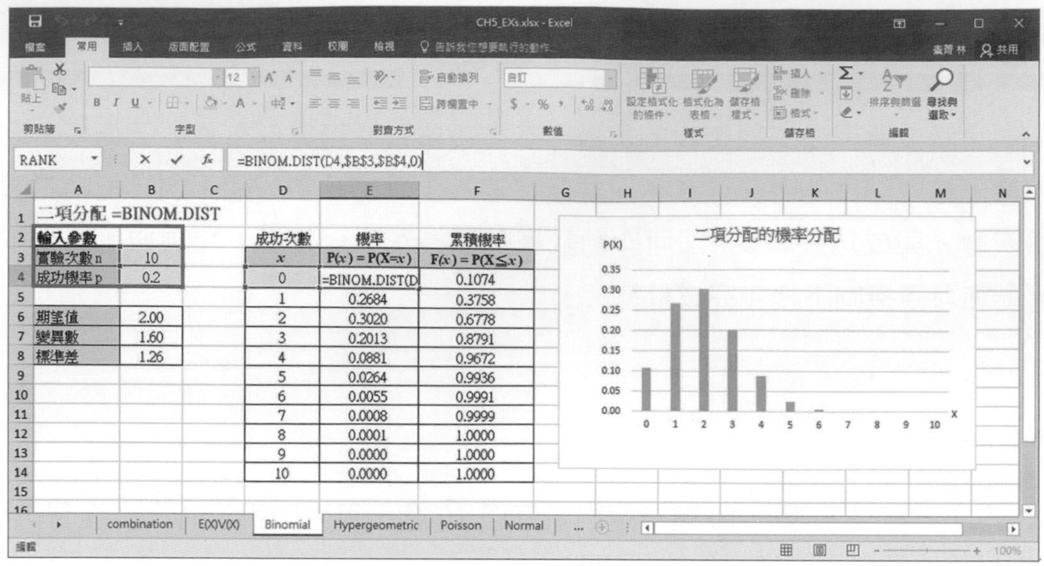

=BINOM.DIST(D4,$B$3,$B$4,0)

二項分配 =BINOM.DIST		成功次數	機率	累積機率
輸入參數		x	$P(x) = P(X=x)$	$F(x) = P(X \leq x)$
實驗次數 n	10	0	=BINOM.DIST(D	0.1074
成功機率 p	0.2	1	0.2684	0.3758
		2	0.3020	0.6778
期望值	2.00	3	0.2013	0.8791
變異數	1.60	4	0.0881	0.9672
標準差	1.26	5	0.0264	0.9936
		6	0.0055	0.9991
		7	0.0008	0.9999
		8	0.0001	1.0000
		9	0.0000	1.0000
		10	0.0000	1.0000

(1) 猜對 2 題的機率最高，P(X = 2) = 0.3020。

(2) 及格的機率爲至少猜對 6 題，P(X ≥ 6) = 1 − P(X ≤ 5) = 1 − 0.9936 = 0.64%。

(3) 平均答對題數 E(X) = np = 10×0.2 = 2，只靠亂猜的平均分數 E(Y) = E(10X) = 20 分。

(4) 如果考卷變成四選一的 10 題單選題，實驗次數仍爲 n = 10，亂猜的答對機率爲 p = 0.25，答錯機率爲 1 − p = 0.75，機率分配如下。

猜對 2 題的機率仍然最高 P(X = 2) = 0.2816，及格機率 P(X ≥ 6) = 1 − 0.9803 = 1.97%，平均答對題數 E(X) = 2.5，只靠亂猜的平均分數爲 E(Y) = E(10X) = 25 分。

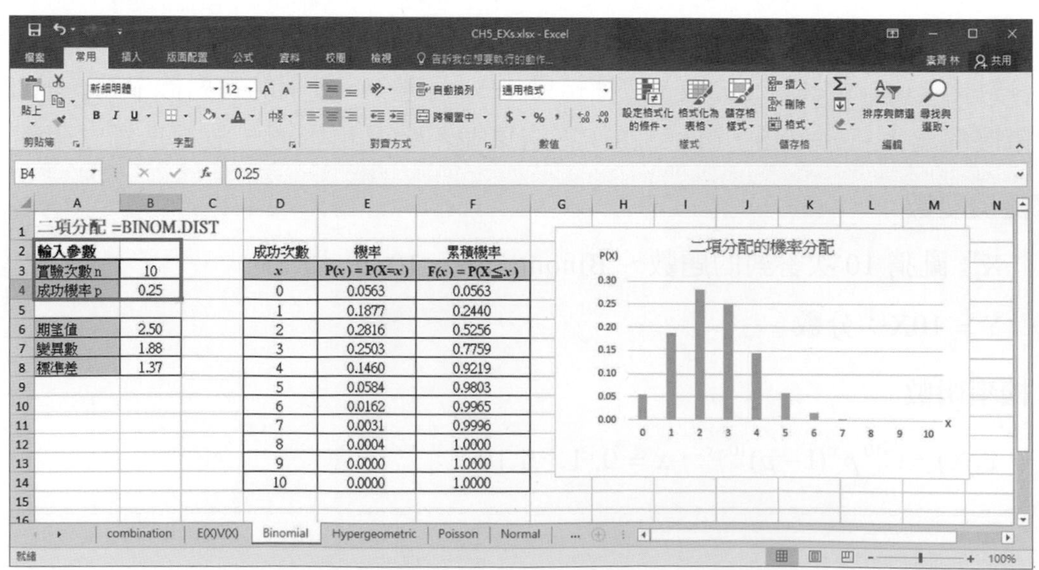

二項分配 =BINOM.DIST		成功次數	機率	累積機率
輸入參數		x	$P(x) = P(X=x)$	$F(x) = P(X \leq x)$
實驗次數 n	10	0	0.0563	0.0563
成功機率 p	0.25	1	0.1877	0.2440
		2	0.2816	0.5256
期望值	2.50	3	0.2503	0.7759
變異數	1.88	4	0.1460	0.9219
標準差	1.37	5	0.0584	0.9803
		6	0.0162	0.9965
		7	0.0031	0.9996
		8	0.0004	1.0000
		9	0.0000	1.0000
		10	0.0000	1.0000

(5) 如果考卷變成四選一的 20 題單選題，實驗次數爲 $n = 20$，亂猜的答對機率爲 $p = 0.25$，答錯機率爲 $1 - p = 0.75$，其機率分配如下。

其中猜對 5 題的機率最高 $P(X = 5) = 0.2023$，及格機率 $P(X \geq 12) = 1 - 0.9998 = 0.2\%$，平均答對題數 $E(X) = 5$，只靠亂猜的平均分數仍爲 $E(5X) = 25$ 分。

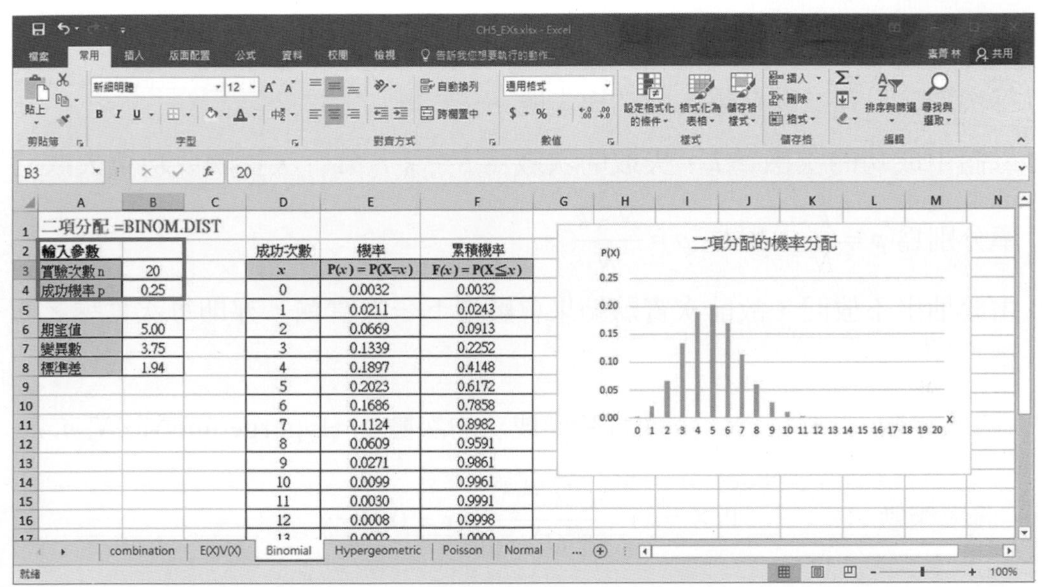

二項分配 =BINOM.DIST

輸入參數	
實驗次數 n	20
成功機率 p	0.25
期望值	5.00
變異數	3.75
標準差	1.94

成功次數 x	機率 $P(x) = P(X=x)$	累積機率 $F(x) = P(X \leq x)$
0	0.0032	0.0032
1	0.0211	0.0243
2	0.0669	0.0913
3	0.1339	0.2252
4	0.1897	0.4148
5	0.2023	0.6172
6	0.1686	0.7858
7	0.1124	0.8982
8	0.0609	0.9591
9	0.0271	0.9861
10	0.0099	0.9961
11	0.0030	0.9991
12	0.0008	0.9998
13	0.0002	1.0000

課堂練習 5-11

根據過去經驗，某公司產品瑕疵率為 2%，目前有 50 箱產品準備出貨，請問：

(1) 完全沒有瑕疵品的機率為何？

(2) 至少有 1 箱瑕疵品的機率為何？

(3) 低於 2 箱（含）瑕疵品的機率為何？

(4) 此次出貨平均會有幾箱瑕疵品？

5-3-2 超幾何分配

二項分配每次實驗成功的機率都會固定，如撲克牌抽出放回，每次都是從 52 張牌中進行實驗。當抽出不放回，前一張抽出結果，將會影響下一張牌抽出的機率，這種實驗結果被稱為**超幾何分配（Hypergeometric Distribution）**。超幾何實驗（Hypergeometric Experiment）的特性如下：

(1) 實驗次數固定，從母體個數 N 中進行 n 次實驗，n 也被稱為樣本個數。

(2) 每次實驗只有二種結果，成功與失敗。

(3) 母體中成功的次數為 k，失敗的次數為 $N-k$，第一次實驗成功與失敗的機率分別為 $p=\dfrac{k}{N}$，與 $1-p=\dfrac{N-k}{N}$。

(4) 由於抽出不放回，故前次實驗結果會影響下一次實驗，亦即每次實驗之間不獨立。

隨機變數	X：n 次實驗中成功的次數～ Hypergeometric(N, n, k)
機率函數	$\mathrm{P}(\mathrm{X}=x)=\dfrac{C_x^k C_{n-x}^{N-k}}{C_n^N}$，$x=0, 1, \cdots, n$
期望值	$\mathrm{E}(\mathrm{X})=\dfrac{nk}{N}=np$
變異數	$\mathrm{V}(\mathrm{X})=\dfrac{nk}{N}\times\dfrac{N-k}{N}\times\dfrac{N-n}{N-1}=np(1-p)\times\dfrac{N-n}{N-1}$

其中 $\dfrac{N-n}{N-1}$ 稱為**有限母體校正因子（Finite Population Correction Factor）**，當母體數 N 很大時，該校正因子會趨近於 1。

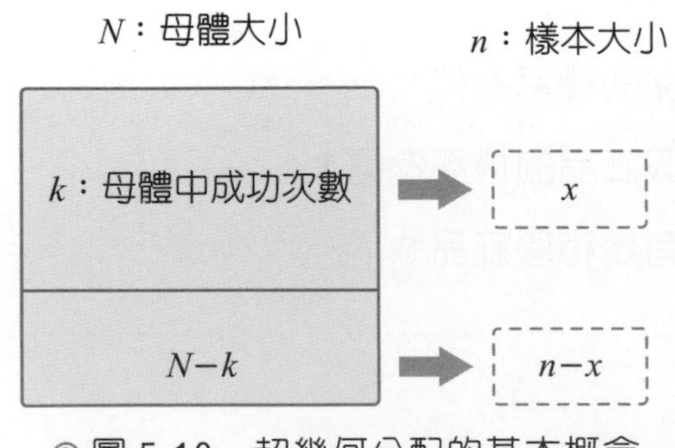

◎ 圖 5-10　超幾何分配的基本概念

舉例來說，從 52 張牌中抽出不放回，出現紅心視爲成功，此時母體大小 $N = 52$，母體中紅心的張數（成功的次數）$k = 13$，第一次抽中紅心的機率爲 $p = \frac{13}{52} = 0.25$。現在隨機抽取 $n = 3$ 張牌，可能出現紅心的張數（成功的次數）$x = 0, 1, 2, 3$。

隨機變數　X：3 張牌中出現紅心的張數～ Hypergeometric ($N = 52, n = 3, k = 13$)

機率函數　$P(X = x) = \frac{C_x^{13} C_{3-x}^{52-13}}{C_3^{52}}$，$x = 0, 1, 2, 3$

0 張紅心的機率　$P(X = 0) = \frac{C_0^{13} C_3^{39}}{C_3^{52}} = 0.4135$

1 張紅心的機率　$P(X = 1) = \frac{C_1^{13} C_2^{39}}{C_3^{52}} = 0.4359$

2 張紅心的機率　$P(X = 2) = \frac{C_2^{13} C_1^{39}}{C_3^{52}} = 0.1376$

3 張紅心的機率　$P(X = 3) = \frac{C_3^{13} C_0^{39}}{C_3^{52}} = 0.0129$

期望值　$E(X) = \frac{nk}{N} = np = 3 \times \frac{13}{52} = 0.75$

變異數　$V(X) = \frac{nk}{N} \times \frac{N-k}{N} \times \frac{N-n}{N-1} = np(1-p) \times \frac{N-n}{N-1} = 3 \times \frac{13}{52} \times \frac{39}{52} \times \frac{39}{51} = 0.43$

超幾何分配可以利用 EXCEL 的公式進行計算，超幾何分配指令 = HYPGEOM.DIST（實驗成功的次數 x, 實驗的次數 n, 母體中成功的次數 k, 母體數 N, FALSE），其中 FALSE（或輸入 0）表示個別機率 $P(X = x)$，TRUE（或輸入 1）表示累積機率 $P(X \le x)$。

請掃描目錄頁 QR code，見檔案 CH5_EXs.xlsx

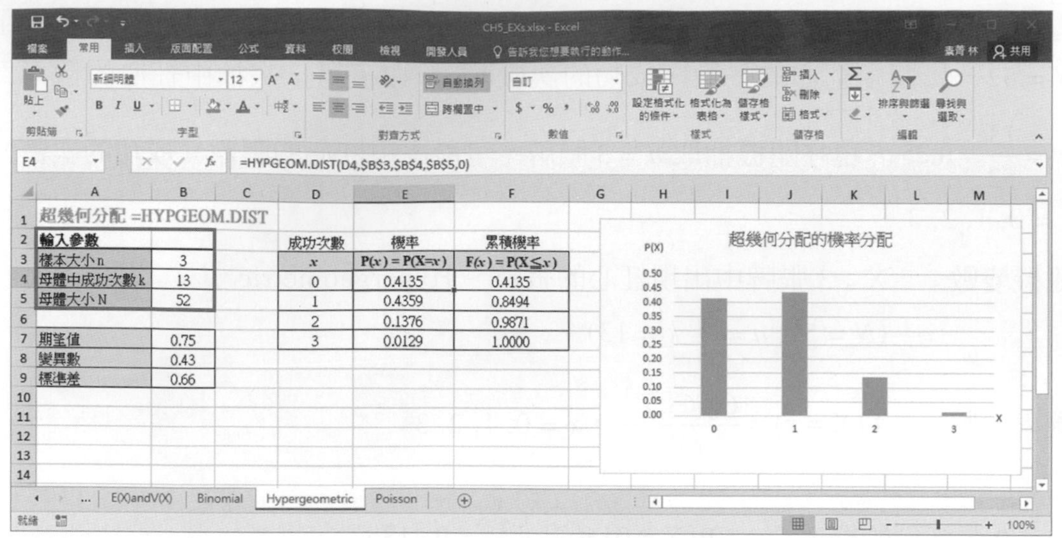

範例 5-12

某公司出貨 50 件，發現其中有 5 件瑕疵品，由於合約中規定，超過 1 件瑕疵品即被對方退貨，故現在隨機抽取 10 件貨品再次進行檢查。請問：

(1) 沒有發現瑕疵品的機率為何？

(2) 只發現一件瑕疵品的機率為何？

(3) 超過 1 件瑕疵品（被退貨）的機率為何？

(4) 如果公司改進技術，將瑕疵品機率降至 4%，超過 1 件瑕疵品（被退貨）的機率有何改變？

由於貨品檢查不會重複，故應採用超幾何分配。母體個數為公司出貨 $N = 50$ 件，成功的次數為瑕疵品 $k = 5$ 件，第一次抽到瑕疵品的比例為 $p = 0.1$，現在隨機抽取 $n = 10$ 件進行檢查。

隨機變數 X：10 件貨品中出現瑕疵品的數目，$x = 0, 1, \cdots, 10$

機率分配如下：

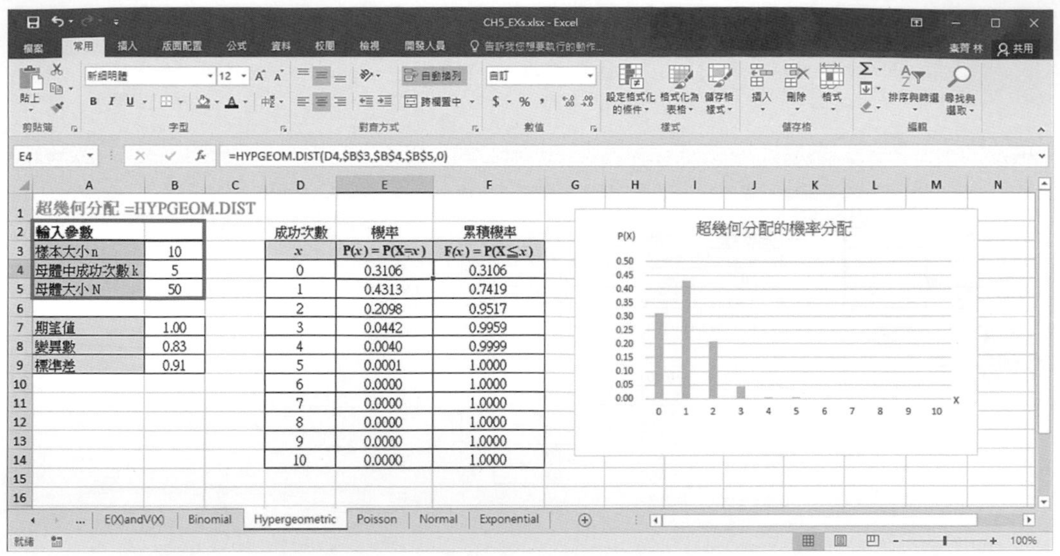

成功次數 x	機率 $P(x)=P(X=x)$	累積機率 $F(x)=P(X\leq x)$
0	0.3106	0.3106
1	0.4313	0.7419
2	0.2098	0.9517
3	0.0442	0.9959
4	0.0040	0.9999
5	0.0001	1.0000
6	0.0000	1.0000
7	0.0000	1.0000
8	0.0000	1.0000
9	0.0000	1.0000
10	0.0000	1.0000

(1) 沒有發現瑕疵品的機率

$$P(X=0)=\frac{C_0^5 C_{10}^{45}}{C_{10}^{50}}=0.3106$$

(2) 發現 1 件瑕疵品的機率

$$P(X=1)=\frac{C_1^5 C_9^{45}}{C_{10}^{50}}=0.4313$$

(3) 超過 1 件瑕疵品（被退貨）的機率

$$\begin{aligned}P(X>1)&=1-P(0)-P(1)=1-0.3106-0.4313\\&=1-P(X\leq 1)=1-0.7419=0.2581\end{aligned}$$

(4) 當瑕疵品機率降至 4%，亦即出貨 $N=50$ 件，瑕疵品個數爲 $k=2$ 件，超過 1 件瑕疵品（被退貨）的機率下降爲

$$P(X>1)=1-P(X\leq 1)=1-0.9633=0.0367$$

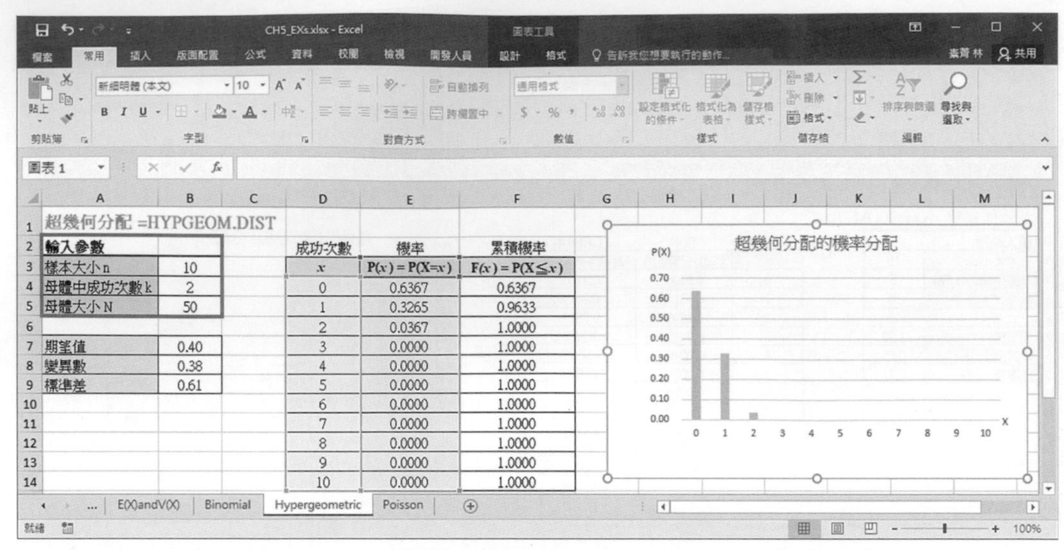

超幾何分配 =HYPGEOM.DIST	
輸入參數	
樣本大小n	10
母體中成功次數k	2
母體大小N	50
期望值	0.40
變異數	0.38
標準差	0.61

成功次數 x	機率 $P(x)=P(X=x)$	累積機率 $F(x)=P(X\leq x)$
0	0.6367	0.6367
1	0.3265	0.9633
2	0.0367	1.0000
3	0.0000	1.0000
4	0.0000	1.0000
5	0.0000	1.0000
6	0.0000	1.0000
7	0.0000	1.0000
8	0.0000	1.0000
9	0.0000	1.0000
10	0.0000	1.0000

課堂練習 5-12

根據調查顯示，10 位學生中有 6 人使用 iPhone，現在隨機抽取 3 位學生，請問：

(1) 沒有使用 iPhone 的機率為何？

(2) 至少有一人使用 iPhone 的機率為何？

(3) 最多有一人使用 iPhone 的機率為何？

5-3-3 卜瓦松分配

如果想知道在某一區間（可能是時間、距離或空間），隨機發生事件的次數，例如，賣場每小時結帳的人數、每月發生車禍的件數、每天診所的病人數等，這些事件發生的次數可能很少也可能很多，但都符合**卜瓦松分配**（**Poisson Distribution**）。

卜瓦松分配由 n 個互相獨立且相同的卜瓦松實驗（Poisson Experiment）組成，符合卜瓦松實驗的特性如下：

(1) 各區間內發生成功次數互相獨立。

(2) 每一區間平均成功次數爲 λ（以希臘字母 lambda 表示）。

(3) 平均成功次數與區間大小呈正比，當區間放大 t 倍時，平均數會變成 $t\lambda$。

隨機變數　　X：特定區間事件成功的次數～ Possion (λ)

機率函數　　$P(X=x)=\dfrac{e^{-\lambda}\lambda^{x}}{x!}$，$x = 0, 1, 2,\cdots$，其中 $e = 2.71828\cdots$

期望值　　$E(X)=\lambda$

變異數　　$V(X)=\lambda$

舉例來說，某路線公車平均每 15 分鐘出現 2 班，$\lambda = 2$。由於每班公車發車為獨立事件，每小時 60 分鐘為 15 分鐘的 4 倍，故每小時公車出現的平均次數應為 8 班，$t\lambda = 4\times 2 = 8$，每小時公車可能出現的班次 $x = 0, 1, 2,\cdots$。

隨機變數　　X：每小時公車出現的班次～ Poisson($t\lambda = 8$)

機率函數　　$P(X=x)=\dfrac{e^{-8}8^{x}}{x!}$，$x = 0, 1, 2,\cdots$

一小時內公車都沒出現的機率　　$P\left(X=0\right)=\dfrac{e^{-8}8^{0}}{0!}=0.0003$

一小時內出現 1 班公車的機率　　$P\left(X=1\right)=\dfrac{e^{-8}8^{1}}{1!}=0.0027$

一小時內出現 2 班公車的機率　　$P\left(X=2\right)=\dfrac{e^{-8}8^{2}}{2!}=0.0107$

一小時內出現 3 班公車的機率　　$P\left(X=3\right)=\dfrac{e^{-8}8^{3}}{3!}=0.0286$

…依此類推

期望值　　$E(X)=8$

變異數　　$V(X)=8$

卜瓦松分配可以利用 EXCEL 的公式進行計算，卜瓦松分配指令 = POISSON.DIST（事件出現的次數 x, 期望值 λ, FALSE），其中 FALSE（或輸入 0）表示個別機率 $P(X = x)$，TRUE（或輸入 1）表示累積機率 $P(X \le x)$。

請掃描目錄頁 QR code，見檔案 CH5_EXs.xlsx

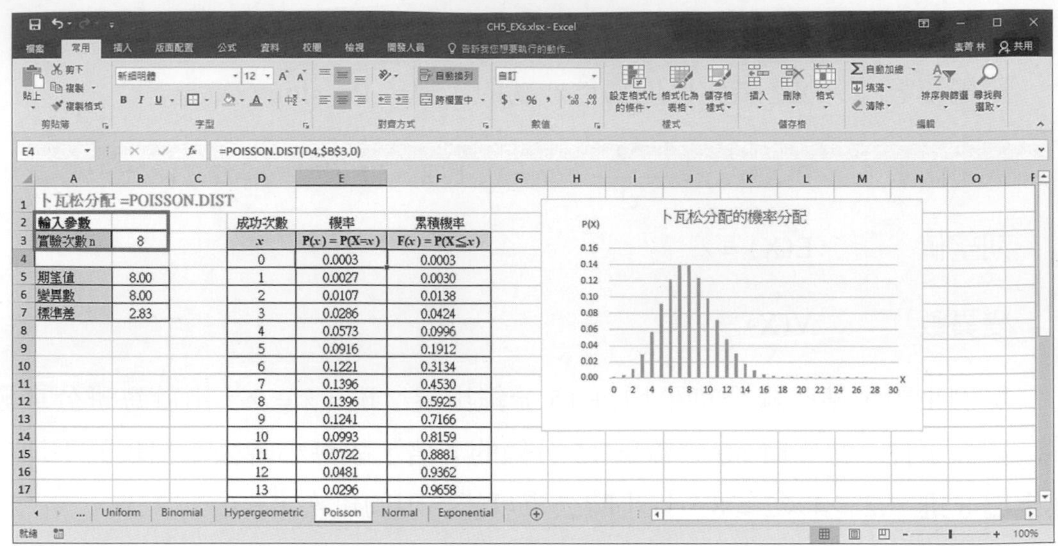

=POISSON.DIST(D4,$B$3,0)

卜瓦松分配 =POISSON.DIST

輸入參數	
實驗次數n	8
期望值	8.00
變異數	8.00
標準差	2.83

成功次數 x	機率 $P(x)=P(X=x)$	累積機率 $F(x)=P(X\leq x)$
0	0.0003	0.0003
1	0.0027	0.0030
2	0.0107	0.0138
3	0.0286	0.0424
4	0.0573	0.0996
5	0.0916	0.1912
6	0.1221	0.3134
7	0.1396	0.4530
8	0.1396	0.5925
9	0.1241	0.7166
10	0.0993	0.8159
11	0.0722	0.8881
12	0.0481	0.9362
13	0.0296	0.9658

範例 5-13

書商在過去出版品中發現，平均每 40 頁會有 1 個錯字。請問：一本 200 頁的書籍

(1) 都沒有錯字的機率爲何？

(2) 錯字介於 3 到 5 個的機率爲何？

(3) 錯字超過 10 個的機率又爲何？

平均每 40 頁會發現 1 個錯字，$\lambda=1$，由於每頁是否有錯字爲獨立事件，一本 200 頁的書，區間放大 5 倍，平均錯字數也會增加 5 倍，亦即 200 頁的書中平均會有 5 個錯字，$t\lambda=5$。

隨機變數　　X：200 頁的書出現錯字的個數～ Possion ($t\lambda=5$)

機率分配　　$P(X=x)=\dfrac{e^{-5}5^{x}}{x!}$，$x=0, 1, 2, \cdots$

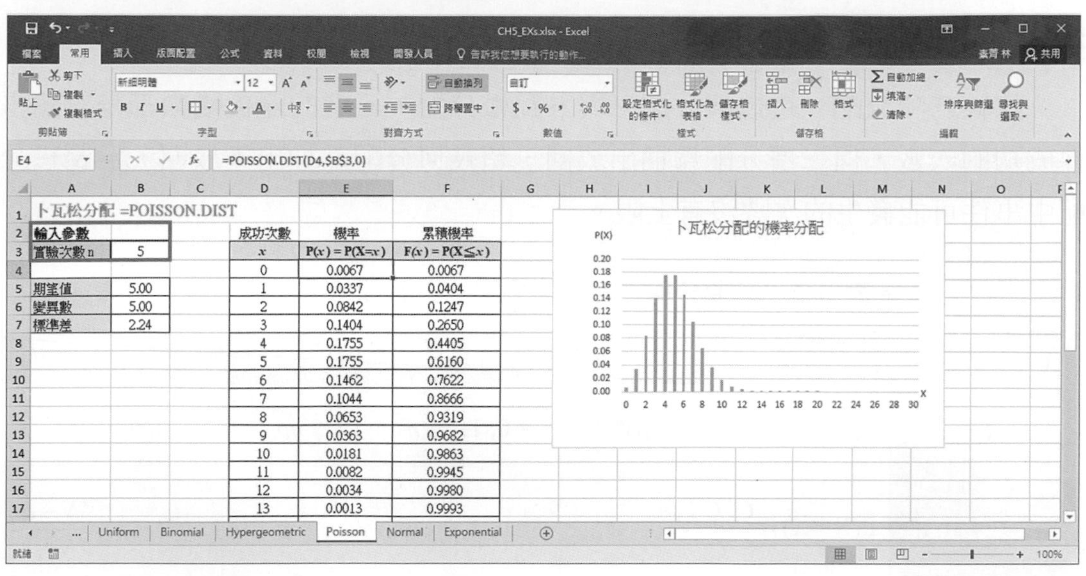

輸入參數	
實驗次數 n	5
期望值	5.00
變異數	5.00
標準差	2.24

成功次數 x	機率 $P(x)=P(X=x)$	累積機率 $F(x)=P(X\le x)$
0	0.0067	0.0067
1	0.0337	0.0404
2	0.0842	0.1247
3	0.1404	0.2650
4	0.1755	0.4405
5	0.1755	0.6160
6	0.1462	0.7622
7	0.1044	0.8666
8	0.0653	0.9319
9	0.0363	0.9682
10	0.0181	0.9863
11	0.0082	0.9945
12	0.0034	0.9980
13	0.0013	0.9993

(1) 200 頁書籍中沒有錯字的機率 $P(X = 0) = 0.67\%$。

(2) 200 頁書籍中有 3 ～ 5 個錯字的機率

$$P(3 \le X \le 5) = P(3) + P(4) + P(5) = 0.1404 + 0.1755 + 0.1755$$
$$= P(X \le 5) - P(X \le 2) = 0.6160 - 0.1247 = 49.13\%$$ 。

(3) 超過 10 個錯字的機率 $P(X > 10) = 1 - P(X \le 9) = 1 - 0.9682 = 3.18\%$。

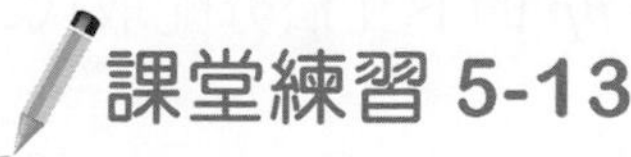

課堂練習 5-13

超商在晚間時段，平均每小時有 90 位顧客，請問：

(1) 每分鐘平均有多少位顧客？

(2) 每分鐘至少有 2 位客人的機率為何？

(3) 每分鐘超過 2 位客人的機率為何？

(4) 每分鐘最多有 2 位客人的機率為何？

(5) 晚上 7 點至 10 點，至少有 250 位客人的機率為何？

5-3-4 二項分配、超幾何分配、與卜瓦松分配的關係

比較二項分配、超幾何分配、與卜瓦松分配，三者的隨機變數都是討論事件成功的次數，但二項分配爲抽出放回，超幾何分配爲抽出不放回，卜瓦松分配中事件可能發生的次數沒有上限。

➡ 表 5-5 二項分配、超幾何分配、與卜瓦松分配的比較

	機率分配	可能的值	期望值	變異數
二項分配	$P(X=x)=C_x^n p^x(1-p)^{n-x}$	$x=0, 1, \cdots, n$	np	$np(1-p)$
超幾何分配	$P(X=x)=\dfrac{C_x^k C_{n-x}^{N-k}}{C_n^N}$	$x=0, 1, \cdots, n$	np	$np(1-p)\times\dfrac{N-n}{N-1}$
卜瓦松分配	$P(X=x)=\dfrac{e^{-\lambda}\lambda^x}{x!}$	$x=0, 1, 2, \cdots$	λ	λ

除此之外，當母體數 N 很大時，有限母體校正因子 $\dfrac{N-n}{N-1}$ 將趨近於 1，放回或不放回差別不大，故在實務上只要 $\dfrac{n}{N}\le 0.05$ 成立，二項分配將可以取代超幾何分配。在二項隨機實驗中，當 n 很大且 p 很小時，實務上 $n>20$ 且 $np\le 7$ 成立時，我們也可以用 $\lambda=np$ 的卜瓦松分配取代二項分配。

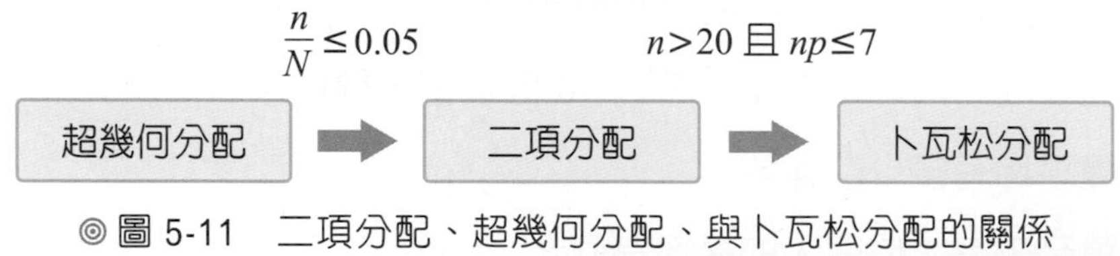

◎ 圖 5-11 二項分配、超幾何分配、與卜瓦松分配的關係

範例 5-14

保險公司整理 700 位保戶資料後發現，保險理賠機率爲千分之一。請問保險公司不需理賠任何保戶的機率爲何？請分別以二項分配與卜瓦松分配計算，並進行比較。

隨機變數 X：理賠人次～ Binomial(n = 700, p = 0.001)，x = 0, 1,⋯, 700

二項分配機率分配如下：

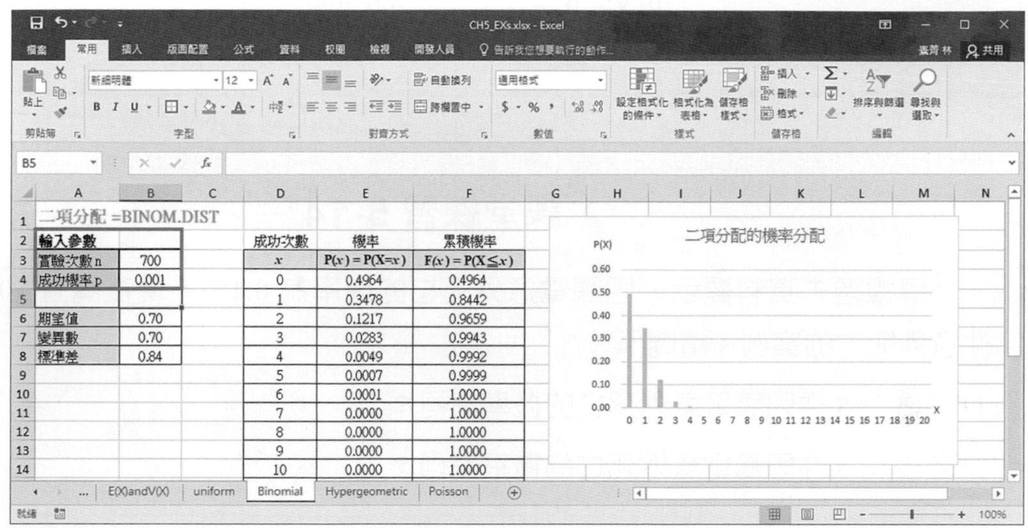

二項分配 =BINOM.DIST

輸入參數	
實驗次數 n	700
成功機率 p	0.001
期望值	0.70
變異數	0.70
標準差	0.84

成功次數 x	機率 $P(x) = P(X=x)$	累積機率 $F(x) = P(X \le x)$
0	0.4964	0.4964
1	0.3478	0.8442
2	0.1217	0.9659
3	0.0283	0.9943
4	0.0049	0.9992
5	0.0007	0.9999
6	0.0001	1.0000
7	0.0000	1.0000
8	0.0000	1.0000
9	0.0000	1.0000
10	0.0000	1.0000

隨機變數 X：理賠人次～ Poisson(λ = np = 700*0.001 = 0.7)，x = 0, 1, 2,⋯

以卜瓦松分配進行計算，機率分配如下：

卜瓦松分配 =POISSON.DIST

輸入參數	
實驗次數 n	0.7
期望值	0.70
變異數	0.70
標準差	0.84

成功次數 x	機率 $P(x) = P(X=x)$	累積機率 $F(x) = P(X \le x)$
0	0.4966	0.4966
1	0.3476	0.8442
2	0.1217	0.9659
3	0.0284	0.9942
4	0.0050	0.9992
5	0.0007	0.9999
6	0.0001	1.0000
7	0.0000	1.0000
8	0.0000	1.0000
9	0.0000	1.0000
10	0.0000	1.0000

卜瓦松分配的機率分配

當 n 很大且 p 很小，比較二種方法計算保險公司不需理賠任何保戶的機率非常接近。

二項分配

$$P(X=0)=C_0^{700}0.001^0(0.999)^{700}=0.4964$$

卜瓦松分配

$$P(X=0)=\frac{e^{-0.7}0.7^0}{0!}=0.4966$$

課堂練習 5-14

根據過去資料顯示，因觸電意外死亡的機率為 0.1%，現在調查 5000 件意外死亡的案例。請問：

(1) 剛好有 5 件因觸電意外死亡的機率為何？

(2) 至少有 5 件因觸電意外死亡的機率為何？

5-4 連續機率分配

本節接續介紹常見的連續機率分配，包括常態分配與指數分配的範例應用。

5-4-1 常態分配

常態分配（Normal Distribution）也稱爲 **Z 分配（Z Distribution）**，由德國數學家高斯（Carl Friedrich Gauss, 1777 ～ 1855）將其發揚光大，故也稱**爲高斯分配（Gauss Distribution）**，是統計學中最重要的分配之一。

常態分配重要的原因有二，第一，很多自然現象的母體呈現常態或類似常態分佈，例如，人們的身高、體重、智商、壽命、生活支出等，這些變數數值很高或很低的人較少，大部分的人都集中在中間範圍。第二，在做推論統計時，常態分配在某些情況下是必要條件。

如果 X ～ N(μ, σ)，即表示隨機變數 X 爲一個具有平均數 μ 與標準差 σ 的常態分配。常態分配符合以下特性：

(1) 常態分配以平均數 μ 爲中心點，是一個單峰、鐘型、且具有對稱性質的連續分配，

(2) 常態分配的機率密度函數如下，可能的值爲 $-\infty < x < \infty$，

$$f(x) = \frac{1}{\sqrt{2\pi\sigma^2}} e^{\frac{-(x-\mu)^2}{2\sigma^2}}$$

(3) 該函數以橫軸（X 軸）爲漸近線，不會相交，在平均數加減一個標準差時有轉折點，數學上稱爲反曲點（Inflection Point），

(4) 常態分配在 $\mu \pm \sigma$ 範圍內的機率爲 68.3%，在 $\mu \pm 2\sigma$ 範圍內的機率爲 95.4%，在 $\mu \pm 3\sigma$ 範圍內的機率爲 99.7%，比經驗法則更爲精確，

(5) 常態分配爲連續分配，機率爲曲線下的面積，在某一點的機率爲零。

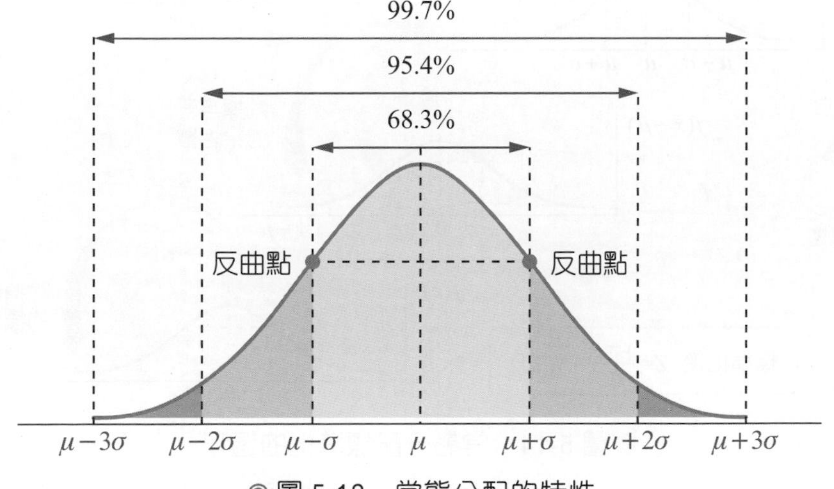

◎圖 5-12　常態分配的特性

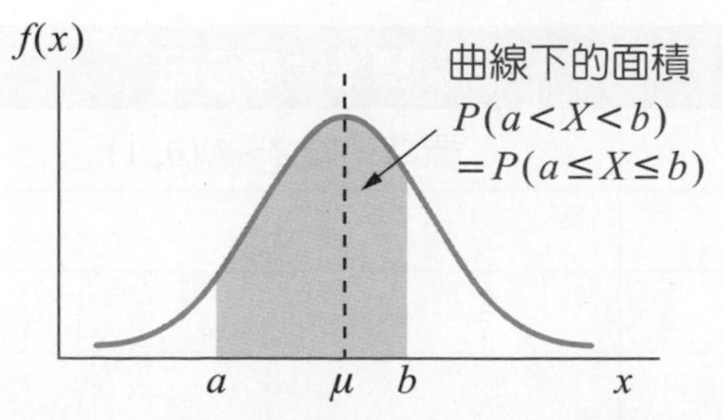

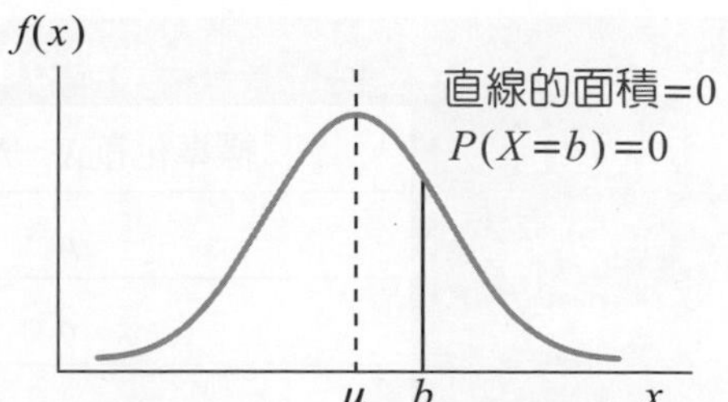

◎圖 5-13　常態分配的機率

既然常態分配在統計應用中如此重要，計算常態分配的機率，變成學習統計分析能力的重要任務之一。問題是要計算機率（面積），必需用到積分，在還沒有電腦幫助計算的時代，積分是相對困難的。為了降低門檻，統計學家想到一個辦法，只要幫常態分配找到一組固定的平均數與標準差，然後把面積算出來，一般人只要會查表，會加減乘除，就能計算機率了。

常態分配 $X \sim N(\mu, \sigma)$ 可透過平均數與標準差的特性，將隨機變數 X 的原始值減掉自己的平均數，再除以自己的標準差，新變數 $Z = \dfrac{X-\mu}{\sigma}$ 的平均數與標準差變成 0 與 1，此一過程稱為**標準化（Standardization）**。換句話說，標準化前的隨機變數 X 為一個具有平均數 μ 與標準差 σ 的常態分配，標準化後的隨機變數 $Z = \dfrac{X-\mu}{\sigma} \sim N(0, 1)$ 為一個具有平均數 0 標準差 1 的**標準常態分配（Standard Normal Distribution）**。

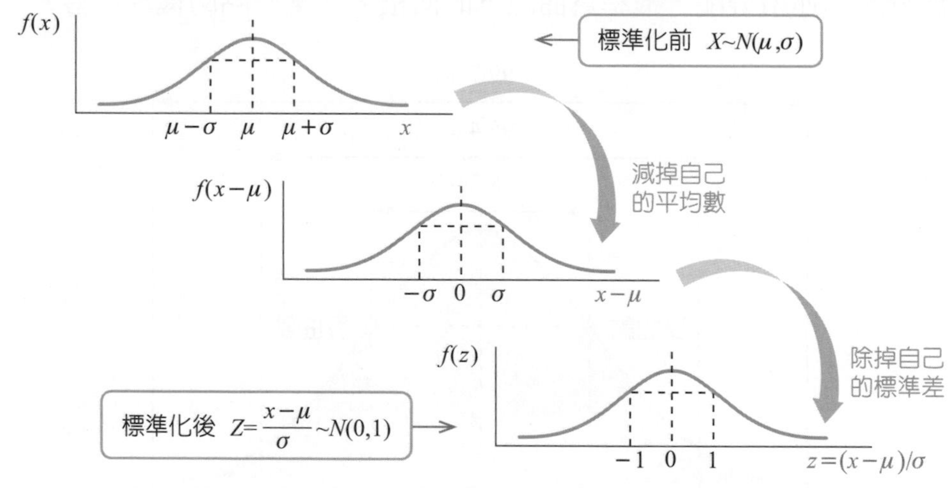

◎圖 5-14　常態分配標準化的過程

表 5-6　常態分配與標準常態分配的比較

	常態分配	標準常態分配
隨機變數	標準化前 $X \sim N(\mu, \sigma)$	標準化後 $Z \sim N(0, 1)$
平均數	μ	0
標準差	σ	1
機率密度函數	$f(x) = \dfrac{1}{\sqrt{2\pi\sigma^2}} e^{\frac{-(x-\mu)^2}{2\sigma^2}}$	$f(z) = \dfrac{1}{\sqrt{2\pi}} e^{\frac{-z^2}{2}}$
值的範圍	$-\infty < x < \infty$	$-\infty < z < \infty$

常態分配的問題通常有二種形式，第一，計算隨機變數某範圍的機率，第二，已知機率，反推隨機變數值的落點。舉例來說，假設隨機變數 X 呈現常態分配，平均數與標準差分別爲 18 與 6.5，分別計算 P(X > 20) 以及左尾機率爲 95% 的落點。

〔**方法一**〕利用 EXCEL 常態分配的公式進行計算。

☞ 計算常態分配左尾機率值，指令 = NORM.DIST（數值 , 平均數 , 標準差 , TRUE），其中 TRUE（或輸入 1）表示以下累積機率。

$$P(X > 20) = 1 - P(X \leq 20) = 1 - \text{NORM.DIST}(20, 18, 6.5, \text{TRUE})$$

$$= 1 - 0.6208 = 0.3792$$

函數引數 ? ×

NORM.DIST

X	20	= 20
Mean	18	= 18
Standard_dev	6.5	= 6.5
Cumulative	1	= TRUE

= 0.620841763

傳回指定平均數和標準差下的常態分配

Cumulative 為一邏輯值: 當為 TRUE 時，採用累加分配函數; 為 FALSE 時，採用機率密度函數。

計算結果 = 0.620841763

函數說明(H) 確定 取消

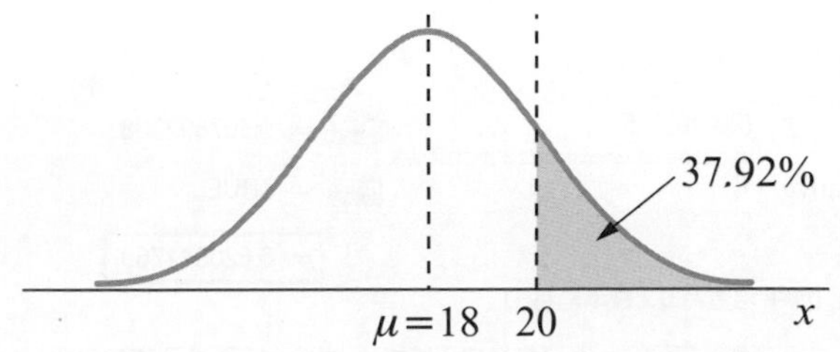

🖩 計算隨機變數值的落點，指令 = NORM.INV（左尾機率 , 平均數 , 標準差）。
左尾機率 95% 的落點 = NORM.DIST(0.95, 18, 6.5) = 28.69。

函數引數 ? ×

NORM.INV

Probability 0.95 = 0.95

Mean 18 = 18

Standard_dev 6.5 = 6.5

= 28.69154858

在指定平均數和標準差下，傳回標準常態累加分配的反分配

Standard_dev 為分配的標準差，此值需為正值。

計算結果 = 28.69154858

函數說明(H) 確定 取消

95%

$\mu=18$ 28.69 x

〔**方法二**〕利用 EXCEL 標準常態分配的公式進行查表，再計算機率與落點值。

🖩 計算標準常態分配左尾機率值，指令 = NORM.S.DIST（Z 值 , TRUE）。

$$Z=\frac{20-18}{6.5}=0.31$$

$$P(X>20)=P(Z>0.31)=1-\text{NORM.S.DIST}(0.31,1)=0.3792$$

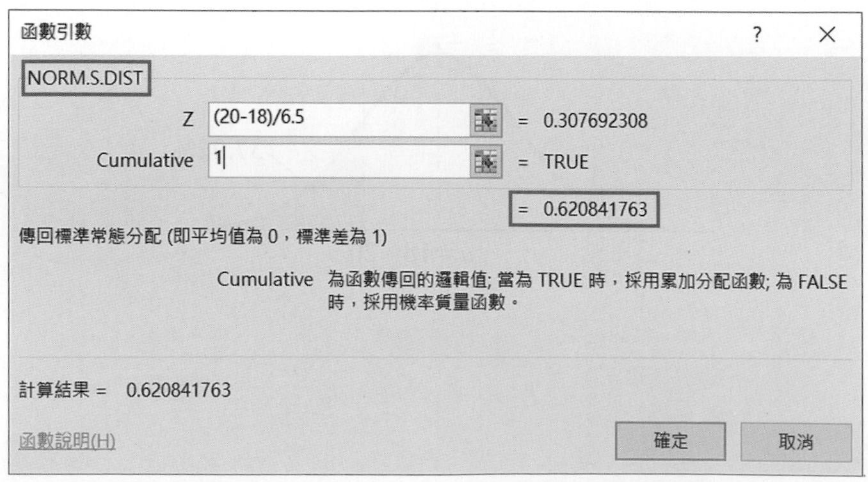

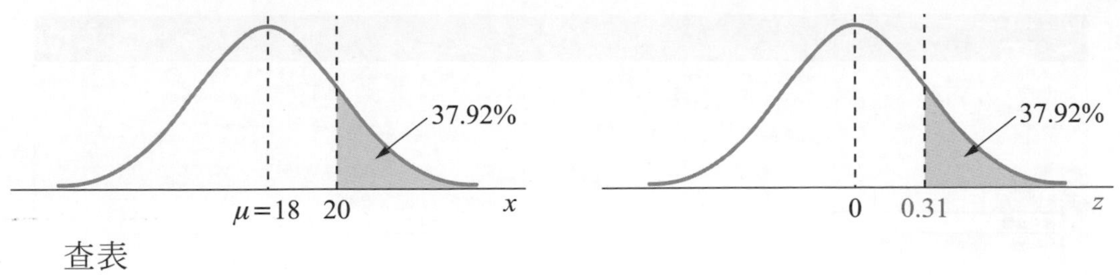

查表

附表1 標準常態分配累積機率值 P(Z<z)

z	0.00	0.01	0.02	0.03	0.04	0.05	0.06	0.07	0.08	0.09
0.00	0.5000	0.5040	0.5080	0.5120	0.5160	0.5199	0.5239	0.5279	0.5319	0.5359
0.10	0.5398	0.5438	0.5478	0.5517	0.5557	0.5596	0.5636	0.5675	0.5714	0.5753
0.20	0.5793	0.5832	0.5871	0.5910	0.5948	0.5987	0.6026	0.6064	0.6103	0.6141
0.30	0.6179	0.6217	0.6255	0.6293	0.6331	0.6368	0.6406	0.6443	0.6480	0.6517
0.40	0.6554	0.6591	0.6628	0.6664	0.6700	0.6736	0.6772	0.6808	0.6844	0.6879
0.50	0.6915	0.6950	0.6985	0.7019	0.7054	0.7088	0.7123	0.7157	0.7190	0.7224

利用標準常態分配中的 Z 值，反推隨機變數值的落點，指令 = NORM.S.INV（左尾機率）。

左尾機率 95% 的 Z 值爲 1.645，亦即 P(Z > 1.645) = 0.95，$1.645 = \dfrac{x-18}{6.5}$ = NORM.S.INV(0.95, 18, 6.5)，落點 = 18 + 1.645×6.5 = 28.69。

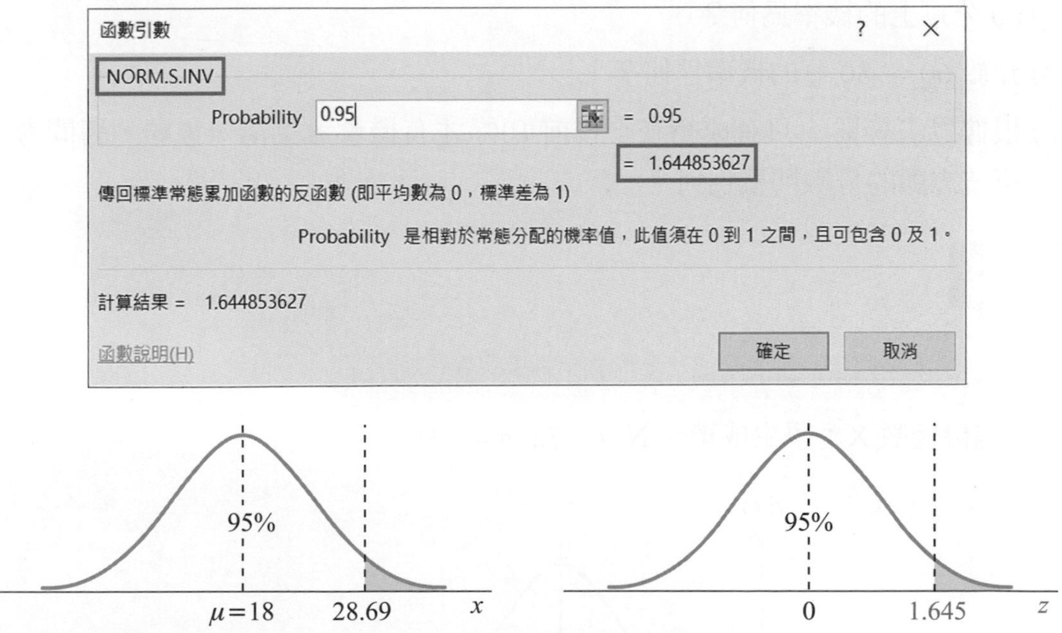

請掃描目錄頁 QR code，見檔案 CH5_EXs.xlsx

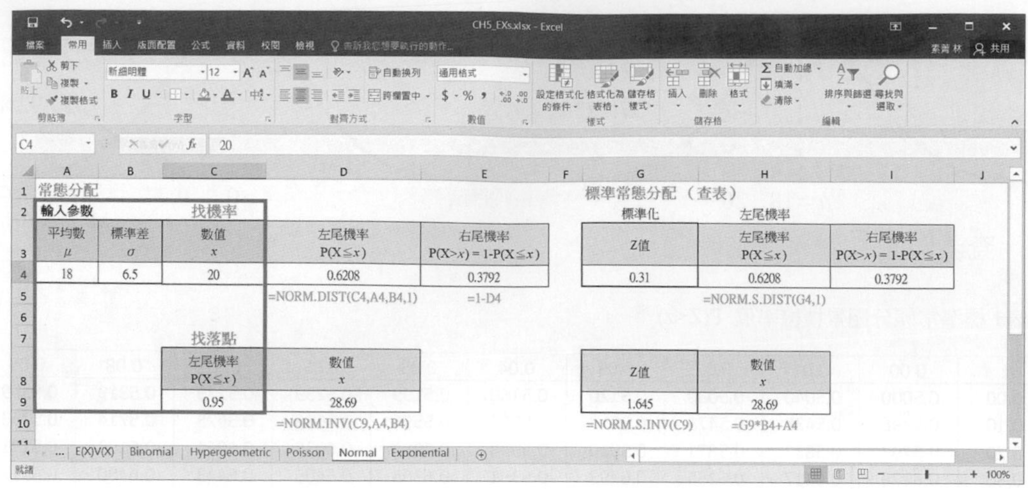

範例 5-15

某校發佈第一次模擬考消息，600 位參加考試學生的成績呈現常態分配，平均數與標準差分別爲 72 分與 18 分。請問：

(1) 不及格的機率爲何？

(2) 不及格的人數爲何？

(3) 80 分以上的機率爲何？

(4) 介於 60 ～ 80 分的機率爲何？

(5) 根據過去經驗，只有成績在全校前 10% 才有機會考上第一志願，請問考上第一志願的分數門檻爲何？

⊙ 請掃描目錄頁 QR code，見檔案 CH5_EXs.xlsx

隨機變數 X：學生成績～ N(μ = 72, σ = 18)

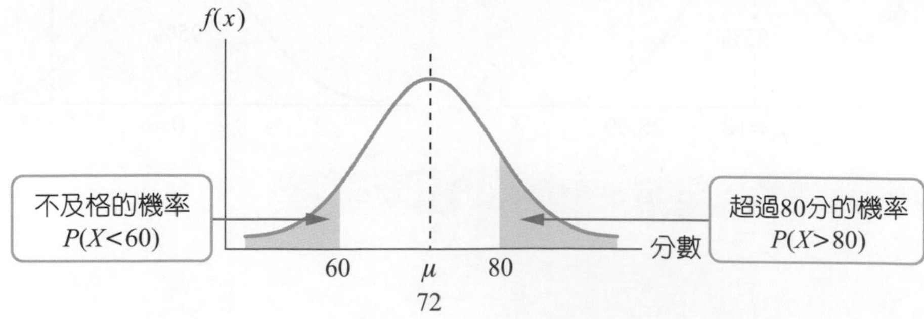

(1) 不及格的機率

$$P(X<60)=P\left(\frac{X-\mu}{\sigma}<\frac{60-72}{18}\right)=P(Z<-0.67)=0.2525$$

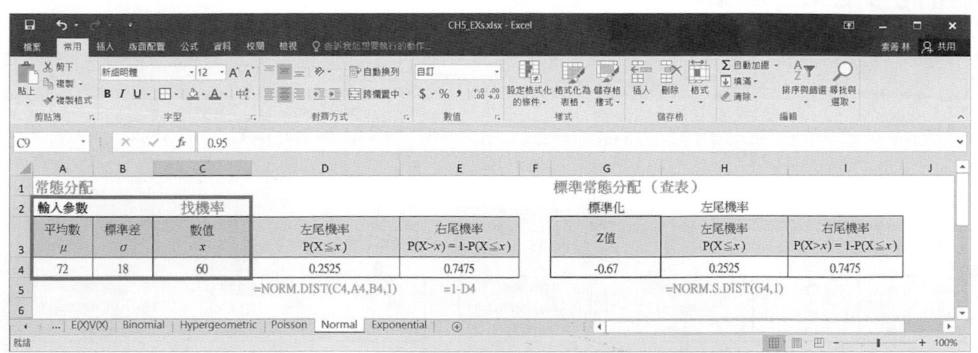

	A	B	C	D	E	F	G	H	I
1	常態分配						標準常態分配（查表）		
2	輸入參數		找機率				標準化	左尾機率	
3	平均數 μ	標準差 σ	數值 x	左尾機率 $P(X\leq x)$	右尾機率 $P(X>x)=1-P(X\leq x)$		Z值	左尾機率 $P(X\leq x)$	右尾機率 $P(X>x)=1-P(X\leq x)$
4	72	18	60	0.2525	0.7475		-0.67	0.2525	0.7475
5				=NORM.DIST(C4,A4,B4,1)	=1-D4			=NORM.S.DIST(G4,1)	

(2) 不及格的人數 = 600 人 × 不及格的機率 = 600×0.2525 = 151.5，約有 152 人不及格。

(3) 80 分以上的機率

$$P(X>80)=P\left(\frac{X-\mu}{\sigma}>\frac{80-72}{18}\right)=P(Z>0.44)=0.3284$$

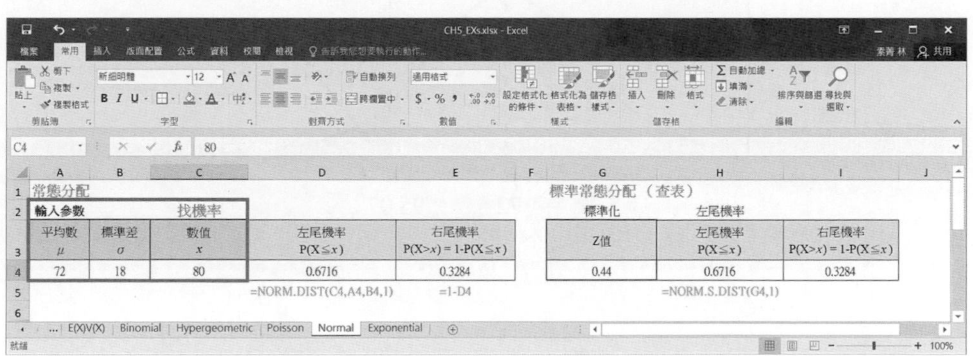

	A	B	C	D	E	F	G	H	I
1	常態分配						標準常態分配（查表）		
2	輸入參數		找機率				標準化	左尾機率	
3	平均數 μ	標準差 σ	數值 x	左尾機率 $P(X\leq x)$	右尾機率 $P(X>x)=1-P(X\leq x)$		Z值	左尾機率 $P(X\leq x)$	右尾機率 $P(X>x)=1-P(X\leq x)$
4	72	18	80	0.6716	0.3284		0.44	0.6716	0.3284
5				=NORM.DIST(C4,A4,B4,1)	=1-D4			=NORM.S.DIST(G4,1)	

(4) 介於 60 ～ 80 分的機率

$$P(60<X<80)=P(X<80)-P(X<60)=0.6716-0.2525=0.4191$$

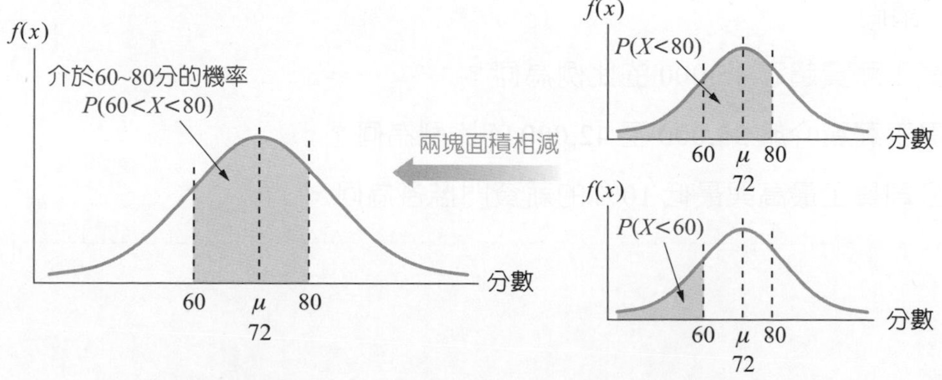

(5) 全校前 10% 的 Z 值為 1.28，亦即 $P(Z > 1.28) = 0.90$，$1.28 = \dfrac{x-72}{18}$，成績落點 $= 72 + 1.28 \times 18 = 95.07$。換句話說，模擬考成績必需在 95 分以上才有可能考上第一志願。

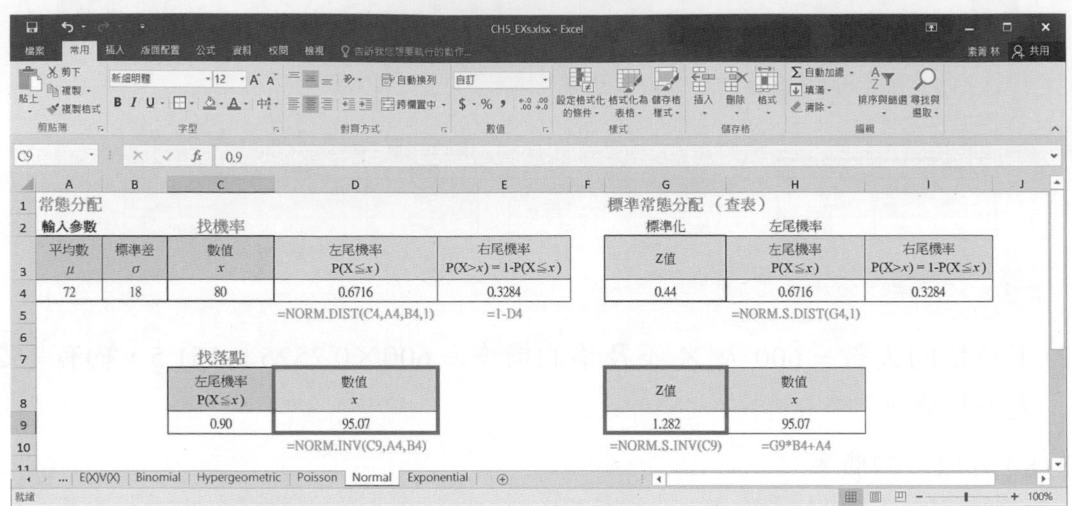

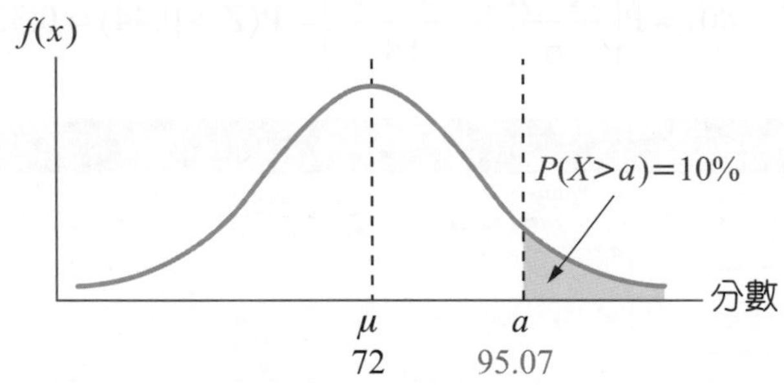

課堂練習 5-15

某公司員工薪資呈現常態分配，平均數為 40,000 元，標準差為 5,000 元。請問：

(1) 員工薪資超過 45,000 的比例為何？

(2) 員工薪資介於 35,000 至 42,000 的比例為何？

(3) 公司員工最高與最低 10% 的薪資門檻各為何？

5-4-2 指數分配

卜瓦松分配說明特定時間某事件發生的次數，**指數分配（Exponential Distribution）**則用來表示獨立事件發生的時間間隔，二者關聯整理如下表。

➠ 表 5-7 指數分配與卜瓦松分配的關係

	指數分配	卜瓦松分配
隨機變數	X：事件發生的時間間隔 ～Exponential (β)	X：特定區間事件成功的次數 ～Poisson (λ)
機率密度函數	$f(x)=\frac{1}{\beta}e^{\frac{-x}{\beta}}$	$P(X=x)=\frac{e^{-\lambda}\lambda^{x}}{x!}$
可能的值	$x \geq 0$（連續）	$x=0, 1, 2, \cdots$（間斷）
期望值	$\beta = 1/\lambda$	λ
變異數	β^2	λ
範例	二部車開進停車場的間隔時間	每小時開進停車場的車輛數
	機器故障一次的間隔時間	機器30分鐘內故障的次數
	馬路上坑洞間隔的公里數	馬路每10公里出現的坑洞數

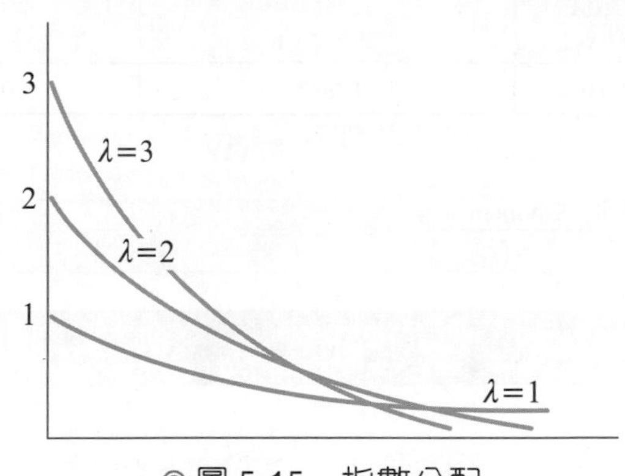

◎ 圖 5-15 指數分配

舉例來說，每小時出現的公車數符合卜瓦松分配，λ 表示每小時平均出現公車班次，二班公車之間的間隔時間（等待時間）則符合指數分配，β 表示平均等待時間。假如平均每小時有 6 台公車經過 ($\lambda = 6$)，這也意謂平均等車時間爲 10 分鐘（1 / 6 小時），$\beta = 1/\lambda = 1/6$。

時間間隔 β

發生次數 λ

◎ 圖 5-16 時間間隔（指數分配）與發生次數（卜瓦松分配）的關係

⊞ 指數分配可以利用 EXCEL 的公式進行計算，指數分配指令 = EXPON.DIST（等待時間 x, 期望值 $\lambda = 1 / \beta$, TRUE），其中 TRUE（或輸入 1）表示累積機率 $P(X \leq x)$。

⊙ 請掃描目錄頁 QR code，見檔案 CH5_EXs.xlsx

⊞ 每小時沒有公車出現，意謂等車時間超過 60 分鐘。

指數分配：等待時間超過 60 分鐘的機率 $P(X > 60) = 0.0025$

卜瓦松分配：每小時沒有公車出現的機率 $P(X=0) = \frac{e^{-6}6^0}{0!} = e^{-6} = 0.0025$

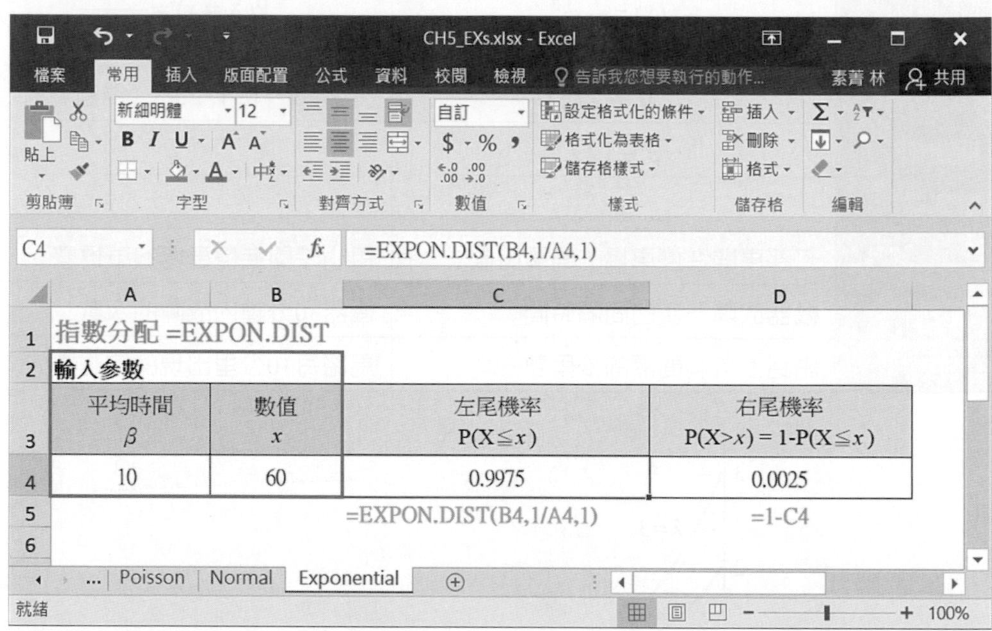

C4 =EXPON.DIST(B4,1/A4,1)

指數分配 =EXPON.DIST

輸入參數

平均時間 β	數值 x	左尾機率 $P(X \leq x)$	右尾機率 $P(X>x) = 1-P(X \leq x)$
10	60	0.9975	0.0025
		=EXPON.DIST(B4,1/A4,1)	=1-C4

E4 =POISSON.DIST(D4,$B$3,0)

卜瓦松分配 =POISSON.DIST

輸入參數	
實驗次數 n	6
期望值	6.00
變異數	6.00
標準差	2.45

成功次數 x	機率 $P(x) = P(X=x)$	累積機率 $F(x) = P(X \leq x)$
0	0.0025	0.0025
1	0.0149	0.0174
2	0.0446	0.0620
3	0.0892	0.1512
4	0.1339	0.2851
5	0.1606	0.4457
6	0.1606	0.6063
7	0.1377	0.7440

範例 5-16

汽車電瓶的平均壽命爲 24 個月，某人新買一個電瓶，在 18 個月內需要再次換電瓶的機率爲何？

解說

X：電瓶壽命～ Exponential(β = 24)，電瓶使用期限低於 18 個月的機率 P(X < 18) = 0.5276。

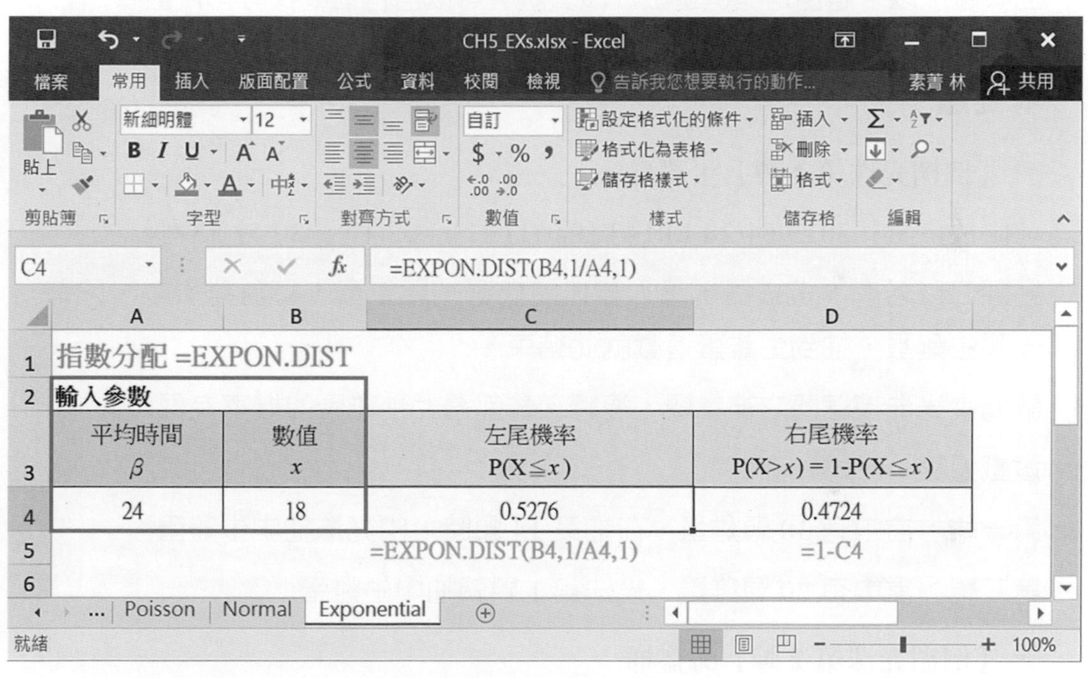

課堂練習 5-16

超市等候結帳的平均時間是 2 分鐘，顧客等待結帳時間超過 4 分鐘的機率為何？

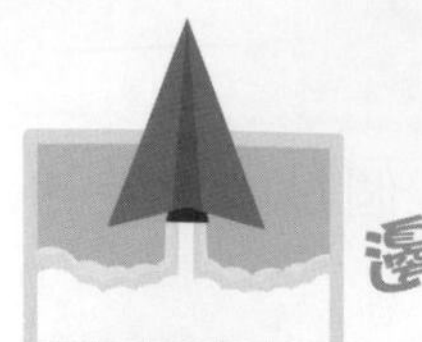

挑戰 Running Man 的機率遊戲

南韓長壽型的綜藝節目 Running Man，曾出現許多經典遊戲片段，剛好可以用來測試對機率的瞭解程度，本單元希望藉由娛樂效果，增加學習的興趣。以下題目均提供遊戲片段資訊，可以自行上網找尋影片觀看。

基礎題

【倒楣光洙第 1 彈】生雞蛋

【影片資訊】2013/04/28 EP143 [Part1] 21 分 33 秒～ 30 分 55 秒

紅藍二隊各有 5 位成員，每人輪流隨機選一顆雞蛋，每盒雞蛋中，只有一顆生雞蛋，抽到生雞蛋遊戲就此結束。

請問：光洙被綜藝之神眷顧，連續二輪都遇上生雞蛋的機率為何？

遊戲過程：

第一輪：盒中有 30 顆雞蛋，在抽第 14 顆時，由光洙抽中生雞蛋

第二輪：盒中有 20 顆雞蛋，光洙第 1 顆就抽中生雞蛋

【倒楣光洙第 2 彈】海盜桶

【影片資訊】2015/10/04 EP267 [Part1] 32 分 15 秒～ 33 分 30 秒

海盜桶有 24 個插孔，將寶劍插入孔中跳出海盜頭就輸。製作單位讓主持群成員 7 人輪流插劍，經過二輪沒有人跳出海盜頭就算 Running Man 所有成員勝利。

請問：光洙插入第一把劍海盜頭就跳出來的機率為何？插入第二把或第三把寶劍才跳出海盜頭的機率又為何？第一個玩遊戲的人最有利嗎？主持群 7 個人玩的順序是否會影響過關的機率？主持群 7 人贏得比賽過關的機率又為何？

【倒楣光洙第 3 彈】紫菜壽司

【影片資訊】2015/10/11 EP268 [Part1] 40 分 17 秒～ [Part2] 0 分 35 秒

製作單位製作一個有 22 個小格的道具，每個小格有各種製作紫菜壽司的食材，其中有 3 格是「空」，沒有任何食材。主持群成員由上方丟下小球後，小球會自由落在下方小格中，每人丟出三球，小格中最多只能放一個球。

請問：如果不考慮順序，光洙三球中選到二次「空」的機率為何？三球都是「空」，沒有獲得任何食材只能吃白飯的機率又為何？如果每次丟球後，可以把落下的小球拿出來，那麼抽到二次「空」和只吃白飯的機率又為何？

進階題

【自我挑戰第 1 題】背叛的剪刀石頭布

【影片資訊】2016/05/29 EP301 [Part2] 00 分 33 秒～ 03 分 13 秒

在玩剪刀石頭布遊戲前先自報提示，正式遊戲時不管想出什麼都可以，據說大鼻子哥過去會有 98% 的機率喜歡出剪刀。

問題：由於大鼻子哥是背叛三人組的成員，如果對手高度懷疑他一定會背叛，先說明猜拳的提示，會如何影響贏的機率？對手如何決定猜拳的策略會比較有利？

【自我挑戰題第 2 題】誰有小石頭

【影片資訊】2014/08/17 EP209 [Part2] 21 分 25 秒～ 34 分 20 秒

哈哈、智孝、來賓每人手上各發一顆小石頭，他們自己決定是否要將小石頭握在手心裡，猜拳贏的人可以先猜大家手上出現的小石頭總數，猜過的數字不得重複，遊戲一共四輪。

在知道自己手中是否握有石頭的情況下，每個人有幾種數字可以選擇？對應的機率又為何？在猜過的數字不能再猜的情況下，四輪遊戲中，每個人在猜數字時，都是選擇對自己最有利（最大機率）的情況嗎？先選的贏面比較大嗎？厲害的智孝，通殺的機率又為何？

遊戲過程：

第一輪：哈哈猜 2，智孝猜 1（勝），來賓猜 0（只有哈哈手上有石頭）

第二輪：智孝猜 2（勝），來賓猜 3，哈哈猜 1（只有智孝和來賓手上有石頭）

第三輪：智孝猜 1（勝），來賓猜 2，哈哈猜 0（只有來賓手上有石頭）

第四輪：智孝猜 3（勝），來賓猜 2，哈哈猜 1（三人手上都有石頭）

1. 說明下列隨機實驗對應的隨機變數、可能的數值，以及間斷或連續分配。
   (1) 抽取 10 台印表機檢查品質是否合格。
   (2) 咖啡廳一整天的顧客人數。
   (3) 病人候診時間。
   (4) 350 毫升鋁箔包果汁容量。
2. 某支股票目前價格為 \$20，分析師預期下個月該股有 60% 的機會價格翻倍，40% 的機率會損失 \$20。請計算股票獲利的期望值與標準差。
3. 店長根據過去經驗發現，家電用品銷售額（萬元）的機率分配如下表所示。請計算銷售額的期望值與標準差。

銷售額X	20	30	40
機率P(x)	0.7	0.2	0.1

4. 已知服用某種藥物治療流感的治癒率為 80%，現在林同學與王同學都服用該種藥物治療流感。請問：
   (1) 二人都被治癒的機率為何？
   (2) 至少有一人被治癒的機率為何？
   (3) 剛好只有其中一人被治癒的機率為何？
   (4) 如果剛好只有其中一人被治癒，而被治癒的是林同學的機率為何？
5. 已知市面上黑心產品的機率為 10%，黑心產品被驗出的機率為 95%，非黑心產品被驗出的機率為 1%。請依據上述訊息完成下表，並說明二者之間是否獨立？

	被驗出（B）	未被驗出（B^C）	合計
黑心產品（A）			
非黑心產品（A^C）			
合計			100%

6. 根據過去紀錄顯示，某工廠檢驗產品過程中，將良品誤判爲不良品的機率爲 10%，將不良品誤判爲良品的機率爲 8%。已知該工廠生產的產品，不良品佔 5%。請問：

   (1) 產品被誤判的機率爲何？

   (2) 已知某件產品被誤判，但實際上爲良品之機率又爲何？

7. 根據過去紀錄顯示，有 0.1% 的嫌疑犯會說謊，其中有說謊的嫌疑犯被測謊機測出說謊的機率爲 98%，沒說謊的嫌疑犯被測謊機誤判爲說謊的機率爲 2%。若已知某嫌疑犯被測謊機測出說謊，但實際上沒說謊的機率爲何？

8. 工廠有三條生產線，其生產零件的比例分別爲 20%、30%、與 50%，根據過去經驗，三條生產線的瑕疵品比例分別爲 4%、3%、與 2%。品管部門隨機抽出一個零件，請問：

   (1) 該零件爲第一條生產線出產的產品且爲瑕疵品的比例爲何？

   (2) 抽出瑕疵品的機率爲何？

   (3) 已知抽樣的零件爲瑕疵品，由第一條生產線生產的機率有多大？

9. 依據過去經驗，某銀行申請貸款核定通過的比例爲 0.6，假設今天有 5 位客户進行申請。請問：

   (1) 核定通過的期望值與標準差爲何？

   (2) 剛好有 1 位客户被核定通過的機率爲何？

   (3) 至少有 1 位客户被核定通過的機率爲何？

   (4) 最多有 1 位客户被核定通過的機率爲何？

10. 蛋糕師父烘焙失敗的比例爲 0.2，烘焙失敗的單位成本爲 100 元。師父明天準備烘焙 10 個蛋糕，請問平均會有多少個蛋糕失敗？失敗的平均成本爲何？

11. 大樂透從 01 ～ 49 任選 6 個號碼進行投注，中獎號碼爲隨機開出六個不重複號碼加上一個特別號，六個獎號完全相同者獲得頭獎，對中當期獎號任五碼獲得參獎，對中當期獎號任四碼獲得伍獎，普獎則是對中當期獎號之任三碼。有人說大樂透的中獎機率比被雷打到還要低，請計算獲得頭獎、參獎、伍獎、與普獎的中獎機率。

12. 籤筒中有 60 支籤，其中有 30 支加號，30 支減號。現在連續抽出 3 支籤，抽出不放回，請問這三支籤都是加號的機率爲何？

13. 依據過去餐廳紀錄，平均每天有 1 組客人取消預約。請問一週之內都沒發生取消預約的機率爲何？

14. 某實驗室發現，透過某種程式，平均每小時誤判 0.05 封垃圾郵件。請問該程式每天至少誤判 2 封垃圾郵件的機率爲何？

15. 網路遊戲公司擁有 50000 名會員，發現其中有萬分之一的機率會員無法累積金幣。請問該公司沒有會員反應無法累積金幣的機率爲何？

16. 某公司營業收入呈現常態分配，平均值爲 50 萬元，標準差爲 2.5 萬元。請問：

 (1) 營業收入超過 55 萬元的機率爲何？

 (2) 營業收入介於 52 萬元至 55 萬元的機率爲何？

 (3) 公司最高與最低 95% 的營業收入門檻各爲何？

17. 假設滅火器使用期限呈現常態分配，平均數與標準差分別爲 3 年與 0.8 年。請問：

 (1) 滅火器使用期限在 2.5 年之內的機率爲何？

 (2) 滅火器最低 1% 的使用期限門檻爲何？

18. 櫃台結帳時間呈現常態分配，平均數與標準差分別爲 8.5 分鐘與 2.3 分鐘。請問：

 (1) 結帳時間低於 5 分鐘的機率爲何？

 (2) 結帳時間高於 10 分鐘的機率爲何？

 (3) 最快結帳完畢 20% 的結帳時間爲何？

19. 遊覽車輪胎的平均使用期爲 2 年，在每半年例行檢查中，需要換輪胎的機率爲何？

20. 某人手機平均每小時會出現 6 條訊息，請問：

 (1) 一小時內沒有出現訊息的機率爲何？

 (2) 等待下一則訊息超過一小時的機率又爲何？

參考解答

1.

隨機變數X	可能數值	機率分配
(1) 產品（不）合格的數量	$x = 0, 1, 2, \cdots, 10$	間斷
(2) 顧客人數	$x = 0, 1, 2, \cdots$	間斷
(3) 候診時間	$x \geq 0$	連續
(4) 果汁容量	$0 \leq x \leq 350$	連續

2. 隨機變數 X：獲利金額，機率分配如下：

X	P(x)
20	0.6
− 20	0.4

期望值 $E(X) = \sum xP(x) = 20 \times 0.6 + (-20) \times 0.4 = 4$

變異數 $V(X) = \sum (x-\mu)^2 P(x) = (20-4)^2 \times 0.6 + (-20-4)^2 \times 0.4 = 832$

標準差 $\sigma = \sqrt{832} = 28.84$

3. 期望值 $E(X) = \sum xP(x) = 20 \times 0.7 + 30 \times 0.2 + 40 \times 0.1 = 24$

變異數

$$V(X) = \sum (x-\mu)^2 P(x) = (20-24)^2 \times 0.7 + (30-24)^2 \times 0.2 + (40-24)^2 \times 0.1 = 44$$

標準差 $\sigma = \sqrt{44} = 6.63$

4. P（林）= P（王）= 0.8

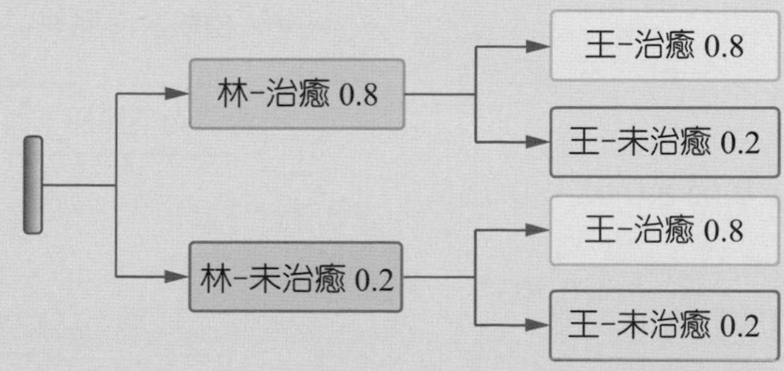

(1) P（林 ∩ 王）$= 0.8 \times 0.8 = 0.64$

(2) P（林 ∪ 王）$= 0.8 + 0.8 - 0.64 = 0.96$

(3) $0.8 \times 0.2 + 0.2 \times 0.8 = 0.32$

(4) $\dfrac{0.8\times0.2}{0.8\times0.2+0.2\times0.8} = 0.5$

5.

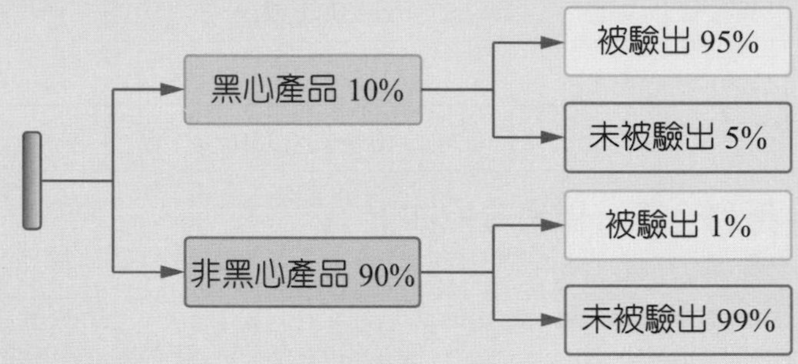

	被驗出（B）	未被驗出（B^C）	合計
黑心產品（A）	$0.1 \times 0.95 = 0.095$	$0.1 \times 0.05 = 0.005$	0.1
非黑心產品（A^C）	$0.9 \times 0.1 = 0.09$	$0.9 \times 0.99 = 0.891$	0.9
合計	0.104	0.896	100%

由於 $P(A \cap B) = 0.1 \times 0.95 \neq P(A) \times P(B) = 0.1 \times 0.104$，故二者不獨立，會互相影響。

6.

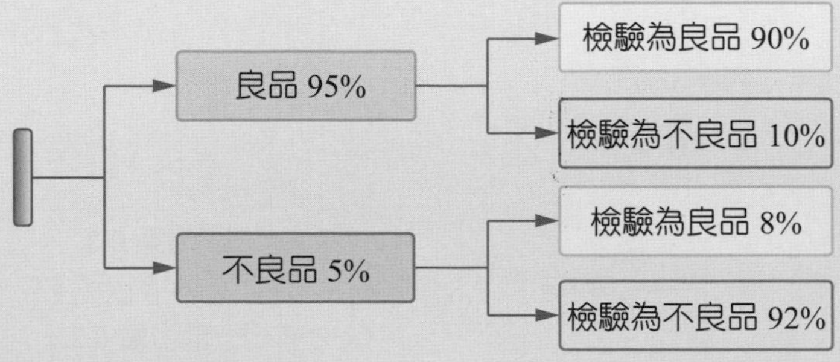

(1) $0.95 \times 0.1 + 0.05 \times 0.08 = 0.135$

(2) $\dfrac{0.95\times0.1}{0.95\times0.1+0.05\times0.08} = 0.7037$

7.

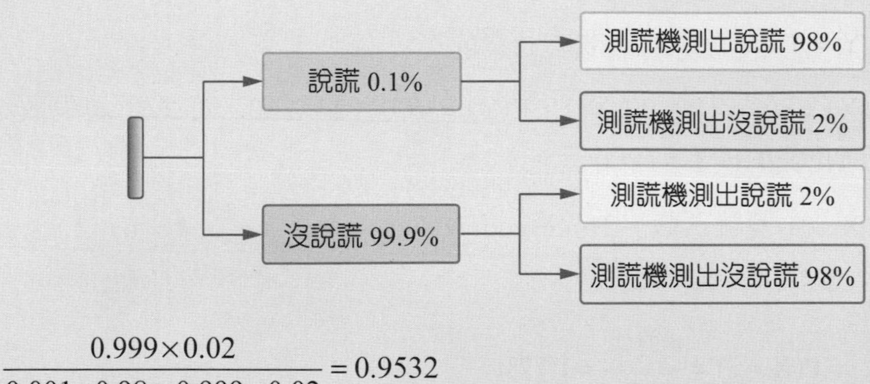

$$\frac{0.999 \times 0.02}{0.001 \times 0.98 + 0.999 \times 0.02} = 0.9532$$

8.

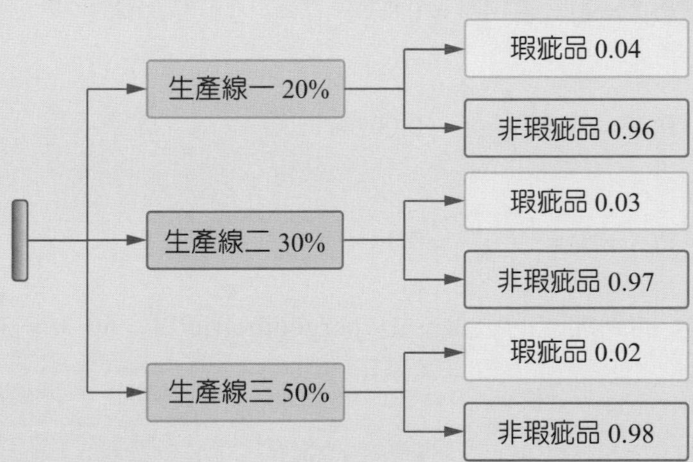

(1) $0.2 \times 0.04 = 0.0008$

(2) $0.2 \times 0.04 + 0.3 \times 0.03 + 0.5 \times 0.02 = 0.027$

(3) $\dfrac{0.2 \times 0.04}{0.2 \times 0.04 + 0.03 \times 0.03 + 0.5 \times 0.02} = 0.2963$

9. 隨機變數 X：核定通過人數～ Binomial($n = 5, p = 0.6$)，$x = 0, 1, \cdots, 5$

(1) 期望值 $E(X) = np = 5 \times 0.6 = 3$，

變異數 $V(X) = np(1-p) = 5 \times 0.6 \times 0.4 = 1.2$，標準差 $\sigma = \sqrt{1.2} = 1.10$

(2) $P(X=1) = C_1^5 0.6^1 0.4^4 = 0.0768$

(3) $P(X \geq 1) = 1 - P(X = 0) = 1 - 0.0102 = 0.9898$

(4) $P(X \leq 1) = P(X = 0) + P(X = 1) = 0.0870$

10. 隨機變數 X：失敗蛋糕數～ Binomial(n = 10, p = 0.2)，x = 0, 1,⋯, 10

隨機變數 Y = 100X：烘焙失敗的花費成本

期望值 E(X) = np = 10×0.2 = 2，E(Y) = 100×2 = 200，亦即平均失敗 2 個蛋糕，平均花費的成本爲 200 元。

11. 隨機變數 X：中獎號碼數～ Hypergeometric(N = 49, n = 6, k = 6)，x = 0, 1,⋯, 6

$$\text{P（普獎）} = P(X=3) = \frac{C_3^6 C_3^{43}}{C_6^{49}} = 1.77\%$$

$$\text{P（伍獎）} = P(X=4) = \frac{C_4^6 C_2^{43}}{C_6^{49}} = 0.97\%$$

$$\text{P（參獎）} = P(X=5) = \frac{C_5^6 C_1^{43}}{C_6^{49}} = 0.002\%$$

$$\text{P（頭獎）} = P(X=6) = \frac{C_6^6 C_0^{43}}{C_6^{49}} = 7.15\times 10^{-8}$$

12. 隨機變數 X：抽到加號的數量～ Hypergeometric(N = 60, n = 3, k = 30)，x = 0, 1, 2, 3

$$\text{P（三個加號）} = P(X=3) = \frac{C_3^{30} C_0^{30}}{C_3^{60}} = 11.86\%$$

13. 隨機變數 X：每天取消預約的數量～ Poisson($t\lambda$ = 7)，x = 0, 1, 2,⋯

$$\text{沒人取消預約的機率 } P(X=0) = \frac{e^{-7}7^0}{0!} = 0.0009$$

14. 隨機變數 X：每天誤判垃圾郵件的數量～ Poisson($t\lambda$ = 24×0.05 = 1.2)，x = 0, 1, 2,⋯

$P(X \geq 2) = 1 - P(X \leq 1) = 1 - 0.6626 = 33.74\%$

15. 當 n 很大且 p 很小，可以用卜瓦松分配替代二項分配

隨機變數 X：理賠人次～ Binomial(n = 50000, p = 0.0001)

隨機變數 X：理賠人次～ Poisson(λ = $n\,p$ = 50000*0.0001 = 5)

$P(X = 0) = 0.0067$

16. 隨機變數 X：營業收入～ N(μ = 50, σ = 2.5)

(1) $P(X > 55) = P\left(\frac{X-\mu}{\sigma} > \frac{55-50}{2.5}\right) = P(Z > 2) = 0.0228$

(2) P(52 < X < 55) = P(2 < Z < 2) = 0.9972 − 0.7881 = 0.2091

(3) 最高 5% 的 Z 值為 ± 1.645，亦即 $\pm 1.645 = \frac{x-50}{2.5}$，前後 95% 營業額落點分別為 50 ± 1.645×2.5，介於 54.11 萬元與 45.89 萬元之間。

17. 隨機變數 X：使用年限～ N(μ = 3, σ = 0.8)

(1) $P(X < 2.5) = P\left(\frac{X-\mu}{\sigma} < \frac{2.5-3}{0.8}\right) = P(Z < -0.63) = 0.0228$

(2) 最低 1% 的 Z 值為 $-2.33 = \frac{x-3}{0.8}$，故最低 1% 使用年限為 3 − 2.33×0.8 = 1.14 年。

18. 隨機變數 X：結帳時間～ N(μ = 8.5, σ = 2.3)

(1) $P(X < 5) = P\left(\frac{X-\mu}{\sigma} < \frac{5-8.5}{2.3}\right) = P(Z < -1.52) = 0.0640$

(2) $P(X > 10) = P\left(\frac{X-\mu}{\sigma} > \frac{10-8.5}{2.3}\right) = P(Z > 0.65) = 0.2571$

(3) 最快結帳 20% 的 Z 值為 $-0.84 = \frac{x-8.5}{2.3}$，故最快 20% 結帳時間為 8.5 − 0.84×2.3 = 6.56 分鐘。

19. X：輪胎使用時間～ Exponential(β = 2)

使用期限低於半年的機率 P(X < 0.5) = 0.2212

20. (1) 隨機變數 X：每小時訊息出現的次數～ Poisson($t\lambda$ = 6)，x = 0, 1, 2,⋯，一小時內沒有出現訊息的機率 P(X = 0) = 0.0025

(2) 平均每小時會出現 6 條訊息，意謂平均每 10 分鐘出現 1 條訊息，每小時沒有訊息出現，意謂著等待訊息出現的時間超過 60 分鐘，故

隨機變數 Y：等待時間～ Exponential(β =10)，$y \geq 0$

等待下一則訊息超過一小時的機率 P(Y > 60) = 0.0025

NOTE

Chapter 6

抽樣與估計

本章介紹推論統計中，抽樣與估計的基本概念，包括代表性樣本、抽樣誤差、常用的抽樣方法、抽樣分配、信賴區間等。

6-1 抽樣的基本概念

煮菜時廚師嘗味道的鹹淡，老師選擇習題的一部分題目作爲期中考題，擷取網路上別人的旅遊經驗決定自己去哪裡玩，這些都是日常生活中的抽樣範例。理論上抽樣可以抽出無限多組樣本，但基於成本考量，實務上每次大概只會抽出一組樣本。問題是，如何得知抽出來的就是一組好樣本？好樣本要如何定義？哪種抽樣方法比較好？樣本數愈多愈好嗎？這些都是抽樣過程中，必需思考的問題。

第二章曾提及母體與樣本以及抽樣與推論之間的關係，而推論統計的基本精神，就是以抽樣爲手段，最終目的仍在預測未知的母體。本節先介紹抽樣的基本概念，包括抽樣的理由、抽樣流程、代表性樣本、抽樣過程中可能遇到的陷阱、以及抽樣誤差等。

6-1-1 抽樣的理由

如果要正確回答問題，普查或大數據分析可以得到比較精確的結果，但在有限的人力、物力、與財力考量下，並不是每一個問題都適合做普查，因此，在現實生活中，仍經常看到抽樣的身影，例如，蓋洛普民意調查（Gallup Polls）、天下雜誌幸福城市大調查、餐廳顧客滿意度調查等。

一般來說，選擇抽樣調查不外乎以下幾個原因：第一，母體太大，當普查的時間、金錢、或人力成本都太高時，就不得不採用抽樣方式進行調查。例如，主計總處家庭收支調查與人力資源調查，分別揭露家庭所得、消費、與儲蓄，或是勞工薪資、工時、就業、失業狀況等重要的訊息，由於普查的成本太高，故每年以抽樣方式進行調查。

第二，母體未知，有些時候我們無法針對所有項目進行普查。例如，目前台灣黑熊、綠蠵龜、石虎、鯨豚、黑面琵鷺等保育類動物數量均無法得知，故也不可能進行普查。

第三，一次性使用的產品，有些物品經過測試後便無法重複使用，只能採取抽樣方式。例如，傳統相機使用的底片或是食品，經過開封檢查後，便不可能再拿到市場上販售。

第四，普查不具有必要性，只能選擇抽樣方法。例如，品管檢查或收視率調查，如果每個產品或每檔節目都要進行普查，不但沒有這麼多預算，等到完成普查，產品或節目也許早已錯過銷售時機，這種普查既沒有必要性，也不具有任何意義。主計總處物價指數也是透過抽樣方式進行計算，目前選取食物類（肉類、水產、蔬菜、水果等）、衣著類（成衣等）、居住類（房租、水電燃氣等）、交通類（油料費、交通服務費等）、醫療保健類（醫療費用等）、教育娛樂類（教養費用等）以及雜項類（理容服務費等）等七大類具有代表性的物品，計算消費者物價指數。

6-1-2 抽樣的流程

抽樣調查爲一種科學研究方法，一個好的抽樣，過程應該是合理而且有系統的，只有小心嚴謹處理抽樣的每個環節，才能從抽樣調查結果中獲得有價值的訊息。

一般來說，抽樣的過程包括以下幾個階段，首先，在確認問題後，界定該問題的母體範圍，先列出母體清冊（如會員名單、戶籍資料等），選擇適合的抽樣方法，最後，在可接受的誤差範圍內決定樣本數。如果可能，在問卷設計完成後，有時會進行預試，以降低問卷設計的瑕疵。

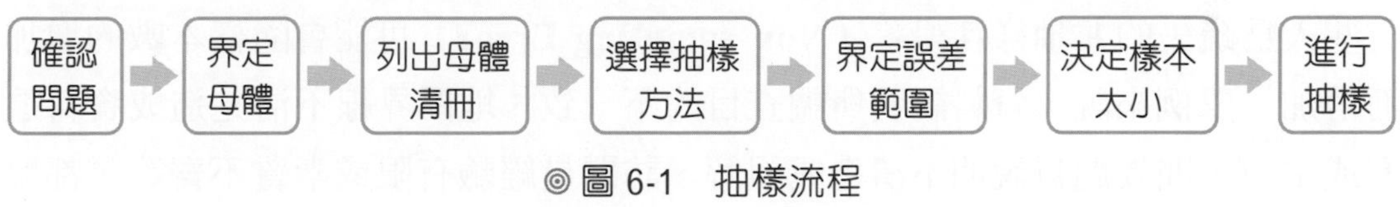

◎圖 6-1　抽樣流程

舉例來說，如果我們想瞭解產品生產線的不良率，這個問題的母體就是工廠生產的所有產品，品管部門必須確認每條生產線在一定時間內出產的數量，再依照生產比例隨機抽取足夠的樣本進行檢驗，其結果亦可與品質管制標準進行比較，繼而決定是否需要調整生產線狀況。

6-1-3 代表性樣本與抽樣誤差

推論統計是透過樣本推估未知的母體，繼而獲得有用的訊息，故實務上抽出的樣本必須具有代表性，否則前功盡棄。所謂的**代表性樣本**（**Representative Sample**）最好具備以下幾個條件：第一，抽樣對象的選擇最好符合隨機性，第二，必須要有足夠的樣本數，第三，選擇適合的抽樣方法，第四，抽樣設計必須具有可行性。以偏概全、斷章取義、片面看法、或是個人觀點，都不是一個好的樣本。

統計方法的優點，即是透過科學方法，找出客觀的數字佐證，但不管採用何種統計方法，只要是抽樣，就會產生誤差。**誤差**（**Error**）是實際與估計之間的差異，例如，學測大考結束後，考生會預估自己 78 分，成績單的實際分數是 82 分，表示有 4 分的誤差。

既然誤差無法避免，所以誤差當然愈小愈好，在抽樣的過程中，除了將人爲疏失減到最低之外，只要誤差落在可以容忍的範圍內，這種推論或預測就是可以接受的結果。舉例來說，實際身高 159 公分被目測預估爲 160 公分，這是一般大眾可以容忍的誤差範圍；但如果將身高 155 公分預估爲 160 公分，這可能就太過誇張了。

一般來說，**抽樣誤差**（**Sampling Error**）會隨著樣本數的增加而減少，但有些人爲疏失的**非抽樣性誤差**（**Non-sampling Error**）可能會隨樣本數的增加而增加。舉例來說，資料說明與調查目的不一致、地區界線不清楚造成資料遺漏或重複、問卷題目說明不清造成誤解、訪問員經驗有限或素質不齊等，都屬於人爲誤差。

過高與過低的預測都會產生誤差（在統計上稱爲雙尾），例如，氣象局預測明天的氣溫爲 25℃，實際上是 24℃或 26℃，都表示有 1 ℃的誤差。統計上常用 α（希臘字母 alpha）表示誤差或犯錯的機率，與誤差相反的就是**信賴水準**（**Confidence Level**），或稱爲**信心水準**、**可信度**，換句話說，誤差機率 (α) + 信賴水準 $(1-\alpha) = 100\%$。如果沒有特殊考量，經常可在報章雜誌上看到，將誤差設定爲 1%、5%、或 10%，其相對應的可信度就是 99%、95%、與 90%。

範例 6-1

請從代表性樣本觀點，說明現場觀眾 Call-in 或網路直播投票調查可能產生的盲點。

我們經常看到有些電視節目會針對某課題作現場 Call-in，甚至有時會開放投票讓觀眾表達意見，螢幕下方跑馬燈便會顯示支持和反對該課題的人數，網路直播投票亦有類似效果。一般來說，參與議題 Call-in 可能是對該議題非常支持或非常反對的人，這些族群比較偏向資料中的極端值，除非節目收視率非常高，觀眾 Call-in 人數非常踴躍，否則該節目觀眾也是母體中的一小部分，因此這種調查結果是否符合主流民意，具有代表性的樣本，可能有待商榷。

課堂練習 6-1

請從代表性樣本觀點，說明 i-Voting 網路投票機制可能產生的優缺點。

為落實「開放政府 全民參與」理念，臺北市政府推出i-Voting網路投票機制，從提案、討論、形成選項到投票，運用網路科技廣為收集民意，促進市民參與市政討論及推動，齊心打造共好城市。

圖片來源：Taipei i-voting 官網。
https://ivoting.taipei/

民意調查之統計資料，該如何解讀？

數字會說話，但這些民調數字到底說了什麼話？當我們搜集了大量的問卷調查，這個統計資料該如何被解讀呢？其實，資料解讀與詮釋的簡單原則就是把樣本特性說明清楚，不然就像瞎子摸象。就算不知道分析的對象是誰，也要說明清楚調查目的與可能的限制，再來談資料詮釋才有意義。因此，要解讀資料，我們可以先從資料長什麼樣子來觀察。

資料長什麼樣子？

要描繪資料的樣貌，我們可以從中心點在哪以及分佈狀況如何，這兩個層面來回答。

中心點在哪？

如紅包區間圖所示，我們可以很快速的知道這 259 個受訪者包給父母的紅包平均金額為 17000 元，大多數集中在 0 ～ 2 萬元之間。另一個與中心點相關的概念是中位數，也就是將所有受訪者依紅包金額高低排序後，最中間那一位的金額，在這筆資料中第 130 位受訪者的金額是 12000 元。

由平均值與中位數的相對位置來看，可以發現平均值較易受到極端值，也就是最高金額 12 萬的影響，導致大部分受訪者所包的紅包金額低於平均值。這例子也顯示雖然由平均數來看中心點相當便利，卻不見得每一次都是最適合的工具。

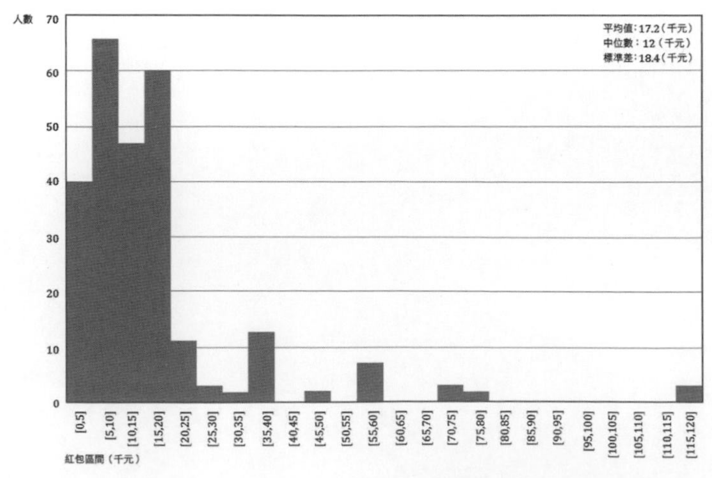

資料的分佈狀況？

在知道資料的中心點後，另一個要問的是：資料的分佈呈現什麼樣子？若用於民眾態度的調查，就是民意是集中的還是分散的呢？這個問題可以交給標準差（standard deviation）來回答。標準差反映的是資料中各點之間的離散程度，當資料越集中，各點與中心點的距離越近，標準差越小，反之，資料越分散，各點與中心點的距離越遠，標準差就越大。

在檢視資料時，了解離散程度非常重要，原因在於：擁有同樣中心點的兩筆資料，可能有完全不同的分佈情形。當民調資料只看平均數而不管離散程度時，很容易做出錯誤的解讀。以縣市首長的施政滿意度調查為例，若各請 100 位受訪者以 0 ～ 100 來表示對縣市首長的施政滿意程度，假設 A、B 兩縣縣長的滿意度平均數皆為 75.06，但 A 縣是大多數受訪者的滿意度集中在 75 上下，則標準差小（2.936），而 B 縣受訪者的滿意度分散於 50 ～ 100 之間，則標準差大（9.608）。兩縣接受調查的民眾看似都對縣長施政傾向滿意，但由離散程度來看，B 縣必須特別注意極端意見的民眾，避免在某些情況下出現高強度的反彈，造成施政的困難。

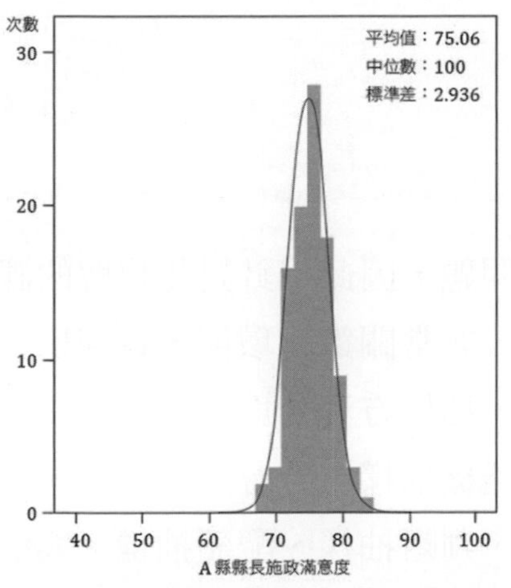

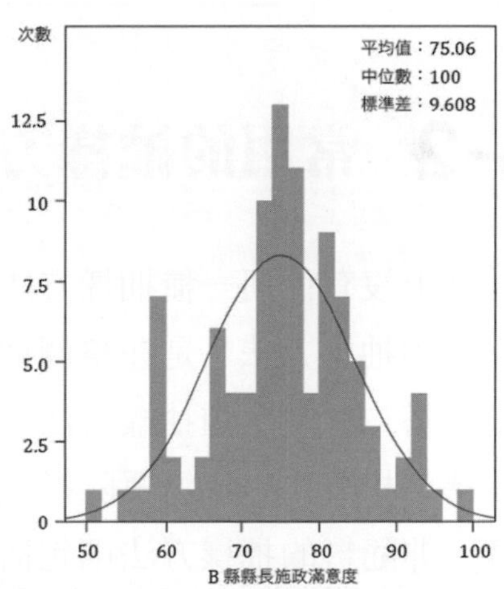

樣本與母體長的不一樣怎麼辦？我們要怎麼推論？

只要不是普查，抽取出來的樣本一定會與你感興趣的母體之間有落差。因此，在解讀時必須特別注意「抽樣誤差」的存在。若是非機率抽樣，我們不清楚這些人的特性與母體之間的落差，因此僅能就有回答的這些人做結果的說明與闡述，不能推論到所有的人。若是再進一步推論，所做出來的詮釋一點根據也沒有，萬萬不可相信。

我們經常在媒體上看到很嚇人的民調數字，比如說：「一例一休後，3 成上班族薪資縮水一成！」。這些數字怎麼來的？真的可以這樣子推估嗎？以 104 人力銀行的資訊科技針對求職會員進行「一例一休影響」問卷調查為例，這些求職會員通常具有某種同質性，也許是對於現在的薪資不滿想轉換跑道，也許是剛開始找工作的新鮮人，有著各種的可能性，總之並非隨機抽樣，這些同質性可能造成調查結果的偏誤。因此調查結果「已有 30% 上班族因公司管控加班、少賺加班費，導致實質薪水變少，平均減少幅度 11.3%」，只能說明這群受訪者的情形，並不適合用來推估所有臺灣的上班族。

即便是隨機抽樣，僅用少數抽取到的樣本觀察值來推估母體被稱為「點估計」，是不可能精準的。就像是在校門口隨意抽取 50 個學生量完身高算出平均（樣本平均數）後，就想要命中這間學校全體學生的平均身高（母體平均數），是幾乎不可能的事。

資料來源：節錄自科學月刊第 571 期，2017-06-26。
http://scimonth.blogspot.com/2017/06/blog-post_42.html

6-2 常用的抽樣方法

統計上沒有任何一種抽樣方法適合所有問題，因此，針對想瞭解的課題選擇最適合的抽樣方法，是在整個抽樣流程中，非常關鍵的環節，實務操作上，也可能混搭二種或多種抽樣方法。一般來說，抽樣方法分爲隨機與非隨機，常用的隨機抽樣方法包括簡單隨機抽樣、系統隨機抽樣、分層隨機抽樣、以及群落抽樣，非隨機的抽樣方法則包括方便抽樣、判斷抽樣、配額抽樣、與滾雪球抽樣。

6-2-1 隨機抽樣方法

由於未來具有不確定性，透過機率量化不確定性，因此，隨機抽樣方法係指樣本的抽取具有隨機性，亦即每一個個體被抽出的機會是相等的。

簡單隨機抽樣（**Simple Random Sampling**）是最簡單的隨機抽樣方法，適合母體個數較少，母體中的個體同質性高且互相獨立時使用。例如，以籤筒、亂數表、或利用電腦程式隨機選取樣本，個體被抽中的機會完全相同。

系統隨機抽樣（**Systematic Random Sampling**）又稱為**間隔抽樣**或**等距抽樣**，是從有規則的母體中，先以簡單隨機抽樣抽出第一個個體，再依固定間隔週期性地陸續抽出其他樣本，其中抽樣間距等於母體數除以樣本數，此種方法亦適用於有限母體，而且必須事先將個體依序編號。舉例來說，假設某公司全部的客戶資料共有 500 筆，先依客戶姓名筆畫或購買商品編號進行排序，如果這次調查至少需要 120 個樣本，可隨機先選出第一筆資料，如編號 3 的客戶，之後再每隔 4 筆（500 / 120 = 4.17）抽出一個樣本，共抽出 124 個樣本。

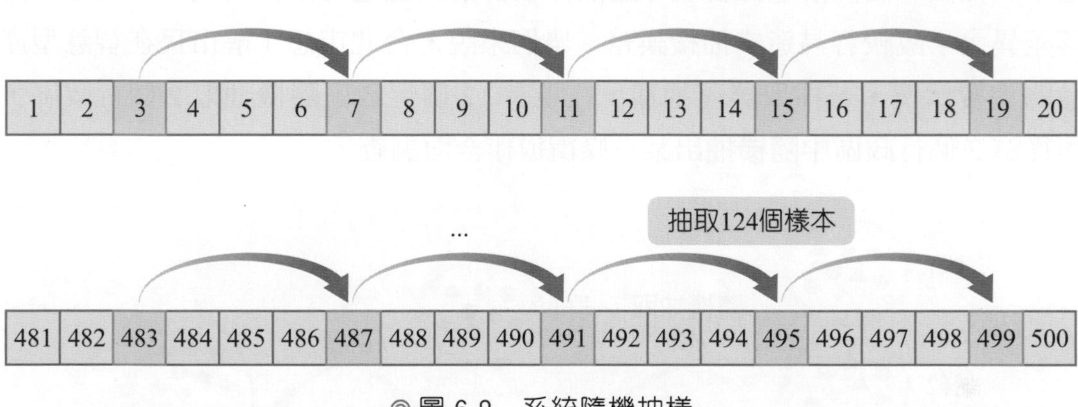

◎圖 6-2　系統隨機抽樣

分層隨機抽樣（**Stratified Random Sampling**）大概是實務上最普遍被採用的抽樣方法之一，適用於母體數較大，內部結構相對較為複雜的情況，除了可以確保母體與樣本有相近的結構外，還可以提高估計的精確度，適度地減少調查樣本的費用。分層隨機抽樣的作法是先將母體依特徵或規則分成不重覆的若干層，再從每一層中以簡單隨機抽樣抽出一定比例的樣本，其特點是層內同質，層間異質。例如，主計處的家庭收支調查即採用分層二段隨機抽樣方法，以縣市為副母體，村里就業人口產業結構及教育程度為第一段分層依據，村里內的戶別則為第二段抽樣單位。

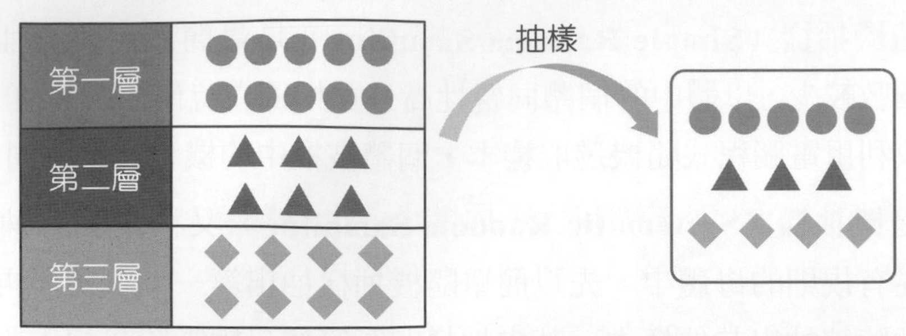

◎圖 6-3　分層隨機抽樣

當母體很大不易獲得母體清冊時，可以考慮採取**群落抽樣**（**Cluster Sampling**）的方式，群落抽樣也稱爲**集群抽樣**或**叢式抽樣**。先將母體分爲 n 個互斥的群落，其中群落內差異大，群落間差異小，爲節省成本，再從這 n 個群落中，抽出 k 個群落進行普查。雖然採取群落調查也可以節省成本，但由於群落差異大，故較容易造成抽樣誤差。舉例來說，台北市想了解市民在智慧型產品的消費狀況，若採取群落抽樣，在現有 12 個行政區隨機抽取 2 個行政區，再從這 2 個行政區中隨機抽出某一條街道作全面調查。

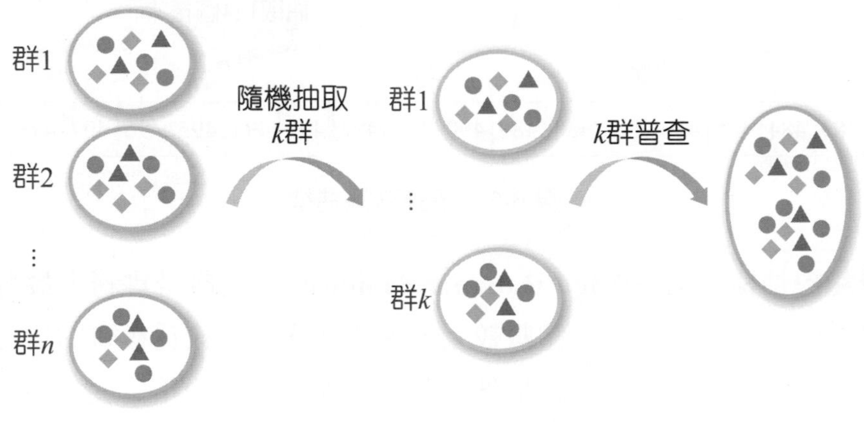

◎圖 6-4　群落抽樣

6-2-2　非隨機抽樣方法

非隨機抽樣係指不依據機率原則選取樣本的抽樣方式，通常由抽樣者主觀抽出或是自願樣本，適用於探索性研究的議題。優點是簡單易行、成本低，而且調查時間短，但由於無法排除抽樣者的主觀性，故非隨機抽樣的代表性相對較差，實務上多搭配隨機抽樣方式共同使用。

方便抽樣（**Convenience Sample**）又稱爲**任意抽樣**、**便利抽樣**、**或偶然抽樣**，是常見的調查方式，調查人員不會事先預定樣本，採取遇到誰就問誰的抽樣方式，如街頭訪問。雖然這是抽樣方法中最簡便、最節省費用和時間的方法，但其代表性相對不足，可信度較低，抽樣誤差也相對較大，適用於初步市場調查或探測性調查時採用。

在討論專業性問題時，一般來說，會先參考專家意見，如土壤液化問題邀請土木技師或學者專家進行討論，此時抽樣對象的選擇，侷限在相關領域學者專家或特定代表，透過調查單位的主觀認定來選取樣本，此種抽樣方法稱爲**判斷抽樣**（**Judgment Sampling**），亦稱爲**立意抽樣**或**目的抽樣**（**Purposive Sampling**），萬一被選擇的受訪者對該課題的瞭解不夠深入時，也很容易造成抽樣誤差。

配額抽樣（**Quota Sampling**）是依照母體中某些特性配置樣本，類似分層抽樣的概念，取樣時再由調查人員任意選取樣本，故在配額內屬於非機率抽樣。舉例來說，先依照男女比例 1：9 進行抽樣 100 人，再由調查單位任選女生 90 人男生 10 人進行訪問。

當樣本不易取得或調查對象屬於特殊族群時，**滾雪球抽樣**（**Snowball Sampling**）是比較適合的方式，例如，研究退休老人的生活形態，可透過認識長輩介紹同齡的退休老人朋友，如同滾雪球方式，利用樣本尋找更多的樣本，但這種方式通常也容易產生較大的抽樣誤差。

範例 6-2

請判斷下列範例的抽樣方式：

(1) 找朋友幫忙填寫網路問卷，調查咖啡偏好。

(2) 隨機抽出四個行政區，再從各行政區抽出一條路普查所有住戶，分析網購行爲。

(3) 報社希望獲知訂戶意見，依照訂戶號碼依序進行抽樣。

(4) 以電腦亂數方式抽取參加粉絲活動的幸運兒。

(5) 學校共有 6,000 名學生，依各院系學生人數比例決定抽樣人數，分析學生學習狀況。

(1) 方便抽樣，(2) 群落抽樣，(3) 系統隨機抽樣，(4) 簡單隨機抽樣，(5) 分層隨機抽樣。

請判斷下列範例的抽樣方式：

(1) 邀請環評專家討論蘇花改議題。

(2) 以各縣市住宅電話簿做為抽樣清冊，依縣市戶數比例抽取 1,500 個樣本，分析週休二日的狀況。

(3) 透過認識的朋友介紹古董商同行，調查古董市場概況。

(4) 公司尾牙，從摸彩箱抽出中獎得主。

(5) 交通部依據外籍與華僑旅客比例任選樣本，調查來台旅客消費動向。

6-3 抽樣分配

理論上抽樣可以抽出很多組，而且每一組樣本都是從相同母體中被抽出，以隨機方式取得的樣本稱爲**隨機樣本**（**Random Sample**），樣本統計量是變數，會隨著每次抽樣產生變化，而樣本統計量的資料分佈稱爲**抽樣分配**（**Sampling Distribution**）。

常見的抽樣分配包括樣本平均數 $(\bar{x})$ 的抽樣分配、樣本比例 $(\hat{p})$ 的抽樣分配、或樣本變異數 (s^2) 的抽樣分配，對應的母體參數則是未知的固定常數，需要透過樣本統計量進行推估，如母體平均數 (μ)、母體比例 (p)、或母體變異數 (σ^2)。

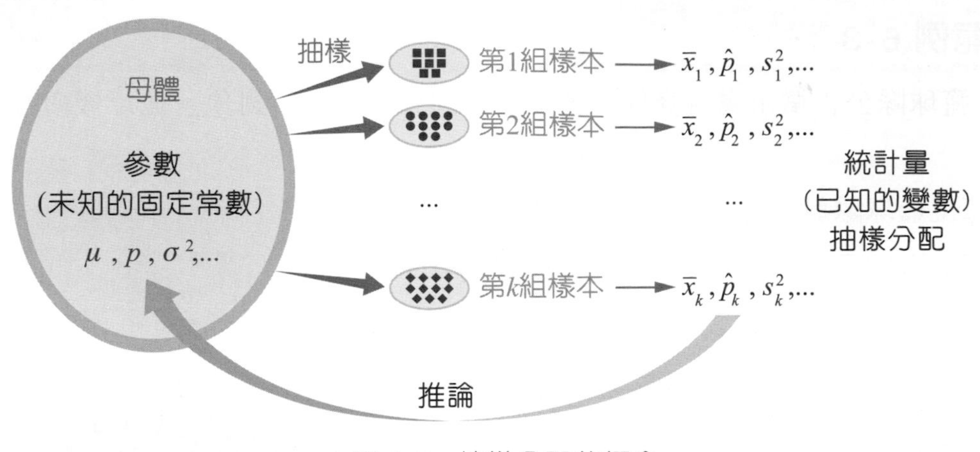

◎圖 6-5　抽樣分配的概念

以平均數爲例，若想瞭解應屆大專畢業生的起薪，此時的母體即爲所有應屆大專畢業生，隨機抽出 1,000 位大專畢業生，詢問他們的起薪，便可以計算出 1,000 位應屆大專畢業生薪資的樣本平均數。當重複進行多次調查，每次調查的平均薪資（樣本平均數）不盡相同，平均薪資會呈現出某種分佈狀態，即爲樣本平均數抽樣分配的範例。

不論是抽樣分配或是之後的估計與檢定單元，在分析資料或進行預測時，都會有一個想要分析的目標，實務上最常用的分析對象，包括平均數、比例、與變異數。不同的分析對象，使用不同的統計工具，樣本比例與大樣本情況下的樣本平均數，均以常態分配進行分析，小樣本且標準差 σ 未知的情況下，樣本平均數則以 t 分配進行分析，樣本變異數則是以卡方分配進行分析。

➨表 6-1　常用的抽樣分配

分析對象	對應公式	適用分配
樣本平均數	$\bar{x}=\dfrac{\sum x_i}{n}$	常態分配（大樣本） t 分配（小樣本且 σ 未知）
樣本比例	$\hat{p}=\dfrac{x}{n}$	常態分配
樣本變異數	$s^2=\dfrac{\sum(x_i-\bar{x})^2}{n-1}$	卡方分配

範例 6-3

籃球隊公告徵求隊員條件，請判斷不同條件的分析對象，並以機率方式表示：

(1) 每位籃球隊員的身高需超過 180 公分。

(2) 籃球隊成員的平均身高需超過 180 公分。

(3) 籃球隊員身高超過 180 公分的比例需超過八成。

(4) 所有籃球隊員身高差異需小於 3 公分。

解說

隨機變數 X：每位隊員的身高

(1) $P(X > 180)$，

(2) $P(\bar{X} > 180)$，

(3) $P(\hat{p} > 0.8)$，

(4) $P(s^2 < 3^2)$。

課堂練習 6-3

判斷下列問題的分析對象，列出隨機變數，並以機率方式表示：

(1) 航空公司徵求空服員，要求手伸長至少能碰觸 208 ～ 212 公分的標準高度。

(2) 畢業門檻規定，學生多益英語測驗（TOEIC）成績需超過 700 分。

(3) 公司控管生產線瑕疵品比例應低於 0.1%。

(4) 某公司宣稱他們開發的鋰電池至少可以充電 1,000 次，生產線為維持產品穩定度，將每個鋰電池充電次數的差異維持在 10 次以下。

6-3-1 樣本平均數的抽樣分配：大樣本

在樣本平均數問題上，透過**中央極限定理**（**Central Limit Theorem**），當一組隨機變數具有獨立且相同的機率分配（Independent and Identical Distribution, iid），不管原先隨機變數的分配為何，只要樣本數 n 夠大，其樣本平均數的抽樣分配會呈現近似常態分配（Approximately Normal Distribution），這也是常態分配在統計上廣泛被應用的另一個重要原因。

中央極限定理

若 $X_1, \cdots, X_n \overset{iid}{\sim} N(\mu, \sigma)$，則 $\bar{X} \sim N\left(\mu, \dfrac{\sigma}{\sqrt{n}}\right)$

若 $X_1, \cdots, X_n \overset{iid}{\sim}$ 對稱分配 (μ, σ)，則 $\bar{X} \cong N\left(\mu, \dfrac{\sigma}{\sqrt{n}}\right)$ $as\ n \to \infty\ (n > 10)$

若 $X_1, \cdots, X_n \overset{iid}{\sim} N(\mu, \sigma)$，則 $\bar{X} \cong N\left(\mu, \dfrac{\sigma}{\sqrt{n}}\right)$ $as\ n \to \infty\ (n > 30)$

其中 $\bar{X} = \dfrac{\sum_{i=1}^{n} x_i}{n} = \dfrac{x_1 + \cdots + x_n}{n}$ 為樣本平均數，$|\bar{X} - \mu|$稱為**平均數的抽樣誤差**（**Sampling Error of the Mean**），$\sigma / \sqrt{n}$ 稱為**平均數的標準誤**（**Standard Error of the Sample Mean**），亦即樣本平均數的標準差。

樣本平均數的期望值與變異數推導過程如下：

$$E(\bar{X}) = E\left(\frac{x_1 + \cdots + x_n}{n}\right) = \frac{1}{n} \times E(x_1 + \cdots + x_n) = \frac{1}{n} \times n\mu = \mu$$

$$V(\bar{X}) = V\left(\frac{x_1 + \cdots + x_n}{n}\right) = \frac{1}{n^2} \times V(x_1 + \cdots + x_n) = \frac{1}{n^2} \times n\sigma^2 = \frac{\sigma^2}{n}$$

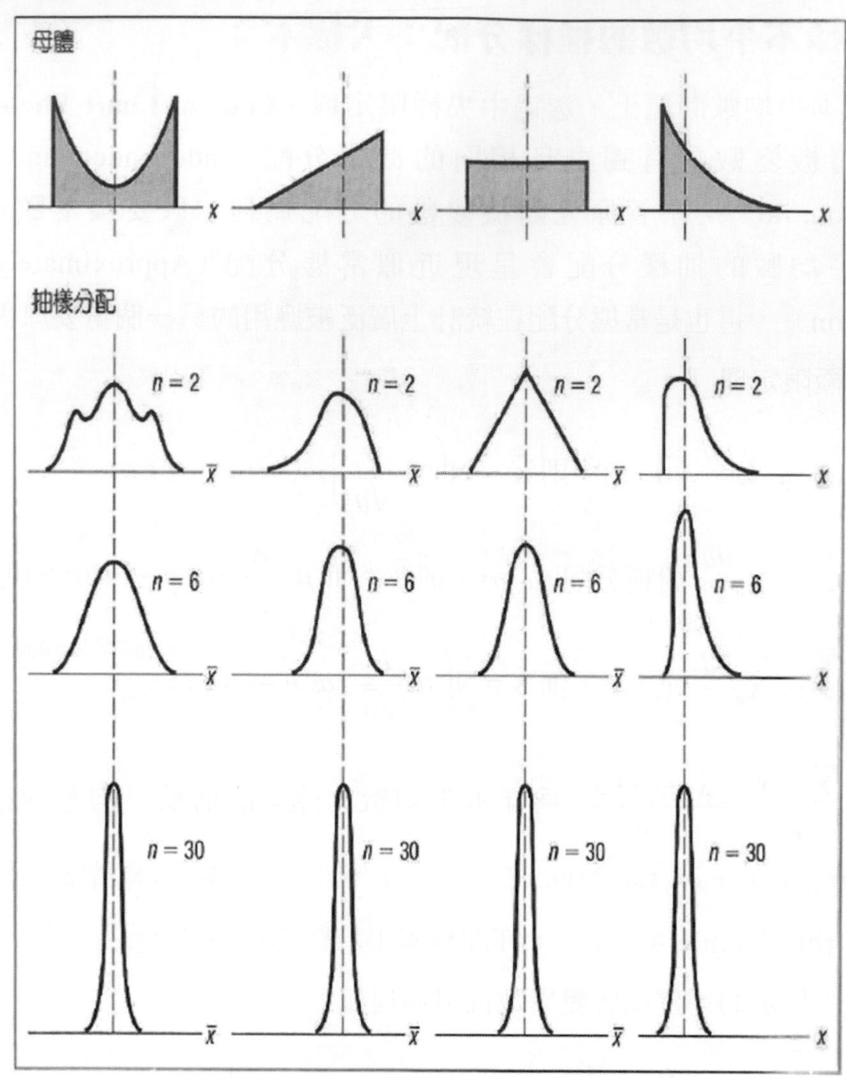

圖片來源：https://encrypted-tbn0.gstatic.com/images?q=tbn:ANd9GcR2Tk19hUjmJGENqH9YywZj5EEuMGRCTtu3e5jaNNDKgGJYeHSdGg

◎圖 6-6　中央極限定理

綜合以上所述，如果隨機變數 X ～ (μ, σ) 爲一個具有平均數 μ 與標準差 σ 的分配，依據中央極限定理，只要樣本數夠大，樣本平均數的抽樣分配將會是具有平均數 μ 與標準差 $\sigma/\sqrt{n}$ 的常態分配，$\bar{X} \sim N(\mu, \sigma/\sqrt{n})$，當樣本數 n 愈大，標準誤 $\sigma/\sqrt{n}$ 會愈來愈小。

➨ 表 6-2　機率分配與抽樣分配

	機率分配	抽樣分配
分析對象	隨機變數 $X \sim N(\mu, \sigma)$	樣本平均數 $\bar{X} \sim N(\mu, \sigma / \sqrt{n})$
平均數／期望值	μ	μ
變異數	σ^2	σ^2 / n
標準差／標準誤	σ	$\sigma / \sqrt{n}$
標準化	$Z_X = \dfrac{X-\mu}{\sigma} \sim N(0,1)$	$Z_{\bar{X}} = \dfrac{\bar{X}-\mu}{\sigma / \sqrt{n}} \sim N(0,1)$

機率分配分析的對象是未知母體參數的單一個別值，抽樣分配分析對象則為未知母體參數的樣本統計量，二者有明顯不同。再比較隨機變數 X 與樣本平均數 $\bar{X}$ 的分配，期望值都是 μ，但樣本平均數的標準差比較小 $\sigma / \sqrt{n} < \sigma$，換句話說，樣本平均數的資料分佈較為集中。舉例來說，每個人的原始分數是 X，現在隨機抽 5 位、10 位、8 位…同學的分數計算他們的平均分數，就算個人的原始分數差異大，但經過平均後，差異會縮小，因此標準誤 $\sigma / \sqrt{n}$ 相對於原始分數的標準差 σ 就會顯得比較小。

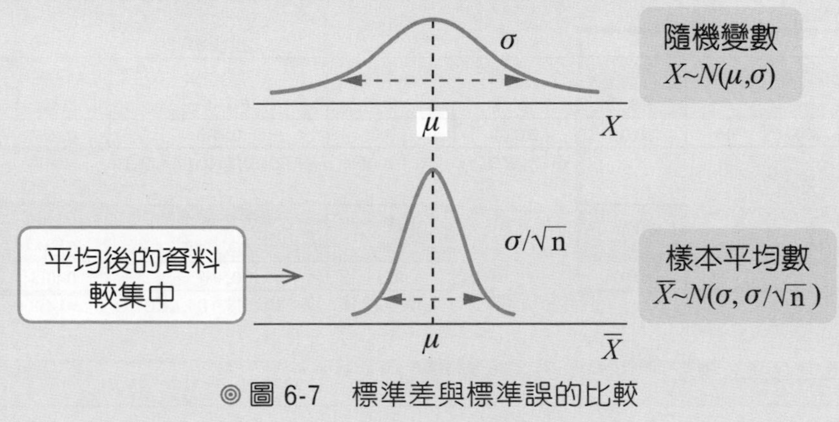

◎圖 6-7　標準差與標準誤的比較

範例 6-4

公司有 300 名員工，其薪資呈現常態分配，已知其平均數與標準差分別爲 48,000 元與 8,000 元。請問：

(1) 每位員工薪資超過 50,000 的機率爲何？

(2) 隨機選取公司 16 位同仁的薪資進行計算，平均薪資超過 50,000 元的機率爲何？

(3) 當隨機抽樣由 16 位增加到 36 位員工，平均薪資超過 50,000 的機率爲何？

⊙ 請掃描目錄頁 QR code，見檔案 CH6_EXs.xlsx

隨機變數 X：每位員工的薪資～ $N(\mu = 48000, \sigma = 8000)$

隨機變數 $\bar{X}$：16 位員工的平均薪資～ $N(\mu = 48000, \sigma/\sqrt{n} = 8000/\sqrt{16})$

由於 300 位員工爲母體資料，其中母體標準差 8,000 爲已知，故採用常態分配進行計算。

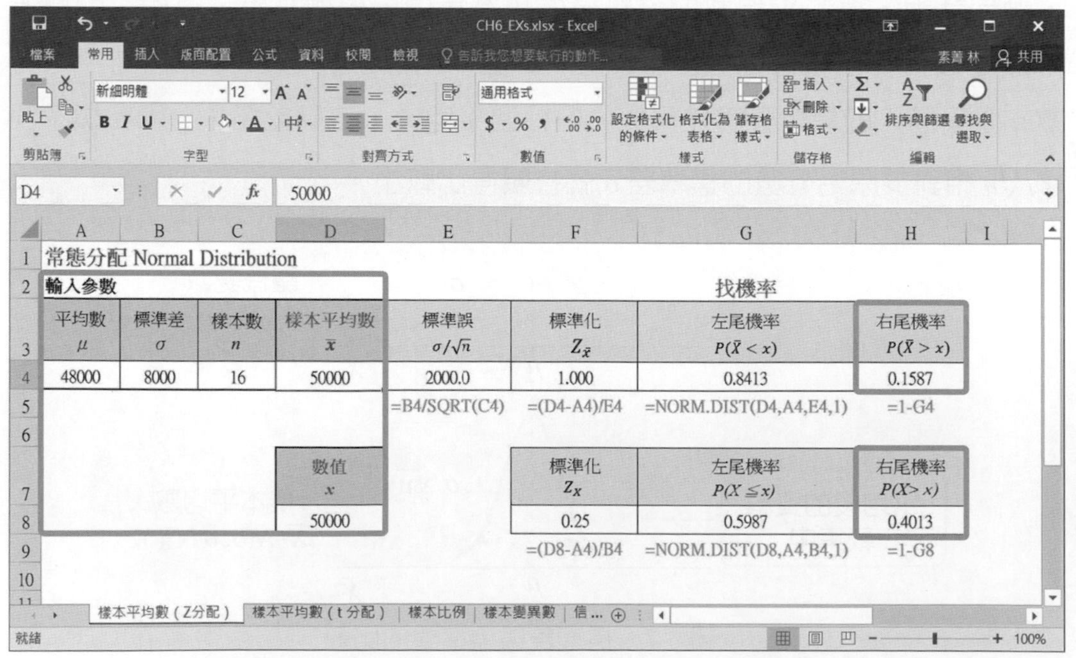

	A	B	C	D	E	F	G	H
3	平均數 μ	標準差 σ	樣本數 n	樣本平均數 $\bar{x}$	標準誤 $\sigma/\sqrt{n}$	標準化 $Z_{\bar{x}}$	左尾機率 $P(\bar{X} < x)$	右尾機率 $P(\bar{X} > x)$
4	48000	8000	16	50000	2000.0	1.000	0.8413	0.1587
5					=B4/SQRT(C4)	=(D4-A4)/E4	=NORM.DIST(D4,A4,E4,1)	=1-G4
7				數值 x		標準化 Z_X	左尾機率 $P(X \leq x)$	右尾機率 $P(X > x)$
8				50000		0.25	0.5987	0.4013
9						=(D8-A4)/B4	=NORM.DIST(D8,A4,B4,1)	=1-G8

(1) 每位員工薪資超過 50,000 的機率

$$P(X > 50000) = P\left(Z_X > \frac{50000-48000}{8000}\right) = P(Z_X > 0.25) = 40.13\%$$

(2) 16 位同仁的平均薪資超過 50,000 元的機率

$$P(\bar{X} > 50000) = P\left(Z_{\bar{X}} > \frac{50000-48000}{8000/\sqrt{16}}\right) = P(Z_{\bar{X}} > 1) = 15.87\%$$

(3) 36 位同仁的平均薪資超過 50,000 元的機率

$$P(\bar{X} > 50000) = P\left(Z_{\bar{X}} > \frac{50000-48000}{8000/\sqrt{36}}\right) = P(Z_{\bar{X}} > 1.5) = 6.68\%$$

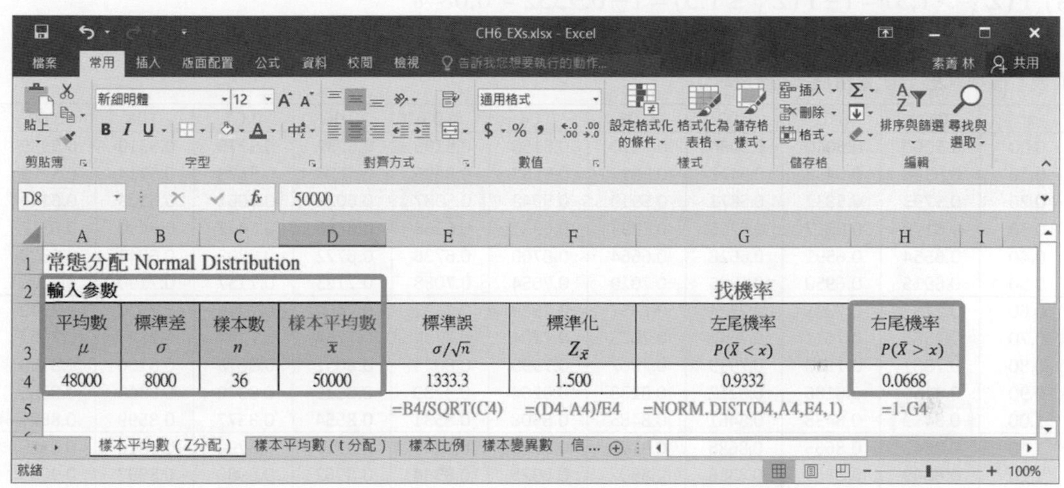

常態分配 Normal Distribution

輸入參數						找機率	
平均數 μ	標準差 σ	樣本數 n	樣本平均數 $\bar{x}$	標準誤 $\sigma/\sqrt{n}$	標準化 $Z_{\bar{x}}$	左尾機率 $P(\bar{X}<x)$	右尾機率 $P(\bar{X}>x)$
48000	8000	36	50000	1333.3	1.500	0.9332	0.0668
				=B4/SQRT(C4)	=(D4-A4)/E4	=NORM.DIST(D4,A4,E4,1)	=1-G4

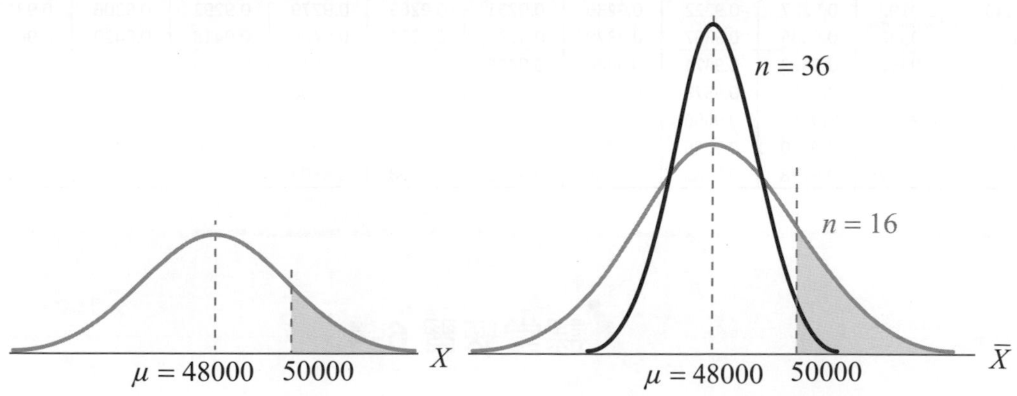

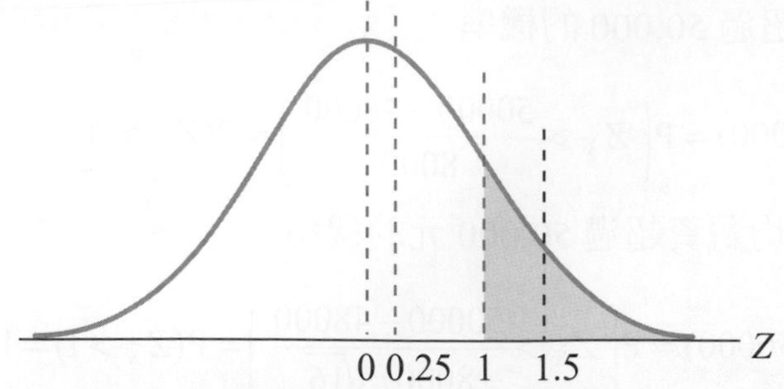

查表

(1) $P(Z_X > 0.25) = 1 - P(Z_X \le 0.25) = 1 - 0.5987 = 40.13\%$

(2) $P(Z_{\bar{X}} > 1) = 1 - P(Z_{\bar{X}} \le 1) = 1 - 0.8413 = 15.87\%$

(3) $P(Z_{\bar{X}} > 1.5) = 1 - P(Z_{\bar{X}} \le 1.5) = 1 - 0.9332 = 6.68\%$

附表1 標準常態分配累積機率值 P(Z<z)

z	0.00	0.01	0.02	0.03	0.04	0.05	0.06	0.07	0.08	0.09
0.00	0.5000	0.5040	0.5080	0.5120	0.5160	0.5199	0.5239	0.5279	0.5319	0.5359
0.10	0.5398	0.5438	0.5478	0.5517	0.5557	0.5596	0.5636	0.5675	0.5714	0.5753
0.20	0.5793	0.5832	0.5871	0.5910	0.5948	0.5987	0.6026	0.6064	0.6103	0.6141
0.30	0.6179	0.6217	0.6255	0.6293	0.6331	0.6368	0.6406	0.6443	0.6480	0.6517
0.40	0.6554	0.6591	0.6628	0.6664	0.6700	0.6736	0.6772	0.6808	0.6844	0.6879
0.50	0.6915	0.6950	0.6985	0.7019	0.7054	0.7088	0.7123	0.7157	0.7190	0.7224
0.60	0.7257	0.7291	0.7324	0.7357	0.7389	0.7422	0.7454	0.7486	0.7517	0.7549
0.70	0.7580	0.7611	0.7642	0.7673	0.7704	0.7734	0.7764	0.7794	0.7823	0.7852
0.80	0.7881	0.7910	0.7939	0.7967	0.7995	0.8023	0.8051	0.8078	0.8106	0.8133
0.90	0.8159	0.8186	0.8212	0.8238	0.8264	0.8289	0.8315	0.8340	0.8365	0.8389
1.00	0.8413	0.8438	0.8461	0.8485	0.8508	0.8531	0.8554	0.8577	0.8599	0.8621
1.10	0.8643	0.8665	0.8686	0.8708	0.8729	0.8749	0.8770	0.8790	0.8810	0.8830
1.20	0.8849	0.8869	0.8888	0.8907	0.8925	0.8944	0.8962	0.8980	0.8997	0.9015
1.30	0.9032	0.9049	0.9066	0.9082	0.9099	0.9115	0.9131	0.9147	0.9162	0.9177
1.40	0.9192	0.9207	0.9222	0.9236	0.9251	0.9265	0.9279	0.9292	0.9306	0.9319
1.50	0.9332	0.9345	0.9357	0.9370	0.9382	0.9394	0.9406	0.9418	0.9429	0.9441
1.60	0.9452	0.9463	0.9474	0.9484	0.9495	0.9505	0.9515	0.9525	0.9535	0.9545
1.70	0.9554	0.9564	0.9573	0.9582	0.9591	0.9599	0.9608	0.9616	0.9625	0.9633
1.80	0.9641	0.9649	0.9656	0.9664	0.9671	0.9678	0.9686	0.9693	0.9699	0.9706
1.90	0.9713	0.9719	0.9726	0.9732	0.9738	0.9744	0.9750	0.9756	0.9761	0.9767
2.00	0.9772	0.9778	0.9783	0.9788	0.9793	0.9798	0.9803	0.9808	0.9812	0.9817

課堂練習 6-4

網路商城販售水果禮盒，廣告標示如下：「甜柿 15 粒裝，包裝重量約 3,375 公克（不含外箱）」，已知甜柿重量呈現常態分配，每顆甜柿平均重量為 224 公克，標準差 8 公克。請問每箱甜柿重量不足 3,375 公克，被消費者投訴的機率為何？

6-3-2 樣本平均數的抽樣分配：小樣本

大樣本的情況有中央極限定理可以支持，當隨機變數的母體爲常態分配或近似常態，小樣本且母體標準差未知時，我們可以用學生 t 分配（**Student's t Distribution**），簡稱 t 分配（**t-Distribution**），來替代常態分配。

t 分配的形狀與常態分配類似，以 0 爲中心點，與常態分配相較，t 分配比較平坦，有較大的標準差，故在小樣本時，用常態分配估計會有比較大的誤差。另外，由於母體標準差 σ 未知，故以樣本標準差 s 替代，其自由度（**Degree of Freedom**）爲 $n-1$，當自由度或樣本數愈大時，資料會更集中，愈接近常態分配。

自由度爲 *n* – *1* 的 t 分配

$$t = \frac{\bar{X} - \mu}{s/\sqrt{n}} \sim t(n-1)$$

$$E(t) = 0 \text{ for } n \geq 2$$

$$V(t) = \frac{n}{n-2} \text{ for } n \geq 3$$

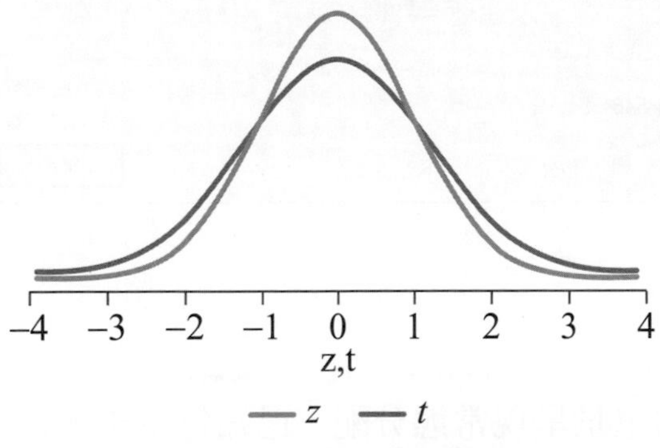

◎圖 6-8　t 分配與常態分配

☞ t 分配的機率值可以利用 EXCEL 的公式進行計算，右尾面積 = T.DIST.RT（t 值，自由度），左尾面積 = T.DIST（t 值，自由度，TRUE）。

函數引數 ? ×

T.DIST.RT

X 0.5 = 0.5

Deg_freedom 10-1 = 9

= 0.31453565

傳回右尾 Student's 式 T 分配值

Deg_freedom 為一正整數，表示分配的自由度。

計算結果 = 0.31453565

函數說明(H) 確定 取消

函數引數 ? ×

T.DIST

X 0.5 = 0.5

Deg_freedom 10-1 = 9

Cumulative TRUE = TRUE

= 0.68546435

傳回左尾 Student's 式 T 分配值

Cumulative 為一邏輯值; 當為 TRUE 時，採用累加分配函數; 為 FALSE 時，採用機率密度函數。

計算結果 = 0.68546435

函數說明(H) 確定 取消

範例 6-5

機場託運行李的重量呈現常態分配，已知每位出國旅客的平均行李重量爲 20.8 公斤。某機場人員自行記錄 10 位旅客的行李重量，平均數與標準差分別爲 19.8 公斤與 6.3 公斤。請問機場旅客行李平均重量超過規定 23 公斤的機率爲何？

⊙ 請掃描目錄頁 QR code，見檔案 CH6_EXs.xlsx

隨機變數 $\bar{X}$：10 位旅客行李平均重量～ $t(df = n-1 = 9)$

$\mu = 20.8$，由於 $n = 10$ 爲小樣本，母體標準差未知，故採用 t 分配進行計算。

機場旅客行李平均重量超標 23 公斤的機率

$$P(\bar{X} > 23) = P\left(t > \frac{23-20.8}{6.3/\sqrt{10}}\right) = P(t > 1.1) = 14.91\%$$

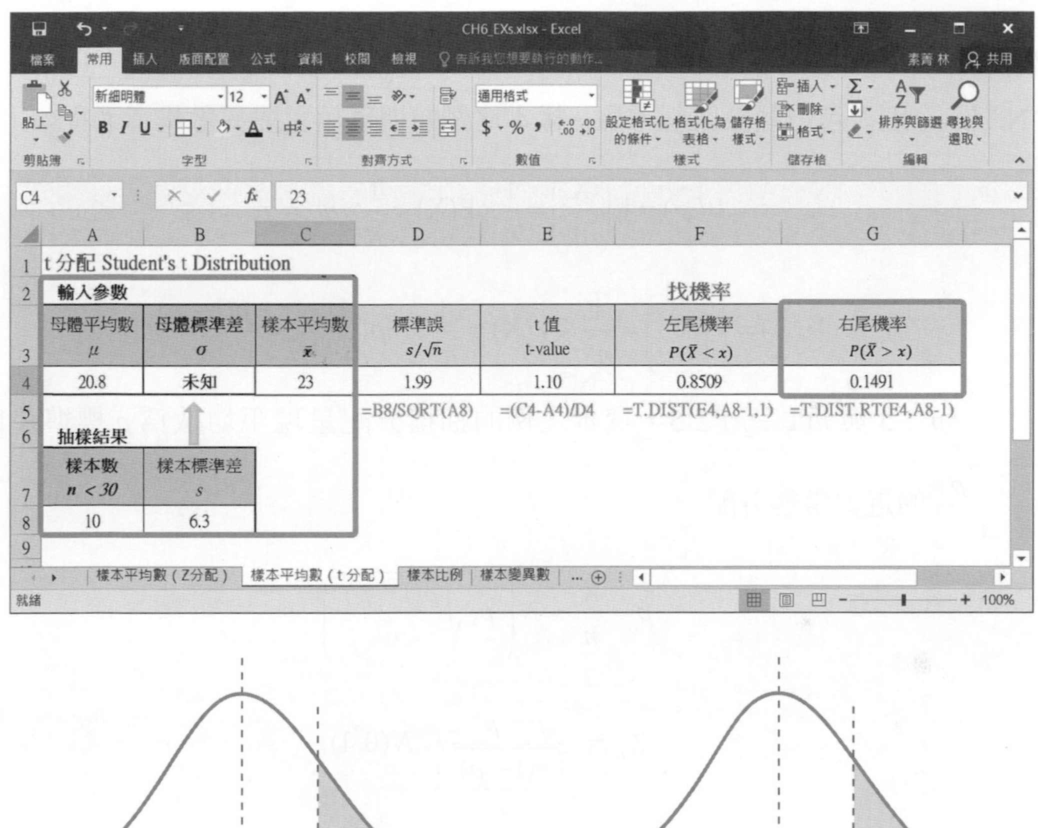

CH6_EXs.xlsx - Excel

t 分配 Student's t Distribution

輸入參數				找機率		
母體平均數 μ	母體標準差 σ	樣本平均數 $\bar{x}$	標準誤 $s/\sqrt{n}$	t 值 t-value	左尾機率 $P(\bar{X}<x)$	右尾機率 $P(\bar{X}>x)$
20.8	未知	23	1.99	1.10	0.8509	0.1491
			=B8/SQRT(A8)	=(C4-A4)/D4	=T.DIST(E4,A8-1,1)	=T.DIST.RT(E4,A8-1)

抽樣結果

樣本數 $n<30$	樣本標準差 s
10	6.3

課堂練習 6-5

星巴克咖啡豆重量呈現常態分配，已知每包咖啡豆的平均重量為 250 公克，顧客自行記錄 8 包咖啡豆重量，平均數與標準差分別為 249.5 公克與 100.3 公克。請問每包咖啡豆平均重量介於 245 公克至 260 公克的機率為何？

6-3-3 樣本比例的抽樣分配

另一個常被討論的問題是樣本比例，舉例來說，學生退學比例、某公共議題的支持率、瑕疵品的生產比率等，這類問題的根源，就是前面提過二項分配中，成功與失敗的機率。

如果隨機變數 X 符合二項分配，$X \sim \text{Binomial}(n, p)$，$E(X) = np$，$V(X) = np(1-p)$，母體比例和樣本比例分別表示成 $p = \dfrac{x}{N}$ 與 $\hat{p} = \dfrac{x}{N}$（唸成 p hat），其中 N 與 n 分別表示母體數與樣本數。樣本比例的期望值與變異數推導過程如下：

$$E(\hat{p}) = E\left(\frac{X}{n}\right) = \frac{1}{n} \times E(X) = \frac{1}{n} \times np = p$$

$$V(\hat{p}) = V\left(\frac{X}{n}\right) = \frac{1}{n^2} \times V(X) = \frac{1}{n^2} \times np(1-p) = \frac{p(1-p)}{n}$$

當 $np \geq 5$ 與 $n(1-p) \geq 5$，樣本比例的抽樣分配呈現平均數為 p 標準差為 $\sqrt{\dfrac{p(1-p)}{n}}$ 的近似常態分配：

$$\hat{p} = \frac{X}{n} \sim N\left(p, \sqrt{\frac{p(1-p)}{n}}\right)$$

$$Z_{\hat{p}} = \frac{\hat{p} - p}{\sqrt{\dfrac{p(1-p)}{n}}} \sim N(0,1)$$

其中 $|\hat{p} - p|$ 稱為**比例的抽樣誤差（Sampling Error of the Proportion）**，$\sqrt{\dfrac{p(1-p)}{n}}$ 稱為**比例的標準誤（Standard Error of the Proportion）**。

範例 6-6

企業根據過去資料發現，公司有 30% 的的訂單為網路訂單。現在隨機抽出 300 份訂單，預估下一季網路訂單比例衰退超過 1% 的機率為何？

⊙ 請掃描目錄頁 QR code，見檔案 CH6_EXs.xlsx

隨機變數 $\hat{p}$ ：網路訂單比例～ $N\left(p=0.3, \sqrt{\frac{p(1-p)}{n}}=\sqrt{\frac{0.3\times0.7}{300}}\right)$

衰退 1% 表示訂單比例從 30% 下降至 29%，故訂單比例低於 29% 的機率

$$\mathrm{P}(\hat{p}<0.29)=\mathrm{P}\left(Z_{\hat{p}}<\frac{0.29-0.3}{\sqrt{\frac{0.3\times0.7}{300}}}\right)=\mathrm{P}(Z_{\hat{p}}<-0.38)=35.27\%$$

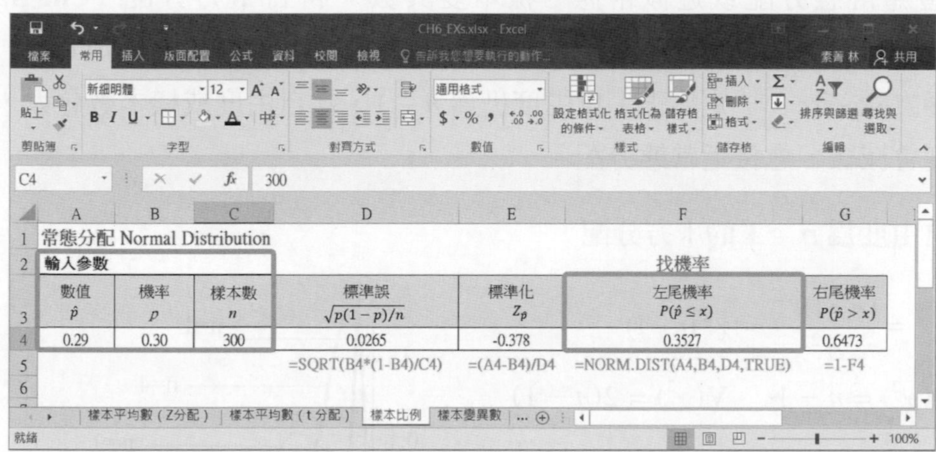

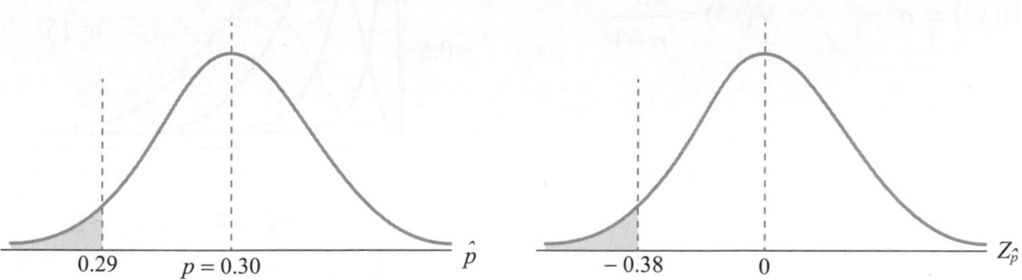

查表

$$P(Z_{\hat{p}}<-0.378)=1-P(Z_{\hat{p}}<0.378)=1-0.6473=35.27\%$$

附表1 標準常態分配累積機率值　P(Z<z)

z	0.00	0.01	0.02	0.03	0.04	0.05	0.06	0.07	0.08	0.09
0.00	0.5000	0.5040	0.5080	0.5120	0.5160	0.5199	0.5239	0.5279	0.5319	0.5359
0.10	0.5398	0.5438	0.5478	0.5517	0.5557	0.5596	0.5636	0.5675	0.5714	0.5753
0.20	0.5793	0.5832	0.5871	0.5910	0.5948	0.5987	0.6026	0.6064	0.6103	0.6141
0.30	0.6179	0.6217	0.6255	0.6293	0.6331	0.6368	0.6406	0.6443	0.6480	0.6517
0.40	0.6554	0.6591	0.6628	0.6664	0.6700	0.6736	0.6772	0.6808	0.6844	0.6879
0.50	0.6915	0.6950	0.6985	0.7019	0.7054	0.7088	0.7123	0.7157	0.7190	0.7224

課堂練習 6-6

針對夏日冰品抽驗大腸桿菌是否超標，根據歷年抽查資料顯示，有 12.5% 的商店不合格。現在隨機抽出 50 家冰店，預估大腸桿菌超標比例低於 10% 的機率為何？

6-3-4 樣本變異數抽樣分配

由於變異數不可能爲負值，故常態分配或 t 分配均不適用，當隨機變數的母體爲常態分配或近似常態，樣本變異數 s^2 符合**卡方分配（Chi-Square Distribution）**。卡方分配爲一右偏分配，卡方值 χ^2（希臘字母 χ 唸成 chi，「方」是指平方 square）一定爲正，自由度仍爲 $n-1$，當自由度或樣本數愈大，右偏的程度會減緩，愈接近常態分配。

自由度爲 $n-1$ 的卡方分配

$$\chi^2 = \frac{(n-1)s^2}{\sigma^2} \sim \chi^2(n-1)$$

$E(\chi^2) = n-1 \qquad V(\chi^2) = 2(n-1)$

$E(s^2) = \sigma^2 \qquad V(s^2) = \frac{2\sigma^4}{n-1}$

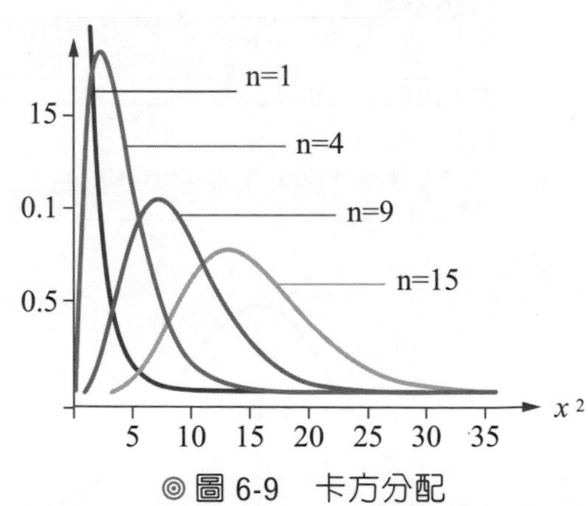

◎圖 6-9 卡方分配

範例 6-7

旅行社發現，不同國籍旅客購買伴手禮金額的差異頗大，假設旅客購買伴手禮的金額呈現常態分配，其母體標準差爲 5,000 元，現在隨機抽出 25 位旅客。請問：購買伴手禮金額的標準差低於 3,000 元的機率爲何？

⊙ 請掃描目錄頁 QR code，見檔案 CH6_EXs.xlsx

隨機變數 s^2：伴手禮金額的變異數～$\chi^2(df = n - 1 = 25 - 1)$

25 位旅客購買伴手禮的標準差小於 3,000 的機率

$$P(s < 3000) = P(s^2 < 3000^2) = P\left(\chi^2 < \frac{(25-1)\times 3000^2}{5000^2}\right) = P(\chi^2 < 8.64) = 0.17\%$$

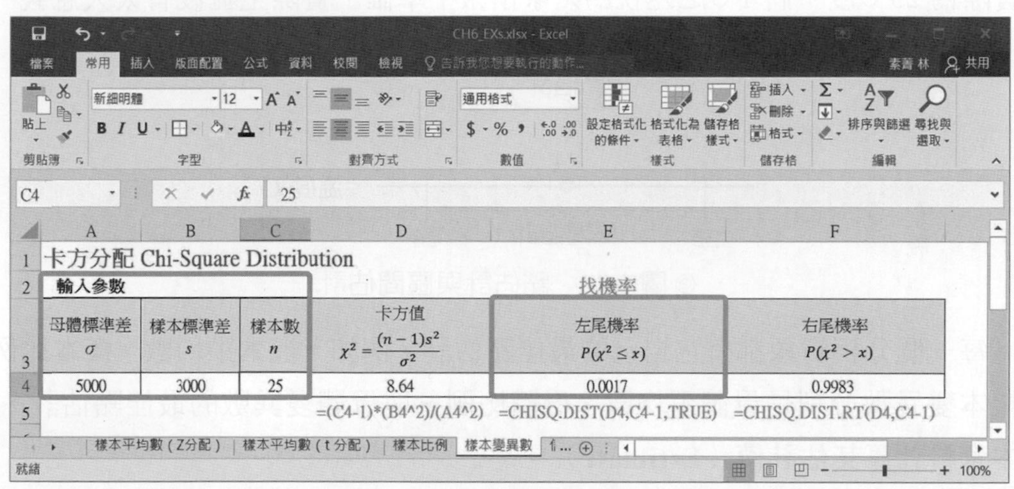

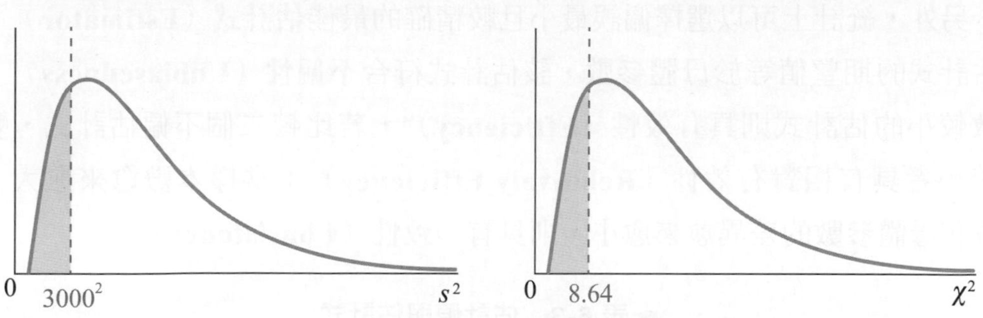

課堂練習 6-7

根據過去資料顯示，某股票的平均報酬率為 11.5%，標準差為 6.2%，投資者考慮股票風險，如果近半年報酬率的標準差不超過 7% 則願意投資。現在隨機抽取 30 天的資料，請問該投資者願意投資該股票的機率為何？

6-4 估計

估計是一種有科學根據的猜測方法，可分為**點估計**（**Point Estimation**）與**區間估計**（**Interval Estimation**）二種。點估計是一個數值，區間估計會是一個範圍，通常我們不太可能剛好估計到正確的數值，而且也不一定有其必要性，故實務上以區間估計較常見。舉例來說，中央氣象局預估新北市明天白天氣溫會介於 22℃至 26℃之間就是一種區間估計，如果用點估計預估明天氣溫 24℃，但實際為 25℃度，將 1℃之差視為氣象預報不準確，實際上並沒有太大意義。

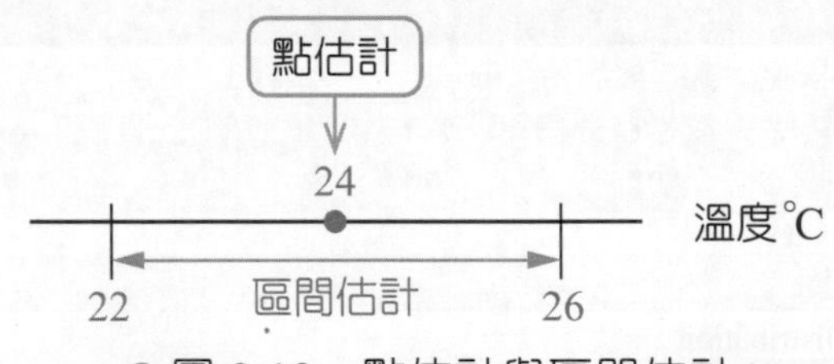

◎ 圖 6-10　點估計與區間估計

每一個分析對象都有它自己的最佳點估計，例如，樣本平均數、樣本比例、與樣本變異數分別是母體平均數、母體比例、與母體變異數的最佳點估計，以樣本資料計算其**估計值**（**Estimate**）。

另外，統計上可以選擇偏誤最小且較精確的最佳**估計式**（**Estimator**），如果估計式的期望值等於母體參數，該估計式符合**不偏性**（**Unbiasedness**）；變異數較小的估計式則具**有效性**（**Efficiency**），若比較二個不偏估計式，變異數較小者具有**相對有效性**（**Relatively Efficiency**）；當樣本數愈來愈大，估計量和母體參數的差異愈來愈小，則具有**一致性**（**Consistency**）。

➡ 表 6-3　估計值與估計式

被估計對象（未知）	估計值（最佳點估計）	估計式
母體平均數(μ)	樣本平均數($\bar{x}$)	$\bar{x}=\frac{\sum x_i}{n}$
母體比例(p)	樣本比例($\hat{p}$)	$\hat{p}=\frac{x}{n}$
母體變異數(σ^2)	樣本變異數(s^2)	$s^2=\frac{\sum(x_i-\bar{x})^2}{n-1}$

6-4-1 信賴區間

未知的母體參數需要被估計，因此母體平均數、母體比例、與母體變異數的區間估計即爲**信賴區間**（**Confidence Interval**），信賴區間具有上限（Upper Limit）與下限（Lower Limit）。

以樣本平均數爲例，可容忍的誤差爲 α，可信度則爲 $1-\alpha$，樣本平均數的信賴區間推導過程如下：

$$1-\alpha = P\left(-Z_{\frac{\alpha}{2}} < \frac{\bar{X}-\mu}{\sigma/\sqrt{n}} < Z_{\frac{\alpha}{2}}\right) = P\left(\bar{X}-Z_{\frac{\alpha}{2}}\times\frac{\sigma}{\sqrt{n}} < \mu < \bar{X}+Z_{\frac{\alpha}{2}}\times\frac{\sigma}{\sqrt{n}}\right)$$

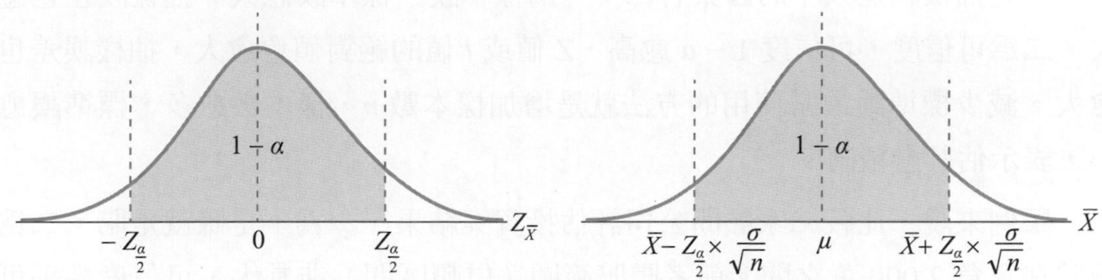

◎圖 6-11 大樣本母體平均數的信賴區間

類似的推導方式，將母體參數信賴區間的公式整理如下：

母體平均數的信賴區間

大樣本

$$\left(\bar{X}-Z_{\frac{\alpha}{2}}\times\frac{\sigma}{\sqrt{n}}, \bar{X}+Z_{\frac{\alpha}{2}}\times\frac{\sigma}{\sqrt{n}}\right)$$

小樣本且母體標準差未知

$$\left(\bar{X}-t_{\frac{\alpha}{2}}\times\frac{s}{\sqrt{n}}, \bar{X}+t_{\frac{\alpha}{2}}\times\frac{s}{\sqrt{n}}\right)$$

母體比例的信賴區間

$$\left(\hat{p}-Z_{\frac{\alpha}{2}}\times\sqrt{\frac{\hat{p}(1-\hat{p})}{n}}, p+Z_{\frac{\alpha}{2}}\times\sqrt{\frac{\hat{p}(1-\hat{p})}{n}}\right)$$

母體變異數的信賴區間

$$\left(\frac{(n-1)s^2}{\chi^2_{\frac{\alpha}{2}}}, \frac{(n-1)s^2}{\chi^2_{1-\frac{\alpha}{2}}}\right)$$

如果是對稱的分配，如常態分配或 t 分配，信賴區間都會有一個中心點，然後再加上左右二邊誤差範圍，故母體平均數或母體比例的信賴區間，都是以最佳點估計爲中心點，考慮可信度及標準誤得到的區間估計，其中可信度決定 Z 值或 t 值的大小。

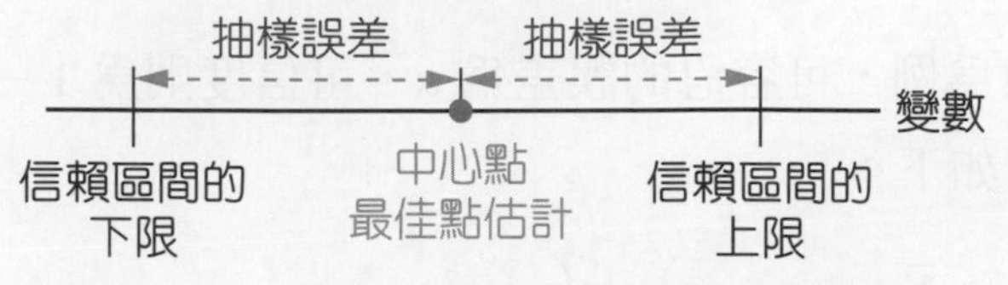

◎ 圖 6-12 母體平均數與母體比例的信賴區間

決定抽樣誤差大小的因素有二：一爲標準誤，標準誤愈大，抽樣誤差也愈大。二爲可信度，可信度 $1-\alpha$ 愈高，Z 值或 t 值的絕對值會愈大，抽樣誤差也愈大。減少標準誤最常使用的方法就是增加樣本數 n，樣本數愈多，標準誤愈小，表示估計愈精確。

舉例來說，比較二家顧問公司評估投資案結果，一爲不是賺就是賠，二爲賺賠在正負 2,000 萬之間。前者賺賠範圍（信賴區間）非常大，可信度幾乎可達 100%，但這種評估結果基本上意義不大；後者評估結果雖然可能有誤差（例如誤差 5%），但精確度相對提高，只要估計範圍落在可接受的誤差範圍內，比起不是賺就是賠的結果有意義多了。

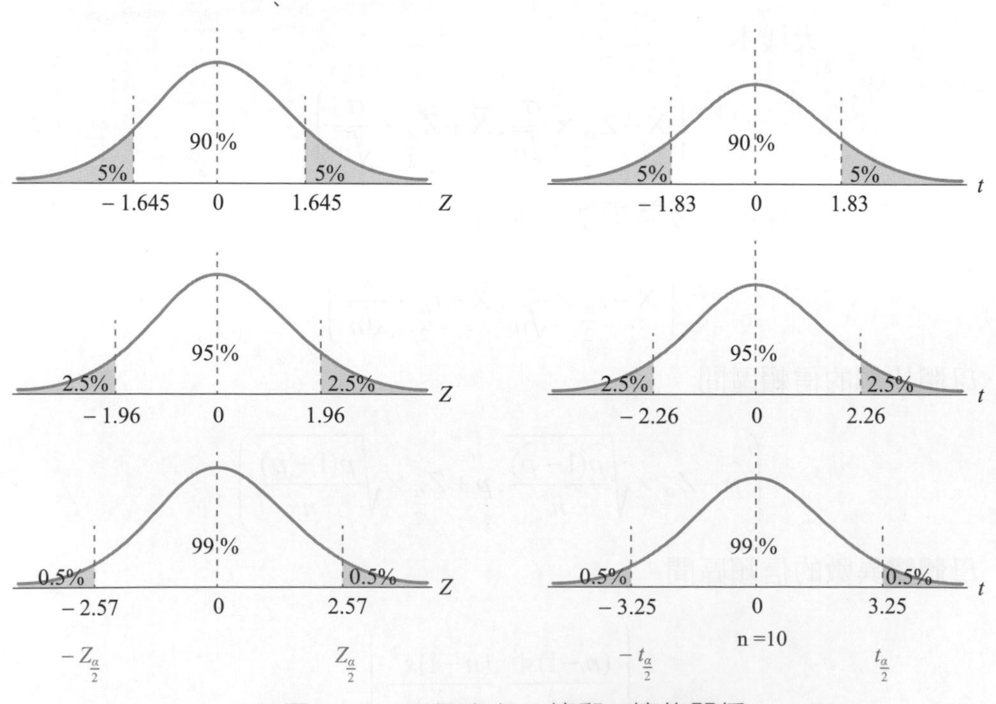

◎ 圖 6-13 可信度與 Z 值和 t 值的關係

查表

附表1 標準常態分配累積機率值 P(Z<z)

z	0.00	0.01	0.02	0.03	0.04	0.05	0.06	0.07	0.08	0.09
0.00	0.5000	0.5040	0.5080	0.5120	0.5160	0.5199	0.5239	0.5279	0.5319	0.5359
0.10	0.5398	0.5438	0.5478	0.5517	0.5557	0.5596	0.5636	0.5675	0.5714	0.5753
0.20	0.5793	0.5832	0.5871	0.5910	0.5948	0.5987	0.6026	0.6064	0.6103	0.6141
0.30	0.6179	0.6217	0.6255	0.6293	0.6331	0.6368	0.6406	0.6443	0.6480	0.6517
0.40	0.6554	0.6591	0.6628	0.6664	0.6700	0.6736	0.6772	0.6808	0.6844	0.6879
0.50	0.6915	0.6950	0.6985	0.7019	0.7054	0.7088	0.7123	0.7157	0.7190	0.7224
0.60	0.7257	0.7291	0.7324	0.7357	0.7389	0.7422	0.7454	0.7486	0.7517	0.7549
0.70	0.7580	0.7611	0.7642	0.7673	0.7704	0.7734	0.7764	0.7794	0.7823	0.7852
0.80	0.7881	0.7910	0.7939	0.7967	0.7995	0.8023	0.8051	0.8078	0.8106	0.8133
0.90	0.8159	0.8186	0.8212	0.8238	0.8264	0.8289	0.8315	0.8340	0.8365	0.8389
1.00	0.8413	0.8438	0.8461	0.8485	0.8508	0.8531	0.8554	0.8577	0.8599	0.8621
1.10	0.8643	0.8665	0.8686	0.8708	0.8729	0.8749	0.8770	0.8790	0.8810	0.8830
1.20	0.8849	0.8869	0.8888	0.8907	0.8925	0.8944	0.8962	0.8980	0.8997	0.9015
1.30	0.9032	0.9049	0.9066	0.9082	0.9099	0.9115	0.9131	0.9147	0.9162	0.9177
1.40	0.9192	0.9207	0.9222	0.9236	0.9251	0.9265	0.9279	0.9292	0.9306	0.9319
1.50	0.9332	0.9345	0.9357	0.9370	0.9382	0.9394	0.9406	0.9418	0.9429	0.9441
1.60	0.9452	0.9463	0.9474	0.9484	0.9495	0.9505	0.9515	0.9525	0.9535	0.9545
1.70	0.9554	0.9564	0.9573	0.9582	0.9591	0.9599	0.9608	0.9616	0.9625	0.9633
1.80	0.9641	0.9649	0.9656	0.9664	0.9671	0.9678	0.9686	0.9693	0.9699	0.9706
1.90	0.9713	0.9719	0.9726	0.9732	0.9738	0.9744	0.9750	0.9756	0.9761	0.9767
2.00	0.9772	0.9778	0.9783	0.9788	0.9793	0.9798	0.9803	0.9808	0.9812	0.9817
2.10	0.9821	0.9826	0.9830	0.9834	0.9838	0.9842	0.9846	0.9850	0.9854	0.9857
2.20	0.9861	0.9864	0.9868	0.9871	0.9875	0.9878	0.9881	0.9884	0.9887	0.9890
2.30	0.9893	0.9896	0.9898	0.9901	0.9904	0.9906	0.9909	0.9911	0.9913	0.9916
2.40	0.9918	0.9920	0.9922	0.9925	0.9927	0.9929	0.9931	0.9932	0.9934	0.9936
2.50	0.9938	0.9940	0.9941	0.9943	0.9945	0.9946	0.9948	0.9949	0.9951	0.9952
2.60	0.9953	0.9955	0.9956	0.9957	0.9959	0.9960	0.9961	0.9962	0.9963	0.9964
2.70	0.9965	0.9966	0.9967	0.9968	0.9969	0.9970	0.9971	0.9972	0.9973	0.9974
2.80	0.9974	0.9975	0.9976	0.9977	0.9977	0.9978	0.9979	0.9979	0.9980	0.9981
2.90	0.9981	0.9982	0.9982	0.9983	0.9984	0.9984	0.9985	0.9985	0.9986	0.9986
3.00	0.9987	0.9987	0.9987	0.9988	0.9988	0.9989	0.9989	0.9989	0.9990	0.9990

附表2 t分配 $P(t > t_{\alpha}(df))$

df	$t_{0.1}$	$t_{0.05}$	$t_{0.025}$	$t_{0.01}$	$t_{0.005}$
1	3.078	6.314	12.706	31.821	63.657
2	1.886	2.920	4.303	6.965	9.925
3	1.638	2.353	3.182	4.541	5.841
4	1.533	2.132	2.776	3.747	4.604
5	1.476	2.015	2.571	3.365	4.032
6	1.440	1.943	2.447	3.143	3.707
7	1.415	1.895	2.365	2.998	3.499
8	1.397	1.860	2.306	2.896	3.355
9	1.383	1.833	2.262	2.821	3.250
10	1.372	1.812	2.228	2.764	3.169
11	1.363	1.796	2.201	2.718	3.106
12	1.356	1.782	2.179	2.681	3.055
13	1.350	1.771	2.160	2.650	3.012
14	1.345	1.761	2.145	2.624	2.977
15	1.341	1.753	2.131	2.602	2.947

信賴區間的意義是指，隨機抽取一組樣本得到的信賴區間，包含母體平均數的機率。以 95% 的信賴區間爲例，當隨機抽樣 100 次，每次抽樣的樣本平均數中，至少會有 95 個落在信賴區間之內。

很多人會誤以為信賴區間就是：「母體平均數落在信賴區間內的機率 95%」，「樣本平均數落在信賴區間內的機率有 95%」，或是「信賴區間會有 95% 機率包含母體平均數」，其實以上三種敘述方式都是有問題的。我們前面曾提到，母體參數是未知的固定常數，所以不會變動，認為它會「介於」信賴區間上下限之間的說法是很矛盾的。再者，樣本平均數是會隨著抽樣的改變而變動，但是當抽樣完成，計算出來的樣本平均數也會是一個數值，沒有機率問題，因此我們也不能說它「介於」信賴區間上下限之間。最後，我們是以樣本平均數為中心點來估計未知的母體平均數，因此樣本平均數一定會介在信賴區間之內。

利用 EXCEL 查表

常態分配對應的 Z 值 = NORM.S.INV（左尾機率值）。

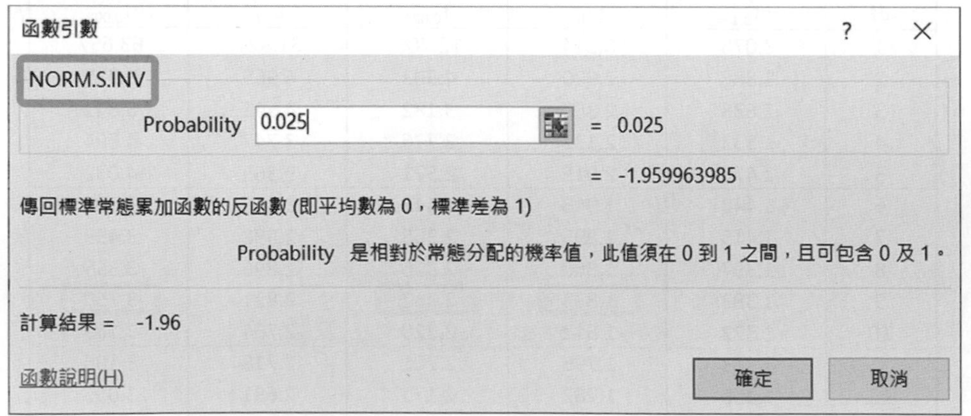

t 分配對應的 t 值 = T.INV（左尾機率值，自由度）。

函數引數 ? ×

T.INV

Probability 0.025 = 0.025

Deg_freedom 9 = 9

= -2.262157163

傳回 Student's 式 T 分配的左尾反值

Probability 為雙尾 Student's 式 T 分配之相關機率值，介於 0 和 1 之間且包含 0 和 1

計算結果 = -2.26

函數說明(H) 確定 取消

卡方分配對應的卡方值 = CHISQ.INV（機率值，自由度）。

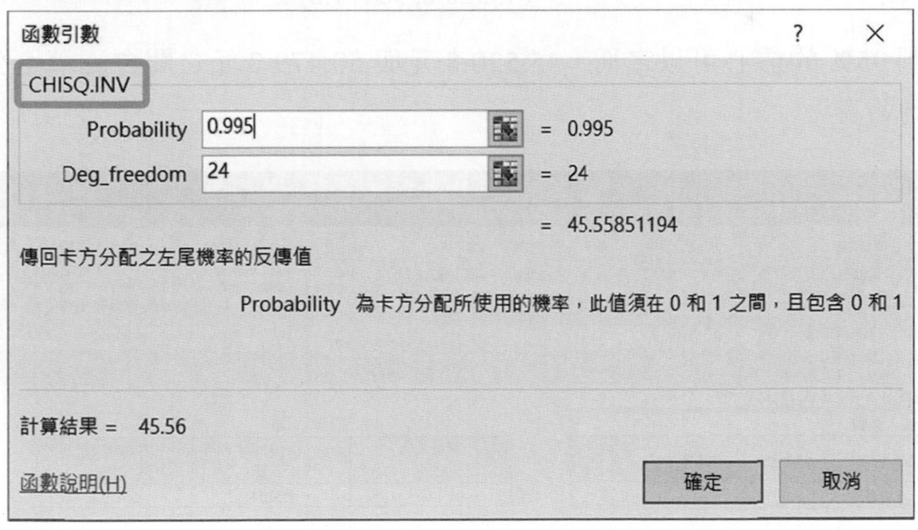

範例 6-8

請計算下列問題的信賴區間：

(1) 隨機抽取 40 名公司員工，其平均數與標準差分別為 48,000 元與 8,000 元，計算平均薪資 95% 的信賴區間。

(2) 機場託運行李的重量呈現常態分配，現在隨機抽取 10 位旅客的行李重量，計算出平均數與標準差分別為 19.8 公斤與 6.3 公斤，請估計平均行李重量 95% 的信賴區間。

(3) 某企業隨機抽出 300 份訂單，發現其中有 30% 的訂單來自網路，請估計網路訂單比例 90% 的信賴區間。

(4) 旅客購買伴手禮的金額呈現常態分配，現在隨機抽出 25 位旅客，計算出平均數與標準差分別爲 120,685 與 2,337 元，請估計伴手禮金額變異數 99% 的信賴區間。

⊙ 請掃描目錄頁 QR code，見檔案 CH6_EXs.xlsx

(1) 40 名員工爲大樣本，以常態分配公式進行計算，平均薪資 95% 的信賴區間

$$\left(\bar{X}-Z_{\frac{\alpha}{2}}\times\frac{\sigma}{\sqrt{n}},\bar{X}+Z_{\frac{\alpha}{2}}\times\frac{\sigma}{\sqrt{n}}\right)=\left(48000-1.96\times\frac{8000}{\sqrt{40}},48000+1.96\times\frac{8000}{\sqrt{40}}\right)$$

$$=(45520.8, 50479.2)$$

我們 95% 的信心可以宣稱，45,520.8 元與 50,479.2 元之間會涵蓋全公司的平均薪資。

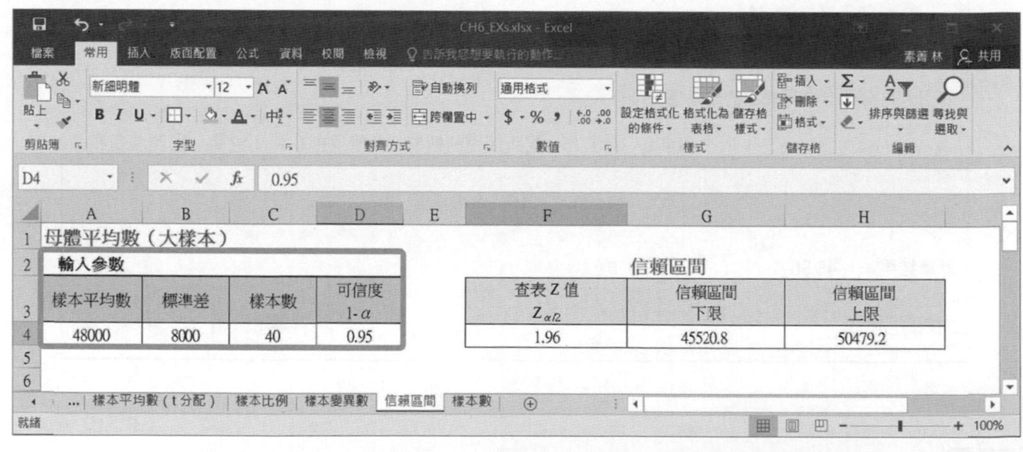

母體平均數（大樣本）

輸入參數

樣本平均數	標準差	樣本數	可信度 1-α
48000	8000	40	0.95

信賴區間

查表 Z 值 $Z_{\alpha/2}$	信賴區間下限	信賴區間上限
1.96	45520.8	50479.2

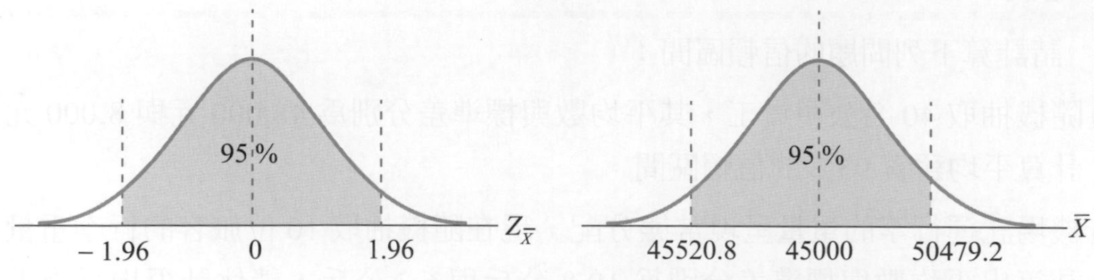

(2) 10 名員工為小樣本，母體為常態分配，母體標準差未知，故以 t 分配公式進行計算，平均行李重量 95% 的信賴區間

$$\left(\overline{\mathrm{X}}-t_{\frac{\alpha}{2}}\times\frac{s}{\sqrt{n}},\overline{\mathrm{X}}+t_{\frac{\alpha}{2}}\times\frac{s}{\sqrt{n}}\right)=\left(19.8-2.26\times\frac{6.3}{\sqrt{10}},19.8+2.26\times\frac{6.3}{\sqrt{10}}\right)=(15.3,24.3)$$

我們有 95% 的信心可以宣稱，15.3 公斤與 24.3 公斤之間會涵蓋全機場的平均行李重量。

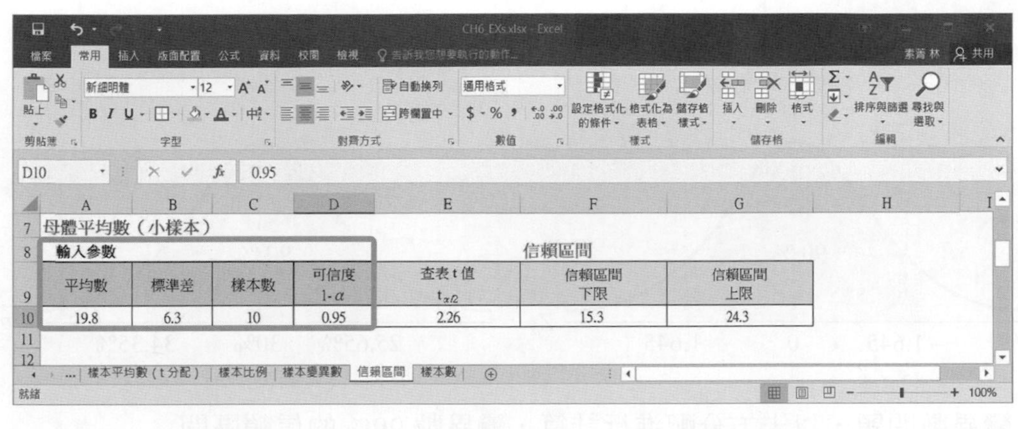

母體平均數（小樣本）

輸入參數					信賴區間	
平均數	標準差	樣本數	可信度 1-α	查表 t 值 $t_{\alpha/2}$	信賴區間下限	信賴區間上限
19.8	6.3	10	0.95	2.26	15.3	24.3

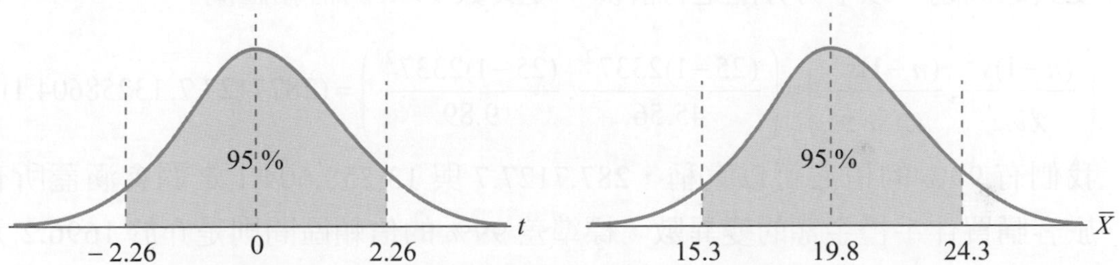

(3) 網路訂單比例問題，以常態分配進行計算，網路訂單比例 90% 的信賴區間

$$\left(\hat{p}-Z_{\frac{\alpha}{2}}\times\sqrt{\frac{\hat{p}(1-\hat{p})}{n}},\hat{p}+Z_{\frac{\alpha}{2}}\times\sqrt{\frac{\hat{p}(1-\hat{p})}{n}}\right)$$

$$=\left(0.3-1.645\times\sqrt{\frac{0.3\times0.7}{300}},0.3+1.645\times\sqrt{\frac{0.3\times0.7}{300}}\right)$$

$$=(0.2565,0.3435)$$

我們有 90% 的信心可以宣稱，25.65% 與 34.35% 之間會涵蓋全公司網路訂單比例。

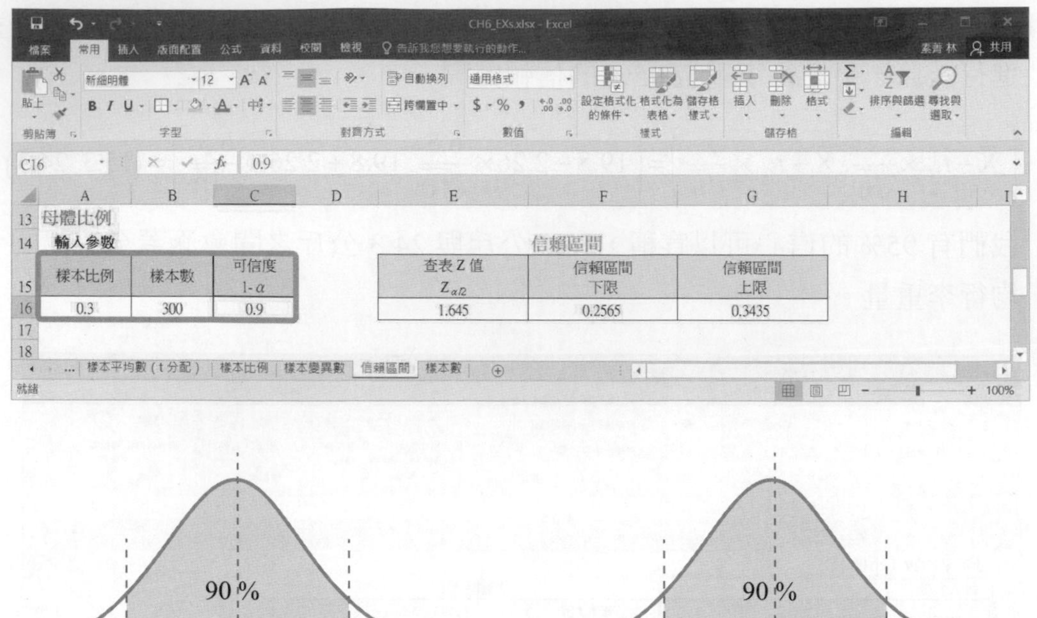

母體比例

輸入參數

樣本比例	樣本數	可信度 $1-\alpha$
0.3	300	0.9

信賴區間

查表 Z 值 $Z_{\alpha/2}$	信賴區間下限	信賴區間上限
1.645	0.2565	0.3435

(4) 變異數問題，以卡方分配進行計算，變異數 99% 的信賴區間

$$\left(\frac{(n-1)s^2}{\chi^2_{\alpha/2}}, \frac{(n-1)s^2}{\chi^2_{1-\alpha/2}}\right) = \left(\frac{(25-1)2337^2}{45.56}, \frac{(25-1)2337^2}{9.89}\right) = (2877127.7, 13258604.1)$$

我們有 99% 的信心可以宣稱，287,7127.7 與 13,258,604.1 之間會涵蓋所有旅客購買件手禮金額的變異數，標準差 99% 的信賴區間則是介於 1696.2 元與 3641.2 元之間。

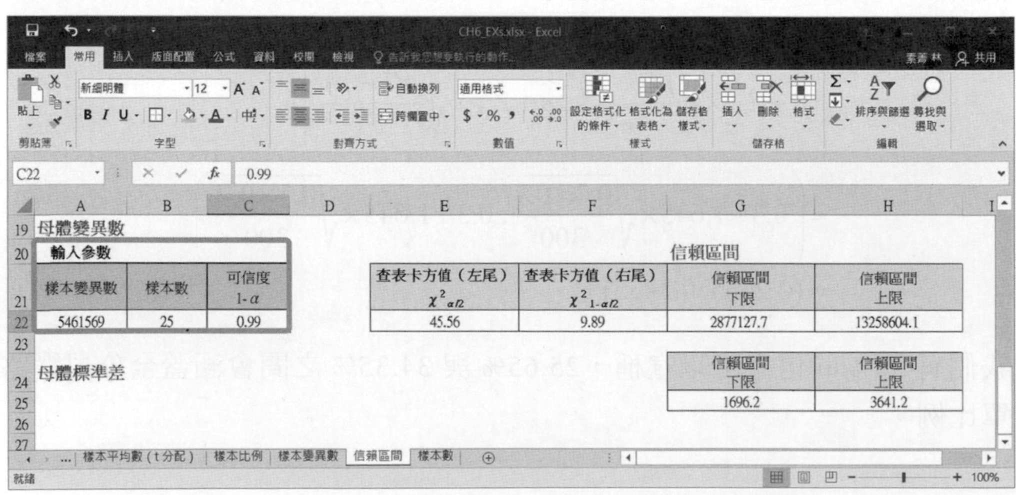

母體變異數

輸入參數

樣本變異數	樣本數	可信度 $1-\alpha$
5461569	25	0.99

信賴區間

查表卡方值（左尾）$\chi^2_{\alpha/2}$	查表卡方值（右尾）$\chi^2_{1-\alpha/2}$	信賴區間下限	信賴區間上限
45.56	9.89	2877127.7	13258604.1

母體標準差

信賴區間下限	信賴區間上限
1696.2	3641.2

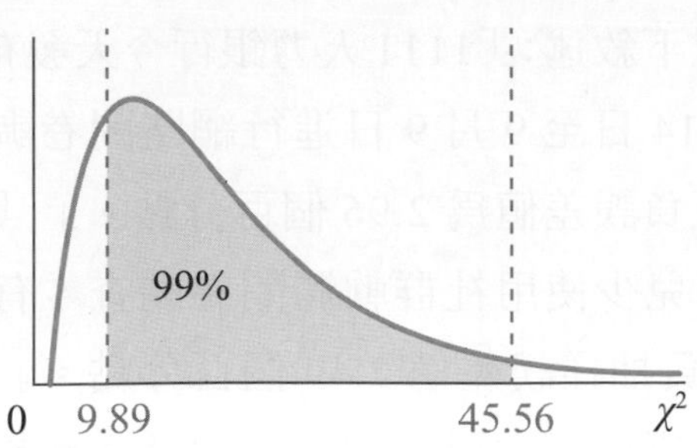

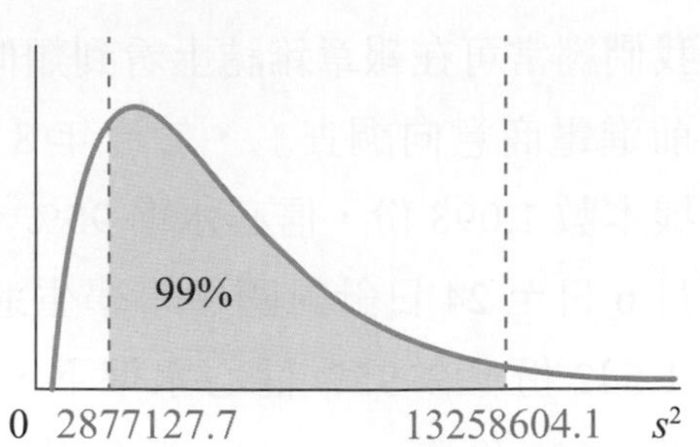

課堂練習 6-8

請計算下列問題的信賴區間：

(1) 大學生運動時間呈現常態分配，現在隨機抽取 12 位大學生，運動時間的平均數與標準差分別為 25.8 分鐘與 10.2 分鐘，請估計平均運動時間 95% 的信賴區間。

(2) 手沖咖啡容量呈現常態分配，現在隨機抽出 20 杯手沖咖啡，平均容量與標準差分別為 285.2 公克與 50.6 公克，請估計手沖咖啡容量變異數 90% 的信賴區間。

(3) 隨機抽取 36 位學生每週打工時間，其平均數與標準差分別為 15.8 小時與 8.2 小時，計算平均打工時數 99% 的信賴區間。

(4) 超商推出買一送一活動，現在隨機抽出 100 位顧客，其中有 65% 的客人會被促銷活動吸引而去購買，請估計顧客購買比例 95% 的信賴區間。

6-4-2 樣本大小

在不影響可信度的條件下，為增加估計的精確度，實務上最常用的方法就是增加樣本數，雖然樣本數愈多愈好，但相對的，抽樣成本也會增加，因此，業界在抽樣成本的考量下，對樣本數的要求通常是夠了就好。

我們經常可在報章雜誌上看到類似以下敘述:「1111 人力銀行今天發布『上班族前進電商意向調查』，於今年 8 月 14 日至 9 月 9 日進行網路問卷調查，有效樣本數 1,098 份，信心水準 95%，正負誤差值爲 2.96 個百分點。」「兒盟於 5 月 6 日至 24 日針對國中小學生進行兒少使用社群軟體問卷調查，有效樣本數 1,542 份，在 95% 信心水準下，正負抽樣誤差值 2.49 個百分點。」有效樣本數 1,098 份或 1,542 份，足夠代表上班族意向或國中小行爲嗎？理論上，調查需要的樣本數至少是 1,067 份。先從誤差的角度來看，實際與估計之間的差異就是誤差 (e)：

平均數的估計誤差

$$e = \left|\bar{X} - \mu\right| = Z_{\frac{\alpha}{2}} \times \frac{\sigma}{\sqrt{n}}$$

比例的估計誤差

$$e = |\,\hat{p} - p\,| = Z_{\frac{\alpha}{2}} \times \sqrt{\frac{\hat{p}(1-\hat{p})}{n}}$$

經過簡單運算，可以得到母體平均數與母體比例區間估計所需要的最低樣本數：

母體平均數區間估計的樣本數

$$n = \left(\frac{Z_{\alpha/2} \times \sigma}{e}\right)^2$$

母體比例區間估計的樣本數

$$n = \hat{p}(1-\hat{p})\left(\frac{Z_{\alpha/2}}{e}\right)^2$$

當可信度爲 95%，將誤差設定爲 $e = \pm\,3\%$，未知的母體標準差或母體比例都設定爲 0.5，這時候樣本數就是 $n = 1{,}067$。但需要注意的是，未知的母體標準差與母體比例是可以被估計的，把所有問題都設定在 0.5，就只是一般便宜行事的作法。

$$n = \left(\frac{Z_{\alpha/2} \cdot \sigma}{e}\right)^2 = \left(\frac{1.96 \times 0.5}{0.03}\right)^2 = 1067$$

$$n = \hat{p}(1-\hat{p})\left(\frac{Z_{\alpha/2}}{e}\right)^2 = 0.5 \times 0.5 \times \left(\frac{1.96}{0.03}\right)^2 = 1067$$

事實上樣本的品質與樣本大小同樣重要，影響樣本大小的因素，一是抽樣誤差，二是可信度。如果希望誤差愈小，可信度愈高，需要的樣本就愈大。

最後附帶一提，問卷分析經常可見信度與效度問題，所謂信度（**Reliability**）其實就是問卷的可信程度，如果這份問卷反覆執行，能夠獲得一致性或穩定性的結果，那就表示這份問卷的信度很好。效度（**Validity**）簡單來說就是你的問卷題目設計是否適當，這樣的問法是否能夠達到你的目標，選對測量工具就是效度的考量，如果問錯問題，該問卷效度一定不佳。

舉例來說，老師小考的目的，是希望能反應學生的學習狀況，如果老師平常授課以中文爲主，但小考以英文方式出題，此時如果遇到英文程度不佳的學生，就很容易影響測驗結果，繼而無法正確測出受測者眞正的能力，這種狀況就屬於效度不佳的設計。

範例 6-9

請計算以下問題的樣本數：

(1) 某公司員工薪資呈現常態分配，若我們希望能將員工薪資的誤差控制在 2,000 元之內，可信度是 95%，標準差爲 8,000 元，請問至少要抽取多少樣本數？如果將可信度提升到 99%，樣本數又需要多少？

(2) 某公司上一季訂單中，有 30% 來自網路，如果該公司想將下一季預估網路的訂單比例誤差控制在 5% 之內，在可信度 95% 情況下，至少要抽取多少樣本數？如果將誤差減少到 3%，樣本數又需要多少？

⊙ 請掃描目錄頁 QR code，見檔案 CH6_EXs.xlsx

(1) 誤差 2,000 元，標準差 8,000 元

可信度 95%，$n=\left(\dfrac{1.96\times 8000}{2000}\right)^2=61.5$，至少需要抽取 62 個樣本。

可信度 99%，$n=\left(\dfrac{2.58\times 8000}{2000}\right)^2=106.2$，至少需要抽取 107 個樣本。

可信度愈高，需要抽取的樣本數量愈大。

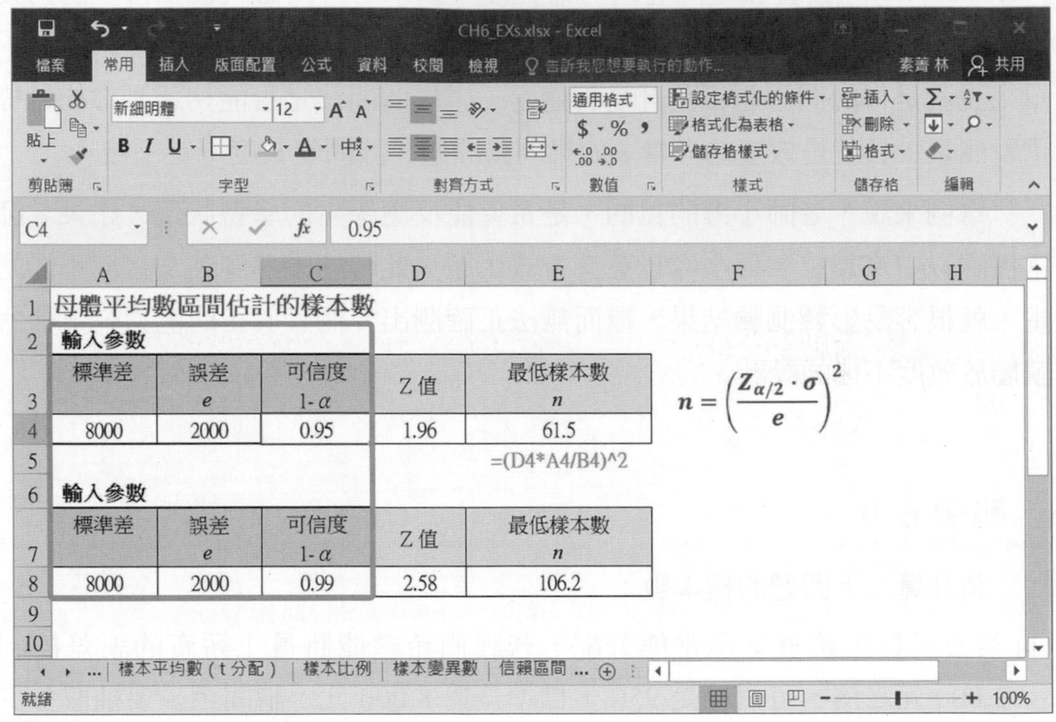

	A	B	C	D	E
1	母體平均數區間估計的樣本數				
2	輸入參數				
3	標準差	誤差 e	可信度 $1-\alpha$	Z 值	最低樣本數 n
4	8000	2000	0.95	1.96	61.5
5					=(D4*A4/B4)^2
6	輸入參數				
7	標準差	誤差 e	可信度 $1-\alpha$	Z 值	最低樣本數 n
8	8000	2000	0.99	2.58	106.2

(2) 可信度 95%，樣本比例 30%

誤差 5%，$n=0.3\times 0.7\times\left(\dfrac{1.96}{0.05}\right)^2=322.7$，至少需要抽取 323 個樣本。

誤差 3%，$n=0.3\times 0.7\times\left(\dfrac{1.96}{0.03}\right)^2=896.3$，至少需要抽取 897 個樣本。

誤差愈小，需要抽取的樣本數量愈大。

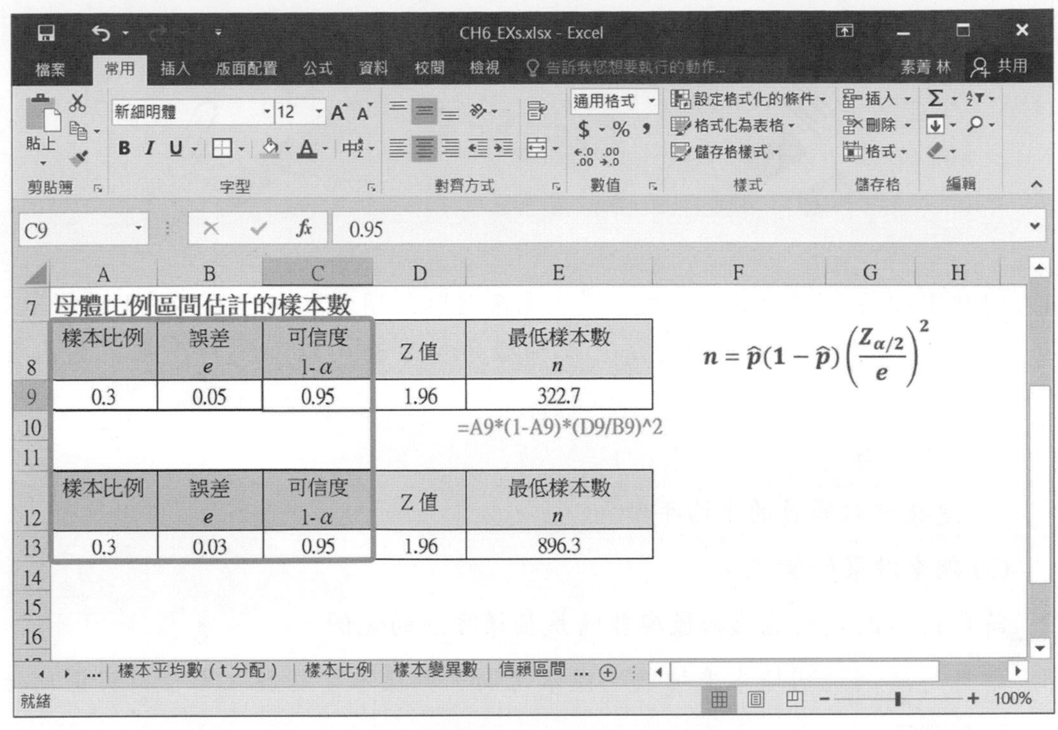

課堂練習 6-9

請計算以下問題的樣本數：

(1) 擔心身材愛美的女士天天量體重，如果女士可以接受體重的誤差是 1 公斤，假設標準差為 3.5 公斤，在可信度 95% 的情況下，要幾天才看得到效果？

(2) 某公司產品過去有 5% 的瑕疵品比例，如果該公司想將瑕疵品比例誤差控制在 3% 之內，在可信度 99% 情況下，至少要抽取多少樣本數？

1. 健身中心想了解學員的平均年齡，現在選取星期六來健身中心的180位學員，調查他們對健身中心的看法。從抽樣角度來看，以下問題應被視爲何種概念？

   (1) 180位學員。

   (2) 健身中心學員的平均年齡。

   (3) 調查結果的資訊。

2. 請自行舉例説明隨機抽樣與非隨機抽樣方法的範例。

3. 請自行舉例説明樣本平均數、樣本比例，與樣本變異數在點估計與區間估計的範例。

4. 燈泡壽命呈現常態分配，平均使用年限與標準差分別爲800小時與100小時。請問：

   (1) 每個燈泡壽命低於750小時的機率爲何？

   (2) 隨機選取20個燈泡，平均壽命低於750小時的機率爲何？

5. 教學醫院病人等待看診時間呈現近似常態分配，平均等候時間爲30分鐘。現在隨機抽取12位病人，等候時間的平均數與標準差分別爲36.7分鐘與26.8分鐘。請問平均等待時間超過60分鐘的機率爲何？

6. 根據調查顯示，使用智慧穿戴裝置者，約有六成使用智慧手環。現在隨機調查160位智慧穿戴裝置使用者，其中超過105位使用智慧手環的機率爲何？

7. 夜市攤商認爲同類型商品售價差異不宜太大，否則容易引起消費糾紛，假定售價的標準差爲80元。現在隨機抽取15位民眾，標準差高於100元的機率爲何？

8. 過去研究發現，大學生日滑手機8小時。系上想瞭解大二學生每天使用手機時間，故對35位學生進行調查，其平均數與標準差分別爲8.5小時與5.4小時。請問：

   (1) 每天使用手機時間超過10小時的機率爲何？

   (2) 35位學生平均每天使用手機時間超過10小時的機率又爲何？

(3) 平均每天使用手機時間 95% 信賴水準爲何？

(4) 如果將誤差範圍介訂在 0.5 小時內，在 95% 可信度的考量下，請問至少要抽取多少樣本數來討論每天平均使用手機時間的問題？

9. 根據過去經驗，系上有超過七成學生選擇打工。請問：

(1) 調查 35 位學生，超過 28 位打工的機率爲何？

(2) 調查 35 位學生有 28 位打工，請問打工比例 95% 的信賴區間爲何？

(3) 如果將誤差範圍介訂在 5% 以內，在 95% 可信度的考量下，調查 35 位學生有 28 位打工，至少需要抽取多少樣本數？

參考解答

1. (1) 樣本數，(2) 參數，(3) 統計量。

2. 略。

3.

分析對象	點估計	區間估計
樣本平均數	預估未來一年的平均體重是55公斤	預估未來一年的平均體重介於53～56公斤
樣本比例	預估未來一年體重超過55公斤的機率是5%	預估未來一年體重超過55公斤的機率介於3%～10%
樣本變異數	預估未來一年體重變化的標準差是2公斤	預估未來一年體重變化的標準差介於1～3公斤

4. 隨機變數 X：燈泡壽命～ $N(\mu = 800, \sigma = 100)$

   (1) $P(X < 750) = P(Z_X < -0.5) = 0.3085$。

   (2) $P(\bar{X} < 750) = P(Z_{\bar{X}} < -2.24) = 0.0127$ 。

5. 隨機變數 $\bar{X}$ ：12 位病人等待看診時間～ $t(df = n - 1 = 11)$，

   $P(\bar{X} > 60) = 0.0029$

6. 隨機變數 $\hat{p}$ ：使用智慧手環比例～ $N\left(p = 0.6, \sqrt{\frac{p(1-p)}{n}} = \sqrt{\frac{0.6 \times 0.4}{160}}\right)$

   $P\left(\hat{p} > \frac{105}{160}\right) = 0.0732$

7. 隨機變數 s^2：商品售價的變異數～ $\chi^2(df = n - 1 = 15 - 1)$

   $P(s > 100) = P(s^2 > 100^2) = 0.0812$

8. 隨機變數 X：每天使用手機時間～ N(μ = 8, σ = 5.4)

 (1) P(X > 10) = 0.3556，亦即有 35.56% 的學生每天使用手機超過 10 小時。

 (2) $P(\bar{X} > 10) = 0.0142$，有 1.42% 的學生每天平均使用手機超過 10 小時。

 (3) 平均每天使用手機時間 95% 信賴區間：6.7 小時至 10.3 小時之間。

 (4) 至少需要 449 個樣本數。

9. 隨機變數 $\hat{p}$ ：學生打工比例～ $N\left(p = 0.7, \sqrt{\frac{p(1-p)}{n}} = \sqrt{\frac{0.7 \times 0.3}{350}}\right)$

 (1) $P\left(\hat{p} > \frac{28}{35} = 0.8\right) = 0.0984$

 (2) 95% 學生打工比例信賴區間：66.75% 至 93.25% 之間

 (3) 至少需要 246 個樣本數。

NOTE

Chapter 7

假設檢定

本章從類別變數與數值變數角度出發，彙整推論統計中的假設檢定問題，包括單母體與雙母體的假設檢定、變異數分析、與卡方檢定。

7-1 假設檢定的基本概念

報章媒體經常可以看到類似的廣告，健康食品宣稱產品「不易形成體脂肪、延緩衰老功能」，美妝保養品宣稱「養顏美容、健康維持、調整體質、調節生理機能」，諸如此類的例子，其實經常充斥在我們的生活周遭。若用個人觀點或個案解釋，以偏蓋全的說服力顯然不足，但要如何判斷這些宣稱是眞的還是假的？統計上的**假設檢定**（**Hypothesis Testing**）將會是一個不錯的方法。

假設檢定的邏輯是讓證據說話，這裡特別指的是統計上的證據。先針對有疑慮的課題（宣稱）進行假設，再透過資料蒐集（抽樣），依據無罪推論原則，能否從抽樣中找到使對方信服的資料證據支持我們的懷疑（檢定），繼而做出推論。

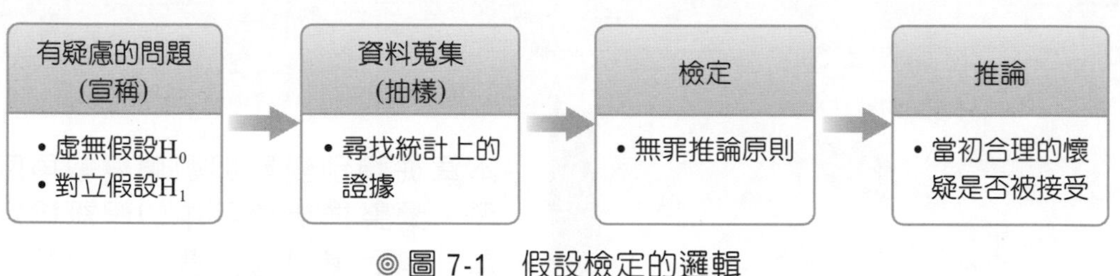

◎ 圖 7-1　假設檢定的邏輯

7-1-1 虛無假設與對立假設

假設檢定的第一步，便是在確定問題後，針對有疑慮的宣稱進行假設，檢定對象爲未知的母體參數，包括母體平均數、母體比例、與母體變異數等。統計上的假設採用二分法，分爲**虛無假設**（**Null Hypothesis, H_0**）與**對立假設**（**Alternative Hypothesis, H_1**），建立假設只有二個原則：第一，等號必須放在 H_0，第二，H_0 與 H_1 不能有交集（互斥原則）。

根據假設，我們可以區分爲**單尾檢定**（**One-tailed Test**）與**雙尾檢定**（**Two-tailed Test**），雙尾意指二邊，單尾檢定還可以再區分爲**左尾檢定**（**Left-tailed Test**）與**右尾檢定**（**Right-tailed Test**）。

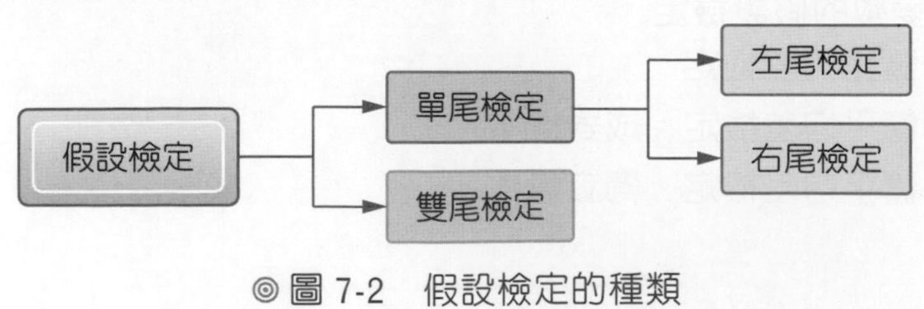

◎ 圖 7-2　假設檢定的種類

範例 7-1

說明下列問題適合採用左尾檢定、右尾檢定、或雙尾檢定？並寫出虛無假設與對立假設。

(1) 我們想瞭解某廠牌智慧型手機平均壽命是否超過 3 年。

(2) 我們想瞭解賣場排隊結帳平均等待時間是否低於 5 分鐘。

(3) 我們想瞭解飲料平均容量是否等於 600 毫升。

解說

被檢定的對象均為母體平均數，以 μ 表示平均壽命、平均等待時間、平均容量，虛無假設與對立假設分別表示如下：

(1) 先列出二種單尾檢定，其中以右尾檢定比較適合本例想了解的主題。

右尾檢定

虛無假設 $H_0：\mu \leq 3$　　手機平均壽命不超過 3 年

對立假設 $H_1：\mu > 3$　　手機平均壽命超過 3 年

左尾檢定

虛無假設 $H_0：\mu \geq 3$　　手機平均壽命至少 3 年

對立假設 $H_1：\mu < 3$　　手機平均壽命低於 3 年

(2) 先列出二種單尾檢定，其中以左尾檢定比較適合本例想了解的主題。

左尾檢定

虛無假設 $H_0：\mu \geq 5$　　平均等待時間至少 5 分鐘

對立假設 $H_1：\mu < 5$　　平均等待時間低於 5 分鐘

右尾檢定

虛無假設 $H_0：\mu \leq 5$　　平均等待時間不超過 5 分鐘

對立假設 $H_1：\mu > 5$　　平均等待時間超過 5 分鐘

(3) 雙尾檢定

虛無假設 $H_0：\mu = 600$　　飲料平均容量剛好 600 毫升

對立假設 $H_1：\mu \neq 600$　　飲料平均容量可能超過也可能不足 600 毫升

小提醒！

在建立虛無假設與對立假設時，通常會把目前現狀或是想要懷疑的課題放在 H_0，如廠商的宣稱，看看是否能找到統計上的證據來推翻 H_0。而檢定的類別則以 H_1 為主，當 H_1 為不等於就是雙尾檢定，小於是左尾檢定，大於則是右尾檢定。

課堂練習 7-1

說明下列問題適合採用左尾檢定、右尾檢定、或雙尾檢定？並寫出虛無假設與對立假設。

(1) 牙膏公司宣稱家庭號牙膏重達 200 公克。

(2) 廠商宣稱公司產品不良率僅 0.01%。

7-1-2 型一錯誤與型二錯誤

統計推論過程中必然會有誤差，只要誤差範圍在可以忍受的範圍內，就是統計上可以接受的結論。所謂的誤差，簡單來說就是犯錯，把對的說成錯的，或是錯的說成對的，二者都是實務上可能發生的錯誤狀況，前者稱爲**型一錯誤（Type I Error）**，後者稱爲**型二錯誤（Type II Error）**。

以條件機率的概念，來定義二種犯錯的機率：

型一錯誤的機率　　$\alpha = \text{P}$（拒絕 $H_0 \mid H_0$ 是對的）

型二錯誤的機率　　$\beta = \text{P}$（接受 $H_0 \mid H_1$ 是對的）

其中我們以希臘字母的 α 與 β（分別唸做 alpha 與 beta）表示二種錯誤，α 亦被稱爲**顯著水準（Significance Level）**，$1-\alpha$ 即爲**信賴水準（Confidence Level）**，$1-\beta$ 則被稱爲**檢定力函數（Power Function）**。

舉例來說，勿枉勿縱是天經地義的道理，但警察偶爾也可能犯錯，如冤枉好人或讓壞人逃之夭夭，故我們將虛無假設與對立假設對應的型一錯誤與型二錯誤分述如下：

虛無假設　　　　　H_0：好人（無辜）

對立假設　　　　　H_1：壞人（有罪）

型一錯誤：冤枉好人　$\alpha = P$（被關起來 | 是好人）

型二錯誤：放走壞人　$\beta = P$（逃之夭夭 | 是壞人）

其中 $1-\alpha$ 與 $1-\beta$ 分別表示找不到罪證的好人應該放他走，罪證確鑿的壞人應該被關起來的機率。

表 7-1　型一錯誤與型二錯誤

推論 / 假設	接受 H_0（放出去）	拒絕 H_0（關起來）
H_0 為真（好人）	$1-\alpha$ = 信賴水準（勿枉）	α = 顯著水準 型一錯誤（冤枉好人）
H_1 為真（壞人）	β 型二錯誤（放走壞人）	$1-\beta$ = 檢定力函數（勿縱）

範例 7-2

氣象局預報颱風動態有二種可能，一為颱風會來，二為颱風不會來。請建立虛無假設與對立假設，說明對應的型一錯誤與型二錯誤。

解說

依據假設，列出對應的型一錯誤與型二錯誤：

【情況一】

虛無假設　　H_0：氣象預報颱風會來

對立假設　　H_1：氣象預報颱風不會來

型一錯誤　　$\alpha = P$（放颱風假 | 氣象預報颱風會來）

型二錯誤　　$\beta = P$（颱風帶來災害 | 氣象預報颱風不會來）

【情況二】

虛無假設　　H_0：氣象預報颱風不會來

對立假設　　H_1：氣象預報颱風會來

型一錯誤　　$\alpha = P$（颱風帶來災害 | 氣象預報颱風不會來）

型二錯誤　　$\beta = P$（放颱風假 | 氣象預報颱風會來）

課堂練習 7-2

請建立下列問題的虛無假設與對立假設，並說明對應的型一錯誤與型二錯誤：

(1) 交通部預估連續假期高速公路車潮狀況：塞車與不塞車。

(2) 病毒篩檢結果：偽陰性與偽陽性。

(3) 指鹿為馬或指馬為鹿。

型一錯誤與型二錯誤爲二種不同形式的錯誤，二者之間存在某種關係，以母體平均數的右尾檢定說明二種錯誤之間的關係。假設 $\mu_1 > \mu_0$，母體平均數右尾檢定的虛無假設與對立假設如下：

虛無假設　　H_0：$\mu \le \mu_0$　　設定在 μ_0 的位置

對立假設　　H_1：$\mu > \mu_0$　　設定在 μ_1 的位置

型一錯誤的機率　　$\alpha = P$（拒絕 H_0 | H_0 是對的）$= P(\bar{X} > \mu \mid \mu = \mu_0)$

型二錯誤的機率　　$\beta = P$（接受 H_0 | H_0 是對的）$= P(\bar{X} \le \mu \mid \mu = \mu_1)$

依照型一錯誤與型二錯誤的定義，左右移動下圖虛線，減少型一錯誤的機率 α 時，型二錯誤的機率 β 就會上升，反之亦然。換句話說，這二種錯誤互爲對方要付出的代價，因此，當無法避免型一錯誤與型二錯誤時，兩相權衡取其輕是策略之一。

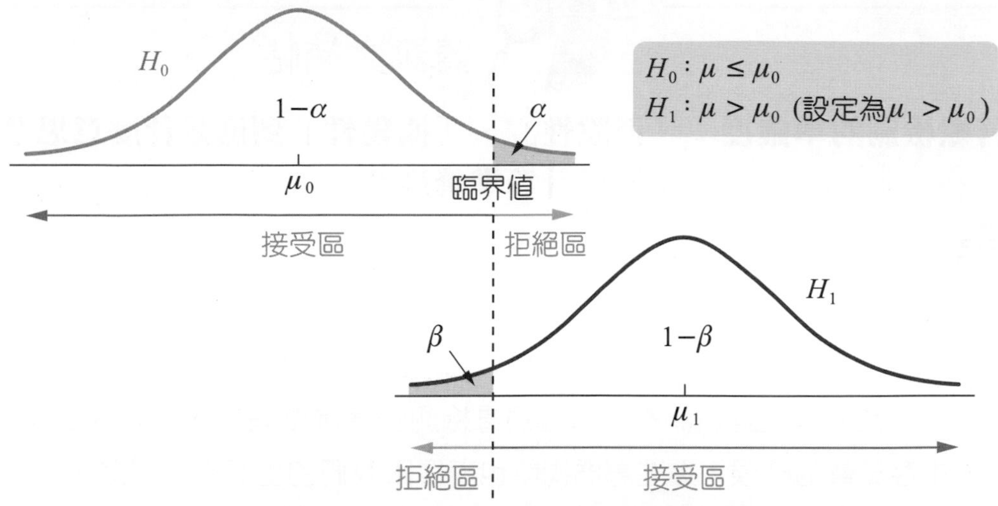

◎ 圖 7-3 型一錯誤與型二錯誤的關係

如果想同時降低二種犯錯的機率，實務上最常使用的方法就是增加樣本數。當樣本數增加時，平均數的標準誤 $(\sigma/\sqrt{n})$ 會下降，資料會愈集中，下圖會從實線的分配移至虛線的分配，這時候型一錯誤與型二錯誤同時下降。現實生活中，從經驗中學習，增加樣本數，才是減少型一錯誤與型二錯誤的終極手段。

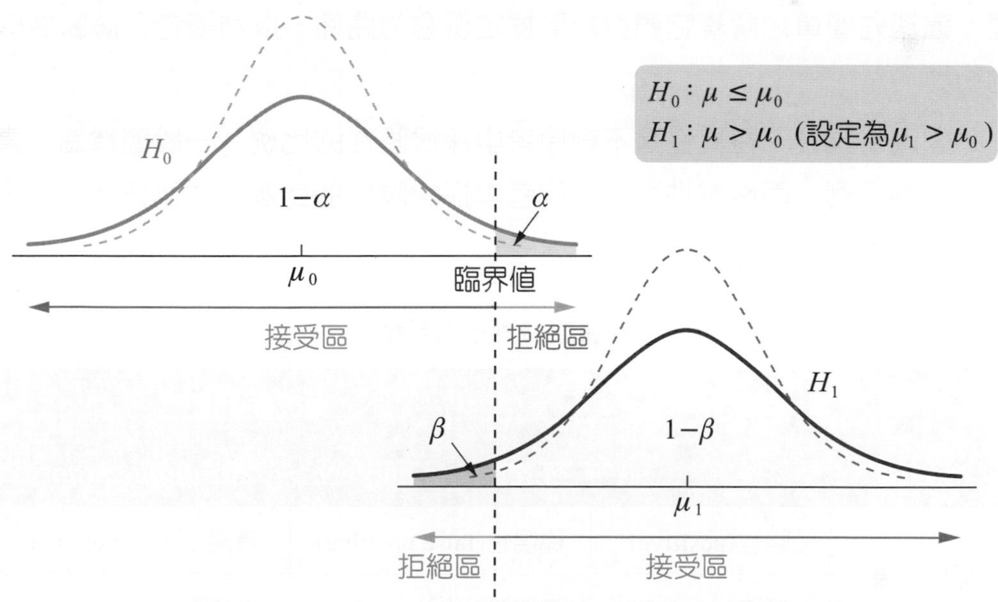

◎ 圖 7-4 型一錯誤與型二錯誤的關係：增加樣本數

醫療檢測的準確度：「僞陰性」、「僞陽性」到底是什麼意思？如何計算準確度？

作者／林澤民

最近因為大家關心新冠病毒是否要全面篩檢的問題，媒體上常見一些醫事檢驗學的術語。其中最常聽到的是「偽陰性」，但也常讀到「特異性」與「敏感性」；這些名詞都與新冠病毒檢測的準確度有關。在瘟疫變成每個人生存威脅的時候，這些專門術語也變得跟我們的生活息息相關。

本文嘗試用基本統計檢定概念來詮釋這些名詞，更進一步用數據科學中衡量搜尋、辨識工具準確度的概念來探討醫療檢測的準確度。

「檢測準確度」與「統計檢定」概念可互相對應

在醫檢學，「敏感性」(sensitivity) 常與「特異性」(specificity) 共同用來衡量檢測的準確度。

這些名詞，不熟悉醫檢學的讀者可能會覺得莫測高深，但其實它們與基本統計學所教的統計檢定的基本概念是互相對應的，只是著重點有所不同。這裡先簡單地解釋它們與統計檢定概念的關係，以利讀者了解醫檢學的術語。

先說特異性。特異性是不帶原者中採檢陰性的比例，一般簡稱為「真陰性」的比例。而敏感性則是帶原者中採檢陽性的比例，也可稱為「真陽性」的比例。

➠ 醫療檢測結果類型

		受檢者	
		不帶原(non-carrier)	帶原(true-carrier)
採檢結果	陽性(positive)	偽陽性(false positive)	真陽性(true positive)
	陰性(negative)	真陰性(true negative)	偽陰性(false negative)

如果把上圖跟基本統計學學生所熟悉的下圖相比較，就可以看出醫檢術語與傳統統計檢定概念的對應關係。

➡ 統計結果檢定類型

		虛無假設(H_0) v.s 研究假設(H_1)	
		虛無假設為真 (H_0 Ture)	研究假設為真 (H_1 True)
採檢結果	拒絕虛無假設 (positive)	型一錯誤 (size of test = α)	檢定強度 (power of test = $1-\beta$)
	無法拒絕虛無假設 (negative)	信心水平($1-\alpha$)	型二錯誤(β)

所以當我們把「比例」視同「機率」時，特異性其實就是統計檢定的信心水平，而敏感性就是統計強度。連結到型一錯誤的機率 α（即顯著水平，也稱檢定規模）、型二錯誤的機率 β，可以清楚看到：

特異性 = 真陰性的機率 = 信心水平 = $1-\alpha$

敏感性 = 真陽性的機率 = 檢定強度 = $1-\beta$

因為 α、β 是錯誤的機率，愈小愈好，所以特異性、敏感性都是愈高愈好。但 α、β 並不是互相獨立的。如果樣本數固定、所要檢定的效應（即 H_0 跟 H_1 的差距）也固定，通常 α 愈小 β 會愈大、α 愈大 β 會愈小，因此特異性跟敏感性之間也有同樣的互換關係。

特異性、敏感性這兩個概念其實都還是傳統所謂「頻率學派」（frequentist）統計學的概念，它們並未涉及貝氏定理的反機率。在討論新冠病毒採檢準確度的問題時，我們更需關注的其實是反機率的問題：「當採檢為陽性時，其為偽陽性的機率有多高？」反過來說：「當採檢為陰性時，其為偽陰性的機率有多高？」

這些問題，也是近年來撼動頻率學派統計檢定方法的貝氏學派統計學者所指出的問題。

要算這些反機率就必須用到貝氏定理。最近在機器學習、自然語言處理等領域被廣泛使用的 F1 便是由「真陽性」的機率與反機率混合組成的一種檢測準確度（accuracy）的度量。

資料來源：泛科學 PanSci，2020-04-28。
https://pansci.asia/archives/184694

7-1-3 統計上的顯著性

統計上依據樣本資訊進行母體推論，因此，透過**統計的顯著性（Statistical Significance）**，判斷接受或拒絕研究假設，也就是從抽樣中找尋是否具有足夠的統計證據懷疑廠商的宣稱。

再以母體平均數爲例，檢定手機平均壽命是否爲 3 年 ($\mu_0 = 3$)，若可容忍的誤差範圍爲 $\alpha = 5\%$，不論採用雙尾檢定或單尾檢定，依照假設所對應的顯著水準 α 可界定**臨界值（Critical Value）**，超出臨界值即表示發生顯著的差異。也就是說，當抽樣的樣本平均數落在**拒絕區（Reject Region）**，便有足夠的統計證據可以認定應拒絕該宣稱，亦即該宣稱有錯。但要特別注意的是，如果樣本落點在**接受區（Accept Region）**，我們只能說目前沒有足夠的證據去認定 H_0 有錯，換句話說，在統計檢定中，不是數學上的證明，只是透過抽樣，找出一個具有代表性的樣本，再去尋找支持合理懷疑的數字證據。

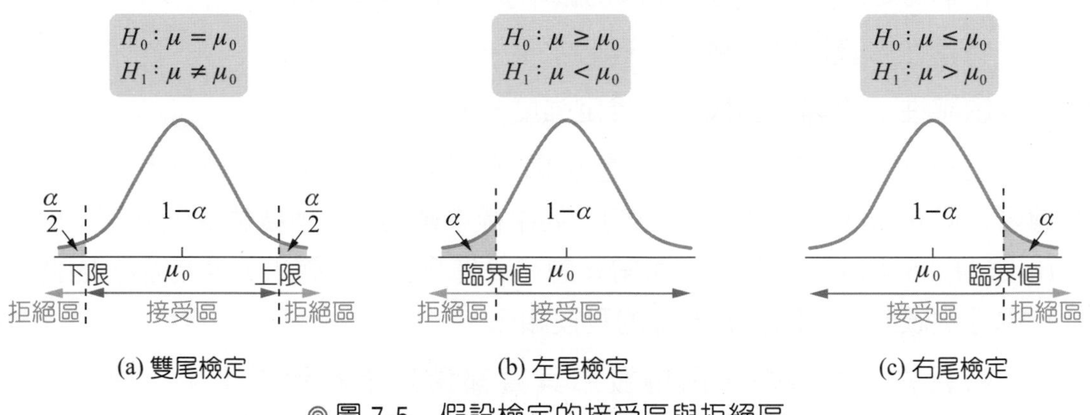

◎圖 7-5 假設檢定的接受區與拒絕區

前面提到建立假設的第一個原則：等號要寫在 H_0，最主要的理由是，在界定型一錯誤機率 α 時，其定義中的條件是「H_0 是對的」，當等號寫在 H_0 時，就能順利找到分配的中心位置，如果沒有等號，就無法找到中心位置落點。至於依據 H_1 假設定義左尾或右尾的理由，則是因為拒絕 H_0 等同接受 H_1，換句話說，H_1 的範圍就是對應在拒絕區，故以 H_1 界定左尾或右尾檢定，會比較合乎直覺。另外，雙尾檢定的上下限，也就是信賴區間的上下限。

7-1-4 三種檢定方法

統計上有三種假設檢定的方法，分別是**臨界值檢定法（Critical Value Method）**、**標準統計量檢定法（Standardized Test Statistic Method）**、以及 **p 值檢定法（p-value Method）**。先以母體平均數的右尾檢定爲例，介紹三種檢定方法的基本概念。

母體平均數右尾檢定的虛無假設與對立假設如下：

虛無假設　　$H_0 : \mu \le \mu_0$

對立假設　　$H_1 : \mu > \mu_0$

在臨界值檢定法中，先透過顯著水準 α 回推臨界值，而臨界值的意義，就是用來認定是否具有顯著差異的標準，

$$\alpha = \text{P(Type I Error)} = \text{P}（拒絕 H_0 \mid H_0 是對的）= \text{P}(\bar{X} > 臨界值 \mid \mu = \mu_0)$$

$$= \text{P}\left(Z_{\bar{X}} > \frac{臨界值 - \mu_0}{\sigma / \sqrt{n}}\right) = \text{P}\left(Z_{\bar{X}} > Z_\alpha\right)$$

由上式可知，$\dfrac{臨界值 - \mu_0}{\sigma / \sqrt{n}} = Z_\alpha$，經過推導，母體平均數右尾檢定的臨界值爲 $\mu_0 + Z_\alpha \times \dfrac{\sigma}{\sqrt{n}}$。當樣本平均數超過臨界值落在拒絕區，則應拒絕 H_0；反之，無法拒絕 H_0。

所謂的統計量，亦即常態分配的 Z 值、t 分配的 t 值、卡方分配的卡方值、以及 F 分配的 F 值，統計量檢定法先依據顯著水準找出相對應的查表值，再與依據樣本落點計算出來的統計量進行比較，當樣本統計量超過查表值，則拒絕 H_0；反之，無法拒絕 H_0。

以大樣本母體平均數爲例，單尾檢定可透過標準化可計算 $Z_{\bar{X}} = \dfrac{\bar{X} - \mu}{\sigma / \sqrt{n}}$，在右尾檢定的狀況下，若 $Z_{\bar{X}} > Z_\alpha$，標準化後的樣本平均數落在拒絕區，故應拒絕 H_0；反之，無法拒絕 H_0。左尾檢定剛好相反，若 $Z_{\bar{X}} < -Z_\alpha$，標準化後的樣本平均數落在拒絕區，故應拒絕 H_0；反之，無法拒絕 H_0。雙尾檢定的情況，透過標準化可計算 $Z_{\bar{X}} = \dfrac{\bar{X} - \mu}{\sigma / \sqrt{n}}$，若 $Z_{\bar{X}} > Z_{\frac{\alpha}{2}}$ 或 $Z_{\bar{X}} < -Z_{\frac{\alpha}{2}}$，標準化後的樣本平均數落在拒絕區，故應拒絕 H_0；反之，無法拒絕 H_0。

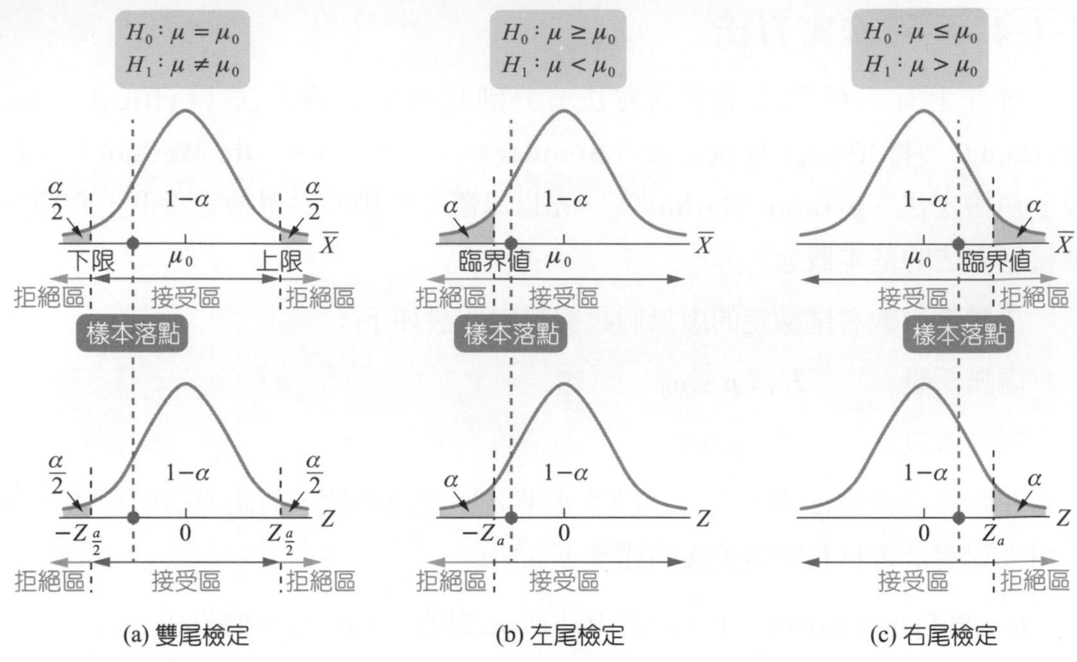

◎圖 7-6　臨界值檢定法與標準統計量檢定法的關係

p 值檢定法是實務上最常被使用的檢定方法，幾乎所有統計軟體都可自動計算出 p 值。前面二種方法都必需事先預設顯著水準，才能找出臨界值或查表值，繼而再與樣本落點做比較，但顯著水準經常會隨著不同的情況調整。因此，既然從抽樣中已經得知樣本落點，就可以從樣本落點計算此次抽樣結果支持虛無假設的機率，這個機率值即被稱為 **p 值（Probability Value, p-value）**，直接比較 p 值和顯著水準即可進行推論。當 p 值愈小，表示這次抽樣結果要支持 H_0 為真的機率愈小，拒絕 H_0 的證據就會愈充分；反之，當 p 值愈大，則無法拒絕 H_0。

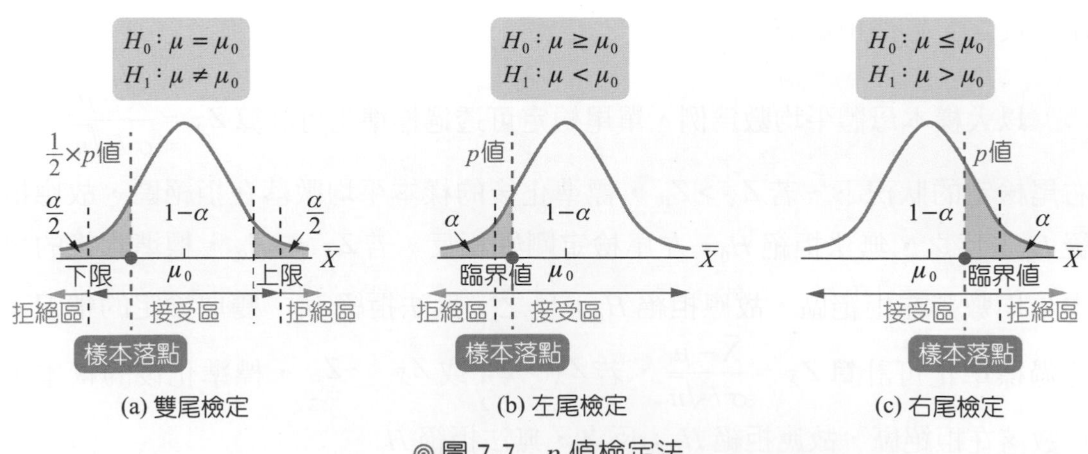

◎圖 7-7　p 值檢定法

釐清三種假設檢定方法的觀念，繪圖是最佳方式。以平均數爲例，橫軸如果是標準化前的原始變數，樣本平均數落點就跟臨界值做比較；橫軸如果是標準化後的統計量，該統計量將與查表值做比較，如 Z 值跟查表 Z_α 比較，t 值跟查表 t_α 比較；顯著水準 α 與 p 值都是機率，故機率值跟機率值比，依照這個原則，就不容易混淆了。

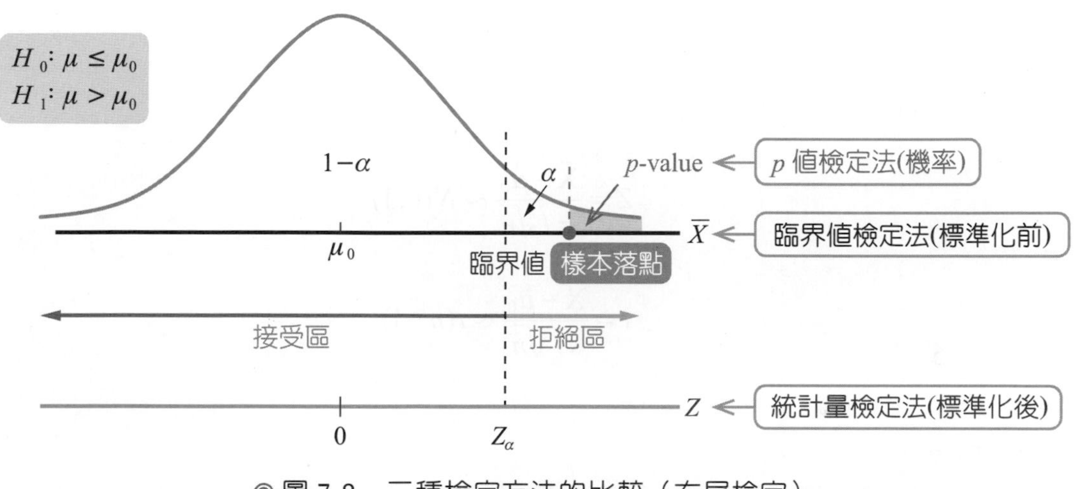

◎圖 7-8　三種檢定方法的比較（右尾檢定）

小提醒!

一般來說，實務上的實驗結果必須符合統計上的顯著性，但要提醒的是，p 值只告訴我們「在虛無假設是對的情況下，我們觀察到資料的機率」，如果我們想知道的是「虛無假設是對的機率」或「模型假設是對的機率」，這時候可以選擇利用貝式定理進行推算。

7-2 單母體的假設檢定

被檢定的對象是未知的母體參數，本節先介紹單母體的假設檢定問題，包括平均數、比例、與變異數的假設檢定。

7-2-1 單母體平均數的假設檢定

母體平均數問題在大樣本或母體標準差已知的情況下，應採用常態分配；若已知母體爲常態分配，小樣本且母體標準差未知的情況，則應採用 t 分配。假設與統計量如下所示：

虛無假設　$H_0：\mu = \mu_0$　$H_0：\mu \geq \mu_0$　$H_0：\mu \leq \mu_0$

對立假設　$H_1：\mu \neq \mu_0$　$H_1：\mu < \mu_0$　$H_1：\mu > \mu_0$

Z 統計量與 t 統計量分別如下：

$$Z = \frac{\bar{X} - \mu_0}{\sigma / \sqrt{n}} \sim N(0,1)$$

$$t = \frac{\bar{X} - \mu_0}{s / \sqrt{n}} \sim t(n-1)$$

範例 7-3

廠商針對 600 毫升的飲料容量作品管檢測，隨機蒐集生產線中 100 罐飲料進行檢查，在顯著水準 5% 的情況下，是否有足夠的證據顯示該生產線所生產的飲料產品符合品管標準？

請掃描目錄頁 QR code，見檔案 EX7-3.xlsx

步驟 1：確認分析對象：由於被檢定對象爲飲料容量，母體參數爲飲料罐上的標示 600 毫升（母體平均數 $\mu = 600$），抽出 100 罐飲料爲一組大樣本，應以常態分配進行推估。

步驟 2：依據問題建立假設：如果實際容量超過標示 600 毫升，對廠商而言，容量愈多成本也會相對提高；反之，如果容量太少可能會被消費者抱怨。因此，品管部門希望將飲料容量控制在 600 毫升，應採用雙尾檢定。

虛無假設　$H_0：\mu = 600$（符合品管標準）

對立假設　$H_1：\mu \neq 600$

囧 **步驟 3：** 確認拒絕區與接受區：雙尾檢定左右二邊拒絕區的顯著水準各爲 $\frac{\alpha}{2}=2.5\%$，如下圖所示：

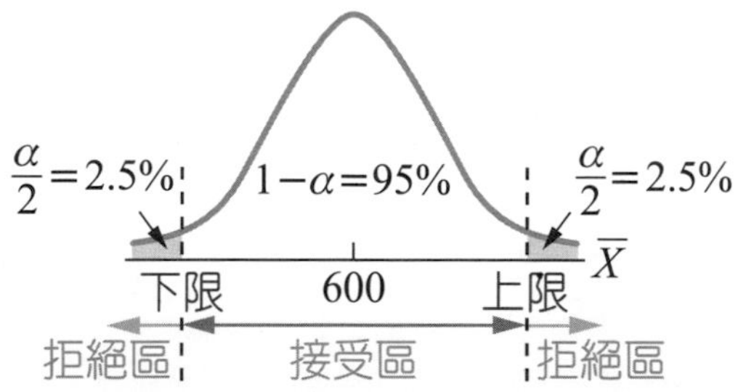

囧 **步驟 4：** 進行推論：100 罐飲料容量的樣本平均數與樣本標準差，分別爲 599.9745 毫升與 0.2030 毫升，常態分配統計量爲 $Z=\frac{\overline{X}-\mu}{s/\sqrt{n}}$。

（若母體標準差未知，大樣本情況下，仍可用樣本標準差替代。）

囧 **樣本平均數與樣本標準差在 EXCEL 中的計算公式如下：** 樣本平均數 = AVERAGE（資料範圍），樣本標準差 = STDEV.S（資料範圍）。

〔方法一〕臨界值檢定法

$$\frac{\alpha}{2}=2.5\%=\mathrm{P}\left(Z_{\overline{X}}<\frac{\text{下限}-600}{0.2030/\sqrt{100}}\right)=P(Z_{\overline{X}}<-1.96)$$

經過推導，臨界值下限 $=600-1.96\times\frac{0.2030}{\sqrt{100}}=599.9602$，

臨界值上限 $=600+1.96\times\frac{0.2030}{\sqrt{100}}=600.0398$。

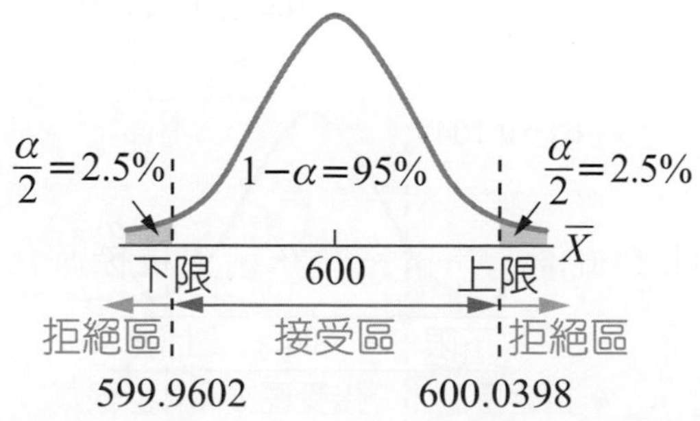

〔方法二〕統計量檢定法

顯著水準爲 $\alpha = 5\%$，雙尾檢定標準常態分配查表值爲 $Z_{\frac{\alpha}{2}} = \pm 1.96$。

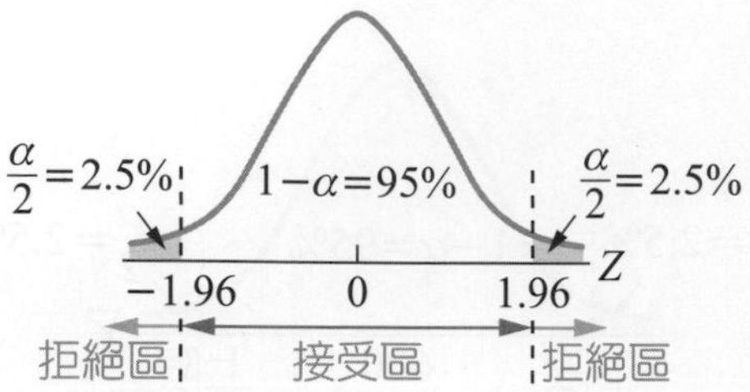

查表

附表1 標準常態分配累積機率值 P(Z<z)

z	0.00	0.01	0.02	0.03	0.04	0.05	0.06	0.07	0.08	0.09
1.60	0.9452	0.9463	0.9474	0.9484	0.9495	0.9505	0.9515	0.9525	0.9535	0.9545
1.70	0.9554	0.9564	0.9573	0.9582	0.9591	0.9599	0.9608	0.9616	0.9625	0.9633
1.80	0.9641	0.9649	0.9656	0.9664	0.9671	0.9678	0.9686	0.9693	0.9699	0.9706
1.90	0.9713	0.9719	0.9726	0.9732	0.9738	0.9744	0.9750	0.9756	0.9761	0.9767
2.00	0.9772	0.9778	0.9783	0.9788	0.9793	0.9798	0.9803	0.9808	0.9812	0.9817

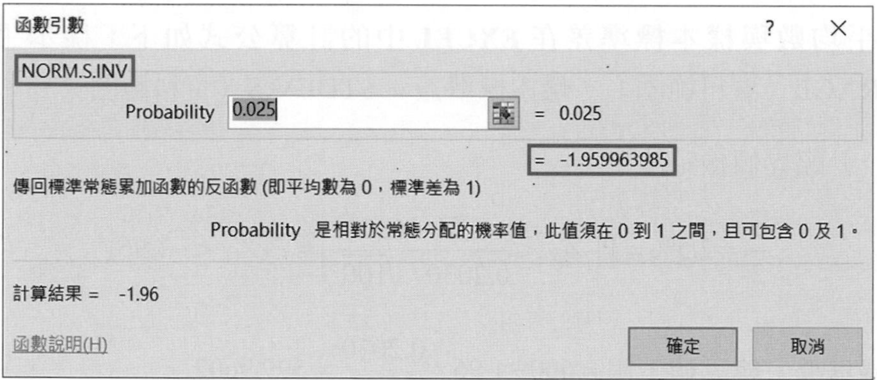

〔方法三〕p 值檢定法

$$\frac{1}{2} \times p\text{值} = P(\bar{X} < 599.9745 \mid \mu = 600) = P\left(Z < \frac{599.9745 - 600}{0.2030 / \sqrt{100}} \right) = P(Z < -1.26) = 0.1045$$

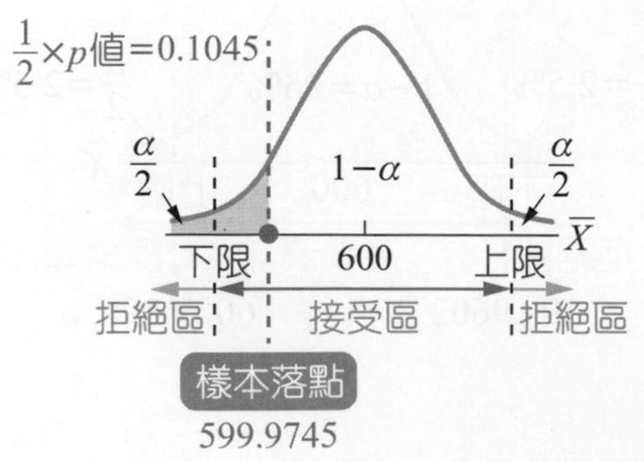

具有原始資料 Z 分配的右尾機率可以利用 EXCEL 的公式進行計算，未輸入母體標準差欄位時，會自動計算以樣本標準差替代之，右尾面積 = Z.TEST（資料範圍 , 母體參數）。

函數引數

Z.TEST

Array B:B = {"容量(ml)";599.901;600.213;600.0...

X E6 = 600

Sigma = 數字

= 0.895476616

傳回 Z 檢定的單尾 P 值

Array 為相對欲檢定 X 之陣列或資料範圍

計算結果 = 0.8955

函數說明(H) 確定 取消

EX7-3_SOL.xlsx - Excel

E17 =NORM.S.DIST(E14,1)

	A	B	C	D	E	F
1	編號	容量(ml)				
2	1	599.90		平均數	599.9745	=AVERAGE(B:B)
3	2	600.21		標準差	0.2030	=STDEV.S(B:B)
4	3	600.03		樣本數	100	=COUNT(B:B)
5	4	599.92				
6	5	600.11		母體參數	600	
7	6	599.88		查表值	-1.96	=NORM.S.INV(0.025)
8	7	599.81				
9	8	599.63		臨界值檢定法		
10	9	599.41		下限	599.9602	=E6+E7*E3/SQRT(E4)
11	10	600.07		上限	600.0398	=E6-E7*E3/SQRT(E4)
12	11	600.02				
13	12	600.01		統計量檢定法		
14	13	599.31		Z值	-1.26	=(E2-E6)/(E3/SQRT(E4))
15	14	600.17				
16	15	599.84		p值檢定法		
17	16	600.17		左尾 p 值	0.1045	=NORM.S.DIST(E14,1)
18	17	600.05		右尾 p 值	0.8955	=Z.TEST(B:B,E6)
19	18	600.16				

範例7-3 範例7-3_SOL 練習7-3 練習7-3_SOL

臨界值檢定法推論：樣本平均數 599.9745 毫升介於臨界值下限 599.9602 與臨界值上限 600.0398 毫升之間，故樣本點落在接受區。

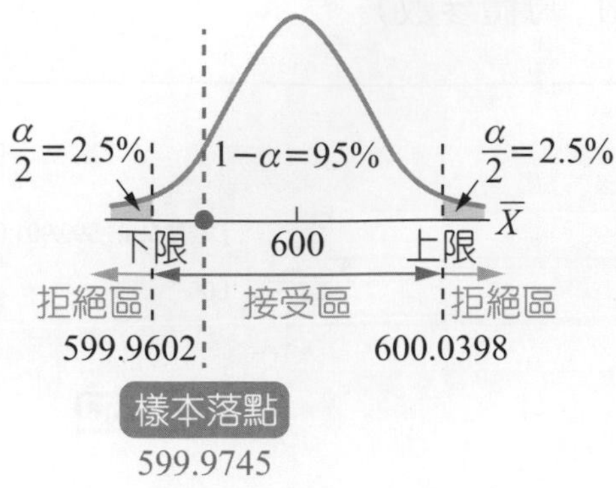

統計量檢定法推論：樣本落點經過標準化 $Z=\frac{\overline{X}-\mu}{s/\sqrt{n}}=\frac{599.9745-600}{0.2030/\sqrt{100}}=-1.26$，介於查表值 $Z_{\frac{\alpha}{2}}=\pm1.96$ 之間，樣本點落在接受區。

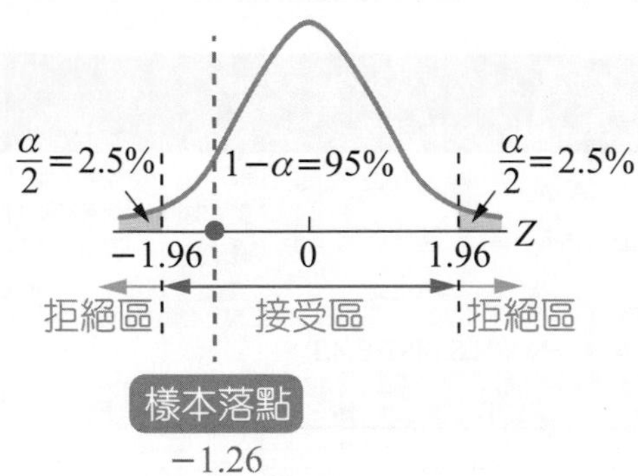

p 值檢定法推論：$\frac{1}{2}\times p$ 值 $=0.1045$ 大於顯著水準 $\frac{\alpha}{2}=0.025$，p 值為 $0.1045\times2=0.2090$ 大於顯著水準 $\alpha=0.05$，故沒有足夠的證據拒絕虛無假設。

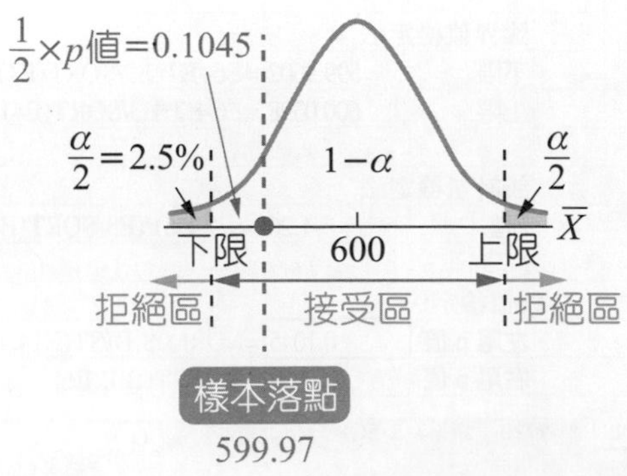

結論：不論用何種檢定方法，在 $\alpha = 0.05$ 的情況下接受 H_0，亦即我們沒有足夠證據顯示飲料容量不符合標示 600 毫升。換句話說，雖然我們抽出 100 罐的飲料的平均容量是 599.97 毫升略低於標示 600 毫升，但這個差異不至於讓消費者認爲該廠牌飲料有不實標示的嫌疑，故符合品管標準。

小提醒！

有些人會誤以為，由於抽樣 100 罐飲料平均容量 599.97 毫升低於廠商宣稱的 600 毫升，故廠商飲料容量不足。但這種方式推論是有很大的盲點，因為樣本統計量低於廠商宣稱容量的機率 $P(\bar{X} < 600)$ 是 50%，換句話說，過高的誤差 50% 與過低的可信度 50% 在統計上均無法被接受。另外要注意的是，在敘述假設檢定推論結果時，務必要以原來問題方式去回答，因為一般大衆並不需要知道虛無假設與對立假設，更無須瞭解假設檢定背後的推論過程，他們只關心結論是否符合品管標準，因此，這些嚴謹的統計推論過程，是背後的研究者才需要執行驗證的步驟。

課堂練習 7-3

同上題範例，如果只抽取 20 罐飲料進行檢測，其結論是否會改變？

⊙ 請掃描目錄頁 QR code，見檔案 EX7-3.xlsx

範例 7-4

廠商在品管過程中，懷疑有些生產線注入的飲料容量特別少，針對 600 毫升的飲料容量作檢測。隨機蒐集 15 罐飲料進行檢查，在顯著水準 1% 的情況下，是否有足夠的證據顯示該生產線所生產的飲料容量特別少？

⊙ 請掃描目錄頁 QR code，見檔案 EX7-4.xlsx

解說

⊞ **步驟 1**：確認分析對象：被檢定對象仍爲飲料容量，母體參數爲 600 毫升（母體平均數 $\mu = 600$），抽出的 15 罐飲料爲一組小樣本，且母體標準差未知，故應以 t 分配進行推估。

⊞ **步驟 2**：依問題建立假設：廠商懷疑飲料容量過少，故適合單尾檢定。至於應該選擇左尾檢定還是右尾檢定？如果樣本統計量大於母體參數就選擇右尾檢定；反之，選擇左尾檢定。依據附檔資料，樣本平均數爲 598.9042 毫升，低於標示 600 毫升，故應以左尾檢定進行分析。

虛無假設　　$H_0：\mu \geq 600$

對立假設　　$H_1：\mu < 600$（飲料容量過少）

⊞ **步驟 3**：確認拒絕區與接受區：左尾檢定拒絕區的顯著水準爲 $\alpha = 1\%$，如下圖所示：

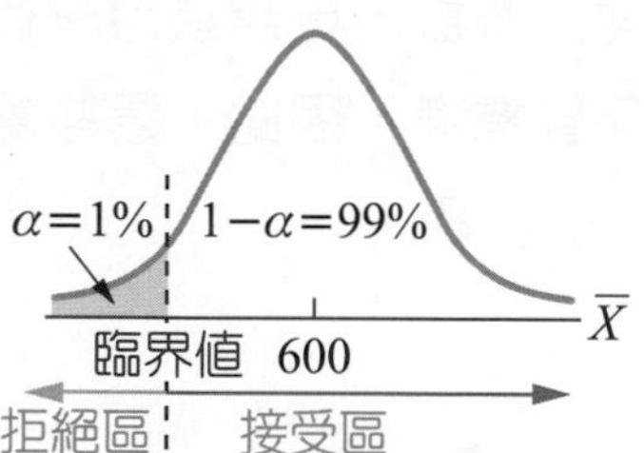

進行推論：15 罐飲料容量的樣本平均數爲 598.9042 毫升，樣本標準差 0.9203 毫升，t 分配統計量爲 $t = \dfrac{\bar{X} - \mu}{s / \sqrt{n}}$ 。

〔方法一〕臨界值檢定法

$$\alpha = 1\% = \mathrm{P}\left(Z_{\bar{X}} < \frac{\text{臨界值} - 600}{0.9203 / \sqrt{15}} \right) = \mathrm{P}\left(Z_{\bar{X}} < -2.624 \right)$$

經過推導，臨界值 $= 600 - 2.624 \times \dfrac{0.9203}{\sqrt{15}} = 599.3764$ 。

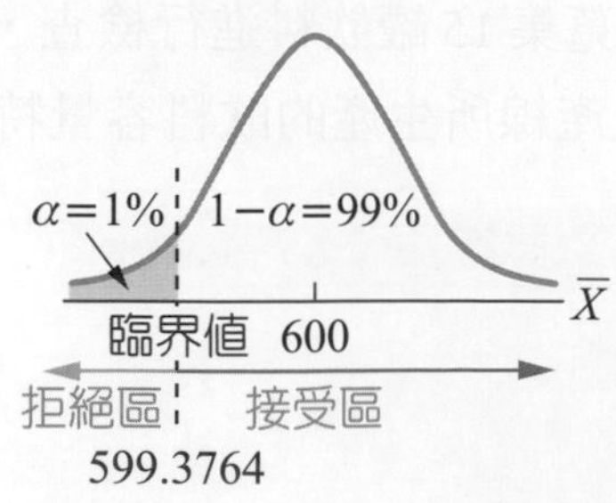

〔方法二〕統計量檢定法

顯著水準爲 $\alpha = 1\%$，左尾檢定 t 分配查表值爲 $t_{\alpha} = -2.624$。

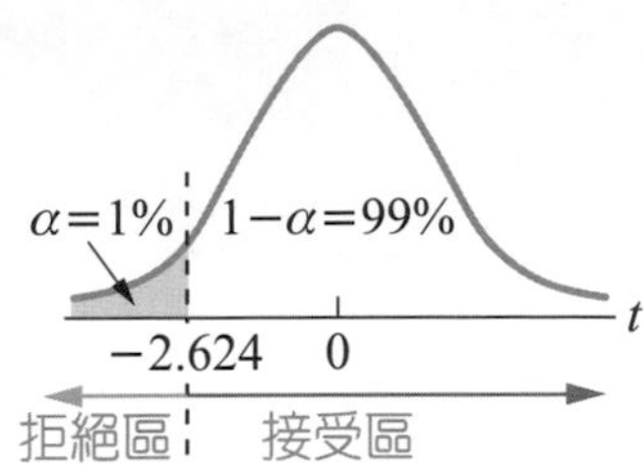

查表

附表2 t分配　$P(t > t_{\alpha}(df))$

df	$t_{0.1}$	$t_{0.05}$	$t_{0.025}$	$t_{0.01}$	$t_{0.005}$
11	1.363	1.796	2.201	2.718	3.106
12	1.356	1.782	2.179	2.681	3.055
13	1.350	1.771	2.160	2.650	3.012
14	1.345	1.761	2.145	2.624	2.977
15	1.341	1.753	2.131	2.602	2.947

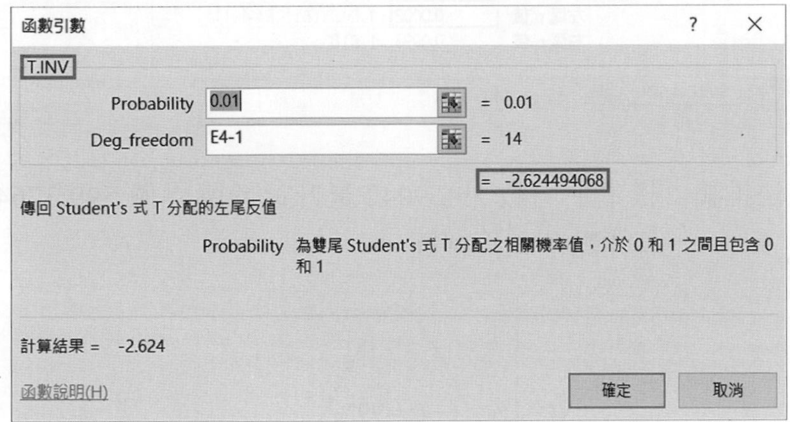

〔方法三〕p 值檢定法

$$p\text{ 值} = P(\bar{X} < 598.9042 \mid \mu = 600) = P\left(Z < \frac{598.9042 - 600}{0.9203/\sqrt{15}}\right) = P(Z < -4.61) = 0.0002$$

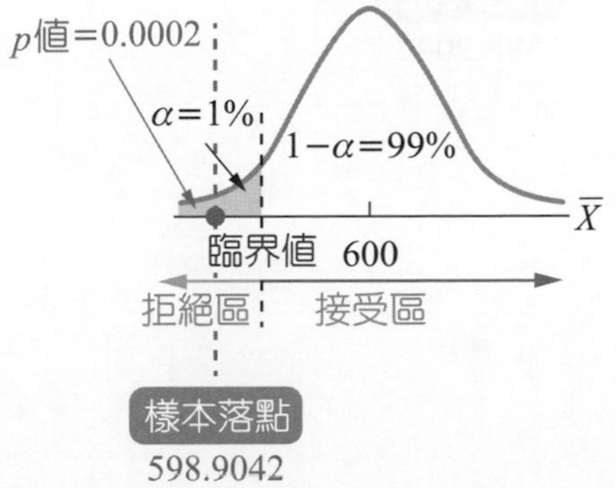

EX7-4.xlsx - Excel

E18 =T.DIST(E15,E4-1,1)

	A	B	C	D	E	F
1	編號	容量(ml)				
2	1	599.01		平均數	598.9042	=AVERAGE(B:B)
3	2	600.06		標準差	0.9203	=STDEV.S(B:B)
4	3	599.91		樣本數	15	
5	4	599.81				
6	5	598.88		母體參數	600	
7	6	598.12		查表值	-2.624	=T.INV(0.01,E4-1)
8	7	600.11				
9	8	597.36				
10	9	597.99		臨界值檢定法		
11	10	598.02		臨界值	599.3764	=E6+E7*E3/SQRT(E4)
12	11	598.71				
13	12	598.82				
14	13	598.84		統計量檢定法		
15	14	597.83		t值	-4.61	=(E2-E6)/(E3/SQRT(E4))
16	15	600.09				
17				p值檢定法		
18				左尾p值	0.0002	=T.DIST(E15,E4-1,1)
19				右尾p值	0.9998	=1-E18
20						

範例7-4 範例7-4_SOL 練習7-4

臨界值檢定法推論：樣本平均數 598.9042 毫升低於臨界值 599.3764 毫升，故樣本點落在拒絕區。

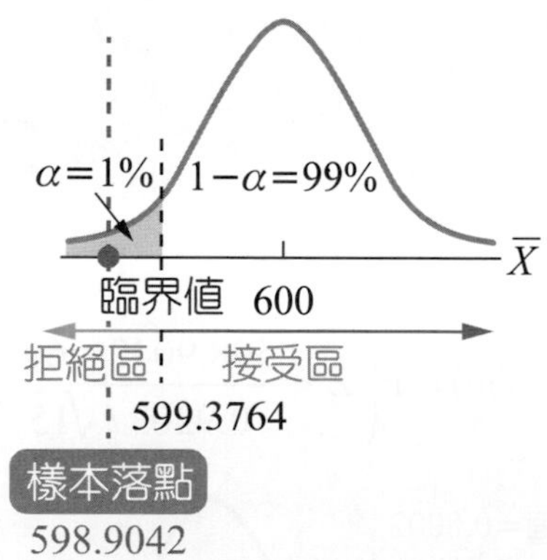

統計量檢定法推論：將樣本落點標準化 $t=\dfrac{\overline{X}-\mu}{s/\sqrt{n}}=\dfrac{598.9042-600}{0.9023/\sqrt{15}}=-4.61$，小於查表值 $t_{\alpha}=-2.624$，故樣本點落在拒絕區。

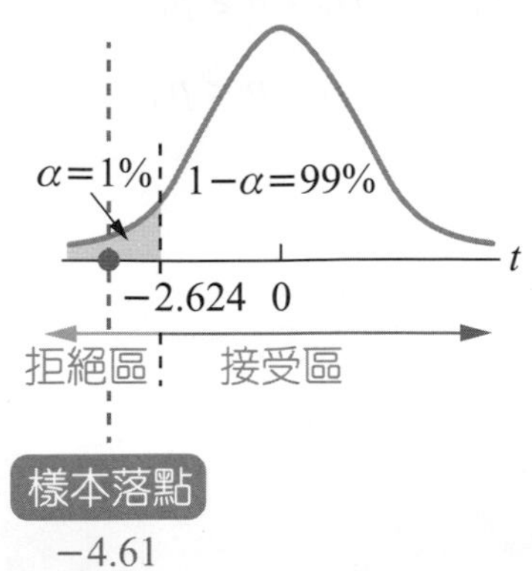

p 值檢定法推論：p 值為 0.0002 小於顯著水準 $\alpha=0.01$，故有足夠的證據拒絕虛無假設。

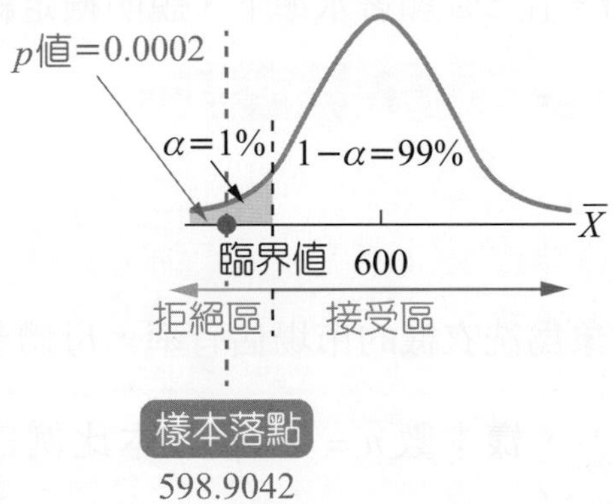

結論：不論用何種檢定方法，在 $\alpha=0.01$ 的情況下，拒絕 H_0，亦即我們有足夠證據顯示飲料容量低於 600 毫升，生產線應該進行調整。

課堂練習 7-4

附檔為某公司業務的每日銷售金額，公司想知道業務每日平均銷售金額是否高於 1,000 元，在 5% 與 10% 的顯著水準下，分別說明你的結論？

⊙ 請掃描目錄頁 QR code，見檔案 EX7-4.xlsx

7-2-2 單母體比例的假設檢定

母體比例問題，應採用常態分配。假設與統計量如下所示：

虛無假設　$H_0：p = p_0$　$H_0：p \ge p_0$　$H_0：p \le p_0$

對立假設　$H_1：p \ne p_0$　$H_1：p < p_0$　$H_1：p > p_0$

Z 統計量表示如下：

$$Z = \frac{\hat{p} - p}{\sqrt{\frac{p(1-p)}{n}}} \sim N(0,1)$$

範例 7-5

公司想了解洗衣機的市場佔有率是否超過 30%，調查 180 戶家庭，其中有 63 戶購買該公司洗衣機。在 5% 顯著水準下，說明檢定結果。

⊙ 請掃描目錄頁 QR code，見檔案 EX7-5.xlsx

確認分析對象：檢定對象爲洗衣機的市場佔有率，母體參數爲 30%（母體比例 $p = 0.3$），樣本數 $n = 180$，樣本比例爲 $\hat{p} = \frac{63}{180} = 0.35$，故採用右尾檢定。

虛無假設　$H_0：p \le 0.3$

對立假設　$H_1：p > 0.3$（市佔率超過 30%）

母體比例問題採用常態分配，顯著水準爲 $\alpha = 5\%$，查表值爲 1.96，統計量與 p 值如下所示：

$$Z = \frac{\hat{p} - p}{\sqrt{\frac{p(1-p)}{n}}} = \frac{0.35 - 0.3}{\sqrt{\frac{0.3 \times 0.7}{180}}} = 1.46$$

$$p\text{ 值} = \mathrm{P}(\hat{p} > 0.35 \mid p = 0.3) = P\left(Z > \frac{0.35 - 0.3}{\sqrt{\frac{0.3 \times 0.7}{180}}} \right) = \mathrm{P}(\mathrm{Z} > 1.46) = 0.0716$$

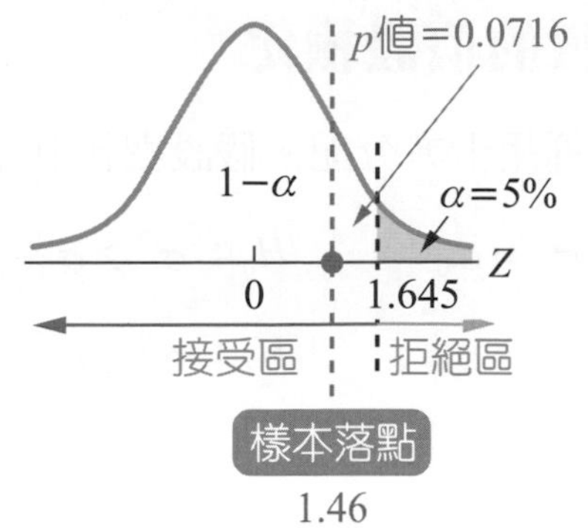

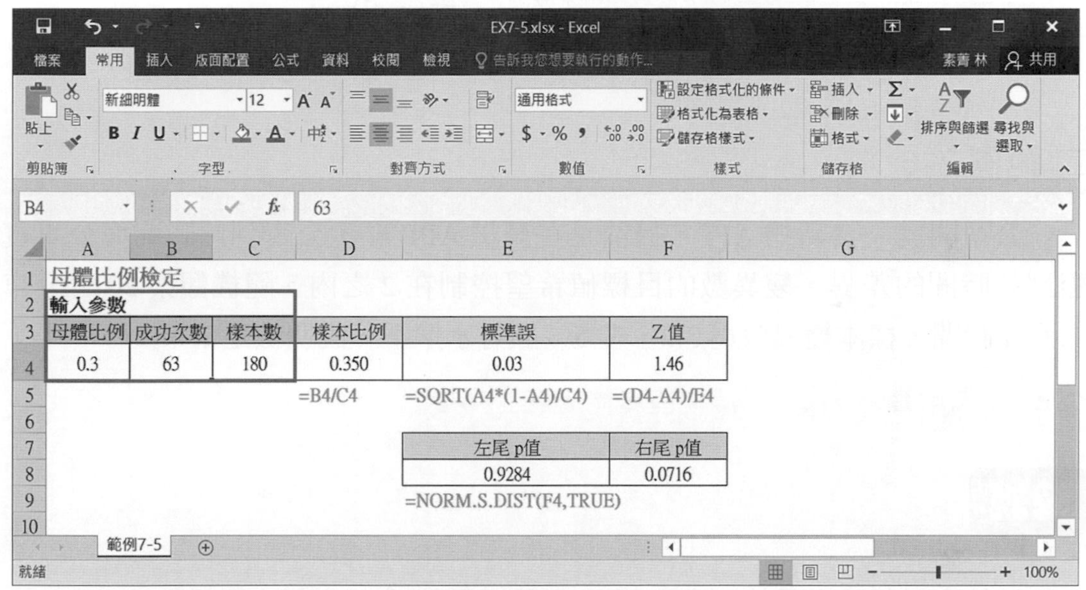

	A	B	C	D	E	F
1	母體比例檢定					
2	輸入參數					
3	母體比例	成功次數	樣本數	樣本比例	標準誤	Z 值
4	0.3	63	180	0.350	0.03	1.46
5				=B4/C4	=SQRT(A4*(1-A4)/C4)	=(D4-A4)/E4
6						
7					左尾 p值	右尾 p值
8					0.9284	0.0716
9					=NORM.S.DIST(F4,TRUE)	

結論：由於統計量 1.46 小於查表值 1.96，p 值 0.0716 大於顯著水準 0.05，故在顯著水準 $\alpha = 5\%$ 下接受 H_0，樣本點落在接受區。我們沒有足夠的證據說明洗衣機的市占率高於三成。

課堂練習 7-5

市售巧克力產品約有 35% 可可脂含量較高，消基會在台北市及新北市連鎖超市、量販店及便利商店抽查不含內餡的巧克力產品，共計採得 15 件樣品，其中有 2 件可可脂含量較高。請計算 p 值，並說明其意義。

7-2-3 單母體變異數的假設檢定

母體變異數問題，應採用卡方分配。假設與統計量如下所示：

虛無假設	$H_0：\sigma^2 = \sigma_0^2$	$H_0：\sigma^2 \geq \sigma_0^2$	$H_0：\sigma^2 \leq \sigma_0^2$
對立假設	$H_1：\sigma^2 \neq \sigma_0^2$	$H_1：\sigma^2 < \sigma_0^2$	$H_1：\sigma^2 > \sigma_0^2$

統計量表示如下：

$$\chi^2 = \frac{(n-1)s^2}{\sigma^2} \sim \chi^2(n-1)$$

範例 7-6

公司開發一套新的 APP，目前正在測試 APP 顯示公車到站時間與公車實際到站時間的差異，變異數的目標值希望控制在 2 之內。隨機觀察 20 台公車的到達時間，樣本變異數為 3.2，在 5% 顯著水準下，說明檢定結果。

⊙ 請掃描目錄頁 QR code，見檔案 EX7-6.xlsx

被檢定對象為變異數，採用分配，母體變異數 $\sigma^2 = 2$，樣本變異數為 $s^2 = 3.2$，樣本數 $n = 20$，故採用右尾檢定。

虛無假設　　$H_0：\sigma^2 \leq 2$（變異數控制在 2 以內）

對立假設　　$H_1：\sigma^2 > 2$

母體變異數問題採用卡方分配，顯著水準為 $\alpha = 5\%$，查表值為 30.14，統計量與 p 值如下所示：

$$\chi^2 = \frac{(n-1)s^2}{\sigma^2} = \frac{(20-1)\times 3.2}{2} = 30.40$$

$$p \text{ 值} = P(\sigma^2 > 3.2 \mid \sigma^2 = 2) = P\left(\chi^2 > \frac{(20-1)\times 3.2}{2}\right) = P(\chi^2 > 30.40) = 0.0469$$

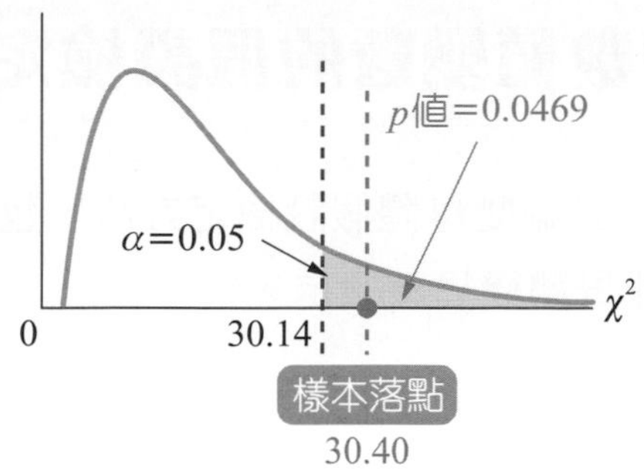

查表

附表3 卡方分配　$P(\chi^2>\chi^2_\alpha(df))$

df	$\chi^2_{0.995}$	$\chi^2_{0.99}$	$\chi^2_{0.975}$	$\chi^2_{0.95}$	$\chi^2_{0.9}$	$\chi^2_{0.1}$	$\chi^2_{0.05}$	$\chi^2_{0.025}$	$\chi^2_{0.01}$	$\chi^2_{0.005}$
16	5.14	5.81	6.91	7.96	9.31	23.54	26.30	28.85	32.00	34.27
17	5.70	6.41	7.56	8.67	10.09	24.77	27.59	30.19	33.41	35.72
18	6.26	7.01	8.23	9.39	10.86	25.99	28.87	31.53	34.81	37.16
19	6.84	7.63	8.91	10.12	11.65	27.20	30.14	32.85	36.19	38.58
20	7.43	8.26	9.59	10.85	12.44	28.41	31.41	34.17	37.57	40.00

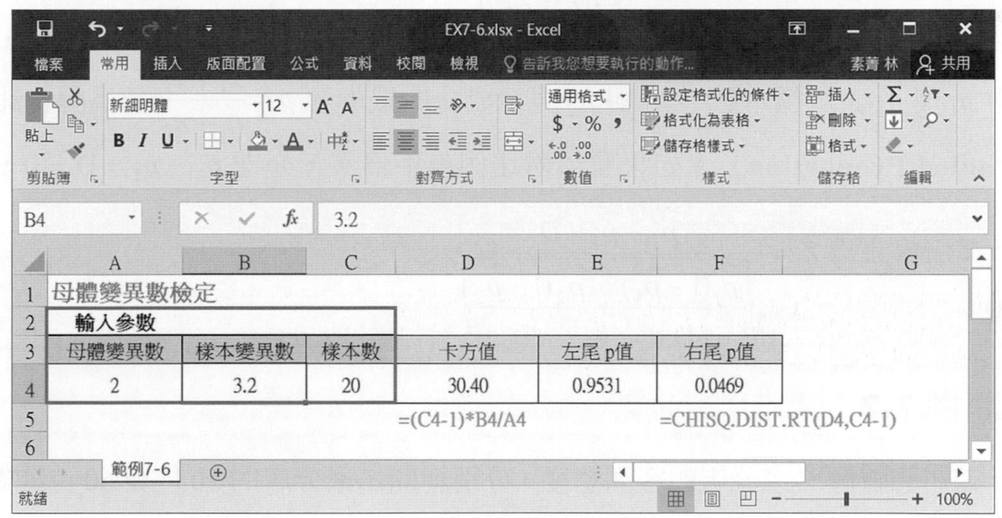

結論：由於統計量 30.40 大於查表值 30.14，p 值 0.0469 小於顯著水準 0.05，故在顯著水準 $\alpha = 5\%$ 下拒絕 H_0，樣本點落在拒絕區。因此該款 APP 的標準差未能控制在 2 以內，還需要再做調整。

課堂練習 7-6

歷屆考試分數的變異數為 166.2，抽取這次考試 30 份成績的變異數為 222.5，在 10% 顯著水準下，說明檢定結果。

7-3 雙母體數值變數的假設檢定

本節針對數值變數，討論雙母體假設檢定方法，包括雙母體比例差檢定、雙母體平均差檢定、與雙母體變異數檢定。

7-3-1 雙母體比例差檢定

雙母體比例差採用常態分配，其假設與統計量如下所示：

虛無假設	$H_0：p_1 - p_2 = 0$	$H_0：p_1 - p_2 \ge 0$	$H_0：p_1 - p_2 \le 0$
對立假設	$H_1：p_1 - p_2 \ne 0$	$H_1：p_1 - p_2 < 0$	$H_1：p_1 - p_2 > 0$

$$Z = \frac{\hat{p}_1 - \hat{p}_2}{\sqrt{\hat{p}(1-\hat{p})\left(\frac{1}{n_1} + \frac{1}{n_2}\right)}}$$

其中 n_1 與 n_2 表示樣本數，$\hat{p}_1$ 與 $\hat{p}_2$ 表示成功的機率，$\hat{p} = \frac{x_1 + x_2}{n_1 + n_2}$ 稱爲**聯合比例**（**Pooled Proportion**）。如果雙母體比例差不爲零，亦即 $p_1 - p_2 = \mathrm{D} \ne 0$，其統計量將修正爲 $Z = \frac{\hat{p}_1 - \hat{p}_1 - D}{\sqrt{\frac{\hat{p}_1(1-\hat{p}_1)}{n_1} + \frac{\hat{p}_2(1-\hat{p}_2)}{n_2}}}$。

範例 7-7

總店想瞭解二家分店顧客滿意度，分別詢問二家分店的 50 位與 60 位顧客，其中認爲滿意或非常滿意的人數分別有 32 位與 33 位。在顯著水準爲 0.05 的情況下，是否有足夠的證據顯示二分店顧客滿意比例相同？

⊙ 請掃描目錄頁 QR code，見檔案 EX7-7.xlsx

解說

滿意比例是否相同應採用雙尾檢定進行分析：

虛無假設　$H_0：p_1 - p_2 = 0$（顧客滿意比例相同）

對立假設　$H_1：p_1 - p_2 \ne 0$

由分店 1 與分店 2 分別抽出 50 位與 60 位顧客，$n_1 = 50$，$n_2 = 60$，樣本比例分別為 $\hat{p}_1 = \dfrac{x_1}{n_1} = \dfrac{32}{50} = 0.64$，$\hat{p}_2 = \dfrac{x_2}{n_2} = \dfrac{33}{60} = 0.55$，$\hat{p} = \dfrac{x_1 + x_2}{n_1 + n_2} = \dfrac{32+33}{50+60} = 0.5909$，統計量與 p 值分別表示如下：

$$Z = \frac{\hat{p}_1 - \hat{p}_2}{\sqrt{\hat{p}(1-\hat{p})\left(\dfrac{1}{n_1} + \dfrac{1}{n_2}\right)}} = \frac{0.64 - 0.55}{\sqrt{0.5909 \times 0.4091 \times \left(\dfrac{1}{50} + \dfrac{1}{60}\right)}} = 0.96$$

$$\frac{1}{2} \times p\text{ 值} = \mathrm{P}(\mathrm{Z} > 0.96) = 0.1695$$

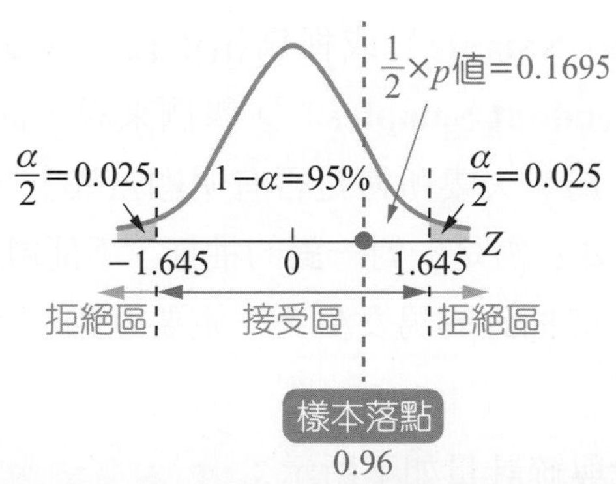

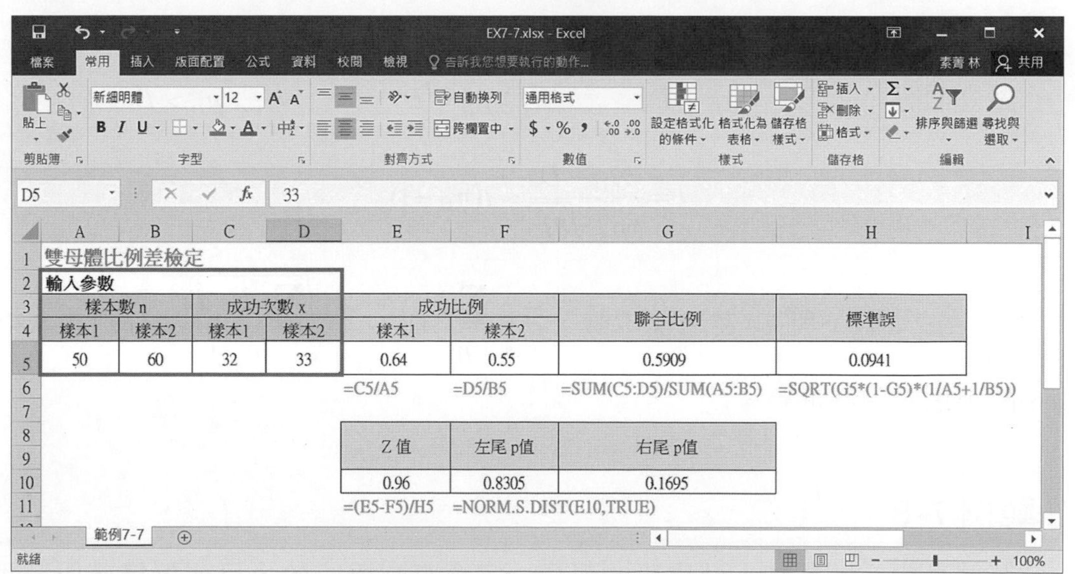
EX7-7.xlsx - Excel

D5 33

雙母體比例差檢定

輸入參數

樣本數 n		成功次數 x		成功比例		聯合比例	標準誤
樣本1	樣本2	樣本1	樣本2	樣本1	樣本2		
50	60	32	33	0.64	0.55	0.5909	0.0941
				=C5/A5	=D5/B5	=SUM(C5:D5)/SUM(A5:B5)	=SQRT(G5*(1-G5)*(1/A5+1/B5))

Z 值	左尾 p值	右尾 p值
0.96	0.8305	0.1695
=(E5-F5)/H5	=NORM.S.DIST(E10,TRUE)	

範例7-7

結論：從 p 值判斷，$\dfrac{1}{2} \times p$ 值 $= 0.1695 > \dfrac{\alpha}{2} = 0.025$，因此我們在 $\alpha = 0.05$ 的情況下，接受 H_0，沒有足夠證據顯示二家分店的顧客滿意比例不同。

課堂練習 7-7

我們想瞭解男女吸煙比例是否相同，分別詢問 100 位男性與女性，其中吸煙人數分別為 45 位與 52 位。在顯著水準為 0.10 的情況下，是否有足夠的證據顯示男性吸煙比例高於女性？

7-3-2 雙母體平均差檢定：成對樣本

在雙母體平均數問題的檢定中，會分成二種不同的案例進行分析，一爲成對樣本（**Matched Pairs Sample**）或稱爲相依樣本（**Dependent Sample**），二爲獨立樣本（**Independent Samples**）。舉例來說，討論不同性別所得差異時可能有二個問法，一爲「夫妻所得是否有明顯差異」，二爲「男女所得是否有明顯差異」，其中夫妻必需是一對一對的抽樣，不能亂配，故屬於成對樣本；男女生可以隨機抽取，被抽到的男女生不一定要互相認識或有關係，則屬於獨立樣本。

成對平均差的假設與統計量如下所示：

虛無假設	$H_0：\mu_D = D$	$H_0：\mu_D \geq D$	$H_0：\mu_D \leq D$
對立假設	$H_1：\mu_D \neq D$	$H_1：\mu_D < D$	$H_1：\mu_D > D$

$$t = \frac{\bar{X}_D - D}{s_D / \sqrt{n_D}} \sim t(n_D - 1)$$

其中 $\mu_1 - \mu_2 = \mu_D$，與 n_D 表示樣本數，$\bar{d} = \frac{\sum d}{n}$ 與 $s_D = \sqrt{\frac{\sum (d - \bar{d})^2}{n-1}}$ 分別表示平均差的平均數與標準差。

範例 7-8

某健身中心號稱加入減重班的學員一定會有減重成效，目前蒐集參加三個月減重班的 60 位學員體重資料，在顯著水準 5% 的情況下，是否有足夠的證據顯示該減重班的確有效？

請掃描目錄頁 QR code，見檔案 EX7-8.xlsx

解說

被檢定對象為減重前後的體重差異，比較減重前後學員一定為同一人，屬於成對樣本，減重後平均體重低於減重前表示有效，應採用單尾檢定。附檔中 60 位學員減重前後的平均體重分別為 68.1 公斤與 66.2 公斤，由於減重後平均體重減少 1.95 公斤，故我們選擇右尾檢定。

虛無假設　　$H_0：\mu_{1\,減重前} - \mu_{2\,減重後} = \mu_D \le 0$

對立假設　　$H_1：\mu_{1\,減重前} - \mu_{2\,減重後} = \mu_D > 0$（減重班有效）

抽出 60 位學員減肥前後體重資料，$n_D = 60$，其中 $\bar{X}_D = 1.95$，$s_D = 5.61$，

$$t = \frac{\bar{X}_D - D}{s_D / \sqrt{n_D}} = \frac{1.95 - 0}{5.61 / \sqrt{60}} = 2.69 \sim t(60-1)$$

$$p\text{ 值} = P(t > 2.69) = 0.0046$$

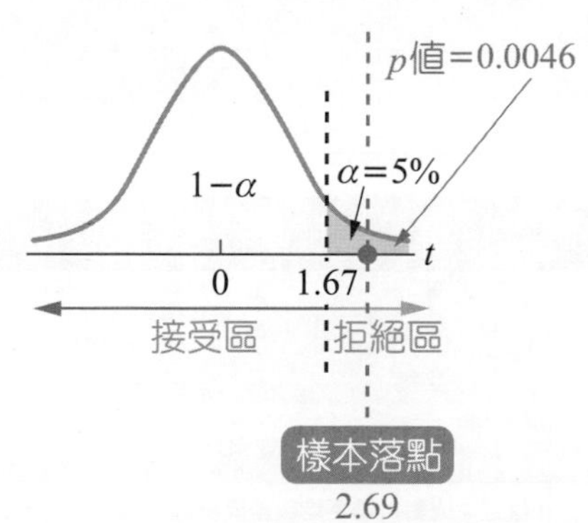

成對母體平均數差異檢定可以直接利用 EXCEL 進行計算，執行步驟如下：

步驟 1： 資料→資料分析→「t 檢定：成對母體平均數差異檢定」。

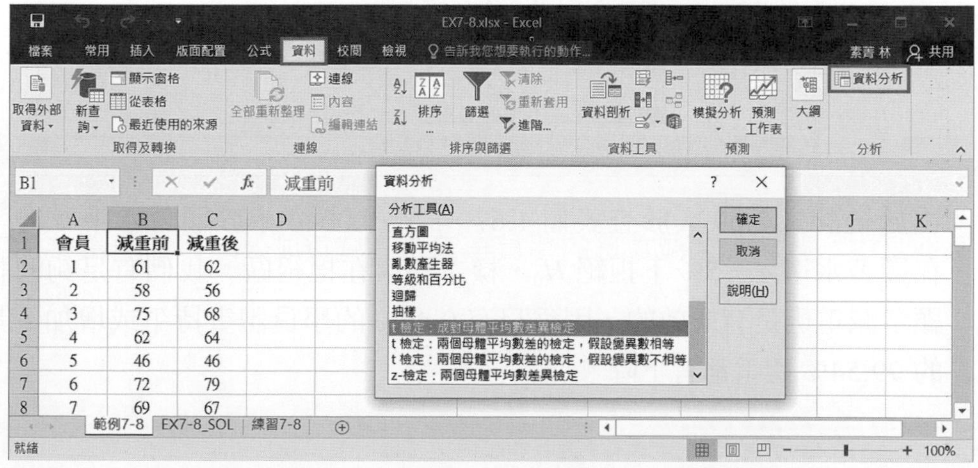

步驟 2：輸入資料。

變數 1 的範圍「$B:$B」（減重前），變數 2 的範圍「$C:$C」（減重後），「假設的均數差」未輸入就表示為 0，☑ 標記選擇打勾，輸出範圍可選擇任意空白儲存格，再按下確定。

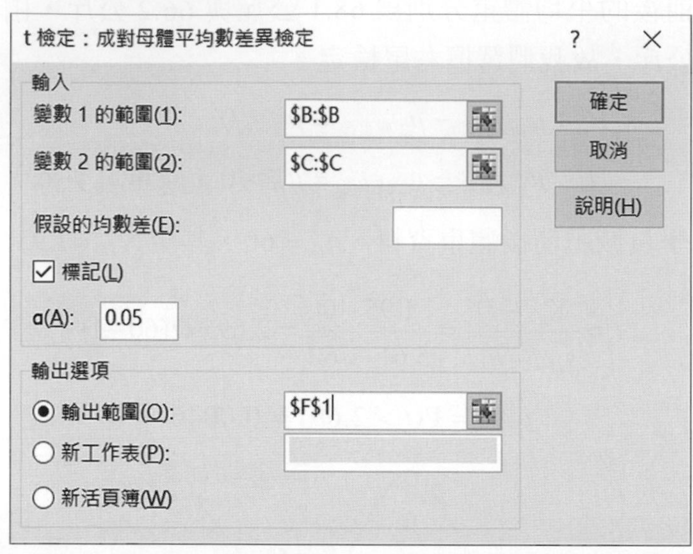

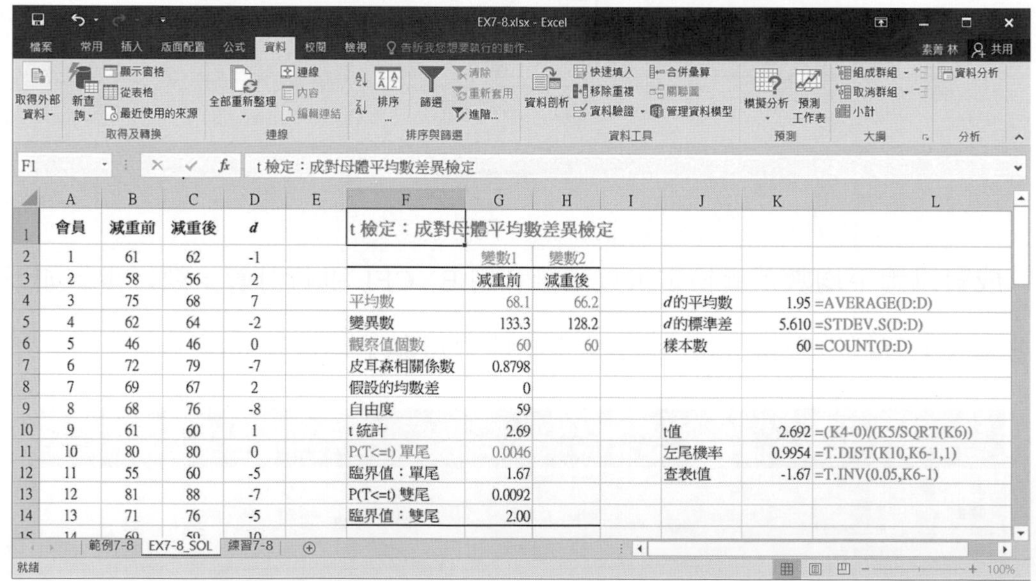

F1 ｜ t 檢定：成對母體平均數差異檢定

	A	B	C	D	E	F	G	H	I	J	K	L
1	會員	減重前	減重後	d		t 檢定：成對母體平均數差異檢定						
2	1	61	62	-1			變數1	變數2				
3	2	58	56	2			減重前	減重後				
4	3	75	68	7		平均數	68.1	66.2		d的平均數	1.95	=AVERAGE(D:D)
5	4	62	64	-2		變異數	133.3	128.2		d的標準差	5.610	=STDEV.S(D:D)
6	5	46	46	0		觀察值個數	60	60		樣本數	60	=COUNT(D:D)
7	6	72	79	-7		皮耳森相關係數	0.8798					
8	7	69	67	2		假設的均數差	0					
9	8	68	76	-8		自由度	59					
10	9	61	60	1		t 統計	2.69			t值	2.692	=(K4-0)/(K5/SQRT(K6))
11	10	80	80	0		P(T<=t) 單尾	0.0046			左尾機率	0.9954	=T.DIST(K10,K6-1,1)
12	11	55	60	-5		臨界值：單尾	1.67			查表t值	-1.67	=T.INV(0.05,K6-1)
13	12	81	88	-7		P(T<=t) 雙尾	0.0092					
14	13	71	76	-5		臨界值：雙尾	2.00					

結論：由於統計量 2.69 大於查表值 1.67，p 值 0.0046 小於顯著水準 0.05，故在顯著水準 $\alpha = 5\%$ 下拒絕 H_0，樣本點落在拒絕區。我們有足夠的證據顯示減重班是有成效的，因為只有 0.46% 的學員體重持平或增加，其餘的 99.54% 體重都有下降。

課堂練習 7-8

同上題範例，如果減重班宣稱至少可以幫助學員減掉 2 公斤，在顯著水準為 1% 的情況下，利用 40 位學員資料進行檢測，健身中心是否有廣告不實的嫌疑？

⊙ 請掃描目錄頁 QR code，見檔案 EX7-8.xlsx

7-3-3 雙母體平均差檢定：獨立樣本

獨立母體的平均差檢定有二種選擇，一為變異數相等的情況，二為變異數不等的情況，故針對獨立樣本的雙母體平均差問題，我們都必須先作變異數是否相等的雙尾檢定，根據變異數的檢定結果，再來選擇工具。

變異數相等的假設如下所示，應採用 **F 分配（F Distribution）**：

虛無假設　　H_0：$\sigma_1^2 = \sigma_2^2$

對立假設　　H_1：$\sigma_1^2 \neq \sigma_2^2$

F 分配的統計量為 F 值，其定義如下：

$$\mathrm{F} = \frac{s_1^2/\sigma_1^2}{s_2^2/\sigma_2^2} \sim \mathrm{F}(n_1-1, n_2-1)$$

其中 n_1-1 與 n_2-1 為 F 分配的自由度。當 H_0 為眞（$\sigma_1^2=\sigma_2^2$），F 值可簡化為 $\mathrm{F}=s_1^2/s_2^2$。F 分配的特性如下：

F 值一定為正，查表值 $\mathrm{F}_{1-\alpha}(n_2-1,n_1-1)=\dfrac{1}{\mathrm{F}_{\alpha}(n_1-1,n_2-1)}$，$\mathrm{F}=t^2$。

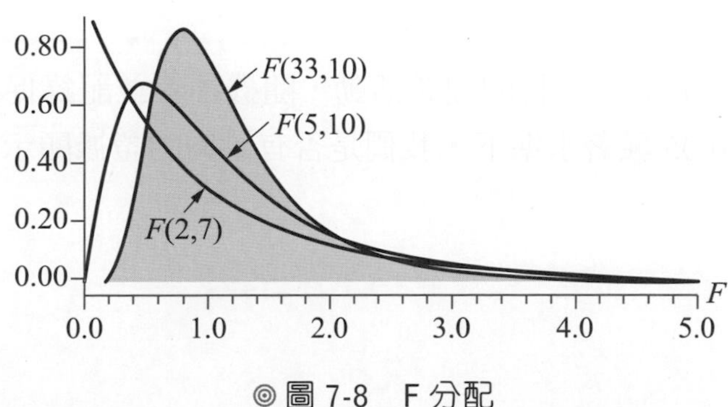

◎圖 7-8　F 分配

獨立樣本平均差的假設如下所示：

虛無假設	$H_0：\mu_1 - \mu_2 = 0$	$H_0：\mu_1 - \mu_2 \geq 0$	$H_0：\mu_1 - \mu_2 \leq 0$
對立假設	$H_1：\mu_1 - \mu_2 \neq 0$	$H_1：\mu_1 - \mu_2 < 0$	$H_1：\mu_1 - \mu_2 > 0$

母體標準差相等，大樣本與小樣本且母體標準差未知的統計量分別如下所示，但通常母體標準差未知，故實務上很少採用 Z 分配公式：

$$Z = \frac{(\bar{X}_1 - \bar{X}_2) - (\mu_1 - \mu_2)}{\sqrt{\frac{\sigma_1^2}{n_1} + \frac{\sigma_2^2}{n_2}}} \sim N(0,1)$$

$$t = \frac{(\bar{X}_1 - \bar{X}_2) - (\mu_1 - \mu_2)}{\sqrt{s_p^2\left(\frac{1}{n_1} + \frac{1}{n_2}\right)}} \sim t(n_1 + n_2 - 2)$$

其中 $s_p^2 = \frac{(n_1 - 1)s_1^2 + (n_2 - 1)s_2^2}{n_1 + n_2 - 2}$，稱爲**聯合變異數**（**Pooled Variance**）。

母體標準差不相等的統計量如下：

$$t = \frac{(\bar{X}_1 - \bar{X}_2) - (\mu_1 - \mu_2)}{\sqrt{\frac{s_1^2}{n_1} + \frac{s_2^2}{n_2}}} \sim t\left(\frac{(s_1^2 / n_1 + s_2^2 / n_2)^2}{\frac{(s_1^2 / n_1)^2}{n_1 - 1} + \frac{(s_2^2 / n_2)^2}{n_2 - 1}}\right)$$

由於統計學家已證明，具有較大自由度者會更具有檢定力，型二錯誤機率較小，故實務上有時直接以變異數相等情況替代變異數不等的情況。

範例 7-9

店長推行星期五咖啡九折的促銷活動，隨機抽查並記錄促銷活動前後咖啡的銷售金額，在 0.05 顯著水準下，我們是否有足夠的證據顯示咖啡促銷活動是成功的？

⊙ 請掃描目錄頁 QR code，見檔案 EX7-9.xlsx

解說

由於促銷活動前後的顧客，不一定是同一個人，屬於獨立樣本。獨立樣本需先檢定變異數是否相等，採雙尾檢定。附檔資料中促銷前後分別調查 100 筆與 20 筆消費資料，$n_1 = 100$，$n_2 = 20$，促銷前後的變異數分別為 427330 與 440226.2。

虛無假設 H_0：$\sigma^2_{1\text{促銷前}} = \sigma^2_{2\text{促銷後}}$

對立假設 H_1：$\sigma^2_{1\text{促銷前}} \neq \sigma^2_{2\text{促銷後}}$

$$\frac{1}{2}\times p\text{值} = \mathrm{P}\left(\frac{s_1^2}{s_2^2} < \frac{427330}{440226.2} \mid \sigma_1^2 = \sigma_2^2\right) = \mathrm{P}(\mathrm{F}<0.9707) = 0.4348$$

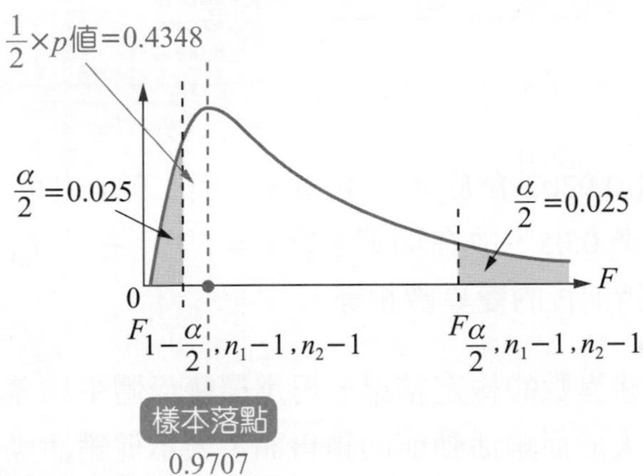

變異數差檢定可以直接利用 EXCEL 進行計算，執行步驟如下：

步驟 1：資料→資料分析→「F 檢定：兩個常態母體變異數的檢定」。

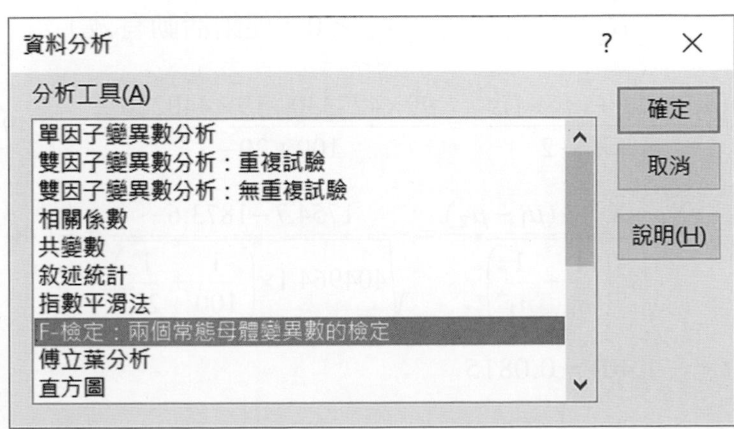

步驟 2：輸入資料。

變數 1 的範圍「$A:$A」（促銷前），變數 2 的範圍「$B:$B」（促銷後），☑ 標記選擇打勾，輸出範圍可選擇任意空白儲存格，再按下確定。

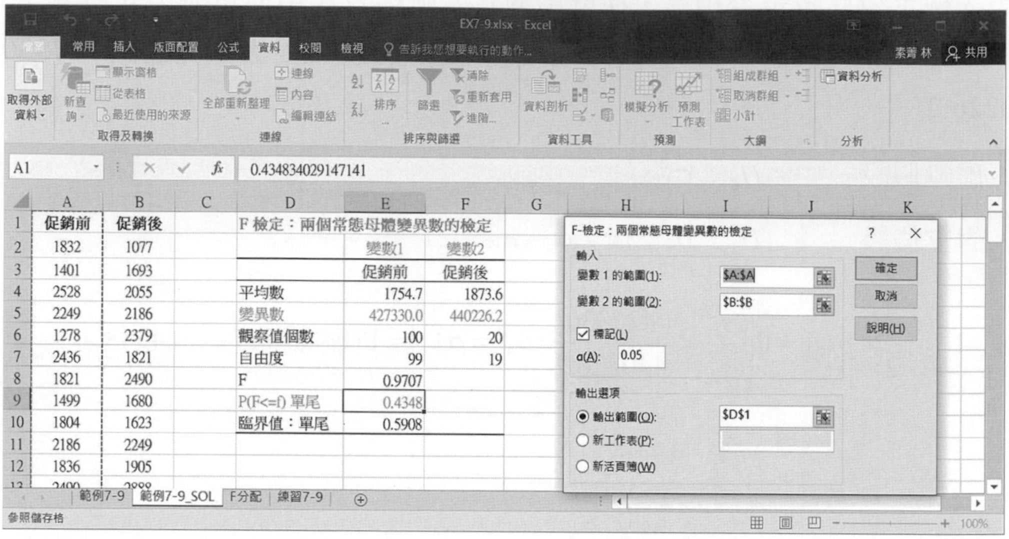

	A	B	C	D	E	F
1	促銷前	促銷後		F 檢定：兩個常態母體變異數的檢定		
2	1832	1077			變數1	變數2
3	1401	1693			促銷前	促銷後
4	2528	2055		平均數	1754.7	1873.6
5	2249	2186		變異數	427330.0	440226.2
6	1278	2379		觀察值個數	100	20
7	2436	1821		自由度	99	19
8	1821	2490		F	0.9707	
9	1499	1680		P(F<=f) 單尾	0.4348	
10	1804	1623		臨界值：單尾	0.5908	
11	2186	2249				
12	1836	1905				

結論：由於統計量 0.9707 介於查表值 0.515 與 1.941 之間，p 值 = 0.4348×2 大於顯著水準 0.05，故在顯著水準 $\alpha = 5\%$ 下接受 H_0，樣本點落在接受區，亦即促銷前後的變異數相等。

接下來，根據變異數的檢定結果，再選擇雙母體平均差檢定工具。如果促銷活動後的銷售額大於促銷活動前的銷售額，表示促銷活動有效，附檔中促銷前後的平均銷售額分別為 1754.7 元與 1873.6 元，由於促銷後平均金額較高，故選擇左尾檢定。

虛無假設　$H_0：\mu_{1\,促銷前} - \mu_{2\,促銷後} \geq 0$

對立假設　$H_1：\mu_{1\,促銷前} - \mu_{2\,促銷後} < 0$（促銷活動有效）

$$s_p^2 = \frac{(n_1-1)s_1^2+(n_2-1)s_2^2}{n_1+n_2-2} = \frac{99\times 427330+19\times 440226.2}{100+20-2} = 404964.1$$

$$t = \frac{(\bar{X}_1-\bar{X}_2)-(\mu_1-\mu_2)}{\sqrt{s_p^2\left(\frac{1}{n_1}+\frac{1}{n_2}\right)}} = \frac{1754.7-1873.6}{\sqrt{404964.1\times\left(\frac{1}{100}+\frac{1}{20}\right)}} = -1.40$$

p 值 = P(t < − 1.40) = 0.0815

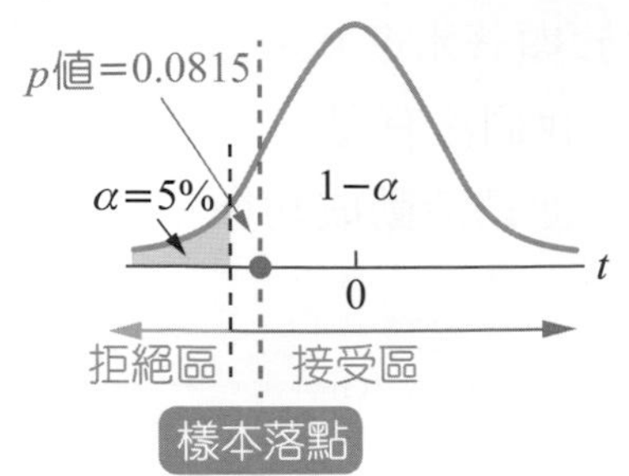

雙母體平均差檢定可以直接利用 EXCEL 進行計算，執行步驟如下：

步驟 1： 資料→資料分析→「*t* 檢定：兩個母體平均數差的檢定，假設變異數相等」。

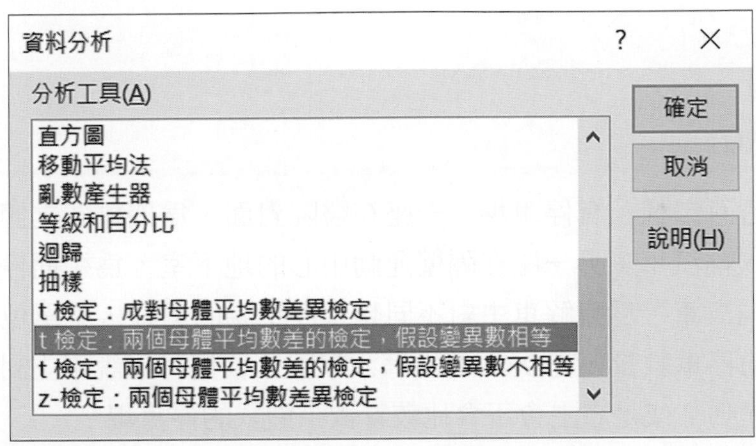

步驟 2： 輸入資料。

變數 1 的範圍「$A:$A」（促銷前），變數 2 的範圍「$B:$B」（促銷後），☑ 標記選擇打勾，輸出範圍可選擇任意空白儲存格，再按下確定。

H1 = 0.0815129161809123

	A	B	H	I	J
1	促銷前	促銷後	t 檢定：兩個母體平均數差的檢定，假設變異數相等		
2	1832	1077		變數1	變數2
3	1401	1693		促銷前	促銷後
4	2528	2055	平均數	1754.7	1973.6
5	2249	2186	變異數	427330.0	288426.2
6	1278	2379	觀察值個數	100	20
7	2436	1821	Pooled 變異數	404964.1	
8	1821	2490	假設的均數差	0	
9	1499	1680	自由度	118	
10	1804	1623	t 統計	-1.40	
11	2186	2249	P(T<=t) 單尾	0.0815	
12	1836	1905	臨界值：單尾	1.6579	
13	2490	2888	P(T<=t) 雙尾	0.1630	
14	1254	2713	臨界值：雙尾	1.9803	
15	1357	1379			

t 檢定：兩個母體平均數差的檢定，假設變異數相等

輸入
變數 1 的範圍(1)：$A:$A
變數 2 的範圍(2)：$B:$B
假設的均數差(P)：
☑ 標記(L)
α(A)：0.05
輸出選項
◉ 輸出範圍(O)：$H$1
○ 新工作表(P)：
○ 新活頁簿(W)
確定　取消　說明(H)

結論：由於 p 值 0.0815 大於顯著水準 0.05，故在顯著水準 $\alpha = 5\%$ 下接受 H_0，樣本點落在接受區。我們沒有足夠的證據顯示促銷活動有效，因爲從這次抽樣資料中發現，促銷活動成功機率只有 91.85%，尚未達到 95% 的標準。

課堂練習 7-9

承上題範例，如果顯著水準改為 10%，其結論是否會改變？

範例 7-10

醫院附近有二種公有停車場，一座在醫院對面，爲機械式立體停車場，最多可容納 125 輛汽車；另一座在隔壁運動中心的地下室，爲平面停車場，最多可容納 120 輛汽車。爲瞭解車主對不同類型停車場的偏好，某單位記錄了一個月不同時段的停車數量。在 0.05 的顯著水準下，我們可以說車主對兩座停車場的偏好有差異嗎？或是車主會不會比較喜歡平面式的停車場？

⊙ 請掃描目錄頁 QR code，見檔案 EX7-10.xlsx

同一台車不可能同時停在機械式停車場與平面停車場，故屬於獨立樣本，必需先檢定變異數是否相同，採雙尾檢定。附檔分別對二種停車場調查 30 筆資料，$n_1 = n_2 = 30$，機械式與平面式的變異數分別爲 1477.86 與 655.36。

虛無假設　　H_0：$\sigma^2_{1\text{機械式}} = \sigma^2_{2\text{平面式}}$

對立假設　　H_1：$\sigma^2_{1\text{機械式}} \neq \sigma^2_{2\text{平面式}}$

$$\frac{1}{2} \times p\text{值} = P\left(\frac{s_1^2}{s_2^2} > \frac{1477.86}{655.36} \mid \sigma_1^2 = \sigma_2^2\right) = \text{P}(\text{F} > 2.2550) = 0.0161$$

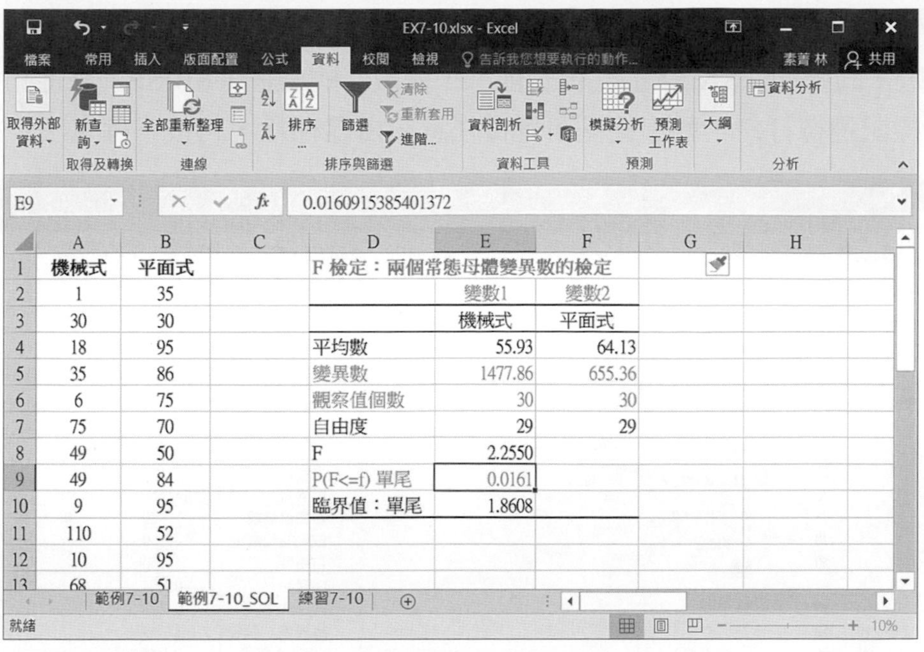

結論：由於 p 值 = 0.0161×2 小於顯著水準 0.05，故在顯著水準 $\alpha = 5\%$ 下拒絕 H_0，樣本點落在拒絕區，亦即二種停車場的變異數不相等。

接下來，根據變異數的檢定結果，再選擇雙母體平均差檢定工具。我們可以用停車數量的多寡，來判斷車主的偏好，故應採用雙尾檢定：

虛無假設　　$H_0：\mu_{1\text{ 機械式}} - \mu_{2\text{ 平面式}} = 0$

對立假設　　$H_1：\mu_{1\text{ 機械式}} - \mu_{2\text{ 平面式}} \neq 0$（偏好不同）

p 值 $= 2\times\mathrm{P}(t < -0.9724) = 0.3355$

雙母體平均差檢定可以直接利用 EXCEL 進行計算，執行步驟如下：

步驟 1：資料→資料分析→「t 檢定：兩個母體平均數差的檢定，假設變異數不相等」。

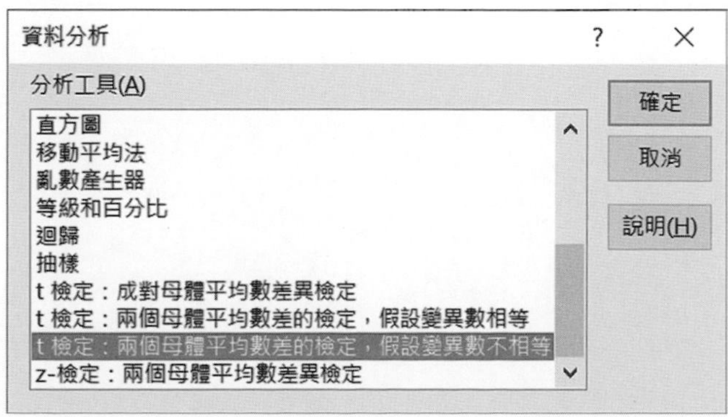

🕮 **步驟 2：** 輸入資料。

變數 1 的範圍「$A:$A」（促銷前），變數 2 的範圍「$B:$B」（促銷後），☑ 標記選擇打勾，輸出範圍可選擇任意空白儲存格，再按下確定。

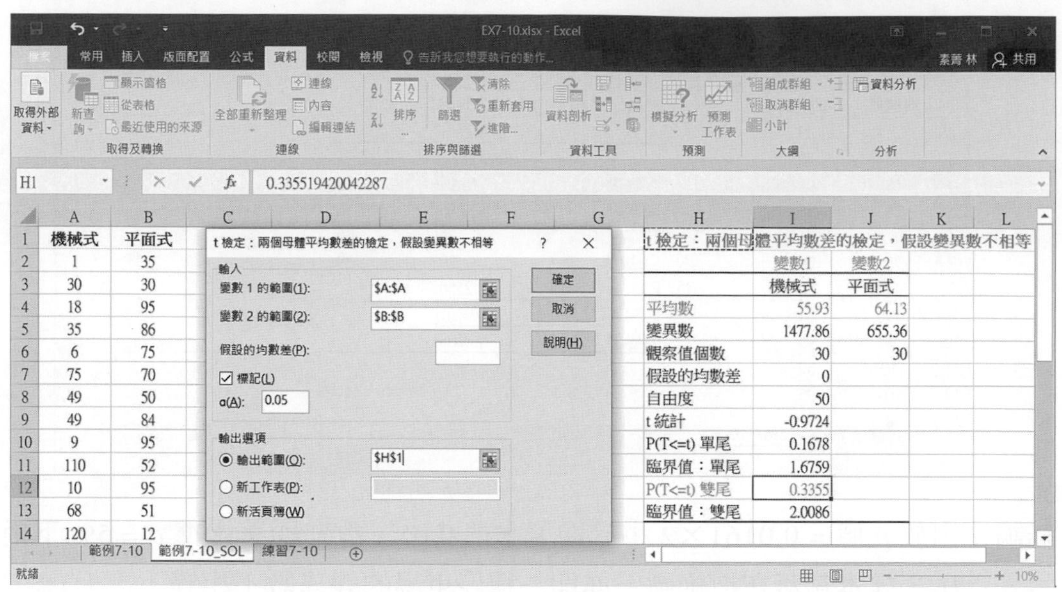

結論：由於雙尾 p 值 0.3355 大於顯著水準 0.05，故在顯著水準 $\alpha = 5\%$ 下接受 H_0，樣本點落在接受區。我們沒有足夠的證據顯示車主對機械式或平面式停車場的偏好有所不同。

課堂練習 7-10

承上題範例，在 0.05 的顯著水準下，車主是否比較喜歡平面式的停車場？

7-4 類別變數的假設檢定

類別資料的假設檢定應採用卡方分配，一般而言，卡方檢定會處理三種類型的問題，單類別變數問題的**適合度檢定**（**Goodness of Fit Test**），雙類別變數問題的**獨立性檢定**（**Independent Test**）與齊一性或稱爲**同質性檢定**（**Homogeneity Test**），由於齊一性檢定操作方法與獨立性檢定相同，因此我們只舉例說明前二種檢定。

7-4-1 適合度檢定

適合度檢定用於分析兩分佈的比例是否一致，例如，母體與樣本分佈比例。其假設如下：

虛無假設　　H_0：二者分佈相同

對立假設　　H_1：二者分佈不同

卡方檢定的統計量即是卡方值，其定義如下所示：

$$\chi^2 = \sum \frac{(\mathrm{O}-\mathrm{E})^2}{\mathrm{E}} \sim \chi^2(k-1)$$

其中 O 表示**觀察次數**（**Observed Frequency**），就是實際發生的狀況，E 表示平均的概念，亦即**期望次數**（**Expected Frequency**），k 爲類別個數，卡方分配的自由度爲 $k-1$。當觀察次數與期望次數之間的差距超過某一個臨界值，就表示二者有顯著的不同，可以拒絕 H_0。

要特別提醒的是，實務上在做卡方檢定時，期望次數最好能夠超過 5，以免因分類過細造成誤差，如果期望次數低於 5 時，通常需要先合併組別，再進行卡方檢定。

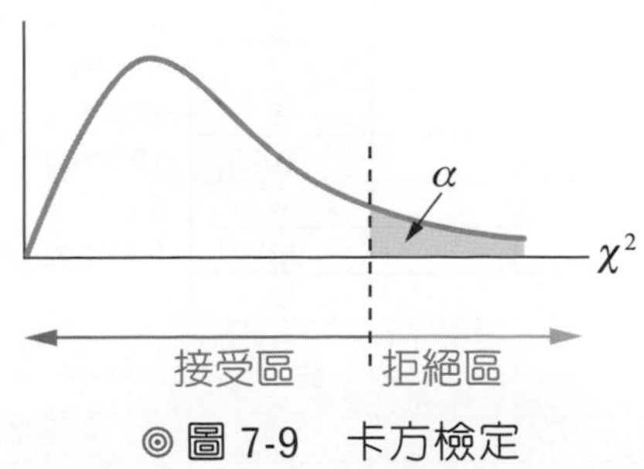

◎圖 7-9　卡方檢定

範例 7-11

買車的時候，除了考量廠牌、性能、價格等因素外，車身顏色也是很重要的一環。車商整理了過去銷售資料發現，白色仍是車主的最愛，其次是黑色、銀色、紅色、藍色、綠色，其比例與本季實際銷售車輛數如附檔資料。在 0.05 的顯著水準下，本季購車的車主，對車身顏色的偏好是否有顯著的改變？

⊙ 請掃描目錄頁 QR code，見檔案 EX7-11.xlsx

車身顏色的選擇是類別變數，應採用卡方檢定進行分析。如果本季實際銷售和過去銷售情況的差異愈大，即表示車主偏好有所改變。

虛無假設 H_0：車身顏色偏好不變

對立假設 H_1：車身顏色偏好改變

實際銷售量就是觀察次數，一共賣出 200 輛車子，乘上過去各種顏色的銷售比例，即可得到期望次數，例如：過去白色車子的銷售比例是 35%，本季如果銷售 200 輛車，在車主偏好沒有改變的情況下，可以銷售 200×35% = 70 輛，同理，黑色車子的期望次數為 200×18% = 36，其餘顏色可以依此類推做計算。

	A	B	C	D	E
1	顏色	實際銷售（輛）	過去銷售比例	期望次數	
2	白色	65	35%	70	=$B$9*C2
3	黑色	33	18%	36	=$B$9*C3
4	銀色	32	13%	26	=$B$9*C4
5	紅色	20	7%	14	=$B$9*C5
6	藍色	18	6%	12	=$B$9*C6
7	綠色	10	5%	10	=$B$9*C7
8	其他	22	16%	32	=$B$9*C8
9	總計	200	1	200	=SUM(D2:D8)

接著再用實際銷售車輛數與期望次數之間的差異來計算樣本落點的卡方值，目前有 7 個類別（白色、黑色、…、其他），故自由度爲 $k-1=6$。

$$\chi^2=\sum\frac{(O-E)^2}{E}=\frac{(65-70)^2}{70}+\cdots+\frac{(22-32)^2}{32}=10.6882$$

EX7-11.xlsx - Excel

E9 =SUM(E2:E8)

	A	B	C	D	E	F
1	顏色	實際銷售（輛）	過去銷售比例	期望次數	(O-E)^2/E	
2	白色	65	35%	70	0.35714	=(B2-D2)^2/D2
3	黑色	33	18%	36	0.25000	=(B3-D3)^2/D3
4	銀色	32	13%	26	1.38462	=(B4-D4)^2/D4
5	紅色	20	7%	14	2.57143	=(B5-D5)^2/D5
6	藍色	18	6%	12	3.00000	=(B6-D6)^2/D6
7	綠色	10	5%	10	0.00000	=(B7-D7)^2/D7
8	其他	22	16%	32	3.12500	=(B8-D8)^2/D8
9	總計	200	1	200	10.68819	=SUM(D2:D8)
10					卡方值	

範例7-11 範例7-11_SOL

p 值 $=P(\chi^2>10.6882)=0.0985$

卡方檢定可以直接利用 EXCEL 進行計算：

計算範圍中非空白儲存格的個數，指令 = COUNTA（資料範圍），計算卡方分配右尾機率對應的卡方值，指令 = CHISQ.INV.RT（顯著水準 , 自由度），計算卡方分配左尾 p 值 = CHISQ.DIST（卡方值 , 自由度 , TRUE）。

EX7-11.xlsx - Excel

D16 　f_x =1-D15

	A	B	C	D	E	F
1	**顏色**	**實際銷售（輛）**	**過去銷售比例**	**期望次數**	**(O-E)^2/E**	
2	白色	65	35%	70	0.35714	
3	黑色	33	18%	36	0.25000	
4	銀色	32	13%	26	1.38462	
5	紅色	20	7%	14	2.57143	
6	藍色	18	6%	12	3.00000	
7	綠色	10	5%	10	0.00000	
8	其他	22	16%	32	3.12500	
9	**總計**	**200**	1	200	10.68819	=SUM(D2:D8)
10					卡方值	
11						
12			顯著水準 α	自由度		
13			0.05	6	=COUNTA(A2:A8)-1	
14			查表值	12.59	=CHISQ.INV.RT(C13,D13)	
15			左尾 p 值	0.9015	=CHISQ.DIST(E9,D13,TRUE)	
16			右尾 p 值	0.0985	=1-D15	

範例7-11　範例7-11_SOL

結論：由於 p 值 0.0985 大於顯著水準 0.05，故在顯著水準 $\alpha = 5\%$ 下接受 H_0，樣本點落在接受區。我們沒有足夠的證據顯示車主對車身顏色的偏好有改變。

課堂練習 7-11

根據氣象局資料，說明基隆降水日數在 2010 年與 2018 年是否有所改變？

⊙ 請掃描目錄頁 QR code，見檔案 EX7-11.xlsx

7-4-2 獨立性檢定

雙類別變數之間是否有關，也可以利用卡方檢定進行說明。舉例來說，討論吸煙與肺癌之間的關係，調查結果可透過交叉分析表呈現。二類別變數之間關係的假設如下：

虛無假設　H_0：二者無關

對立假設　H_1：二者有關

交叉分析表共有 r 行 c 列，自由度爲(行數 − 1)×(列數 − 1) = $(r-1)\times(c-1)$，獨立事件的假設下，每個欄位的期望次數是將儲存格對應的列總和與行總和相乘再除以總樣本數，

$$\text{期望次數} = \frac{\text{列總和} \times \text{行總和}}{\text{總樣本數}}$$

卡方檢定的統計量如下所示：

$$\chi^2 = \sum_{i=1}^{r}\sum_{j=1}^{c}\frac{(\mathrm{O}_{ij}-\mathrm{E}_{ij})^2}{\mathrm{E}_{ij}} \sim \chi^2\left((r-1)\times(c-1)\right)$$

範例 7-12

賣場想瞭解顧客試吃結果和銷售狀況之間的關係，故紀錄現場 150 位試吃顧客的感覺與購買行爲，調查結果如附檔資料。在顯著水準 0.05 的情況下，賣場是否有足夠的證據顯示，試吃結果和購買行爲是有關係的？

請掃描目錄頁 QR code，見檔案 EX7-12.xlsx

解說

銷售狀況與試吃結果是否有關屬於雙類別變數的問題，應採用卡方檢定，如果實際觀察次數和期望次數的差異愈大，那麼就表示這二個類別變數之間有關，會互相影響。

虛無假設　H_0：試吃結果與購買行爲無關

對立假設　H_1：試吃結果與購買行爲有關

交叉分析表顯示 150 位顧客實際的觀察次數，期望次數的計算，則是將儲存格對應的列總和與行總和相乘，再除以總樣本數 150，如 $\frac{62\times65}{150}=26.87$，$\frac{55\times65}{150}=23.83$，依此類推。

試吃結果＼銷售狀況	購買	不會購買	合計
好吃	32	30	62
普通	28	27	55
不好吃	5	28	33
合計	65	85	150

期望次數

試吃結果＼銷售狀況	購買	不會購買	合計		
好吃	26.87	35.13	62	=D2*B5/$D$5	=D2*C5/$D$5
普通	23.83	31.17	55	=D3*B5/$D$5	=D3*C5/$D$5
不好吃	14.30	18.70	33	=D4*B5/$D$5	=D4*C5/$D$5
合計	65	85	150		

自由度 = (3 − 1)×(2 − 1) = 2，樣本落點的卡方值

$$\chi^2=\frac{(32-26.87)^2}{26.87}+\cdots+\frac{(28-18.70)^2}{18.70}=13.69$$

p 值 = $P(\chi^2>13.69)=0.0011$

🖫 卡方檢定可以直接利用 EXCEL 進行計算，獨立性檢定 p 值右尾機率指令 = CHISQ.TEST（實際觀察範圍 , 期望範圍）

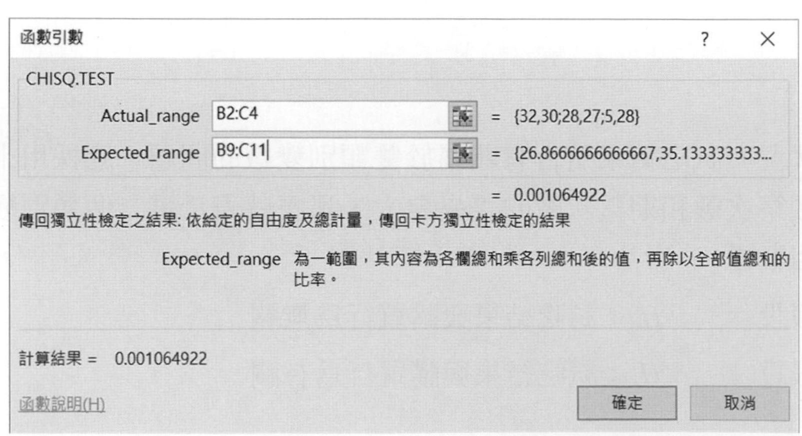

	A	B	C	D	E	F	G	H
1	銷售狀況 試吃結果	購買	不會購買	合計				
2	好吃	32	30	62		自由度	2	=(COUNTA(A2:A4)-1)*(COUNTA(B1:C1)-1)
3	普通	28	27	55		顯著水準	0.05	
4	不好吃	5	28	33		查表值	5.99	=CHISQ.INV.RT(G3,G2)
5	合計	65	85	150		右尾機率	0.0011	=CHISQ.TEST(B2:C4,B9:C11)
6								
7	期望次數							
8	銷售狀況 試吃結果	購買	不會購買	合計				
9	好吃	26.87	35.13	62		=D2*B5/$D$5	=D2*C5/$D$5	
10	普通	23.83	31.17	55		=D3*B5/$D$5	=D3*C5/$D$5	
11	不好吃	14.30	18.70	33		=D4*B5/$D$5	=D4*C5/$D$5	
12	合計	65	85	150				

結論：由於 p 值 0.0011 小於顯著水準 0.05，故在顯著水準 $\alpha = 5\%$ 下拒絕 H_0，樣本點落在拒絕區。我們有足夠的證據顯示試吃結果與購買行為有關。

課堂練習 7-12

便利商店店長想瞭解工讀生在不同排班時段與顧客滿意度之間的關係，調查 165 位顧客的感覺與購買時段，其結果如附檔資料。在顯著水準 0.01 的情況下，店長是否有足夠的證據顯示，排班時段和顧客滿意度有關？

7-5 變異數分析

多母體平均數問題，可採用變異數分析（**Analysis of Variance, ANOVA**）進行檢定。變異數分析可以依照感興趣因子數量分為單因子變異數分析（One-factor ANOVA）、雙因子變異數分析（Two-factor ANOVA）、與多因子變異數分析（Multi-factor ANOVA），本節僅針對單因子變異數分析進行解說。

學例來說，我們想瞭解三家分店產品銷售量是否有顯著差異，

$$Y = f(A)$$

其中Y代表產品銷售量（數值變數），稱為**被解釋變數**（**Explained Variable**）或**反應變數**（**Response Variable**），A則表示三家分店（類別變數），即為單因子變數。若在三家分店中隨機抽取 n_1、n_2、與 n_3 個樣本，經過資料處理，總樣本數為 $n = n_1 + n_2 + n_3$，y_{ij} 為第 j 個樣本的第 i 個觀察值，$\bar{y}_j = \frac{\sum_{i=1}^{n_j} y_{ij}}{n_j}$ 為第 j 個樣本的平均數，$\bar{\bar{y}} = \frac{\sum_{j=1}^{k}\sum_{i=1}^{n_j} y_{ij}}{n}$ 為總平均數（Grand Mean）。

概念上可透過**變異數分析表**（**ANOVA Table**）來解釋，如果把資料分為幾組，其中資料中的**總變異**（**Total Variation**）來自於**組間變異**（**Between-treatments Variation**）與**組內變異**（**Within-treatments Variation**），如果組內差異小或組間差異大，我們就可以推論各組之間的確會有顯著的不同。

表 7-4　單因子變異數分析表

變異來源	平方和SS	自由度	均方和MS	F值
因子（組間）	SST	$k-1$	$MST = \frac{SST}{k-1}$	$F = \frac{MST}{MSE}$
隨機（組內）	SSE	$n-k$	$MSE = \frac{SSE}{n-k}$	
總和	SSTotal	$n-1$		

至於資料上的差異則採用**平方和**（**Sum of Square, SS**）方式，總變異、組間變異、與組內變異分別以SSTotal（Total Sum of Squares）、SST（Sum of Squares for Treatment）、與SSE（Sum of Squares for Error）表示，將平方和除以對應的自由度則為均方和（Mean of Square, MS），其中組間自由度為組數減1（$k-1$），組內自由度則為總樣本數減去組數（$n-k$）。

總變異 SSTotal = 組間變異 SST + 組內變異 SSE

$$\text{SSTotal} = \sum_{j=1}^{k}\sum_{i=1}^{n_j}\left(y_{ij} - \overline{\overline{y}}\right)^2$$

$$\text{SST} = \sum_{j=1}^{k}\sum_{i=1}^{n_j}\left(\overline{y}_j - \overline{\overline{y}}\right)^2$$

$$\text{SSE} = \sum_{j=1}^{k}\sum_{i=1}^{n_j}\left(y_{ij} - \overline{y}_j\right)^2$$

虛無假設　　$H_0：\mu_1 = \mu_2 = \cdots = \mu_k$（因子對反應變數沒有影響）

對立假設　　H_1：平均數不完全相同（因子對反應變數有影響）

組間均方和除以組內均方和則符合 F 分配，

$$\text{F} = \frac{\text{MSR}}{\text{MSE}} = \frac{\text{SSR}/(k-1)}{\text{SSE}/(n-k)} \sim \text{F}(k-1, n-k)$$

範例 7-13

某單位想測試三種廠牌印表機，其墨水匣的列印張數是否有所不同。在顯著水準 0.05 的情況下，是否有足夠的證據顯示三種廠牌印表機的列印張數的確不同？

請掃描目錄頁 QR code，見檔案 EX7-13.xlsx

解說

三種廠牌印表機列印平均張數問題爲多母體，應採用變異數分析方法進行檢定，其假設如下：

虛無假設　　$H_0：\mu_A = \mu_B = \mu_C$（三種廠牌列印平均張數相同）

對立假設　　H_1：三種廠牌列印平均張數不完全相同

變異數分析可以直接利用 EXCEL 進行計算，執行步驟如下：

步驟 1： 資料→資料分析→「單因子變異數分析」。

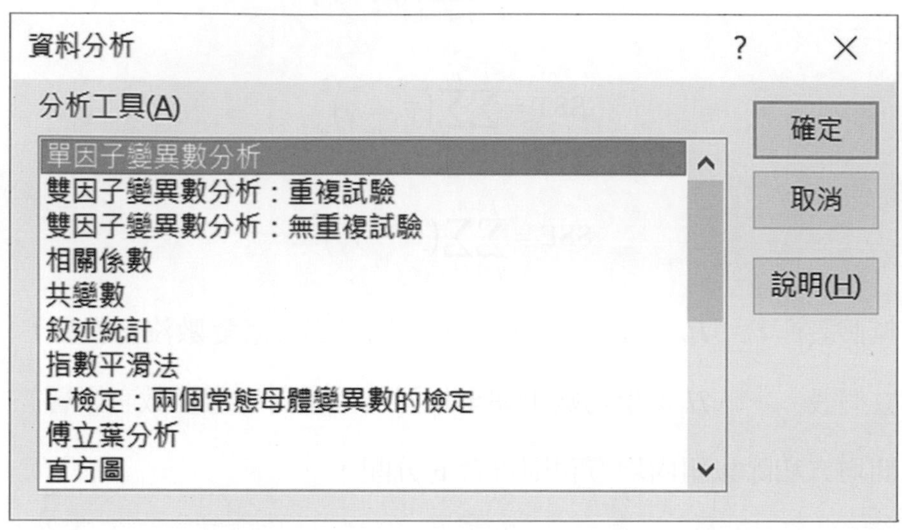

步驟 2： 輸入資料範圍「$A:$C」，☑ 標記選擇打勾，輸出範圍可選擇任意空白儲存格，再按下確定。

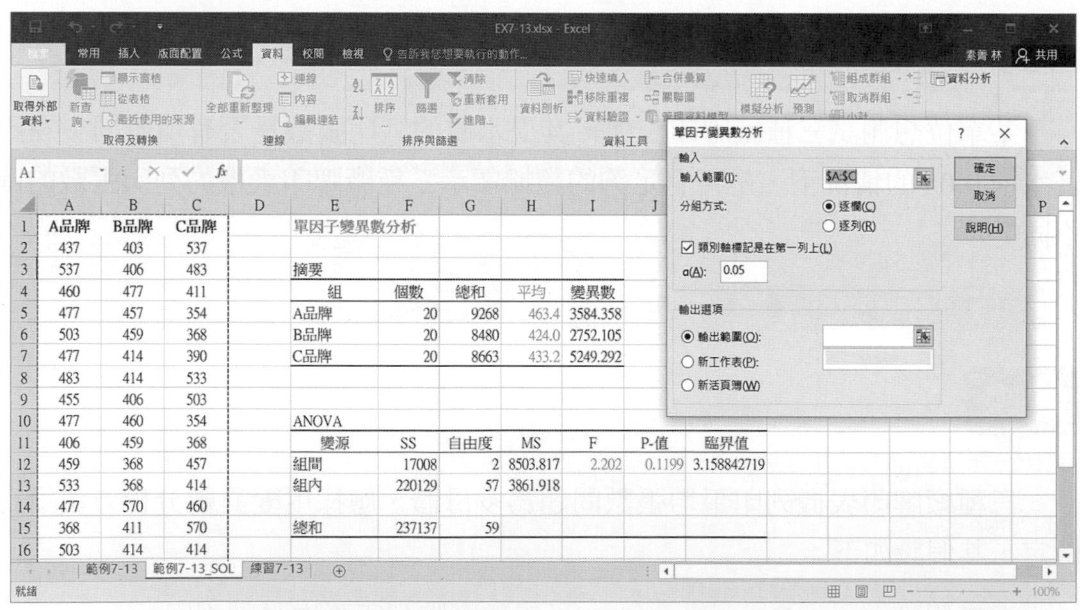

結論：由於 p 值 0.1199 大於顯著水準 0.05，故在顯著水準 $\alpha = 5\%$ 下接受 H_0，樣本點落在接受區。我們沒有足夠的證據顯示三種廠牌印表機的列印張數有顯著的差別。

課堂練習 7-13

根據主計處縣市統計資料，新北市、桃園市、台中市每千人持有機車數是否有所不同？

⊙ 請掃描目錄頁 QR code，見檔案 EX7-13.xlsx

7-6 綜合應用範例

實務上可以利用假設檢定方法來說明社會現象或政策效果，舉例來說，高鐵營運後，對搭乘台鐵旅客人數是否有顯著影響？新南向政策實施後，來台觀光人數是否有明顯增加？週休二日政策開始實施後，勞工的薪資與工時是否有顯著的改變？諸如此類的課題，都可以透過實際資料來說明。本節最後以環保署細懸浮微粒資料爲例，說明假設檢定的應用。

【我的數字會說話】細懸浮微粒

隨著工業發展及都會區車輛密度增加，國內主要都會區的空氣品質受到明顯的衝擊，其中又以懸浮微粒及臭氧的污染情況最爲嚴重。懸浮粒子能夠在大氣中停留很長時間，並可隨呼吸進入體內，積聚在氣管或肺中，影響身體健康，因此，世界衛生組織 WHO 曾對空氣品質指引的建議是「細懸浮微粒 $PM_{2.5}$ 濃度的日平均濃度標準爲 25 微克 / 立方公尺」。環保署在全台灣地區設置了許多交通空氣品質監測站，其中交通空氣品質監測共有 6 站（鳳山、三重、中壢、永和、復興、大同），現在選出台北市大同區、新北市永和區、桃園市中壢區、高雄市鳳山區做爲樣本，依據 2018 年監測的 $PM_{2.5}$ 濃度數據資料，在 0.05 顯著水準下，討論下列問題：

(1) 四個地區 $PM_{2.5}$ 濃度是否有顯著的差異？

(2) $PM_{2.5}$ 濃度最高地區是否符合 WHO 規範的日平均濃度標準？

(3) 鳳山平均 $PM_{2.5}$ 濃度是否顯著的高於大同、永和、中壢？

(4) 如果 $PM_{2.5}$ 濃度超過 25 微克 / 立方公尺視爲超標，2018 年大同、永和、中壢三個地區超標日數是否相同？

⊙ 請掃描目錄頁 QR code，見檔案 CH7_PM25.xlsx

(1) 由於四個地區屬於多母體範圍，應採用變異數分析進行檢定，其假設如下：

虛無假設　　$H_0：\mu_{大同}=\mu_{永和}=\mu_{中壢}=\mu_{鳳山}$

對立假設　　H_1：四個地區平均 $PM_{2.5}$ 濃度不完全相同

CH7_PM25.xlsx - Excel

L13　f_x　3.8286848580729E-42

	A	B	C	D	E
1	監測日期	大同	永和	中壢	鳳山
2	2018/1/1	24	21	18	53
3	2018/1/2	14	10	8	39
4	2018/1/3	10	9	13	45
5	2018/1/4	18	24	16	42
6	2018/1/5	9	10	7	28
7	2018/1/6	5	5	3	34
8	2018/1/7	5	4	3	27
9	2018/1/8	8	9	6	21
10	2018/1/9	20	22	19	10
11	2018/1/10	16	15	16	23
12	2018/1/11	17	15	20	19
13	2018/1/12	20	18	20	23
14	2018/1/13	13	6	5	37
15	2018/1/14	9	5	5	29
16	2018/1/15	8	8	11	27
17	2018/1/16	24	26	28	30

單因子變異數分析

摘要

組	個數	總和	平均	變異數
大同	362	5890	16.2707	53.16197
永和	363	5493	15.1322	61.42998
中壢	359	5613	15.6351	100.3441
鳳山	355	8874	24.9972	235.4717

ANOVA

變源	SS	自由度	MS	F	P-值	臨界值
組間	23455.97	3	7818.657	69.81408	3.82868E-42	2.611104
組內	160709.3	1435	111.9926			
總和	184165.3	1438				

PM2.5data　Q1_SOL　Q2_SOL　Q3_SOL　Q4_SOL

結論：由於 p 值 3.83×10^{-42} 小於顯著水準 0.05，故在顯著水準 $\alpha=5\%$ 下拒絕 H_0，樣本點落在拒絕區。我們有足夠的證據顯示四個地區平均 $PM_{2.5}$ 濃度不完全相同。

(2) 從樣本平均數來看，2018 年大同、永和、中壢、與鳳山平均 $PM_{2.5}$ 濃度分別爲 16.2707、15.1322、15.6351、與 24.9972 微克／立方公尺，故以鳳山最高。WHO 規範的標準 25 微克／立方公尺，故需檢定鳳山地區平均 $PM_{2.5}$ 濃度是否高於母體參數 $\mu=25$，應採左尾檢定。

虛無假設　　$H_0：\mu\geq25$

對立假設　　$H_1：\mu<25$（符合 WHO 標準）

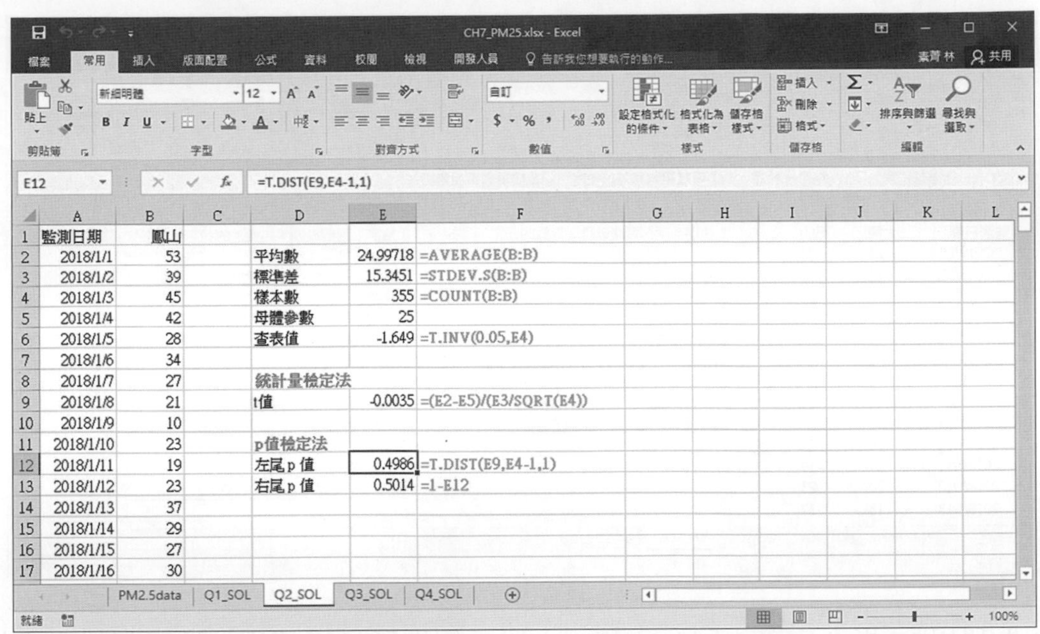

E12 =T.DIST(E9,E4-1,1)

	A	B	C	D	E	F
1	監測日期	鳳山				
2	2018/1/1	53		平均數	24.99718	=AVERAGE(B:B)
3	2018/1/2	39		標準差	15.3451	=STDEV.S(B:B)
4	2018/1/3	45		樣本數	355	=COUNT(B:B)
5	2018/1/4	42		母體參數	25	
6	2018/1/5	28		查表值	-1.649	=T.INV(0.05,E4)
7	2018/1/6	34				
8	2018/1/7	27		統計量檢定法		
9	2018/1/8	21		t值	-0.0035	=(E2-E5)/(E3/SQRT(E4))
10	2018/1/9	10				
11	2018/1/10	23		p值檢定法		
12	2018/1/11	19		左尾p值	0.4986	=T.DIST(E9,E4-1,1)
13	2018/1/12	23		右尾p值	0.5014	=1-E12
14	2018/1/13	37				
15	2018/1/14	29				
16	2018/1/15	27				
17	2018/1/16	30				

結論：由於 p 值 0.4698 大於顯著水準 0.05，故在顯著水準 $\alpha = 5\%$ 下接受 H_0，樣本點落在接受區。我們沒有足夠的證據顯示鳳山地區平均 $PM_{2.5}$ 濃度低於 WHO 標準。

(3) 大同、永和、中壢平均 $PM_{2.5}$ 濃度分別為 16.2707、15.1322、15.6351 微克 / 立方公尺，以大同最高，故先選擇比較鳳山平均 $PM_{2.5}$ 濃度是否高於大同。

各地區抽樣不是同一個地方，屬於獨立樣本，獨立樣本需先檢定變異數是否相等，採雙尾檢定。

虛無假設　　H_0：$\sigma^2_{1大同} = \sigma^2_{2鳳山}$

對立假設　　H_1：$\sigma^2_{1大同} \neq \sigma^2_{2鳳山}$

結論：由於 p 值接近於 0，小於顯著水準 0.05，故在顯著水準 $\alpha = 5\%$ 下拒絕 H_0，樣本點落在拒絕區，亦即大同與鳳山的變異數不相等。

接下來討論鳳山平均 $PM_{2.5}$ 濃度是否顯著的高於大同，應採左尾檢定。

虛無假設　　H_0：$\mu_{1大同} - \mu_{2鳳山} \geq 0$

對立假設　　H_1：$\mu_{1大同} - \mu_{2鳳山} < 0$

結論：由於單尾 p 值 8.54×10^{-21} 小於顯著水準 0.05，故在顯著水準 $\alpha = 5\%$ 下拒絕 H_0，樣本點落在拒絕區。我們有足夠的證據顯示鳳山地區的平均 $PM_{2.5}$ 濃度的確高於其他三個地區。

CH7_PM25.xlsx - Excel

I1 ｜ t 檢定：兩個母體平均數差的檢定，假設變異數不相等

	A	B	C
1	監測日期	大同	鳳山
2	2018/1/1	24	53
3	2018/1/2	14	39
4	2018/1/3	10	45
5	2018/1/4	18	42
6	2018/1/5	9	28
7	2018/1/6	5	34
8	2018/1/7	5	27
9	2018/1/8	8	21
10	2018/1/9	20	10
11	2018/1/10	16	23
12	2018/1/11	17	19
13	2018/1/12	20	23
14	2018/1/13	13	37

F 檢定：兩個常態母體變異數的檢定

	大同	鳳山
平均數	16.27072	24.99718
變異數	53.16197	235.4717
觀察值個數	362	355
自由度	361	354
F	0.225768	
P(F<=f) 單尾	0	
臨界值：單尾	0.840178	

t 檢定：兩個母體平均數差的檢定，假設變異數不相等

	大同	鳳山
平均數	16.27071823	24.99718
變異數	53.16196569	235.4717
觀察值個數	362	355
假設的均數差	0	
自由度	504	
t 統計	-9.695132861	
P(T<=t) 單尾	8.53866E-21	
臨界值：單尾	1.647882577	
P(T<=t) 雙尾	1.70773E-20	
臨界值：雙尾	1.964682003	

PM2.5data ｜ Q1_SOL ｜ Q2_SOL ｜ Q3_SOL ｜ Q4_SOL

(4) 先利用 IF 指令定義大同、永和、中壢三個地區是否超標（注意資料中空格的處理），再利用 COUNTIF 指令計算超標與未超標日數，製作交叉分析表。

CH7_PM25.xlsx - Excel

K13 ｜ =CHISQ.TEST(L2:N3,L8:N9)

	A	B	C	D	E	F	G	H	I
1	監測日期	大同	永和	中壢	鳳山	大同	永和	中壢	鳳山
2	2018/1/1	24	21	18	53	未超標	未超標	未超標	超標
3	2018/1/2	14	10	8	39	未超標	未超標	未超標	超標
4	2018/1/3	10	9	13	45	未超標	未超標	未超標	超標
5	2018/1/4	18	24	16	42	未超標	未超標	未超標	超標
6	2018/1/5	9	10	7	28	未超標	未超標	未超標	超標
7	2018/1/6	5	5	3	34	未超標	未超標	未超標	超標
8	2018/1/7	5	4	3	27	未超標	未超標	未超標	超標
9	2018/1/8	8	9	6	21	未超標	未超標	未超標	未超標
10	2018/1/9	20	22	19	10	未超標	未超標	未超標	未超標
11	2018/1/10	16	15	16	23	未超標	未超標	未超標	未超標
12	2018/1/11	17	15	20	19	未超標	未超標	未超標	未超標
13	2018/1/12	20	18	20	23	未超標	未超標	未超標	未超標
14	2018/1/13	13	6	5	37	未超標	未超標	未超標	超標
15	2018/1/14	9	5	5	29	未超標	未超標	未超標	超標
16	2018/1/15	8	8	11	27	未超標	未超標	未超標	超標

	大同	永和	中壢	合計
超標	48	36	57	141
未超標	314	327	302	943
合計	362	363	359	1084

期望次數

	大同	永和	中壢	合計
超標	47.09	47.22	46.70	141
未超標	314.91	315.78	312.30	943
合計	362	363	359	1084

卡方右尾機率

0.0579362

PM2.5data ｜ Q1_SOL ｜ Q2_SOL ｜ Q3_SOL ｜ Q4_SOL

虛無假設　　H_0：三個地區超標日數相同

對立假設　　H_1：三個地區超標日數不同

結論：由於 p 值 0.0579 大於顯著水準 0.05，故在顯著水準 $\alpha = 5\%$ 下接受 H_0，樣本點落在接受區。我們沒有足夠的證據顯示這三個地區超標日數有顯著的不同。

由於環保署除了設立交通空氣品質監測站外，還針對一般空氣品質設立60個監測站，工業空氣品質有5個監測站（頭份、線西、麥寮、台西、前鎮），國家公園空氣品質有2個監測站（恆春、陽明），背景空氣品質有4個監測站（萬里、觀音、三義、橋頭），另外還有2個參考測站（關山、埔里），因此，上面範例僅抽出交通空氣品質四個測站資料進行分析，如果採用不同期間或地區資料進行檢定，也可能會有不同結果。

另外，由於 $PM_{2.5}$ 只是空氣品質指標中的其中一個項目，故從範例資料中推論，只能說明 2018 年鳳山細懸浮微粒較其他三個地區為高。要特別注意的是，不要將 $PM_{2.5}$ 過度解讀成空氣品質問題，如果想進一步討論空氣品質問題，可以利用環保署新式空氣品質指標（Air Quality Index, AQI）進行分析與說明。

1. 請依據下面問題，選擇適合的假設檢定方法：(A) 單母體平均數的假設檢定 (B) 單母體比例的假設檢定 (C) 單母體變異數的假設檢定 (D) 雙母體比例差的假設檢定 (E) 成對樣本平均差的假設檢定 (F) 獨立樣本平均差的假設檢定 (G) 獨立性檢定 (F) 變異數分析 (I) 雙母體變異數相等的假設檢定。
   (1) 服藥前後對病人血壓是否有顯著的改善。
   (2) 不同促銷方法的銷售額變異數是否相同。
   (3) 宣導施打流感疫苗後，老人與小孩流感的比例是否明顯下降。
   (4) 男女薪資是否有顯著的差異。
   (5) 男女生在科系選擇上是否會有所不同。
   (6) 公司業務每月業績是否達標。
   (7) 學生多益成績的差異是否過高。
   (8) 金融股與電子股的投資風險是否有顯著的不同。
   (9) 父母職業別是否與小孩職業相關。
   (10) 新南向政策實施前後，觀光收入是否有明顯增加。
2. 果農想把賣相較佳的水果做成禮盒包裝販售，請建立虛無假設與對立假設，並說明果農可能犯的錯誤。
3. 最近某航空公司接到轉機旅客諸多抱怨，爲了回應這個問題，該航空公司隨機抽取 6 月份 20 個航空站，記錄抱怨旅客人數。在 1% 與 5% 顯著水準下，該航空公司是否能夠宣稱每個航空站平均抱怨人數低於 15 人？過境旅客抱怨的機率爲何？

⊙ 請掃描目錄頁 QR code，見檔案 Test_CH7-3.xlsx

4. 根據快樂養雞場的經驗得知，8 週大的蛋雞標準重量爲 620 公克。養雞場使用新的改良技術後，隨機抽選 8 週大的 50 隻蛋雞紀錄其重量。在 0.01 顯著水準下，蛋雞的平均重量是否增加？請計算 p 值。

⊙ 請掃描目錄頁 QR code，見檔案 Test_CH7-4.xlsx

5. 請依據交通部觀光統計月資料，檢視香港來台女性求學人數是否顯著的高於男性求學人數？請解釋 p 值的意義。

⊙ 請掃描目錄頁 QR code，見檔案 Test_CH7-5.xlsx

6. 酒駕新規定於 2013 年 6 月 13 日修正實施，請依據內政部警政統計資料，檢視酒駕新規定實施後，酒駕死亡人數是否明顯減少？

⊙ 請掃描目錄頁 QR code，見檔案 Test_CH7-6.xlsx

7. 學校想瞭解三種新的教學方法在學生總成績上是否有顯著差異。現在選擇三種教學方法的班級，各隨機抽出 25 位學生，在顯著水準 5% 情況下，會有何種結論？

⊙ 請掃描目錄頁 QR code，見檔案 Test_CH7-7.xlsx

8. 根據資料顯示，食品衛生查驗不合格率為 3.4%。在顯著水準 5% 的情況下，請回答下列問題：

   (1) 現在隨機抽驗 1,270 件，其中 1,238 件符合規定，請問食品安全是否有所改善？

   (2) 若在新北市與台北市分別抽取 105 件與 119 件食品進行檢驗，其中不合格件數分別為 14 件與 21 件，請問新北市與台北市的食品安全不合格率是否不同？

9. 過去資料顯示，英語口說成績平均數為 65 分，標準差為 38 分。現在隨機抽取 40 位學生英語口說考試成績，在顯著水準 10% 的情況下，請回答下列問題：

   (1) 請問這次學生口說成績是否有明顯進步？

   (2) 學生口說成績的差距是否已經改變？

⊙ 請掃描目錄頁 QR code，見檔案 Test_CH7-9.xlsx

10. 近年國外連續劇大行其道，某機構調查不同年齡層觀看台劇、陸劇、韓劇、日劇人數。在顯著水準 5% 的情況下，請回答下列問題：

    (1) 青少年族群和整體收視族群觀看戲劇節目的偏好是否有所不同？

    (2) 不同年齡層觀看戲劇節目的偏好是否有所不同？

⊙ 請掃描目錄頁 QR code，見檔案 Test_CH7-10.xlsx

11. 某醫院蒐集 100 位一歲大男女嬰兒體重（公斤）、是否餵食母乳等資料進行分析。在顯著水準 5% 的情況下，請回答下列問題：

(1) 男寶寶的平均體重是否超過 10 公斤？

(2) 男寶寶的體重差異是否超過 4 公斤？

(3) 男寶寶的體重差異是否比女寶寶來得高？

(4) 男寶寶的平均體重是否比女寶寶來得高？

(5) 性別與是否餵食母乳是否有關？

⊙ 請掃描目錄頁 QR code，見檔案 Test_CH7-11.xlsx

參考解答

1. (1)E，(2)I，(3)D，(4) F，(5) G，(6) A，(7) C，(8)I，(9) G，(10) E。

2. 虛無假設　H_0：賣相佳的大蘋果
   對立假設　H_1：賣相不完美的小蘋果
   型一錯誤　α = P（放在普通蘋果箱 | 賣相佳的大蘋果）
   型二錯誤　β = P（放在大蘋果禮盒 | 賣相不完美的小蘋果）

3. 抽樣 $n = 20$ 個航空站，樣本平均數 14.1 人，標準差 2.4 人。
   虛無假設　$H_0: \mu \geq 15$
   對立假設　$H_1: \mu < 15$
   左尾 p 值 0.047，表示在此次抽樣中，有 4.7% 過境旅客提出抱怨。p 值介於 0.01 與 0.05 之間，故在 5% 顯著水準下，拒絕 H_0，但在 1% 顯著水準下，無法拒絕 H_0。換句話說，從此次抽樣中發現，以 1% 的顯著水準來看，該航空公司無法宣稱抱怨人數低於 15 人；但以 5% 的顯著水準來看，則可以宣稱抱怨人數低於 15 人。

4. 抽樣 $n = 50$ 隻蛋雞，樣本平均數 619.28 公克，標準差 5.43 公克。
   虛無假設　$H_0: \mu \geq 620$
   對立假設　$H_1: \mu < 620$
   左尾 p 值 0.1743 大於 1% 顯著水準，故無法拒絕 H_0。從此次抽樣中發現，以 1% 的顯著水準來看，採用新的改良技術後，8 週大的蛋雞體重並不會低於 620 公克的標準重量。

5. 抽出 2011 年 1 月至 2019 年 10 月資料 $n = 106$，男女生來台求學人數平均數分別爲 147.1 人與 153.3 人，由於比較時間點必須相同，故屬於雙母體成對樣本平均差檢定。
   虛無假設　$H_0: \mu_{1女} - \mu_{2男} = \mu_D \leq 0$
   對立假設　$H_1: \mu_{1女} - \mu_{2男} = \mu_D > 0$
   右尾 p 值 0.0420，表示此次抽樣結果，女性求學人數高於男性的機率爲 95.8%。若以 5% 顯著水準來看，應拒絕 H_0，亦即女性求學人數高於男性求學人數。

6. 抽出 2003 年 1 月至 2019 年 10 月資料，其中實施前爲 2003 年 1 月至 2013 年 6 月，$n_1 = 126$，實施後爲 2013 年 7 月至 2019 年 10 月，$n_2 = 76$，屬於雙母體獨立樣本平均差檢定，需先檢定母體變異數是否相等。

   虛無假設　　H_0：$\sigma_1^2 = \sigma_2^2$

   對立假設　　H_1：$\sigma_1^2 \neq \sigma_2^2$

   雙尾 p 值非常小 1.76×10^{-13}，故應拒絕 H_0，亦即二段期間酒駕死亡人數的變異數不相同。

   接下來以「t 檢定：兩個母體平均數差的檢定，假設變異數不相等」進行實施前後酒駕死亡人數平均差檢定。

   虛無假設　　H_0：$\mu_{1\text{實施前}} - \mu_{2\text{實施後}} \leq 0$

   對立假設　　H_1：$\mu_{1\text{實施前}} - \mu_{2\text{實施後}} > 0$

   p 值非常小 7.77×10^{-59}，故應拒絕 H_0，亦即實施新規定後，酒駕死亡人數的確顯著的下降，表示該政策是有效的。

7. 虛無假設　　H_0：$\mu_1 = \mu_2 = \mu_3$（三種教學方法平均分數相同）

   對立假設　　H_1：三種教學方法的平均分數不完全相同

   選擇變異數分析，p 值 0.0514 大於 5% 顯著水準，故無法拒絕 H_0，故此次抽樣中發現，三種教學方法在平均分數上沒有明顯差異。

8. (1) 過去資料食品合格率爲 $1 - 3.4\% = 96.6\%$，合格率愈高表示食品安全獲得改善，此次抽樣合格率爲 $\frac{1238}{1270} = 0.975$ ，應採用右尾檢定。

   虛無假設　H_0：$p \leq 0.966$

   對立假設　H_1：$p > 0.966$

   p 值 0.0417 小於顯著水準 5%，故應拒絕 H_0，亦即此次抽樣食品合格率的確有顯著增加，食品安全獲得改善。

   (2) 新北市與台北市食品安全不合格比例分別爲 $\hat{p}_1 = \frac{14}{105}$ ，$\hat{p}_2 = \frac{21}{119}$ 。

   虛無假設　H_0：$p_{1\text{新北}} - p_{2\text{台北}} = 0$

   對立假設　H_1：$p_{1\text{新北}} - p_{2\text{台北}} \neq 0$

   p 值 0.1875 大於顯著水準 5%，故無法拒絕 H_0，亦即此次抽樣沒有足夠證據認爲新北市和台北市食品不合格比率有所不同。

9. (1) 40 位學生的平均成績與標準差分別爲 69.4 分與 30.4 分，平均成績是否進步爲右尾檢定。

虛無假設　H_0：$\mu \leq 65$

對立假設　H_1：$\mu > 65$

右尾 p 值 0.1825 大於顯著水準 10%，無法拒絕 H_0，表示在此次抽樣中，只有 81.75% 的學生英語口說成績有進步，換句話說，以 10% 的顯著水準來看，此次抽樣學生英語口說成績並沒有進步。

(2) 口說成績的差距是否改變爲變異數的雙尾檢定。

虛無假設　H_0：$\sigma^2 = 38^2$

對立假設　H_1：$\sigma^2 \neq 38^2$

雙尾 p 值爲 $0.0388 \times 2 = 0.078$ 小於顯著水準 10%，故拒絕 H_0，以 10% 的顯著水準來看，此次抽樣學生英語口說成績的差距已經改變。

10. (1) 適合度檢定問題，採用卡方分配。

虛無假設　H_0：青少年族群和整體收視族群觀看戲劇節目的偏好相同

對立假設　H_1：青少年族群和整體收視族群觀看戲劇節目的偏好不同

p 值爲 0.0003，小於 5% 顯著水準，故應拒絕 H_0，故青少年族群和整體收視族群觀看戲劇節目的偏好不同。

(2) 獨立性檢定問題，採用卡方分配。

虛無假設　H_0：年齡層與觀看戲劇偏好二者無關

對立假設　H_1：年齡層與觀看戲劇偏好二者有關

p 值爲 1.14×10^{-8}，小於 5% 顯著水準，故應拒絕 H_0，故年齡層與觀看戲劇偏好有關，亦即不同年齡層觀看戲劇節目的偏好不同。

11. (1) 男寶寶 47 位的平均體重爲 10.9 公斤，故採用單母體樣平均數的右尾檢定。

虛無假設　H_0：$\mu \leq 10$

對立假設　H_1：$\mu > 10$

右尾 p 值 0.0829 大於顯著水準 0.05，故無法拒絕 H_0，亦即沒有足夠的證據支持男寶寶平均體重超過 10 公斤。

(2) 男寶寶 47 位體重的標準差 4.6 公斤，故採用單母體變異數的右尾檢定。

虛無假設　H_0：$\sigma^2 \leq 16$

對立假設　H_1：$\sigma^2 > 16$

右尾 p 值 0.0642 大於顯著水準 0.05，故無法拒絕 H_0，亦即沒有足夠的證據支持男寶寶體重標準差超過 4 公斤。

(3) 男寶寶 47 位的平均體重爲 10.9 公斤，女寶寶 53 位的平均體重爲 9.1 公斤，變異數分別爲 1.62 與 1.22，採用雙母體獨立樣本平均差檢定，先檢定母體變異數是否相等。

虛無假設　H_0：$\sigma_1^2 = \sigma_2^2$

對立假設　H_1：$\sigma_1^2 \neq \sigma_2^2$

雙尾 p 值 0.1610×2 大於顯著水準，故無法拒絕 H_0，亦即男女寶寶體重的變異數相同，男寶寶的體重差異並沒有比女寶寶來得高。

(4) 接下來進行「t 檢定：兩個母體平均數差的檢定，假設變異數相等」。

虛無假設　H_0：$\mu_{1女} - \mu_{2男} \geq 0$

對立假設　H_1：$\mu_{1女} - \mu_{2男} < 0$

p 值非常小 3.53×10^{-12}，故應拒絕 H_0，亦即男寶寶的平均體重比女寶寶來得高。

(5) 獨立性檢定問題，採用卡方分配。

虛無假設　H_0：性別與是否餵食母乳無關

對立假設　H_1：性別與是否餵食母乳有關

p 值爲 0.6667，大於 5% 顯著水準，故無法絕 H_0，故性別與是否餵食母乳無關。

Chapter 8

迴歸分析

利用迴歸分析瞭解變數之間的因果關係，以過去資料預測未來。

8-1 因果關係

不論是類別變數或數值變數，只要牽涉到雙變數或多變數的情況，就會產生變數之間關係認定的問題。前面曾提到，透過**散佈圖與相關係數**可初步瞭解數值資料之間的關係，但相關係數只能說明雙變數之間線性關係的強度，如果想進一步瞭解變數之間的因果關係，統計上最常被使用的方法就是**迴歸分析（Regression Analysis）**。如果我們能順利地找到變數之間的因果關係，接下來就能做預測，亦即以溫故知新的分析手法，利用過去資料來推測未來。

舉例來說，父母身高是否會影響小孩身高？增加廣告預算是否就會增加銷售量？購物網站按讚次數或點擊率愈高成交金額是否就會愈大？學生讀書時間愈長是否成績就會上升？諸如此類的問題，都可以利用迴歸模型進行分析。

迴歸分析可透過前面假設檢定的邏輯進行分析。首先，針對想瞭解的課題建立模型（建立因果關係的假設），接著開始蒐集資料（抽樣），利用統計軟體獲得迴歸分析的估計結果（估計係數），最後才是進行模型評估（檢定）與解釋分析。

◎ 圖 8-1　迴歸分析的步驟

8-2 建立迴歸模型

我們先用數學上函數的概念 Y = f(X) 來表示迴歸模型，其中 X 表示「因」，Y 表示「果」，前者稱爲**解釋變數（Explanatory Variable）**、**自變數或獨立變數（Independent Variable）**、或**預測變數（Predictor Variable or Regressor）**，後者稱爲**被解釋變數（Explained Variable）**、**應變數或依變數（Dependent Variable）**、**反應變數（Response Variable）**或**被預測變數（Regressand）**。

如果 X 與 Y 之間是線性關係，則被稱爲**線性迴歸（Linear Regression）**。當影響 Y 的原因只有一個，我們稱爲**簡單迴歸（Simple Regression）**，但影響 Y 的原因通常都不只一個，因此**多元迴歸**或稱爲**複迴歸（Multiple Regression）**才是實務上最常使用的模型。

要特別注意的是，迴歸分析中的被解釋變數 Y 必需是數值變數，如果被解釋變數 Y 屬於類別變數或時間序列資料，利用迴歸分析方法估計勢必會產生人爲誤差，故在更高階的計量經濟學（Econometrics）中，會針對不同性質的資料，介紹其他的計量方法，如前面提到的分類模型中的二元選擇模型（Probit Model）或是其他的時間序列模型等，本書只介紹最基本的迴歸模型，這也是目前大數據與人工智慧應用中，最基本的分析模型之一。

線性迴歸模型表示如下：

簡單線性迴歸模型　　$Y = \beta_0 + \beta_1 X_1 + \varepsilon$

多元線性迴歸模型　　$Y = \beta_0 + \beta_1 X_1 + \beta_2 X_2 + \cdots + \beta_k X_k + \varepsilon$

其中 Y 表示被解釋變數，X_i 表示解釋變數，k 表示解釋變數的個數，如果 $k = 1$，就簡化爲簡單線性迴歸模型。β_i 表示需要被估計的迴歸係數（未知的母體參數），β_0 稱爲截距項（Intercept），其餘的 β_i 即爲斜率（Slope）或稱爲變動率，爲 X 變動一單位對 Y 的影響方向與程度，也就是經濟學中邊際（Marginal）的概念。隨機（Random 或 Stochastic）因素 ε 稱爲**誤差項（Error Term）**，表示除了 X 之外，其他會影響 Y 的可測或不可測因素，如氣候、意外、戰爭等。

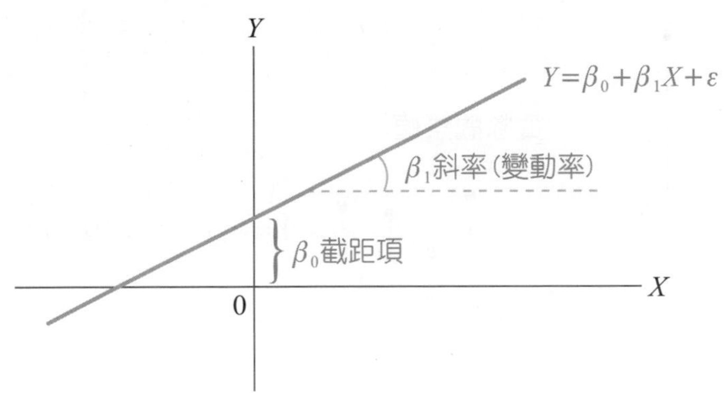

◎圖 8-2　線性函數的截距項與斜率

迴歸模型必須符合以下基本假設：第一，隨機誤差項需符合常態分配且爲齊質變異（Homoskedasticity），$\varepsilon \overset{iid}{\sim} N(0, \sigma^2)$，第二，誤差項與解釋變數無關，亦即 $COV(X_i, \varepsilon) = 0$，第三，誤差項沒有自我相關（Autocorrelation）問題，$COV(\varepsilon_i, \varepsilon_j) = 0$，第四，解釋變數 Y 包含隨機誤差項，應爲隨機變數，其分配符合 $Y \overset{iid}{\sim} N(\beta_0 + \beta_1 X_1, \sigma^2)$，亦即 $E(Y \mid X) = \beta_0 + \beta_1 X$。

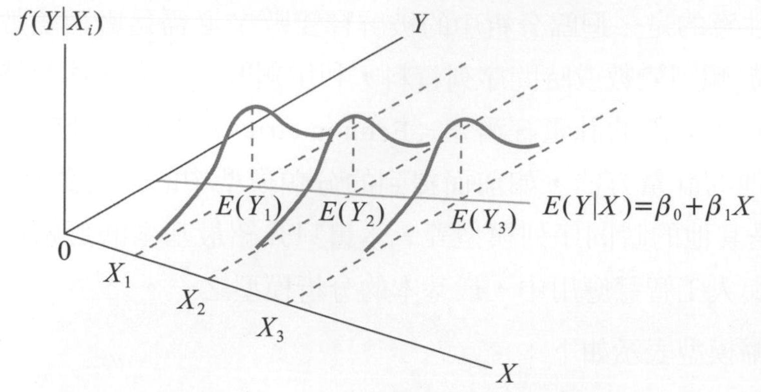

◎圖 8-3　線性迴歸模型的對應關係

8-3 估計係數

建立迴歸模型後，透過資料的蒐集，可以估計未知的母體參數，亦即迴歸模型中的係數 β_i。最佳估計的概念用到**普通最小平方法**（**Ordinary Least Squares Method, OLS**），亦即在眾多的估計式中，找到一條垂直距離總和最小的**迴歸線**（**Regression Line**），或稱爲**迴歸方程式**（**Regression Equation**）。

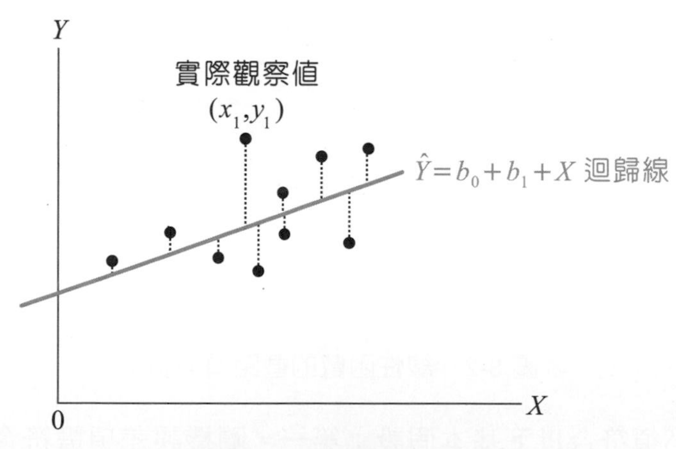

◎圖 8-4　普通最小平方法

以簡單線性迴歸模型爲例，實際與估計模型表示如下：

實際（未知）　$Y_t = \beta_0 + \beta_1 X_t + \varepsilon_t$

估計（迴歸線）　$\widehat{Y}_t = b_0 + b_1 X_t$

其中 $t = 1, \cdots, n$，n 表示樣本數，實際和估計之間的差距定義為**殘差**（**Residuals**），$e_t = Y_t - \widehat{Y}_t$，為誤差變數的觀察值，每個觀察值到迴歸線之間殘差平方總和（Sum of Square for Error, SSE）最小，

$$SSE = \sum_{t=1}^{n} e_t^2 = \sum_{i=1}^{n} (Y_t - \widehat{Y}_t)^2 = \sum_{t=1}^{n} (Y_t - b_0 - b_1 X_t)^2$$

利用數學上找極小值的作法，可解出估計係數的最佳估計，統計學家也已證明，透過最小平方法的結果為**線性最佳不偏估計式**（**Best Linear Unbiased Estimators, BLUE**）。

$$b_1 = \frac{\sum (x_t - \overline{x})(y_t - \overline{y})}{\sum (x_t - \overline{x})^2} = \frac{\sum x_t y_t - n\overline{x}\,\overline{y}}{\sum x_t^2 - n\overline{x}^2}$$

$$b_0 = \overline{y} - b_1 \overline{x}$$

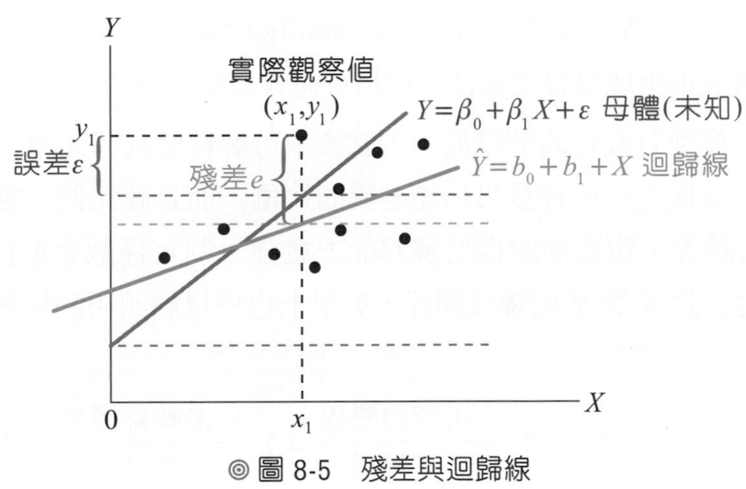

◎ 圖 8-5　殘差與迴歸線

8-4 評估模型

由於這個因果關係迴歸模型是預設的，因此，評估模型的好壞便是接下來的課題。這部分可分為二個方向來討論：一為整體模型的解釋能力，二是個別估計係數的顯著性，前者透過 F 分配與判定係數進行分析，後者則利用 t 分配進行判定。

8-4-1 整體模型解釋能力

在整體模型解釋能力方面，首先可以透過變異數分析的 F 分配進行檢定，其假設表示如下：

虛無假設　　$H_0: \beta_1 = \beta_2 = \cdots = \beta_k = 0$

對立假設　　H_1：至少有一個估計係數不爲零

如果接受虛無假設 H_0，表示所有估計係數均爲零，換句話說，模型中預設的所有解釋變數 $X_1, \cdots, X_k$ 對被被解釋變數 Y 都沒有影響力；反之，係數不全爲零表示至少放進一個重要的解釋變數，預設模型具有解釋能力。至於哪些解釋變數對被解釋變數 Y 具有影響力，將由後續個別係數顯著性檢定進行判斷。

最常用來說明模型解釋能力的指標爲**判定係數**（**Coefficient of Determination**），前面介紹過變異數分析表，可將整體資料的總變異拆成二部分，一爲**可解釋變異**（**Explained Variation**），亦即預設模型中可以用 X 來解釋 Y 的部分，二爲**未解釋變異**（**Unexplained Variation**），亦即除了 X 這些因素外，無法預測或沒有放進模型中但可能會造成影響的部分。

如果預設模型有較好的解釋能力，就表示可解釋變異的比重會愈大，因此判定係數的定義便是可解釋變異佔總變異的比例，而且該比例一定會介在 0 與 1 之間，換句話說，預設迴歸模型解釋能力愈強，判定係數會愈接近 1。由於判定係數也是討論 X 與 Y 的線性關係，數學上也可以證明相關係數的平方就是判定係數。

$$0 \leq \text{判定係數} = R^2 = \frac{\text{可解釋變異}}{\text{總變異}} = 1 - \frac{\text{未解釋變異}}{\text{總變異}} \leq 1$$

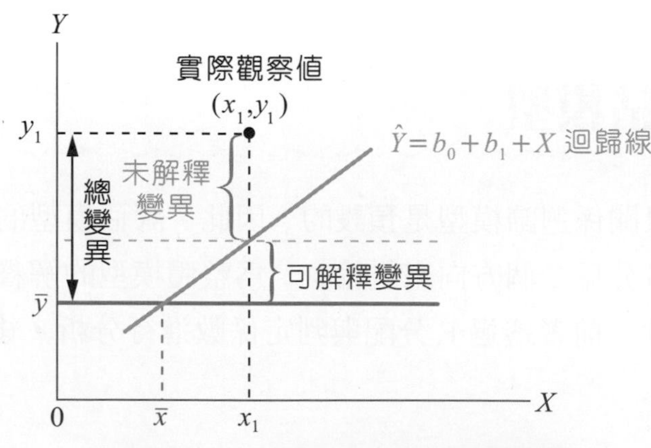

◎圖 8-6　可解釋變異與未解釋變異

當解釋變數個數 k 愈多時，理論上解釋能力應該愈好，判定係數應該愈高，但需要估計的母體參數 $\beta_1 \cdots \beta_k$ 也愈多，在有限樣本數 n 的情況下，使用多元迴歸模型時，將透過**調整後的判定係數**（**Adjusted Coefficient of Determination**）判斷模型解釋能力，以樣本數與解釋變數的個數進行調整。

$$\text{調整後的判定係數} = \bar{R}^2 = 1 - \frac{\text{未解釋變異} / (n-k)}{\text{總變異} / (n-1)}$$

8-4-2 個別係數顯著性

如果在前面整體模型的 F 檢定中拒絕 H_0，表示在預設模型中至少放入一個重要的解釋變數，因此，接下來就需要找出哪些解釋變數具有影響力，亦即個別係數顯著性問題。

針對每一個解釋變數 X_i，都可以採用雙尾 t 檢定檢視個別係數是否爲零。接受 H_0 表示該解釋變數 X_i 對 Y 沒有影響力，或是 X_i 與 Y 的線性關係不存在；反之，當拒絕 H_0，則表示該解釋變數 X_i 對 Y 有影響。

虛無假設　　$H_0：\beta_i = 0$

對立假設　　$H_1：\beta_i \neq 0$（解釋變數 X_i 具影響力）

至於採用雙尾檢定的理由，因爲不管符號是正或是負，只要不爲零，都表示 X_i 對 Y 是有影響的。其中係數 β_i 的正負符號表示 X_i 影響 Y 的方向，正號表示 X_i 與 Y 同方向變動；反之，X_i 增加（減少）Y 會減少（增加）。而係數的大小（斜率）則表示變動幅度，亦即影響程度，當 X_i 變動一單位時 Y 的變動幅度。

一般來說，除非有特殊狀況，迴歸分析不會特別去解釋截距項的意義。舉例來說，討論個人消費支出 (Y) 是否受到所得 (X) 的影響，其截距項的意義是基本消費支出，亦即當所得為零也需要生活的基本開銷。另外，預設模型中通常也不會將截距項設定為零，如果截距項在理論上為零，如投入 (X) 與產出 (Y) 的關係，那麼判定係數就不適用。

8-5 預測

統計推論的最終目的之一，就是**預測**（**Forecasting 或 Prediction**），因此，在估計係數後，可以找出迴歸線 $\widehat{Y} = b_0 + b_1X_1 + \cdots + b_kX_k$，利用迴歸估計結果進行預測，但要特別注意的是，離平均值愈遠，估計的誤差就會愈大。

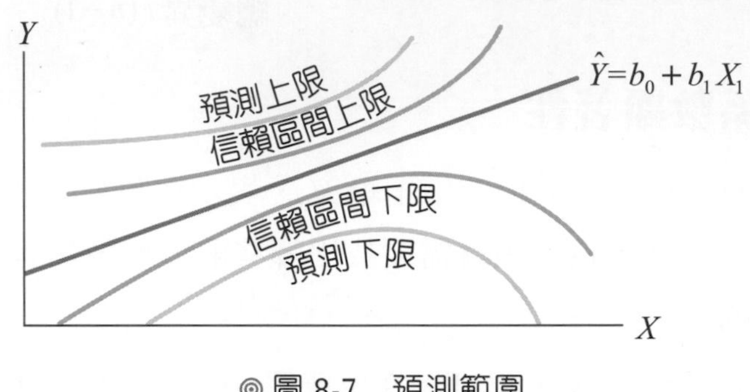

◎圖 8-7　預測範圍

範例 8-1

總公司蒐集各分店資料，想透過廣告費、往來客戶數、與競爭家數預測營業額，請利用迴歸模型進行分析，並說明預測結果。

⊙ 請掃描目錄頁 QR code，見檔案 EX8-1.xlsx

步驟 1：建立迴歸模型。

在預設模型方面，先將所有變數都放入模型中進行檢定（模型 1）：

$$Y = \beta_0 + \beta_1X_1 + \beta_2X_2 + \beta_3X_3 + \varepsilon$$

其中 Y 表示營業額（萬元），X_1、X_2 與 X_3 分別表示廣告費（萬元）、往來客戶數、與競爭家數，其他可能影響銷售額的原因，如產品特性、消費者偏好等，這些不容易觀察或量化將歸類在誤差項。

🏠 **步驟 2：**估計係數。

迴歸分析可以直接利用 EXCEL 進行計算，先選取資料→資料分析→「迴歸」。

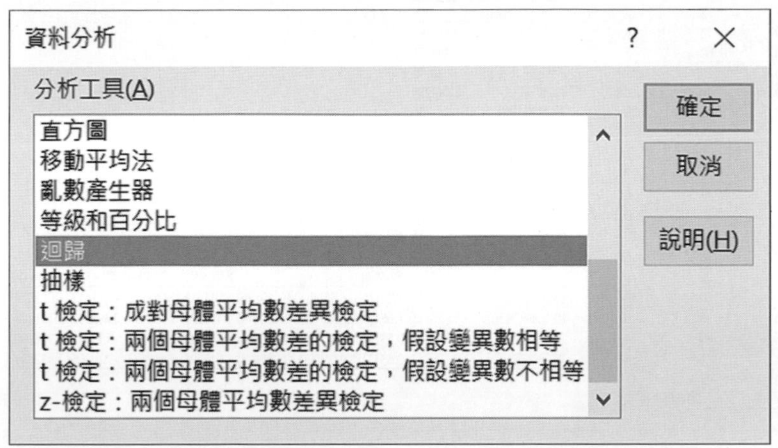

輸入被解釋變數 Y 的範圍「$A$1:$A$57」（營業額欄位），解釋變數 X 的範圍「$B$1:$D$57」（廣告費、往來客戶數、與競爭家數欄位），☑ 標記選擇打勾，輸出範圍可選擇任意空白儲存格，再按下確定。

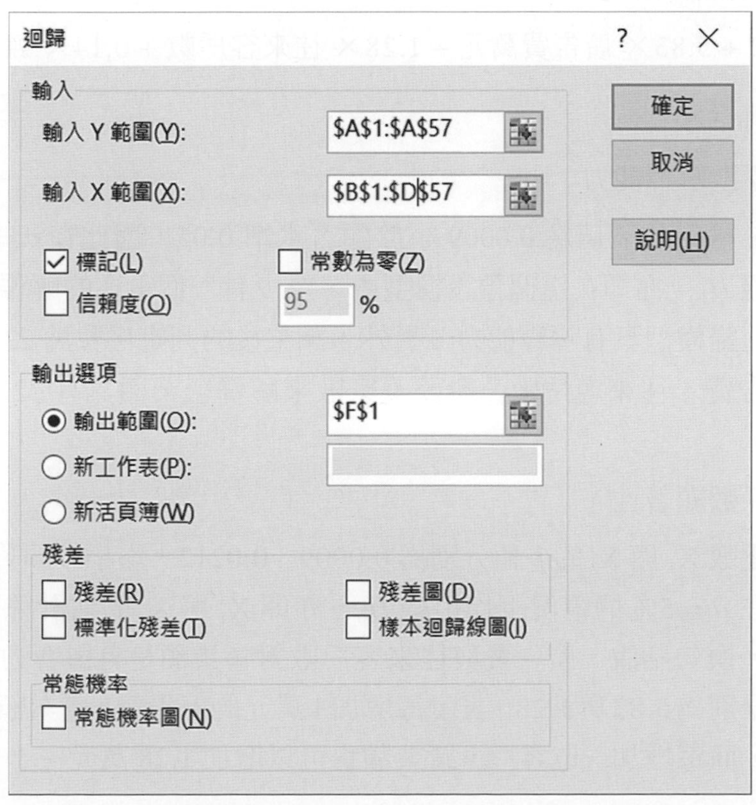

EX8-1.xlsx - Excel

	營業額(萬元)	廣告費(萬元)	往來客戶數	競爭家數
2	79.3	5.5	62	4
3	200.1	2.5	38	3
4	163.2	8.0	73	14
5	200.1	3.0	60	5
6	146.0	3.0	14	11
7	177.7	2.9	10	10
8	282.7	24.7	20	8
9	167.8	20.3	18	5
10	76.7	7.0	20	11
11	76.5	14.8	25	12
12	216.6	13.1	57	6
13	195.4	21.3	32	10
14	282.2	10.8	8	10
15	315.2	24.9	28	6
16	172.9	19.0	22	11
17	145.2	5.1	60	13
18	371.0	14.8	26	6
19	303.8	16.6	80	4
20	284.9	23.4	71	4
21	30.9	8.0	21	11

摘要輸出

迴歸統計	
R 的倍數	0.517982
R 平方	0.268305
調整的 R 平方	0.226092
標準誤	81.42259
觀察值個數	56

ANOVA

	自由度	SS	MS	F	顯著值
迴歸	3	126413.3	42137.77	6.355968	0.000941
殘差	52	344741.2	6629.639		
總和	55	471154.5			

	係數	標準誤	t 統計	P-值	下限 95%	上限 95%	下限 95.0%	上限 95.0%
截距	87.62079	47.21156	1.855918	0.069136	-7.11613	182.3577	-7.11613	182.3577
廣告費(萬元)	5.827415	1.661717	3.506863	0.000944	2.492935	9.161894	2.492935	9.161894
往來客戶數	1.277842	0.537924	2.375509	0.021246	0.19842	2.357265	0.19842	2.357265
競爭家數	0.139743	3.634318	0.038451	0.969475	-7.15305	7.432534	-7.15305	7.432534

範例8-1 | 範例8-1_SOL | 練習8-1

迴歸線的估計結果如下：

$$\widehat{Y} = b_0 + b_1X_1 + b_2X_2 + b_3X_3 = 87.62 + 5.83X_1 + 1.28X_2 + 0.14X_3$$

亦即營業額（萬元）

= 87.62 + 5.83× 廣告費萬元 + 1.28× 往來客戶數 + 0.14× 競爭家數。

步驟 3：評估模型。

(1) 整體模型解釋能力

由於 F 檢定的 p 值爲 0.0009 小於顯著水準 0.05，因此在 $\alpha = 5\%$ 的情況下拒絕 H_0，亦即在這個預設模型中，至少有一個重要的解釋變數，表示預設迴歸模型具有解釋能力。另外，調整後的判定係數爲 22.61%，表示以廣告費、往來客戶數、與競爭家數來解釋營業額具有 22.61% 的解釋能力。

(2) 個別係數顯著性

解釋變數 X_1 與 X_2 的 p 值分別爲 0.0009、0.0212，均小於顯著水準 0.05，因此在 $\alpha = 5\%$ 的情況下均拒絕 H_0，亦即 X_1 與 X_2 的估計係數顯著的異於零，換句話說，廣告費與往來客戶數對營業額是有影響力的，其影響係數分別爲 5.83 與 1.28，表示每增加 1 萬元的廣告費，營業額會增加 5.83 萬元，而每增加一位客戶，營業額也可以增加 1.28 萬元。

反觀解釋變數 X_3，p 値爲 0.9695 大於顯著水準 0.05，因此在 $\alpha = 5\%$ 的情況下接受 H_0，亦即競爭家數對營業額的影響並不顯著，故該變數可以忽略。因此，刪除競爭家數變數後，再做一次迴歸。

EX8-1.xlsx - Excel

G29 | f_x 0.240672705993541

	A	B	C	D	F	G	H	I	J	K	L	M	N
25	159.6	5.5	32	9									
26	196.8	13.1	20	9	迴歸統計								
27	339.1	22.6	56	13	R 的倍數	0.517962							
28	372.8	14.8	55	13	R 平方	0.268285							
29	86.3	5.0	44	9	調整的 R 平方	0.240673							
30	237.5	6.0	50	8	標準誤	80.65195							
31	107.2	5.0	19	8	觀察值個數	56							
32	155.0	3.5	55	4									
33	93.5	4.2	40	9	ANOVA								
34	259.0	4.5	40	12		自由度	SS	MS	F	顯著值			
35	331.2	5.6	70	7	迴歸	2	126403.5	63201.75	9.716267	0.000254			
36	283.1	9.1	59	8	殘差	53	344751	6504.736					
37	221.6	19.0	53	12	總和	55	471154.5						
38	221.7	13.1	38	12									
39	180.2	12.0	43	5		係數	標準誤	t 統計	P-值	下限 95%	上限 95%	下限 95.0%	上限 95.0%
40	135.9	5.1	28	8	截距	89.06842	28.21697	3.156555	0.002633	32.47235	145.6645	32.47235	145.6645
41	99.2	20.3	22	4	廣告費(萬元)	5.820191	1.635437	3.558799	0.000795	2.53992	9.100462	2.53992	9.100462
42	351.1	23.4	78	6	往來客戶數	1.273695	0.522012	2.439973	0.018066	0.226671	2.320719	0.226671	2.320719

範例8-1 | 範例8-1_SOL | 練習8-1

將新的迴歸模型命名爲模型 2，

$$Y\text{ 營業額萬元} = \beta_0 + \beta_1 \times \text{ 廣告費萬元} + \beta_2 \times \text{ 往來客戶數} + \varepsilon$$

模型 2 迴歸線的估計結果如下：

$$\widehat{Y} = b_0 + b_1 X_1 + b_2 X_2 = 89.07 + 5.82 X_1 + 1.27 X_2$$

表示營業額（萬元）= 89.07 + 5.82× 廣告費（萬元）+ 1.27× 往來客戶數。

爲方便比較模型 1 與模型 2 的估計結果，正式的報告中通常會另行整理估計結果。從模型 1 與模型 2 的比較結果來看，刪除不顯著的「競爭家數」變數後，調整後的判定係數 $\bar{R}^2$ 從 0.2261 上升到 0.2407，換句話說，在模型中放入不重要的變數並不會提昇模型解釋能力，因此，在預測模型選擇上，選擇模型 2，利用廣告費用與往來客戶數來解釋營業額。

➡ 表 8-1　營業額的迴歸分析結果

	模型1		模型2	
	估計係數	t 值	估計係數	t 值
截距項	87.62	1.86*	89.07	3.16***
廣告費（萬元）	5.83	3.51***	5.82	3.56***
往來客戶數	1.28	2.38**	1.27	2.44**
競爭家數	0.14	0.04	–	–
$\overline{R}^2$	0.2261		0.2407	
F值	6.36***		9.72***	
樣本數	56		56	

註：(1) 被解釋變數為營業額（萬元），(2)*、**、*** 分別代表 10%、5%、1% 的顯著水準。

步驟 4： 預測。

由於在平均數附近範圍預測較正確，因此先計算所有變數的基本統計量再進行預測。

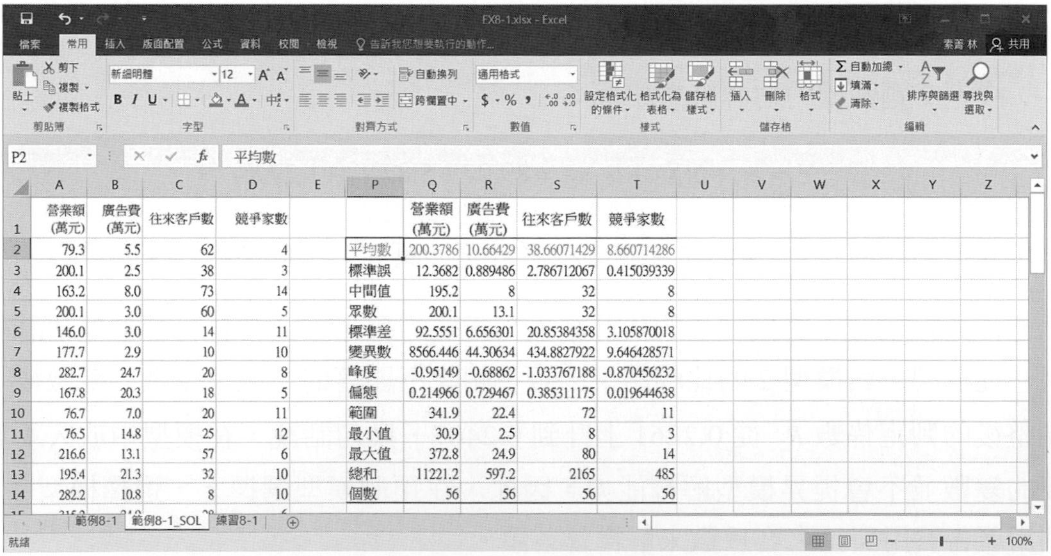

	A	B	C	D	E	P	Q	R	S	T
1	營業額(萬元)	廣告費(萬元)	往來客戶數	競爭家數			營業額(萬元)	廣告費(萬元)	往來客戶數	競爭家數
2	79.3	5.5	62	4		平均數	200.3786	10.66429	38.66071429	8.660714286
3	200.1	2.5	38	3		標準誤	12.3682	0.889486	2.786712067	0.415039339
4	163.2	8.0	73	14		中間值	195.2	8	32	8
5	200.1	3.0	60	5		眾數	200.1	13.1	32	8
6	146.0	3.0	14	11		標準差	92.5551	6.656301	20.85384358	3.105870018
7	177.7	2.9	10	10		變異數	8566.446	44.30634	434.8827922	9.646428571
8	282.7	24.7	20	8		峰度	-0.95149	-0.68862	-1.033767188	-0.870456232
9	167.8	20.3	18	5		偏態	0.214966	0.729467	0.385311175	0.019644638
10	76.7	7.0	20	11		範圍	341.9	22.4	72	11
11	76.5	14.8	25	12		最小值	30.9	2.5	8	3
12	216.6	13.1	57	6		最大值	372.8	24.9	80	14
13	195.4	21.3	32	10		總和	11221.2	597.2	2165	485
14	282.2	10.8	8	10		個數	56	56	56	56

如果公司提供 10 萬元廣告費用，往來客戶數有 40 位時，預估公司營業額可達到 $89.07 + 5.82 \times 10 + 1.27 \times 40 = 198.22$ 萬元。

課堂練習 8-1

公司想預測明年銷售額，從過去經驗中發現，影響銷售額的因素包括廣告支出與業務人數等，請利用迴歸模型進行分析，並說明預測結果。

⊙ 請掃描目錄頁 QR code，見檔案 EX8-1.xlsx

員工辭職神預測？

正確的數據資料，可協助管理員工離職風險。

企業知道，員工離職的代價高昂，而且有破壞性。企業也知道，留住最優秀和最聰明的員工，不僅可以幫公司省錢，還可以保護競爭優勢和智慧資本。

然而，大多數留住員工的努力，都仰賴兩種回溯性工具。首先，進行離職面談，以便更加了解員工為什麼選擇離開，雖然到了這個時候，通常要留任他們為時已晚。其次，使用年度員工意見調查，來評估員工投入程度。這些調查結果，稍後會被拿來與離職員工進行比較，希望能從中發現有意義的離職預測因素。問題在於，這些數據資料未能讓主管即時了解，誰可能正在考慮離職。

我們最新的研究，把重點放在使用大數據和機器學習演算法，來製作針對個人的「離職傾向指數」（turnover propensity index），這個即時指標可以顯示誰可能正在考慮離職。我們根據有關員工離職的學術研究，來開發這些預測模型，然後用來進行一系列研究。我們的研究結果顯示，有可能制定出一些指數，即時預測某個人考慮外部工作機會、最後離開公司的可能性。

過去的研究指出人們離職的兩大主要原因：離職衝擊（turnover shock）和低工作鑲嵌度（job embeddedness）。離職衝擊是指有一些事件促使員工重新考慮是否應該留在組織內。有些衝擊是組織的（例如，領導人更動、公司宣布併購），而另一些衝擊是個人的（例如，得到外部工作機會、孩子出生）。工作鑲嵌度是指員工組織緊密連結的程度。當員工在工作或社區中缺乏良好的社會關係，或是當他們認為自己的工作不太符合自身興趣、技能和價值觀，工作鑲嵌度就會很低，離職風險也會比較高。

我們和一家人才情報公司合作，蒐集可公開取得的大量有關潛在離職衝擊的組織資料樣本，例如，Glassdoor 或分析師評等的變化、股票價格變動、新聞報導，以及針對公司的監管或法律訴訟。另外，我們也蒐集公共領域裡跟工作鑲嵌度相關的個人因素，例如，過去工作的數量、就業週年和任期、技能、教育、性別和地理位置。我們蒐集了這些潛在的離職指標，涵蓋全美各地在不同組織和各行各業工作的五十多萬人。

根據我們對這些流動因素的評估，我們使用機器學習，將每個人分類為不可能、不太可能、較有可能，或是最有可能接受新的工作機會。我們樣本中的每個人都得到一個「流動傾向指數」評分，接著我們進行兩項研究，以了解這個評分對預測他們對外部機會的接受度，以及他們離職的可能性有多準確。

首先，我們想了解「離職傾向指數」對人才招募訊息接受度的預測有多準確。我們寄了電子郵件邀請信給一個人數較小的樣本，包含兩千名受雇個人，我們的演算法已將他們列為不可能、不太可能、較有可能，或是極有可能接受邀請，去檢視針對他們本身特定技能和興趣而客製化的工作機會。其中 1,473 人收到了電子郵件，161 人打開了邀請信，有四十人點開那個連結。那些被評為「最有可能」接受邀請檢視工作機會的人，打開電郵邀請信的比率，是被評為最不可能者的兩倍多（5.0% 相對於 2.4%）。此外，在打開電子郵件的人當中，被評為「最有可能」接受邀請檢視工作機會的人，顯然更有可能點開那個連結。這顯示「離職傾向指數」分數，可以找出離職風險較高的員工。這項發現也顯示，企業可策略性鎖定對外部工作機會接受度可能較高的頂尖人才：記住，這一切都來自可公開取得的資料。

其次，為研究「離職傾向指數」分數預測實際員工離職的能力，我們以樣本中其餘五十萬個人為對象。在三個月期間，相較於那些「不可能」接受檢視新機會的人，被認為「最有可能」接受檢視新機會的人換工作的可能性高出 63%。那些被認為「較有可能」的人，離職的可能性高出 40%。

我們在這個領域的研究顯示，企業使用大數據，就能追蹤離職傾向的指標，並找出離開組織風險可能較高的員工。這種主動的預期，可能讓領導人得以介入，增加頂尖人才留任的機率。此外，在使用內部資料以制定自家的離職傾向指數上，組織相較於外部研究人員擁有龐大的優勢。企業可以預期會發生組織面的衝擊，例如訴訟或監管行動。除了公開資料之外，企業也可以取得其他離職衝擊的資料，例如，工作紀念日、新的教育證書，以及出生或結婚公告，不過，企業必須留意不要侵犯員工隱私。而且，企業還可以追蹤可顯示工作鑲嵌度的因素，比方說，參加職涯發展機會、組織改善計畫，或是同儕認可計畫。

致力運用資料以驅動決策的企業，必須投注心力仔細蒐集和分析員工離職風險的正確指標。接著，領導人就可以透過面談，主動接觸有離職風險的高價值員工，以便更清楚了解企業可如何提高他們留任的可能性。（蘇偉信譯）

資料來源：哈佛商業評論，2019-09-26。
https://www.hbrtaiwan.com/article_content_AR0009176.html

比傳統方法更好，AI 預測過早死亡風險準確率逾 7 成

人類對 AI 應用的期待，已經到了無所不能的神話境界，最近英國醫學研究人員解開 AI 令人不安的能力，即預測一個人的早逝。且科學家發現透過 AI 演算法的早期死亡預測，比傳統研究人員使用的預測方法更準確。

英國諾丁漢大學（University of Nottingham）科學家最近訓練 AI 系統來評估 2006 ～ 2016 年英國超過 50 萬人的一般健康數據，在這十年期間，將近 14,500 人死亡，主要是因癌症、心臟病和呼吸系統疾病。

然後科學家使用 AI 預測個體是否有過早死亡的風險。為了評估受試者過早死亡的可能性，研究人員測試兩種類型 AI，一種是深度學習，分層資訊處理網路幫助電腦從案例中學習，另一種是一種更簡單的 AI，叫隨機森林（Random Forest），結合多個樹狀模型來考慮可能的結果。然後，他們將 AI 模型的結論與廣為應用的一種迴歸分析模型，簡稱為 Cox 模型的結果比較。

這 3 個模型都確定年齡、性別、吸菸史和既往癌症診斷等因素，是評估一個人早逝可能性的最重要變量。但 3 種模型仍有不同的關鍵變量，如 Cox 模型在很大程度上傾向種族和身體活動，隨機森林模型更強調體脂百分比、腰圍、人們吃的水果和蔬菜數量及膚色。對深度學習模型，最重要的因素包括接觸與工作相關的危害和空氣污染、酒精攝入和使用某些藥物。

完成所有運算後，深度學習演算法提供最準確的預測，正確辨識 76% 在研究期間死亡的受試者。相比之下，隨機森林模型正確預測約 64% 過早死亡，而 Cox 模型僅辨識出約 44%。

諾丁漢大學科學家認為，AI 將在未來工具開發方面發揮重要作用，這些工具能提供個性化醫療，為個體患者量身訂做風險管理方案。該研究已發表在《公共科學圖書館：綜合》（PLOS ONE）特刊《Machine Learning in Health and Biomedicine》。

這不是專家第一次利用 AI 做醫療預測。2017 年，另一研究團隊證明 AI 可透過學習大腦的掃描檔案，發現阿茲海默症的早期症狀，且準確度約為 84%。另一項研究發現，AI 可預測 6 個月大嬰兒的自閉症發病率。另一項研究讓 AI 透過分析視網膜掃描來檢測糖尿病跡象，還有一個研究也使用視網膜掃描數據預測患者心臟病發作或中風的可能性。

資料來源：科技新報，2019-03-28。
http://technews.tw/2019/03/28/ai-can-predict-early-death-rate/

8-6 虛擬變數

進行資料分析時，通常會先透過敘述統計檢查資料，亦即從基本統計量中，判斷資料是否存在極端值，或是資料中是否有缺失值等問題。而迴歸分析通常不容易在第一次就獲得最好的模型，因此都需要再三嘗試，再選擇出相對比較好的結果再進行說明。有時候變數之間不一定是線性關係，故實務上經常使用的方式是將被解釋變數或解釋變數取自然對數，將線性模型轉換為非線性模型再進行分析，分析方式與前面相同。

迴歸分析的被解釋變數爲數值分析，當解釋變數爲類別變數時，應採用二分法的**虛擬變數**（**Dummy Variable**）方式量化類別變數，正面選項定義爲 1，負面選項數值將定義爲 0。

虛擬變數可以用來比較時間效果、地區效果、結構性改變、或類別變數，如假日與平日、都會區與非都會區、六都改制前後、已婚與未婚、職業分類、性別比較等。當類別變數只有二項選擇，如假日與平日，虛擬變數可定義如下，以平日爲基底，進行假日與平日的影響分析。

$$D = \begin{cases} 1 & \text{假日} \\ 0 & \text{平日} \end{cases}$$

當類別變數超過二個選項時，如教育程度分爲小學、國中、高中、大學、研究所以上 5 類，需要定義（選項 − 1）= 5 − 1 = 4 個虛擬變數，如果定義 5 個虛擬變數，將會產生共線性（**Multicollinearity**）的問題，亦即解釋變數之間有線性關係，下表以小學爲基底進行比較分析。另外虛擬變數還可以透過交叉項的方式結合其他解釋變數，但這些都屬於比較進階的問題，本節僅以二分法虛擬變數進行說明。

表 8-2　虛擬變數的設定

類別選項	D_1	D_2	D_3	D_4
小學	0	0	0	0
國中	1	0	0	0
高中	0	1	0	0
大學	0	0	1	0
研究所以上	0	0	0	1

以簡單線性迴歸模型爲例，預設模型 $Y = \beta_0 + \beta_1 X_1 + \beta_2 D + \varepsilon$，其中 D 表示虛擬變數，

$$Y = \begin{cases} (\beta_0 + \beta_2) + \beta_1 X_1 + \varepsilon & if\ D = 1 \\ \beta_0 + \beta_1 X_1 + \varepsilon & if\ D = 0 \end{cases}$$

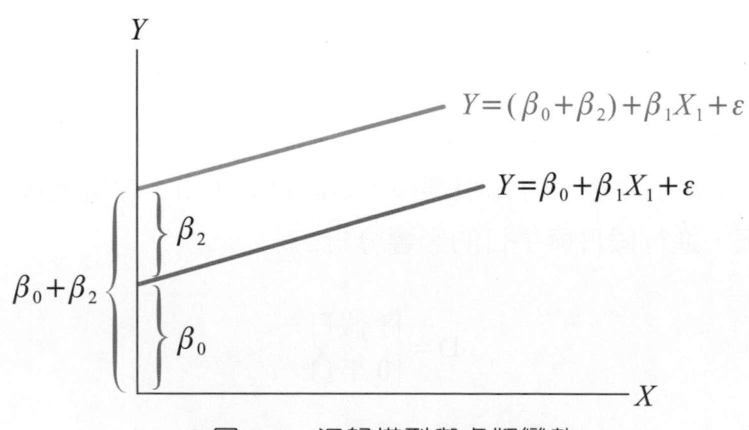

◎圖 8-8　迴歸模型與虛擬變數

範例 8-2

公司對 100 位員工做薪資調查，請依調查結果說明，年資、每月加班時數、與性別是否會影響每月薪資。

請掃描目錄頁 QR code，見檔案 EX8-2.xlsx

解說

由於月薪、年資、每月加班時數都是數值變數，可以計算平均數與標準差，但性別是類別變數，應以次數方式表示較佳。先將敘述統計結果整理如下：

表 8-3　基本統計量

變數	全體樣本		男性		女性	
	平均數	標準差	平均數	標準差	平均數	標準差
月薪（元）	28,160	2,946	28,791	2,408	27,288	3,399
年資（年）	3.3	1.5	3.3	1.6	3.3	1.4
每月加班時數	55	23	57	24	53	23
樣本數	100		58		42	

由於要討論變數之間的關係，因此，也列出相關係數作為判斷的參考：

表 8-4　相關係數

	月薪（元）	年資	每月加班時數
月薪（元）	1		
年資	0.2834	1	
每月加班時數	0.1779	0.0639	1

在預設模型方面，先將所有變數都放入模型中進行檢定，由於性別是類別變數，故採用二分法虛擬變數方式處理。

$$Y = \beta_0 + \beta_1 X_1 + \beta_2 X_2 + \beta_3 D + \varepsilon$$

其中 Y 表示月薪（元），X_1 與 X_2 分別表示年資與每月加班時數，性別為虛擬變數，D = 1 表示男性，D = 0 則表示女性。

➡ 表 8-5 薪資的迴歸分析結果

	估計係數	t值
截距項	24275	24.98***
年資	561.2	3.15***
每月加班時數	22.4	1.91*
性別（男性＝1）	1404.9	2.54**
$\bar{R}^2$	0.1487	
F值	6.76***	
樣本數	100	

註：(1) 被解釋變數爲月薪（元），(2) *、**、*** 分別代表 10%、5%、1% 的顯著水準。

迴歸線的估計結果如下：

$$\widehat{Y} = b_0 + b_1X_1 + b_2X_2 + b_3D$$

$$= 24275 + 561.2 \times \text{年資} + 22.4 \times \text{每月加班時數} + 1404.9 \times \text{性別}$$

調整後的判定係數爲 0.1487，利用年資、每月加班時數、與性別解釋月薪，其模型解釋能力達 14.87%。

在估計係數方面，若以 10% 顯著水準來看，每月基本薪資爲 24,275 元，每增加 1 年的年資或每月多加班 1 小時，月薪分別會增加 561.2 元與 22.4 元，如果是男性，其月薪則比女性多 1404.9 元。

若針對年資 3 年與每月加班時數 55 小時的員工，男性月薪預估爲 28,595 元，女性月薪則預估爲 27,190 元。

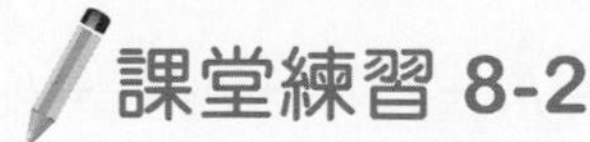

請利用附檔資料，建立迴歸分析模型，說明影響健走步數的因素。

⊙ 請掃描目錄頁 QR code，見檔案 EX8-2.xlsx

8-7 綜合應用範例

因果關係可以用迴歸分析進行檢測，本節最後再以行政院環保署空氣品質指標爲例，說明迴歸分析在實務資料上的應用。

【我的數字會說話】影響空氣品質的因素

各地區空氣品質可能受到風速、風向、濕度、溫度、甚至境外等因素影響，故蒐集環保署環境資源資料，進行迴歸分析，初步探討影響空氣品質的因素。

請掃描目錄頁 QR code，見檔案 CH8_AQI.xlsx

步驟 1：模型假設。

以下範例以 AQI 作爲空氣品質的量化指標，以台中市爲例，探討可能影響 AQI 的因素。

步驟 2：選擇適當的資料庫與變數。

擷取「空氣品質即時污染指標」污染物、污染程度、風速、AQI、風向欄位，「空氣品質監測小時值」相對溼度與溫度欄位。

行政院環境保護署
Environmental Protection Administration
Executive Yuan, R.O.C (Taiwan)
環境資源資料庫

回首頁 整合查詢 資料下載 網站導覽 機關連結 意見信箱 關於我們 最新消息 登入 English

::: 首頁 / 大氣 / 環境及生態監測 / 空氣品質

台灣空氣品質

春季時期，台灣主要為滯留鋒面及華南雲雨帶東移之天氣型態，若滯留鋒面徘徊於台灣，造成連續性降水，則各地空氣皆相當良好；但滯留鋒面如徘徊於東海附近，台灣附近氣壓梯度微弱，造成台灣各地皆位於暖區、風速小、則空氣品質皆會較差。夏季與秋初時期，台灣主要受太平洋副熱帶高壓及西南季風之影響，南部地區因西南季風而有較大之風速，且午後對流旺盛，空氣品質普遍較佳；但對北部及東北部地區而言，因地形阻擋致使空氣品質較差，至於太平洋副熱帶高壓之影響，因其下沉氣流伴隨之空氣較隱定且溼度小，使全國各地皆不利於污染物之擴散，其影響程度則需視副高壓之強度及其高壓脊所在之位置而定。此外，此季節常會受颱風之影響，當颱風侵襲時，各地風速顯著增強，空氣品質較佳，但若颱風並未直接登陸，只受颱風外圍環流之影響，則台灣各地之空氣品質隨颱風位置不同而有差異，其中臭氧濃度於此時變化頗大。

(參考資料：空氣品質監測網)
點選顯示更多...

資料集名稱	資料集描述	主要欄位說明	收錄期間	更新頻率	資料集內容最後更新日期	提供機關	查詢更多資訊
空氣品質監測日值	環保署將當日空氣品質監測站小時測值，經算數平均所...	縣市、監測日期(年/月/日)、測站名稱、測項監測日平均值	1982/05/16 至 2019/11/24	每月	2019/11/27	行政院環境保護署	more
空氣品質監測月值	空氣品質監測月值資料，包含臭氧、甲烷、二氧化硫、...	縣市、監測月份(年/月)、測站名稱、測項監測月平均值	1982/07/01 至 2019/09/30	每月	2019/11/26	行政院環境保護署	more
空氣品質即時污染指標	環保署設於全國測站每小時發布之即時空氣品質監測資...	縣市、測站、監測日期、監測時間、污染物、污染程度...	2014/08/30 至 2019/11/26	每月	2019/12/03	行政院環境保護署	more
空氣品質監測小時值	環保署設於全國測站每小時發布之即時空氣品質監測資...	縣市、鄉鎮市區、測站名稱、監測日期(年/月/日)、測項、每小時測值	1982/07/01 至 2019/11/23	每月	2019/11/28	行政院環境保護署	more

🔀 **步驟 3：** 選擇樣本，整理資料。

以台中市爲例，選擇二資料庫都有資料的沙鹿區，透過共同欄位「日期」與「時間」進行配對與合併。由於過去資料顯示，秋冬之際境外污染可能較爲嚴重，故以下範例選用 2019 年 9 月與 10 月每小時資料進行分析，排除缺漏值，有效樣本數爲 1,433 筆資料。

🔀 **步驟 4：** 變數說明。

AQI：空氣品質指標。

風速：單位爲公尺／秒。

風向：係指風向角度，最大値爲 360 度。

相對溼度：單位爲百分比。

溫度：以攝氏爲單位。

10 月份：爲虛擬變數，10 月份定義爲 1，9 月份定義爲 0。

有污染物：爲虛擬變數，若該小時監測出臭氧 8 小時、懸浮微粒、或細懸浮微粒，則定義爲 1，否則定義爲 0。

境外：爲虛擬變數，若風向角度大於 180 度，則定義爲 1，否則定義爲 0。

影響健康：爲虛擬變數，若 AQI 超過 100，污染程度不包含良好與普通，則定義爲 1，否則定義爲 0。

🔀 **步驟 5：** 基本統計量。

➡ 表 8-6　基本統計量：2019 年 9 月至 10 月份，台中沙鹿區

變數名稱	合計		9月份		10月份	
	平均數	標準差	平均數	標準差	平均數	標準差
AQI	64.44	29.77	54.80	21.71	73.52	33.29
風向（角度）	201.04	155.36	193.81	152.23	207.84	158.05
風速（公尺／秒）	3.49	1.94	3.49	2.11	3.50	1.78
相對濕度（%）	76.40	8.03	76.77	7.29	76.06	8.65
溫度（℃）	26.73	2.75	27.86	2.42	25.67	2.61
有污染物比例	61.0%	–	49.9%	–	71.4%	–
境外比例	56.6%	–	53.7%	–	59.3%	–
影響健康比例	11.6%	–	3.0%	–	19.6%	–
樣本數	1433		695		738	

➠ 表 8-7　相關係數：2019 年 9 月至 10 月份，台中沙鹿區

	AQI	風向	風速	相對濕度	溫度	有污染物	境外
AQI	1						
風向	0.1445	1					
風速	− 0.1834	− 0.1047	1				
相對濕度	0.1158	− 0.0307	− 0.5133	1			
溫度	0.1125	0.2464	− 0.0580	− 0.3425	1		
有污染物	0.6558	0.1116	− 0.0923	0.0306	0.0901	1	
境外	0.1654	0.9380	− 0.1094	− 0.0469	0.2526	0.0963	1
影響健康	0.7795	0.1132	− 0.1485	0.1057	0.1113	0.2895	0.1366

步驟 6：迴歸分析。

比較二個模型，模型一調整後的判定係數較高，達 0.8150，主因是放入影響健康變數，因為該變數直接透過 AQI 進行定義，其相關係數達 0.7795。故刪除影響健康變數，以模型二進行分析，調整後的判定係數為 0.5131，亦即以風速、相對濕度、溫度、月份、是否有污染物、境外等因素解釋 AQI，其解釋能力達 51.31%。

在個別係數方面，以 5% 顯著水準來看，只有風速不顯著，每增加 1% 濕度，AQI 增加 0.66，溫度每上升攝氏一度，AQI 增加 2.43，與 9 月份相較，10 月份的 AQI 增加了 17.02，有連續 8 小時臭氧、懸浮微粒或細懸浮微粒的污染物，AQI 也會上升 34.22，風向由西邊吹向台中，AQI 也會增加 2.65。換句話說，相對濕度或溫度愈高，或有污染物出現，空氣品質狀況愈差，10 月份的空氣品質有明顯變差的現象，境外污染也是影響台中空氣品質的因素。

➡ 表 8-8　台中沙鹿區 AQI 的迴歸分析結果

	模型一		模型二	
	估計係數	t 值	估計係數	t 值
截距項	16.08	1.94**	− 80.97	− 6.2***
風速(m/sec)	− 0.37	− 1.72*	− 0.36	− 1.02
相對濕度(%)	0.16	2.70***	0.66	7.15***
溫度(℃)	0.42	2.48**	2.43	9.10***
10月份	4.24	4.96***	17.02	12.89***
有污染物	27.64	37.13***	34.22	28.81***
境外	1.40	1.94*	2.65	2.26**
影響健康	57.13	48.25***	–	–
$\bar{R}^2$	0.8150		0.5131	
F值	902.31***		252.50***	
樣本數	1434		1434	

註：(1) 被解釋變數爲 AQI，(2) *、**、*** 分別代表 10%、5%、1% 的顯著水準。

最後附帶一提的是，利用監督式學習概念，在大數據分析應用時，會先用歷史資料做模型測試，例如隨機選 70% 的歷史資料作為訓練資料庫（Training Dataset），建構預測模型，剩餘 30% 測試資料庫（Test Dataset），則用來檢測模型的預測能力。

1. 小吃街想瞭解影響顧客人數的可能因素，店家相信溫度（℃）、雨量（公釐）、與發放傳單數量應該是影響顧客人數多寡的主因。請依據附檔資料進行分析，並回答下列問題：

   (1) 解釋變數與被解釋變數各爲何。

   (2) 請依據迴歸結果完成下表，並註明正確的星號，其中 *、**、*** 分別代表 10%、5%、1% 的顯著水準。

	估計係數	t 值
截距項		
$\bar{R}^2$		
F值		
樣本數		

   (3) 列出迴歸估計式。

   (4) 解釋調整後判定係數的意義。

   (5) 解釋個別係數的意義。

   (6) 某日氣溫爲 25 度，雨量 10，發放傳單數量 40，請預估顧客人數。

⊙ 請掃描目錄頁 QR code，見檔案 Test8-1.xlsx

2. 某醫院想瞭解影響嬰兒體重的因素，蒐集一歲大男女嬰兒目前身高體重、每天平均睡眠時間、出生時的身高體重、是否餵食母乳、以及過去一年的生病次數等資料進行分析。請問：

   (1) 解釋變數與被解釋變數各爲何。

   (2) 哪些因素可設定爲虛擬變數，請說明如何定義。

(3) 說明迴歸分析結果。

(4) 在這個樣本中，「一眠大一吋」的說法是否成立？請說明你如何判斷。

(5) 利用你的最佳的迴歸預測模型，對一歲寶寶做體重預測。

⊙ 請掃描目錄頁 QR code，見檔案 Test8-2.xlsx

3. 2016 年 6 月政府提出新南向政策，請利用觀光局資料，透過迴歸方式分析新南向政策執行前後觀光人數的效果。（新南向政策對象國家包括印尼、菲律賓、泰國、馬來西亞、新加坡、汶萊、越南、緬甸、柬埔寨、寮國、印度、巴基斯坦、孟加拉、尼泊爾、斯里蘭卡、不丹、澳大利亞、紐西蘭等東南亞、南亞和大洋洲諸國。）

4. 自行蒐集歷年 12 月 31 日台北捷運和高雄捷運旅客人數資料，分析跨年活動是否影響北高捷運搭乘人次。

參考解答

1. (1) 被解釋變數爲顧客人數，解釋變數爲溫度、雨量、發放傳單數量。

(2)

	估計係數	t 值
截距項	142.47	14.83***
溫度	0.58	2.83***
雨量	− 0.22	− 2.71***
發放傳單數量	2.88	14.11***
$\bar{R}^2$	0.4770	
F值	88.85***	
樣本數	290	

(3) 顧客人數 = 142.47 + 0.58× 溫度 − 0.22× 雨量 + 2.88× 發放傳單。

(4) $\bar{R}^2 = 0.4770$，表示以溫度、雨量、與發放傳單數量解釋顧客人數多寡，有 47.7% 的解釋能力。

(5) 由於在 1% 顯著水準下，個別係數均顯著，表示溫度、雨量、發放傳單數量都會影響顧客人數，其中溫度每增加攝氏一度，顧客人數會增加0.58人，雨量多增加 1 公釐，顧客會減少 0.22 人，每多發一張傳單，顧客則會增加 2.88 人。換句話說，溫度愈高，發放傳單數愈多，來客數愈高，但雨量愈多客人愈少。

(6) 預估顧客人數 = 142.47 + 0.58×25 − 0.22×10 + 2.88×40 = 269.9 人。

2. (1) 被解釋變數爲嬰兒目前體重，解釋變數爲目前身高、睡眠時間、出生時的身高體重、是否餵食母乳、生病次數、性別。

(2) 虛擬變數：性別（男生 = 1，女生 = 0），餵食母乳（是 = 1，否 = 0）。

(3) 迴歸結果如下：

	模型1		模型2	
	係數	*t* 值	係數	*t* 值
截距項	1.9519	0.39	3.2510	1.76*
每年生病次數	0.0120	0.44	−	−
目前身高（公分）	0.0320	0.71	−	−
出生身高（公分）	− 0.0240	− 0.39	−	−
出生體重（公克）	0.0007	1.84*	0.0006	1.73*
每天睡眠時數	0.2571	2.28**	0.2733	2.52**
性別（男 = 1）	1.5431	5.68***	1.5913	6.37***
餵食母乳（是 = 1）	0.4721	1.80*	0.4268	1.77*
$\overline{R}^2$	0.4171		0.4297	
F值	11.12***		19.65***	
樣本數	100		100	

(4)「一眠大一吋」表示小嬰兒睡得愈多，長得愈快，體重愈高，故在迴歸模型中，睡眠時間係數為正且顯著，亦即在此樣本中，「一眠大一吋」的說法是成立的。

(5) 較佳的迴歸預測模型如下：

一歲嬰兒體重 = 3.25 + 0.0006× 出生體重 + 0.27× 睡眠時間

+ 1.59× 性別 + 0.43× 是否餵食母乳

出生體重多 100 公克，目前體重會多 0.6 公斤，平均每天多睡一小時的寶寶，體重會增加 0.27 公斤，男寶寶比女寶寶多 0.43 公斤，餵食母乳的寶寶體也會增加 0.43 公斤。估計出生 3000 公克，餵食母乳且平均每天睡 12 小時的男寶寶，體重約為 3.25 + 0.0006×3000 + 0.27×12 + 1.59×1 + 0.43×1 = 10.48 公斤。

3. 略。

4. 略。

Appendix A

EXCEL 常用功能

對 EXCEL 軟體不太熟悉的讀者，可以在正式分析資料前，練習經常使用的資料處理工具。

EXCEL 可說是目前在業界最被廣泛使用的商業報表套裝軟體，特別是在資料庫管理、圖表展示、以及資料處理等方面，新版軟體更朝向雲端智慧化的方向設計。EXCEL 不只能快速製作報表，更是解讀資料的利器，在大數據時代，想要精進資料處理效率與資料分析能力，熟悉 EXCEL 已是不可或缺的基本要件。

本章透過實作範例，說明常用的資料處理工具、常用的公式與函數、以及基本繪圖與樞紐分析功能。不同版本的 EXCEL 都會新增或調整部份功能，本書以 2016 版本進行示範，再補充 2019 版本新增功能。

A-1 EXCEL 簡介

本節先對 EXCEL 作簡介，包括操作介面介紹、參照位址的意義、常用的儲存格格式及快速鍵。

A-1-1 EXCEL 操作介面

EXCEL 操作介面主要分為三個區塊，命令區、工作區、與狀態欄。上方命令區為最主要的指令選擇區，已依照不同功能進行分類，包括功能區索引標籤及其所屬的功能選單。中間工作區顯示資料內容及進行編輯的區域，直的稱為**欄（Column）**，橫的稱為**列（Row）**，透過資料編輯列可以輸入或修改**儲存格（Cell）**內容。每一個儲存格都有專屬位址，如「C5」即表示 C 欄第 5 列的儲存格，使用者可視需要，在同一檔案中開啓多個**工作表（Sheet）**，並進行命名。末端的狀態欄則顯示編輯中工作表的相關狀態資訊。

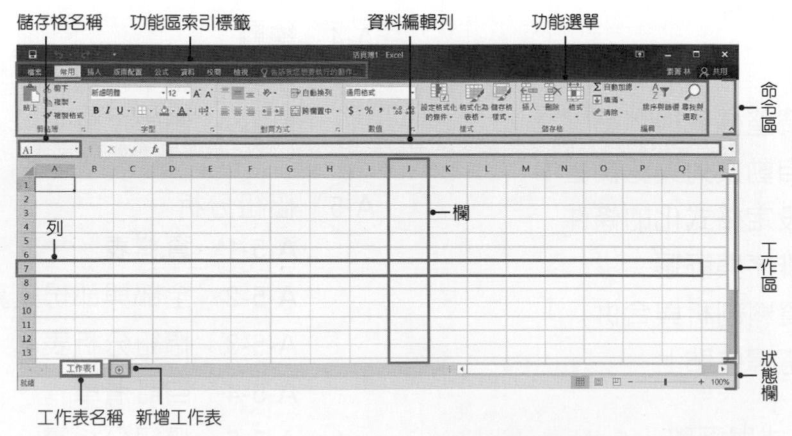

◎圖 A-1　EXCEL 2016 操作介面

A-1-2 參照位址

EXCEL 是以相對參照（**Relative Reference**）方式作爲儲存格位址的預設模式，亦即儲存格在工作表中相對應的欄與列，例如，儲存格 A1 的位址就是 A 欄第 1 列，儲存格 J18 的位址就是 J 欄第 18 列。

貨幣符號「$」可將儲存格位址調整爲**絕對參照**（**Absolute Reference**）或**混合參照**（**Mixed Reference**）模式，亦即固定儲存格欄或列的位址，按下「功能鍵 F4」可在參照類型之間進行切換。

➠ 表 A-1　參照類型

參照類型	範例	說明
相對參照	A1	相對欄和相對列
絕對參照	$A$1	絕對欄和絕對列（固定儲存格位址）
混合參照	$A1	絕對欄和相對列（固定A欄）
	A$1	相對欄和絕對列（固定第1列）

另外還有三種**參照運算子**（**Reference Operator**）可供使用，一爲代表範圍的冒號，如「A1:C3」表示 A1 到 C3 之間的所有儲存格；二爲代表聯集的逗號，如「A1, C1:C3」表示 A1 儲存格與 C1:C3 儲存格範圍；三爲代表交集的空格，如「A1:C1 C1:C3」表示 A1 到 C1 之間與 C1 到 C3 之間重複的儲存格 C1。

➠ 表 A-2　參照運算子

<table>
<tr><th>參照運算子</th><th>範例</th><th>圖示</th></tr>
<tr><td>冒號（:）</td><td>A1:C3
範圍</td><td><table><tr><td></td><td>A</td><td>B</td><td>C</td><td>D</td><td>E</td><td>F</td><td>G</td></tr><tr><td>1</td><td>會員編號</td><td>身高(cm)</td><td>體重(kg)</td><td>性別</td><td>種類</td><td>縣市別</td><td>區域別</td></tr><tr><td>2</td><td>151004</td><td>178</td><td>79</td><td>M</td><td>季票</td><td>桃園市</td><td>中壢</td></tr><tr><td>3</td><td>180316</td><td>158</td><td>59</td><td>F</td><td>季票</td><td>台北市</td><td>中正</td></tr><tr><td>4</td><td>181266</td><td>179</td><td>95</td><td>M</td><td>單次</td><td>新北市</td><td>板橋</td></tr><tr><td>5</td><td>190965</td><td>180</td><td>72</td><td>M</td><td>單次</td><td>桃園市</td><td>桃園</td></tr></table></td></tr>
<tr><td>逗號（, ）</td><td>A1, C1:C3
聯集</td><td><table><tr><td></td><td>A</td><td>B</td><td>C</td><td>D</td><td>E</td><td>F</td><td>G</td></tr><tr><td>1</td><td>會員編號</td><td>身高(cm)</td><td>體重(kg)</td><td>性別</td><td>種類</td><td>縣市別</td><td>區域別</td></tr><tr><td>2</td><td>151004</td><td>178</td><td>79</td><td>M</td><td>季票</td><td>桃園市</td><td>中壢</td></tr><tr><td>3</td><td>180316</td><td>158</td><td>59</td><td>F</td><td>季票</td><td>台北市</td><td>中正</td></tr><tr><td>4</td><td>181266</td><td>179</td><td>95</td><td>M</td><td>單次</td><td>新北市</td><td>板橋</td></tr><tr><td>5</td><td>190965</td><td>180</td><td>72</td><td>M</td><td>單次</td><td>桃園市</td><td>桃園</td></tr></table></td></tr>
<tr><td>空格（ ）</td><td>A1:C1　C1:C3
交集</td><td><table><tr><td></td><td>A</td><td>B</td><td>C</td><td>D</td><td>E</td><td>F</td><td>G</td></tr><tr><td>1</td><td>會員編號</td><td>身高(cm)</td><td>體重(kg)</td><td>性別</td><td>種類</td><td>縣市別</td><td>區域別</td></tr><tr><td>2</td><td>151004</td><td>178</td><td>79</td><td>M</td><td>季票</td><td>桃園市</td><td>中壢</td></tr><tr><td>3</td><td>180316</td><td>158</td><td>59</td><td>F</td><td>季票</td><td>台北市</td><td>中正</td></tr><tr><td>4</td><td>181266</td><td>179</td><td>95</td><td>M</td><td>單次</td><td>新北市</td><td>板橋</td></tr><tr><td>5</td><td>190965</td><td>180</td><td>72</td><td>M</td><td>單次</td><td>桃園市</td><td>桃園</td></tr></table></td></tr>
</table>

A-1-3 儲存格格式

常用的儲存格格式（Format）包括數值、貨幣、日期、時間、分數、百分比、科學記號等，正確使用儲存格格式，將會方便後續資料處理與運算。

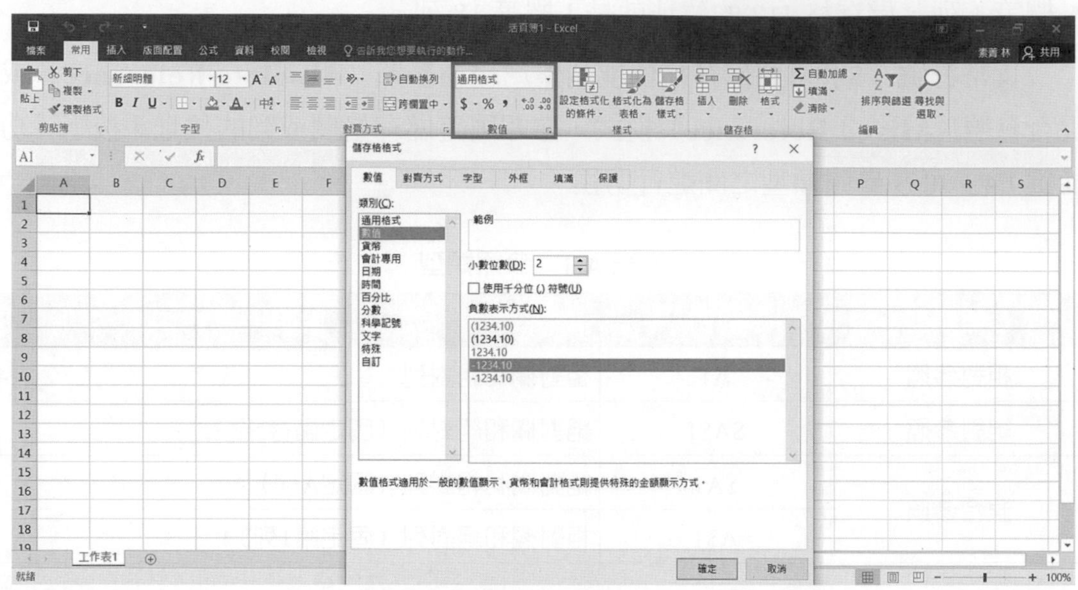

➨表 A-3 常用的儲存格格式

類別	範例	說明
數值	5,000	
貨幣	$5,000	加貨幣符號或千分位樣式
日期	2016/10/31 105/10/31	西元年 民國年
時間	08:05 AM 10:31 PM	早上8點5分 下午10點31分
分數	1/4	輸入方式為「0 1/4」
百分比	30%	
科學記號	5.67E-05	5.67×10^{-5}

A-1-4 快速鍵

當資料量愈來愈龐大時，靈活運用快速鍵，可以加快工作效率，達到事半功倍的成效。

➡ 表 A-4 常用的快速鍵

功能	快速鍵
全選	Ctrl + A或Ctrl + Shift + ↑ ↓ ← →方向鍵
快速移動游標至資料範圍邊緣	End + ↑ ↓ ← →方向鍵
連續選取資料範圍	Shift + 資料範圍
跳選資料範圍	Ctrl + 資料範圍
複製	Ctrl + C
貼上	Ctrl + V
儲存格內強制換列	Alt + Enter
切換參照類型	功能鍵F4

A-2 整理資料

在分析資料之前，學習整理資料是必經的過程，特別是在大數據時代，資料量本身就已經非常龐大，還要配合即時性，正確地清洗資料，可以有效縮短資料處理與運算時間。

本章節以題組方式，透過健身中心會員資料庫，介紹常用的資料整理工具，包括調整欄寬（**Column Width**）或列高（**Row Height**）、自動換列（**Wrap Text**）與跨欄置中（**Merge & Center**）、設定格式化的條件（**Conditional Formatting**）、排序與篩選（**Sort & Filter**）、資料剖析（**Text to Column**）、資料合併（**Combine**）、選擇性貼上（**Paste Special**）等功能。

⊙ 請掃描目錄頁 QR code，見檔案 BMI.xlsx

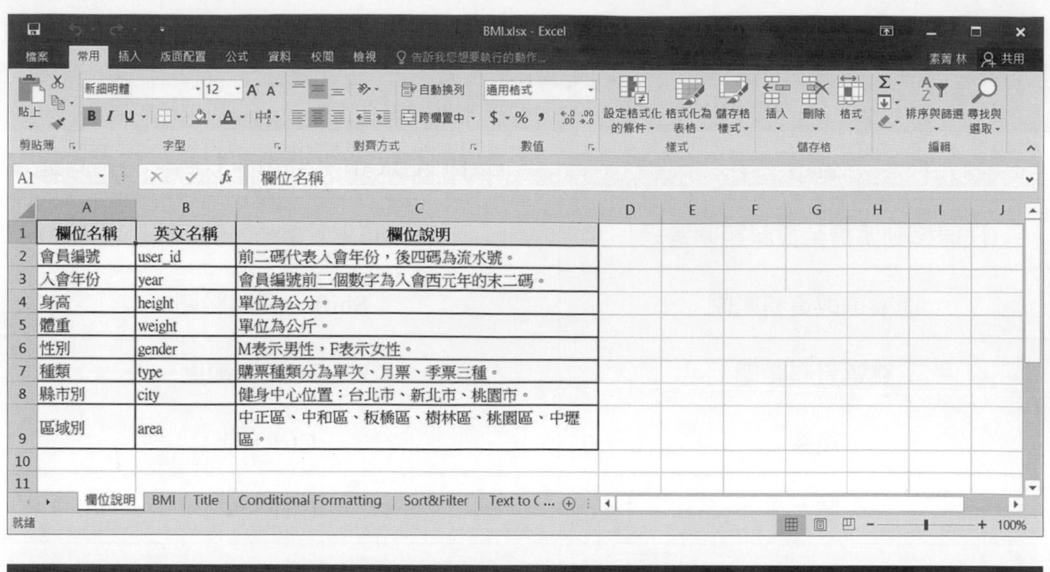

欄位名稱	英文名稱	欄位說明
會員編號	user_id	前二碼代表入會年份，後四碼為流水號。
入會年份	year	會員編號前二個數字為入會西元年的末二碼。
身高	height	單位為公分。
體重	weight	單位為公斤。
性別	gender	M表示男性，F表示女性。
種類	type	購票種類分為單次、月票、季票三種。
縣市別	city	健身中心位置：台北市、新北市、桃園市。
區域別	area	中正區、中和區、板橋區、樹林區、桃園區、中壢區。

會員編號	身高(cm)	體重(kg)	性別	種類	縣市別	區域別
151004	178	79	M	季票	桃園市	中壢
180316	158	59	F	季票	台北市	中正
181266	179	95	M	單次	新北市	板橋
190965	180	72	M	單次	桃園市	桃園
171401	158	59	F	單次	新北市	中和
160582	174	72	M	單次	桃園市	桃園
170863	175	69	M	單次	台北市	中正
150314	178	71	M	季票	新北市	板橋
190660	160	49	F	季票	新北市	板橋
170698	179	83	M	單次	新北市	板橋
161019	157	57	M	單次	台北市	中正

A-2-1 調整欄寬與列高

如果工作區出現「####」，表示儲存格的欄寬不足，需要進行調整。如果只有少數欄位，可直接以手動方式調整；在處理大量資料時，可以啓用全面自動調整方式。

範例 A-1

開啓 BMI.xlsx 檔案，利用自動調整功能將所有欄位調整至最適欄寬。

步驟：按下「Ctrl+A」全選資料，在常用索引標籤中，選擇「格式」，按下「自動調整欄寬」，所有欄位將會依內容寬度進行自動調整。類似操作方式也可以自動調整列高。

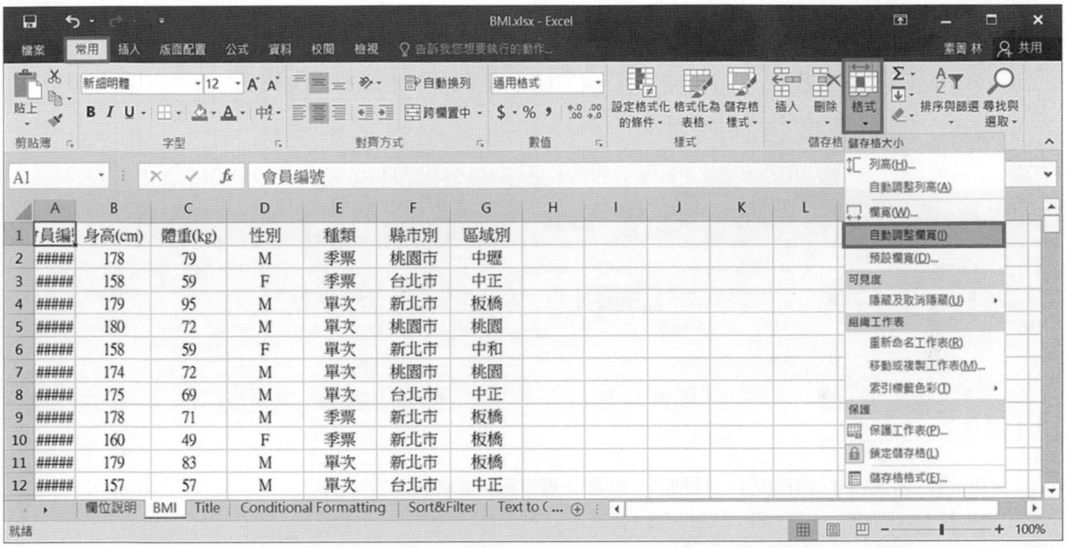

A-2-2 自動換列與跨欄置中

當儲存格內容很長不易閱讀時，可選用「自動換列」或「跨欄置中」的功能，若再搭配快速鍵「Alt+Enter」，還可進行強制換列。

範例 A-2

開啓新工作表，將工作表名稱改爲 Title，合併 A1 與 B1 儲存格，輸入標題文字「健身中心會員資料」，再將資料第一列的名稱改成中英對照模式，中文在上，英文在下。

⊞ **步驟 1：**按下「+」開啓新工作表，將新工作表命名爲 Title。

⊞ **步驟 2：**在 A1 儲存格中輸入標題文字「運動中心會員資料」，選擇 A1:B1 儲存格範圍，按下「跨欄置中」進行儲存格合併。

⊞ **步驟 3：**複製 BMI 工作表中的第一列名稱（A1:G1）到 Title 工作表，自行輸入對應英文名稱，在資料編輯列中英文字串間按下「Alt+Enter」，即可完成強制換列。

	A	B	C	D	E	F	G
1	健身中心會員資料						
2		跨欄置中					
3	會員編號 user_id	身高(cm) height	體重(kg) weight	性別 gender	種類 type	縣市別 city	區域別 area
4		儲存格內自動換行 Alt+Enter					

A-2-3 設定格式化的條件

資料視覺化（**Data Visualization**）是大數據分析中非常重要的一環，「設定格式化的條件」功能可以在大量資料中快速突顯某些重要資訊。常用的設定包括醒目提示儲存格規則（Highlight Cells Rules）、頂端 / 底端項目規則（Top/Bottom Rules）、資料橫條（Data Bar）、色階（Color Scales）、及圖示（Icon）等。

範例 A-3

以「綠白色階」方式標示身高，「藍色資料橫條」方式標示體重。

步驟：選擇身高欄位B，在常用索引標籤中，選擇「設定格式化的條件」→「色階」→「綠白色階」，其中儲存格的顏色愈深表示身高愈高。類似的方式可標示體重欄位C，儲存格的橫條愈長即表示體重愈重。

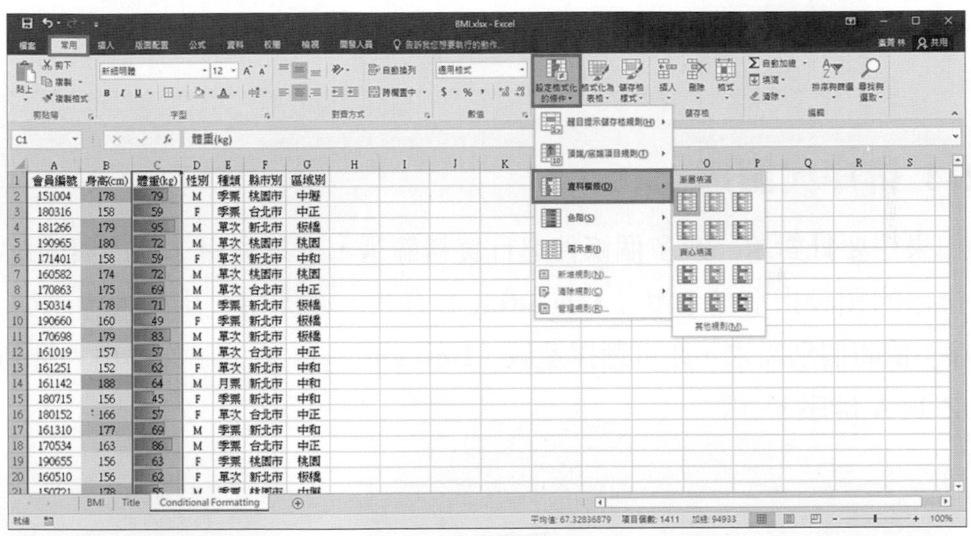

如果需要修改標示，可先選擇資料範圍，按下「設定格式化條件」→「管理規則」，然後在 [設定格式化的條件規則管理員] 視窗中進行修改。

設定格式化的條件規則管理員 ? ×

顯示格式化規則(S): 目前的選取

新增規則(N)... 編輯規則(E)... 刪除規則(D)

規則 (依照顯示的順序套用)	格式	套用到	如果 True 則停止
資料橫條		=$C:$C	
分級的色階		=$B:$B	

確定 關閉 套用

A-2-4 排序與篩選

如果想要針對單一或多個條件進行資料篩選，可以利用「排序與篩選」功能，排序的預設指令是**遞增**（**Ascending**）方式，亦即由小排到大，或從 A 到 Z 排序；依照個別需求，亦可選擇**遞減**（**Descending**）方式，亦即由大排到小，或從 Z 到 A 排序。

在處理多欄位資料時，務必要先全選資料再進行排序，絕對不能只選擇某一個欄位就逕自進行排序，否則會發生嚴重錯誤。

範例 A-4

利用篩選與排序功能，找出板橋健身中心身高最高的女性會員。

步驟 1：選擇欄位名稱範圍 A1:G1，在常用索引標籤中，選擇「排序與篩選」→「篩選」。

步驟 2：按下區域別篩選按鈕→勾選 ☑ 板橋→「確定」。相同方式，再按下性別篩選按鈕→勾選 ☑F（女性）→「確定」。

步驟 3： 在身高欄位篩選按鈕中，選擇「從最大到最小排序」→「確定」。

步驟 4： 工作表中的第一列即顯示板橋健身中心身高最高的女性會員資料（會員編號 150364，身高 173 cm）。

A-2-5 資料剖析與合併

如果需要分割或合併儲存格的內容，可在資料索引標籤中，選擇「資料剖析」或「資料合併」功能。

範例 A-5

會員編號前二碼表示該名會員的入會時間，例如「151004」即表示 2015 年加入會員，請自行新增「入會時間」欄位，並以西元年表示之。（提示：先擷取會員編號前二碼，然後在前方加上「20」。）

解說

步驟 1： 取消資料篩選，恢復全選資料。

步驟 2： 由於進行資料剖析時，會自動覆蓋右方欄位資料，故先利用快速鍵「Ctrl + C」複製會員編號 A 欄，再於空白欄位（J 欄）按下「Ctrl + V」進行貼上。

步驟 3： 選取 J 欄位資料，在資料索引標籤中，選擇「資料剖析」，再依 [資料剖析精靈] 視窗中的 3 個步驟進行操作。

步驟 3 之 1： 視資料特性選擇「分隔符號」或「固定寬度」。由於會員編號前二碼長度固定，故本例選擇 ⊙ 固定寬度方式進行分割。

步驟 3 之 2： 按下滑鼠左鍵確認分割位置，如果不小心點錯位置，可以按住滑鼠左鍵以拖曳方式移動位置。

步驟 3 之 3： 確認無誤後按下「完成」，回到工作表。

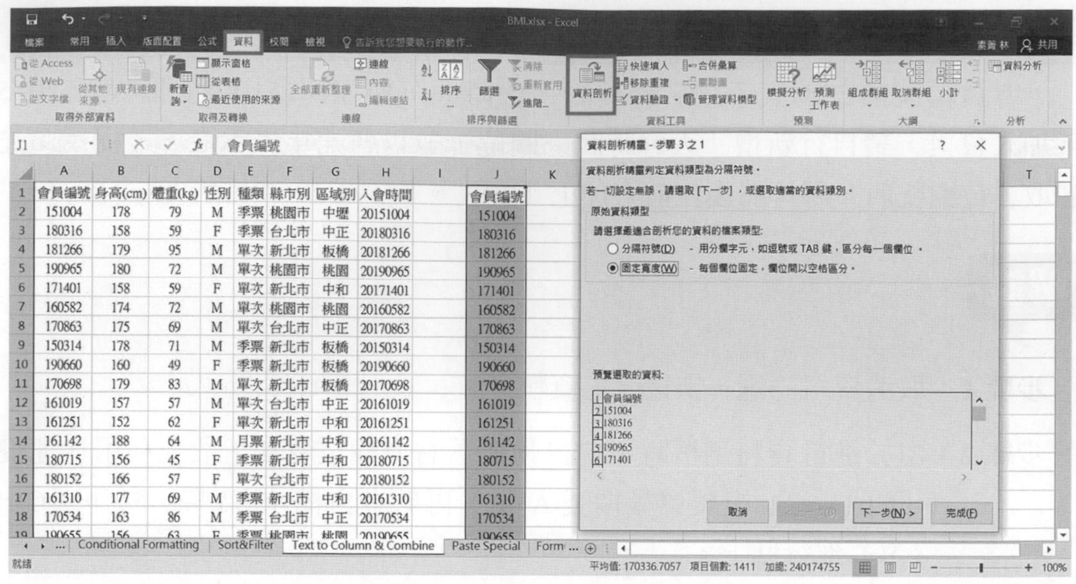

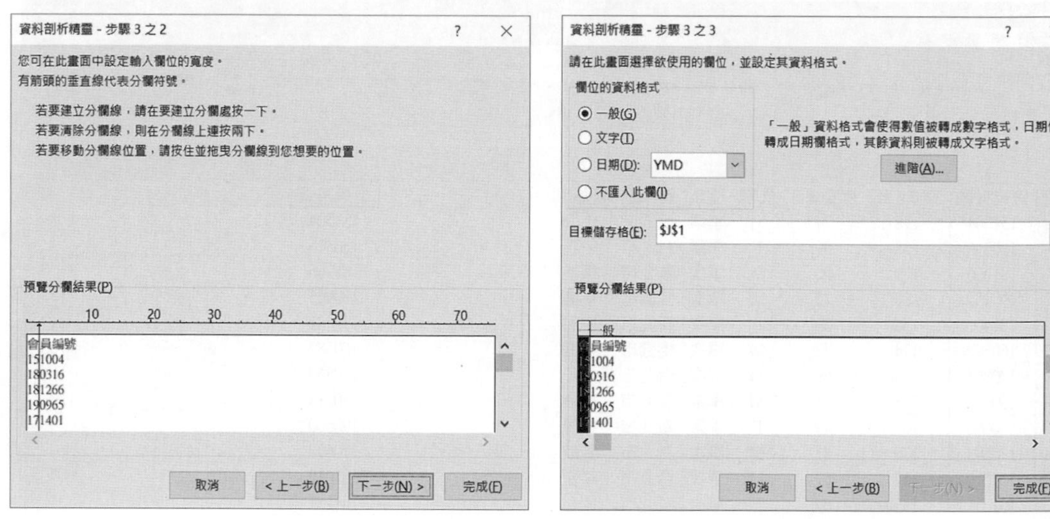

步驟 4： 在 H1 儲存格輸入欄位標籤文字「入會時間」，H2 儲存格輸入公式「= 20 & J2」，其中「&」為串接符號，表示合併 20 與 J2 儲存格內容，確認無誤後再自動填滿下方儲存格，完成任務。

	A	B	C	D	E	F	G	H	I	J	K
1	會員編號	身高(cm)	體重(kg)	性別	種類	縣市別	區域別	入會時間		會	員編號
2	151004	178	79	M	季票	桃園市	中壢	=20&J2		15	1004
3	180316	158	59	F	季票	台北市	中正	2018		18	316
4	181266	179	95	M	單次	新北市	板橋	2018		18	1266
5	190965	180	72	M	單次	桃園市	桃園	2019		19	965
6	171401	158	59	F	單次	新北市	中和	2017		17	1401
7	160582	174	72	M	單次	桃園市	桃園	2016		16	582
8	170863	175	69	M	單次	台北市	中正	2017		17	863
9	150314	178	71	M	季票	新北市	板橋	2015		15	314
10	190660	160	49	F	季票	新北市	板橋	2019		19	660
11	170698	179	83	M	單次	新北市	板橋	2017		17	698
12	161019	157	57	M	單次	台北市	中正	2016		16	1019
13	161251	152	62	F	單次	新北市	中和	2016		16	1251

A-2-6 選擇性貼上

在清洗資料時，若不小心刪除計算過程中產製的欄位，如上例中的 J 欄，前面設定的公式就會出現錯誤訊息「#REF!」，因爲已經找不到原先公式中設定的儲存格內容。此時可以選用「選擇性貼上」中「值（**Values**）」的功能來整理資料。除此之外，有時候我們需要將橫軸縱軸內容互換，也可以使用「選擇性貼上」中的資料轉置（**Transpose**）功能。

	A	B	C	D	E	F	G	H	I	J	K
1	會員編號	身高(cm)	體重(kg)	性別	種類	縣市別	區域別	入會時間			
2	151004	178	79	M	季票	桃園市	中壢	#REF!			
3	180316	158	59	F	季票	台北市	中正	#REF!			
4	181266	179	95	M	單次	新北市	板橋	#REF!			
5	190965	180	72	M	單次	桃園市	桃園	#REF!			
6	171401	158	59	F	單次	新北市	中和	#REF!			
7	160582	174	72	M	單次	桃園市	桃園	#REF!			
8	170863	175	69	M	單次	台北市	中正	#REF!			
9	150314	178	71	M	季票	新北市	板橋	#REF!			
10	190660	160	49	F	季票	新北市	板橋	#REF!			
11	170698	179	83	M	單次	新北市	板橋	#REF!			
12	161019	157	57	M	單次	台北市	中正	#REF!			
13	161251	152	62	F	單次	新北市	中和	#REF!			

範例 A-6

練習清理資料，解除「入會時間」的公式設定，並刪除多餘的欄位。

步驟 1：選擇具有串接符號設定的入會時間 H 欄，按下「Ctrl + C」進行複製，將游標移至 H1，按下滑鼠右鍵選擇「選擇性貼上」。

	A	B	C	D	E	F	G	H	K
1	會員編號	身高(cm)	體重(kg)	性別	種類	縣市別	區域別	入會時間	員編號
2	151004	178	79	M	季票	桃園市	中壢	2015	1004
3	180316	158	59	F	季票	台北市	中正	2018	316
4	181266	179	95	M	單次	新北市	板橋	2018	1266
5	190965	180	72	M	單次	桃園市	桃園	2019	965
6	171401	158	59	F	單次	新北市	中和	2017	1401
7	160582	174	72	M	單次	桃園市	桃園	2016	582
8	170863	175	69	M	單次	台北市	中正	2017	863
9	150314	178	71	M	季票	新北市	板橋	2015	314
10	190660	160	49	F	季票	新北市	板橋	2019	660
11	170698	179	83	M	單次	新北市	板橋	2017	698
12	161019	157	57	M	單次	台北市	中正	2016	1019
13	161251	152	62	F	單次	新北市	中和	2016	1251

步驟 2：在 [選擇性貼上] 視窗中點選「◉ 值」→「確定」，即可成功轉換。

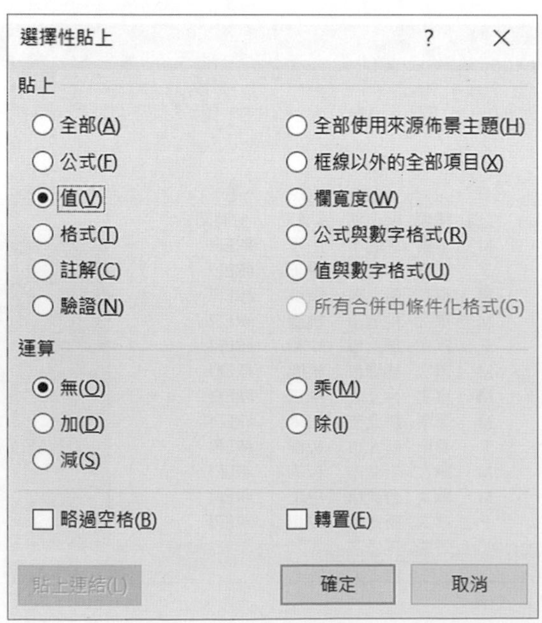

🖹 **步驟 3：**最後再刪除多餘的 J 與 K 欄位，做資料清洗的動作。此時入會時間欄位 H 已經不包含公式的設定。

	A	B	C	D	E	F	G	H
1	會員編號	身高(cm)	體重(kg)	性別	種類	縣市別	區域別	入會時間
2	151004	178	79	M	季票	桃園市	中壢	2015
3	180316	158	59	F	季票	台北市	中正	2018
4	181266	179	95	M	單次	新北市	板橋	2018
5	190965	180	72	M	單次	桃園市	桃園	2019
6	171401	158	59	F	單次	新北市	中和	2017
7	160582	174	72	M	單次	桃園市	桃園	2016
8	170863	175	69	M	單次	台北市	中正	2017
9	150314	178	71	M	季票	新北市	板橋	2015
10	190660	160	49	F	季票	新北市	板橋	2019
11	170698	179	83	M	單次	新北市	板橋	2017
12	161019	157	57	M	單次	台北市	中正	2016
13	161251	152	62	F	單次	新北市	中和	2016

A-3 常用的公式與函數

EXCEL 具有非常強大的公式（**Formulate**）功能，只要在資料編輯列輸入等號「=」即可運用公式。選單中已內建許多函數可供選擇，瞭解公式的意義及邏輯，就能化繁為簡，快速解決問題，輕鬆製作報表。

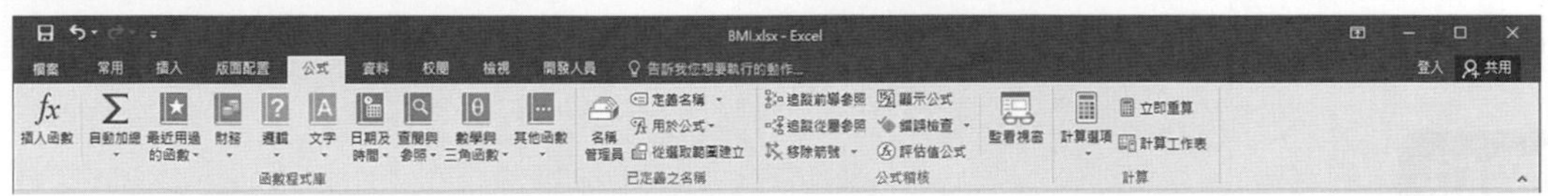

不熟悉公式指令語法的初學者，可以先在資料編輯列中輸入「= 函數名稱()」，再按下「*fx*」，即可透過該 [函數引數] 視窗直接輸入適當的參數進行公式撰寫。

A-3-1 基本計算

四則運算的順序以括弧最優先，其次爲次方（或稱爲乘冪）、乘除，最後才是加減。而在「常用」索引標籤中的「Σ 自動加總（AutoSum）」選項，提供加總 SUM()、平均值 AVERAGE()、計數 COUNT()、最大值 MAX()、與最小值 MIN() 的基本計算指令，括弧內則直接輸入相對應的資料範圍。

表 A-5 常用的運算子

算術運算子		比較運算子	
加	+	等於	=
減	–	不等於	<>
乘	*	大於	>
除	/	小於	<
百分比	%	大於等於	>=
次方 / 乘冪	^	小於等於	<=

範例 A-7

新增「BMI」欄位，計算會員身體質量指數（Body Mass Index, BMI），計算公式是體重除以身高的平方，其中體重以公斤爲單位，身高以公尺爲單位（四捨五入至小數點以下第一位）。

步驟 1： 在 I1 儲存格輸入欄位名稱「BMI」，I2 儲存格中輸入計算公式「= C2/(B2/100)^2」，其中「^」表示次方符號。

步驟 2： 在計算公式前再加上 ROUND() 函數，即可指定四捨五入的位數，例如「= ROUND(C2/(B2/100)^2,1)」，亦即把前面計算的 BMI「= C2/(B2/100)^2」四捨五入至小數點以下第「1」位。

BMI.xlsx - Excel

I2 =ROUND(C2/(B2/100)^2,1)

	A	B	C	D	E	F	G	H	I
1	會員編號	身高(cm)	體重(kg)	性別	種類	縣市別	區域別	入會時間	BMI
2	151004	178	79	M	季票	桃園市	中壢	2015	24.9
3	180316	158	59	F	季票	台北市	中正	2018	23.6
4	181266	179	95	M	單次	新北市	板橋	2018	29.6
5	190965	180	72	M	單次	桃園市	桃園	2019	22.2
6	171401	158	59	F	單次	新北市	中和	2017	23.6
7	160582	174	72	M	單次	桃園市	桃園	2016	23.8
8	170863	175	69	M	單次	台北市	中正	2017	22.5
9	150314	178	71	M	季票	新北市	板橋	2015	22.4
10	190660	160	49	F	季票	新北市	板橋	2019	19.1
11	170698	179	83	M	單次	新北市	板橋	2017	25.9
12	161019	157	57	M	單次	台北市	中正	2016	23.1
13	161251	152	62	F	單次	新北市	中和	2016	26.8

... Conditional Formatting | Sort&Filter | Text to Column & Combine | Paste Special | Formulate

範例 A-8

計算會員總人數，以及身高、體重、BMI 的平均數、最大值與最小值（四捨五入至小數點以下第一位）。

步驟 1：為方便閱讀可先隱藏 D 至 H 欄位，並在空白儲存格或新工作表中設計適當的表格。

BMI.xlsx - Excel

L5

	A	B	C	I	J	K	L	M	N
1	會員編號	身高(cm)	體重(kg)	BMI			身高(cm)	體重(kg)	BMI
2	151004	178	79	24.9		平均數			
3	180316	158	59	23.6		最大值			
4	181266	179	95	29.6		最小值			
5	190965	180	72	22.2		會員人數			
6	171401	158	59	23.6					
7	160582	174	72	23.8					
8	170863	175	69	22.5					
9	150314	178	71	22.4					
10	190660	160	49	19.1					
11	170698	179	83	25.9					
12	161019	157	57	23.1					

... Conditional Formatting | Sort&Filter | Text to Column & Combine | Paste Special | Formulate

步驟 2：點選儲存格L5，在常用索引標籤中選擇「Σ 自動加總」→「計數」，再輸入資料範圍（I 欄）計算會員人數。

	A	B	C	I	J	K	L	M	N
1	會員編號	身高(cm)	體重(kg)	BMI			身高(cm)	體重(kg)	BMI
2	151004	178	79	24.9		平均數			
3	180316	158	59	23.6		最大值			
4	181266	179	95	29.6		最小值			
5	190965	180	72	22.2		會員人數	1410	=COUNT(I:I)	
6	171401	158	59	23.6					
7	160582	174	72	23.8					
8	170863	175	69	22.5					
9	150314	178	71	22.4					
10	190660	160	49	19.1					
11	170698	179	83	25.9					
12	161019	157	57	23.1					
13	161251	152	62	26.8					

步驟 3：類似的方式，在常用索引標籤中選擇「Σ 自動加總」→「平均數」、「最大值」、與「最小值」，再輸入相對應的資料範圍（身高欄位 B、體重欄位 C、BMI 欄位 I），分別計算身高、體重、BMI 的平均數與最大最小值。

	A	B	C	I	J	K	L	M	N	O
1	會員編號	身高(cm)	體重(kg)	BMI			身高(cm)	體重(kg)	BMI	
2	151004	178	79	24.9		平均數	165.5	67.3	24.6	=AVERAGE(I:I)
3	180316	158	59	23.6		最大值	193.0	107.0	37.3	=MAX(I:I)
4	181266	179	95	29.6		最小值	146.0	42.0	13.6	=MIN(I:I)
5	190965	180	72	22.2		會員人數	1410	=COUNT(I:I)		
6	171401	158	59	23.6						
7	160582	174	72	23.8						
8	170863	175	69	22.5						
9	150314	178	71	22.4						
10	190660	160	49	19.1						
11	170698	179	83	25.9						
12	161019	157	57	23.1						
13	161251	152	62	26.8						

A-3-2 MID 指令

有時候我們只需要擷取儲存格中的某些字元，這時候 MID() 指令就會派上用場了。若再搭配串接符號「&」，還可自行組合指定字元或不同欄位內容。

範例 A-9

改用 MID() 指令處理「入會時間」欄位。

步驟：在 H2 儲存格中直接輸入公式指令「= 20 & MID(A2, 1, 2)」，其中「&」是串接符號，MID(A2, 1, 2) 則表示從會員編號欄位的 A2 儲存格中第 1 個字元開始，往後擷取 2 個字元，亦即在會員編號 151004 中擷取前二碼 15。

H2 =20&MID(A2,1,2)

	A	B	C	D	E	F	G	H
1	會員編號	身高(cm)	體重(kg)	性別	種類	縣市別	區域別	入會時間
2	151004	178	79	M	季票	桃園市	中壢	2015
3	180316	158	59	F	季票	台北市	中正	2018
4	181266	179	95	M	單次	新北市	板橋	2018
5	190965	180	72	M	單次	桃園市	桃園	2019
6	171401	158	59	F	單次	新北市	中和	2017
7	160582	174	72	M	單次	桃園市	桃園	2016
8	170863	175	69	M	單次	台北市	中正	2017
9	150314	178	71	M	季票	新北市	板橋	2015
10	190660	160	49	F	季票	新北市	板橋	2019
11	170698	179	83	M	單次	新北市	板橋	2017
12	161019	157	57	M	單次	台北市	中正	2016
13	161251	152	62	F	單次	新北市	中和	2016

不熟悉公式語法的初學者，也可以先在資料編輯列輸入「= MID()」，按下「*fx*」即會跳出 MID [函數引數] 視窗，接下來再依序輸入三個參數，Text 選擇想要擷取的儲存格位址（會員編號欄位，儲存格 A2），Start_num 是輸入想要擷取文字中的第一個字元的位置（從會員編號的第 1 個字元開始），Num_chars 則是輸入傳回文字的字元數（擷取 2 個字元）。

函數引數

MID

Text A2 = "151004"

Start_num 1 = 1

Num_chars 2 = 2

= "15"

傳回從文字串中的某個起始位置到指定長度之間的字元

Num_chars 指定要從 Text 中傳回的字元數。

計算結果 = 15

函數說明(H) 確定 取消

小提醒！

與前面實作範例 A-5 相較，利用公式處理「入會時間」欄位，將會大大提高工作效率。除了在操作步驟上相對精簡，未來加入新的會員資料時，該欄位只需要向下自動填滿，即可迅速完成任務。另外，除了 MID 指令，LEFT 與 RIGHT 指令也有類似作用，可分別擷取左右字元，例如上例亦可選用 = LEFT(A2, 2)，表示從會員編號欄位的 A2 儲存格中，直接從左邊擷取 2 個字元。

A-3-3 IF 與 IFS 指令

條件指令 IF 在 EXCEL 運算中是非常實用的功能，經常用來篩選一個或多個條件，使用時務必先理解條件邏輯，才能事半功倍。IFS 則是 2019 版本新增功能，可以降低撰寫多個條件設定的語法複雜度。

範例 A-10

將性別欄位代號改成中文標示，其中 F 與 M 分別表示「女」與「男」（單一條件二分法）。

步驟 1：在 J2 儲存格輸入指令「= IF（D2 = "F", " 女 ", " 男 "）」或「= IF（D2 = "M", " 男 ", " 女 "）」。由於 F 與 M 屬於文字格式，故需要以雙引號方式（"F" 與 "M"）進行宣告，以利電腦判讀。

	A	B	C	D	E	F	G	H	I	J	K	L
1	會員編號	身高(cm)	體重(kg)	性別	種類	縣市別	區域別	入會時間	BMI	性別		
2	151004	178	79	M	季票	桃園市	中壢	2015	24.9	=IF(D2="F","女","男")		
3	180316	158	59	F	季票	台北市	中正	2018	23.6	女		
4	181266	179	95	M	單次	新北市	板橋	2018	29.6	男		
5	190965	180	72	M	單次	桃園市	桃園	2019	22.2	男		
6	171401	158	59	F	單次	新北市	中和	2017	23.6	女		
7	160582	174	72	M	單次	桃園市	桃園	2016	23.8	男		
8	170863	175	69	M	單次	台北市	中正	2017	22.5	男		
9	150314	178	71	M	季票	新北市	板橋	2015	22.4	男		
10	190660	160	49	F	季票	新北市	板橋	2019	19.1	女		
11	170698	179	83	M	單次	新北市	板橋	2017	25.9	男		
12	161019	157	57	M	單次	台北市	中正	2016	23.1	男		
13	161251	152	62	F	單次	新北市	中和	2016	26.8	女		

初學者如果對邏輯條件語法不熟悉，可以先在資料編輯列輸入「= IF()」，按下「*fx*」即會跳出 IF[函數引數] 視窗，接下來再依序輸入三個參數，Logical_test 輸入需要被條件判別的目標儲存格，Value_if_true 與 Value_if_false 分別輸入是否符合條件回傳的結果。換句話說，如果符合條件 D2 = "F"（D2 儲存格內容為 F），就被判定為女生，否則就被視為男生。

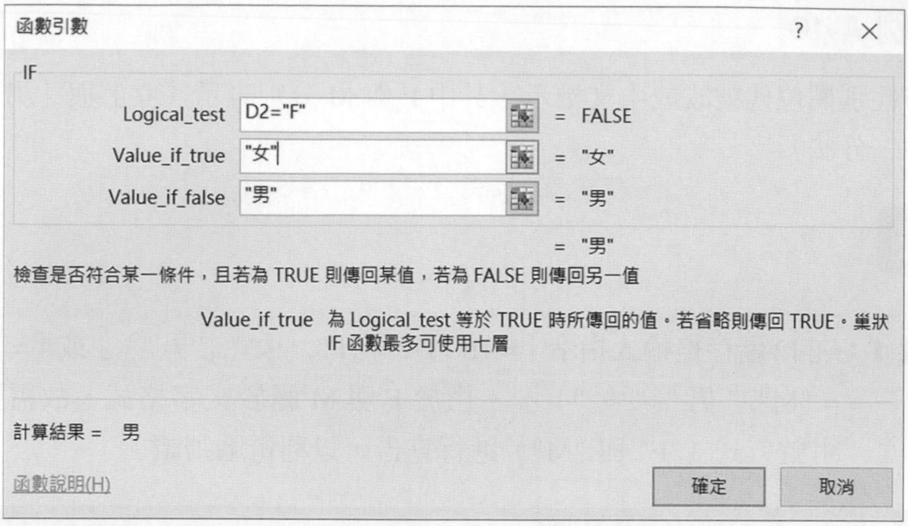

函數引數

IF

Logical_test D2="F" = FALSE

Value_if_true "女" = "女"

Value_if_false "男" = "男"

= "男"

檢查是否符合某一條件，且若為 TRUE 則傳回某值，若為 FALSE 則傳回另一值

Value_if_true 為 Logical_test 等於 TRUE 時所傳回的值。若省略則傳回 TRUE。巢狀 IF 函數最多可使用七層

計算結果 = 男

函數說明(H) 確定 取消

步驟 2： 參考範例 A-6，利用「選擇性貼上」功能，複製 J 欄位的「值」到性別欄位 D，再進行清洗資料動作，刪除 J 欄位。

BMI.xlsx - Excel

D1 性別

	A	B	C	D	E	F	G	H	I
1	會員編號	身高(cm)	體重(kg)	性別	種類	縣市別	區域別	入會時間	BMI
2	151004	178	79	男	季票	桃園市	中壢	2015	24.9
3	180316	158	59	女	季票	台北市	中正	2018	23.6
4	181266	179	95	男	單次	新北市	板橋	2018	29.6
5	190965	180	72	男	單次	桃園市	桃園	2019	22.2
6	171401	158	59	女	單次	新北市	中和	2017	23.6
7	160582	174	72	男	單次	桃園市	桃園	2016	23.8
8	170863	175	69	男	單次	台北市	中正	2017	22.5
9	150314	178	71	男	季票	新北市	板橋	2015	22.4
10	190660	160	49	女	季票	新北市	板橋	2019	19.1
11	170698	179	83	男	單次	新北市	板橋	2017	25.9
12	161019	157	57	男	單次	台北市	中正	2016	23.1
13	161251	152	62	女	單次	新北市	中和	2016	26.8

Sort&Filter | Text to Column & Combine | Paste Special | Formulate | IF

項目個數: 1411 150%

小提醒！

由於電腦指令只能接受英文半形，故所有公式指令務必以英文半形進行輸入。除此之外，一定要有完整的左右括號「()」、上下單引號「' '」或雙引號「" "」。特別要提醒的是，單雙引號在輸入時務必要特別小心，因為乍看之下，連續二個單引號在電腦螢幕畫面就像是一個雙引號，而且系統一直會顯示公式錯誤訊息。

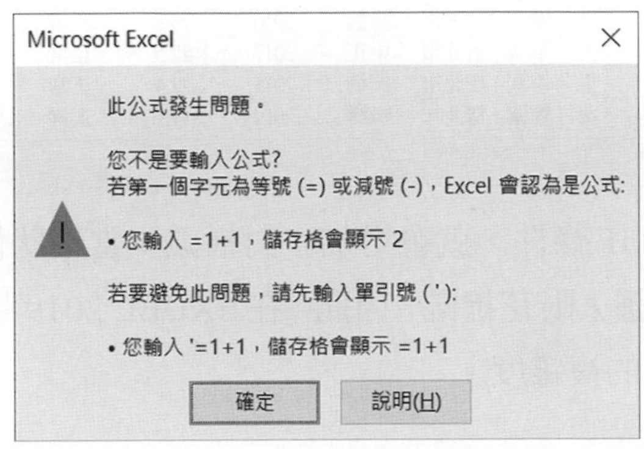

範例 A-11

依據國民健康署建議我國成人肥胖標準，新增「肥胖診斷」欄位（巢狀條件）。

表 A-6　國民健康署成人肥胖標準

BMI	小於18.5	18.5～24	24～27	27～30	30～35	超過35
成人肥胖定義	過輕	正常	過重	輕度肥胖	中度肥胖	重度肥胖

解說

步驟： 先在 J1 儲存格輸入欄位名稱「肥胖診斷」。在 J2 儲存格輸入巢狀條件「= IF (I2 < 18.5, " 過 輕 ", IF (I2 < 24, " 正 常 ", IF (I2 < 27, " 過 重 ", IF (I2 < 30, " 輕度肥胖 ", IF (I2 < 35, " 中度肥胖 ", " 重度肥胖 ")))))」，初學者如果怕邏輯錯亂，可以搭配快速鍵「Alt + Enter」在儲存格中進行強制換列。同樣的邏輯，也可以輸入「= IF (I2 > = 35," 重度肥胖 ", IF (I2 > = 30, " 中度肥胖 ", IF (I2 > = 27," 輕度肥胖 ", IF (I2 > = 24, " 過重 ", IF (I2 > = 18.5, " 正常 ", " 過輕 ")))))」。

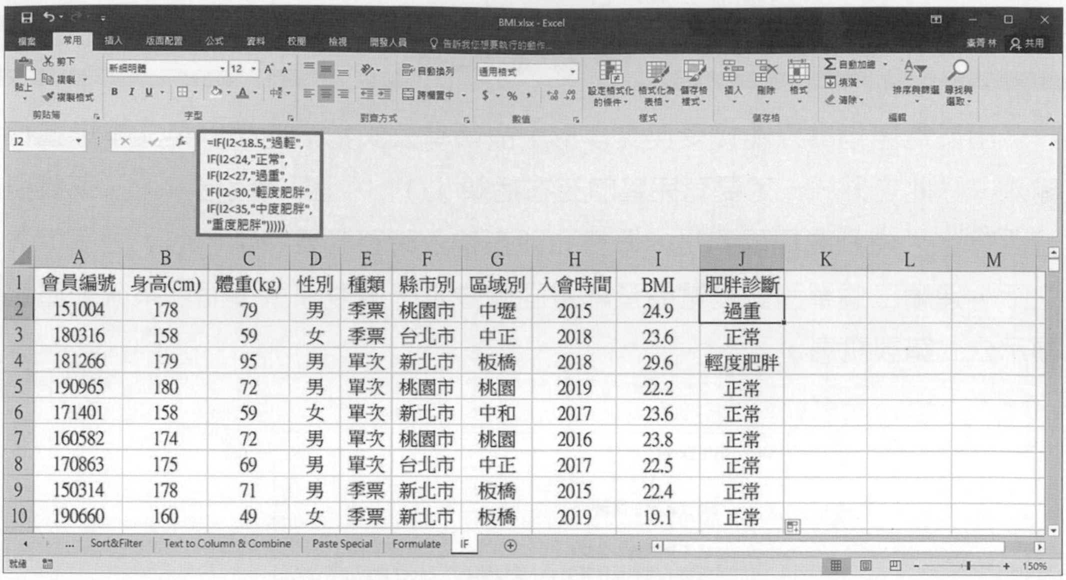
BMI.xlsx - Excel
J2
=IF(I2<18.5,"過輕",
IF(I2<24,"正常",
IF(I2<27,"過重",
IF(I2<30,"輕度肥胖",
IF(I2<35,"中度肥胖",
"重度肥胖")))))
A B C D E F G H I J K L M
1 會員編號 身高(cm) 體重(kg) 性別 種類 縣市別 區域別 入會時間 BMI 肥胖診斷
2 151004 178 79 男 季票 桃園市 中壢 2015 24.9 過重
3 180316 158 59 女 季票 台北市 中正 2018 23.6 正常
4 181266 179 95 男 單次 新北市 板橋 2018 29.6 輕度肥胖
5 190965 180 72 男 單次 桃園市 桃園 2019 22.2 正常
6 171401 158 59 女 單次 新北市 中和 2017 23.6 正常
7 160582 174 72 男 單次 桃園市 桃園 2016 23.8 正常
8 170863 175 69 男 單次 台北市 中正 2017 22.5 正常
9 150314 178 71 男 季票 新北市 板橋 2015 22.4 正常
10 190660 160 49 女 季票 新北市 板橋 2019 19.1 正常
Sort&Filter
Text to Column & Combine
Paste Special
Formulate
IF
150%

由於每新增一層 IF 條件，就會增加一對括弧，當巢狀條件愈多時，括弧的複雜度就愈高，容易讓人眼花撩亂。因此，在EXCEL 2019版本新增IFS()指令，可簡化巢狀條件括弧的複雜度。

➡ 表 A-7　IF() 與 IFS() 指令語法對照表

IF()	IFS()

= IF(I2 < 18.5, "過輕",
IF(I2 < 24, "正常",
IF(I2 < 27, "過重",
IF(I2 < 30, "輕度肥胖",
IF(I2 < 35, "中度肥胖",
"重度肥胖")))))
	= IFS(I2 < 18.5, "過輕",
	I2 < 24, "正常",
	I2 < 27, "過重",
	I2 < 30, "輕度肥胖",
	I2 < 35, "中度肥胖",
	"重度肥胖")

= IF(I2 > = 35, "重度肥胖",
IF(I2 > = 30, "中度肥胖",
IF(I2 > = 27, "輕度肥胖",
IF(I2 > = 24, "過重",
IF(I2 > = 18.5, "正常",
"過輕")))))
	= IFS(I2 > = 35, "重度肥胖",
	I2 > = 30, "中度肥胖",
	I2 > = 27, "輕度肥胖",
	I2 > = 24, "過重",
	I2 > = 18.5, "正常",
	"過輕")

A-3-4 COUNTIF 指令與絕對參照

COUNTIF() 指令是用來計算單一條件的計數，需要宣告二個參數，「資料範圍（Range）」與「條件（Criteria）」，通常會搭配絕對參照位置（固定儲存格位址）「$」使用，再進行拖曳或是自動填滿。若要更進一步計算多重條件下的計數，則可選用 COUNTIFS() 指令。

範例 A-12

利用 COUNTIF() 指令，分別計算不同性別與肥胖診斷結果的人次與百分比（單一條件計次）。

步驟 1：先在空白儲存格中分別設計性別與肥胖診斷結果的適當表格。

	B	C	D	E	F	G	H	I	J	K	L	M	N
1	身高(cm)	體重(kg)	性別	種類	縣市別	區域別	入會時間	BMI	肥胖診斷		性別	人次	百分比
2	178	79	男	季票	桃園市	中壢	2015	24.9	過重		男		
3	158	59	女	季票	台北市	中正	2018	23.6	正常		女		
4	179	95	男	單次	新北市	板橋	2018	29.6	輕度肥胖		總計		
5	180	72	男	單次	桃園市	桃園	2019	22.2	正常				
6	158	59	女	單次	新北市	中和	2017	23.6	正常		肥胖診斷	人次	百分比
7	174	72	男	單次	桃園市	桃園	2016	23.8	正常		過輕		
8	175	69	男	單次	台北市	中正	2017	22.5	正常		正常		
9	178	71	男	季票	新北市	板橋	2015	22.4	正常		過重		
10	160	49	女	季票	新北市	板橋	2019	19.1	正常		輕度肥胖		
11	179	83	男	單次	新北市	板橋	2017	25.9	過重		中度肥胖		
12	157	57	男	單次	台北市	中正	2016	23.1	正常		重度肥胖		
13	152	62	女	單次	新北市	中和	2016	26.8	過重		總計		
14	188	64	男	月票	新北市	中和	2016	18.1	過輕				
15	156	45	女	季票	新北市	中和	2018	18.5	正常				
16	166	57	女	單次	台北市	中正	2018	20.7	正常				
17	177	69	男	季票	新北市	中和	2016	22	正常				
18	163	86	男	季票	台北市	中正	2017	32.4	中度肥胖				
19	156	63	女	季票	桃園市	桃園	2019	25.9	過重				
20	156	62	女	單次	新北市	板橋	2016	25.5	過重				
21	178	55	男	季票	桃園市	中壢	2015	17.4	過輕				

步驟 2：若要計算男性人次，在相對應的儲存格 M2 中，輸入「=COUNTIF(D:D, L2)」表示在「性別」D 欄位中，找出符合「男」L2 儲存格條件的個數，然後向下拖曳完成女性人數的計算。總計則以 SUM() 的方式進行。類似的步驟亦可計算肥胖診斷結果人次。

BMI.xlsx - Excel

IF　=COUNTIF(D:D,L2)

	C	D	E	F	G	H	I	J	K	L	M	N	O	P
1	體重(kg)	性別	種類	縣市別	區域別	入會時間	BMI	肥胖診斷		性別	人次	百分比		
2	79	男	季票	桃園市	中壢	2015	24.9	過重		男	=COUNTII		=COUNTIF(D:D,L2)	
3	59	女	季票	台北市	中正	2018	23.6	正常		女	703		=COUNTIF(D:D,L3)	
4	95	男	單次	新北市	板橋	2018	29.6	輕度肥胖		總計	1410		=SUM(M2:M3)	
5	72	男	單次	桃園市	桃園	2019	22.2	正常						
6	59	女	單次	新北市	中和	2017	23.6	正常		肥胖診斷	人次	百分比		
7	72	男	單次	桃園市	桃園	2016	23.8	正常		過輕	14		=COUNTIF(J:J,L7)	
8	69	男	單次	台北市	中正	2017	22.5	正常		正常	640		=COUNTIF(J:J,L8)	
9	71	男	季票	新北市	板橋	2015	22.4	正常		過重	469		=COUNTIF(J:J,L9)	
10	49	女	季票	新北市	板橋	2019	19.1	正常		輕度肥胖	203		=COUNTIF(J:J,L10)	
11	83	男	單次	新北市	板橋	2017	25.9	過重		中度肥胖	80		=COUNTIF(J:J,L11)	
12	57	男	單次	台北市	中正	2016	23.1	正常		重度肥胖	4		=COUNTIF(J:J,L12)	
13	62	女	單次	新北市	中和	2016	26.8	過重		總計	1410		=SUM(M7:M12)	
14	64	男	月票	新北市	中和	2016	18.1	過輕						
15	45	女	季票	新北市	中和	2018	18.5	正常						

Sort&Filter | Text to Column & Combine | Paste Special | Formulate | IF | COUNTIF

初學者亦可在對應的儲存格 M2 中，輸入「=COUNTIF()」，按下「*fx*」會跳出 COUNTIF[函數引數] 視窗，接下來再依序輸入二個參數，Range 輸入資料範圍 D:D（性別欄位），Criteria 則輸入條件（男，儲存格 L2）。

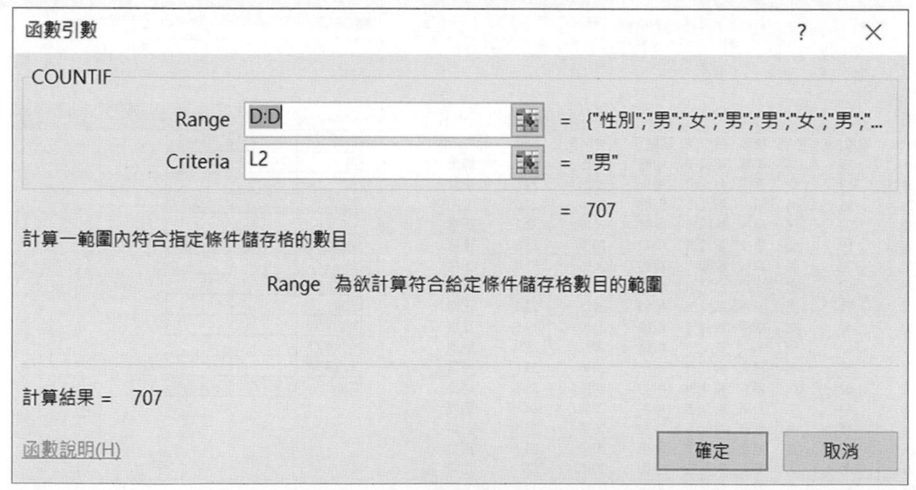

🖙 **步驟 3：** 男女人數百分比分別爲 707/1410 與 703/1410，其中分母均爲總人數，故在向下拖曳前需要先按下「F4」，直接加上「$」符號固定分母參照位址。在 N2 儲存格輸入「= M2/$M$4」，然後再進行拖曳，並修改爲百分比格式，進行小數位數的調整。類似步驟可計算肥胖診斷比例。

=M2/$M$4

	C	D	E	F	G	H	I	J
1	體重(kg)	性別	種類	縣市別	區域別	入會時間	BMI	肥胖診斷
2	79	男	季票	桃園市	中壢	2015	24.9	過重
3	59	女	季票	台北市	中正	2018	23.6	正常
4	95	男	單次	新北市	板橋	2018	29.6	輕度肥胖
5	72	男	單次	桃園市	桃園	2019	22.2	正常
6	59	女	單次	新北市	中和	2017	23.6	正常
7	72	男	單次	桃園市	桃園	2016	23.8	正常
8	69	男	單次	台北市	中正	2017	22.5	正常
9	71	男	季票	新北市	板橋	2015	22.4	正常
10	49	女	季票	新北市	板橋	2019	19.1	正常
11	83	男	單次	新北市	板橋	2017	25.9	過重
12	57	男	單次	台北市	中正	2016	23.1	正常
13	62	女	單次	新北市	中和	2016	26.8	過重
14	64	男	月票	新北市	中和	2016	18.1	過輕
15	45	女	季票	新北市	中和	2018	18.5	正常

性別	人次	百分比
男	707	=M2/$M$4
女	703	49.9%
總計	1410	100.0%

肥胖診斷	人次	百分比
過輕	14	1.0%
正常	640	45.4%
過重	469	33.3%
輕度肥胖	203	14.4%
中度肥胖	80	5.7%
重度肥胖	4	0.3%
總計	1410	100.0%

範例 A-13

利用 COUNTIFS() 指令，計算不同肥胖診斷與性別交叉分析結果的人次與百分比（多重條件計次）。

步驟 1：先在空白儲存格中設計適當的表格。

P1 性別

	J
1	肥胖診斷
2	過重
3	正常
4	輕度肥胖
5	正常
6	正常
7	正常
8	正常
9	正常
10	正常
11	過重
12	正常
13	過重

性別	人次	百分比
男	707	50.1%
女	703	49.9%
總計	1410	100.0%

肥胖診斷	人次	百分比
過輕	14	1.0%
正常	640	45.4%
過重	469	33.3%
輕度肥胖	203	14.4%
中度肥胖	80	5.7%
重度肥胖	4	0.3%
總計	1410	100.0%

性別 / 肥胖診斷	男		女	
	人次	百分比	人次	百分比
過輕				
正常				
過重				
輕度肥胖				
中度肥胖				
重度肥胖				
總計				

🗠 **步驟 2：**在對應的儲存格 Q3 中，輸入「= COUNTIFS()」，按下「*fx*」會跳出 COUNTIFS [函數引數] 視窗，接下來再依序輸入參數，Criteria_range1 與 Criteria1 分別輸入第一個資料範圍 J:J 與第一個條件 P3，Criteria_range2 與 Criteria2 則分別輸入第二個資料範圍 D:D 與第二個條件 Q1。亦即在「肥胖診斷」欄位 J 中，找出符合「過輕」P3 儲存格條件的個數，在「性別」欄位 J 中，找出符合「男」Q1 儲存格條件的個數，按下「F4」固定 Q1 儲存格以方便向下拖曳。

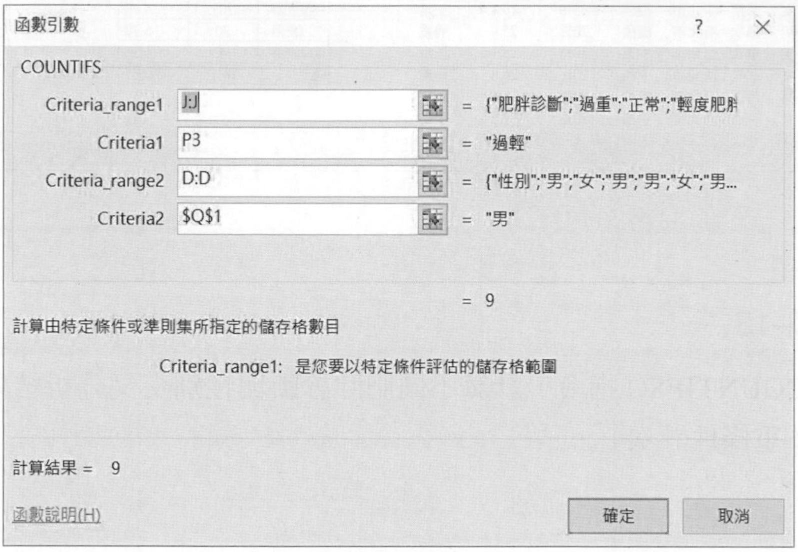

函數引數 ? ×

COUNTIFS

Criteria_range1 J:J = {"肥胖診斷";"過重";"正常";"輕度肥胖

Criteria1 P3 = "過輕"

Criteria_range2 D:D = {"性別";"男";"女";"男";"男";"女";"男...

Criteria2 $Q$1 = "男"

= 9

計算由特定條件或準則集所指定的儲存格數目

Criteria_range1: 是您要以特定條件評估的儲存格範圍

計算結果 = 9

函數說明(H) 確定 取消

🗠 **步驟 3：**同上操作方式，分別計算總計與百分比。

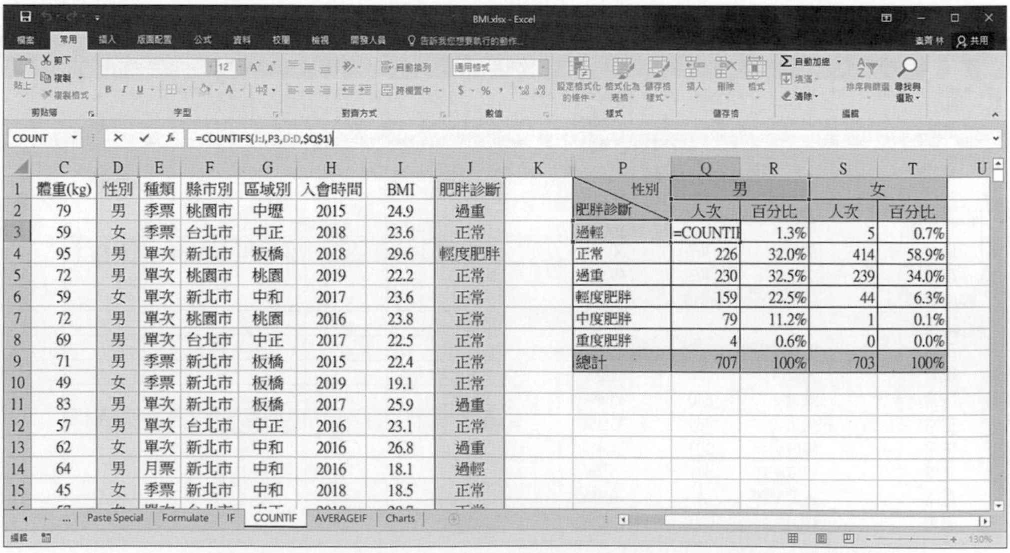

COUNT =COUNTIFS(J:J,P3,D:D,$Q$1)

	C	D	E	F	G	H	I	J
1	體重(kg)	性別	種類	縣市別	區域別	入會時間	BMI	肥胖診斷
2	79	男	季票	桃園市	中壢	2015	24.9	過重
3	59	女	季票	台北市	中正	2018	23.6	正常
4	95	男	單次	新北市	板橋	2018	29.6	輕度肥胖
5	72	男	單次	桃園市	桃園	2019	22.2	正常
6	59	女	單次	新北市	中和	2017	23.6	正常
7	72	男	單次	桃園市	桃園	2016	23.8	正常
8	69	男	單次	台北市	中正	2017	22.5	正常
9	71	男	季票	新北市	板橋	2015	22.4	正常
10	49	女	季票	新北市	板橋	2019	19.1	正常
11	83	男	單次	新北市	板橋	2017	25.9	過重
12	57	男	單次	台北市	中正	2016	23.1	正常
13	62	女	單次	新北市	中和	2016	26.8	過重
14	64	男	月票	新北市	中和	2016	18.1	過輕
15	45	女	季票	新北市	中和	2018	18.5	正常

性別 / 肥胖診斷	男		女	
	人次	百分比	人次	百分比
過輕	=COUNTII	1.3%	5	0.7%
正常	226	32.0%	414	58.9%
過重	230	32.5%	239	34.0%
輕度肥胖	159	22.5%	44	6.3%
中度肥胖	79	11.2%	1	0.1%
重度肥胖	4	0.6%	0	0.0%
總計	707	100%	703	100%

Paste Special | Formulate | IF | COUNTIF | AVERAGEIF | Charts

A-3-5 SUMIF 與 AVERAGEIF 指令

計算單一條件加總或條件平均，可利用 SUMIF() 與 AVERAGEIF() 函數；若要更進一步處理多個條件問題，還有 COUNTIFS()、SUMIFS()、AVERAGEIFS() 函數可供選擇。

範例 A-14

利用 AVERAGEIF() 指令，分別計算男女性會員的平均身高與平均體重。

步驟 1：先在空白儲存格中設計適當的表格。

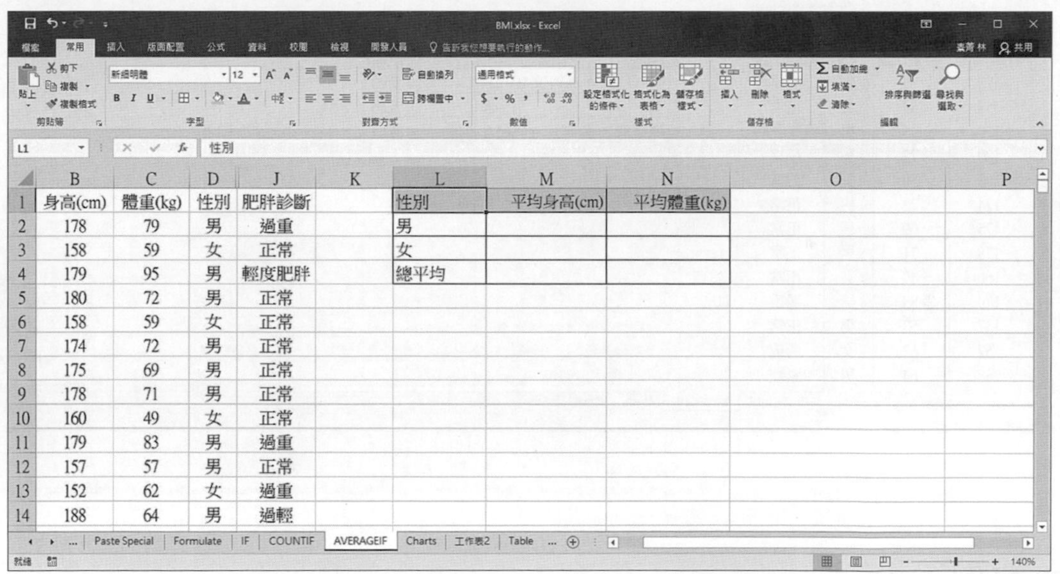

步驟 2：在對應的 M2 儲存格輸入「= AVERAGEIF()」，按下「*fx*」會跳出 AVERAGEIF [函數引數] 視窗，接下來再依序輸入參數。Range 是需要被篩選的資料範圍，Criteria 是條件，Average_range 是要計算平均數的資料範圍。亦即從「性別」欄位 D 中，篩選出 L2「男」條件，然後計算「身高」欄位 B 的平均數。完成後再向下拖曳，相同的邏輯也可以計算體重欄位 C 的條件平均數。

函數引數 ? ×

AVERAGEIF

Range D:D = {"性別";"男";"女";"男";"男";"女";"男";"...

Criteria L2 = "男"

Average_range B:B = {"身高(cm)";178;158;179;180;158;1...

= 171.5502122

找出特定條件或準則所指定儲存格的平均值 (算術平均值)

Range 是您要評估的儲存格範圍

計算結果 = 171.6

函數說明(H) 確定 取消

BMI.xlsx - Excel

=AVERAGEIF(D:D,L2,B:B)

	B	C	D	J	K	L	M	N	O	P	Q
1	身高(cm)	體重(kg)	性別	肥胖診斷		性別	平均身高(cm)	平均體重(kg)			
2	178	79	男	過重		男	=AVERAGEIF(I	75.0			
3	158	59	女	正常		女	159.5	59.6			
4	179	95	男	輕度肥胖		總平均	165.5	67.3			
5	180	72	男	正常							
6	158	59	女	正常							
7	174	72	男	正常							
8	175	69	男	正常							
9	178	71	男	正常							
10	160	49	女	正常							
11	179	83	男	過重							
12	157	57	男	正常							
13	152	62	女	過重							
14	188	64	男	過輕							

Paste Special | Formulate | IF | COUNTIF | AVERAGEIF | Charts | 工作表2 | Table

範例 A-15

利用 AVERAGEIFS() 指令，計算男女性會員不同肥胖診斷結果的平均身高與平均體重。

步驟 1：先在空白儲存格中設計適當的表格。

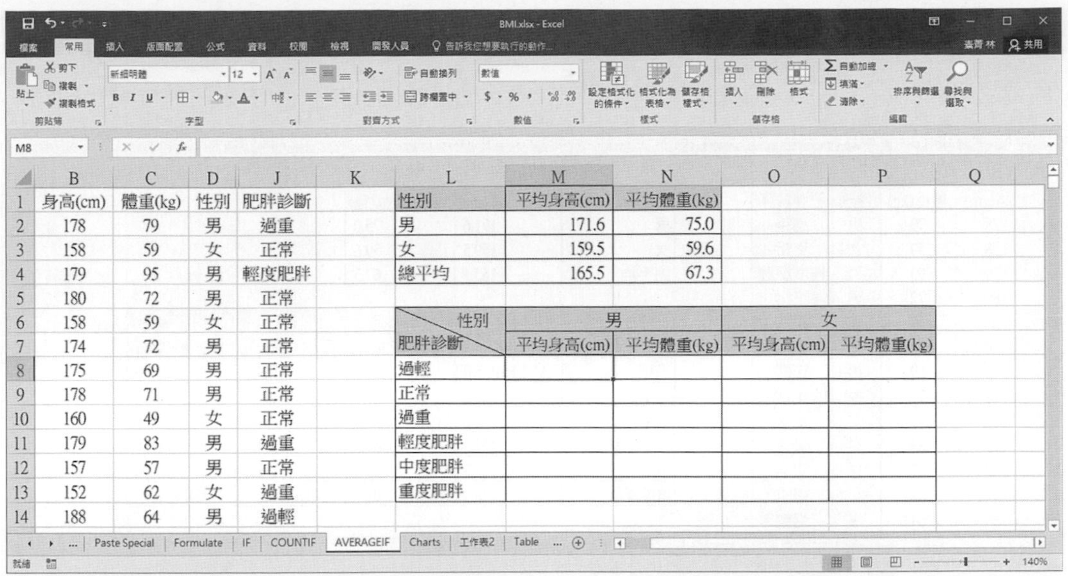

	B	C	D	J	K	L	M	N	O	P
1	身高(cm)	體重(kg)	性別	肥胖診斷		性別	平均身高(cm)	平均體重(kg)		
2	178	79	男	過重		男	171.6	75.0		
3	158	59	女	正常		女	159.5	59.6		
4	179	95	男	輕度肥胖		總平均	165.5	67.3		
5	180	72	男	正常						
6	158	59	女	正常		性別	男		女	
7	174	72	男	正常		肥胖診斷	平均身高(cm)	平均體重(kg)	平均身高(cm)	平均體重(kg)
8	175	69	男	正常		過輕				
9	178	71	男	正常		正常				
10	160	49	女	正常		過重				
11	179	83	男	過重		輕度肥胖				
12	157	57	男	正常		中度肥胖				
13	152	62	女	過重		重度肥胖				
14	188	64	男	過輕						

步驟 2：在對應的 M8 儲存格輸入「= AVERAGEIFS()」，按下「*fx*」會跳出 AVERAGEIF [函數引數] 視窗，接下來再依序輸入參數。Average_range 是要計算平均數的範圍（身高與體重欄位），與 COUNTIFS() 指令相同，Criteria_range1 與 Criteria1 分別輸入第一個條件資料範圍與篩選條件，Criteria_range2 與 Criteria2 則輸入第二個條件的選項。由於附檔資料中沒有重度肥胖的女性會員，故計算結果會出現「# DIV/0!」的結果。

函數引數 ? ×

AVERAGEIFS

Average_range	B:B	= {"身高(cm)";178;158;179;180;158;...
Criteria_range1	D:D	= {"性別";"男";"女";"男";"男";"女";"男"...
Criteria1	$M$6	= "男"
Criteria_range2	J:J	= {"肥胖診斷";"過重";"正常";"輕度肥...
Criteria2	L8	= "過輕"

= 180.8888889

找出特定條件或準則集所指定儲存格的平均值 (算術平均值)

Average_range: 是用來找出平均值的實際儲存格。

計算結果 = 180.9

函數說明(H) 確定 取消

=AVERAGEIFS(B:B,D:D,$M$6,J:J,L8)

	B	C	D	J
1	身高(cm)	體重(kg)	性別	肥胖診斷
2	178	79	男	過重
3	158	59	女	正常
4	179	95	男	輕度肥胖
5	180	72	男	正常
6	158	59	女	正常
7	174	72	男	正常
8	175	69	男	正常
9	178	71	男	正常
10	160	49	女	正常
11	179	83	男	過重
12	157	57	男	正常
13	152	62	女	過重
14	188	64	男	過輕

性別	平均身高(cm)	平均體重(kg)
男	171.6	75.0
女	159.5	59.6
總平均	165.5	67.3

性別 / 肥胖診斷	男		女	
	平均身高(cm)	平均體重(kg)	平均身高(cm)	平均體重(kg)
過輕	=AVERAGEIFS	56.6	164.6	49.6
正常	176.2	68.7	161.0	57.1
過重	171.6	75.1	157.6	62.7
輕度肥胖	168.5	80.3	154.7	67.4
中度肥胖	163.7	83.7	151.0	71.0
重度肥胖	158.3	91.0	#DIV/0!	#DIV/0!

A-4 繪圖

視覺化圖表是洞悉大數據資料的最佳利器，EXCEL 提供多種圖形，2013 版本新增智慧圖表功能。圖形種類包括直條圖（**Column Chart**）、折線圖（**Line Chart**）、圓形圖（**Pie Chart**）、環圈圖（**Doughnut Chart**）、橫條圖（**Bar Chart**）、區域圖（**Area Chart**）、XY 散佈圖（**Scatter Chart**）、泡泡圖（**Bubble Chart**）、股票圖（**Stock Chart**）、曲面圖（**Surface Chart**）等，2016 版本，更新增雷達圖（**Radar Chart**）、樹狀圖（**Treemap Chart**）、放射環狀圖（**Sunburst Chart**）、直方圖（**Histogram**）、帕累托圖（**Pareto Chart**）、盒鬚圖（**Box and whisker Chart**）、瀑布圖（**Waterfall Chart**）、漏斗圖（**Funnel Chart**）、組合圖（**Combo Chart**）、與地圖圖表（**Map Chart**）等新功能，讓圖表展示有更多的選擇。

所有作圖邏輯都相同，先選擇資料範圍，再選擇適當的圖表類型，若想進一步調整圖表細項，或是美化圖表，也可以利用「圖表工具（**Table Tools**）」進行修改。

A-4-1 基本繪圖

選擇資料範圍後，按下插入索引標籤，可以自行選擇圖表類型，或直接按下「**建議圖表（Recommended Charts）**」，依資料特性判別，自動進行繪圖。

範例 A-16

依性別、肥胖診斷、入會時間人數，分別繪製直條圖、圓形圖、與折線圖。

步驟 1：參考前例，利用 COUNTIF() 指令完成性別、肥胖診斷、入會時間人數的計算。

會員編號	身高(cm)	體重(kg)	性別	種類	縣市別	區域別	入會時間	BMI	肥胖診斷
151004	178	79	男	季票	桃園市	中壢	2015	24.9	過重
180316	158	59	女	季票	台北市	中正	2018	23.6	正常
181266	179	95	男	單次	新北市	板橋	2018	29.6	輕度肥胖
190965	180	72	男	單次	桃園市	桃園	2019	22.2	正常
171401	158	59	女	單次	新北市	中和	2017	23.6	正常
160582	174	72	男	單次	桃園市	桃園	2016	23.8	正常
170863	175	69	男	單次	台北市	中正	2017	22.5	正常
150314	178	71	男	季票	新北市	板橋	2015	22.4	正常
190660	160	49	女	季票	新北市	板橋	2019	19.1	正常
170698	179	83	男	單次	新北市	板橋	2017	25.9	過重
161019	157	57	男	單次	台北市	中正	2016	23.1	正常
161251	152	62	女	單次	新北市	中和	2016	26.8	過重
161142	188	64	男	月票	新北市	中和	2016	18.1	過輕
180715	156	45	女	季票	新北市	中和	2018	18.5	正常
180152	166	57	女	單次	台北市	中正	2018	20.7	正常
161310	177	69	男	季票	新北市	中和	2016	22	正常
170534	163	86	男	季票	台北市	中正	2017	32.4	中度肥胖
190655	156	63	女	季票	桃園市	桃園	2019	25.9	過重
160510	156	62	女	單次	新北市	板橋	2016	25.5	過重
150721	178	55	男	季票	桃園市	中壢	2015	17.4	過輕
150853	178	70	男	季票	台北市	中正	2015	22.1	正常

性別	人次	百分比
男	707	50.1%
女	703	49.9%
總計	1410	100.0%

肥胖診斷	人次	百分比
過輕	14	1.0%
正常	640	45.4%
過重	469	33.3%
輕度肥胖	203	14.4%
中度肥胖	80	5.7%
重度肥胖	4	0.3%
總計	1410	100.0%

入會時間	人次	百分比
2015	271	19.2%
2016	310	22.0%
2017	290	20.6%
2018	278	19.7%
2019	261	18.5%

🖽 **步驟 2：** 總計項目不需列入作圖範圍，故先選取「性別」對應資料範圍 L1:M3，在插入索引標籤中，按下「建議圖表」，然後在 [插入圖表] 視窗中，選擇「群組直條圖」→「確定」。

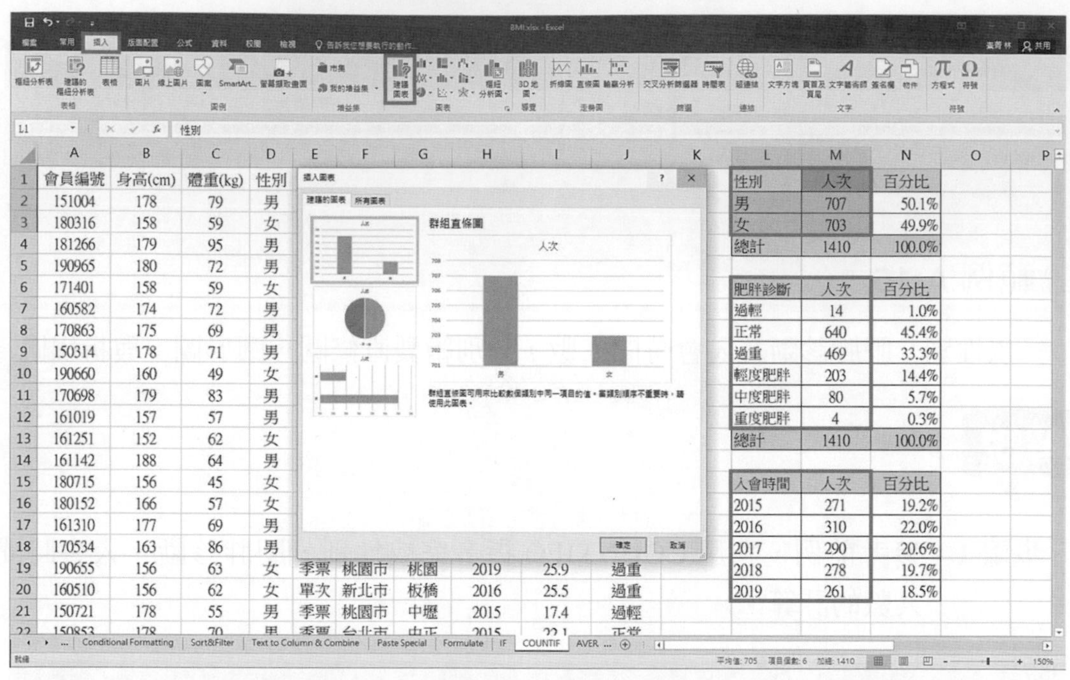

🖽 **步驟 3：** 類似操作步驟可以選擇肥胖診斷資料範圍 L6:M12 產製圓形圖，選擇入會時間資料範圍 L15:M20 產製折線圖。

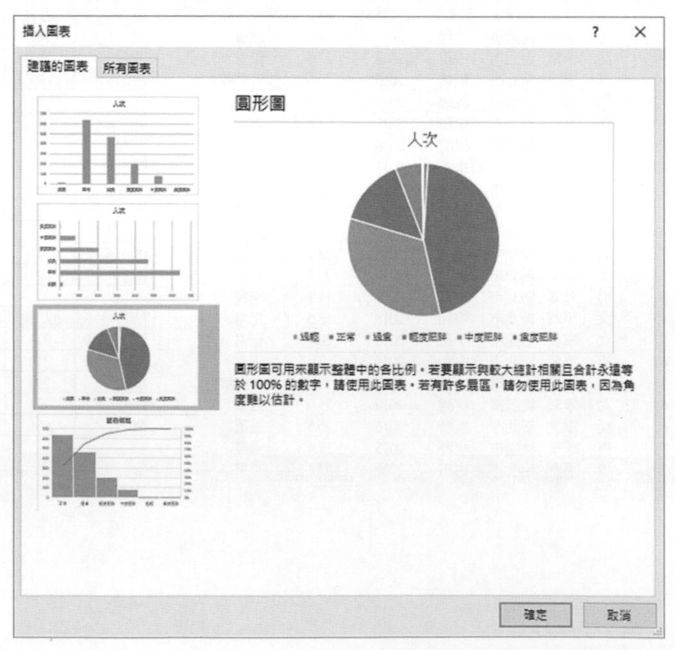

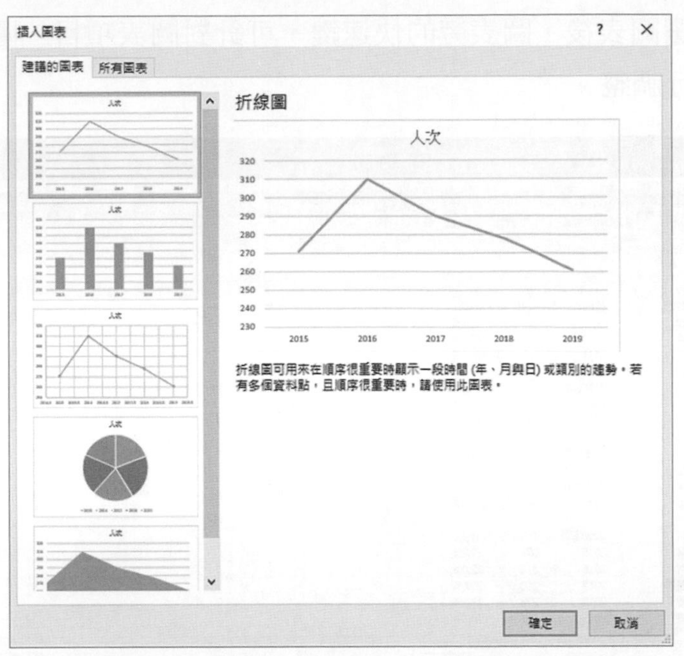

A-4-2 圖表工具

美化圖表是視覺化過程中非常重要的一環，除了配色，去除多餘或重複的雜質，呈現核心內容，也是製作淺顯易懂圖表的要件。有三種作法可增減圖表細項。

第一，利用「圖表工具」中「設計」與「格式」選項，進行版面配置與樣式的調整。常用的工具包括新增圖表項目（Add Chart Element）、變更色彩（Change Colors）、切換列／欄（Switch Row/Column）、變更圖表類型（Change Chart Type）等。

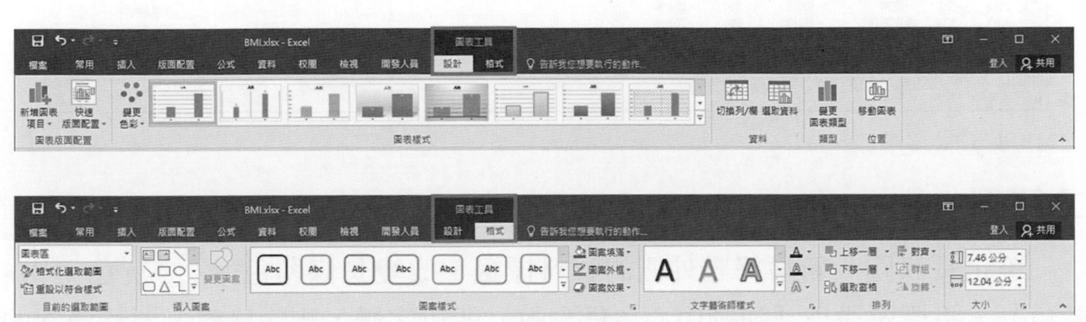

第二，點選圖表後，圖表旁的快速鍵，可針對圖表項目、圖表樣式、圖表篩選等項目進行調整。

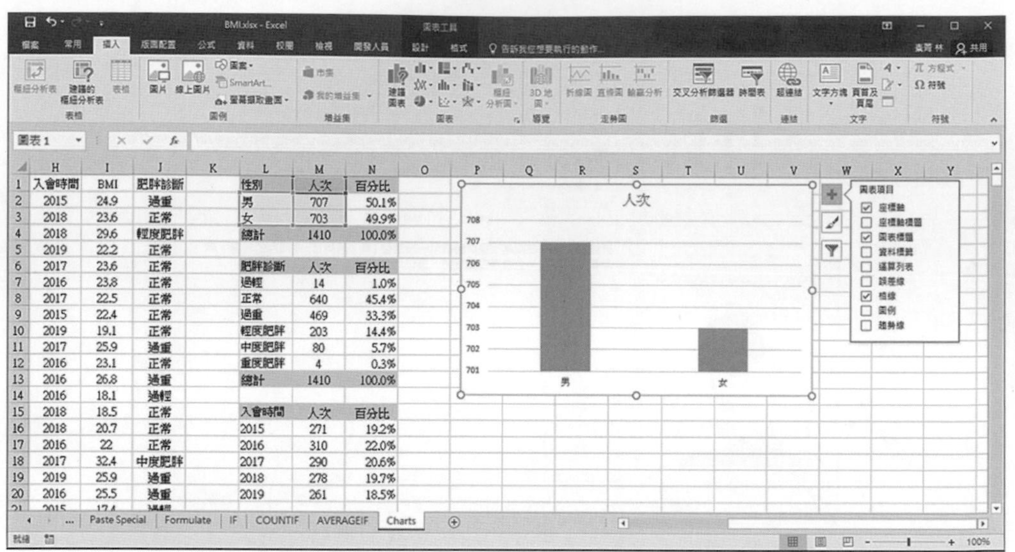

第三，熟悉圖形版面配置後，可以直接點選想要修改的位置，按下滑鼠右鍵，進行細項選擇與調整。

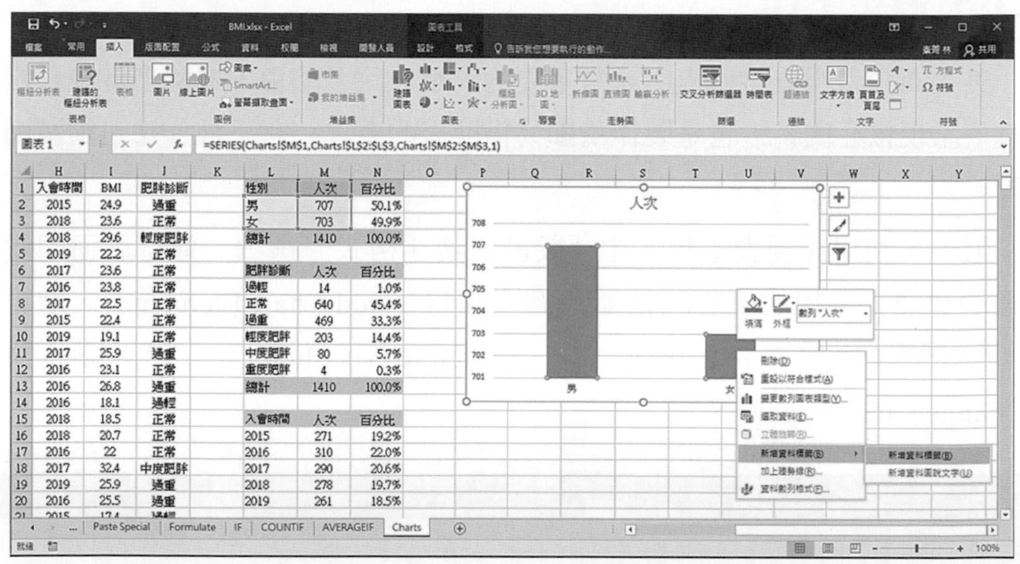

範例 A-17

美化長條圖，新增終點外側的資料標籤，改變長條顏色（女 - 灰色，男 - 藍色），將標題設為「運動中心會員人數」藍色字體，刪除格線，調整適當的標題字型與字體大小。

步驟 1：點選長條圖，在「圖表工具」「設計」選單中，按下「新增圖表項目」→資料標籤→終點外側。

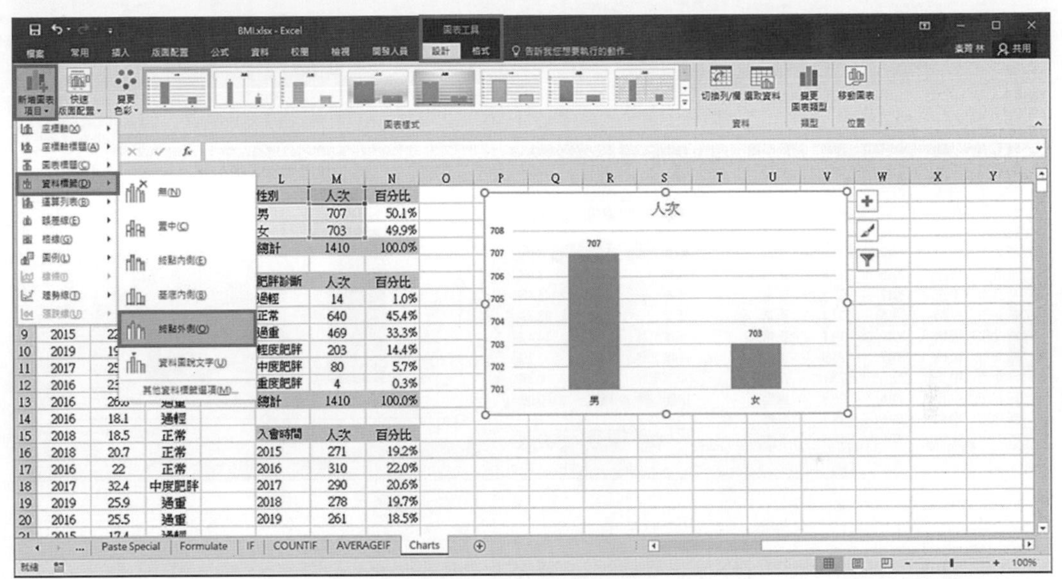

步驟 2：點選女性長條圖案二次，可完成單獨選擇，在「圖表工具」「格式」選單中，按下「圖案填滿」，再選擇灰色，即可完成修改。

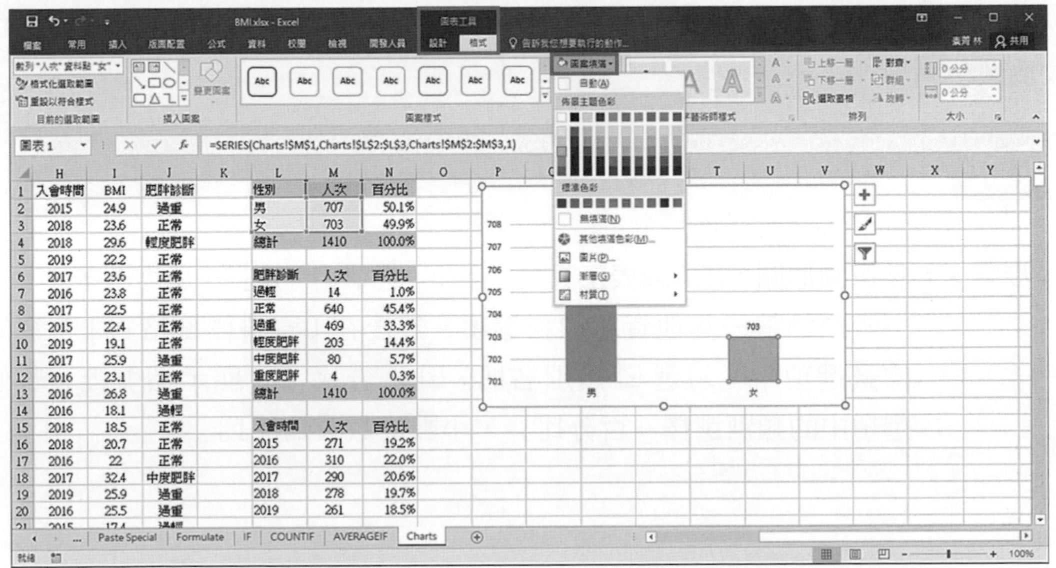

田 **步驟 3：** 將游標移至標題位置，修改標題文字與顏色。由於圖案已標示人數，故可刪除格線，讓圖表畫面更簡潔。最後再調整適當字體與字型，即可完成長條圖的修正。

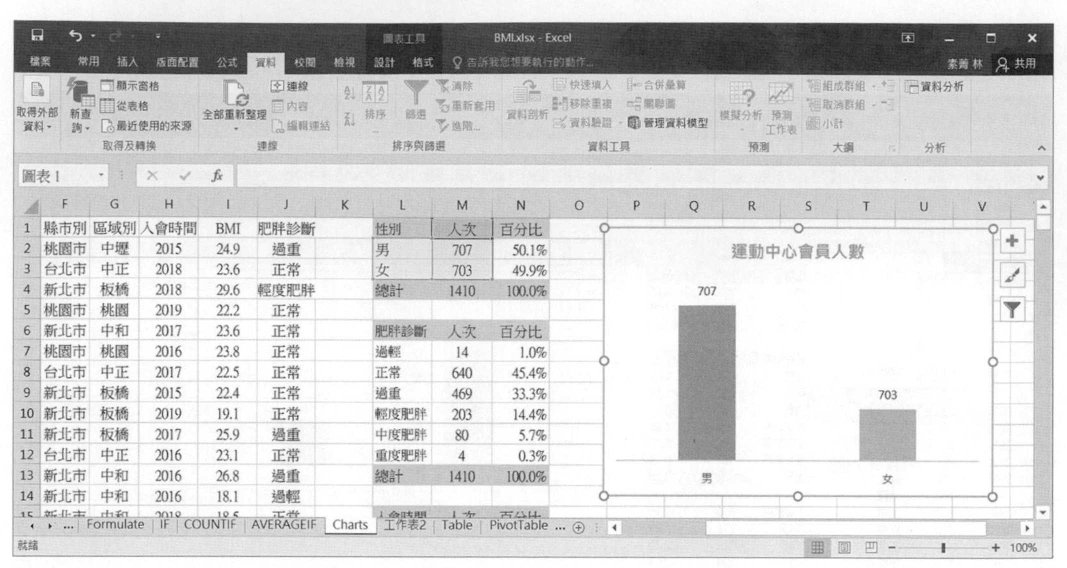

範例 A-18

美化圓形圖，新增資料標籤，顯示類別名稱與百分比，四捨五入至小數點以下第一位，標題文字「會員肥胖診斷結果」改爲藍色，刪除圖例，圖表顏色改爲藍色漸層。

田 **步驟 1：** 點選圓形圖，在「圖表工具」「設計」選單中，選擇「新增圖表項目」→資料標籤→其他資料標籤選項。然後在［資料標籤格式］視窗的標籤選項中，勾選 ☑ 類別名稱、☑ 百分比、☑ 顯示指引線；數值選項中的類別選擇「百分比」，小數位數改爲「1」。

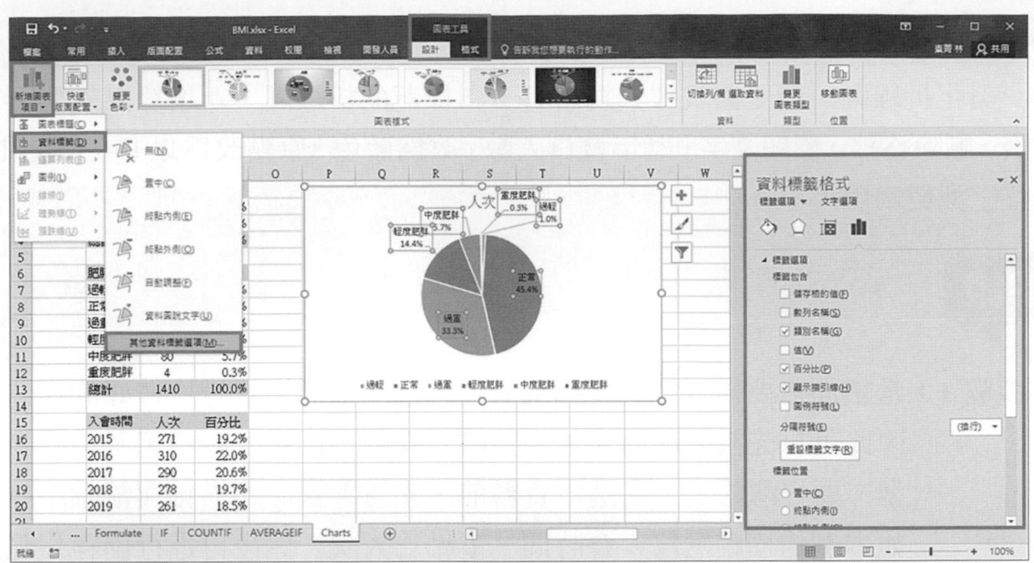

步驟 2：由於在圖形中已經選擇標籤類別名稱，故可刪除圖例，讓圖表畫面更簡潔。選擇「變更色彩」，修改圖表顏色，即可完成圓形圖的修正。

範例 A-19

美化折線圖，變更圖表樣式爲含有資料標記的折線圖，新增終點外側資料標籤，刪除格線，標題文字「歷年會員人數」改爲藍色，原點改爲以150人起跳，調整字型與字體大小。

步驟 1： 當畫面需要同時呈現多個圖表時，統一圖形格式是比較好的作法，因此可以先複製前面完成調整的長條圖，再修改資料來源與圖表類型。要提醒的是，在選取資料前，先思考圖形的橫軸與縱軸座標，如本例的橫軸應爲入會時間，縱軸爲人次，然後再進行儲存格範圍選擇，繪製正確的圖表。

步驟 2： 在「圖表工具」「設計」選項中，按下「選取資料」，在 [選取資料來源] 視窗，圖表資料範圍選擇 M15:M20，將會自動匯入圖例項目（數列），點選「編輯」亦可修改圖例名稱「人次」。修改橫軸標籤（年份）則在水平（類別）座標軸標籤中，按下編輯→資料範圍 L16:L20 →「確定」。

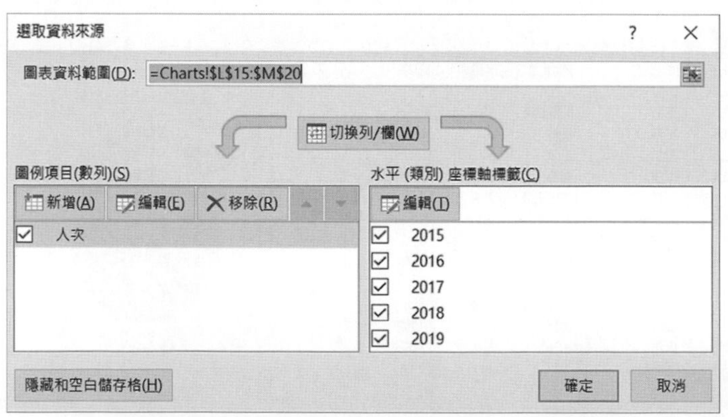

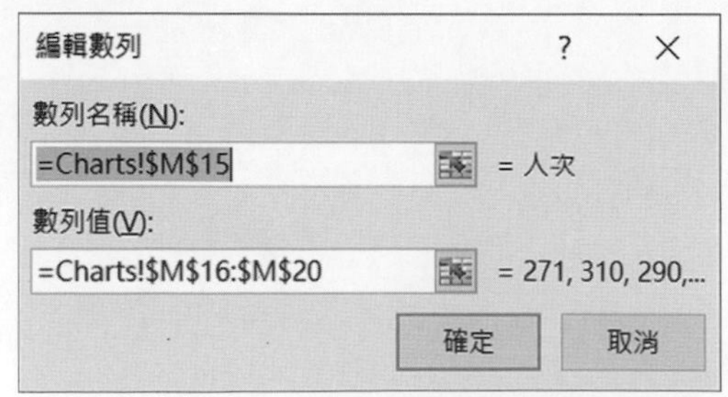

🖹 **步驟 3：** 選擇「圖表工具」「設計」選項中的「變更圖表類型」，在 [變更圖表類型] 視窗中，選擇「含有標記的折線圖」→「確定」。

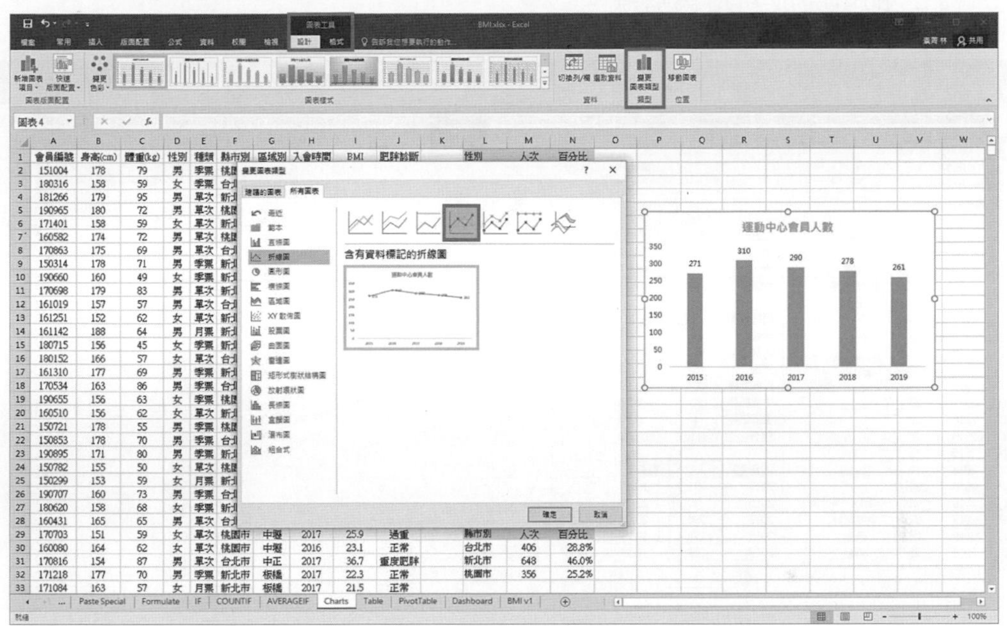

🖹 **步驟 4：** 為突顯歷年變化趨勢，可嘗試改變座標軸原點 (0, 0) 的起始值。選擇「圖表工具」「設計」選項中的「新增圖表項目」，按下「座標軸」→「主垂直」可顯示縱座標軸，滑鼠移至縱座標軸刻度，按下滑鼠右鍵，在 [座標軸格式] 視窗中即可更改座標軸的最小值（如設為 230）。

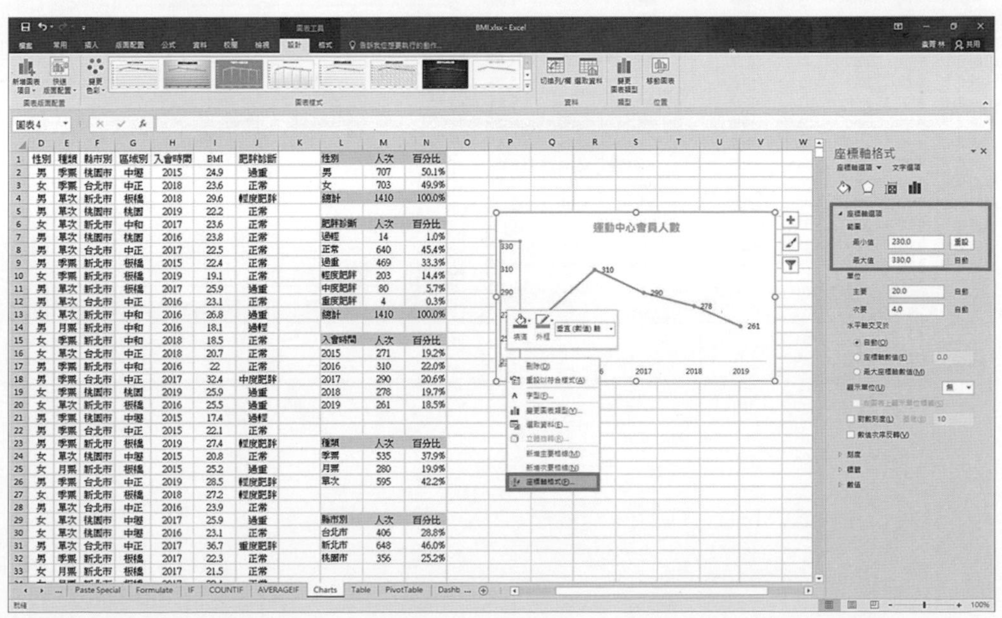

🗠 **步驟 5：**時間序列圖中，還可新增趨勢線顯示其變化趨勢。選擇「圖表工具」「設計」選項中的「新增圖表項目」，按下「趨勢線」→「線性」，即可完成新增趨勢線。

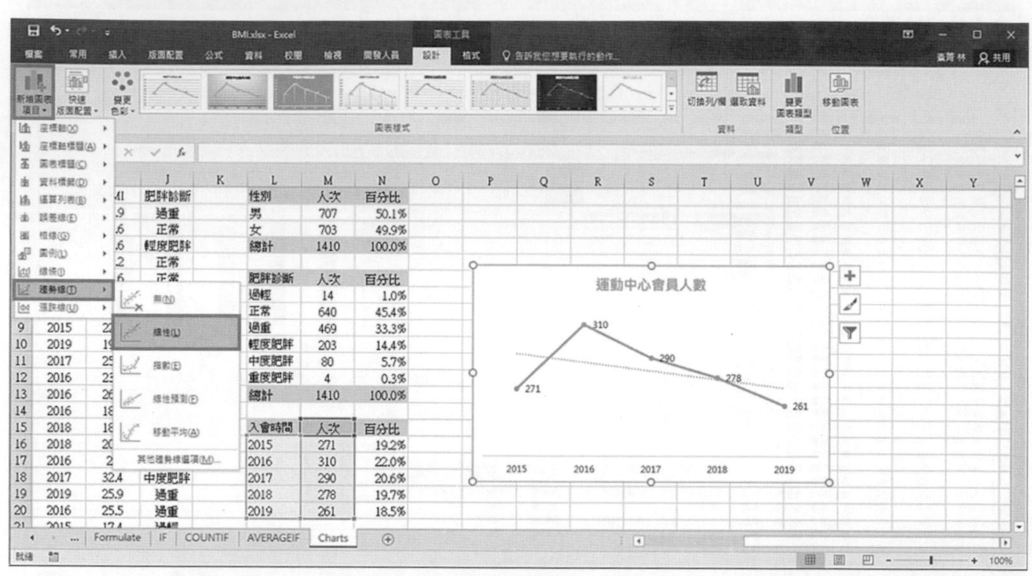

🗠 **步驟 6：**最後再修改標題文字，刪除格線，即可完成折線圖的修正。

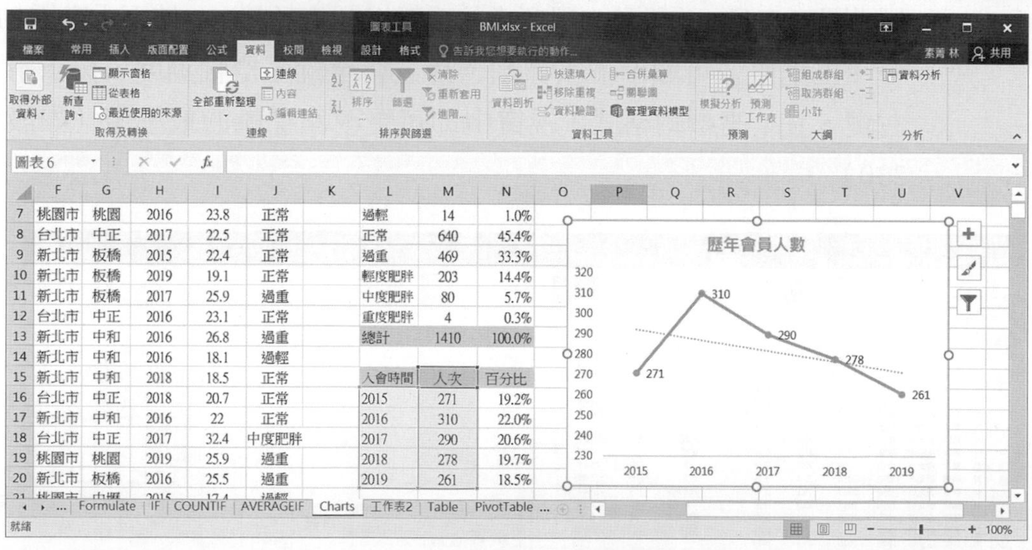

A-5 樞紐分析

學習 EXCEL 商用技巧，絕對不能錯過操作簡單且功能強大的「**樞紐分析（PivotTable）**」。樞紐分析可以解決大部分企業報表需求，只要熟悉資料邏輯，不用記憶複雜的函數公式，不論資料多寡，都可以事半功倍地處理多層次報表，洞察資訊內涵。除此之外，新版 EXCEL 樞紐分析，也陸續結合了大數據分析所需要的功能，練習客製化報表，絕對可以提升解讀資料的專業能力，是資料分析前務必精熟的內容。值得一提的是，在處理大數據分析時，通常都要同時處理多個圖表或資料來源，爲避免混淆，習慣將圖表或資料命名，可以提高後續資料處理的效率。

A-5-1 資料表

Excel 提供預設資料表（**Data Table**）功能，能自動將資料範圍轉換爲資料表格式，透過資料表格式，可以快速建立智慧型報表。

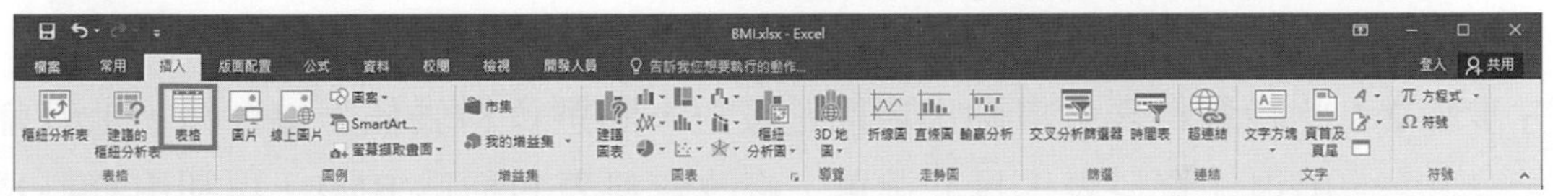

與前面的「圖表工具」類似，資料表也有「資料表工具」選單，除了可以修改命名，按下「**轉換爲範圍（Convert to range）**」，可以把資料表還原爲一般儲存格格式。

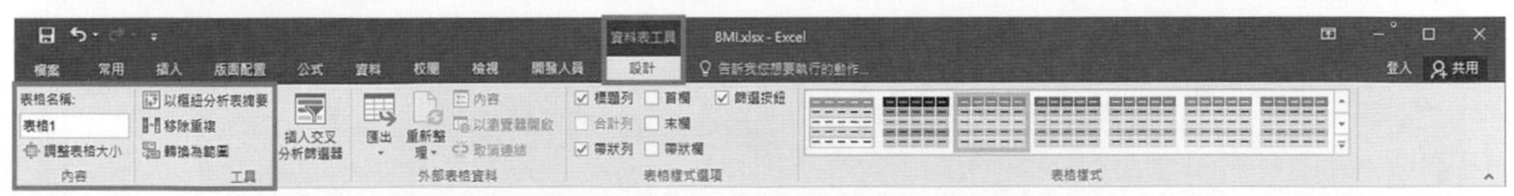

範例 A-20

將健身中心會員資料轉成資料表，命名爲 BMI，再利用篩選功能，找出 BMI 超過 35 的會員資料。

🖹 **步驟 1：** 按下「Ctrl + A」全選資料，選擇插入索引標籤中的「表格」，由於已採用全選資料方式，故在 [建立表格] 視窗中，會顯示 ☑ 有標題的表格，資料來源 A1:J1411，再按下「確定」。

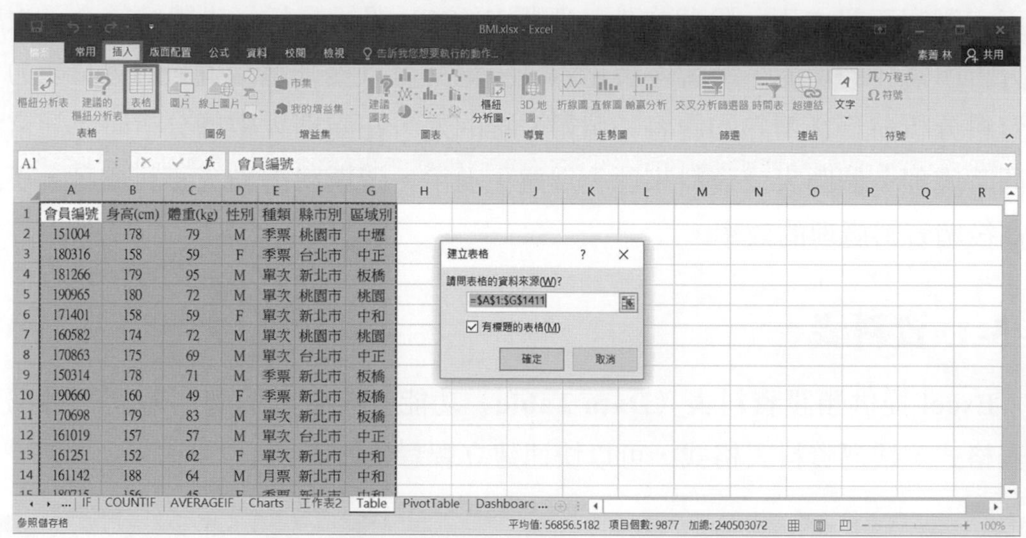

	A	B	C	D	E	F	G
1	會員編號	身高(cm)	體重(kg)	性別	種類	縣市別	區域別
2	151004	178	79	M	季票	桃園市	中壢
3	180316	158	59	F	季票	台北市	中正
4	181266	179	95	M	單次	新北市	板橋
5	190965	180	72	M	單次	桃園市	桃園
6	171401	158	59	F	單次	新北市	中和
7	160582	174	72	M	單次	桃園市	桃園
8	170863	175	69	M	單次	台北市	中正
9	150314	178	71	M	季票	新北市	板橋
10	190660	160	49	F	季票	新北市	板橋
11	170698	179	83	M	單次	新北市	板橋
12	161019	157	57	M	單次	台北市	中正
13	161251	152	62	F	單次	新北市	中和
14	161142	188	64	M	月票	新北市	中和

🖹 **步驟 2：** 此時資料表會自動出現篩選按鈕，點選資料表任一儲存格，上方會出現「資料表工具」選單，修改資料表名稱為 BMI。再利用資料表的篩選或排序功能，找出 BMI 超過 35（重度肥胖）的 4 名會員資料。

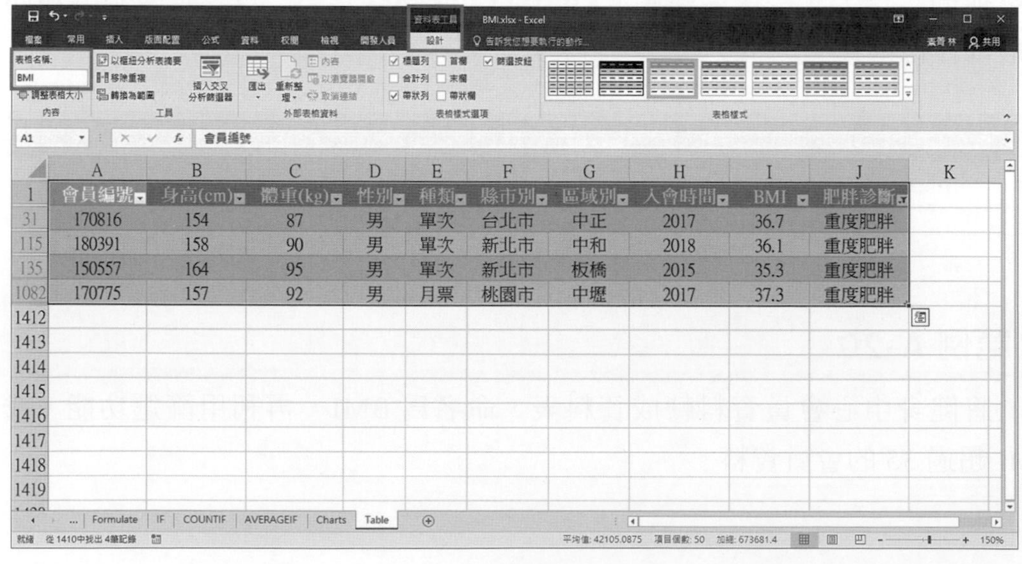

	會員編號	身高(cm)	體重(kg)	性別	種類	縣市別	區域別	入會時間	BMI	肥胖診斷
31	170816	154	87	男	單次	台北市	中正	2017	36.7	重度肥胖
115	180391	158	90	男	單次	新北市	中和	2018	36.1	重度肥胖
135	150557	164	95	男	單次	新北市	板橋	2015	35.3	重度肥胖
1082	170775	157	92	男	月票	桃園市	中壢	2017	37.3	重度肥胖

A-5-2 全部與部份運算

由於資料表已經內建 SUBTOTAL() 函數，故可以省略複雜的公式，快速地自動進行條件運算。

範例 A-21

利用 BMI 資料表，計算女性會員人數、平均身高與平均體重，四捨五入至小數點以下第一位。

步驟 1： 取消篩選，復原全部資料，利用快速鍵「End + 向下鍵」把游標移至資料表尾端。在常用索引標籤中，選擇「Σ 自動加總」，分別計算會員人數與平均身高體重，此時顯示的是全體會員資料的計算結果：1410 位會員，平均身高與平均體重分別為 165.5 cm 與 67.3 kg。

B1412 =SUBTOTAL(101,[身高(cm)])

	會員編號	身高(cm)	體重(kg)	性別	種類	縣市別	區域別	入會時間	BMI	肥胖診斷	K
1406	160659	181	84	男	季票	新北市	中和	2016	25.6	過重	
1407	170423	185	78	男	單次	新北市	樹林	2017	22.8	正常	
1408	190968	160	56	女	單次	新北市	中和	2019	21.9	正常	
1409	160193	175	67	男	季票	新北市	中和	2016	21.9	正常	
1410	190449	179	83	男	季票	台北市	中正	2019	25.9	過重	
1411	160826	161	64	女	季票	桃園市	桃園	2016	24.7	過重	
1412	1410	165.5	67.3								
1413											
1414											
1415											
1416											
1417											
1418											

Formulate | IF | COUNTIF | AVERAGEIF | Charts | Table

🔠 **步驟 2：** 篩選女性會員，資料表尾端儲存格，將會自動計算女性會員的結果：703 位女性會員，平均身高與平均體重分別爲 159.5 cm 與 59.6 kg。

	會員编號	身高(cm)	體重(kg)	性別	種類	縣市別	區域別	入會時間	BMI	肥胖診斷	K
1400	150215	156	59	女	季票	新北市	板橋	2015	24.2	過重	
1402	161238	165	60	女	單次	新北市	板橋	2016	22	正常	
1404	170202	161	68	女	月票	新北市	中和	2017	26.2	過重	
1405	160319	164	60	女	季票	新北市	板橋	2016	22.3	正常	
1408	190968	160	56	女	單次	新北市	中和	2019	21.9	正常	
1411	160826	161	64	女	季票	桃園市	桃園	2016	24.7	過重	
1412	703	159.5	59.6								

A-5-3 樞紐分析表

樞紐分析表是一種互動式的資料分析工具，熟悉樞紐分析表的邏輯與技巧，才能隨意調整進行分析，商業上常用的報表幾乎都可以利用樞紐分析快速完成，包括單一或多層次報表，用來進行差異性比較或趨勢分析。

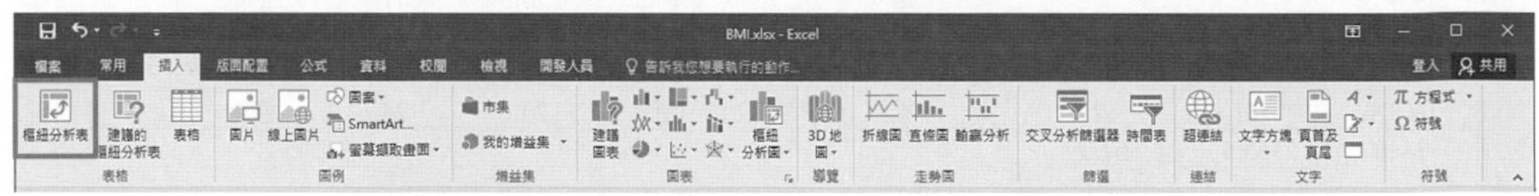

樞紐分析表也有屬於自己的「樞紐分析表工具」選單，有「分析」和「設計」二個選項，可以自行變更表格名稱，按下「欄位清單」可以顯示 / 隱藏樞紐分析表欄位（PivotTable Field List）視窗。

在製作報表前，要先理解樞紐分析的運作方式。首先，資料庫選擇使用資料表格式，同時進行資料庫命名。接下來，當資料匯入樞紐分析表後，會自動出現欄位清單視窗，⚙ ▾ 按鈕用來選擇欄位清單視窗的排列方式。預設視窗主要分為上下二個區塊，上方的欄位區段會自動顯示所有欄位名稱，供新增或移除欄位；下方的區域區段則被分為「篩選」「欄」「列」「Σ 值」四個區塊，透過拖曳，可以重新排列或定位欄位。最後，根據欄位的選擇，即可產製所需的報表。

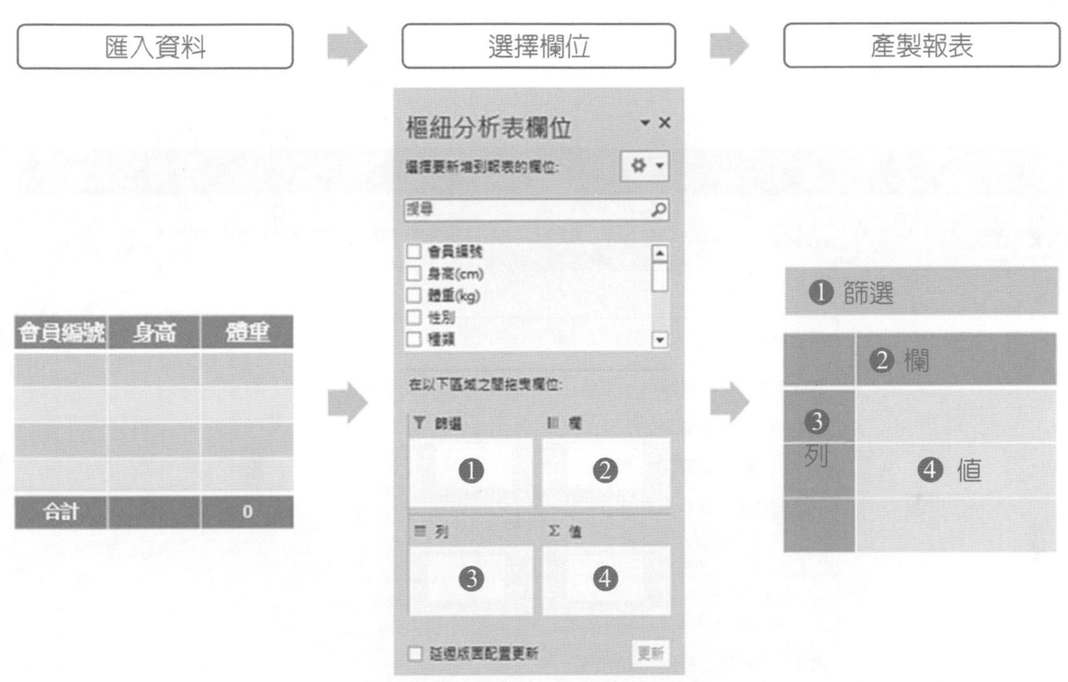

◎圖 A-2 樞紐分析的運作方式

範例 A-22

建置肥胖診斷的樞紐分析表，命名爲 FAT，報表中需呈現肥胖診斷結果的人次與平均身高體重，四捨五入至小數點以下第一位。

步驟 1： 取消 BMI 資料表的篩選功能，在插入索引標籤中，選擇「樞紐分析表」，在 [建立樞紐分析表] 視窗中，選擇資料來源「BMI」（範例 A-21 已命名的資料表），報表位置可選擇「新工作表」→「確定」。

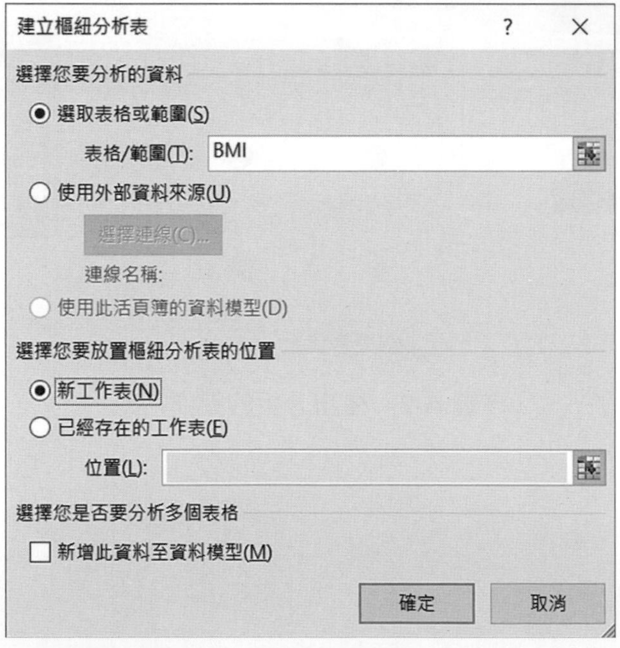

步驟 2： 將 ☑ 肥胖診斷拖曳至「列」的位置，需要計算的項目 ☑ 肥胖診斷 ☑ 身高 ☑ 體重拖曳至「Σ 值」的位置。

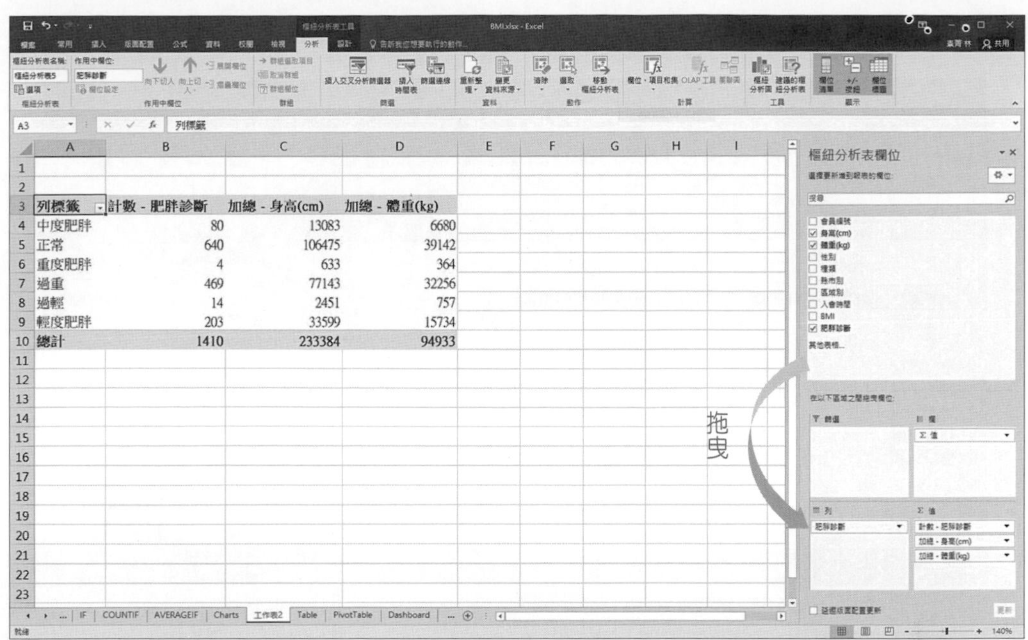

步驟 3：由於「Σ 值」預設的計算方式是「加總」，但將全體會員身高體重加總的數字沒有太大意義，我們比較想了解的是平均數。故將游標移至「加總 - 身高 (cm)」的儲存格 C3 位置，在「樞紐分析表工具」「分析」選單中，按下「欄位設定」，再把 [值欄位設定] 視窗中的計算類型改為「平均值」，變更名稱為「平均身高 (cm)」→「確定」。相同方式可修改體重欄位。

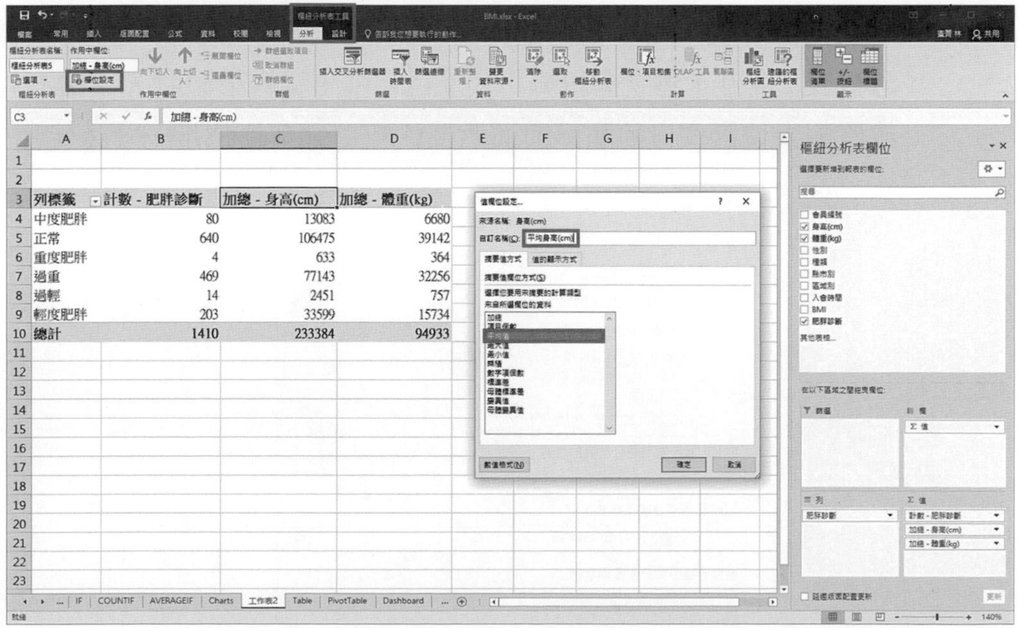

⊞ **步驟 4：**調整適當的小數位數，修改表格名稱為 FAT，即可完成報表。

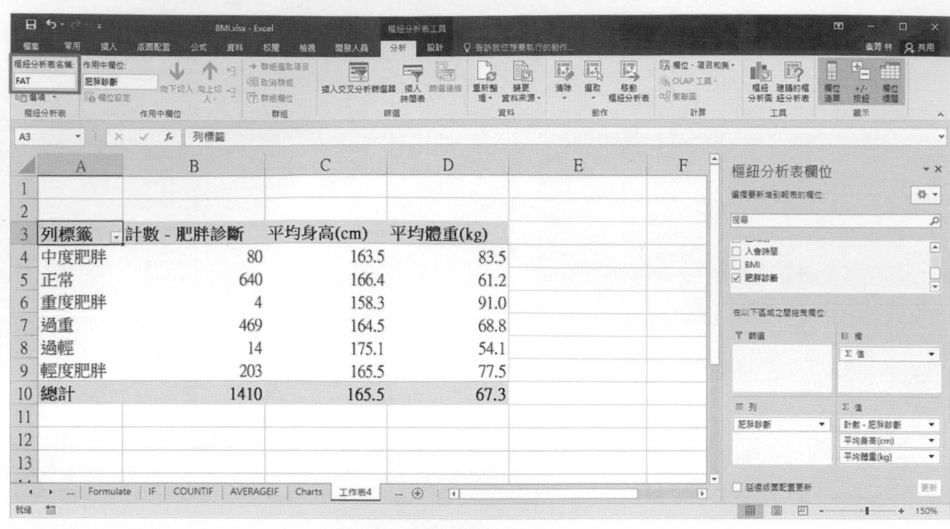

列標籤	計數 - 肥胖診斷	平均身高(cm)	平均體重(kg)
中度肥胖	80	163.5	83.5
正常	640	166.4	61.2
重度肥胖	4	158.3	91.0
過重	469	164.5	68.8
過輕	14	175.1	54.1
輕度肥胖	203	165.5	77.5
總計	1410	165.5	67.3

範例 A-23

建置性別與肥胖診斷結果人數百分比的交叉分析表，並命名為 FAT_GENDER。

⊞ **步驟 1：**在相同工作表，任選空白儲存格，在插入標籤索引中，選擇「樞紐分析表」。在 [建立樞紐分析表] 視窗中，資料來源輸入「BMI」，放置報表位置會自動顯示前面選擇的空白儲存格位址→「確定」。

建立樞紐分析表

選擇您要分析的資料

◉ 選取表格或範圍(S)

表格/範圍(T): BMI

○ 使用外部資料來源(U)

選擇連線(C)...

連線名稱:

○ 使用此活頁簿的資料模型(D)

選擇您要放置樞紐分析表的位置

○ 新工作表(N)

◉ 已經存在的工作表(E)

位置(L): Table!$K$9

選擇您是否要分析多個表格

☐ 新增此資料至資料模型(M)

確定　取消

步驟 2： 分別將 ☑ 性別 ☑ 肥胖診斷拖曳至「欄」與「列」位置，再任選 ☑ 性別或 ☑ 肥胖診斷拖曳至「Σ 值」的位置，即可自動計算人次。

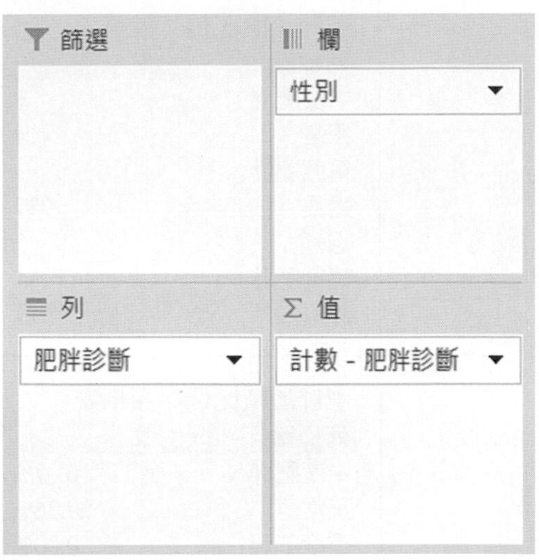

步驟 3： 由於我們需要呈現百分比，故先變更名稱為「肥胖診斷比例」，再按下「欄位設定」在 [值欄位設定] 視窗中，選擇「值的顯示方式」→「總計百分比」→「確定」，即可計算比例，調整適當的小數位數，修改表格名稱為 FAT_GENDER，即可完成報表。

除了總計百分比外，還有「欄總和百分比」、「列總和百分比」的選項，可以依照需求，選擇不同的分母，計算各細項的相對狀況。

表 A-8　交叉分析表的種類

選項	交叉分析表

項目個數（計次）

肥胖診斷比例	欄標籤		
列標籤	女	男	總計
中度肥胖	1	79	80
正常	414	226	640
重度肥胖		4	4
過重	239	230	469
過輕	5	9	14
輕度肥胖	44	159	203
總計	703	707	1410

總計百分比（以總人次1,410為分母）

肥胖診斷比例	欄標籤		
列標籤	女	男	總計
中度肥胖	0.07%	5.60%	5.67%
正常	29.36%	16.03%	45.39%
重度肥胖	0.00%	0.28%	0.28%
過重	16.95%	16.31%	33.26%
過輕	0.35%	0.64%	0.99%
輕度肥胖	3.12%	11.28%	14.40%
總計	49.86%	50.14%	100.00%

欄總和百分比（以男女總人次為分母）

肥胖診斷比例	欄標籤		
列標籤	女	男	總計
中度肥胖	0.14%	11.17%	5.67%
正常	58.89%	31.97%	45.39%
重度肥胖	0.00%	0.57%	0.28%
過重	34.00%	32.53%	33.26%
過輕	0.71%	1.27%	0.99%
輕度肥胖	6.26%	22.49%	14.40%
總計	100.00%	100.00%	100.00%

列總和百分比（以肥胖診斷結果總人次為分母）

肥胖診斷比例	欄標籤		
列標籤	女	男	總計
中度肥胖	1.25%	98.75%	100.00%
正常	64.69%	35.31%	100.00%
重度肥胖	0.00%	100.00%	100.00%
過重	50.96%	49.04%	100.00%
過輕	35.71%	64.29%	100.00%
輕度肥胖	21.67%	78.33%	100.00%
總計	49.86%	50.14%	100.00%

範例 A-24

建置性別、購票種類、與肥胖診斷結果人次的多層次報表，並命名爲FAT_GENDER_TYPE。

步驟 1： 同前，匯入 BMI 資料表。

步驟 2： 將 ☑ 性別 ☑ 種類拖曳至「列」的位置，☑ 肥胖診斷拖曳至「欄」的位置，三者任選其一拖曳至「Σ 值」的位置，即可自動計算人次。

步驟 3： 利用「+」「−」按鈕可進行報表展開與收合，點選欄列標籤篩選按鈕可選取細項。修改表格名稱爲 FAT_GENDER_TYPE，完成報表。

計數 - 肥胖診斷	欄標籤						
列標籤	中度肥胖	正常	重度肥胖	過重	過輕	輕度肥胖	總計
⊟女	1	414		239	5	44	703
月票		76		55		8	139
季票	1	154		81	3	17	256
單次		184		103	2	19	308
⊟男	79	226	4	230	9	159	707
月票	21	49	1	43	3	24	141
季票	26	88		90	2	73	279
單次	32	89	3	97	4	62	287
總計	80	640	4	469	14	203	1410

範例 A-25

在 FAT_GENDER_TYPE 表格中，新增入會時間選項。

步驟： 當選擇條件愈來愈多，多層次表格會愈來愈複雜，展開 / 收合按鍵可能不再是最好的選擇。此時可將 ☑ 入會時間拖曳至「篩選」位置，利用篩選鍵選擇年份。

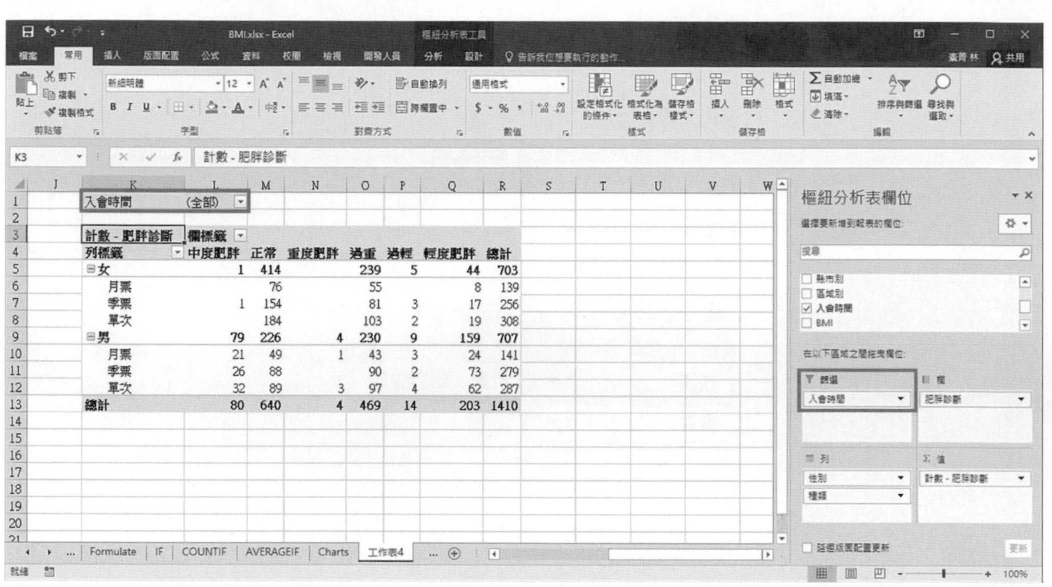

A-5-4 自訂清單

樞紐分析表中預設的標籤順序是按照筆劃排列，視需要也可以透過「自訂清單（**Custom List**）」功能，變更標籤排序。

範例 A-26

調整「肥胖診斷」的標籤順序，依序為過輕、正常、過重、輕度肥胖、中度肥胖、與重度肥胖。

步驟 1： 按下檔案索引標籤，選擇「選項」。在 [EXCEL 選項] 視窗中，選擇「進階」→頁面尾端「編輯自訂清單」→輸入自訂清單標籤順序→「新增」，此時自訂清單中會出現自訂順序清單選項，按下「確定」二次，回到 EXCEL 工作表。

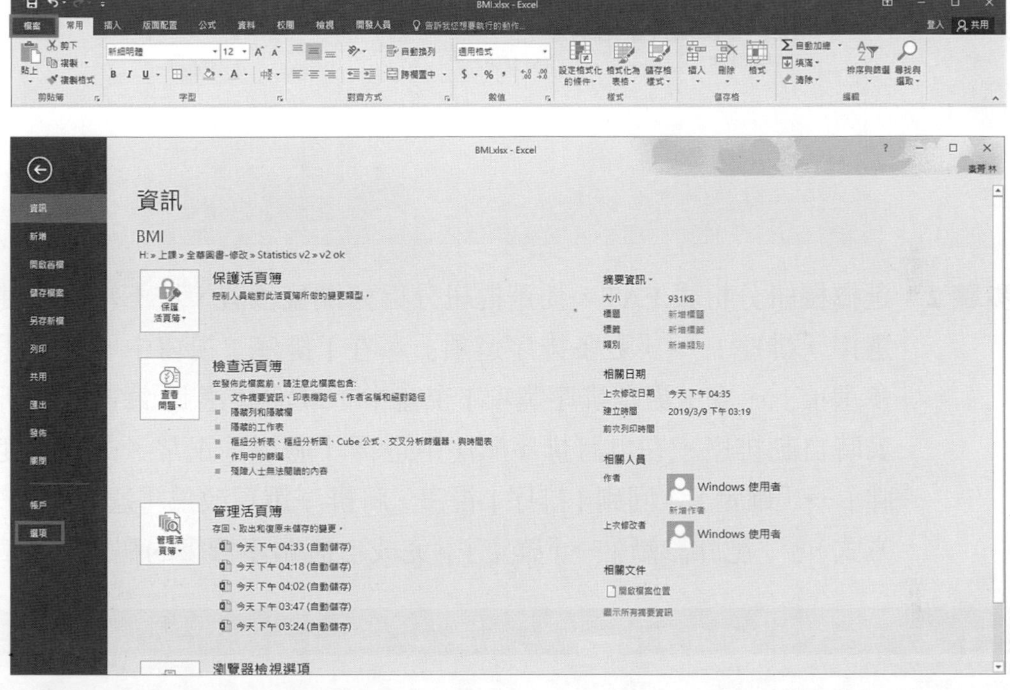

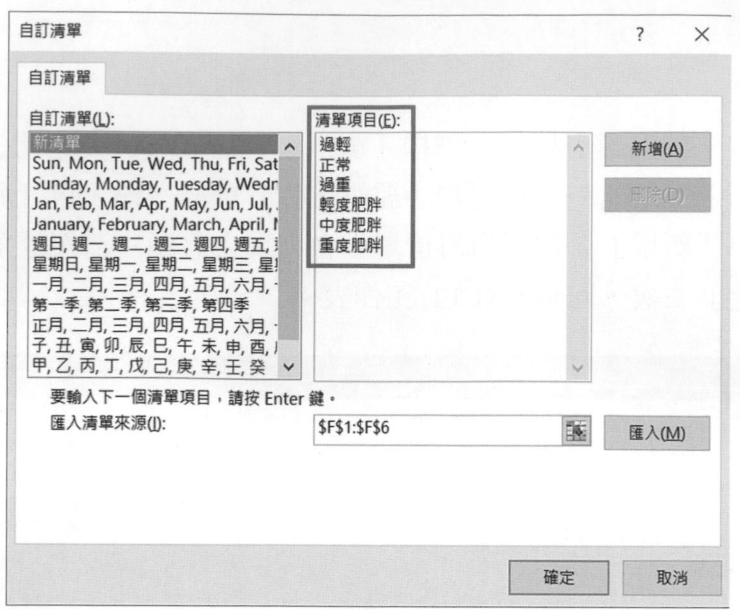

步驟 2： 選擇樞紐分析表 FAT，任選樞紐分析列標籤位置，按下滑鼠右鍵，選擇「排序」→「更多排序選項」。在 [排序] 視窗中，按下「更多選項」，在 [更多排序選項] 視窗中，取消勾選 □ 每一次更新報表時自動排序，在自訂排序順序中選擇「過輕、正常、…、重度肥胖」→「確定」。回到 [排序] 視窗，將排序選項改爲「遞增（A→Z 方式）」「肥胖診斷」→「確定」，完成自訂順序標籤的樞紐分析表。

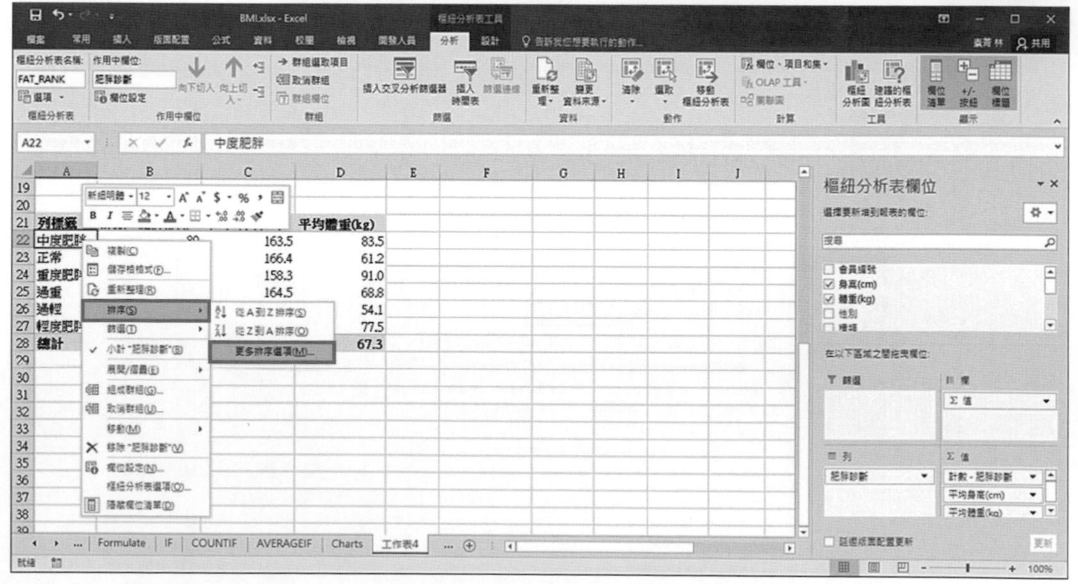

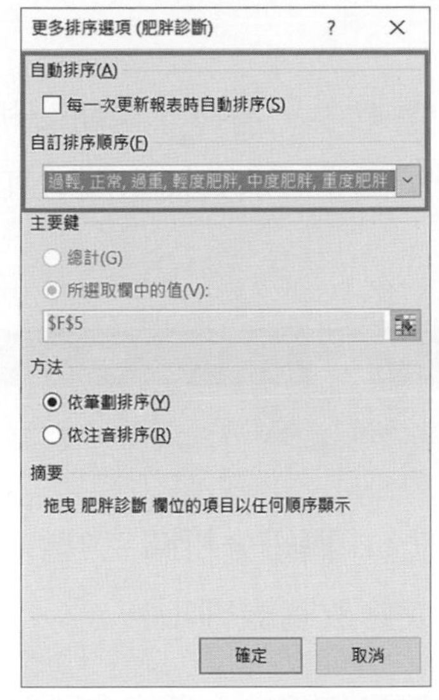

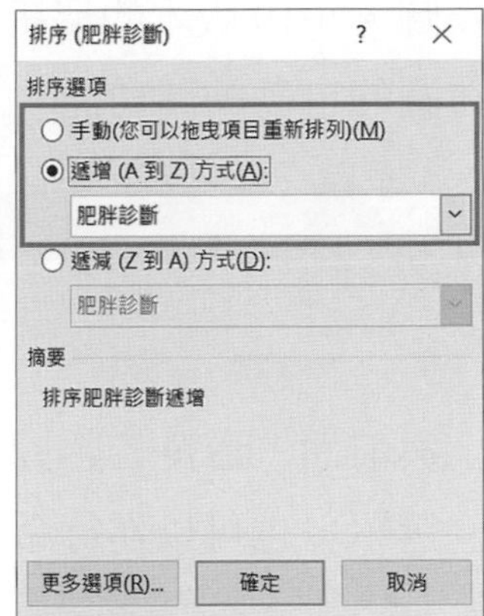

列標籤	計數 - 肥胖診斷	平均身高(cm)	平均體重(kg)
過輕	14	175.1	54.1
正常	640	166.4	61.2
過重	469	164.5	68.8
輕度肥胖	203	165.5	77.5
中度肥胖	80	163.5	83.5
重度肥胖	4	158.3	91.0
總計	1410	165.5	67.3

步驟 3：分別選擇樞紐分析表 FAT_GENDER 與 FAT_GENDER_TYPE，任選樞紐分析標籤位置，按下滑鼠右鍵，選擇「排序」→「從 A 到 Z 排序」。

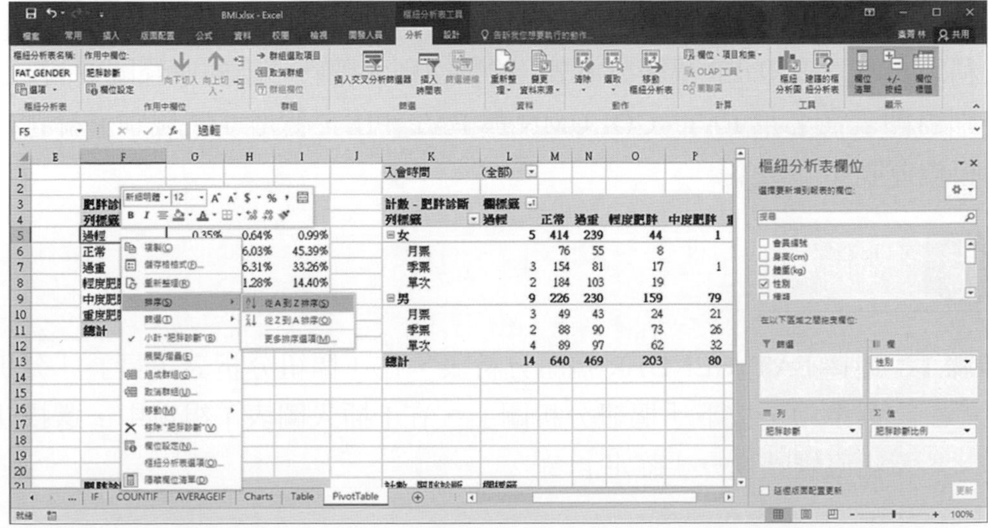

A-5-5 樞紐分析圖

在「樞紐分析表工具」選單中，選擇「樞紐分析圖」，即可繪製不同類型的作圖。2019 版本的樞紐分析圖中，加入樹狀圖、直方圖、帕累托圖、盒鬚圖、瀑布圖的自動繪圖功能。

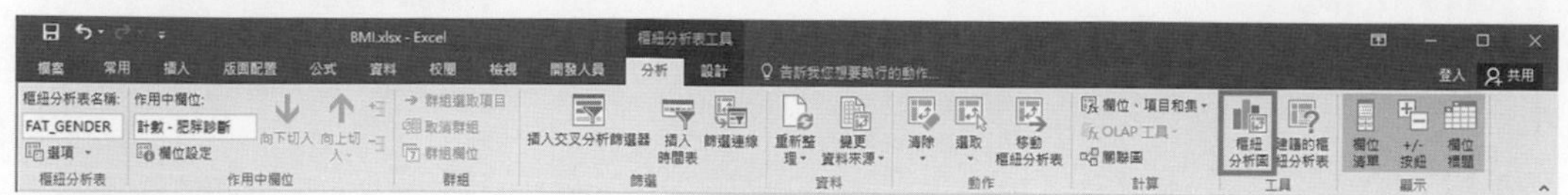

與前面「圖表工具」類似，「樞紐分析圖工具」，提供「分析」「設計」「格式」選單，也可以進行命名或修改圖表細項。

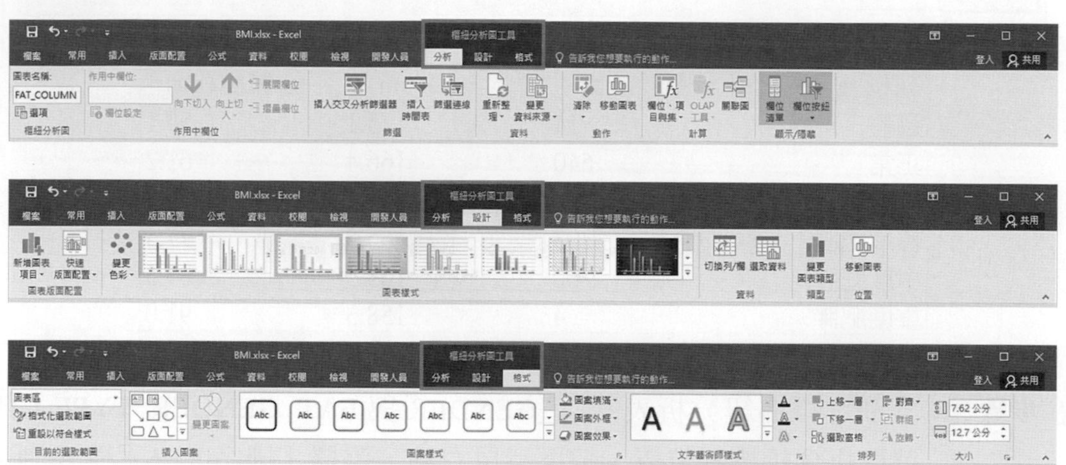

範例 A-27

利用 FAT_GENDER 樞紐分析表，繪製性別與肥胖診斷的直條圖與圓形圖，並分別將圖表命名爲 FAT_ COLUMN 與 FAT_PIE，新增「區域別」篩選單，展示板橋運動中心結果。

步驟 1： 選擇 FAT_GENDER 樞紐分析表，在「樞紐分析表工具」「分析」選單中，按下「樞紐分析圖」，在 [插入圖表] 視窗中，選擇「群組直條圖」→「確定」。

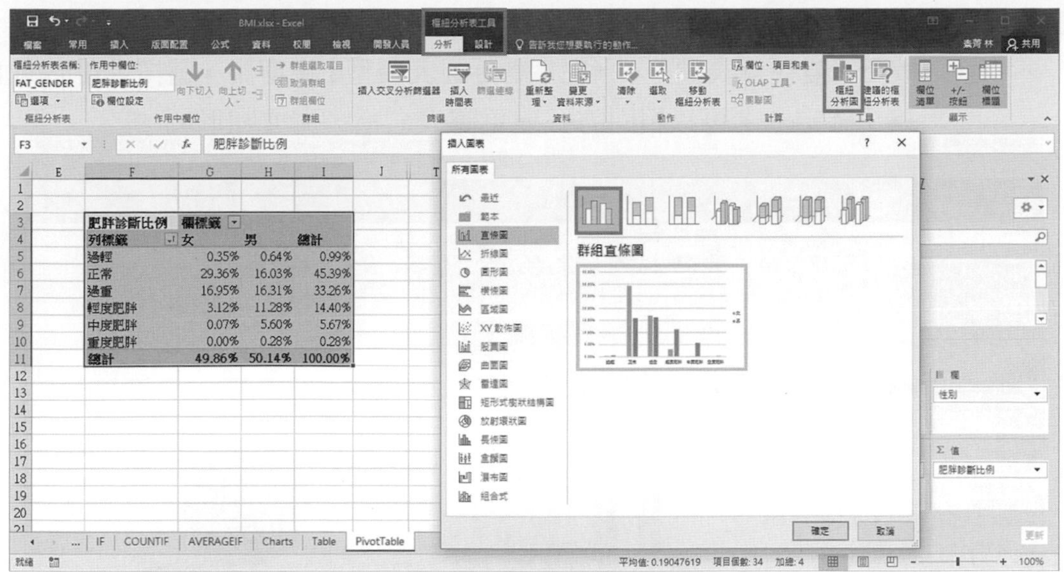

🖹 **步驟 2：** 點選直條圖，在「樞紐分析圖工具」「分析」選單中，爲圖表進行更名。在「設計」選項中，修改圖表色彩爲藍色漸層，完成直條圖。

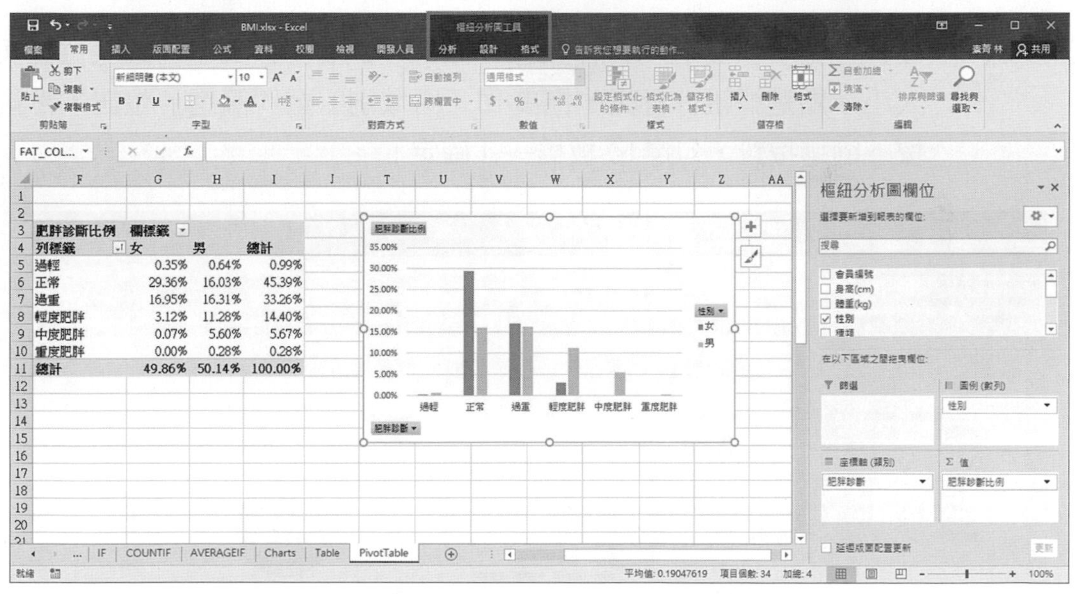

⊞ **步驟 3：**複製直條圖FAT_COLUMN，在「樞紐分析圖工具」「設計」選項中，按下「變更圖表類型」，在［變更圖表類型］視窗中，選擇「圓形圖」→「確定」。再以相同方式變更圖表名稱，完成圓形圖。

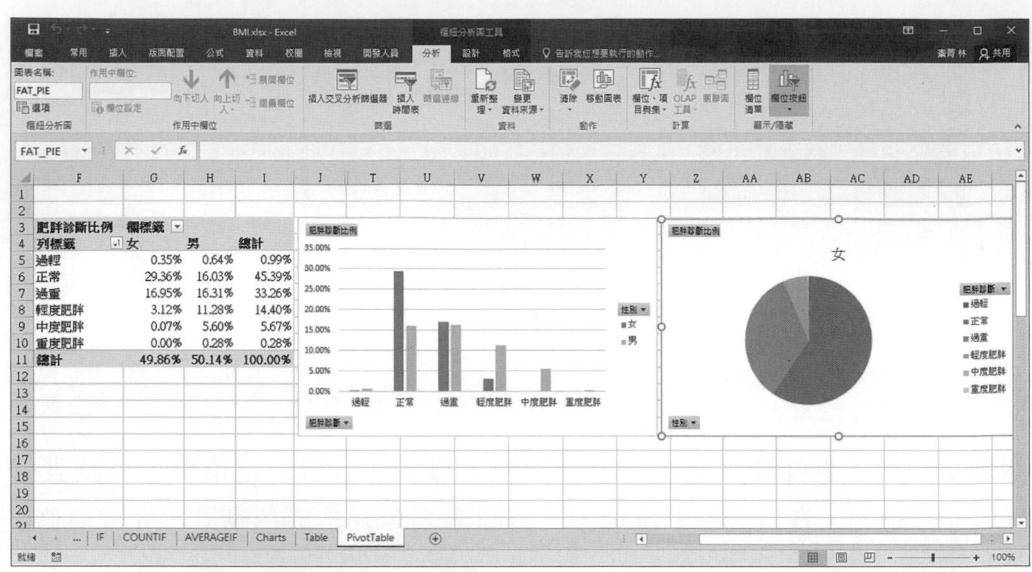

⊞ **步驟 4：**在檢視索引標籤中，取消勾選 ☐ 格線，調整工作表中的圖表位置與大小。點選樞紐分析表，拖曳 ☑「區域別」至「篩選」位置，然後按下篩選按鈕，勾選 ☑ 板橋→「確定」。

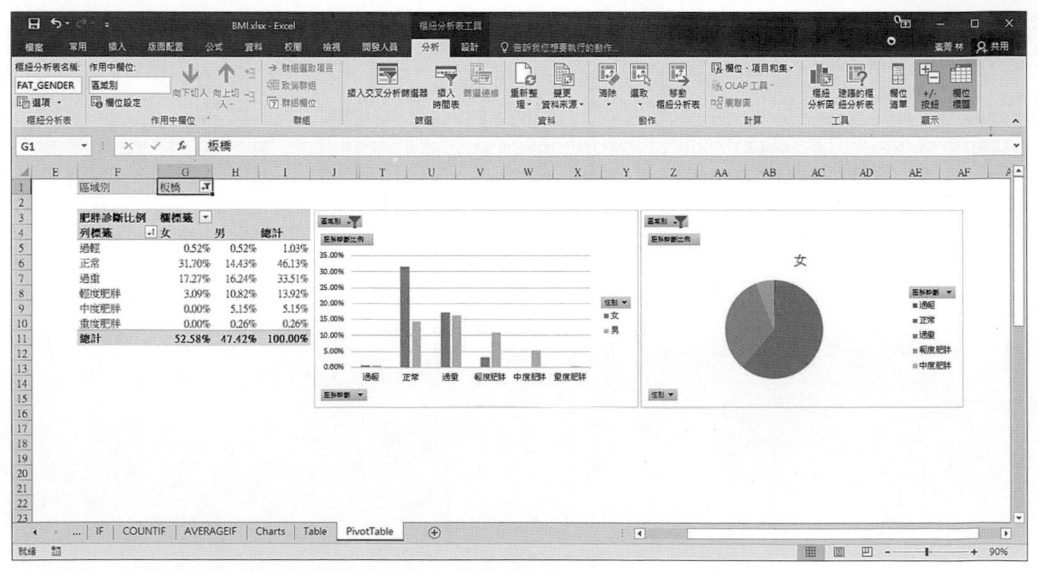

1. 請利用 EXCEL 公式指令，完成下列任務。
   (1) 在公佈姓名時經常會需要省略其中某一個字，例如，將「王大同」顯示爲「王 O 同」。
   (2) 身份證字號的編碼中的第一個字元代表地區，第二個字元代表性別（1 代表男性，2 代表女性），請透過身份證字號辨識申請人性別。
   (3) 商品條碼通常會暗藏產品分類，某服飾業條碼前二碼表示品牌分類，第三碼爲大類代號（0 表示皮件，1 表示服裝），第四碼爲性別代號（0 表示中性，1 表示女性，2 表示男性），第五碼爲西元年最後一碼，如 1997 年爲 7，第六碼爲季節（0 表示不分季，1 表示春夏，2 表示秋冬服飾），末三碼爲流水號。請利用商品條碼挑出春夏服裝。
   (4) 請將分數轉爲成績等第，超過 90 分 A+，80 ～ 89 分 A，70 ～ 79 分 B+，90 ～ 69 分 B，不及格 C。

⊙ 請掃描目錄頁 QR code，見檔案 Test_A-1.xlsx

2. 利用 BMI 範例資料，完成下列任務。
   (1) 請找出桃園市購買月票且體重最重的會員。

       會員編號__________，身高__________cm，體重__________kg，性別__________。
   (2) 利用 COUNTIF() 指令，分別計算不同購票種類與縣市別、區域別結果的人次與百分比，四捨五入計算至小數點以下第一位。

參考解答

1. ⊙ 請掃描目錄頁 QR code，見檔案 Test_A-1_SOL.xlsx

2. (1) 會員編號 170775，身高 157cm，體重 92kg，男性會員。

   (2) ⊙ 請掃描目錄頁 QR code，見檔案 Test_A-2_SOL.xlsx

Appendix B

分析工具箱的設定

設定分析工具箱，可立即使用 EXCEL 中「資料分析」功能，進行統計分析的運算。

2016 版本的操作步驟

EXCEL 軟體已提供統計上常用的「資料分析」工具，使用前必須載入及啓動「分析工具箱」，以下列出 2016 版本的操作步驟。

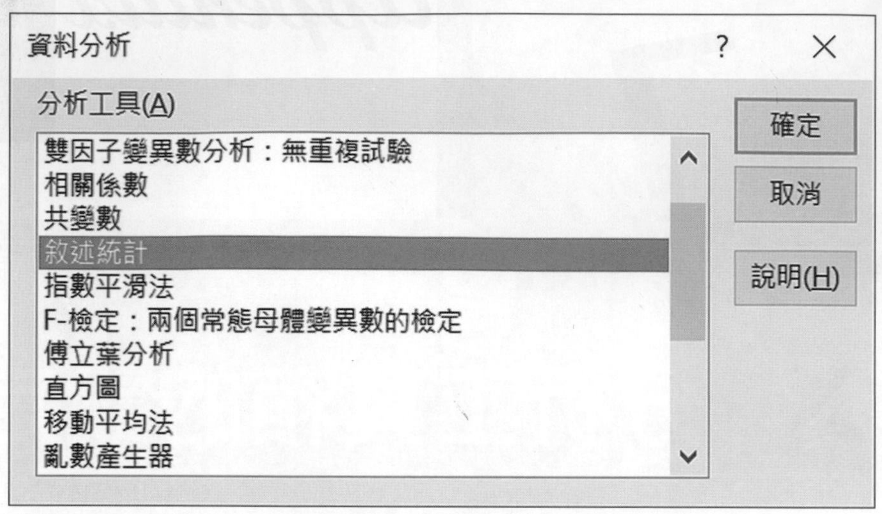

◎圖 B-1　資料分析工具

2016 版本的操作步驟

步驟 1：開啓 EXCEL 工作表，按下「檔案」索引標籤。

步驟 2：選擇「選項」。

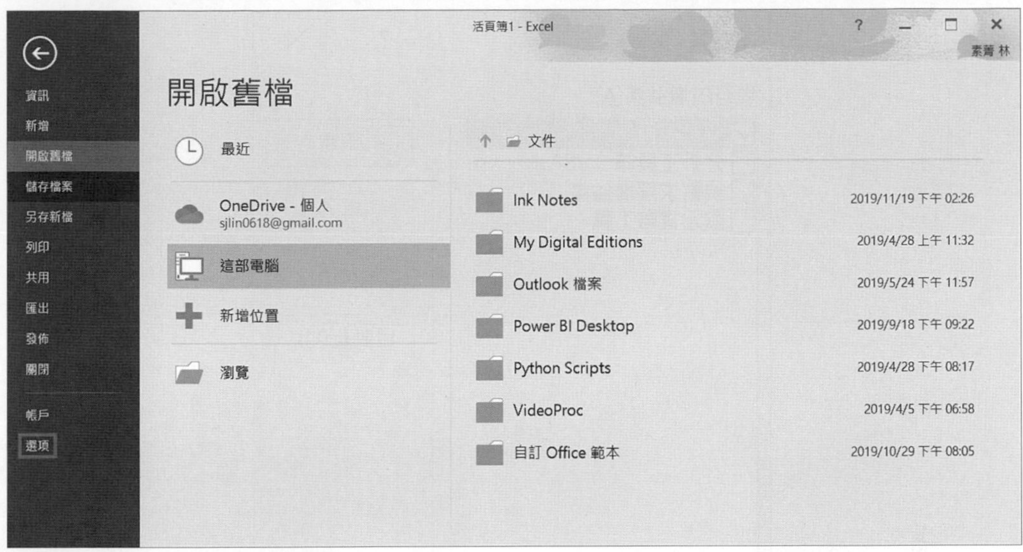

步驟 3：在 [EXCEL 選項] 視窗中按下「增益集（Add-Ins）」，選擇「分析工具箱（Analysis ToolPak）」，再按下「執行」。

🖹 **步驟 4：** 在 [增益集] 視窗中，勾選 ☑「工具分析箱」→「確定」。

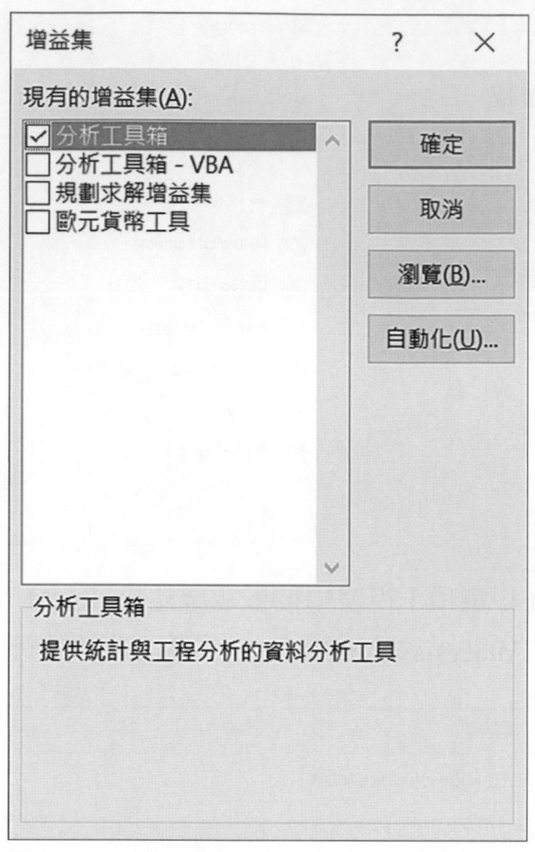

🖹 **步驟 5：** 回到 EXCEL 工作表，按下「資料」索引標籤，將可啟動「資料分析（Data Analysis）」工具進行統計分析。

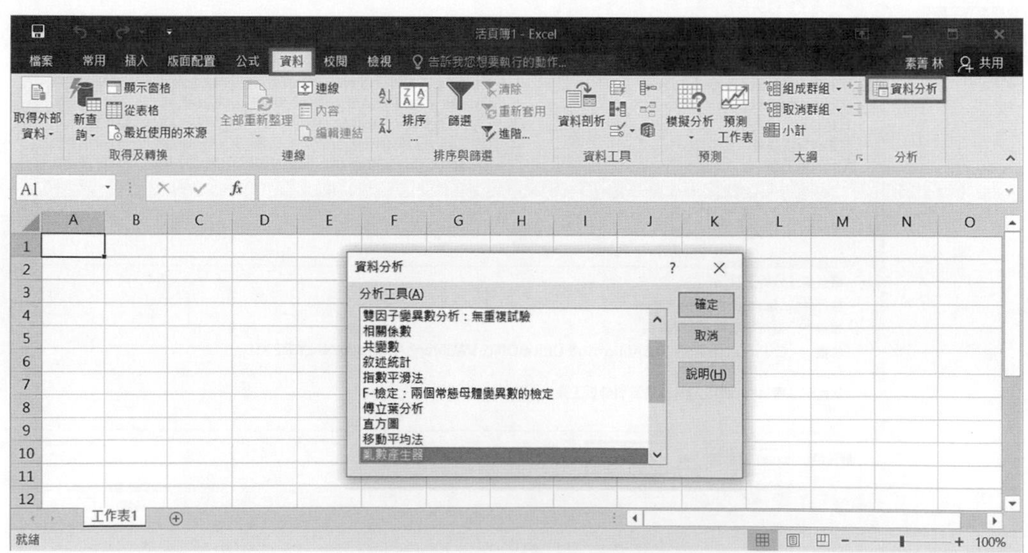

NOTE

國家圖書館出版品預行編目資料

統計學 / 林素菁編著. -- 二版. -- 新北市：
全華圖書, 2020.11
面； 公分
ISBN 978-986-503-510-5(平裝)
1.統計學

510 109016147

統計學(第二版)

作者 / 林素菁
發行人 / 陳本源
執行編輯 / 葉佩祈
封面設計 / 楊昭琅
出版者 / 全華圖書股份有限公司
郵政帳號 / 0100836-1 號
印刷者 / 宏懋打字印刷股份有限公司
圖書編號 / 0819101
二版三刷 / 2023 年 12 月
定價 / 新台幣 600 元
ISBN / 978-986-503-510-5
全華圖書 / www.chwa.com.tw
全華網路書店 Open Tech / www.opentech.com.tw
若您對本書有任何問題，歡迎來信指導 book@chwa.com.tw

臺北總公司(北區營業處)
地址：23671 新北市土城區忠義路 21 號
電話：(02) 2262-5666
傳真：(02) 6637-3695、6637-3696

南區營業處
地址：80769 高雄市三民區應安街 12 號
電話：(07) 381-1377
傳真：(07) 862-5562

中區營業處
地址：40256 臺中市南區樹義一巷 26 號
電話：(04) 2261-8485
傳真：(04) 3600-9806(高中職)
(04) 3601-8600(大專)

版權所有・翻印必究

歡迎加入 全華會員

● 會員獨享

會員享購書折扣、紅利積點、生日禮金、不定期優惠活動…等。

● 如何加入會員

掃 QRcode 或填妥讀者回函卡直接傳真（02）2262-0900 或寄回，將由專人協助登入會員資料，待收到 E-MAIL 通知後即可成為會員。

如何購買 全華書籍

1. 網路購書

全華網路書店「http://www.opentech.com.tw」，加入會員購書更便利，並享有紅利積點回饋等各式優惠。

2. 實體門市

歡迎至全華門市（新北市土城區忠義路 21 號）或各大書局選購。

3. 來電訂購

(1) 訂購專線：(02) 2262-5666 轉 321-324
(2) 傳真專線：(02) 6637-3696
(3) 郵局劃撥（帳號：0100836-1　戶名：全華圖書股份有限公司）
※　購書未滿 990 元者，酌收運費 80 元。

全華網路書店 www.opentech.com.tw
E-mail: service@chwa.com.tw

※ 本會員制如有變更則以最新修訂制度為準，造成不便請見諒。

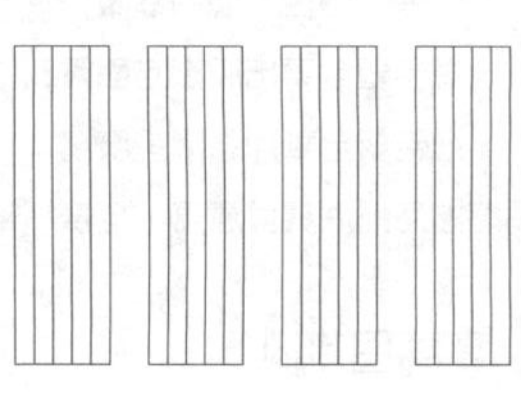

廣　告　回　信
板橋郵局登記證
板橋廣字第540號

行銷企劃部　收

23671 新北市土城區忠義路 21 號
全華圖書股份有限公司

讀者回函卡

掃 QRcode 線上填寫 ▶▶▶

姓名：________ 生日：西元____年____月____日 性別：□男 □女

電話：（ ）________ 手機：________

e-mail：（必填）________

註：數字零，請用 Φ 表示，數字 1 與英文 L 請另註明並書寫端正，謝謝。

通訊處：□□□□□________

學歷：□高中・職 □專科 □大學 □碩士 □博士

職業：□工程師 □教師 □學生 □軍・公 □其他

學校／公司：________ 科系／部門：________

・需求書類：

□ A. 電子 □ B. 電機 □ C. 資訊 □ D. 機械 □ E. 汽車 □ F. 工管 □ G. 土木 □ H. 化工 □ I. 設計

□ J. 商管 □ K. 日文 □ L. 美容 □ M. 休閒 □ N. 餐飲 □ O. 其他

・本次購買圖書為：________ 書號：________

・您對本書的評價：

封面設計：□非常滿意 □滿意 □尚可 □需改善，請說明________

內容表達：□非常滿意 □滿意 □尚可 □需改善，請說明________

版面編排：□非常滿意 □滿意 □尚可 □需改善，請說明________

印刷品質：□非常滿意 □滿意 □尚可 □需改善，請說明________

書籍定價：□非常滿意 □滿意 □尚可 □需改善，請說明________

整體評價：請說明________

・您在何處購買本書？

□書局 □網路書店 □書展 □團購 □其他________

・您購買本書的原因？（可複選）

□個人需要 □公司採購 □親友推薦 □老師指定用書 □其他________

・您希望全華以何種方式提供出版訊息及特惠活動？

□電子報 □ DM □廣告（媒體名稱________）

・您是否上過全華網路書店？（www.opentech.com.tw）

□是 □否 您的建議________

・您希望全華出版哪方面書籍？________

・您希望全華加強哪些服務？________

感謝您提供寶貴意見，全華將秉持服務的熱忱，出版更多好書，以饗讀者。

填寫日期： / /

2020.09 修訂

親愛的讀者：

感謝您對全華圖書的支持與愛護，雖然我們很慎重的處理每一本書，但恐仍有疏漏之處，若您發現本書有任何錯誤，請填寫於勘誤表內寄回，我們將於再版時修正，您的批評與指教是我們進步的原動力，謝謝！

全華圖書 敬上

勘誤表

書號		書名		作者	
頁數	行數	錯誤或不當之詞句		建議修改之詞句	

我有話要說：（其它之批評與建議，如封面、編排、內容、印刷品質等・・・）

得 分

全華圖書（版權所有，翻印必究）

統計學

學後評量

第2章

統計學的內功心法：基本概念篇

班級：＿＿＿＿＿＿＿

學號：＿＿＿＿＿＿＿

姓名：＿＿＿＿＿＿＿

一、配對題

1. (A)敘述統計，(B)推論統計

＿＿(1) 未來五年內，預估有85%企業願意積極利用AI技術進行數據分析，並做出更有效率的營運規劃。

＿＿(2) Google搜尋趨勢（Google Trends）透過關鍵字出現順序，預測大選結果。

＿＿(3) 2018年底《經濟學人》報導指出，聯合國國際電信聯盟估計，2019年全球網路使用者將突破39億，超過全球半數人口。

＿＿(4) 溫室效應加劇極端氣候，2016年是史上最熱的一年。由於台灣緊鄰歐亞大陸，暖化尤其明顯，百年來，全球均溫升高0.8度，台灣北部均溫卻升高1.5度，近全球的2倍。

＿＿(5) 根據報導，搜尋結果第一名的網站，獨自取得33%點擊流量，每個產業的新產品約佔總銷售額的27%。

2. (A)時間序列資料，(B)橫斷面資料

＿＿(1) 主計處家庭收支調查，1976年至今家庭上網普及率。

＿＿(2) 今天賣場所有客人的交易資料。

＿＿(3) 今年度所有報稅資料。

＿＿(4) 歷年個人就醫紀錄。

＿＿(5) 每月石油輸出國組織(OPEC)國際原油價格變化。

3. (A)名目尺度，(B)順序尺度，(C)區間尺度，(D)比例尺度

＿＿(1) 上學可使用的交通工具。

＿＿(2) 比賽名次「特優、優等、佳作」。

＿＿(3) 公務員年終考績「甲等、乙等、丙等」。

＿＿(4) 汽車耗油量。

＿＿(5) 智商。

（請沿虛線撕下）

4. (A)連續變數，(B)間斷變數

____(1) 家庭人口數。

____(2) 冰箱壽命。

____(3) 利率。

____(4) 高速公路車輛數。

____(5) 打工時數。

5. (A)初級資料，(B)次級資料

____(1) 主計處人力資源調查報告書。

____(2) 國際研究暨顧問機構高德納公司（Gartner）公佈2019年第三季全球各大廠商個人電腦（PC）出貨量。

____(3) 數位時代雜誌公佈2019年到2022年全球速食餐廳市場未來趨勢與市場規模。

____(4) 網站經營者擁有的成交資料庫。

____(5) 老師授課班級的學生成績與出席紀錄。

二、簡答題

學校想知道學生圖書館每週使用時間、使用頻率、借書冊數等，因此抽出500位學生進行調查。請問：

(1) 這項調查的母體與樣本各為何？舉例說明參數與統計量。

母體____________________

樣本____________________

母體參數____________________

樣本統計量____________________

(2) 此項調查屬於何種資料？□初級資料□次級資料

(3) 使用時間、使用頻率、借書冊數分別屬於連續或是間斷資料？

使用時間 □連續 □間斷

使用頻率 □連續 □間斷

借書冊數 □連續 □間斷

(4) 為了解受訪者的使用時間，以下二種表達方式分別屬於何種尺度？

________尺度：□1小時內（含）□1～2小時（含）□2～3小時（含）

□3小時以上

________尺度：使用時間____小時

得 分

全華圖書（版權所有，翻印必究）

統計學

學後評量

第3章

敘述統計的二大法寶：圖表與統計量

班級：＿＿＿＿＿＿＿＿

學號：＿＿＿＿＿＿＿＿

姓名：＿＿＿＿＿＿＿＿

(　　) 1. 以下對於相對次數的描述，何者有誤？

(A)相對次數的最大值為1

(B)僅適用於描述類別資料

(C)若某組的相對次數逼近於0，則應考慮與其他組別合併

(D)相對次數等於該組次數除以總數。

(　　) 2. 請問以下哪個統計圖最適合用來描述「圖書館每月學生借書冊數」？

(A)直條圖　(B)直方圖

(C)圓形圖　(D)折線圖。

(　　) 3. 某餐廳將過去半年的每日營業額繪製成直方圖，請問該圖的橫軸與縱軸分別是什麼？

(A)每日營業額，天數　(B)日期，每日營業額

(C)平均營業額，天數　(D)日期，平均營業額。

(　　) 4. 下列有關圖表的敘述何者錯誤？

(A)圓形圖適用於呈現旅客觀光目的之比例

(B)直方圖適用於呈現各種旅遊目的之旅客人次

(C)折線圖適用於呈現過去10年來台旅客人數之變動趨勢

(D)盒鬚圖適合檢視出國人次的異常狀況。

(　　) 5. 公司想比較去年和今年轎車和休旅車的銷售量，請問哪種圖形最適當？

(A)群組直條圖　(B)二個長條圖

(C)圓餅圖　(D)折線圖。

(　　) 6. 總公司想了解三家分店銷售總額與各業務員的銷售業績，請問以下哪種圖形比較適合？

(A)盒鬚圖　(B)堆疊直條圖

(C)圓餅圖　(D)直方圖。

（請沿虛線撕下）

(　　) 7. 機場航站規劃未來國際飛航路線與載客量，請問：哪二種圖形最適合用來描述飛航路線與載客量？

(A)直條圖，直方圖　　(B)直條圖，圓形圖

(C)直方圖，直條圖　　(D)圓形圖，直條圖。

(　　) 8. 若想同時在一個圖形中表示車禍發生件數與車禍死亡率，下列那個圖形較適合？

(A)圓形圖　　(B)折線圖

(C)組合圖　　(D)直條圖。

(　　) 9. 針對某產品的消費者滿意度調查中，若想瞭解消費者特性（如性別、職業別、教育程度、血型等）特徵，請問最適合的統計方法為何？

(A)統計量數分析　　(B)散佈圖

(C)組合圖　　(D)交叉分析。

(　　) 10. 依據主計總處公佈2018年戶籍登記人口數資料，「六都中北部的人口比重」的分母應為何？

(A)台灣地區總人口數23,436,603

(B)六都總人口數16,346,419

(C)新北市、台北市、桃園市總人口數8,885,161

(D)台中市、台南市、高雄市總人口數7,461,258。

得　分

全華圖書（版權所有，翻印必究）

統計學

學後評量

第5章

機率與機率分配

班級：＿＿＿＿＿＿

學號：＿＿＿＿＿＿

姓名：＿＿＿＿＿＿

(　　) 1. 下列何者不是機率的特性？

(A)樣本空間的機率為1

(B)事件機率一定介在0與1之間

(C)不會同時發生的事件稱為獨立事件

(D)一定不會發生的事件機率為0。

(　　) 2. A與B為互斥事件，下列何者成立？

(A)$P(A \cap B) = P(A) \times P(B)$　(B)$P(A \cup B) = 0$

(C)$P(A \cup B) = P(A) \times P(B)$　(D)$P(A \cap B) = 0$。

(　　) 3. A與B為獨立事件，下列何者不成立？

(A)$P(A \mid B) = P(A)$　(B)$P(A \mid B) = P(B)$

(C)$P(B \mid A) = P(B)$　(D)$P(A \cap B) = P(A) \times P(B)$。

(　　) 4. 下列敘述何者有誤？

(A)連續變數的機率即為機率密度函數曲線下的面積

(B)連續變數等號成立的機率為零

(C)連續與間斷隨機變數都有其對應的機率分配

(D)擲一個銅板出現的結果是隨機變數。

(　　) 5. 手機零件來自甲、乙兩家工廠，甲工廠生產60%，不良率是0.5%，乙工廠生產40%，不良率是1%。請問手機零件的不良率為何？

(A)0.7%　(B)0.5%

(C)0.4%　(D)0.3%。

(　　) 6. 下列敘述何者有誤？

(A)獨立事件表示二者不會互相影響

(B)相對次數也是一種表達機率的方式

(C)機率分配可以用圖表方式進行表達

(D)空集合的機率不存在。

（請沿虛線撕下）

(　　) 7. 目擊者只記得肇事逃逸的車牌為A□□－1234，其中□為A到Z的英文字母。請問警方最多需要清查多少量汽車？

(A) C_2^{26}　　(B) P_2^{26}

(C) 26^2　　(D) 2^{26}。

(　　) 8. 擲一個公平的骰子二次，下列敘述何者為真？

(A)點數和為6的機率剛好是 $\frac{1}{6}$　　(B)點數相同的機率剛好為 $\frac{1}{6}$

(C)點數和小於6的機率為 $\frac{1}{6}$　　(D)點數和為奇數的機率剛好為 $\frac{1}{6}$ 。

(　　) 9. 丟一個公正的硬幣三次，出現一次正面二次反面的機率為何？

(A) $\frac{3}{8}$　　(B) $\frac{1}{8}$

(C) $\frac{1}{2}$　　(D)以上皆非。

(　　) 10.下列敘述何者為真？

(A) 統一發票有中獎與不中獎二種情形，故中獎機率是1/2

(B) 擲一個公平的骰子，每種點數出現機率都是1/6，因此投擲6次，出現1點的機率剛好是1/6

(C) 擲一個公平的硬幣，正面朝上的機率是1/2

(D) 從52張撲克牌中每次抽出放回，前面三張都出現K，第四張也出現K的機率是1/52。

得　分

全華圖書（版權所有，翻印必究）

統計學
學後評量
第6章
抽樣與估計

班級：＿＿＿＿＿＿
學號：＿＿＿＿＿＿
姓名：＿＿＿＿＿＿

(　　) 1. 如果你在路上遇到塞車，LINE給朋友說：「我會晚10分鐘到」。請問這是屬於何種估計？
(A)點估計　(B)區間估計
(C)右尾估計　(D)左尾估計。

(　　) 2. 如果想瞭解古董商的銷售狀況，用哪一種抽樣方法較適合？
(A)方便抽樣　(B)滾雪球抽樣
(C)群落抽樣　(D)配額抽樣。

(　　) 3. 對常態分配的敘述，下列何者為有誤？
(A)對稱分配
(B)單峰分配
(C)平均數一定為0，標準差一定為1
(D)曲線下的面積是機率。

(　　) 4. 下列有關抽樣與估計的敘述何者有誤？
(A)參數是未知變數，統計量是已知常數
(B)母體愈大，估計結果愈正確
(C)樣本太大也是一種浪費
(D)我們沒有辦法同時增加精確度和可信度。

(　　) 5. 下列何者不是造成抽樣誤差的原因？
(A)母體數太少　(B)抽樣設計錯誤
(C)選擇錯誤的抽樣方法　(D)樣本數不足。

(　　) 6. 老師抽取班上學號尾數為5的同學回答問題，這是哪一種抽樣方式？
(A)簡單隨機抽樣　(B)系統隨機抽樣
(C)分層隨機抽樣　(D)群落抽樣。

（請沿虛線撕下）

(　　)7. 下列何者為95%信賴區間的意義？

(A)母體平均數落在信賴區間內的機率有95%

(B)信賴區間會有95%機率包含母體平均數

(C)樣本平均數落在信賴區間內的機率有95%

(D)重複抽樣中至少有95%的樣本平均數會落在這個信賴區間之內。

(　　)8. 有關可信度與精確度的敘述，下列何者有誤？

(A) 比較30位顧客與40位顧客的消費狀況，其中40位顧客消費額的信賴區間範圍較小

(B) 95%信賴區間的範圍比99%信賴區間的範圍小

(C) 平均消費額愈高，信賴區間的範圍愈小

(D) 可信度愈大，信賴區間的精確度愈小。

(　　)9. 如果我們想了解台北市的酒駕狀況，現在選取星期六經過某路口晚上10點至半夜2點的車主進行酒測，請問在抽樣的概念上，下列敘述何者為真？

(A)台北市的酒駕比例是統計量

(B)被要求進行酒測的車主其酒駕比例是參數

(C)被要求進行酒測的車主是樣本

(D)被要求進行酒測的車主是母體。

(　　)10. 下列敘述何者有誤？

(A)實際與估計之間的差距稱之為誤差

(B)統計量的分配稱為抽樣分配

(C)估計和假設檢定都是屬於推論統計

(D)有誤差的估計就一定是不好的估計。

得 分

全華圖書（版權所有，翻印必究）

統計學

學後評量

第7章

假設檢定

班級：＿＿＿＿＿＿

學號：＿＿＿＿＿＿

姓名：＿＿＿＿＿＿

（1～10題）請選擇最適合的檢定方法：

(A)成對樣本t檢定　(B)獨立樣本t檢定

(C)變異數分析　(D)卡方檢定

(E)雙母體變異數檢定。

____1. 歷年企業主最愛的學校科系是否有所改變。

____2. 醫生將80位病人分成四組，測試四種降低疼痛藥物的影響，並紀錄疼痛程度。

____3. 台北市與新北市國小學童運動量是否有顯著差異。

____4. 大樂透的中獎號碼是否符合均等分配，亦即每一個號碼被抽出的機率是否相同。

____5. 比較二種投資工具風險是否相同。

____6. 不同年級學生對學校是否全面禁煙的看法是否一致。

____7. 父母每日分別陪伴孩子的時間是否有顯著差異。

____8. 比較新舊教學方法，二班成績是否有顯著差異。

____9. 日夜間部學生對全面禁煙的看法是否相同。

____10. 病人服藥前後血糖是否明顯下降。

（請沿虛線撕下）

(　　) 11.如果p值大於顯著水準，統計檢定的推論結果應為何？

(A)拒絕虛無假設　(B)無法拒絕虛無假設

(C)無法判斷　(D)虛無假設或對立假設都可以。

(　　) 12.下列何種方法可以同時減少型一錯誤與型二錯誤發生的機率？

(A)增加樣本數

(B)增加母體數

(C)增加可信度

(D)永遠無法同時減少型一錯誤與型二錯誤。

(　　) 13.下列敘述何者有誤？

(A)減少型一錯誤的機率，型二錯誤的機率就會上升

(B)型二錯誤是指在H_1為真的條件下，接受H_0的機率

(C)單尾與雙尾檢定都可以計算型一錯誤與型二錯誤

(D)型一錯誤與型二錯誤不會同時發生。

(　　) 14.假設檢定的步驟為何？1進行推論2建立假設3計算p值4確定顯著水準

(A) ③→①→④→②　(B) ②→④→③→①

(C) ②→④→①→③　(D) ③→④→②→①。

(　　) 15.若要判斷大學與碩士學歷平均薪資是否有所差異，適用以下何種方法？

(A)左尾檢定　(B)右尾檢定

(C)雙尾檢定　(D)資訊不足無法判斷。

得　分

全華圖書（版權所有，翻印必究）

統計學
學後評量
第8章
迴歸分析

班級：＿＿＿＿＿＿
學號：＿＿＿＿＿＿
姓名：＿＿＿＿＿＿

(　　) 1. 有關迴歸分析的被解釋變數
(A)只能選擇數值變數
(B)只能選擇類別變數
(C)同時可以選擇數值變數與類別變數
(D)以上皆非。

(　　) 2. 某班英文成績(Y)與國文成績(X)關係為Y = 45 + 0.3X，某位同學的國文成績是60分，請問他的英文成績預估為多少？
(A)42　(B)50
(C)63　(D)70。

(　　) 3. 利用Google檢索「流感」相關關鍵字，發現使用者地區與流感疫情患者人數呈正相關，這是屬於何種統計分析方法？
(A)相關係數　(B)交叉分析
(C)變異數分析　(D)迴歸分析。

(　　) 4. 如果廠商想瞭解每增加10萬元廣告花費對銷售量的影響，下列何種統計分析方法最適當？
(A)獨立樣本t檢定　(B)成對樣本t檢定
(C)變異數分析　(D)迴歸分析。

(　　) 5. 父母身高是否會對小孩有影響，適合用哪種統計方法進行分析？
(A)獨立樣本t檢定　(B)成對樣本t檢定
(C)變異數分析　(D)迴歸分析。

（請沿虛線撕下）

( ) 6. 迴歸分析的步驟為何？1建立迴歸模型2進行預測3評估模型4蒐集資料

(A) ①→④→②→③　(B) ①→④→③→②

(C) ④→①→③→②　(D) ④→③→①→②。

( ) 7. 賣場想以迴歸分析探討三種產品對銷售量的影響，下列敘述何者為真？

(A)以銷售量作為被解釋變數

(B)以產品種類作為被解釋變數

(C)新增三個虛擬變數代表三種產品

(D)可以直接用1、2、3代表三種產品。

( ) 8. 下列那一項不是迴歸分析的基本假設？

(A)齊質變異　(B)沒有自我相關

(C)共線性　(D)誤差項與解釋變數無關。

( ) 9. 下列敘述何者有誤？

(A)實際和估計之間的差距定義為殘差

(B)實際和估計之間的差距定義為誤差

(C)普通最小平方法的估計是線性最佳不偏估計式

(D)普通最小平方法的估計原則是殘差平方總和最小。

( ) 10.下列有關迴歸分析的敘述何者為真？

(A)被解釋變數本身的差異愈小愈好

(B)解釋變數可以是數值變數與類別變數

(C)截距項不可為零

(D)被解釋變數可以作自然對數的轉換。